ACCESO GRATIS *a la Lectura en la Nube*

Para visualizar el libro electrónico en la nube de lectura envíe junto a su nombre y apellidos una fotografía del código de barras situado en la contraportada del libro y otra del ticket de compra a la dirección:

ebooktirant@tirant.com

En un máximo de 72 horas laborables le enviaremos el código de acceso con sus instrucciones.

La visualización del libro en **NUBE DE LECTURA** excluye los usos bibliotecarios y públicos que puedan poner el archivo electrónico a disposición de una comunidad de lectores. Se permite tan solo un uso individual y privado.

EL ESTADO SOCIAL, SU DESARROLLO EN EUROPA Y EVOLUCIÓN EN AMÉRICA LATINA

EL ESTADO SOCIAL, SU DESARROLLO EN EUROPA Y EVOLUCIÓN EN AMÉRICA LATINA

Felipe Bravo Alliende
Doctor en Derecho, Universitat de Barcelona
Profesor de la Escuela de Derecho de Esade
Universitat Ramón Llull

tirant lo blanch
Valencia, 2025

En caso de erratas y actualizaciones, la Editorial Tirant lo Blanch publicará la pertinente corrección en la página web www.tirant.com.

La aceptación de la presente obra ha tenido en consideración la evaluación y calificación otorgada por los expertos componentes del tribunal calificador de la tesis doctoral en la que se basa, cumpliendo con el criterio correspondiente de los revisores externos y ofreciendo la calidad debida a la presente edición.

EDITA: TIRANT LO BLANCH
C/ Artes Gráficas, 14 - 46010 - Valencia
TELFS.: 96/361 00 48 - 50
FAX: 96/369 41 51
Email: tlb@tirant.com
www.tirant.com
Librería virtual: www.tirant.es
DEPÓSITO LEGAL: V-2147-2025
ISBN: 979-13-7010-346-0

Si tiene alguna queja o sugerencia, envíenos un mail a: *atencioncliente@tirant.com*. En caso de no ser atendida su sugerencia, por favor, lea en *www.tirant.net/index.php/empresa/politicas-de-empresa* nuestro procedimiento de quejas.

Responsabilidad Social Corporativa: *http://www.tirant.net/Docs/RSCTirant.pdf*

Índice

Capítulo 1

Introducción 19

Capítulo 2

El origen del Estado social: desde el Estado liberal hasta la República de Weimar 33

2.1. EL CONCEPTO DE ESTADO DE DERECHO Y SU DESARROLLO HACIA EL ESTADO SOCIAL 35

2.1.1. Francia y sus revoluciones: del 'estado social' a la República democrática y social 37

2.1.2. Alemania y la construcción jurídica del Estado de Derecho 45

2.1.3. El avance hacia el Estado democrático de Derecho 51

2.1.4. El desarrollo del Estado constitucional de Derecho 54

2.2. EL NACIMIENTO DEL CONCEPTO DE ESTADO SOCIAL: DESDE LA LEGISLACIÓN SOCIAL HASTA LA REPÚBLICA DE WEIMAR 58

2.2.1. Bismarck y la legislación social. Von Stein y el uso de Estado social como adjetivo de Estado de Derecho 60

2.2.2. La doctrina social de la Iglesia católica 65

2.2.3. León Duguit y la solidaridad social en el derecho público 70

2.2.4. La revolución mexicana y la Constitución de Querétaro de 1917 72

2.3. EL PERÍODO POST PRIMERA GUERRA MUNDIAL. GIERKE Y EL SURGIMIENTO Y CAÍDA DE LA REPÚBLICA DE WEIMAR 76

2.3.1. La Constitución de Weimar de 1919 y el surgimiento de un Estado social implícito 79

2.3.2. La Constitución de Weimar como una Constitución de compromiso. La posición de Schmitt 87

2.3.3. El renacimiento del concepto de Estado social y la importancia de la obra de Hermann Heller 90

2.3.4. La contraposición de los conceptos de "Estado socialista" y "Estado social" 95

2.3.5. La proyección de los elementos sociales en los textos constitucionales luego de la dictación de la Constitución de Weimar. Especial referencia a la Constitución de Irlanda de 1937 y de España de 1931 100

2.3.6. El período de la post guerra. El desarrollo del concepto de derecho social en el orden internacional en Gurvitch y las declaraciones internacionales de derechos 106
2.3.7. El surgimiento del concepto de Estado de bienestar y su distinción con el Estado social 111
2.4. RECAPITULACIÓN 116

Capítulo 3

La consagración de Estados sociales implícitos y expresos. La Constitución de Italia de 1948 y la Ley Fundamental de Bonn de 1949 119

3.1. ITALIA Y LA FORMACIÓN DEL ESTADO SOCIAL EN LA CONSTITUCIÓN DE 1948 120
3.1.1. El elemento social en la Asamblea constituyente italiana y el principio del trabajo en la forma de Estado 121
3.1.2. La naturaleza del compromiso del texto italiano 126
3.1.3. La interpretación de la doctrina del *principio lavoralista* del artículo 1 127
3.1.4. La importancia del deber de remoción de obstáculos del artículo 3.2 131
3.1.5. La discusión sobre la existencia de un Estado social implícito en la Constitución italiana 136
3.1.6. La jurisprudencia de la Corte Constitucional de Italia sobre el Estado social 145
3.1.7. La importancia de la Constitución italiana en el desarrollo del concepto de Estado social 152
3.2. EL ESTADO SOCIAL COMO CLÁUSULA EXPLÍCITA: LA LEY FUNDAMENTAL DE BONN DE 1949 152
3.2.1. La génesis de la Ley Fundamental de Bonn 153
3.2.2. La creación de la cláusula de Estado social en el Consejo Parlamentario 155
3.2.3. La cláusula de Estado social como una fórmula de compromiso 159
3.2.4. Las críticas a la vaguedad y falta de contenido de la cláusula de Estado social 161
3.2.5. El Estado social como fórmula transformadora 166
3.2.6. El Estado social y la procura existencial 169
3.2.7. La concreción normativa de los objetivos del Estado social y el rol de los poderes públicos 172
3.2.8. Estado social y responsabilidad fiscal 177
3.2.9. La aplicación del concepto de Estado social por la jurisprudencia del Tribunal Constitucional Federal de Alemania 179

i. El principio de Estado social y su deferencia con el legislador .. 180
ii. El Estado social es un principio amplio del cual no es posible derivar instrucciones, instrumentos o prestaciones directas 181
iii. El Estado social mandata al legislador para garantizar un nivel de subsistencia digno 182
iv. El Estado social es plenamente compatible con la provisión privada de derechos 183
v. Estado social y carga fiscal 184
3.2.10. La importancia de la Ley Fundamental de Bonn en el desarrollo del concepto de Estado social 185
3.3. LA PROYECCIÓN DEL CONCEPTO DE ESTADO SOCIAL EN LAS CONSTITUCIONES EUROPEAS LUEGO DE 1949 Y SU DIFERENCIA CON EL ESTADO SOCIALISTA 186
3.4. RECAPITULACIÓN 194

Capítulo 4

El Estado social en España y la Constitución de 1978 197
4.1. LA CONSTITUCIÓN DE 1931 Y LA DISCUSIÓN SOBRE LA FORMA DE ESTADO 199
4.2. LOS CONCEPTOS DE ESTADO SOCIAL DEL FRANQUISMO Y DE LA OPOSICIÓN 202
4.2.1. El concepto de Estado social del primer franquismo: la justicia social 202
4.2.2. El Estado social del segundo franquismo: la Administración eficiente 208
4.2.3. El concepto de la oposición de Estado social como "transformador" hacia la justicia social y etapa intermedia hacia una economía socialista 210
4.2.4. El Estado social como regulador y legitimador del poder estatal. Manuel García-Pelayo 218
4.3. EL CONCEPTO DE ESTADO SOCIAL DESDE LA CONSTITUCIÓN DE 1978 221
4.3.1. El orden de los elementos en la fórmula Estado social y democrático 227
4.3.2. El concepto de Estado social como fórmula de compromiso .. 229
4.3.3. El contenido de la fórmula de Estado social 235
4.3.4. El Estado social y su vinculación con el artículo 9.2 de la Constitución 237
4.3.5. Los efectos normativos de la cláusula de Estado social 240
4.3.6. El Estado social multinivel: los efectos de la cláusula de Estado social a nivel autonómico y su relación con el derecho de la Unión Europea 244

i. El Estado social y las competencias de las Comunidades Autónomas 245
ii. El Estado social y el orden supranacional 247

4.3.7. La "crisis" y posterior "desmantelamiento" del Estado social, y el surgimiento del Estado social como garante 251

4.3.8. La jurisprudencia del Tribunal Constitucional de España sobre la cláusula de Estado social 257

i. La cláusula de Estado social como un elemento indiferenciado de la fórmula de Estado social y democrático de Derecho, y como una consideración de *obiter dicta* en las sentencias 259
ii. El contenido conceptual de la fórmula de Estado social en la jurisprudencia 260
iii. La relación de la cláusula de Estado social con el principio de igualdad sustantiva 262
iv. El Estado social y la "Constitución económica" 267
v. Estado social y su relación con los derechos fundamentales y principios rectores 271

4.3.9. La importancia de la Constitución Española para el desarrollo del concepto de Estado social 279

4.4. LAS CONSTITUCIONES EUROPEAS, LOS ELEMENTOS DE SUS FORMAS DE ESTADO Y SU MODIFICACIÓN LUEGO DE LA CAÍDA DEL MURO DE BERLÍN 280

4.4.1. Constituciones en que no hay mención a elementos de la forma de Estado 282

4.4.2. Los elementos de la forma de Estado en las constituciones hasta la caída del muro de Berlín 283

4.4.3. Los elementos de la forma de Estado en las constituciones después de la caída del muro de Berlín 284

i. Países que no incluyen elementos sociales en la forma de Estado 284
ii. Países que incluyen elementos sociales en la forma de Estado 286

4.5. RECAPITULACIÓN 289

Capítulo 5

La "recuperación" del concepto de Estado social en América Latina. El neoconstitucionalismo y el nuevo constitucionalismo latinoamericano y su influencia en la configuración del Estado social en las constituciones de Colombia, Venezuela y Bolivia 291

5.1. LA INCORPORACIÓN DEL CONCEPTO DE ESTADO SOCIAL EN LAS CONSTITUCIONES DE AMÉRICA LATINA 293

5.1.1. Los efectos de la constitucionalización del Estado social en las constituciones latinoamericanas 302

5.1.2. Estado social de Derecho y Estado social de derechos 307
5.1.3. La importancia de los procesos constitucionales de Colombia, Venezuela y Bolivia 310
5.2. EL ESTADO SOCIAL EN LA CONSTITUCIÓN DE COLOMBIA DE 1991 312
5.2.1. El origen de la cláusula de Estado social en la Asamblea Nacional Constituyente 313
5.2.2. El contenido y efecto normativo de la cláusula de Estado social en la Asamblea Nacional Constituyente 316
5.2.3. El contenido de la cláusula de Estado social para la doctrina ... 318
5.2.4. La aplicación de la cláusula de Estado social por la Corte Constitucional de Colombia 321
i. El concepto de Estado social como cláusula transformadora y de aplicación directa 322
ii. El Estado social habilita y mandata un rol intervencionista del Estado en la economía 324
iii. El Estado social exige un rol activo del juez constitucional en la garantía de derechos sociales 327
iv. La concreción del Estado social en la provisión de derechos sociales 333
5.2.5. La importancia de la interpretación del concepto de Estado social en Colombia 336
5.3. LA CONSTITUCIÓN DE VENEZUELA DE 1999 338
5.3.1. La Asamblea Nacional Constituyente de 1999 343
5.3.2. La interpretación de la doctrina sobre el concepto de Estado social 348
5.3.3. La jurisprudencia sobre el Estado social del Tribunal Supremo de Venezuela 349
i. El Estado social como fórmula transformadora de la sociedad 351
ii. El Estado social se caracteriza por la garantía de los derechos sociales, correspondiendo su aplicación a todos los poderes públicos 355
iii. El Estado social obliga a la justiciabilidad directa de la Constitución y amplía el rol de los tribunales 359
iv. El Estado social otorga legitimidad a la actividad de la Administración y mandata su intervención en la actividad económica 363
v. El cambio en la jurisprudencia del Tribunal Supremo después de diciembre de 2015 365
5.3.4. La importancia de la interpretación del Estado social en Venezuela 370
5.4. LA CONSTITUCIÓN DE BOLIVIA DE 2009 371
5.4.1. El Estado social en la Asamblea Constituyente de 2006 y la Constitución de 2009 375

5.4.2. La jurisprudencia del Tribunal Constitucional Plurinacional de Bolivia sobre el concepto de Estado social 380
i. El concepto de Estado social como parte de una fórmula refundacional, basada en la plurinacionalidad 380
ii. El Estado social como garante de derechos sociales 382
iii. El Estado social como mandato de justiciabilidad limitada de los derechos sociales 384
5.4.3. La importancia de la Constitución de Bolivia para el desarrollo del concepto de Estado social 385
5.5. RECAPITULACIÓN 386

Capítulo 6

El Estado social en la Constitución de Chile 389
6.1. EL ESTADO SOCIAL COMO FORMA IMPLÍCITA ANTES DE LA CONSTITUCIÓN DE 1980 391
6.2. EL ESTADO SOCIAL COMO FORMA IMPLÍCITA EN LA CONSTITUCIÓN DE 1980 395
6.3. LA CRÍTICA DEL NUEVO CONSTITUCIONALISMO LATINOAMERICANO EN CHILE Y SU CONCEPTO DE ESTADO SOCIAL 401
6.3.1. La función transformadora del Estado social 402
6.3.2. La función prestacional del Estado social 405
6.4. EL ESTADO SOCIAL COMO ORDEN SOCIAL JUSTO Y DEFERENTE AL LEGISLADOR 406
6.5. EL ESTADO SOCIAL EN LA JURISPRUDENCIA CHILENA 408
6.5.1. La jurisprudencia del Tribunal Constitucional y su uso del principio de Estado social 410
6.5.2. La jurisprudencia de la Corte Suprema y su uso del principio de Estado social 416
6.6. LA DISCUSIÓN SOBRE EL CONCEPTO DE ESTADO SOCIAL EN LAS PROPUESTAS DE NUEVA CONSTITUCIÓN DE CHILE ENTRE 2015 Y 2022 419
6.6.1. El primer proceso constitucional chileno – 2015-2018 419
6.6.2. El segundo proceso constituyente chileno – 2019-2022 422
6.6.3. La discusión sobre los adjetivos de la forma de Estado en la propuesta constitucional de 2022 426
6.6.4. Valoración de la forma de Estado en el proyecto de Constitución de 2022 430
6.7. LA DISCUSIÓN SOBRE EL CONCEPTO DE ESTADO SOCIAL EN EL PROCESO CONSTITUYENTE DE 2023 434
6.7.1. La ley de reforma constitucional número 21.533 y las "doce bases" del nuevo proceso constituyente 435

6.7.2. Las concepciones sobre el Estado social en la Comisión Experta y en el Consejo Constitucional ... 440
i. La discusión sobre el Estado social como una novedad del proceso o una cláusula implícita en la Constitución de 1980 ... 442
ii. El concepto de Estado social como una cláusula abierta y compromisoria ... 444
iii. El Estado social no es un Estado socialista, ni Estado de bienestar, ni Estado social de derechos ... 448
iv. El Estado social como cláusula transformadora ... 450
v. La idea de Estado social "a la chilena" ... 451
vi. El Estado social y su finalidad de promover el bien común ... 454
vii. El contenido de la cláusula de Estado social ... 456
viii. El Estado social y la provisión de derechos sociales ... 459
ix. El Estado social como búsqueda de solidaridad y justicia social ... 460
x. El Estado social y su relación con el deber de remoción de obstáculos y la igualdad sustantiva ... 463
xi. El Estado social y su compatibilidad con la subsidiariedad y la participación privada en la provisión de derechos ... 465
xii. El rol de la Administración del Estado en el Estado social ... 469
xiii. El Estado social es un principio que debe ser desarrollado por el legislador ... 471
xiv. El Estado social y el rol de los jueces en su aplicación ... 473
xv. El Estado social y la progresividad de los derechos sociales ... 474
xvi. El Estado social y la obligación de responsabilidad fiscal en su desarrollo ... 477
6.7.3. La concreción de la forma de Estado social en el texto constitucional de 2023 ... 479
6.7.4. La participación de la Comisión de Venecia en el proceso constitucional de 2023 en relación con el concepto de Estado social ... 482
6.7.5. Valoración de la forma de Estado en el proyecto de Constitución de 2023 ... 485
6.8. RECAPITULACIÓN ... 487

Capítulo 7
El concepto y contenido del Estado social en la actualidad ... 489
7.1. EL ESTADO SOCIAL PUEDE ADOPTAR LA FORMA DE UN PRINCIPIO IMPLÍCITO O EXPLÍCITO ... 492
7.2. EL ESTADO SOCIAL ES UNA FÓRMULA DE COMPROMISO CON UN CONTENIDO MÍNIMO ... 496
7.2.1. El Estado social en Europa como un compromiso explícito ... 497
7.2.2. La corriente latinoamericana de la fórmula de Estado social ... 501

7.2.3. Chile y la culminación de la evolución del concepto de Estado social como fórmula de compromiso 502

7.3. EL ESTADO SOCIAL ES UN ELEMENTO DE UNA FÓRMULA COMPLEJA: ESTADO SOCIAL Y DEMOCRÁTICO DE DERECHO 504

7.3.1. La relación del adjetivo social con el Estado democrático 506

7.3.2. La relación del Estado social con el Estado de Derecho 509

7.3.3. La relación del Estado social otros principios asociados a la forma de Estado 511

7.4. EL OBJETO DEL ESTADO SOCIAL ES EL BIEN COMÚN Y SU ORIENTACIÓN A UN ROL ACTIVO DEL ESTADO PARA SU CONSECUCIÓN 512

7.4.1. El bien común como fin del Estado social 513

7.4.2. El concepto de interés general en Francia y España y el retorno contemporáneo hacia el bien común 518

7.5. LOS EFECTOS DE LA CONSTITUCIONALIZACIÓN DEL CONCEPTO DE ESTADO SOCIAL 528

7.5.1. La función política y simbólica de la constitucionalización de la cláusula de Estado social 529

7.5.2. La función jurídica de la constitucionalización de la cláusula de Estado social 530

i. La función directiva general de la creación del Derecho y la actuación del Estado 531

ii. La función interpretativa y de integración de lagunas de la fórmula de Estado social, con especial mención a la interpretación del derecho penal bajo dicha cláusula 533

7.6. EL ESTADO SOCIAL Y EL ROL DE LOS PODERES PÚBLICOS 539

7.6.1. El rol del legislador en la concreción de la cláusula de Estado social 540

7.6.2. El rol de la Administración en la aplicación de la cláusula de Estado social 544

7.6.3. El rol del juez y la justicia constitucional en la aplicación de la cláusula de Estado social 546

7.7. EL ROL DE LOS DERECHOS SOCIALES EN EL ESTADO SOCIAL Y SU RELACIÓN CON LA PROGRESIVIDAD E IRRETROACTIVIDAD DE SU GARANTÍA 550

7.7.1. El rol de los derechos sociales en el Estado social 550

7.7.2. La indivisibilidad, progresividad e irreversibilidad de los derechos sociales 555

7.8. LA COMPATIBILIDAD Y NECESIDAD DE ESTABILIDAD PRESUPUESTARIA PARA LA SUBSISTENCIA DEL ESTADO SOCIAL 559

7.9. ESTADO SOCIAL Y SU COMPATIBILIDAD CON EL PRINCIPIO DE SUBSIDIARIEDAD 562

Capítulo 8

Conclusiones 569

Capítulo 9

Referencias bibliográficas 577
8.1. DOCTRINA CITADA 577
8.2. JURISPRUDENCIA CITADA 609
8.2.1. Corte Constitucional de Italia 609
8.2.2. Tribunal Constitucional Federal de Alemania 610
8.2.3. Tribunal Constitucional de España 612
8.2.4. Corte Constitucional de Colombia 615
8.2.5. Tribunal Supremo de Venezuela 616
8.2.6. Tribunal Constitucional Plurinacional de Bolivia 617
8.2.7. Corte Suprema de Chile 617
8.2.8. Tribunal Constitucional de Chile 618

Capítulo 1

Introducción

En los últimos años se han renovado antiguos debates sobre el adjetivo "social" y su significado asociado a la forma de Estado. Si por Estado entendemos un tipo de organización política, las formas de Estado buscan caracterizar la relación entre sus elementos constitutivos – territorio, pueblo y poder. La idea de Estado social, entonces, sería aquella forma de Estado por la que se incorpora una preocupación social a la actuación pública. Esta definición de Estado social no es particularmente reciente – los antecedentes del concepto se remontan a mediados del siglo XIX, en Alemania –, y pese a los constantes calificativos de "crisis", "desmantelamiento" o "devaluación",[1] es una noción a la cual la comunidad jurídica vuelve de tiempo en tiempo; en ocasiones, sin un mínimo consenso sobre su contenido y los efectos normativos que se derivan de ella.

En rigor, el Estado social no es la primera ni ha sido la única manifestación de una preocupación social del Estado. La orientación del Estado hacia el auxilio de fines sociales ha adoptado históricamente distintos instrumentos, como la creación de mecanismos legales de protección, y solo más adelante – coincidiendo con el avance hacia un Estado constitucional – se cristalizó en la constitucionalización de distintas formas de Estado. En la adopción de las formas de Estado los países adoptaron diferentes caminos – en algunos casos la preocupación

---

1 Por todos, Jimena Quesada, Luis (2017): *Devaluación y blindaje del Estado social y democrático de Derecho* (Valencia, Tirant Lo Blanch) 190 pp.

social se intentó realizar desde un Estado socialista, en otros un Estado nacionalsocialista, y finalmente, a través del uso explícito de la fórmula de Estado social. Es decir, el Estado social ha sido un instrumento más de la concreción de una finalidad de protección de la comunidad en la forma de Estado, pero en ningún caso su única manifestación.

El principal desarrollo doctrinario del concepto de Estado social ocurrió en la década de 1950 en Alemania y más adelante en España, asociándolo a una fórmula compuesta por otro adjetivo, como es el Estado democrático, y en el marco del Estado de Derecho. En efecto, el Estado social es parte de una fórmula compleja que la tradición europea iniciada en Alemania sintetizó en la formulación constitucional del "Estado democrático y social de Derecho" del artículo 20.1 de la Ley Fundamental de Bonn de 1949. Como elemento de una fórmula constitucional compleja, el Estado social se relaciona con el Estado democrático y se desarrolla bajo un Estado de Derecho, por lo que sus efectos se matizan o potencian entre sí, al igual como se limitan recíprocamente.

Las dificultades para discernir el contenido y los efectos normativos de la cláusula de Estado social se iniciaron desde su misma incorporación a la Ley Fundamental de Bonn. Setenta y cinco años después de su consagración positiva, los textos de derecho constitucional en Alemania continúan refiriéndose a la dificultad de dotar de un contenido preciso al adjetivo social. Este problema se ilustra en la frase de Roman Herzog y Bernd Grzeszick al iniciar su análisis de la cláusula: "[l]a interpretación y especificación sustantiva de este principio del Estado social presenta a la teoría del derecho constitucional dificultades casi insalvables hasta el día de hoy y probablemente también en el futuro".[2] Los problemas de la comprensión del

---

2 HERZOG, Roman y GRZESZICK, Bernd (2013): "Artikel 20", en MAUNZ, Theodor; DÜRIG, Günter; HERZOG, Roman, y GRZESZICK,

sentido del elemento social en la fórmula compleja de Estado democrático y social de Derecho no han sido exclusivos de Alemania, sino de otros países que la incorporaron expresamente con posterioridad, como España, y también de otros como Italia y Portugal que, pese a no incluirla explícitamente, son considerados por la doctrina como Estados sociales.

En efecto, la Constitución de España de 1978 en su artículo 1.1 alteró levemente la fórmula alemana para señalar que "España se constituye en un Estado social y democrático de Derecho". En Italia, en cambio, la Constitución de 1948 omitió la definición expresa de una forma de Estado, señalando en sus artículos 1 y 2 que "Italia es una República democrática fundada en el trabajo", que "reconoce y garantiza los derechos inviolables del hombre, tanto como individuo, como en el seno de las formaciones sociales en las que desarrolla su personalidad, y exige el cumplimiento de los deberes ineludibles de solidaridad política, económica y social". En Portugal, la Constitución de 1976 declaró en sus artículos 1 y 2 que "la República portuguesa es un Estado Democrático basado en el Derecho", y además, "soberana, basada en la dignidad de la persona y en la voluntad popular y empeñada en construir una sociedad libre, justa y solidaria", sin mención al concepto de Estado social. Aunque el adjetivo social no se encuentre explícitamente en dichos textos asociado a la forma de Estado, se ha entendido que sus constituciones configuran lo que conocemos como Estado sociales.

Si el Estado social puede adoptar una formulación explícita o implícita, interesa revisar cuál es la importancia contemporánea de la inclusión de dicho concepto en las nuevas constituciones redactadas desde la década de 1990 en adelante – en especial, en América Latina –, en un contexto europeo en que luego de su "etapa dorada", entre 1949 y 1978, la noción

---

Bernd: *Grundgesetz, Kommentar* (München, Beck) VIII, Rn. 3.

comienza un decaimiento denominado como "crisis", al imponerse una visión del Estado social en su faz de Estado prestacional, y por tanto, limitando la potencialidad de la fórmula a elementos materiales y las restricciones presupuestarias derivadas de los ciclos económicos. Esta "crisis del Estado social" identificada por la doctrina en la década de 1990 se siguió – bajo la nueva crisis económica de 2007-2008 – de una crítica al "desmantelamiento" de esta forma de Estado en Europa

Pese a estos estos períodos de "crisis" y "desmantelamiento" del Estado social en Europa, el concepto adquirió nuevos aires en América Latina. En la década de 1990, la tradición española de la formulación de la cláusula de Estado social desembarcó en los países latinoamericanos bajo una visión que destacó su función transformadora del orden económico y social. La Constitución de Colombia de 1991 incluyó directamente la cláusula de Estado social de Derecho en su artículo 1, fortaleciendo la garantía judicial de los derechos sociales. Más adelante, el nuevo constitucionalismo latinoamericano motivó la incorporación del Estado social en las constituciones de Venezuela de 1999; Ecuador de 2008 y Bolivia en 2009, asociando el elemento social a la democracia directa y participativa, pero además a otros adjetivos innovadores y que marcan una diferencia con la herencia europea, como la plurinacionalidad, interculturalidad, ecología, entre otros.

Lo anterior, a diferencia del caso de Chile, que siendo parte de la región mantuvo un enfoque distinto, con una forma de Estado social que se entendió inicialmente como implícita en la Constitución de 1980, pero que la presión del nuevo constitucionalismo latinoamericano insistió en incorporar en el fallido proceso constituyente de 2019-2022, y luego, un aparente consenso político pretendió incluir en el también fracasado proyecto constitucional de 2023.

Vista la variedad de realidades histórico-políticas que han incorporado implícita o explícitamente la idea de Estado social y las diferentes aproximaciones a su contenido y efectos, el objeto de este trabajo es analizar el aporte de la categoría de Estado social, vista aisladamente o considerada de forma autónoma, a la fórmula compleja de Estado social y democrático de Derecho. Si el Estado social puede ser un elemento o principio implícito en una constitución, resulta relevante conocer qué aporta la explicitación de la cláusula de Estado social, si ya se constitucionalizan derechos sociales o hay otros artículos de contenido social en la constitución que permitirían interpretar la existencia implícita de un Estado social.

Para comenzar, el contenido mínimo de un Estado social puede definirse como una forma de Estado que, al buscar la superación del Estado de Derecho en su sentido meramente formal, añade una finalidad sustantiva a la acción estatal, orientando su actuación hacia el mayor desarrollo posible tanto de las personas como de la sociedad en su conjunto. Esta definición inicial del Estado social nos permite distinguir esta cláusula de otros conceptos que podrían considerarse equivalentes, como la idea anglosajona del Estado de bienestar, asociada únicamente a una función prestacional del Estado, o la forma de Estado socialista.

Esta determinación del contenido básico del adjetivo de Estado social hace necesario distinguir las etapas en su desarrollo, diferenciando procesos históricos donde su uso ocurre en contextos democráticos de consenso, de aquellos bajo regímenes autoritarios o incluso totalitarios, donde el contenido que se busca acentuar en cada etapa también marca una diferenciación. Como señalaba Ángel Garrorena en 1980, "la adjetivación del Estado como 'social' cuenta con los más heterogéneos antecedentes, lo que hace, sin duda, tremendamente compleja su exacta identificación; sobre todo, su identificación ideológica".[3]

---

3 Garrorena Morales, Ángel (1991): *El Estado español como Estado social y democrático de derecho* (Madrid, Tecnos), p. 29.

Teniendo en cuenta esta advertencia, en este libro revisamos los antecedentes de la evolución de la cláusula del Estado social para identificar, a partir de estas bases heterogéneas, los elementos comunes en las interpretaciones de cada país o continente, prestando especial atención al contexto histórico en que se desarrollaron, a los debates de los procesos constitucionales en que se aprobaron, y a la interpretación de la doctrina y la jurisprudencia sobre esta. Para ello, hemos agrupado cuatro períodos históricos de la evolución del Estado social en Europa y América Latina, con el fin de identificar los rasgos comunes o marcar las diferencias en cómo se recogió el concepto de Estado social y su incorporación —implícita o explícitamente— en sus textos constitucionales.

El primer período que revisaremos es el surgimiento del concepto de Estado social desde sus orígenes en el liberalismo alemán del siglo XIX, identificando los primeros usos del adjetivo "social" asociados a una forma de Estado. Posteriormente, analizaremos cómo se plasmó el elemento social tanto en la legislación como en la consagración de derechos fundamentales, que comenzaron a categorizarse precisamente como "sociales". En este período, los hitos iniciales que identificamos son los procesos revolucionarios de 1848 en Francia y Alemania, concluyendo con la caída de la República de Weimar en 1933.

El segundo período de nuestro trabajo se marca en la segunda postguerra, teniendo como hitos principales la discusión y texto de la Constituciones de Italia de 1948 y la Ley Fundamental de Bonn en 1949. La importancia de la Constitución italiana es que introduce la discusión constitucional sobre el reconocimiento de un concepto de Estado social implícito derivado de sus artículos 1, 2 y 3.2, como también del reconocimiento de derechos sociales en su texto. En el caso de la Ley Fundamental de Bonn, tiene relevancia para nuestra evolución por ser la primera vez que se explicita en un texto constitucional la cláusula de Estado social, dentro de la fórmula de Estado democrático y social de Derecho.

El tercer período del concepto de Estado social se desarrolló en España, después de que este concepto parecía haber perdido su influencia en los textos constitucionales tras su consagración en la Ley Fundamental de Bonn. La doctrina constitucional española ya había debatido sobre el concepto desde principios del siglo XX. En nuestro trabajo, la discusión de mayor interés se originó con el uso que el régimen autoritario de Franco hizo de la fórmula de Estado social, la reacción que esto generó en parte de la doctrina, y, finalmente, cómo se cristalizó la incorporación del adjetivo "social" a la forma de Estado en la Constitución de 1978.

Finalmente, el cuarto y último período corresponde al proceso de recepción de la idea de Estado social en América Latina. La evolución europea del concepto de Estado social culminó tardíamente con la Constitución española de 1978, y pronto se trasladó a América Latina, donde en 1979 la Constitución de Perú adoptó el concepto como uno de los principios fundamentales de su República. Durante el período de dictaduras militares en América Latina, las constituciones redactadas no mencionaron explícitamente la idea de Estado social, aunque en algunos países —como es el caso de Chile— la doctrina entendió inicialmente que la cláusula se encontraba implícita en sus textos.

La importancia de la consagración explícita de la fórmula de Estado social a nivel constitucional en América Latina desde 1990 se explica, en parte, por la influencia que adquiere la función transformadora de la constitución. Esta visión neoconstitucionalista del texto constitucional busca profundizar su carácter refundacional, mediante un amplio reconocimiento de derechos sociales, garantías judiciales para su protección derivadas de la aplicación directa del texto constitucional, y mecanismos de democracia directa que refuerzan la función integrativa de la cláusula. En 1991, la Asamblea Constituyente colombiana consagró expresamente al país como un Estado social de derecho, originando una interpretación amplia de dicha formulación, con una garantía jurisdiccional reforzada.

A partir de la aprobación de las constituciones de Venezuela en 1999, Ecuador en 2008 y Bolivia en 2009, se ha caracterizado a esta corriente como el 'nuevo constitucionalismo latinoamericano', que sostiene que la legitimación otorgada por el retorno a la democracia tras los gobiernos autoritarios justifica —o incluso exige— la necesidad de un nuevo orden transformador, logrando "revolucionar el status quo de sociedades en condiciones de necesidad".[4] Este nuevo constitucionalismo latinoamericano amplía la extensión de las declaraciones de derechos, no solo sociales, sino también económicos, culturales, ambientales, colectivos, indígenas y de la naturaleza. Asimismo, se exacerba la fuerza normativa de la constitución mediante su aplicación directa total: de cualquier norma constitucional es posible deducir una regla o norma que permita resolver un asunto controvertido o derivar un mandato para el legislador o los poderes públicos.

La democracia representativa europea dio paso a la creación de nuevos modelos de democracia directa y participativa; los regímenes presidencialistas se profundizan, reduciendo los contrapesos al Presidente y permitiendo la reelección, o al menos, dificultando para la oposición la alternancia en el poder. Esto deriva del énfasis del nuevo constitucionalismo latinoamericano en la constitución como una herramienta transformadora y, por tanto, en la necesidad de una posición más activa de los poderes de dirección política.

En este contexto del nuevo constitucionalismo transformador, la consagración de la fórmula de Estado social en el texto constitucional se convierte en un elemento de garantía directa, permitiendo la interpretación y derivación de efectos

---

4 VICIANO PASTOR, Roberto, y MARTÍNEZ DALMAU, Rubén (2011): "El nuevo constitucionalismo latinoamericano. Fundamentos para una construcción doctrinal", en *Revista General de Derecho Público Comparado*, Nº 9, p. 9.

normativos a partir de una cláusula que, en sí misma, no tiene un contenido claro o unívoco. De este modo, asume la función de transformación o refundación necesaria para superar las "viejas estructuras" de garantía del orden conservador, como el sistema judicial y los órganos de la Administración en América Latina. Así, el Estado social permite transformar el núcleo básico de la organización del poder —la "sala de máquinas"— hacia uno orientado a la garantía de los nuevos derechos y la transformación del orden social.[5]

Un ejemplo de esta 'revolución' latinoamericana, incluso en la nomenclatura tradicional del constitucionalismo europeo, es la innovación de la Constitución de Ecuador de 2008 al caracterizar la forma de Estado como un "Estado constitucional de derechos y justicia, social, democrático, soberano, independiente, unitario, intercultural, plurinacional y laico".[6] Cabe destacar que la forma habitual de Estado de Derecho cede ante el concepto de Estado "de derechos", lo que —como veremos más adelante— es de especial interés para el análisis de la evolución del propio concepto de Estado social.

Un caso distinto es el de Chile, que analizaremos con especial atención por sus particularidades. En primer lugar, por su actualidad, tras dos procesos constitucionales fallidos, el último en diciembre de 2023. En segundo lugar, porque el concepto de Estado social fue una de las consignas principales que impulsaron el proceso de cambio constitucional de 2022 y también uno de los acuerdos políticos de contenido mínimo en el proceso de 2023. En tercer lugar, y relacionado con lo anterior, en Chile hubo un acuerdo transversal en el proceso de 2023 entre las fuerzas políticas respecto a la incorporación del

---

5 Gargarella, Roberto (2018): "Sobre el 'nuevo constitucionalismo latinoamericano'", en *Revista Uruguaya de Ciencia Política*, volumen 27, N° 1, pp. 125-126.

6 Constitución de Ecuador de 2008, artículo 1.

Estado social como "continente" o denominación, pero no así en cuanto a su "contenido" o a lo que este implicaba. Por ello, durante las discusiones para concretar el Estado social en la Comisión Experta y en el Consejo Constitucional, surgieron todas las discrepancias que ya se habían reflejado en los debates históricos sobre el Estado social, lo que actualizó las discusiones europeas en una nueva síntesis que, aunque fracasada, ofrece lecciones sobre la interpretación contemporánea del concepto.

La Constitución de Chile de 1980 optó por incluir la fórmula explícita de Estado democrático en el artículo 4 de su texto, e implícitamente la noción de Estado de Derecho en sus artículos 6 y 7. Sin embargo, no hubo una mención expresa del adjetivo "social", por lo que su caracterización como un Estado social al modelo europeo no era del todo clara. Después de su aprobación, la doctrina intentó interpretar desde su articulado la existencia de un Estado social implícito. Las menciones al bien común en su artículo 1, junto con una influyente interpretación de la doctrina social de la Iglesia a finales de la década de 1980, y encíclicas como *Centesimus Annus* de Juan Pablo II en 1991, favorecieron una lectura del texto constitucional que abría paso a una economía social de mercado. Esta interpretación fue compartida por autores y tribunales hasta la primera década del siglo XXI, cuando la corriente del nuevo constitucionalismo latinoamericano presionó para que su consagración fuera explícita, entendiendo que un Estado social implícito no produce el mismo efecto normativo que su consagración expresa. Esto fue la antesala de los debates constitucionales de 2021 y 2023 sobre la importancia de explicitar el Estado social en los proyectos de constitución.

La revisión histórica del desarrollo del adjetivo 'social' asociado a la forma de Estado nos permite identificar, como valores de su configuración expresa en el texto constitucional, tanto una dimensión política, donde lo simbólico tiene una importancia fundamental, como una dimensión jurídica, relacionada con los efectos normativos que derivan de su inclusión en el texto.

En su dimensión política, la cláusula de Estado social aporta legitimidad a la acción estatal, promueve la integración de la comunidad y simboliza una refundación o un cambio de paradigma político y social. En su dimensión jurídica, la cláusula cumple una función directiva, sirviendo como elemento interpretativo del ordenamiento jurídico y como un mandato general para los poderes públicos. En este contexto, resulta crucial el papel del legislador y de la justicia constitucional para la concreción del principio del Estado social.

Asimismo, existen diversos contenidos en las constituciones que, a través de una interpretación unitaria, pueden considerarse estrechamente vinculados al Estado social, o que permiten entender que estamos ante un Estado con estas características. Los casos de Italia y Portugal, que mencionamos anteriormente, son relevantes para esta conclusión, ya que incorporan elementos finalistas, como la orientación del Estado hacia la justicia social y el respeto de la dignidad humana. En el caso de Italia —de gran importancia para la evolución del Estado social— se establece un mandato para "remover los obstáculos de orden económico y social que, limitando de hecho la libertad y la igualdad entre los ciudadanos, impiden el pleno desarrollo de la persona humana y la participación efectiva de todos los trabajadores en la organización política, económica y social del país."[7]

Por su parte, en América Latina, la recepción del concepto de Estado social se ha caracterizado por la exacerbación de una dimensión política transformadora o refundacional del orden económico y social. El Estado social, que en Europa está

---

7 Constitución de Italia de 1948, artículo 3.2.

asociado al adjetivo democrático y al Estado de Derecho, se complementó en esta región con nuevos componentes en la forma de Estado, como la plurinacionalidad, la ecología y la justicia, entre otros. Esto marcó una diferencia tanto en el contenido como en el valor de la explicitación de la cláusula de Estado social junto a estos nuevos adjetivos en las constituciones latinoamericanas.

En Chile, mientras que en el proceso constitucional de 2022 el Estado social se vinculó al elemento democrático y al Estado de Derecho, además de un Estado 'plurinacional, intercultural, regional y ecológico', en 2023 se incluyó en su formulación tradicional europea, pero junto a elementos explícitos orientativos para su interpretación: promoción de derechos sociales, progresividad, responsabilidad fiscal, entre otros que revisaremos más adelante.

Por lo tanto, a la luz del debate contemporáneo sobre el rol del Estado y la sociedad civil en relación con las formas del Estado de Derecho, consideramos relevante revisar el origen y la evolución de la fórmula de Estado social, con el fin de extraer de sus debates históricos un criterio que guíe su interpretación actual y su aplicación normativa. Esto nos permitirá identificar cuál es el aporte de la categoría de Estado a la fórmula compleja de Estado social y democrático de Derecho, así como la significancia de la explicitación de la cláusula de Estado social en la constitución.

El examen de la evolución histórica del concepto de Estado social permite comprender cómo éste se ha formado a partir de distintas tradiciones, algunas más cercanas al elemento democrático y otras incluso contrapuestas. Esto explica que los intérpretes contemporáneos en debates constitucionales recientes recurran a variadas fuentes y autores para defender posturas contradictorias. Tanto los regímenes autoritarios como los democráticos han sostenido que persiguen la construcción de un Estado social. Este concepto puede interpretarse como un mandato de acción directa para la Administración o el poder legislativo, un deber prioritario de intervención del Estado en la vida social, el fomento de grupos sociales para satisfacer demandas colectivas, un principio interpretativo de la actividad estatal en la economía, o un mandato para los órganos públicos en pro de la transformación social, entre otras interpretaciones.

Desde este marco, este libro tiene como objetivo estudiar el desarrollo del adjetivo "social" como parte de la forma de Estado, su valor aislado dentro de la fórmula compleja de Estado social y democrático de Derecho, y analizar críticamente su sentido y efectos jurídicos en la actualidad. Nos enfrentamos a un concepto ampliamente utilizado en la discusión jurídica y política contemporánea, pero que carece de un criterio uniforme o consolidado, así como de claridad respecto al valor de su configuración explícita en las constituciones. Los efectos de estos debates trascienden lo teórico, ya que impactan en la interpretación de una cláusula incorporada al texto constitucional, que posee el máximo valor normativo dentro del sistema de fuentes del derecho, o, en su faz implícita, de un principio constitucional que orienta la actuación de los poderes públicos.

En resumen, este trabajo es una aproximación para observar y analizar la evolución del concepto, sistematizando los antiguos debates sobre su origen, y cómo estos pueden ilustrar a los intérpretes actuales sobre sus contornos normativos para su aplicación contemporánea. El objetivo principal es analizar cómo el alcance del adjetivo "social", en la formulación del Estado social, se ha construido históricamente como un elemento que busca dotar de un sentido material al fin del Estado, para luego convertirse en una formulación compromisoria de contenido abierto, orientada hacia el bien común.

Capítulo 2

El origen del Estado social: desde el Estado liberal hasta la República de Weimar

En la actualidad es común encontrar referencias al Estado de Derecho en los textos constitucionales. Sin embargo, en su origen, la noción de Estado de Derecho no era una expresión positivizada, sino una categoría que surgió en Europa, vinculada al avance de la filosofía liberal y las revoluciones de finales del siglo XVIII. A partir de procesos históricos sucesivos, como las revoluciones francesas de 1789 y 1848, y los movimientos sociales en Alemania en ese mismo año, nació esta forma de Estado, cuyo objetivo era superar el absolutismo, tanto en la fuente de su poder como en su ejercicio concentrado en la figura del monarca.

En esta primera parte del trabajo, realizaremos una breve revisión histórica del desarrollo de los conceptos de Estado y de Estado de Derecho. Nuestro propósito no es ofrecer una explicación exhaustiva sobre la evolución de las formas de Estado, sino mostrar cómo la construcción histórica del Estado y el Estado de Derecho sienta las bases para el surgimiento del concepto de Estado social.

La revisión de la formación del concepto de Estado y Estado de Derecho en los siglos XVIII y XIX proporciona los antecedentes necesarios para entender el marco en el que se desarrolla la idea del Estado social en épocas posteriores. Una primera aproximación a esta idea se asocia con la superación de las formas clásicas del Estado de Derecho, caracterizadas por adjetivos como liberal, constitucional y democrático.

En este primer capítulo, revisaremos los hitos más relevantes en la evolución del Estado de Derecho y cómo, a partir de su desarrollo, podemos entender los factores determinantes que explican el surgimiento del Estado social. En una primera parte pretendemos mostrar que la construcción del Estado social como antítesis del Estado liberal enfrenta un problema: la incorrecta caracterización del Estado liberal como una Administración mínima, así como el supuesto erróneo de que el Estado social siempre ha contado con una legitimidad democrática en su actuar.

Una segunda aproximación al concepto de Estado social surge de las transformaciones que acompañaron el proceso de reconocimiento de derechos políticos a las clases obreras y la expansión del sufragio. Esto generó dos fenómenos importantes: un cambio en la fuente de legitimación del poder y, además, un ejercicio de control político por parte de los ciudadanos a través del voto. El Estado democrático —es decir, la democratización y el reconocimiento de derechos políticos a las clases obreras— resulta clave en la transformación de la legitimidad y el ejercicio del poder estatal, en paralelo con el surgimiento del Estado social.

Este período también marcó el tránsito desde constituciones políticas hacia textos normativos concebidos como normas supremas del ordenamiento jurídico, superando el Estado legal y dando paso al Estado constitucional de derecho, lo que sentó las bases para la futura constitucionalización del Estado social.

Las revoluciones europeas, bajo lemas como la *Républiqe sociale* francesa, impulsaron la búsqueda de un objetivo material para el Estado, y las transformaciones que este experimentó se plasmaron en los textos constitucionales, dotándolos de una garantía normativa superior que hasta entonces no poseían. El

Estado de Derecho —una fórmula desarrollada y popularizada por Robert von Mohl a partir de 1829, como veremos más adelante— comenzó a constitucionalizarse en sus elementos básicos, adquiriendo una mayor protección a través de la idea de la supremacía constitucional. Entre los puntos clave de esta protección se encuentran los elementos que conforman una idea inicial de Estado social.

Una vez sentadas las bases sobre las cuales se construye la idea de Estado social, analizaremos los primeros usos del concepto en el debate sobre la legislación social en Alemania, tras la Revolución de 1848, y cómo esta idea se consolidó en la Constitución de Weimar de 1919. El fin de la Segunda Guerra Mundial reforzó la preocupación social de la comunidad internacional, influyendo tanto en la legislación como en las políticas públicas, y promoviendo la configuración de Estados de bienestar, que en ocasiones se confundieron con el concepto de Estado social de principios del siglo XX. Estas son las bases sobre las cuales continuaremos el trabajo, revisando la incorporación de esta forma de Estado en las constituciones de la segunda postguerra y la incidencia que ello tuvo en los sistemas jurídicos de dichos países.

2.1. EL CONCEPTO DE ESTADO DE DERECHO Y SU DESARROLLO HACIA EL ESTADO SOCIAL

Si entendemos el Estado como una forma de organización política, las diferentes formas de Estado buscan caracterizar la relación entre sus elementos constitutivos: el territorio, el pueblo y el poder.[8] En lo que respecta a este último elemento, la naturaleza del poder estatal puede concebirse como absoluta —en

---

[8] Sobre la relación entre estos elementos ROMANO, Santi (1945): *Principii di diritto costituzionale generale* (Milano, Giufrè Editore), pp. 45-55.

cuyo caso hablamos de un Estado absoluto—, o como un poder limitado, sometido al ordenamiento jurídico al igual que el pueblo. Esta última forma se denomina Estado de Derecho.

Comúnmente, la evolución del Estado de Derecho se caracteriza por una serie de hitos que permiten distinguir sus tipos o formas a través de elementos estructurales. En este marco, se busca integrar la idea de Estado social como una forma de Estado que surge en oposición al Estado liberal, o que profundiza el Estado constitucional o democrático.

Cuando se habla de Estado liberal, democrático o constitucional, se hace referencia a ciertos adjetivos que marcan hitos tradicionales en la evolución del Estado de Derecho. Así, el Estado *liberal* se identifica con las ideas de la Ilustración y el liberalismo del siglo XVIII, en contraposición al poder absoluto del monarca. Luego, en el siglo XIX, el Estado de Derecho experimentó presiones para incorporar elementos normativos y políticos, como la supremacía constitucional y la democracia representativa. El desarrollo de un sistema en el que la Constitución se sitúa en la cúspide de la jerarquía normativa lleva a denominar esta etapa como Estado *constitucional* de Derecho. Paralelamente, los cambios en la fuente de legitimación del poder y la expansión del reconocimiento de derechos políticos, como el sufragio y la formación de partidos políticos, caracterizan esta etapa como un Estado democrático de Derecho.

Aunque la evolución del Estado liberal se asocia con la Revolución francesa, el concepto de Estado de Derecho propiamente dicho surgió en el marco de los cambios políticos y constitucionales de otra revolución: la alemana de 1848. Al mismo tiempo, como veremos más adelante, la Revolución francesa de ese año buscó crear una *République sociale*, que más tarde se entrelazaría con el concepto de *Rechtsstaat*, dando lugar al nacimiento de la idea de Estado social.

2.1.1. Francia y sus revoluciones: del 'estado social' a la República democrática y social

Una primera noción de Estado social busca contraponerlo al Estado liberal.[9] "La denominación de la forma de Estado como Estado liberal busca agrupar las características del Estado que surgen en el siglo XVIII, donde su poder se legitima a través de la idea de soberanía nacional, y cuya principal garantía de derechos para los ciudadanos es el sometimiento de los poderes del Estado a la ley.

Bajo el reinado de la ley en este Estado liberal, el poder legislativo —integrado solo por un sector de la población— asumió el poder absoluto que antes ejercía el monarca para la creación de normas. Sin embargo, a diferencia de este, su legitimidad se basaba en la elaboración de leyes como expresión de la voluntad general, superando el gobierno de un hombre por el gobierno de las leyes y legitimando la fuente del poder que ejerce el Estado. Por ello, la Constitución francesa de 1791 proclamaba que, agotada la legitimidad del monarca como fuente divina, ahora "el rey tan solo reina por [la ley], y solo en nombre de la ley puede exigir obediencia".[10]

La idea contemporánea de Estado social critica al Estado liberal por estar "fundado en la desregulación, en un pequeño aparato estatal y el estricto juego del mercado".[11] En su concepción inicial, el Estado liberal no tiene una relación directa con el reconocimiento de derechos – menos aún, con su provisión estatal –, sino que estrictamente como una forma de limitación

---

9 Por ejemplo, en Lucas Verdú, Pablo (1955): *Estado liberal de Derecho y Estado social de Derecho* (Salamanca, Universidad de Salamanca), p. 13.

10 Constitución de Francia de 1791, capítulo II, artículo 1.3.

11 García Roca, Javier (2023): *Lecciones de derecho constitucional* (Madrid, Civitas), p. 103.

del poder del Estado que hasta ese momento se entendía como absoluto. La primera garantía de derechos en este Estado liberal era, indirectamente, el sometimiento a la ley del poder del Estado, aunque probablemente el mayor esfuerzo de garantía de derechos a través de la ley se buscaba por su uso como la herramienta que permitiría lograr la igualdad entre los ciudadanos, a través de la aprobación de normas por la Asamblea Nacional que eliminaran los privilegios de clase y, con ello, borraran gradualmente los restos del *Ancien Régime.* [12]

En esta etapa, resultaba impensable que la definición de las formas de Estado a nivel constitucional fuera relevante, no solo porque el propio concepto de Estado aún estaba en desarrollo, sino porque la ley era la principal fuente normativa del Estado liberal. Las constituciones, en cambio, eran declaraciones políticas que establecían los lineamientos generales para la organización del Estado. Una constitución tenía el mismo rango normativo que la ley, y la distinción entre ambas se basaba en su objeto, no en su jerarquía. Por ello, las constituciones no pretendían ser una garantía normativa de derechos, sino más bien declaraciones políticas y reglas para la organización del Estado. Por el contrario, los principales derechos del Estado liberal, como la propiedad y la libertad personal, encontraban su protección en la ley – como el *Code Civil* –, y no en el texto constitucional.[13]

En este punto, es necesario hacer una distinción entre la Revolución francesa de 1789 y el desarrollo del Estado liberal del siglo XIX. Durante la Revolución francesa, sí existía una diferencia entre el Estado constitucional y el Estado legal, tanto

---

12 En este sentido, FIORAVANTI, Maurizio (2020): *Los derechos fundamentales. Apuntes de historia de las constituciones* (Madrid, Trotta), p. 56.

13 SIEYÈS, Emmanuel Joseph (1989): *¿Qué es el Tercer Estado? Seguido del Ensayo sobre los privilegios* (Ciudad de México, Universidad Nacional Autónoma de México), p. 22.

en la teorización de Sieyès como en la *Declaración de los Derechos del Hombre y del Ciudadano*. Sin embargo, esta idea se diluye con la Constitución del Año I, de 1793, que consolida la constitución como una norma política y eleva la ley como la norma principal del sistema jurídico.

A la postre, el elemento normativo fundamental del Estado liberal se desarrolló a través de la ley, concebida como la manifestación de la voluntad soberana. Tanto es así, que el poder judicial debía ser "esclavo de la ley", en la frase atribuida a Danton: su deber no consistía en interpretar la norma legal, sino únicamente en aplicarla. Aunque la separación de poderes del Estado liberal de Derecho supone que la garantía judicial está encargada a jueces independientes, no se trataba de una jurisdicción plena, sino que siempre con algún grado de dependencia de otro órgano – sea del legislativo o del monarca. Montesquieu caracterizaba al poder judicial como "en cierto modo, nulo"[14], porque bajo su concepción los jueces no debían gozar de inamovilidad, y ser exclusivamente la boca de la ley – es decir, de la voluntad de la Asamblea Nacional. La actuación del poder judicial debe ser la confirmación de la ley como la principal garantía del orden liberal.

Siendo la ley la norma fundamental para la garantía de derechos, el rol del Gobierno – como recordaba el artículo 65 de la Constitución de Francia de 1793 – era solo ejecutar y hacer cumplir las leyes; de esta manera, el poder ejecutivo tenía como función principal el cumplimiento del derecho objetivo. No existe aún la idea de un Gobierno que se encargue de velar por derechos subjetivos, ya que éstos no son concebidos aún como tales, por lo que la finalidad de la Administración es la mantención del orden jurídico, y no la protección de derechos

---

14 MONTESQUIEU, Charles Louis de Secondat, baron de La Brède et de (1906): *El espíritu de las leyes* (Madrid, Librería General de Victoriano Suárez) tomo I, p. 233.

individuales. Como la ley es una norma racional, fruto de la manifestación soberana, y ordenada hacia un objetivo, la mayor protección de la sociedad era el sometimiento a la ley.

El panorama normativo que presentamos del Estado liberal no implica que no hubiera una preocupación social en esta etapa. La necesidad de proteger las condiciones materiales de las personas por parte del Estado se refleja en diversas normas y declaraciones históricas desde tiempos antiguos, incluso en el Estado liberal. Que las constituciones no tuvieran un vigor normativo superior dentro del ordenamiento jurídico no significa que no existieran disposiciones, tanto en los textos constitucionales como en las leyes, que demandaran del Estado la protección de ciertas condiciones mínimas para los ciudadanos. En 1793, la Constitución de Francia proclamaba que la 'asistencia pública es una deuda sagrada' del Estado. En este sentido, "[l]a sociedad debe la subsistencia a los ciudadanos desdichados, ya sea proporcionándoles trabajo o asegurando los medios de subsistencia a aquellos que no están en condiciones de trabajar", junto con declarar como deber del Estado la garantía de la educación pública.[15]

Mientras que históricamente la atención a las personas desposeídas se entendía como una forma de protección del monarca a sus súbditos, doctrinas mercantilistas como el cameralismo promovieron como fin del Estado la promoción de la felicidad individual y social, y más adelante, la felicidad de la comunidad, de su bienestar y del bien común.[16] La corta vida de la Constitución del año I, el imperio Napoleónico y

---

15 Constitución de Francia de 1793, artículos 21 y 22.

16 RITTER, Gerhard A. (1991): *El Estado social, su origen y desarrollo en una comparación internacional* (Madrid, Centro de Publicaciones Ministerio del Trabajo y Seguridad Social), p. 61. En este sentido, la Constitución del año I declaraba en su artículo 1 que "[e]l fin de la sociedad es la felicidad común", y antes de ello, la Declaración de

la revolución de 1830 – que dio origen a una nueva Constitución – no satisfacían las necesidades de la ciudadanía, y esto comienza a presionar nuevamente la evolución de las categorías y formas del Estado liberal.

En síntesis, las principales características del Estado denominado liberal son la legitimación del poder del Estado en la idea de soberanía nacional y el sometimiento de los poderes públicos a la ley como la primera garantía de derechos para los ciudadanos. La ley, como expresión de la voluntad general y fruto de la razón, debe ser cumplida por el Gobierno y aplicada por los jueces. En cambio, las constituciones eran textos políticos que establecían lineamientos generales para la organización del Estado y que, por más declaraciones de derechos que tuvieran – en palabras de Pablo Lucas Verdú, "las libertades de pensamiento, prensa, reunión, inviolabilidad de domicilio, etc., de nada sirven al obrero parado".[17].

Visto así, el Estado liberal dista de ser una etapa en la que no existiera intervención estatal o normas destinadas a la protección de ciertos derechos que hoy consideraríamos propios de un Estado social. Lo relevante no es el número ni la profundidad de las declaraciones, sino su impacto material en las condiciones de vida de los ciudadanos. Por otro lado, tampoco puede argumentarse que el problema fuera la existencia de un Estado mínimo en términos de organización administrativa, como a menudo se caricaturiza al Estado liberal. Al contrario, la superación del absolutismo fue un proceso eminentemente orientado a desconcentrar el poder del monarca, mediante la creación orgánica de la separación de poderes: de ahí la necesidad de un poder legislativo encargado de dictar las leyes y

---

Independencia de Estados Unidos de 1776 mencionaba como un derecho inalienable "la búsqueda de la felicidad".

17 Lucas Verdú, Pablo (1975): *La lucha por el Estado de Derecho* (Bolonia, Publicaciones del Real Colegio de Abogados), p. 19.

un poder ejecutivo encargado de aplicarlas.[18] Si bien el ideal revolucionario era un gobierno débil, ejecutor de la ley, el desarrollo del imperio Napoleónico pronto desechó esa premisa. En la práctica, como señala Rodríguez de Santiago, el Estado liberal-burgués-individualista "puro" nunca existió en Europa.[19] Entonces, si el Estado liberal era un Estado robusto, con abundantes declaraciones de derechos, ¿qué motivó la presión para el surgimiento de la idea de Estado social?

En nuestra opinión, el Estado liberal representó una forma de articulación —y justificación— del orden estatal centrado en el individuo. Como afirma Böckenforde, el Estado liberal, "[e]n lugar de una orientación según bienes suprapersonales, aparece [como] la autorrealización de la subjetividad individual como sentido propio del orden público estatal".[20] La sociedad no es un actor que participe en la relación entre el individuo y el Estado, ni las agrupaciones sociales tienen relevancia jurídica para este último. La voluntad de cada persona se manifiesta individualmente y, de manera colectiva, a través de la ley.

Pero luego, la idea de Estado social se contrapuso al Estado liberal no porque este último tuviera una intencionalidad individualista, sino porque, jurídicamente, el Estado no estaba concebido para incluir a la sociedad como parte de las relaciones entre los poderes públicos. En este sentido, más que la

---

[18] Criticando la visión de un Estado reducido a un "mínimo individualista", HAYEK, Friedrich A. (2020): *Los fundamentos de la libertad* (Madrid, Unión Editorial), p. 579; sobre la "simplificación ideológica" contemporánea del Estado liberal, ZAGREBELSKI, Gustavo (2011): *El derecho dúctil. Ley, derechos, justicia* (Madrid, Trotta), p. 100.

[19] RODRÍGUEZ DE SANTIAGO, José María (2007): *La Administración del Estado social* (Madrid, Marcial Pons), p. 20.

[20] BÖCKENFÖRDE, Ernst Wolfgang (2000): *Estudios sobre el Estado de Derecho y la democracia* (Madrid, Trotta), p. 22

novedad del Estado social, lo realmente novedoso es el propio concepto de "sociedad". Las declaraciones constitucionales y la actividad del Estado liberal en la tutela de derechos como la propiedad y la libertad marcaron una diferencia entre el Estado y el individuo, y, correlativamente, configuraron un espacio para el desarrollo de la persona, lo que generó la idea de sociedad.[21] Hasta ese momento, de hecho, el concepto de "estado social" se utilizaba para recalcar la naturaleza social del hombre, como "estado de sociedad", en contraposición a su estado de naturaleza, así como para referirse al orden social —identificado con el régimen político— y a los esfuerzos por su conservación.[22]

El uso del adjetivo "social" como una crítica de la situación actual, o como mandato orientador de la autoridad, se desarrolló en la primera parte del siglo XIX. Según apunta Dubois, en 1831, Félicité Robert de Lamennais utilizaba por primera vez la expresión "cuestión social" (*question sociale*) para denunciar las condiciones de vida de los trabajadores.[23] Sin embargo, fue a partir de 1848, con la revolución francesa de ese año, cuando se popularizó el uso del adjetivo "social" asociado a la forma de República. Los escritos del galés Robert Owen sobre un "estado social", que marcaban la transición del individualismo y los "hábitos egoístas" hacia las "habilidades superiores" que

---

21 Esteve Pardo, José (2013): *La nueva relación entre Estado y sociedad. Aproximación al trasfondo de la crisis* (Madrid, Marcial Pons), p. 38.

22 Por ejemplo, el "estado de sociedad" en Rousseau, Jean-Jacques (1980): *Del contrato social* (Madrid, Alianza), p. 17; o en Sieyès, *¿Qué es el Tercer Estado?...* p. 102. Sobre esto, Jouvenel, Bertrand de (1977): *Los orígenes del Estado moderno: Historia de las ideas políticas en el siglo XIX* (Madrid, Ensayos Aldaba), p. 200.

23 Dubois, Jean (1962): *Le vocabulaire politique et social en France de 1869 à 1872* (París, Larousse), p. 57.

requiere la vida en sociedad, fueron recogidos en Francia por Louis Blanc, conocido como el creador del "*socialisme d'État*".[24]

El desempleo y crisis económica que desencadenó la Revolución francesa de 1848 no apuntaban a una acción directa del Estado hacia los más necesitados, sino más bien a una reivindicación de derechos políticos, pero sobre todo, laborales. Es el aumento del paro entre los trabajadores franceses lo que motivó a Blanc para llamar a la revolución en París, bajo el grito de una República "*démocratique et social*".[25] De ahí que en la revolución de 1848 la expresión "social" fuera inevitablemente entendida como sinónimo de socialismo, lo mismo que en la Constitución francesa del mismo año. Así, "[c] uando los trabajadores recibieron la República Social en las jornadas de junio, 'era para ellos sinónimo del advenimiento del socialismo'".[26]

La Constitución francesa de 1848, aunque de breve vigor, consagró principios básicos de una protección laboral a nivel constitucional, y desde ahí, derechos que hoy podrían ser catalogados como sociales. El artículo 13 de la Constitución de 1848 garantizaba a los ciudadanos "la libertad de trabajo y de industria", y a continuación, enmarca la educación desde el foco de los derechos laborales, al agregar que "[l]a sociedad favorece y anima *el desarrollo del trabajo* mediante la enseñanza primaria gratuita, la educación profesional, la igualdad en las

---

24 La referencia de Owen es de su discurso de 27 de abril de 1825, en CLAEYS, Gregory (1993): *The Selected Works of Robert Owen, volume II: The Development of Socialism* (Routledge), p. 35.

25 ABENDROTH, Wolfgang (1965): "El Estado de Derecho democrático y social como proyecto político", en ABENDROTH, Wolfgang; FORSTHOFF, Ernst, y DOEHRING, Karl (1986): *El Estado social* (Madrid, Centro de Estudios Constitucionales), p. 16.

26 DUBOIS, *Le vocabulaire politique et social en France de 1869 à 1872...*, p. 125.

relaciones entre el patrón y el obrero, las instituciones de prevención y de crédito, las instituciones agrícolas, las asociaciones voluntarias, y el establecimiento, por parte del estado, los departamentos y los municipios, de trabajos públicos propios para el empleo de los brazos sin ocupación; proporciona asistencia a los niños abandonados, a los impedidos y a los ancianos sin recursos, y a quienes sus familias no puedan socorrer."[27]

En consecuencia, aunque en la revolución francesa de 1848 existió una identificación entre lo "social" y el socialismo, la canalización de estos movimientos se centró en la protección de los trabajadores y sus condiciones laborales, y desde esa garantía, se consideró que el Estado debía proteger otros derechos vinculados al desarrollo del trabajo.

2.1.2. Alemania y la construcción jurídica del Estado de Derecho

En Francia, la reivindicación de Blanc de la *République sociale* no tuvo como consecuencia la construcción teórica de una forma de Estado, sino que la búsqueda de una mayor garantía de derechos laborales. Sin embargo, la revolución parisina de 1848 tenía la intención declarada de producir cambios políticos e institucionales, y también, liderar cambios en todo el continente: "[t]an grande es el prestigio de París, que su revolución provoca otras varias a través de toda Europa".[28]

El movimiento llegó a lo que conocemos hoy como Alemania, donde una llamada "revolución" – más bien, una revuelta de continuidad entre monarquías limitadas – sentó las bases de la formulación doctrinaria del concepto de Estado de Derecho y ciertos elementos materiales a través de la Constitución de 1849, llamada también Constitución de Frankfurt. Aunque

---

27 Constitución de Francia de 1848, artículo 13.

28 JOUVENEL, *Los orígenes del Estado moderno…* p. 321.

este texto constitucional no tuvo vigor en la práctica, la relación entre esta Revolución de 1848 y el Estado social es indirecta, aunque fundamental. Este movimiento no logró establecer inmediatamente un Estado social, pero sí introdujo ideas y demandas de mayor participación política y consagración de derechos en el texto de la Constitución, y a su vez, influyó en la construcción de la idea de Estado de Derecho.

La primera aproximación al Estado de Derecho como categoría doctrinal surgió en Alemania a principios del siglo XIX. El origen alemán del Estado de Derecho es tan marcado que Lorenz von Stein, al comentar el significado de *Rechtsstaat,* insistió que es uno específicamente alemán, que no se encuentra en la literatura no alemana, y que tampoco puede traducirse correctamente en una lengua que no sea el alemán.[29]

La conceptualización de la filosofía política alemana del concepto – como Immanuel Kant – propuso una visión sustantiva de los fines del Estado con el objetivo de lograr el orden en la ley y, con ello, la existencia y subsistencia de la comunidad política.[30] Alexander von Humboldt discutió la idea que el Estado debía promover la felicidad de sus súbditos a través de acciones positivas, sino que su tarea era únicamente alejar los peligros e injerencias negativas hacia el individuo. Por tanto, las esferas del Estado y de las personas tienen que estar claramente delimitadas entre sí por la ley, y el Estado debe limitarse a garantizar la seguridad del individuo, que Humboldt definió como la "certeza de la libertad concedida por la ley".[31]

---

29 VON STEIN, Lorenz (1869): *Die Verwaltungslehre* (Cota, Stuttgart), p. 296.

30 KANT, Immanuel (2006): *Teoría y práctica* (Madrid, Tecnos), párrafo 299.

31 HUMBOLDT, Wilhelm von (2009): *Los límites de la acción del Estado* (Madrid, Tecnos), pp. 111 y 122.

En cuanto construcción jurídica, el concepto de *Rechtsstaat* fue popularizado por Robert von Mohl en 1829, siguiendo las corrientes filosóficas racionalistas, para contraponerla a las nociones personalistas del Estado, y en particular, al Estado de la monarquía absoluta, con un poder de fuente divina.[32] Von Mohl distinguió distintas formas de Estado, dentro de las cuales nombra el Estado de Derecho (*Rechtsstaat*) como un Estado de la razón, opuesto al Estado de poder o fuerza (*Machtstaat*). Con ello, justificaba el sometimiento del poder de la autoridad a la ley; esto es, a la norma general emanada de los representantes de la voluntad popular.[33] El imperio de la ley obligaría a la autoridad al ejercicio del poder para garantizar la libertad, seguridad y propiedad de sus ciudadanos. De esta forma, la garantía de la libertad y propiedad permitiría el desarrollo del individuo de manera autónoma, manteniendo una esfera de resguardo sin el sometimiento de la autoridad.[34] La noción de von Mohl, por tanto, no solo buscaba el límite al poder como objetivo en sí mismo, sino que también como medio para la protección de la libertad de las personas.

Los movimientos en Alemania a mediados del siglo XIX redefinieron el concepto de Estado de Derecho. En primer lugar, la idea de un objetivo sustantivo definido para el Estado de Derecho fue aparentemente superada por los planteamientos de Friedrich Julius Stahl, quien separó el elemento material de la formulación para centrarse en los límites formales a la

---

32 Lo anterior, pese a que desde 1809, Muller; 1813, Welcker, y luego en 1824 von Aretin, habían utilizado la expresión en un contexto similar. SANTAMARÍA PASTOR, Juan Alfonso (1988): *Fundamentos de Derecho Administrativo I* (Madrid, Centro de Estudios Ramón Areces), p. 193.

33 VON MOHL, Robert (1829): *Das Staatsrecht des Königreiches Württemberg* (Tübingen, Laupp), pp. 7-8.

34 LOUGHLIN, Martin (2010): *Foundations of Public Law* (Oxford, Oxford University Press), p. 39.

acción del Estado. Para Stahl, el Estado de Derecho es aquel que limita tanto la actuación de los poderes públicos como las libertades de las personas; es decir, no reconoce derechos individuales, sino solo espacios específicos en los que el Estado debe abstenerse de intervenir. De este modo, el Estado de Derecho no se define por sus fines o contenidos, sino por la manera y la forma en que actúa el Estado.[35]

Finalmente, la Escuela del Derecho Público alemana transformó el concepto de Estado de Derecho, utilizándolo como una forma de alterar la fuente de legitimidad del poder, oponiéndose a la monarquía absoluta y sometiéndola al imperio de la ley. Además, desarrolló una concepción del titular de la soberanía que evitaba su atribución directa al pueblo durante la revolución. Bajo esta concepción, el Estado, en cuanto asociación humana, se somete a la ley al igual que cualquier otra agrupación de ciudadanos. El Estado, a su vez, constituye una persona distinta a sus elementos —como el pueblo— y, en su calidad de persona jurídica, es el titular de la soberanía.

Asimismo, los derechos que se reivindicaban a través de la revolución no se consideraban derechos propiamente tales, ya que los ciudadanos solo podían exigir el cumplimiento del derecho objetivo, que era el principal deber de la Administración hacia los individuos.[36] Según esta visión, las personas tenían el derecho de demandar a la Administración el cumplimiento de la ley en función del *interés general*, pero no la protección directa de un interés subjetivo. Posteriormente, von Gerber derivó

---

35 GARCÍA-PELAYO, Manuel (1986): "La idea del Estado de Derecho en F.J. Stahl", en MEDINA ORTEGA, Manuel et al. (coordinadores): *Pensamiento jurídico y sociedad internacional: libro-homenaje al profesor Antonio Truyol Serra* (Madrid, Centro de Estudios Políticos y Constitucionales), p. 452.

36 VON STEIN, Lorenz (1868): *Die Verwaltungslehre* (Cota, Stuttgart), pp. 75-76.

de la idea formal de *Rechtsstaat* —como el sometimiento del Estado a sus propias limitaciones— que las personas tienen un "derecho reflejo" (*Reflexwirkung*) a exigir que el Estado actúe para proteger el orden, es decir, para preservar el Estado de Derecho.[37] En resumen, el único derecho de la persona frente al Estado es "participar, de conformidad con la constitución, en la vida misma del Estado."[38] Esta concepción del actuar estatal y de la garantía de los derechos es incompatible con una visión prestacional del Estado social. Sin embargo, en su origen, esta no era la principal motivación de las reivindicaciones bajo el lema de la *République sociale*; como vimos anteriormente, ellas buscaban la protección de condiciones laborales, más que una prestación material del Estado.

En los movimientos alemanes de 1848, uno de los principales líderes de la izquierda era Ferdinand Lassalle, un jurista alemán que conoció el socialismo en Francia, donde su relación con Proudhon, Marx y Engels influyó decisivamente en su visión política y jurídica.

Lassalle fue un hito clave en el surgimiento de la idea contemporánea de Estado social. Durante su vida, siguió el materialismo de Marx para definir la constitución como la suma de los factores reales de poder, y adoptó la consigna de Blanc de configurar una República como social. Según su visión, toda constitución es un acto de revolución y el Estado es el único vehículo de cambio social.[39] En su discurso de 12 de abril de 1862, conocido como el "Programa de los Trabajadores" (*Das*

---

37 Olivetti, Marco (2020): *Diritti fondamentali* (Torino, G .Giappichelli Editore), p. 23

38 Laband, Paul (1900): *Le droit public de l'empire allemand* (París, V. Giard & e. Briére), tomo I, pp. 239-240.

39 Lassalle, Ferdinand (1992): *¿Qué es una Constitución?* (Bogotá, Temis), p. 50; Roces, Wenceslao (1931): "Prólogo", en Lassalle, Ferdinand: *¿Qué es una Constitución?* (Madrid, Cenit), p. 11.

Arbeiter-Programm), Lassalle llamó a superar el Estado liberal "vigilante nocturno", y a construir de un concepto material basado en los fines del Estado.

Para Lassalle, el Estado es una asociación de personas con un fin moral: a través de esta unión, se pueden alcanzar objetivos comunes que promuevan un "desarrollo positivo y progresivo", especialmente mediante la educación, logrando una "libertad que sería absolutamente inalcanzable como individuos".[40] Esto es aún más relevante para la clase trabajadora, cuya situación de desamparo hace que la asociación estatal les ofrezca la posibilidad de un desarrollo que no podrían lograr de manera individual. El Estado, como instrumento de cambio social plasmado en el texto constitucional, debe adoptar una orientación hacia la "solidaridad en los intereses, la comunidad y la reciprocidad en el desarrollo".[41]

Las ideas de Lassalle en Alemania continuaron la senda de Blanc, buscando orientar la acción estatal hacia la protección de los trabajadores y la consecución de objetivos comunes para toda la sociedad, basados en el desarrollo conjunto de todos los grupos sociales. Aunque Lassalle murió prematuramente en 1864, sus propuestas no perdieron influencia política. De hecho, a partir de esa época, el concepto de lo "social" comenzó a incorporarse en los nombres de los nacientes partidos

---

[40] LASSALLE, Ferdinand (1862): "Arbeiter-Programm. Über den besonderen Zusammenhang der gegenwärtigen Geschichtsperiode mit der Idee des Arbeiterstandes", en BERSTEIN, Eduard (1919): *Lassalle. Gesammelte reden und Schriften* (Verlegt bei Paul Cassirer, Berlin) vol. 2, p. 198.

[41] LASSALLE, *Arbeiter-Programm...*, p. 195. Hacemos notar que este influyente discurso de Lassalle es citado por Hermann Heller en *Socialismo y nación,* de 1931, con las consecuencias que veremos más adelante en este trabajo. HELLER, Hermann (1931): "Socialismo y nación", en HELLER, Hermann (1985): *Escritos políticos* (Madrid, Alianza), p. 183.

políticos de izquierda, como el Partido Socialdemócrata de los Trabajadores, fundado en 1869, que sería el precursor de la actual socialdemocracia alemana y europea.

2.1.3. El avance hacia el Estado democrático de Derecho

Como hemos visto, el contexto histórico de las revoluciones francesa y alemana de 1848 sentó las bases para la discusión sobre el adjetivo 'social' en la forma de Estado, tanto como orientación de la acción de los poderes públicos como respecto a uno de los elementos fundamentales en la evolución del Estado de Derecho: la fuente del ejercicio del poder. Aunque la ley se concebía como una manifestación de la voluntad soberana de la Nación, del concepto de Estado de Derecho no se derivaba necesariamente que el origen del poder de la autoridad fuera democrático o representativo. El conocimiento de las élites sobre el sometimiento del poder al Derecho no impidió el golpe de Estado de Napoleón III en 1851, ni significó automáticamente el derrocamiento o limitación de las monarquías europeas. La ausencia del elemento democrático no era problemática en el contexto del nacimiento del Estado liberal de Derecho, pero lo sería más adelante, cuando la expansión del derecho al sufragio modificó la legitimación del poder del Estado, desplazándola del monarca y su fuente divina hacia la representación ciudadana.

Uno de los hitos que marcó la transformación del Estado liberal comenzó a finales del siglo XIX y principios del siglo XX, cuando el desarrollo industrial creó nuevos grupos de trabajadores y la migración obrera de zonas rurales a las ciudades presionó a las clases dirigentes para su reconocimiento como actores en la arena política. A su vez, distintos movimientos sociales visibilizaron problemas que iban más allá de la protección de derechos individuales, presionando al Estado para la mejora material de la calidad de vida de las personas.

El reconocimiento de derechos políticos a las clases obreras con la expansión de la representación mediante el sufragio universal masculino hace denominar a esta nueva etapa como Estado democrático de Derecho. La concepción de la forma de Estado como democrática apunta directamente al mecanismo por el cual el Estado legitimaba la fuente de su poder. Mientras que en el Estado liberal el poder provenía del monarca, y posteriormente de la ley, en el Estado democrático de Derecho el poder reside en el pueblo, o al menos en los ciudadanos con derecho a voto. Esto amplió la base de legitimidad del poder, extendiendo gradualmente la representación a sectores antes excluidos de los órganos de decisión política. Además, a diferencia de las primeras etapas del Estado liberal, ahora era necesaria la adhesión mayoritaria de los ciudadanos para llegar al poder. El impacto de este reconocimiento de derechos políticos se vio potenciado por las reformas electorales de países como Inglaterra en el siglo XIX, cuyo objetivo era reducir la representación de zonas rurales despobladas y aumentar los distritos en las ciudades, donde se concentraban las clases obreras.

El aumento de la representación de las ciudades, habitadas por un creciente número de trabajadores, junto con la universalización del sufragio masculino – contemplado tempranamente en la Constitución del año I de Francia de 1793, pero finalmente implementado en 1848[42]; en España en 1869[43] y finalmente como ley en 1890[44], Suiza en 1874[45], Austria en

[42] Ley de 2 de marzo de 1848.

[43] Decreto de 9 de noviembre de 1868.

[44] Ley de 26 de junio de 1890. El sufragio universal femenino pasivo se aprobaría primero por Decreto de 8 de mayo de 1931, para la elección a las Cortes Constituyentes de 1931, y finalmente, en su faz activa, en el artículo 36 de la Constitución de 1931.

[45] Constitución de Suiza de 1874, artículo 43.

1907[46], Italia en 1912[47] – dio origen al surgimiento de nuevos partidos políticos, que se convierten en instrumentos fundamentales para la garantía de representación ciudadana. El control de la acción estatal no recaía exclusivamente en los tribunales, sino también en la ciudadanía, a través del ejercicio del sufragio como garantía política. Esta transformación de la vida pública dio lugar a lo que Ortega y Gasset denominó la "rebelión" y el "imperio de las masas", en el que las personas comenzaban a presionar el poder, como si hubieran "surgido de la nada", llenando los espacios sociales.[48]

Desde el Estado democrático de Derecho comienza una crítica de la matriz del Estado liberal en su papel de garante de la libertad individual y de la propiedad a través de la preservación de la ley y el orden público. De este modo, la competencia del Estado para intervenir en la sociedad se enfocaba en prevenir la afectación de estos derechos, asegurando indirectamente un espacio de desarrollo social. Esta concepción limitada de la actuación estatal no conciliaba, al menos teóricamente, con la búsqueda de prestaciones materiales directas destinadas a mejorar la calidad de vida de las personas. Por esta razón, las críticas al rol del Estado se canalizaron mediante políticas sectoriales de redistribución aprobadas por leyes, aunque estructuralmente esto no fue suficiente, "debido a su individualismo y a la neutralidad que adoptaba ante las transformaciones sociales",[49] lo que presionaría hacia una nueva transformación de la forma de Estado.

---

46 Ley de 6 de enero de 1907.

47 Ley de 30 de junio de 1912.

48 Ortega y Gasset, José (1964): *La rebelión de las masas* (Madrid, Revista de Occidente) pp. 65-74.

49 Lucas Verdú, *La lucha por el Estado de Derecho…*, p. 91.

2.1.4. El desarrollo del Estado constitucional de Derecho

La concepción de nuevos derechos políticos y la garantía de derechos desde mediados del siglo XIX llevó a cuestionar los mecanismos para asegurar su protección. Si las declaraciones políticas denominadas constituciones tenían el mismo rango normativo que la ley, la posibilidad de retroceder en dichas conquistas podía significar un retroceso en el carácter democrático de los nuevos Estados.

La ausencia de un valor supralegal para las normas constitucionales no representaba, en sí misma, un problema para el Estado de Derecho. La ley era la norma jurídica por excelencia; las constituciones, en cambio, cumplían un rol político y estructural en la separación de poderes en el Estado de Derecho, sin tener un rango normativo superior al de la ley común. Si bien las constituciones incluían garantías de derechos y libertades, estas se lograban a través de su efecto en la organización y separación de los poderes del Estado, y no por la sumisión de dichos órganos a una norma suprema. Por el contrario, eran las leyes las que protegían la libertad y la propiedad a través de las codificaciones civiles, mercantiles y penales.

Las constituciones son, desde sus orígenes, normas políticas. La atribución de su rango normativo superior en el sistema jurídico es consecuencia de la creación y evolución de mecanismos de control. De ahí que la supremacía de la Constitución esté estrechamente vinculada al control constitucional. Aunque los intentos de otorgar un valor supralegal a ciertas normas pueden rastrearse hasta el siglo XVI en Francia e Inglaterra —con la caracterización de Harrington de *ley fundamental* –, la supremacía constitucional no es una construcción europea, sino que estadounidense – y probablemente la mayor contribución americana al constitucionalismo, según Blanco

Valdés.[50] En Estados Unidos, las ideas de sometimiento del poder del Estado a un orden superior, "el bien público de la sociedad"[51], se encauzaron para calificar así a los principios y reglas contenidos en el texto de la Constitución de 1789. En su defensa de la supremacía constitucional, Hamilton utilizó el mismo concepto de Harrington en el siglo XVII: "Una constitución es, de hecho, y debe ser considerada por los jueces, como una *ley fundamental*". [52] Pese a que en 1803 en el famoso caso *Marbury v. Madison* la Corte Suprema de los Estados Unidos declaró la supremacía de la Constitución en el sistema jurídico, los esfuerzos por dotarla de un rango superior, como norma suprema, tardaron en consolidarse, tanto en Estados Unidos como en Europa.

Como se puede observar, la supremacía constitucional surgió de la necesidad de que tanto el legislador como los jueces respetaran los principios y valores fundamentales de la sociedad, recogidos en la Constitución. Este desarrollo de la Constitución como la norma suprema, tanto política como jerárquicamente, da origen al denominado Estado *constitucional* de Derecho. Así, la Constitución, más allá de su relevancia orgánica, se convierte en el fundamento jurídico esencial de la comunidad política. Como norma suprema del sistema de fuentes del derecho, la

---

50 HARRINGTON, James (1987): *La República de Oceana* (Ciudad de México, Fondo de Cultura Económica), p. 139. Esta referencia se encuentra en la nota marginal "Constitución de la república"; BLANCO VALDÉS, Robert (2006): *El valor de la Constitución* (Madrid, Alianza), p. 135.

51 LOCKE, John (2006): *Segundo tratado sobre el gobierno civil* (Madrid, Tecnos) p. 89.

52 HAMILTON, Alexander; MADISON, James, y JAY, John (2009): *The Federalist Papers* (Palgrave MacMillan, New York), p. 237. Hacemos referencia al Federalista N° 78: "A constitution is, in fact, and must be regarded by the judges, as a fundamental law."

Constitución es tanto un límite para el ejercicio de los poderes públicos como una fuente de legitimidad para dicho poder.

Una vez establecido el rango normativo superior de los textos constitucionales, la garantía de los derechos adquiere su mayor fuerza en su rango constitucional, convirtiendo a estos derechos en verdaderos derechos subjetivos. Su respeto se convierte en un imperativo directo para los poderes del Estado y las normas de rango legal. Para Georg Jellinek, las declaraciones de derechos en las nuevas constituciones reflejan el reconocimiento por parte del Estado de que el individuo puede "mover el orden jurídico en razón de sus intereses personales", creando así un "derecho subjetivo".[53] Estos derechos son derechos "públicos" subjetivos porque participan de la misma naturaleza de los deberes públicos que la población tiene hacia el Estado en su calidad de *subditus*,[54] y se contraponen al concepto de derecho subjetivo en el ámbito del derecho privado.[55]

La supremacía constitucional como garantía del texto político de las constituciones permite asegurar, finalmente, con el mayor valor normativo el reconocimiento de derechos de las revoluciones europeas y positivizados en ellas. Esta consagración de derechos a nivel constitucional otorga la seguridad jurídica que representaba su escrituración, y es también reflejo del contenido político de la constitución, en cuanto expresión de la identidad de la comunidad. En el Estado constitucional

---

[53] JELLINEK, Georg (2004): *Teoría general del Estado* (Ciudad de México, Fondo de Cultura Económica), p. 387.

[54] JELLINEK, *Teoría general del Estado...*, p. 380.

[55] JELLINEK, Georg (1912): *Sistema dei diritti pubblici subbiettivi* (Società Editrice Libraria, Milano), p. 60. Una reciente traducción de la obra de Jellinek por el catedrático de derecho administrativo Alejandro Vergara Blanco puede consultarse en JELLINEK, Georg (2024): *Sistema de los derechos públicos subjetivos* (Valencia, Tirant Lo Blanch), pp. 141 y ss.

de Derecho, el reconocimiento de principios en la Constitución buscó entregarles el valor preceptivo superior para su aplicación y servir de criterio hermenéutico del sistema jurídico, por lo que ante un conflicto de interpretación deberá primar la norma constitucional.

En cambio, la ley sufre una degradación como norma jurídica.[56] En primer lugar, por la superioridad de la Constitución. La ley ahora está sometida a controles de conformidad al texto constitucional por parte de las garantías judiciales, pero en particular, por la justicia constitucional. En segundo término, la ley comenzará a perder valor como fuente normativa por la primacía de otros sistemas normativos supranacionales, como el derecho europeo en el caso de los países miembros de la Unión Europea. En tercer lugar, por una relectura del principio de legalidad como vinculación positiva al ordenamiento jurídico por parte de la Administración, que pasa a incluir también una faz de vinculación negativa, lo que amplía el campo de actuación de los órganos del Estado.

En este último punto, algunos autores han visto en la modulación del estricto principio de legalidad un avance hacia la superación de las restricciones del Estado liberal de Derecho.[57] No cabe duda de que, bajo la concepción de la ley como obra del legislador electo por las mayorías ciudadanas, existe una superioridad democrática de la ley sobre las fuentes infralegales. Sin embargo, se argumenta que la Administración también cuenta con una legitimidad democrática indirecta y,

---

56 Diez Picazo, Luis (1985): "Constitución, ley, juez", en *Revista española de derecho constitucional*, Año Nº 5, Nº 15, p. 12.

57 Medina Alcoz, Luis (2021): "Historia del derecho administrativo (II). Del Estado autoritario al Estado constitucional", en Rodríguez de Santiago, José María; Doménech Pascual, Gabriel, y Arroyo Jiménez, Luis (coordinadores): *Tratado de Derecho Administrativo. Volumen I. Fundamentos* (Madrid, Marcial Pons), p. 249.

además, con un mandato constitucional para actuar en interés general. Así, la relajación del estricto principio de legalidad, que reducía severamente la capacidad de la Administración para emitir reglamentos, permitió mayor flexibilidad en su actuación y delimitó un espacio autónomo para la normativa reglamentaria, incrementando la capacidad de acción directa del Estado. Estos postulados —inicialmente desarrollados por Laband y Jellinek, y más tarde consolidados por Mayer durante la República de Weimar— serán fundamentales para la consolidación de la actividad estatal requerida por la visión prestacional del Estado social.[58]

2.2. EL NACIMIENTO DEL CONCEPTO DE ESTADO SOCIAL: DESDE LA LEGISLACIÓN SOCIAL HASTA LA REPÚBLICA DE WEIMAR

Hemos visto que el impulso de las revoluciones de 1848 en Francia y Alemania sentó las bases para la formulación del concepto de Estado de Derecho. Paradójicamente, el primer elemento de presión a la idea de Estado de Derecho fue el término de las monarquías absolutas. El Estado de Derecho se había desarrollado sobre una base política y jurídica: la contraposición tanto a la monarquía absoluta como a la limitada, buscando su sometimiento al imperio de la ley. Sin un poder de fuente divina que someter a la ley, y siendo reemplazado por gobiernos representativos, se empezó a cuestionar si bastaba con que la actuación del Estado se apegara a la legalidad para ser considerado un Estado de Derecho.

---

[58] LABAND, Paul, *Le droit public de l'empire allemand...*, tomo II, p. 377 y siguientes; JELLINEK, Georg (1887): *Gesetz und Verordnung* (Freiburg, J.C.B. Mohr), pp. 366-395.

Por otro lado, el desarrollo del Estado constitucional de Derecho otorgó a las constituciones un valor normativo superior, con garantías reforzadas para su cumplimiento. Así, no se repetiría el problema de los derechos consagrados en la Constitución de 1793 en Francia, que eran meras declaraciones programáticas sin mecanismos de exigibilidad o garantía. Estas ideas influyeron profundamente en Alemania, donde la Revolución de 1848 generó una fuerte presión en torno a las preocupaciones sociales y un amplio reconocimiento de derechos, como el derecho a la educación gratuita y garantías para la libertad de enseñanza.[59]

Estos elementos se sumaron a las crecientes demandas de orientación del Estado hacia la protección de los derechos de las personas, impulsadas por las revoluciones políticas y sociales del período, que a su vez respondían a los efectos de la industrialización en las clases trabajadoras y desposeídas. El malestar ciudadano y la expansión del derecho al voto presionaban a los gobernantes para que adoptaran medidas en beneficio de los trabajadores y de la sociedad en general. Si no lo hacían, los trabajadores tenían ahora el poder del sufragio universal para expulsar del poder a quienes ignoraban sus demandas, y, en los casos en que el voto no era suficiente —o aún inexistente—, la revolución armada se convertía en una amenaza latente para las élites gobernantes de Europa.

Las revoluciones criticaron al Estado liberal "burgués", visto como garante de la propiedad y la libertad, por ser una construcción teórica que impedía la intervención directa sobre la propiedad y obstaculizaba los intentos de redistribución social. No era suficiente que las constituciones de la época garantizaran derechos si estos terminaban bloqueando cualquier avance en protección social. El Estado, que en su papel garantista de

---

[59] Constitución de Prusia de 1848, artículos 17 a 20.

las libertades personales constitucionalizadas protegía la propiedad y la libertad, comenzó a ser percibido como "la fuente de todos los males", al ser visto como una de las causas de la creciente desigualdad social.[60]

En resumen, el proceso de democratización y la industrialización acelerada de Europa visibilizaron las críticas a un Estado liberal que, aunque idealizado como el garante de una sociedad de personas libres, iguales y propietarias, en realidad convivía con una mayoría de trabajadores que carecían de propiedad alguna.[61] Estas críticas cobraron mayor relevancia en este momento debido a la expansión del derecho de sufragio y la constante amenaza de revoluciones o movimientos que pudieran desestabilizar a los gobiernos.

A continuación, veremos cómo los gobernantes canalizaron estas presiones mediante la progresiva promulgación de normativas laborales, proceso que se catalizó tras los efectos directos de la Primera Guerra Mundial. Asimismo, distintos autores comenzaron a transformar la idea de Estado social desde una categoría doctrinal hacia una propuesta concreta de forma de Estado.

2.2.1. Bismarck y la legislación social. Von Stein y el uso de Estado social como adjetivo de Estado de Derecho

Como hemos revisado, la idea de Estado social tiene un antecedente importante en las revoluciones de 1848: Louis Blanc en Francia y Ferdinand Lassalle en Alemania propusieron una visión sobre el fin del Estado que impactó profundamente en

---

60 SOTELO, Ignacio (2010): *El Estado social. Antecedentes, origen, desarrollo y declive* (Madrid, Trotta), p. 50.

61 Que es precisamente la crítica de MARX, Karl, y ENGELS, Friedrich (2019): *El Manifiesto Comunista* (Madrid, Alianza), p. 77.

el desarrollo político europeo. En el caso alemán, la guerra franco-prusiana y la unificación de Alemania, bajo el liderazgo de Otto von Bismarck, influyeron en la concepción del Estado alemán como un Estado-nación, en el que convergían las influencias del socialismo y del conservadurismo.

En 1862, Lassalle, como dirigente político, propuso al recién nombrado ministro Bismarck varias normas de carácter social que, según él, beneficiarían tanto a la aristocracia gobernante como a los trabajadores. Sin embargo, diversos factores impidieron que estas ideas prosperaran: el conflicto constitucional en Prusia —ese mismo año, Guillermo I había nombrado a Bismarck como *Ministerpräsident*—, el proceso de unificación alemana, los problemas de política exterior y, sobre todo, el desinterés en conceder un triunfo político a los socialistas.

En este contexto surgió el segundo hito fundamental en la construcción del concepto de Estado social. En 1881, la presión política interna en Alemania obligó al canciller Bismarck, que enfrentaba una debilitada posición en el Parlamento, a anunciar una serie de proyectos de ley en materia de protección social para los trabajadores, que se materializarían en los años siguientes. Este punto ha sido considerado un momento de inflexión que impulsó las políticas sociales a nivel mundial y marcó el surgimiento del Estado social asociado a la seguridad social.[62]

En nuestra opinión, la visión de la legislación de Bismarck como un paso intencionado hacia la construcción de un Estado social no es del todo precisa. Las medidas propuestas se enmarcaban en la idea de un Estado que protegía la seguridad social de sus súbditos, más cercana a "la vieja idea de los

---

62 Zacher, Hans F. (2013): *Social Policy in the Federal Republic of Germany: The Constitution of the Social* (Berlin, Springer), p. 315.

subsidios a los súbditos fieles".[63] Esto distaba de una comprensión del Estado social como una definición fundamental de la orientación finalista de la acción estatal, y la reduce más bien a la identificación con prestaciones materiales.

La intención de Bismarck con el anuncio de esta normativa no estaba motivada por la búsqueda de una alteración estructural en la finalidad de la acción pública, sino que tenía un objetivo eminentemente político.[64] Las leyes "antisocialistas" aprobadas desde 1878 para contener los avances del Partido Socialdemócrata de los Trabajadores no habían logrado evitar su acceso al Reichstag en las elecciones de 1880. Además, en 1870 se fundó el partido católico alemán, el *Zentrum,* que se convirtió rápidamente en oposición al canciller. En respuesta, Bismarck intentó debilitar a la naciente socialdemocracia y los sindicatos anunciando nuevas leyes que generaran el apoyo de los trabajadores.[65] De esta forma, si el *Kaiser* enfrentaba directamente la "cuestión social", no sería necesaria revolución alguna.[66] Así, el gran objetivo de la legislación social no era la propia seguridad social, sino que "aprovechar la oportunidad para lograr las asociaciones

---

63 RITTER, *El Estado social, su origen y desarrollo en una comparación internacional*..., p. 38.

64 En este sentido, LINKE, Tobias (2023): "Kontinuitätslinien und 'historische Erbschaften' im Grundgesetz", en *Juristische Arbeitsblätter,* N° 5, p. 357.

65 En este sentido, ARAGÓN REYES, Manuel (2013): "Dos problemas falsos y uno verdadero: 'neoconstitucionalismo', 'garantismo' y aplicación judicial de la Constitución", en *Cuestiones constitucionales. Revista mexicana de derecho constitucional,* N° 29, p. 647.

66 FARIÑAS DUCE, María José (2007): "El origen de los derechos de los trabajadores: las Internacionales obreras", en PECES-BARBA MARTÍNEZ, Gregorio; ANSUÁTEGUI ROIG, Francisco Javier; RODRÍGUEZ URIBES, José Manuel; FERNÁNDEZ GARCÍA, Eusebio (directores): *Historia de los derechos fundamentales* (Madrid, Dykinson) tomo III, volumen 1, p. 407.

cooperativas corporativas que cree que deben implantarse gradualmente para todas las clases productivas, con el fin de adquirir una base para un futuro parlamento que sustituya o complemente al Reichstag como factor contribuyente esencial en el proceso legislativo – incluso, en el peor de los casos, a través de un golpe de estado".[67]

Por tanto, la idea de Estado social en Bismarck no respondía a una orientación finalista del Estado, sino que era más cercana a una estrategia política y a un corporativismo que se concebía como proclive a una "reforma conservadora". Este incipiente corporativismo alcanzaría su auge con la encíclica *Quadragesimo Anno* de Pío XI y su aplicación por corrientes socialistas, fascistas y franquistas, como veremos más adelante en este trabajo.

El desarrollo del adjetivo social para la forma de Estado se ralentizó con la intensificación de la legislación antisocialista de Bismarck, que no fue renovada tras la ascensión de Guillermo II al poder en 1890. El mismo año, el *Kaiser* aprobó y publicó – contra la voluntad de Bismarck – los "Decretos de febrero", que ampliaron la protección para los trabajadores, en su intento por mostrarse como un "*roi des gueux*" – un "rey de los pobres".[68] Además, desde 1871, el preámbulo de la Constitución imperial afirmaba que su objetivo era "promover el bienestar del pueblo alemán". El Canciller tenía un discurso político a favor de la nueva legislación laboral que buscaba implantar Guillermo II, pero en la práctica, intentó incorporar distintas cortapisas para evitar su vigor en el corto plazo. Ninguna de las dos autoridades tenía una especial afinidad por la socialdemocracia, pero el *Kai-*

---

67 GALL, Lothar (2019): *Bismarck: The White Revolutionary. Volume 2. 1871-1898* (Routledge), capítulo 15.

68 RÖHL, John C. G. (2001): *Wilhelm II. Der Aufbau der Persönlichen Monarchie* (München, Beck), p. 528.

ser confiaba que un enfoque más conciliador con los trabajadores debilitaría los movimientos socialistas.[69]

En este contexto histórico del uso de la legislación social es que Lorenz von Stein comenzó a utilizar expresamente el concepto de Estado social como un adjetivo de la forma de Estado. Aunque su trabajo académico se centró en el derecho administrativo, también abordó el socialismo y el marxismo. En sus obras, von Stein entendía que el rol del Estado era fomentar el desarrollo de las personas como individuos y evitar que la desigualdad económica se tradujera en desigualdades jurídicas: en concreto, el deber fundamental del Estado es "ante todo que la ley no los haga desiguales".[70]

Desde la noción de Estado de Derecho, von Stein incorporó la igualdad jurídica absoluta como elemento fundamental para eliminar las diferencias de clase. Sin embargo, argumentaba que la garantía de esta igualdad formal no era suficiente para la obtención de sus fines materiales. En su opinión, el Estado de Derecho, "finalmente, tiene que promover con su poder el progreso social y económico de todos sus miembros, porque, en último término, el desarrollo de lo uno constituye la condición y, asimismo, la consecuencia del desarrollo de lo otro; y en este sentido hablamos de Estado social".[71]

Este uso del concepto de Estado social por von Stein no era el único en el período. La revolución de 1871 en París recuperó el sentido de la revuelta de 1848 del concepto de "República social". Las proclamaciones de la Comuna de París llamaron a la revolución social con que los trabajadores, "todos solidarios,

---

69 RÖHL, *Wilhelm II...* p. 306-309.

70 VON STEIN, Lorenz (1876): *Gegenwart Und Zukunft Der Rechts Und Staatswissenschaft Deutschlands* (Cota, Stuttgart), p. 215.

71 VON STEIN, *Gegenwart Und Zukunft Der Rechts Und Staatswissenschaft Deutschlands...*, p. 215

disfrutarán en paz de los beneficios de la República social".[72] Adolph Wagner, en 1879, hablaba del Estado social en 1879 para referirse al "sueño" u objetivo final del socialismo.[73] Estos antecedentes reflejan una disyuntiva constante respecto al elemento sustantivo resaltado por ambos autores: si debía ser un Estado socialista o, más bien, un nuevo concepto como el Estado social. Por ello, el uso explícito del concepto de Estado social por von Stein representó un hito, al dotarlo de autonomía respecto a la idea del socialismo, que prevalecía en la época en relación con el adjetivo "'social".

2.2.2. La doctrina social de la Iglesia católica

Hasta ahora, hemos revisado cómo la construcción del Estado social se originó desde las revoluciones, presiones políticas y desarrollo doctrinario. Sin embargo, es necesario destacar el rol fundamental de la Iglesia Católica y las iglesias protestantes, inicialmente desde el trabajo social de sus fieles, en la formación del concepto de Estado social.[74]

De forma coetánea a la revolución de 1848, diversos movimientos católicos en Europa comenzaron a desarrollar obras

---

72 Asamblea Nacional de Francia, *Enquête parlementaire sur l'insurrection du 18 mars 1871*, p. 312.

73 Wagner, Adolph (1904): *Les fondements de l'économie politique* (Paris, V. Giard & E. Brière), tomo I, pp. 29-30.

74 Sotelo, *El Estado social...*, p. 182. Es importante destacar que, en sus inicios, la reacción de la jerarquía de la Iglesia Católica fue lenta para tratar directamente el tema de la "cuestión social", pero rápida en cambio para responder a los movimientos católicos liberales que comenzaban a escribir críticamente sobre la situación. Así por ejemplo, en 1834, luego de popularizarse la obra de Lamennais, Gregorio XVI respondió a sus escritos a través de encíclicas como *Singulari nos*, pero sin referirse directamente a los problemas que aquejaban a la población en este período.

en beneficio de los trabajadores y sectores más desposeídos. En Francia, se creó en 1840 la Société de Saint-François-Xavier y la Société de Saint-Vincent-de-Paul, como las principales obras de caridad que marcan el inicio de un catolicismo social.[75] En Alemania, Ketteler publicó en 1848 "La cuestión obrera y el cristianismo", respecto a la doctrina de la Iglesia Católica sobre la propiedad y el trabajo.[76] Cuando las revoluciones de 1848 volcaron parte de su violencia precisamente hacia instituciones de beneficencia de movimientos católicos, Pío IX se refirió a ello en 1849, en la encíclica *Nostis et Nobiscum,* haciendo notar que los pobres "obtendrían subsidios aún más cuantiosos si muchas instituciones que fueron fundadas por la piedad de los antepasados para su alivio, no hubieran sido recientemente destruidas o despojadas por repetidos levantamientos sociales.".[77]

El hito de *Nostis et Nobiscum* fue marcar la posición de la Iglesia respeto al socialismo y comunismo, que Pío IX denomina como "perniciosas invenciones", denunciando su objetivo de mantener "en constante agitación a los obreros y demás hombres de condición más humilde, engañándolos con discursos seductores y con falaces promesas de un porvenir más feliz y habituándolos poco a poco a los más graves crímenes: confían con esto poder utilizar sus fuerzas para atacar cualquier régimen de autoridad superior, para robar, dilapidar e invadir las propiedades, primero, de la Iglesia, después de todos los particulares, para violar en fin todos los derechos divinos y humanos, destruir el culto de Dios y abolir todo orden en la sociedad civil." [78]

---

75 BOUDON, Jacques-Olivier (1999): "Les catholiques sociaux parisiens au milieu du XIXe siècle", en *Revue d'histoire de l'Église de France,* tomo 85, N° 214, p. 55.

76 RODRÍGUEZ CAMPOS, William (2009): "La Iglesia y la Revolución Industrial", en *Miscelánea Comillas,* volumen 67, N° 131, p. 593.

77 Pío IX (1849): *Nostis et Nobiscum,* párrafo 32.

78 Pío IX, *Nostis et Nobiscum…,* párrafo 18. La crítica al socialismo siguió en encíclicas posteriores del mismo Papa, como *Quanta cura,* de 1864.

Esta es una época donde la "cuestión social" era vista como un tema de la izquierda, y particularmente, del socialismo. Ernest Edouard Friburgo se quejaba de esto diciendo: "¿por qué le dices a un hombre: si me hablas de cuestiones sociales estoy contigo, pero si te llamas socialista, estoy contra ti? (...) Aquí hay malentendidos perpetuos. Mientras persistamos en desterrar de nuestro lenguaje las palabras "cuestiones sociales", "socialismo", crearemos antagonismos en la sociedad, porque la gente, que aún no sabe, no comprende todas estas distinciones."[79]

El enfoque de Pío IX de alertar a los obispos sobre las ideas socialistas y comunistas no contenía un llamado a la acción social, sino más bien a la protección de la posición de la propia Iglesia Católica durante estos conflictos, desmejorada luego de la pérdida de los Estados Pontificios en 1870. El cambio fundamental en la visión de la Iglesia llegó con el papado de León XIII, a través de tres encíclicas: *Quod apostolici muneris*, de 1878, sobre el socialismo; *Immortale Dei*, de 1885, respecto a la constitución cristiana de las Repúblicas, y luego, en 1891, con la encíclica *Rerum novarum*.

La encíclica *Quod apostolici muneris*, que tiene como subtítulo "*De erroribus modernis*" – Sobre los errores modernos – se refiere al socialismo y a los métodos para defenderse dicha "detestable secta". Dentro de ellos, el Papa promovió una forma inicial de corporativismo, señalando que "es oportuno favorecer las asociaciones de artesanos y obreros que, colocados bajo la tutela de la Religión, se habitúen a contentarse con su suerte, a soportar meritoriamente los trabajos y a llevar siempre una vida apacible y tranquila."[80] Poco después, en 1884, el Papa encargó a un grupo de teólogos e intelectuales el estudio de la posición de la Iglesia respecto a la llamada "cuestión social". Así nace

---

79 Ernest Edouard Friburgo en Asamblea Nacional de Francia, *Enquête parlementaire sur l'insurrection du 18 mars 1871...*, p. 431.

80 León XIII (1878), *Quod apostolici muneris*, p. 35.

en 1884 la Unión de Friburgo, bajo una idea corporativista católica que, recogiendo el llamado de León XIII, entienden el régimen corporativo como un "medio neutralizador de antagonismo sociales".[81] El trabajo de sus miembros fue uno de los insumos que tuvo a la vista el Papa y los redactores de *Rerum Novarum.* La definición del corporativismo que entregó este grupo era un "sistema de organización social que tiene en su base la agrupación de hombres de acuerdo con la comunidad de sus intereses naturales y funciones sociales, y como verdaderos y apropiados órganos del Estado dirigen y coordinan el trabajo y el capital en asuntos de interés común.".[82]

En *Immortale Dei,* de 1885, León XIII se pronunció sobre el rol del Estado en la sociedad. La encíclica afirmó que el hombre está ordenado por naturaleza a la vida en comunidad política, la cual debe estar dirigida por una autoridad que la encamine al bien común. La existencia de distintas formas de gobierno es "posible y lícita, con tal que esta forma garantice eficazmente el bien común y la utilidad de todos."[83] Es el ejercicio del poder hacia el bien común el que legitima a la autoridad civil.

Finalmente, en 1891, la encíclica *Rerum novarum* apuntó directamente a la cuestión social. León XIII reiteró que el Estado tiene como objetivo el bien común, y que es su deber preferente el cuidado del bienestar de los trabajadores, tanto velando por la justicia distributiva, como también porque ellos, sin la acción de la autoridad, carecían de medios propios para

---

81 FERNÁNDEZ RIQUELME, Sergio (2010): "Breve historia del corporativismo católico", en *La Razón Histórica. Revista hispanoamericana de Historia de las Ideas,* N° 11, p. 60.

82 WIARDA, HOWARD J. (1997): *Corporatism and comparative politics. The other great "ism"* (London, M.E Sharpe), p. 37.

83 LEÓN XIII (1885): *Immortale Dei,* párrafo 2.

defenderse.[84] *Rerum Novarum* recalcó el deber del Estado de promover el bienestar no solo material, sino también espiritual de los trabajadores, motivando a los patronos y obreros para asociarse y colaborar en la solución de los problemas sociales, formando "asociaciones mixtas". El fin de la sociedad civil es también el bien común, y estas asociaciones privadas – que forman parte de la sociedad – tienen derecho a existir, por lo que si se prohibiera a los ciudadanos la constitución de agrupaciones, obraría en abierta pugna consigo misma, puesto que tanto ella como las sociedades privadas nacen del mismo principio: que los hombres son sociables por naturaleza."[85] Como se ve, la mirada de *Rerum Novarum* tiene un elemento marco de corporativismo en la solución a los problemas sociales.

La doctrina papal en *Rerum novarum* influyó paulatinamente en los Estados y las leyes en Europa, tanto directamente, a través de proyectos de ley presentados por parlamentarios católico-sociales, e indirectamente, colaborando con una opinión pública favorable a las políticas sociales.[86] Asimismo, consolidó una mirada corporativista católica de la vida en sociedad que sirvió como base para las futuras discusiones sobre el rol del Estado. Junto con lo anterior, ciertos pasajes de la encíclica dieron pie también para argumentar a favor de un Estado no solo más activo, sino directamente a cargo de ciertas prestaciones sociales. Algunos comentaristas de la encíclica entendieron que el Estado debía hacerse cargo directamente de "la providencia" de los trabajadores, entendiendo por esto "que el Estado ha de dar trabajo, sustento, habitación y otras comodidades a los proletarios, como el padre al hijo o el tutor

---

84 León XIII (1891): *Rerum Novarum*, párrafo 27.

85 León XIII, *Rerum Novarum...*, párrafo 35.

86 Garralda Arizcun, José Fermín (1991): "La recepción de la 'Rerum novarum' en Europa y en España", en *Revista Verbo*, Nº 297-298, p. 896.

al pupilo".[87] Aunque el sentido del texto de León XIII era la orientación de la política social de forma prioritaria hacia las personas más desposeídas, la encíclica se convirtió también en un argumento para sostener una posición a favor de una acción directa prestacional por parte de la autoridad.

2.2.3. León Duguit y la solidaridad social en el derecho público

El último hito de esta etapa en la construcción del Estado social se encuentra en la obra del francés León Duguit y su idea de la solidaridad social como fundamento de la legitimidad del Estado. Duguit, influyente académico de la Universidad de Bordeaux, realizó innovadoras aportaciones al derecho constitucional y administrativo desde su estudio del papel del Estado.[88] Para Duguit, la transformación democrático de la sociedad significó un cambio en la legitimación del ejercicio de la soberanía, pero también a la forma en que se ejerce el poder. Existe una correspondencia íntima entre la posesión del poder y la obligación de cumplir ciertas actividades, de prestar ciertos servicios que cumplen una función social, que Duguit denomina *services publiques* – servicios públicos; es decir, aquellas funciones

---

87 La frase de *Rerum novarum* dice: "Quocirca mercenarios, cum in multitudine egena numerentur, debet cura providentia que singulari complecti respublica.". Criticando esta lectura asistencialista del Estado, NOGUER, Narciso (1923): "El intervencionismo de la encíclica 'Rerum novarum'", en *Estudios de Derecho*, volumen 11, N° 103-104, p. 45.

88 Sobre los aportes de Duguit a la ciencia del derecho, POSADA, Adolfo (1926): "Estudio preliminar: sobre la idea del Estado y la noción de soberanía", en DUGUIT, León (1926): *Las transformaciones del Derecho Público* (Madrid, Francisco Beltrán Librería), pp. 5-40. Más recientemente, PACTEAU, Bernard (2011): "Duguit ¡El Estado reencontrado!", en *Revista de Administración Pública*, número 185, pp. 345-363.

que exige la solidaridad social, consecuencia de la interdependencia social.[89] Esto convierte al servicio público en el "único y verdadero fundamento del sistema moderno."[90]

Duguit entendió que la organización y el funcionamiento de los servicios públicos suponen grandes gastos, y el aumento y su extensión aumentan al mismo tiempo las cargas de los contribuyentes. Esto generaba un mayor problema en los regímenes democráticos, ya que, "forzosamente con el número de los servicios, las consideraciones de orden electoral, harán sentir cada vez más su influencia perniciosa, y falsearán todos los resortes administrativos, y así la extensión de los servicios públicos es sensible bajo todos los regímenes, es nefasta en los países democráticos".[91]

Aunque este efecto negativo sea cierto, la expansión de los servicios públicos en el Estado moderno es inevitable, y por tanto propuso dos soluciones a este dilema: la primera es la *descentralización* de los servicios, evitando que todos estén bajo el mando o supervisión de una autoridad única. La segunda es lo que denomina *industrialización* de los servicios públicos, recalcando que la orientación del Estado de éstos no quiere decir que sea el gobierno o la Administración quien deba directamente proveerlo, sino que la autoridad tiene la obligación de organizarlos, fiscalizar su funcionamiento y provisión continua. Por ende, es perfectamente posible la oferta privada de servicios públicos, porque ellos se definen en cuanto apuntan a un objetivo de solidaridad social, y no por su prestador. De esta forma, los servicios concesionados son también servicios públicos.[92]

---

89 DUGUIT, *Las transformaciones del Derecho Público...*, p. 109.

90 DUGUIT, *Las transformaciones del Derecho Público...*, p. 101.

91 DUGUIT, *Las transformaciones del Derecho Público...*, pp. 120-121.

92 DUGUIT, *Las transformaciones del Derecho Público...*, p. 123.

La noción de solidaridad social de Duguit también tiene consecuencias para el cierre de un punto abierto en el Estado liberal que impediría avanzar hasta lo que entendemos hoy como derechos sociales: la idea de derecho público subjetivo. Si esta categoría existiera, entonces sería imposible una relación solidaria entre los individuos, ya que todo derecho se atribuye en una relación subjetiva entre la persona y el Estado. La superación de la teoría del derecho público subjetivo, por tanto, se hacía necesaria para avanzar en una idea de derechos objetivos fundada en la regla social, la solidaridad, y los servicios públicos.[93]

La mirada de Duguit se planteó en paralelo al desarrollo del concepto de Estado social, sin abordarlo directamente, pero incluyendo conceptos como la solidaridad social que sí forman parte de su contenido inicial. Su noción de servicio público y función social trascendió la discusión europea, siendo recogida en las primeras normas constitucionales que darán inicio al denominado constitucionalismo social.

2.2.4. La revolución mexicana y la Constitución de Querétaro de 1917

Las ideas de León XIII en *Rerum novarum* se expandieron por Europa, provocando reacciones en la sociedad civil y la discusión intelectual de la época. En un sentido diverso, pero relacionado, la influencia de las propuestas de León Duguit dio origen a una corriente denominada "Escuela del servicio público". La Primera Guerra Mundial, sin embargo, cambió el foco de la preocupación política y social en Europa. La influencia de la encíclica llegó a México, donde su foco en la

---

93 ESTEVE PARDO, José (2020): *El pensamiento antiparlamentario y la formación del derecho público en Europa* (Madrid, Marcial Pons), p. 92.

"cuestión social" generó un impacto que colaboró a legitimar la preocupación sobre la situación de los trabajadores en el país, apoyando indirectamente los planteamientos del Partido Liberal.[94] El avance de los elementos sociales en el orden legal y constitucional llegó de la mano de la revolución de 1910, que llevó al poder a Venustiano Carranza en 1916. Como jefe del Ejército Constitucionalista, Carranza decretó que Santiago de Querétaro fuera la capital provisional de la República, y convocó a un Congreso Constituyente en la misma ciudad, que culminó con la aprobación de una nueva Constitución de México, el 31 de enero de 1917.

La Constitución de Querétaro marcó un hito como el inicio del denominado constitucionalismo social. En su redacción no influyeron significativamente las discusiones europeas sobre la "cuestión social" ni el rol que le correspondía al Estado en esta materia, [95] pero sí se tuvieron en consideración las ideas de León Duguit sobre la función pública y la solidaridad pública. El diputado Macías decía en Querétaro que: "El principio de la individualidad ha pasado a la historia. Siendo de los tratadistas que ven en los momentos actuales, como la razón de ser de todo agregado social, la solidaridad social, el principio de la solidaridad social ampliamente sostenido por los sociólogos modernos, entre los cuales citaré a los que vienen a mi memoria, pues confieso que no vine preparado para esta lucha. León Duguit, como sostenedor de la soberanía social, como sostenedor de la teoría de la solidaridad social,

---

94 Hernández Parra, Carolina (2018): *Querétaro en el Congreso Constituyente 1916-1917.* (Ciudad de México, Secretaría de Cultura – INEHRM), p. 30.

95 Noriega Cantú, Alfonso (1988): *Los derechos sociales creación de la Revolución de 1910 y de la Constitución de 1917* (Ciudad de México, Universidad Nacional Autónoma de México), p. 83.

penetra en todos los recintos de la vida social; explica la vida económica, la vida política y el fenómeno religioso (...)".[96]

Más allá del conocimiento de las ideas sobre la función social de Duguit, fue principalmente la realidad histórica de México la que dio forma a las normas de la nueva Constitución, muchas de ellas vistas desde Europa con un sorpresivo nivel de detalle, al punto de regular algunos derechos con una precisión más similar a una ley que a las constituciones de este período. La extensión de los artículos de la Constitución de 1917 es un rasgo netamente idiosincrático de su texto: los constituyentes mexicanos "eran plenamente conscientes de que estaban reunidos allí para viabilizar jurídicamente las aspiraciones a una profunda reforma social de quienes habían llevado adelante la Revolución"[97], y que ésta era una oportunidad que debían aprovechar.

La Constitución de México de 1917 representó un hito en la historia del país y del constitucionalismo, al incluir una serie de derechos sociales que garantizaban condiciones dignas de vida para sus ciudadanos. Entre los derechos sociales consagrados en la Constitución está el derecho a la educación laica, gratuita y obligatoria, el derecho a la organización sindical y a la huelga, así como el reconocimiento de la propiedad ejidal y comunal.

Para algunos autores, la amplia consagración de derechos sociales permite calificar a la Constitución de Querétaro como la primera carta fundamental que consagró un Estado social. Sin embargo, una lectura más detenida de los

---

96 Diario de los debates del Congreso Constituyente de México 1916-1917, tomo II, p. 167.

97 FERNÁNDEZ SEGADO, Francisco (2017): "Un siglo del nacimiento de una nueva era constitucional, la del constitucionalismo social: la carta de Querétaro de 1917", en *Revista de las Cortes Generales* N° 100-101-102, p. 245.

derechos garantizados en la Constitución de 1917 hace notar que éstos no se establecen como obligaciones al Estado – es decir, como derechos subjetivos -, sino que como limitaciones a los particulares. En efecto, las garantías constitucionales – en palabras del diputado Macias en el Congreso Constituyente – "tiene por objeto proteger al individuo y tienden a sacarlo de la garra de la opresión en que ha vivido."[98] Es por esto que "ni las garantías sociales ni las constitucionales están protegidas por el amparo: no están protegidas por el amparo más que las garantías individuales. Las otras garantías, sociales, políticas o constitucionales, están garantizadas por la estructura misma y por el funcionamiento de los poderes."[99] Por tanto, en el caso de las garantías individuales, las formas de garantía del Estado liberal podían ser utilizadas sin mayores inconvenientes para su resguardo, como el juicio de amparo.[100]

El uso de las garantías liberales para la protección de derechos sociales explica por qué la Constitución de Querétaro, aunque se considera formalmente el inicio del constitucionalismo social, tuvo un efecto transformador más bien limitado. Al ser una constitución dictada fuera de Europa —que, además, se encontraba en medio de una guerra—, su impacto en el resto del mundo fue moderado. Pero, sobre todo, debido a que su texto es marcadamente idiosincrático: los derechos que consagra solo se comprenden en el contexto de la revolución de 1910 que culminó en este proceso constitucional.

---

98 Jesús Castañón, Alberto y Morales Jiménez, Patricia (2017): *50 discursos doctrinales en el Congreso Constituyente de la Revolución Mexicana 1916-1917* (Ciudad de México, Instituto Nacional de Estudios Históricos de las Revoluciones de México), p. 50.

99 Diario de los debates del Congreso Constituyente de México 1916-1917, tomo I, p. 630.

100 Cossío Díaz, José Ramón (1998): "Las concepciones del derecho en el constituyente de 1916-1917", en Anuario Mexicano de Historia del Derecho, volumen X, p. 204.

De esta manera, el siguiente paso en el desarrollo de la idea de Estado social continúa en Europa, esta vez en la Alemania de la posguerra.

2.3. EL PERÍODO POST PRIMERA GUERRA MUNDIAL. GIERKE Y EL SURGIMIENTO Y CAÍDA DE LA REPÚBLICA DE WEIMAR

El siguiente paso de la evolución histórica del Estado social se encuentra en el origen y caída de la República de Weimar. Este período de la historia constitucional alemana – denominado así por la ciudad donde se redactó la Constitución de 1919 – adoptó un gobierno parlamentario y un texto constitucional innovador en derechos sociales en un contexto de crisis económica y política. La República de Weimar finalizó con la "Ley habilitante" de 24 de marzo de 1933, que quebró la separación de poderes en Alemania al permitir el ejercicio de la función legislativa por el gobierno de Adolf Hitler, incluso si ellas iban contra el texto de la Constitución.

La génesis de la Constitución de 1919 tuvo como contexto la derrota alemana en la Primera Guerra Mundial, que dejó al país en una profunda crisis política y económica. En este clima de inestabilidad, la clase política temía que el movimiento bolchevique, que había triunfado en la Revolución de Octubre de 1917 en Rusia, pudiera extenderse al territorio alemán. En este período, el Partido Socialdemócrata de Alemania (SPD) estaba dividido en dos facciones: una más marxista, representada por figuras como Rosa Luxemburgo, y otra más moderada de centro-izquierda. La ruptura definitiva dentro del SPD se produjo en 1917, cuando el sector que se oponía a la guerra, encabezado por Hugo Haase y otros, formó el Partido Socialdemócrata Independiente de Alemania (USPD). Esta división sentó las bases para la fundación del

Partido Comunista de Alemania (KPD) en 1918, liderado por Luxemburgo y Karl Liebknecht, tras la Revolución Alemana.

En 1918, la Revolución de Noviembre significó el alzamiento de diversos grupos socialistas y obreros que buscaban la instauración de una República, con algunas facciones que impulsaban una República Socialista para Alemania. Estos levantamientos fueron inicialmente combatidos por el Reich mediante la fuerza, pero finalmente condujeron a la abdicación del Kaiser Guillermo II el 9 de noviembre de 1918 y la llegada al poder del Partido Socialdemócrata Alemán (SPD) bajo la dirección de Friedrich Ebert, quien favorecía la instauración de una República Parlamentaria.

La amenaza de una revolución socialista al estilo bolchevique, el fin del Imperio Alemán y la necesidad de estabilizar el país presionaron para la convocatoria de elecciones a una Asamblea Nacional Constituyente en enero de 1919. Estas elecciones se celebraron con sufragio universal y proporcional, incorporando por primera vez el voto femenino. Los resultados de la elección dieron una amplia representación al Partido Socialdemócrata Alemán (SPD), el Partido del Centro (Zentrum) y el Partido Democrático Alemán (DDP). El Partido Socialdemócrata Independiente de Alemania (USPD), que se había escindido del SPD en 1917, obtuvo poco más del 7% de los votos.

Como era de esperar, la conformación de una Asamblea Nacional Constituyente no calmó por sí misma los ánimos revolucionarios dentro de Alemania. Durante 1919 Friedrich Ebert, proclamado como Presidente del Reich, debió combatir los intentos de conformar repúblicas soviéticas dentro del país, como ocurrió en Bremen y Munich. Precisamente, para evitar la confrontación en Berlín por el levantamiento de Espartaco de enero de dicho año – donde murió Rosa Luxemburgo –, la Asamblea Nacional Constituyente debió fijar su lugar de sesiones fuera de la capital, trasladándose a la ciudad de Weimar.

En este contexto, sumado a la crisis política y revolución dentro de Alemania, es cuando Otto von Gierke publicó en mayo de 1919 una de sus últimas obras, *La idea germánica del Estado,* en que defiende una idea del Estado con objetivos morales para solucionar los problemas que veía de desigualdad económica y social en su concepción formalista. Un Estado que sea "social" (*Sozialstaat*), pero no socialista.[101]

Gierke, discípulo de Herder, siguió las críticas al individualismo que ve en el Estado liberal. Para él, el análisis que realiza el Estado debe partir desde su concepción como un desarrollo orgánico nacido de la asociatividad humana, y en cuanto formado por seres humanos, requiere someterse al imperio del derecho y no estar por sobre éste.[102] Como fruto de la asociatividad humana, el Estado debe seguir la tradición política germánica de quienes lo componen: es decir, de un orden constitucional orientado a lo social. Un enfoque del Estado que reconoce la existencia de sociedad y asociatividad entre los individuos hace inadmisible que el fin del Estado sea solo la defensa y la justicia, lo que no significa que la actividad estatal sea tal que pueda ser asfixiante para las comunidades y grupos sociales. Para Gierke, el Estado puede ser un Estado policía, Estado educador y Estado de bienestar, pero sin convertirse en el Leviatán que devore la libertad de los ciudadanos, como entiende al Estado socialista. [103]

En la idea de Gierke, el Estado social significa tomarse en serio los efectos negativos del individualismo económico y la fricción entre trabajadores y el empresariado. Aunque el ideal

---

101 GIERKE, Otto von (1919): *Der germanische Staatsgedanke* (Berlin,Weidmann), p. 26.

102 GIERKE, Otto von (1902): "La naturaleza de las asociaciones humanas", en GIERKE, Otto von (2015): *La función social del derecho privado y otros estudios* (Granada, Comares), p. 48.

103 GIERKE, *Der germanische Staatsgedanke*...pp. 11, 20 y 27.

de Kant de libertad, igualdad e independencia no se encontraba asociado directamente a la protección de la propiedad, Gierke consideraba que bajo el disfraz de un formalismo legal imparcial, el liberalismo económico individualista incentivaba la competencia, y con ello, rompía el sentido de comunidad y favorecía a los propietarios por sobre aquellos que no contaban con bienes.[104] Por esto, era necesario buscar formas de cerrar la brecha entre el capital y el trabajo, para no volver a caer en "los pecados del capitalismo", pero tampoco llegar al socialismo que trae la pérdida de libertad del individuo. "Por eso queremos defender la propiedad privada y el derecho de herencia, la propiedad y la educación, apoyar a las clases medias",[105] resguardar la subsidiariedad y la libertad de los grupos sociales para su desarrollo independiente, como también ser promotor que la Constitución asegure derechos fundamentales inviolables.

La influencia de las ideas corporativistas y organicistas de Gierke en la Constitución de Weimar fue directa, tanto por su participación como experto en el debate parlamentario como a través de su discípulo, Hugo Preuß, quien preparó el borrador sobre el que discutió la Asamblea Nacional Constituyente, y considerado como el padre de la Constitución alemana de 1919.

2.3.1. La Constitución de Weimar de 1919 y el surgimiento de un Estado social implícito

Luego de varios meses de debate y negociación, la llamada Constitución de Weimar fue aprobada el 11 de agosto de 1919, promulgada tres días después y entró en vigor el 14 de agosto

---

104 EWALD, William (1995): "Comparative jurisprudence (I): What was it like to try a rat?", en *University of Pennsylvania Law Review*, volume 143, p. 2056.

105 GIERKE, *Der germanische Staatsgedanke...*, p. 27.

de 1919. Las constituciones son hijas de su tiempo, y en este caso, los redactores estuvieron fuertemente influidos por la crisis política que incentivó la búsqueda de una forma de gobierno democrática y representativa, en contraste con el sistema de la Constitución Imperial de 1871. Además, se buscó un marco institucional que permitiera enfrentar la grave crisis económica y social que vivía Alemania tras la Primera Guerra Mundial.

Los redactores de la Constitución de Weimar eran conscientes que su texto era necesario para reconfigurar el escenario político, combatir los intentos socialistas por llegar al poder y dotar de unidad a la naciente República. Sin embargo, el contenido de la nueva Constitución no podía ser "individualista-burgués, ni socialista-bolchevista"[106], que eran los dos polos sobre los que se movía la discusión en ese momento. Aunque la socialdemocracia tenía la mayoría de la Asamblea Nacional Constituyente, sus propuestas constitucionales fueron acotadas, y no representaban un programa constitucional completo propio e independiente. Por esto, Weimar se configuró como una Constitución mayoritariamente liberal, de compromiso entre la socialdemocracia y los grupos conservadores, con los énfasis sociales precisos que la misma socialdemocracia consideró más relevantes de constitucionalizar.[107]

La participación de los grupos socialdemócratas en la discusión constitucional permite explicar por qué la principal medida transformadora que impulsaron no fueron los derechos sociales – que los tuvo – , o la forma de Estado social – que no se consagró en su texto –, sino que la adopción de un gobierno directo democrático, o autogobierno, a través de un régimen parlamentario, en que el término explícito

---

106 SCHMITT, Carl (1996): *Teoría de la Constitución* (Madrid, Alianza), p. 168.

107 RÜRUP, Reinhard (1992): "Génesis y fundamentos de la Constitución de Weimar", en *Ayer*, Nº 5, p. 132.

del sistema monárquico se veía como la única forma de acabar con la revolución socialista.[108] Con el trabajo de Hugo Preuß, una cierta idea de Estado social se plasman implícitamente en el texto constitucional. Preuß rescató expresamente el trabajo de von Stein y la fallida Constitución de Frankfurt de 1849, en su intento de "formar una Nación a través de una reforma"[109], argumentando que "[l]o que entonces no era posible es hoy necesario y, más aún, es hoy una necesidad imperiosa el desarrollo de aquellas ideas".[110]

Este elemento de integración y formación de la nación a la que aludía Preuß tenía un desafío interno. Además de las diferencias entre cada territorio que componían la nueva Alemania, era un país que mezclaba una antigua aristocracia, una orgullosa fuerza militar, una élite burocrática y un grupo de *mandarines* en la academia que hacían sentir su desprecio por las masas.[111] Por esto, la Constitución de Weimar debió avanzar en medidas que son clara influencia del esfuerzo socialdemócrata de frenar al socialismo por la vía de entregar distintas concesiones a cada grupo, y dentro de ellas, a la población. De este modo, la Constitución se estructuró en una parte primera, de organización y atribuciones del Imperio, y una parte segunda, que incluyó un extenso catálogo de derechos y deberes fundamentales de los alemanes.

En la parte primera – artículos 1 a 108 –, la Constitución de Weimar precisó materias de dominio del Reich, donde

---

108 Watt, Richard M. (1968): *The King's depart. The tragedy of Germany, Versailles and the German revolution* (New York, Simon and Schuster), p. 183.

109 Lehnert, Detlef (2008): "Einleitung", en Preuss, Hugo: *Politik und Verfassung in der Weimarer Republik* (Mohr Siebeck), p. 40.

110 Rürup, *Génesis y fundamentos de la Constitución de Weimar...*, p. 135.

111 Esteve Pardo, *El pensamiento antiparlamentario y la formación del derecho público en Europa...*, p. 54.

se incluyeron distintas áreas económicas y sociales y también la denominada legislación sobre el bienestar general (*Wohlfahrtspflege*).[112] En esta primera parte se consagró uno de los valores más buscados por Preuß: la institucionalización de la República – en oposición a la monarquía – y la democracia representativa, pretendiendo marcar con ello una diferencia sustantiva con los movimientos revolucionarios del período, remarcando en el artículo 1 que "el Imperio Alemán es una República", y que "el Poder procede del pueblo".[113]

La Constitución configuró un Estado democrático de derecho, con voto proporcional, donde el Parlamento era el centro de la deliberación social. Esto buscaba bloquear las ansias revolucionarias del período, encauzando las manifestaciones no solo en derechos sociales, sino en aumentar la inclusión de los trabajadores y mujeres en la adopción de decisiones políticas. Aunque no hay dudas sobre las intenciones democráticas de Preuß, tampoco había mayor alternativa para ello. Como indicaba Kaufmann, tras la caída de la monarquía "no nos queda más que elegir entre el dominio de una mayoría parlamentaria o la dictadura del proletariado".[114]

La parte segunda de la Constitución de Weimar –artículos 109 a 181 – se enfocó en la garantía de derechos que actualmente es posible calificar como derechos sociales. Sin embargo, su texto no solo contenía artículos de esta naturaleza. Dentro de esta segunda parte se encuentran normas heterogéneas: algunas de carácter objetivo, otras redactadas como mandatos, e incluso algunos elementos orgánicos que no se incluyeron en la parte primera.

---

112 Constitución de Alemania de 1919, artículo 9.1.

113 Constitución de Alemania de 1919, artículo 1.

114 Citado por ESTEVE PARDO, *El pensamiento antiparlamentario y la formación del derecho público en Europa…*, p. 31.

Sobre los derechos que consagró la Constitución de 1919, su texto recogió la noción de derechos fundamentales (*Grundrechte*) que había utilizado previamente la Constitución de Frankfurt de 1849, resaltando con el predicado de *fundamental* su carácter inviolable e irrenunciable, pero además su determinación estricta: no todo derecho es fundamental. En su texto, el Estado adoptó un rol de promotor de la participación social y protección de los trabajadores, y de esta forma, evitar una revolución proletaria que se ve cada vez más cercana. Los derechos sociales en materia laboral y la sindicalización fueron esenciales para este objetivo: como recordamos anteriormente, la aprobación y vigor de la Constitución de 1919 coincidió con el auge de los movimientos nacionalistas que reaccionan a la Revolución bolchevique de 1917, y en Italia, con el denominado *Biennio Rosso* de 1919 y 1920, y por ello, estas garantías eran vistas como relevantes para apaciguar los ánimos revolucionarios en territorio alemán.

Pese a ello, Preuß no estuvo a favor de contemplar derechos fundamentales en el texto constitucional, a diferencia del Presidente provisional, Friedrich Ebert, quien insistió en su inclusión. Para Preuß, el objetivo y el contenido de todas las "ideas de socialización" no puede ser solo resolver las cuestiones de "salarios y estómagos", sino que en primer lugar la libertad y democracia. Por tanto, es el Parlamento democrático quien debe configurar esos derechos. "La Constitución no puede crear más directamente el progreso social que el resto de la vida del pueblo; pero puede mantenerle el camino abierto a través de la organización política".[115]

La influencia de Gierke y Duguit sobre la regulación del derecho de propiedad hizo que se recogiera en su texo la idea de su función social, que postula que dicho derecho no

---

[115] Asamblea Nacional Constituyente, Acta del 24 de febrero de 1919, p. 285.

es individual ni absoluto, sino una institución social que está subordinada al bien común. En esto, Weimar siguió la línea planteada por Duguit, al consagrar que el uso de la propiedad debe servir, al mismo tiempo, al beneficio común: "la propiedad implica, para todo detentador de una riqueza, la obligación de emplearla en acrecer la riqueza social, y, merced a ella, la interdependencia social".[116]

La Constitución creó Consejos obreros y económicos para las empresas, distritos y el Reich, en que se discutirían las condiciones laborales y las propuestas en materia de legislación social. Abendroth comentaría posteriormente que esta regulación fue una muestra del carácter social de la Constitución y del reconocimiento de la idea de *soviet*, pero también de su habilitación para la socialización de los medios de producción.[117]

Como mencionamos precedentemente, la parte segunda de la Constitución de Weimar no solo incluyó derechos y libertades, sino también normas de distinta naturaleza. En 1928, Carl Schmitt remarcó la importancia de distinguir los derechos fundamentales de la parte segunda de aquellas "garantías institucionales" y de instituto; esto es, la protección constitucional de instituciones que pretende hacer imposible su sustitución por la vía legislativa ordinaria. A diferencia de los derechos fundamentales, las garantías institucionales presuponen la existencia de un Estado, y dentro de éste, instituciones que son jurídicamente reconocidas: "esto es, la protección de una institución formada, definible y distinguible, de naturaleza de Derecho público".[118]

---

116 DUGUIT, León (1926): *Manual de derecho constitucional* (Madrid, Francisco Beltrán), p. 276. El artículo 153 de la Constitución de Weimar utiliza la frase "Gemeine Beste", que es "beneficio común", y no directamente "Gemeinwohl", que es "bien común".

117 ABENDROTH, *El Estado de Derecho democrático y social como proyecto político*, p. 17.

118 SCHMITT, Carl (1931): *Freiheitsrechte und institutionelle Garantien der Reichsverfassung* (Berlin, Verlag von Reimar Hobbing), p. 10.

Un ejemplo que entrega el propio Schmitt ilustra lo anterior. El artículo 127 de la Constitución de Weimar consagró un derecho de "los Municipios" a una administración autónoma. Para el autor alemán, "este postulado contiene una garantía legal-constitucional: el instituto de la autonomía queda garantizado por ley constitucional del Reich, de manera que la institución de la administración municipal autónoma como tal no puede ser suprimida, y todas las leyes que por su contenido objetivo nieguen esta administración autónoma del municipio, o arrebaten su esencia, son inconstitucionales. Por el contrario, no se garantiza en esa prescripción un derecho a la existencia del municipio en particular, o de la asociación de municipios en particular."[119] Otros ejemplos de garantías institucionales – o de instituto – que mencionó Schmitt, y que se encuentran en esta parte segunda de la Constitución de Weimar, son la prohibición de los tribunales de excepción,[120] el matrimonio como base de la vida familiar,[121] el descanso dominical, [122] los derechos de los funcionarios,[123] la libertad de ciencia y su enseñanza,[124] y con ciertos matices, la garantía del derecho de propiedad.[125]

---

119 Schmitt, *Teoría de la Constitución...*, p. 175.

120 Constitución de Alemania de 1919, artículo 115.

121 Constitución de Alemania de 1919, artículo 119.

122 Constitución de Alemania de 1919, artículo 139.

123 Constitución de Alemania de 1919, artículos 129 y 130.

124 Constitución de Alemania de 1919, artículo 142.

125 Constitución de Alemania de 1919, artículo 153. Para Schmitt, el derecho de propiedad es indudablemente un derecho fundamental, pero la Constitución de Weimar daría a entender que la configuración de este derecho está dada por la ley. Esto no es admisible en un derecho fundamental, el cual "*no* resulta de la ley, sino que es dado *antes* de ella." Schmitt, *Teoría de la Constitución...*, p. 176. Sobre la distinción de Schmitt respecto al derecho de propiedad, Cordero Quinzacara, Eduardo (2007): "Las garantías institucionales en el derecho alemán y su proyección en el derecho de propiedad", en *Revista de Derecho Universidad Católica del Norte*, año 14, número 2, pp. 81-99.

La inclusión de derechos sociales en la Constitución de Weimar contribuyó a caracterizarla hasta hoy como un Estado social.[126] Si entendemos la idea de Estado social en su faz de consagración de derechos y otras normas de carácter social en el texto constitucional, la Constitución de 1919 cumplía con dichos criterios. Sin embargo, el rol característico de Weimar va más allá de los derechos sociales – los cuales, por lo demás, difícilmente se cumplieron. La consagración de estos derechos tenía un objetivo programático, con una redacción amplia, que mandataba al Estado a que el orden de la vida económica debía corresponder a "los principios de justicia con el fin de garantizar una existencia humana para todos".[127] Esta visión restringida de su contenido – que apunta a dar mayor importancia a los derechos sociales por sobre el resto del texto – ignora la importancia de diversas normas heterogéneas en su articulado que configuran elementos objetivos, mandatos, y garantías institucionales en el sentido de Schmitt. Por esto, si se quisiera argumentar que la Constitución de Weimar es un ejemplo de un texto en el marco de un Estado social, debe buscarse dicho significado en una pléyade de normas heterogéneas tanto de la parte primera como segunda de la Constitución.

El texto de la Constitución de Weimar tuvo valor como hito en la construcción de un Estado social al representar un cambio en la forma que el Estado interactúa con la sociedad y asume responsabilidades más amplias en la promoción del bienestar general a través de la configuración de una democracia representativa, derechos sociales y garantías institucionales. Como indicó Mortati, comentando su texto, esa parte de su articulado es lo que distingue su intención de transformación

---

126 En este sentido – restringido a ver el Estado social como un Estado prestacional–PÉREZ LUÑO, Antonio (2018): *Derechos humanos, Estado de Derecho y Constitución* (Madrid, Tecnos), p. 124.

127 Constitución de Alemania de 1919, artículo 151.

de la estructura capitalista del Estado liberal imperante al momento.[128] La búsqueda de un rol activo del Estado, a su vez, diferenció a Weimar de la Constitución de Querétaro de 1917, en que el Estado mexicano adoptaba un rol de garante de la protección de derechos entre privados, más que un deber de prestación como el caso alemán. La incorporación de derechos y norma de carácter social en la Constitución de Weimar, sin embargo, no corresponde a un rasgo definitorio para considerar que crea un Estado social.[129] No obstante sí resulta relevante en cuanto éstos cumplían un sentido integrador – como recalcó Smend –, en cuanto valores primarios o básicos que permitían a los alemanes sentirse unidos y parte de la asociación que es el Estado[130], que como mencionamos, sí era uno de los objetivos de Preuß al momento de la redacción de su texto.

2.3.2. La Constitución de Weimar como una Constitución de compromiso. La posición de Schmitt

Hemos visto cómo los miembros de la Asamblea Constituyente eran conscientes que su trabajo debía generar las bases para dotar de viabilidad política a la tarea de reconstrucción en la postguerra, con un contenido que no podía ser ni individualista ni socialista. Esto convirtió a la Constitución de

---

128 Mortati, Costantino (1954): "Il lavoro nella Costituzione", en Gaeta, Lorenzo (2003): *Costantino Mortati e 'Il lavoro nella Costituzione': una rilettura. Atti della Giornata di studio, Siena, 31 gennaio 2003* (Milano, Giuffré Editore), p. 10.

129 Vosskuhle, Andreas, y Wischmeyer, Thomas (2015): "Grundwissen – Öffentliches Recht: Das Sozialstaatsprinzip", en *Juristische Schulung*, N° 8, p. 693.

130 Smend, Rudolf (1985): *Constitución y derecho constitucional* (Madrid, Centro de Estudios Constitucionales), p. 140.

1919 en una norma de compromiso entre la socialdemocracia, los grupos conservadores y liberales.[131]

El carácter de "compromiso" de la Constitución de Weimar fue resaltado por Carl Schmitt. Aunque su texto contenía las decisiones políticas fundamentales sobre la forma de existencia política concreta del pueblo alemán, lo que a su juicio la convertía en una Constitución propiamente tal, también contenía "compromisos y oscuridades que no contienen decisión alguna y en los que, por el contrario, los partidos de la coalición buscaron soslayar una decisión".[132]

La primera parte de la Constitución de Weimar, a juicio de Schmitt, fue reflejo de compromisos "auténticos" respecto a "decisiones políticas fundamentales sobre la forma de existencia política concreta del pueblo alemán". [133] Estas son la decisión a favor de la Democracia y la República, contra la Monarquía; la decisión a favor de una estructura federal y una forma parlamentario-representativa de legislación y Gobierno, y finalmente, "la decisión a favor del Estado de derecho burgués con sus principios: derechos fundamentales y división de poderes". [134] Es importante notar que para Schmitt no toda norma constitucional sobre derechos era parte de estos compromisos auténticos de la Constitución de Weimar, sino solo aquellos que resguardaban "derechos fundamentales" y una "división de poderes" propia del Estado "de derecho burgués"; esto es, el Estado liberal.

---

131 WIECZOREK, Tomás (2022): "Carl Schmitt, amigo de Weimar. Notas en torno a la Verfassungslehre como teoría y doctrina de la constitución", en *Isonomía*, número 56, p. 46.

132 SCHMITT, *Teoría de la Constitución...*, p. 52.

133 SCHMITT, *Teoría de la Constitución...*, p. 52.

134 SCHMITT, *Teoría de la Constitución...*, p. 49.

Como revisamos, la parte segunda de la Constitución de 1919 no solo contenía derechos fundamentales, sino que un gran número de derechos cuyo contenido resultaba indefinido, como también garantías institucionales y mandatos al legislador y a la Administración. Estas normas, aunque fueran parte del texto constitucional, no representan verdaderos compromisos en el sentido de Schmitt, y por tanto, los califica de "compromisos no auténticos", "apócrifos" o "dilatorios".[135]

Los artículos que representan compromisos "dilatorios" son, en propiedad, normas de regulación objetiva que son el resultado de transacciones, negociaciones y concesiones que no persiguen adoptar una decisión, sino que el constituyente simplemente la dilata, trasladándola al Parlamento futuro a través de la redacción de fórmulas que satisfacen "todas las exigencias contradictorias y deje indecisa en una expresión anfibológica la cuestión litigiosa misma. (...) El compromiso no afecta a la solución objetiva de una cuestión por medio de transacciones objetivas, sino que el acuerdo tiende a contentarse con una fórmula dilatoria que tenga en cuenta todas las pretensiones."[136] El compromiso dilatorio se forma por la existencia de normas o principios en un determinado sentido, que, al ser interpretados en relación con otras disposiciones contenidas en el mismo texto, permiten que el intérprete se enfrente, en la práctica, a la inexistencia de una *decisión* objetiva, pero no de un *contenido* mínimo.

Un ejemplo de este tipo de compromiso es el artículo 151, que decía: "La organización de la vida económica debe responder a principios de justicia, con la aspiración de asegurar a todos una existencia digna del hombre. Dentro de estos límites,

---

135 SCHMITT, *Teoría de la Constitución...*, p. 54.

136 SCHMITT, *Teoría de la Constitución...*, p. 54.

se reconoce al individuo la libertad económica. La coacción legal no es lícita sino para hacer efectivos los derechos amenazados o para servir exigencias imperiosas del bien público. La libertad de comercio y de la industria quedan garantizadas conforme a las leyes del Imperio.".

Pese a la existencia de diversas normas en la parte segunda que pueden ser interpretada de manera amplia, buscando compatibilizarlas con la adopción de un sistema socialista, para Schmitt resultaba claro que la Constitución de Weimar adoptó una decisión política ineludible al mantener un Estado "burgués", optando expresamente por impedir un Estado socialista-bolchevique a través de las normas contenidas en la parte primera del texto de 1919, como también en ciertos derechos fundamentales de la parte segunda, como la garantía de libertad y propiedad. Schmitt considera que fue clara la decisión de la Constitución contraria a un sistema socialista, ya que su texto opta por configurar al Reich con claridad como un Estado liberal de Derecho con una forma de gobierno democrática. La alternativa política a dicha forma de Estado, como una dictadura, sería imposible y solo sostenible desde una visión "socialista radical".[137]

2.3.3. El renacimiento del concepto de Estado social y la importancia de la obra de Hermann Heller

La Constitución de 1919 fue vista por la élite como un símbolo de democracia, evolución política y progreso social en Alemania, pero sin mucho entusiasmo por el resto de la ciudadanía. La población estaba más preocupada de la crisis económica de la postguerra, y luego, la hiperinflación de 1923, que se convirtió en el gran problema social del período.

---

137 SCHMITT, *Teoría de la Constitución...*, p. 57.

Aunque la Constitución incluía derechos sociales que podían ser relevantes para la población, su aplicación no resolvió los problemas cotidianos de los alemanes, principalmente debido a la inestabilidad política y económica.

Más allá de lo económico, el principal desafío de la Constitución de 1919 era de carácter político, tanto externo como interno. En el orden exterior, el período de la República de Weimar coexistió con los movimientos revolucionarios de Rusia e Italia. Asimismo, la crisis económica de 1921 a 1923 se dio en paralelo del ascenso al poder de Mussolini en Italia, y del tratado de creación de la Unión de Repúblicas Socialistas Soviéticas, en 1922. Estas presiones externas aumentaron las tensiones políticas internas, en especial entre el Presidente del Reich y el Parlamento. Alemania se encontraba entre dos fuerzas ideológicas opuestas: el comunismo y el fascismo.

A nivel institucional, la República de Weimar adoptó formalmente una estructura democrática y constitucional, pero, como Carl Schmitt observó, el sistema contenía debilidades que hacían posible su colapso, lo que eventualmente permitió el surgimiento de una dictadura.

Como mencionamos anteriormente, la expansión de las ideas fascistas en Alemania había encontrado al PSD dividido en dos facciones, una moderada, de centro izquierda, y otra de carácter marxista, que tras la muerte de Luxemburgo en 1919 quedó al borde de la desaparición. La facción moderada del PSD tuvo una importancia decisiva en el desarrollo del concepto de Estado social. En este partido militaba desde 1920 el abogado y profesor universitario Hermann Heller, participando activamente del Círculo de Jóvenes Socialistas (*Hofgeismarer Kreis*), que entre 1923 y 1926 criticó la participación del marxismo en su partido. De hecho, al incorporarse al PSD, Heller pidió dejar expresamente claro que no adhería a sus ideas sobre materialismo histórico ni al proletariado internacional.[138] Precisamente, uno de los principios de este grupo era la lucha por el socialismo democrático dentro del marco nacional, combatiendo intelectual y políticamente al Nacionalsocialismo (*Nationalsozialismus*) de Hitler con un "socialismo nacional" (*nationalen Sozialismus*).

Heller criticaba que el fascismo se presentara como la única alternativa viable para las reformas políticas y económicas que Alemania necesitaba, y además, que intentara mostrarse como respetuoso del Estado de Derecho. A partir de esta crítica, se puede entender su teoría del Estado y, en particular, el nuevo concepto de Estado social que desarrolla como respuesta al totalitarismo.

En esta línea, Heller rechazaba las visiones del Estado que lo reducían a un simple ente coercitivo o a una estructura meramente jurídica. En su lugar, promovía un enfoque más dinámico y complejo, en el que el Estado se concibe como un organismo vivo, en constante interacción con la sociedad. Esto implica también que el Estado no es un actor neutral, sino que está influenciado por las fuerzas sociales y políticas de su tiempo, y su función es la de realizar el bien común, entendido como una tarea de negociación y redefinición permanente.

Los tres elementos clave en el concepto de Estado, en su visión, era la unidad de decisión – a esto denomina como "dominación" –, su manifestación a través de un ordenamiento jurídico, y finalmente, su función de integración social.[139] El Estado tiene la función de integrar a la sociedad, es decir, de crear un sentido de comunidad y pertenencia entre

---

[138] CALDWELL, Peter (1997): *Popular sovereignty and the crisis of German constitutional law. The theory and practice of Weimar constitutionalism* (London, Duke University Press), p. 127.

[139] HELLER, Hermann (1968): *Teoría del Estado* (Ciudad de México, Fondo de Cultura Económica) pp. 254 y 183.

sus miembros. Esto se manifiesta en la imposición de normas como también en la promoción de un fin último para la sociedad, que denomina la "función social del Estado".

Esta función social del Estado no se manifiesta en una prestación, sino en una orientación, y se materializa en su definición como la asociación que asegura en última instancia y en un determinado territorio la coordinación de todas las acciones sociales.[140] Aunque los grupos sociales puedan actuar libremente y con ello, "en general", logran un orden social colectivo sin intervención del Estado, la coacción estatal es necesaria para mantener este "obrar voluntario conjunto".[141] La coordinación estatal se refleja en que "[e]l hombre en sociedad no puede siquiera comer, beber, alojarse o vestirse sin un orden político que al menos le defienda de muerte violenta o de robo y aún más, le garantice el tráfico económico."[142] Para cumplir esta función, el Estado requiere un "contenido común de voluntad, capaz de integrar la pluralidad social, eternamente antagónica, en la unidad del Estado".[143] Solo ese contenido material legitima el ejercicio del poder del Estado. La importancia del Estado de Derecho, por ello, no es solo jurídica, sino también sociológica y política.

La expansión del sufragio universal había creado una "democracia social de masas" o "hiperdemocracia", que Ortega y Gasset caracteriza en la misma época como el fenómeno

---

140 HELLER, *Socialismo y nación...*, p. 178; HELLER, Hermann (1928): "Der Begriff des Gesetzes in der Reichsverfassung", *Bericht erstattet auf der Tagung der Deutschen Staatsrechtslehrer zu München am 24. und 25. März 1927*, p. 116.

141 HELLER, *Socialismo y nación*, p. 182.

142 HELLER, *Socialismo y nación*, p. 182.

143 HELLER, Hermann (1929): "Europa y el fascismo", en HELLER, Hermann (1985): *Escritos políticos* (Madrid, Alianza), p. 22.

definitorio de la vida europea de principios del siglo XX[144], y que comienza a modificar política e institucionalmente a los países. Paradójicamente, esta democracia social genera la superación de una idea de democracia política marcada solo por la representación del sufragio, y desafía a la búsqueda de un elemento o contenido que sea capaz de generar la unión política del Estado, porque los valores, principios comunes, la religión y el nacionalismo se habían degradado al punto de no servir como método integrador.

Para encontrar ese elemento común al pueblo alemán, Heller se basa en el concepto de Estado de Derecho sustantivo de Möhl, y las ideas más recientes de Gierke, precisando que el contenido material unificador del Estado debe ser "la libertad como autodeterminación del pueblo, a través de la ley y la igualdad como valoración igual y no arbitraria de los intereses de todos." [145] El Estado de Derecho es, por tanto, garante de la igualdad material, entendida ésta como que "se atienda a los fines existenciales de todos sin distinción de circunstancias personales".[146] Esa forma de Estado que es capaz de generar la unidad común necesaria para legitimar el ejercicio de su poder es aquel que llama Estado social. Heller utilizó en 1929 el concepto de Estado social adjetivando al Estado de Derecho[147] como una contraposición a la dictadura fascista, y de esta forma, también combatir intelectualmente el uso que los regímenes de Hitler y Mussolini estaban haciendo de la idea de Estado social.[148]

---

144 ORTEGA Y GASSET, *La rebelión de las masas…*, p. 73.

145 HELLER, *Der Begriff des Gesetzes in der Reichsverfassung…*, p. 115.

146 HELLER, Hermann (1930): "¿Estado de Derecho o dictadura?", en HELLER, Hermann (1985): *Escritos políticos* (Madrid, Alianza), p. 287.

147 HELLER, *¿Estado de Derecho o dictadura?…*, p. 301.

148 Sobre los primeros usos del Estado social en los regímenes nacionalsocialistas y fascistas, GIANNINI, Massimo Severo (1975): "Stato sociale: una nozione inutile", en *Il Politico,* volumen 42, N° 2, 1977, p. 206.

Heller era contrario a lo que denomina "racionalismo constitucional", y por tanto, concibe la construcción de este Estado de Derecho material, llamado Estado social, como la única forma de Estado capaz de integrar el componente material que requiere la unidad de la comunidad política. Para él, la justificación que "todo Estado es un Estado de Derecho"[149] resulta insuficiente para el resguardo democrático. La teoría formalista es "insostenible, en parte sin sentido y en parte peligrosa"[150], y "quizás involuntariamente" se convierte en "el auxiliar más eficaz de la dictadura"[151]. El criterio del Estado de Derecho formal lo califica como propio de un "constitucionalismo muy primitivo, en el que al sujeto sólo le interesaba la libertad y la propiedad de su esfera más privada". [152] Para él, la validez de las normas jurídicas – y en particular, del Estado de Derecho y de la propia Constitución – se da por su representación de la voluntad general que representa los valores comunitarios. [153] Por tanto, un Estado que no cuente con ese elemento material de unión política no puede ser verdaderamente un Estado de Derecho, y al parecer, la Constitución de Weimar no cumplía con este criterio.

2.3.4. La contraposición de los conceptos de "Estado socialista" y "Estado social"

Heller, al igual que Gierke, buscó distinguir su idea de Estado social del concepto de "Estado socialista" que algunos autores contemporáneos mostraban como equivalentes.[154] Este

---

149 Kelsen, Hans (2009): *Teoría pura del derecho* (Buenos Aires, Eudeba), p. 155.

150 Heller, *Der Begriff des Gesetzes in der Reichsverfassung*, p. 105.

151 Heller, *Europa y el fascismo*, p. 75.

152 Heller, *Der Begriff des Gesetzes in der Reichsverfassung*, p. 111.

153 Heller, *Der Begriff des Gesetzes in der Reichsverfassung*, p. 116.

154 Jansson, Wilhelm (1919): *Revolution und Sozialismus* (Berlín, Trowitzsch) p. 10; Ballod, Carl (1919): *Der Zukunftsstaat. Produktion und Konsum im Sozialstaat*, p. 22.

esfuerzo por notar la diferencia entre ambos conceptos se explica en ambos autores por la evolución de la nomenclatura de los partidos herederos del socialismo francés de Lassalle y la búsqueda de un matiz que distinguiera a la socialdemocracia del comunismo. Como mencionamos, la Asociación General de Trabajadores de Alemania, fundada por Ferdinand Lassalle en 1863, y el Partido Socialdemócrata Obrero de 1869 se fusionaron para crear el Partido Socialista Obrero en 1875. En 1890 – con el fin de las leyes antisocialistas – este partido cambió su nombre por el de Partido Socialdemócrata de Alemania, como se conoce hasta la actualidad. Sin embargo, la escisión comunista del PSD, el Partido Socialdemócrata Independiente de Alemania, liderado por Rosa Luxemburgo, continuó la búsqueda de una República socialista en el país, siguiendo el modelo de las revoluciones bolcheviques en otros países europeos.

Por esto, aunque para Heller el sentido de "social" en el Estado de Derecho era uno de naturaleza socialista, en su obra justificó profundamente los matices que distinguen a la socialdemocracia del socialismo impulsado por la extrema izquierda. Heller fue un socialdemócrata admirador de Lassalle, por lo que compartía una idea de socialismo como el "justo señorío de la autoridad comunitaria sobre la economía" y única forma de lograr la plenitud de la comunidad nacional, ya que la sola mentalidad economista impide la posibilidad de desarrollo humano.[155] Sin embargo, planteaba que la abolición de la "superestructura ideológica" imperante en el Estado liberal debe conseguirse por la vía de la lucha de clases creadora, y no destructora – como calificó al comunismo –, a través de concebir este cambio de enfoque como una "tarea ética" de los gobernantes.[156]

---

[155] HELLER, *Socialismo y nación,* pp. 138, 140 y 163.

[156] HELLER, *Socialismo y nación,* pp. 166.

Para Heller, la superación del socialismo utópico se logra desde un socialismo real materializado en el concepto de Nación. De esta forma, el socialismo es la plenitud de la comunidad nacional[157] y el objeto material del Estado. En esto, Heller sigue también directamente a Lassalle, a quien cita de *Das Arbeiter-Programm* para remarcar la necesidad de poner fin al Estado liberal concebido como "Estado gendarme", protector de la libertad y propiedad, y resaltar la necesidad que el Estado se enfoque en la promoción de la solidaridad, comunidad y reciprocidad en el desarrollo.[158] Que el objeto del Estado tuviera una elemento social o dirigido hacia las personas no significa que sea la voluntad de cada persona la que domine el Estado. Es deber del Parlamento democráticamente electo, a través de las leyes, transformar los principios en derecho positivo. Solo la ley le daba a los principios un significado concreto, y solo esas normas concretizadas por el Parlamento podían resolver conflictos sociales. [159]

La idea de Estado social, que algunos veían implícita en el texto de la Constitución de 1919, no fue suficiente para evitar el auge del nacionalsocialismo. La República de Weimar no tuvo la fortaleza necesaria para limitar el ejercicio del poder autoritario, a pesar de – o más bien, debido a – enmarcarse en un concepto formal del Estado de Derecho. La crisis alemana de este período fue consecuencia del fracaso de un sistema de partidos políticos desintegrado, que generó un Parlamento fragmentado, junto a una devastadora crisis económica y un sistema judicial que se mostró incapaz de de limitar el ejercicio

---

157 HELLER, *Socialismo y nación*, pp. 168.

158 HELLER, *Socialismo y nación*, p. 183; la cita de Heller – como mencionamos anteriormente–es de *Das Arbeiter-Programm*, de Ferdinand Lassalle, de 12 de abril de 1862.

159 CALDWELL, *Popular sovereignty and the crisis of German constitutional law*, p. 132.

del poder. El desarrollo y la caída de la República de Weimar demostraron que la mera consagración de derechos y prestaciones sociales es insuficiente para dotar al Estado de una finalidad sustantiva o material que trascienda el formalismo. Más importante aún, reveló cómo los enemigos de la democracia pueden utilizar sus propias reglas para destruirla desde dentro.

Como anticipó en parte Heller, la República de Weimar enfrentó serios problemas políticos y jurídicos tras la suspensión de derechos constitucionales luego del incendio del Reichstag de 1933 y las nuevas potestades legislativas del Reich, que culminaron con la dictación del Acta de Habilitación de 1933. La ausencia de un contrapeso material al concepto formal de Estado de Derecho permitió que el nacionalsocialismo – formalmente un Estado de Derecho – concentrara todo el poder en manos de Hitler. El Acta de Habilitación de 1933 marcó la derogación tácita de la Constitución de 1919, y con ello, el fin de la República de Weimar.

Para el régimen nazi, sin embargo, el fin de la Constitución de Weimar no significó el fin de un "Estado social", ya que el concepto de *Sozialstaat* era usado por Hitler de manera propagandística. De esta manera, Robert Ley, Jefe del Partido Nacionalsocialista, había propuesto a Hitler un plan de seguridad social que pretendía convertir a la Alemania de la postguerra en el *Sozialstaat* más grande del mundo.[160] Es por ello que Hitler, en julio de 1940, se lamentaba ante el Parlamento alemán por el disgusto de haber sido arrastrado hacia un conflicto bélico, "porque mi intención no era hacer guerras, sino construir un nuevo Estado social".[161] El mismo año, en el discurso de Hitler a los trabajadores en la fábrica de armamento Rheinmetall

---

160 SMELSER, Ronald (1990): "How "Modern" Were the Nazis? DAF Social Planning and the Modernization Question", en *German Studies Review*, volume 13, N° 2, p. 286.

161 HITLER, Adolf, Discurso ante el *Reichstag*, 19 de julio de 1940.

Borsig, en Berlín, el *Führer* se fijó como objetivo "erigir el *Volksstaat* alemán más grande para conducir al pueblo alemán a la etapa más grande de la historia de Alemania y para permitir todas esas cosas que hacen que la vida valga la pena vivirla. Ahora hemos decidido derribar todos los obstáculos que dificulten al individuo la lucha por el cumplimiento de su potencial que debe tomar por propio derecho. Tenemos la firme voluntad de erigir un *Estado social* que debe servir y servirá como ejemplo para todos los ámbitos de la vida. En ello concebimos nuestra victoria final."[162]

El uso del Estado social como elemento de propaganda continuó durante la guerra. Incluso en la retirada alemana, en enero de 1945, Hitler intentaba animar a las tropas de la *Wehrmacht* con el sueño del *Sozialstaat* diciéndole: "Mis soldados, conozco vuestros sufrimientos y sacrificios. Sé lo que he pedido y lo que pido. El destino me ha elegido para construir un *Estado social* y cultural de primer orden en Alemania, la tarea más difícil para un ser humano."[163]

Por supuesto, el concepto de Estado social del régimen nacionalsocialista no tiene relación con la forma de Estado que concebimos en la actualidad, sino que utilizaba el término de forma retórica. La visión del Estado social del nacionalsocialismo se derrumbó con la rendición alemana en mayo de 1945 ordenada por Karl Dönitz – que asumió el mando alemán luego de la muerte de Hitler –, y la ocupación aliada de su territorio. Paradójicamente, como veremos en el siguiente capítulo, el fin de la idea de *Sozialstaat* nacionalsocialista no acabó con dicho concepto, sino que forzó a rescatar sus raíces previas a 1933 y enmarcarlo en el desarrollo de las nuevas constituciones de la postguerra.

---

162 HITLER, Adolf, Discurso a los trabajadores en la fábrica de armamento Rheinmetall Borsig, 10 de diciembre de 1940.

163 HITLER, Adolf, Discurso a la *Wehrmacht*, 1 de enero de 1945.

2.3.5. La proyección de los elementos sociales en los textos constitucionales luego de la dictación de la Constitución de Weimar. Especial referencia a la Constitución de Irlanda de 1937 y de España de 1931

Volvamos a la Constitución de Weimar y su influencia en el constitucionalismo europeo. Luego de su aprobación, en los textos constitucionales europeos redactados desde 1919 encontramos distintos ejemplos de consagración del elemento social dentro de los derechos fundamentales; en especial, del derecho de propiedad. Asimismo, se inicia una protección a nivel constitucional de derechos laborales. Ambos elementos son parte, a nuestro juicio, de una incipiente garantía de derechos con una connotación social en las constituciones europeas posteriores.

Siguiendo un orden cronológico, la Constitución de Finlandia de 1919 – en rigor, aprobada un mes antes de la Constitución de Weimar –[164] reconoció la utilidad pública como limitación del derecho de propiedad y la protección del trabajo: "La fuerza de trabajo de los ciudadanos estará bajo especial protección del Estado. La expropiación por fines de utilidad pública con su completa indemnización será regulada por ley." [165] Se incluyó, además, un capítulo especial para la educación en que se regula el estatuto constitucional de la Universidad de Helsinki y la educación primaria y secundaria. [166]

En Estonia, el preámbulo de la Carta Fundamental de 1920 apuntaba a su motivación como "un compromiso para el progreso social y bienestar general de las generaciones presentes y

---

[164] La Constitución de Finlandia fue aprobada el 17 de julio de 1919, mientras que la Constitución de Weimar es del 11 de agosto del mismo año.

[165] Constitución de Finlandia de 1919, artículo 6.

[166] Constitución de Finlandia de 1919, artículos 77 a 82.

futuras", incluyendo un derecho a la libre educación de las artes y ciencias,[167] y la expropiación por "interés general".[168] Asimismo, se asegura que "la organización de la vida económica de Estonia debe corresponderse con los principios de justicia, que tiene por objeto asegurar condiciones de vida dignas para los seres humanos a través de la legislación sobre adquisición de la tierra, su cultivo y hogar, la obtención del empleo, como también el soporte necesario para la protección de la maternidad, el trabajo, la juventud, los ancianos, discapacitados y en casos de accidentes."[169] La Constitución de Checoeslovaquia de 1920 aseguró un derecho a la instrucción pública,[170] y al matrimonio y la familia.[171]

En 1921, la Constitución de Polonia señaló en su preámbulo el objetivo de la República de "buscar el bienestar de una Madre patria unida e independiente, determinada a establecerlo con fuerza y seguridad, y mantener el orden social sobre la base de los principios eternos de la Justicia y Libertad, y resuelta a asegurar el desarrollo de todos los recursos materiales y morales para el beneficio de la humanidad en el nuevo mundo que nace, y garantizar a todos los ciudadanos de la República la igualdad, respeto por la dignidad del trabajo y el reconocimiento de sus derechos".[172] El derecho de propiedad se garantiza "para todos sus habitantes, instituciones y comunidades", pudiendo ser limitado por razones de utilidad general y con indemnización.[173] El trabajo, "principal fuente de riqueza en la República, debe estar sujeto a especial protección

---

[167] Constitución de Estonia de 1919, artículo 12.

[168] Constitución de Estonia de 1919, artículo 24.

[169] Constitución de Estonia de 1919, artículo 25.

[170] Constitución de Checoeslovaquia de 1920, artículo 119.

[171] Constitución de Checoeslovaquia de 1920, artículo 126.

[172] Constitución de Polonia de 1921, preámbulo.

[173] Constitución de Polonia de 1921, artículo 99.

del Estado."[174] Se establece la protección de la maternidad, el cuidado de los niños huérfanos, y la prohibición del trabajo infantil, [175] y la obligatoriedad de la enseñanza primaria, siendo todas las escuelas y establecimientos educacionales controlados por el Estado. [176]

La Constitución del Reino de los Serbios, Croatas y Eslovenos de 1921 – futura Yugoeslavia – incluyó un derecho a la educación primaria, secundaria y universitaria libre y gratuita,[177] y en su título III, una regulación "social y económica" donde se aseguraron derechos sociales, incluyendo derechos al cuidado de la infancia, protección de los trabajadores de condiciones de peligro para su salud,[178] derecho a la sindicalización[179], a la salud e higiene de todos los ciudadanos, [180] y la protección del matrimonio por parte del Estado.[181] En materias económicas, su texto estableció el "derecho y deber" del gobierno a intervenir en los asuntos económicos de los ciudadanos en el espíritu de la justicia y para la prevención de la adversidad social", limitando la libertad de negociación y organización de los asuntos económicos a que no intervengan con "el interés social",[182] consagrando la expropiación por causa de utilidad

---

174 Constitución de Polonia de 1921, artículo 102.

175 Constitución de Polonia de 1921, artículo 103.

176 Constitución de Polonia de 1921, artículos 117 y 118.

177 Constitución del Reino de los Serbios, Croatas y Eslovenos de 1921, artículo 16.

178 Constitución del Reino de los Serbios, Croatas y Eslovenos de 1921, artículos 22 y 23.

179 Constitución del Reino de los Serbios, Croatas y Eslovenos de 1921, artículo 33.

180 Constitución del Reino de los Serbios, Croatas y Eslovenos de 1921, artículo 27.

181 Constitución del Reino de los Serbios, Croatas y Eslovenos de 1921, artículo 28.

182 Constitución del Reino de los Serbios, Croatas y Eslovenos de 1921, artículos 25 y 26.

pública con derecho a indemnización y prohibiendo la usura, entre otras medidas.[183] Asimismo, la Constitución creó un Consejo Económico para la definición del marco de la legislación social y económica.[184]

Finalmente, la Constitución de Rumania de 1923 incorporó el derecho a la propiedad y su expropiación por causa de utilidad pública,[185] la protección de la libertad del trabajo y la seguridad social en caso de enfermedades o accidentes, el derecho del Estado a intervenir mediante leyes en la relación entre factores de protección para "prevenir conflictos económicos o sociales"[186] y la obligatoriedad de la educación primaria.[187]

A diferencia de estas constituciones, otros países optaron por no consagrar elementos sociales en sus nuevas cartas fundamentales. Por ejemplo, la Constitución de Austria de 1920 – país que siguió muy de cerca el proceso de Weimar – solo señaló en su texto que se configuraban como un Estado democrático y federal[188], sin establecer directamente derechos, pero fijando una reserva para su regulación por el Estado federal.[189] La Constitución del Principado de Liechtenstein de 1921 no hizo mención a las formas de Estado ni a elementos sociales dentro de su texto, más allá de la garantía de expropiación solo por causa de "interés general".[190] Luego, la carta fundamental de Letonia de 1922, en su preámbulo, tuvo una

---

183 Constitución del Reino de los Serbios, Croatas y Eslovenos de 1921, artículos 27 y 36.

184 Constitución del Reino de los Serbios, Croatas y Eslovenos de 1921, artículo 44.

185 Constitución de Rumania de 1923, artículo 17.

186 Constitución de Rumania de 1923, artículo 21.

187 Constitución de Rumania de 1923, artículo 21.

188 Constitución de Austria de 1920, artículo 1.

189 Constitución de Austria de 1920, artículo 10.

190 Constitución de Liechtenstein de 1921, artículo 35.

mención al Estado democrático, socialmente responsable y nacional, basado en el imperio del Derecho y el respeto de la dignidad humana y la libertad, pero sin menciones a elementos caracterizados como sociales en su texto.[191]

Finalizamos este apartado mencionando a dos constituciones de particular interés para nuestro trabajo: la Constitución de Irlanda de 1937 y de España de 1931.

La Constitución de Irlanda de 1937 fue fundamental en el establecimiento de un Estado irlandés soberano luego de su independencia de la Mancomunidad Británica en 1922. En su texto – donde se percibe notoriamente la influencia de la Iglesia Católica – encontramos de manera distintiva una forma corporativista de la integración del *Seanad Éireann*, el Senado irlandés. Este órgano, parte del Poder Legislativo de Irlanda, está compuesto por 60 miembros. 49 de ellos son electos de la siguiente forma: tres elegidos por la Universidad Nacional de Irlanda; tres por la Universidad de Dublín, y cuarenta y tres por elección general entre listas de candidatos conformados por "personas que tengan conocimiento y experiencia práctica de los siguientes intereses y servicios, a saber: idioma y cultura nacional, literatura, arte, educación y aquellos intereses profesionales que la ley defina para el propósito del panel; agricultura e intereses relacionados, y pesca; trabajo, tanto organizado como no organizado; industria y comercio, incluyendo banca, finanzas, contabilidad, ingeniería y arquitectura; administración pública y servicios sociales, incluyendo actividades de voluntariado social." [192]

En materia de derechos, la Constitución irlandesa distingue aquellos que denomina "derechos fundamentales" de los "principios directivos de la política social". Respecto a los derechos

---

[191] Constitución de Letonia de 1922, artículo 1.

[192] Constitución de Irlanda de 1937, artículo 18.

fundamentales, su texto consagra la protección de la familia "como el grupo natural, primario y fundamental" de la sociedad, y como una "institución moral que posee derechos inalienables e imprescriptibles, antecedentes y superiores a toda ley positiva", resguardando también "la institución del matrimonio".[193] Luego, asegura el derecho de los padres a educar a sus hijos y la obligación del Estado de provisión de educación primaria gratuita.[194] La propiedad privada se reconoce con su límite en "los principios de la justicia social" y su ejercicio conforme a "las exigencias del bien común".[195]

Luego del reconocimiento de derechos fundamentales, la Constitución irlandesa consagra "principios directivos de la política social", que tienen por objeto ser una guía general para el Parlamento. El artículo 45 precisa que "[l]os principios de política social que se establecen en este artículo están destinados a servir de guía general al Oircachtas [Parlamento]. La aplicación de estos principios en la elaboración de las leyes será competencia exclusiva del Oireachtas y no será objeto de revisión por los Tribunales a la luz de ninguna de las normas de esta Constitución." Dentro de estos principios se encuentra el deber del Estado de "esfuerzo en promover el bienestar de todo el pueblo, garantizando y protegiendo de forma eficaz un orden social en el que la justicia y la caridad orienten todas las instituciones de la vida nacional."

La Constitución irlandesa detalla que el Estado deberá dirigir su política para asegurar, entre otros, "[q]ue los ciudadanos (todos los cuales, hombres y mujeres por igual, tienen derecho a un medio adecuado de vida) puedan encontrar los medios de satisfacer razonablemente sus necesidades domésticas a través de sus ocupaciones", que "la propiedad y el control de los

193 Constitución de Irlanda de 1937, artículo 41.

194 Constitución de Irlanda de 1937, artículo 42.

195 Constitución de Irlanda de 1937, artículo 43.

recursos materiales de la comunidad puedan ser distribuidos entre los individuos particulares y las diversas clases de la forma que mejor sirva al bien común", "[q]ue puedan establecerse en el territorio, en condiciones de seguridad económica, el mayor número posible de familias", el deber del Estado de "favorecer y complementar, cuando sea necesario, la iniciativa privada en la industria y el comercio", velando para que "la empresa privada sea gestionada de tal modo que obtenga una eficiencia razonable en la producción y distribución de bienes, y para proteger al pueblo de toda explotación injusta". Finalmente, se establece del deber del Estado de "salvaguardar con especial atención los intereses económicos de los sectores más débiles de la sociedad", asegurando que "no se abuse de la fuerza y la salud de los trabajadores, hombres y mujeres, ni de los niños de corta edad, y que los ciudadanos no sean forzados por necesidad económica a desempeñar profesiones inadecuadas a su sexo, edad o fuerza física."[196]

Respecto a la Constitución de España de 1931, aunque de corta vigencia como norma fundamental, tiene relevancia en nuestra revisión de la evolución del concepto de Estado social por la forma de Estado que configuró en su articulado. A ella nos referiremos más adelante, cuando tratemos el caso español.

2.3.6. El período de la post guerra. El desarrollo del concepto de derecho social en el orden internacional en Gurvitch y las declaraciones internacionales de derechos

En la segunda postguerra, las declaraciones internacionales sobre derechos humanos comienzan a utilizar el adjetivo social asociado a los derechos fundamentales. En esto, tuvo un influjo decisivo la obra de Georges Gurvitch, sociólogo y jurista ruso,

---

196 Constitución de Irlanda de 1937, artículo 45.

nacionalizado francés que, aunque inició su carrera académica en Europa, destacó principalmente en los Estados Unidos durante la segunda guerra mundial. Fue en dicho país donde su propuesta de *Déclaration des Droits Sociaux* influyó directamente en la posterior Declaración de los Derechos Humanos de Naciones Unidas de 1948 y en el desarrollo del concepto de derecho social.[197]

Para Gurvitch, el derecho social es aquel característico de la comunidad, que surge del hecho mismo de la unión asociativa y tiene como función la integración de los individuos en la totalidad.[198] El Estado democrático representa la forma ideal de Estado por la legitimidad que nace desde la participación política para la asociación de los ciudadanos, y por tanto, el derecho social es de la esencia de dicha forma de Estado. De ahí que insista que "no sólo la democracia está indisolublemente ligada a la soberanía del derecho social, sino que, a la inversa, el derecho social no puede tener otra realización que la democracia: la democracia es el derecho social organizado; la soberanía del derecho social es la democracia".[199]

Desde su visión del derecho social, éste es un derecho subjetivo que se configura no solo como deber para los órganos públicos, sino también dentro de la sociedad civil. La forma de garantizar estos derechos es a través de una "una sociedad civil fuerte y colectivamente articulada, para evitar su dependencia de variaciones contingentes en el régimen político." Si

---

197 MONEREO PÉREZ, José Luis (2022): "De las declaraciones a la garantía multinivel de los derechos sociales fundamentales: la aportación de Georges Gurvitch", en *Lex Social,* volumen 12, N° 1, p. 166.

198 BOBBIO, Norberto (1991): *El tiempo de los derechos* (Madrid, Sistema), p. 32.

199 GURVITCH, Georges (1929): "Le principe démocratique et la démocratie future", en *Revue de Métaphysique et de Morale,* Julio-Septiembre de 1929, tomo 36, N° 3, p. 429.

se concibiera a los derechos sociales solo como un deber del Estado y vagos mandatos legislativos, "fácilmente podrían conducir a nuevas servidumbres, porque como bien dijo Proudhon, 'el Estado-servidor se rehace en Estado-déspota' ".[200] Gurvitch criticaba que en las nuevas constituciones las personas titulares de los derechos "solo aparecen, en última instancia, como beneficiarios más o menos pasivos y no como actores, centros activos de generación y defensa de sus derechos sociales. [P] ara que las declaraciones de derechos sociales produzcan una verdadera emancipación no puede desligarse de la defensa de la libertad humana en ninguno de sus puntos."[201]

El argumento de Gurvitch es crucial para la comprensión de las declaraciones de derechos humanos del período. Precisamente, en la discusión del artículo primero de la Declaración de los Derechos Humanos de Naciones Unidas de 1948, el representante de la URSS se opuso a la aprobación de la consagración que "[t]odos los seres humanos nacen libres e iguales en dignidad y derechos", porque la frase parecía "una base inestable", considerando que la libertad y la igualdad se determinan por la estructura social del Estado y las leyes, y no por su condición de personas.[202] Esto es, el reconocimiento del Estado es lo que hace que las personas sean libres e iguales. La noción de derechos sociales de Gurvitch, en cambio, no se entiende en su esencia como un deber del Estado. Al contrario, se debe evitar el totalitarismo que puede significar la dependencia ciudadana al Estado sin más. Para esto es necesario un refuerzo de la sociedad civil, y en este sentido, el derecho social jamás puede contraponerse al derecho individual. De ahí que uno de

---

200 GURVITCH, Georges (1944): *La déclaration des droits sociaux* (New York, Éditions de la maison française), p. 32.

201 GURVITCH, *La déclaration des droits sociaux*, pp. 44-45.

202 ALEXEI PAVLOV, Asamblea General de las Naciones Unidas, sesión del 9 de octubre de 1948, página 110.

los principales derechos sociales para Gurvitch sean aquellos relativos a la sindicalización y la libertad de asociación, que en suma, son manifestaciones de la libertad de los trabajadores y del rol del Estado en garantizar su propia acción.

En este punto el enfoque de Gurvitch resulta fundamental para la construcción de la idea de Estado social. Bajo esta mirada, el garante de los derechos y de los procesos democratizadores no es únicamente el poder estatal, sino ante todo en una sociedad civil activa, organizada en grupos sociales, que ejerce y defiende sus libertades, dinamizando los procesos sociales más que entregándole toda la iniciativa al actuar del Estado.[203]

La segunda postguerra marca esta preocupación social del orden internacional que no significa la creación de un principio de Estado social a nivel supranacional, pero sí refuerza el sentido material de la orientación estatal y ahora internacional hacia la protección de derechos sociales.

El 10 de diciembre de 1948 la Asamblea General de las Naciones Unidas proclamó la Declaración Universal de los Derechos Humanos, en cuyo preámbulo se destaca el reconocimiento de los países por "los derechos fundamentales del hombre, en la dignidad y el valor de la persona humana y en la igualdad de derechos de hombres y mujeres, y se han declarado resueltos a promover el progreso social y a elevar el nivel de vida dentro de un concepto más amplio de la libertad". En su texto, se consagran derechos como la seguridad social y "a la satisfacción de los derechos económicos, sociales y culturales, indispensables a su dignidad y al libre desarrollo de su personalidad",[204] el derecho al trabajo, al igual salario, a fundar sindicatos y al

---

203 Comentando la visión de Gurvitch, MONEREO PÉREZ, *De las declaraciones a la garantía multinivel de los derechos sociales fundamentales...*, p. 185.

204 Declaración Universal de los Derechos Humanos, artículo 22.

descanso,[205] un derecho a "un nivel de vida adecuado que le asegure, así como a su familia, la salud y el bienestar, y en especial la alimentación, el vestido, la vivienda, la asistencia médica y los servicios sociales necesarios; tiene asimismo derecho a los seguros en caso de desempleo, enfermedad, invalidez, viudez, vejez u otros casos de pérdida de sus medios de subsistencia por circunstancias independientes de su voluntad."[206], y derechos relativos a la educación y cultura.[207]

Más adelante, en 1966, la Asamblea General de las Naciones Unidas adoptó dos pactos que refuerzan la Declaración Universal de 1948: el Pacto Internacional de Derechos Civiles y Políticos (PIDCP) y el Pacto Internacional de Derechos Económicos, Sociales y Culturales (PIDESC).[208]

La aprobación de instrumentos internacionales para el reconocimiento y garantía de derechos de contenido social es una muestra de cómo desde la segunda postguerra comienza una expansión en la preocupación sobre elementos materiales de bienestar de la ciudadanía, que tendrán repercusión no solo en el plazo internacional sino que también en la forma de Estado – como la idea de Estado social – que comenzarán a discutir los países en las nuevas constituciones de este período.

---

205 Declaración Universal de los Derechos Humanos, artículo 23.

206 Declaración Universal de los Derechos Humanos, artículo 24.

207 Declaración Universal de los Derechos Humanos, artículo 26.

208 Sobre la importancia del Pacto Internacional de Derechos Civiles y Políticos en el contento de la garantía de derechos sociales, GONZÁLEZ VERGARA, Paulina (2019): *La interpretación del Comité de Derechos Humanos del deber de adoptar medidas administrativas y análisis textual e histórico del Pacto Internacional de Derechos Civiles y Políticos* (Tesis para optar al grado de Doctor en Derecho, Facultad de Derecho, Pontificia Universidad Católica de Chile), pp. 61-86.

2.3.7. El surgimiento del concepto de Estado de bienestar y su distinción con el Estado social

La revisión anterior hace necesario resaltar que, aunque conceptualmente es posible datar al Estado democrático como previo a la formulación Estado social, lo cierto es que ambas nociones se desarrollan de forma coetánea. Sería un error considerar que la democracia representativa triunfó sin más desde la aprobación de las leyes de sufragio universal; al contrario, la experiencia de las grandes guerras en el período mostró lo difícil de consolidar un diseño institucional democrático en Europa. Fue precisamente el período postguerra que potenció al Estado democrático como una prioridad en la consagración de las formas de Estado de los países europeos occidentales, y el Estado social adquirió una marcada faz prestacional producto de la necesidad de asistencia estatal a los sobrevivientes que hizo confundirse con el concepto de Estado de bienestar. La segunda postguerra dejó nuevamente a Europa sumida en una crisis económica y política, además de dividida. El empobrecimiento de la población acentuó el rol social estatal, pero también es el período en que se consolidó definitivamente el empoderamiento de las masas en la participación política, y con ello del elemento democrático al Oeste del Muro de Berlín, mientras que en el Este la URSS dominaba aquellos Estados europeos, exportando su régimen de partido único y de socialismo comunista.

La necesidad de una intervención directa del Estado para garantizar la subsistencia de la ciudadanía luego de la guerra expandió la visión de un Estado social asociado directamente a su rol prestacional. Esta posición nace desde el compromiso pragmático de la Democracia Cristiana y la socialdemocracia para "mejorar la calidad de vida de la población en su conjunto a fin de responder al desafío electoral de la tentación comunista, tendiente a explotar la pobreza y la marginalización."[209] De esta forma, la meta del Estado social en la postguerra fue la superación de las carencias de la post guerra, "y la satisfacción del deseo de estabilidad y seguridad de la ciudadanía europea (...) en otros términos, el Estado social se formó a partir de la convicción de que el deteriorado estado físico y moral de la ciudadanía después de la guerra era un asunto de interés público, y, por tanto, de responsabilidad de los Estados nacionales".[210]

Durante el período de reconstrucción tras la Segunda Guerra Mundial, la idea de Estado social comenzó a equipararse con la de *Estado de bienestar*, lo que hace necesario aclarar las diferencias entre ambos conceptos.

Como vimos, en su origen el concepto de socialismo de Estado – *socialisme d'État* – se utilizó como sinónimo de Estado social – *Sozialstaat*. Más adelante, se incorporó la mención del Estado de bienestar en el sentido alemán – *Wohlfahrtsstaat*–, inglés – *Welfare state* – o su versión francesa, como Estado providencia – *État-providence*. Todos esos conceptos están cargados con tradiciones históricas muy concretas y, con ello, diferencias significativas.

La formulación alemana del Estado social incluye como elementos esenciales la igualdad y autodeterminación de los ciudadanos, [211] con un resguardo – pese a la intervención estatal – en la libertad individual.[212] Esto evita el sentido de

---

209 ALVEAR TÉLLEZ, Julio (2015): "Los derechos sociales: Develando el mito. Justificación y búsqueda de coherencia", en GARCÍA GARCÍA, José Francisco (coordinador): *¿Nueva Constitución o Reforma? Nuestra Propuesta: Evolución Constitucional* (Santiago, Thomson Reuters), pp. 278-279.

210 ALVEAR TÉLLEZ, *Los derechos sociales: Develando el mito...*, pp. 278-279.

211 RITTER, *El Estado social...*, p. 29.

212 BENDA, Ernest (2001): "El Estado social de Derecho", en BENDA, Ernst; MAIHOFER, Werner; VOGEL, Hans Jochen, HESSE, Konrad; HEYDE, Wolfgang (2001): *Manual de Derecho Constitucional* (Madrid, Marcial Pons), p. 526.

bienestar paternalista, todopoderoso o incluso totalitario con que se asocia al Estado "asistencialista".[213] En lugar del tradicional servicio asistencial, el Estado social surgió desde la perspectiva del ciudadano responsable, que en determinadas situaciones necesita la protección estatal para que su libertad sea y siga siendo real.[214] De hecho, hacia el final del gobierno de von Papen, en 1932, se criticó fuertemente el intento de "convertir al Estado en una especie de Estado de bienestar", porque en dicho esfuerzo se debilitan "las fuerzas morales de la nación". [215] Como han reseñado algunos autores, "[e]l Estado social forma parte del patrimonio mental de los alemanes", que va más allá del antiguo espíritu comunitario germánico, sino que fue forjado por las experiencias comunes de la guerra y la necesidad de un apoyo recíproco para la reconstrucción.[216]

En contraposición, el concepto de "Estado de bienestar", asociado al asistencialismo, mantuvo una connotación negativa hasta la década de 1950.[217] En esto, el Consejo Parlamentario que redactó la Ley Fundamental de Bonn en 1949 siguió la tradición alemana de fomentar la ayuda cooperativa y la seguridad social, y luego, el acceso a la asistencia estatal.[218] El *Sozialstaat* alemán incluye la seguridad social, pero también el

---

213 Leisering, Lutz (2013): "Nation State and Social Policy: An Ideational and Political History", en Zacher, Hans: *Social policy in the Federal Republic of Germany. The Constitution of the Social* (Berlin, Springer), p. 5.

214 Grzeszick, Bernd (2023): "*Artikel 20*", en Dürig, Günter; Herzog, Roman; Scholz, Rupert, y Grzeszick, Bernd (editores): *Grundgesetz Kommentar* (München, Beck), Rn. 7.

215 Ritter, *El Estado social…*, p. 19.

216 Steiner, Ugo (2019): "Werden und Wandel des Sozialrechts im Sozialstaat", en *Neue Zeitschrift für Sozialrecht*, N° 1, p. 2.

217 Ritter, *El Estado social…*, p. 19.

218 Menger, Christian-Friedrich (1953): *Der Begriff des sozialen Rechtsstaates im Bonner Grundgesetz* (Mohr, Tübingen), p. 22. En esto, "los legisladores de la Ley Fundamental han decidido, a saber, por

sistema de enseñanza, la justicia tributaria, y la regulación del mercado laboral. [219] En esta mirada tendrá un rol fundamental el ordoliberalismo de la Escuela de Friburgo – en especial, Wilhelm Röpke – y la influencia de Ludwig Erhard, economista y canciller alemán en la segunda postguerra, que concretó la dimensión económica del *Sozialstaat* en el concepto de *sozialen Marktwirtschaft*, o economía social de mercado, como revisaremos más adelante a propósito de la Ley Fundamental de Bonn.

El término "*Sozialstaat*" no logra ser traducido correctamente del alemán al inglés y por ello no se utiliza en el sistema anglosajón ya que su traducción literal – como "estado de sociedad", o "estado social" – se entendía como contrapuesta al estado de naturaleza, como había sido entendido hasta principios de dicho siglo, y más adelante, se denominó "*Social state*" como la sociedad privada benefactora y la responsabilidad social. Ninguno de estos sentidos coincide con el *Sozialstaat* alemán.

En cambio, el concepto de "*Welfare State*", como Estado de bienestar, es usado desde comienzos del siglo XX asociado a la legislación social, como "*welfare work*", pero también en cuanto intervención estatal para favorecer a clases obreras, lo que se denominaba por algunos autores como "*welfare policies*". La expresión se originó en el trabajo del arzobispo de Canterbury William Temple en 1941, quien contrapone el Estado de bienestar al Estado-Poder de Hitler y Stalin, y en 1942, apuntaba que una de las principales preocupaciones luego de la guerra será la reconstrucción de las áreas devastadas y el "bienestar social" (*social welfare*). Para Temple, el Estado no debe destruir la libertad de las personas – como

---

el ser humano libre y responsable de sí mismo, y al hacerlo han aceptado deliberadamente la renuncia al Estado de bienestar".

[219] RITTER, *El Estado social...*, p. 33.

caracteriza a la planificación socialista –, sino que tiene que planificar eficientemente para el máximo de libertad.[220]

La popularización en Inglaterra del concepto de Estado de bienestar llegó en 1942 con el plan de reforma de la seguridad social presentado por un amigo personal de Temple, el miembro del Parlamento y ministro liberal William Beveridge[221], y la posterior legislación social de los gobiernos laboristas de 1945 a 1951. Beveridge, intentando evitar el uso de la expresión "*welfare*" – prefería la frase "*social services* state".[222] La propuesta de Beveridge apuntaba al cambio de la noción de un régimen fiscal únicamente recaudador, sino que también redistribuidor de ingresos, a través de impuestos a la renta progresivos que colaboraban con lo que entendemos hoy como justicia tributaria vertical y horizontal.

Aunque el Estado social tiene un elemento prestacional relevante, su función no se encuentra reducida exclusivamente a dicho rol. En el Estado social, lo prestacional es un instrumento más para conseguir su objetivo, que es el bien común. Un Estado social asociado únicamente a un Estado de bienestar o prestacional significaría una desnaturalización de la función constitucional de la cláusula. El Estado social debe potenciar a la sociedad civil y a sus organizaciones, y por ello, uno de sus

---

220 Temple, William (1942): *Christianity and Social Order* (Aylesbury, Penguin), pp. 84, 101-102. La idea de Temple en los años '40 del contenido material en la forma de Estado como límite al fascismo y refuerzo democrático del Estado de Derecho tuvo su fuente en la postura anti totalitaria alemana de los años '20, y en especial, con Gierke y Heller. En este sentido, ambos conceptos sí están relacionados, pero no son equivalentes.

221 Goldman, Lawrence (2019): "Founding the Welfare State: Beveridge, Tawney, and Temple", en Lawrence Goldman (editor): *Welfare and Social Policy in Britain Since 1870: Essays in Honour of Jose Harris* (Oxford, Oxford University Press), p. 45.

222 Ritter, *El Estado social…*, p. 22.

derechos por excelencia son aquellos propios de la sindicalización y huelga.[223] A la inversa, un Estado de bienestar tiene una configuración legal, asistencialista, que no requiere una formulación constitucional de Estado social,[224] mientras que la constitucionalización del Estado social representa la superación de esta lógica benéfico-asistencial.[225]

En esta primera parte del trabajo hemos revisado los antecedentes y conceptos fundamentales que sirven de base para la construcción del Estado social como forma de Estado tras la segunda postguerra en la Europa occidental. En los siguientes capítulos revisaremos la concreción del Estado social en las constituciones que se comienzan a redactar con el fin de la Segunda Guerra Mundial: en particular, en las constituciones de Italia y de Alemania.

2.4. RECAPITULACIÓN

Este primer capítulo analizó la evolución de las formas de Estado como marco para la construcción del Estado social. El Estado social se desarrolló como una categoría y luego forma de Estado que apunta a una función estatal activa, en que el componente democrático no es relevante en sus inicios, sino que lo será en la medida que coincide con la introducción del sufragio universal y la formación de partidos políticos,

---

223 RITTER, *El Estado social*...p. 33.

224 FERNÁNDEZ-MIRANDA CAMPOAMOR, Alfonso (2003): "El Estado social", en *Revista Española de Derecho Constitucional*, año 23, N° 69, p. 141.

225 EXPÓSITO, Enriqueta (2016): "El marco constitucional de los derechos sociales: implicaciones para su eficacia y efectividad (en tiempos de crisis)", en MONTORO Chiner, María Jesús, y SOMMERMANN, Karl-Peter (editores): *Soziale Rechte in Europa* (Speyer, Dt. Forschungsinstitut für Öffentliche Verwaltung Speyer), p. 25.

y la necesidad correlativa de la clase política de absorber los cambios sociales. La forma de encauzar este proceso se realizó con la dictación progresiva de distintas normativas en materia laboral, que luego se catalizó con mayor potencia por los efectos directos de la Primera Guerra Mundial.

Sin embargo, el nacimiento de la idea de un Estado social es más complejo que la sola institucionalización de presiones sociales o la creación de un deber de conducta sobre derechos prestacionales para los órganos del Estado. Es el proceso de dotar al Estado de fines materiales o sustantivos y deberes, para superar su conceptualización meramente formal, lo que desarrolla la idea de Estado social. En la República de Weimar, más allá de la consagración de derechos, era la búsqueda de un elemento de integración y unificación de la Nación; es decir, lo fundamental en la construcción del Estado social se identifica con ese elemento finalista de la acción estatal.

La Segunda Guerra Mundial significó un nuevo momento en el desarrollo del concepto de Estado social. La reconstrucción material y política de los países europeos fue de la mano del nacimiento de nuevas constituciones en los países perdedores de la guerra: Italia y Alemania. En momentos de redacciones constitucionales, la necesidad de consensos pragmáticos entre las fuerzas políticas se hace fundamental, y el concepto de Estado social se hizo nuevamente presente en las asambleas y consejos constituyentes, como veremos en el siguiente capítulo.

Capítulo 3

La consagración de Estados sociales implícitos y expresos. La Constitución de Italia de 1948 y la Ley Fundamental de Bonn de 1949

Finalizada la Segunda Guerra Mundial, un número importante de países europeos comienzan la redacción nuevos textos constitucionales, cada uno de ellos con diferencias en el tratamiento de la forma de Estado. En algunos casos las nuevas constituciones coinciden con procesos de independencia, como la Constitución de Islandia de 1944, que declaró al país como una República con un gobierno parlamentario.[226] En otros casos se trató de textos transitorios, como las constituciones de Albania, Hungría y de la República Federativa Popular de Yugoslavia de 1946; los textos de Polonia y Bulgaria de 1947, o de Rumania de 1948, todos ellos corta vida por su incorporación a la órbita de la Unión Soviética, y la adopción de nuevas constituciones socialistas.

Un caso distinto es el de Francia en 1946, en que la Constitución de la IV República señaló que Francia es una República indivisible, laica, democrática y social,[227] reafirmando en su preámbulo los derechos y libertades de la Declaración de

---

[226] Constitución de Islandia de 1944, artículo 1.

[227] Constitución de Francia de 1946, artículo 1.

derechos del hombre de 1789, e incorporando, "por ser especialmente necesarios en nuestra época", principios relacionados con la protección laboral, la acción sindical y huelga; la protección de la familia, la infancia y maternidad, y el derecho a la educación.

La evolución del Estado social continuó a través de dos constituciones que afrontan de manera distinta dicha forma de Estado: la Constitución de Italia de 1948 – en que se discutió su incorporación expresa, pero finalmente se entendió que dicho adjetivo se encontraba implícito en su texto – y la Ley Fundamental de Bonn, de 1949, que fue la primera constitución de un país en declarar explícitamente la noción de Estado social.

3.1. ITALIA Y LA FORMACIÓN DEL ESTADO SOCIAL EN LA CONSTITUCIÓN DE 1948

La relación de Italia con el Estado social no surge con la Constitución de 1948, sino que tiene antecedentes de su uso en la Segunda Guerra Mundial en un sentido radicalmente distinto al que planteaba la evolución alemana del concepto, con Gierke y Heller, en la llamada "Repubblica di Salò".

En 1943, los aliados habían desembarcado en Sicilia, y viendo la paz cercana, el rey Vittorio Emanuele III pidió a Mussolini su renuncia, siendo arrestado y llevado como prisionero al Campo Imperatore. Enterándose de ello, los alemanes liberaron a Mussolini y fue transportado a reunirse con Hitler en Múnich. Desde esta ciudad, el 18 de septiembre de 1943, *il Duce* anunció por radio la constitución de un nuevo Estado, que "será nacional y social en el sentido más amplio de la palabra: es decir, será fascista en el sentido de nuestros orígenes". Pocos días después, el 23 de septiembre, se formalizó la creación de un nuevo Estado llamado *Repubblica Sociale*, o "República de Saló", por el nombre de la ciudad del norte de Italia en que tuvo su sede.

Esta nueva *Repubblica Sociale* abarcó la totalidad de la zona centro norte de Italia, desde el Gran Sasso hasta la Línea Gótica en las cumbres de los Apeninos. En el resto del país, que se encontraba en poder de los aliados, continuó en vigor el *Statuto del Regno* de 1848, o Estatuto Albertino, la "[l]ey fundamental, perpetua e irrevocable de la Monarquía"[228], que no fue derogado formalmente por el fascismo italiano. La idea de Estado social, sin embargo, quedó irremediablemente vinculada con este Estado títere del fascismo.

Con el fin de la guerra y la disolución de la República de Saló, Italia acordó la convocatoria a un referéndum para definir la forma de Estado – una nueva república o continuar la monarquía – y elegir una asamblea constituyente. El referéndum convocado por Umberto II – la primera elección del país con sufragio universal – significó el triunfo de la República y la elección de una asamblea constituyente compuesta mayoritariamente por miembros de la Democracia Cristiana, y en menor cantidad, por los Partidos Socialista y Comunista. La Asamblea comenzó sus funciones el 26 de junio de 1946 y entregó un texto final el 22 de diciembre de 1947, el que comenzó a regir el 1 de enero de 1948.

3.1.1. El elemento social en la Asamblea constituyente italiana y el principio del trabajo en la forma de Estado

La Constitución de 1948 inició el camino que seguirán luego gran parte de las constituciones de la segunda post guerra en Europa, al centrar la nueva configuración de los Estados en la persona. Este "principio personalista" de los nuevos textos es el consenso constitucional más fuerte del período: el valor de

---

228 Estatuto fundamental de la Monarquía de Saboya de 4 de marzo 1848, preámbulo.

la persona, su anterioridad respecto al Estado y la relevancia de la vida en sociedad, reforzado por la Declaración de Derechos Humanos de Naciones Unidas y su reconocimiento de derechos y libertades en atención a su condición de seres humanos, y no por ser éstos atribuidos por el Estado.[229]

En el caso italiano, el constituyente lo manifestó en sus primeros cuatro artículos, garantizando derechos inviolables como individuos y miembro de las "formaciones sociales en las que se desarrolla su personalidad".[230] Con esta declaración, la Constitución de Italia no solo concretó la idea de sociedad que buscaba, sino también por oposición del modelo que desea alejarse – en este caso, del socialismo de la Unión Soviética.[231]

El texto de la Constitución italiana tuvo la particularidad de ser coetáneo en pocos meses a la Ley Fundamental de Bonn, de 1949. Por ello, en la interpretación de las disposiciones del texto italiano tuvo influencia la comparación con las normas aprobadas por el Consejo Parlamentario que había declarado explícitamente en su texto que Alemania se configuraba como un Estado federal, democrático y social. El elemento democrático se encontraba expresamente mencionado en el artículo 1 de la constitución italiana, pero no así el adjetivo social.

---

229 En esto, resulta ilustrativo la lectura de los debates entre el 7 y 12 de octubre de 1938 respecto al artículo 1° de la Declaración de Derechos Humanos de las Naciones Unidas de 1948, y la diferencia en la argumentación de Alexei Pavlov, representante de la Unión Soviética, con el resto de los intervinientes, indicado en una nota precedente.

230 Constitución de Italia de 1948, artículo 2.

231 GREGORIO, Massimiliano (2017): "Dallo Stato sociale alla Democrazia sociale. Le riflessioni della dottrina costituzionalistica italiana nella prima età repubblicana", en *Quaderni Fiorentini per la storia del pensiero giuridico moderno,* N° 46, p. 538.

La Constitución de 1948 definió a Italia en su artículo 1 como una "Repubblica democratica, fondata sul lavoro" (República democrática, fundada en el trabajo). La adopción de esta fórmula por la Asamblea Constituyente se dio luego de tener presente la idea de constituir al país como un Estado social, considerando que la orientación social debía ser uno de los principios fundamentales del nuevo Estado italiano.[232] La propuesta original del diputado Giorgio La Pira (Democrazia Cristiana) para el artículo 1 de la Constitución era incorporar que "[e]l trabajo es el fundamento de toda la estructura social, y su participación, adecuada en los organismos económicos, sociales y políticos, es condición del nuevo carácter democrático"[233], proposición que finalmente no fue acogida. En el reporte de la aprobación del Pleno de la *Assemblea Costituentese,* el diputado Meuccio Ruini (Democrazia del Lavoro) recalcó que la mención al trabajo buscaba situar a éste como "el motor de una sociedad que tiende a ser libre e igualitaria".[234]

El cuidado en la redacción del artículo 1 tenía razones históricas y coyunturales. Una fórmula similar a República o Estado social tenía el problema de revivir la idea de la *Reppubblica Sociale* nacionalsocialista de 1943. Las menciones al trabajo, por otra parte, tenían que ser distintas a las utilizadas durante el régimen de Mussolini, como la *Carta del Lavoro* de 1927. Pero, además, el constituyente debía dejar claro que no se utilizaba la frase "República de trabajadores" en el sentido de otras constituciones que "no se corresponden con la realidad italiana",

---

232 En este sentido, las opiniones de Aldo MORO, *Prima Sottocommissione della Commissione per la Costituzione,* sesión 30°, 29 de octubre de 1946, p. 317; Pietro NENNI, Plenario, sesión 56°, 10 de marzo de 1947, página 1944; Orazio CONDORELLI, Plenario, sesión 64, 15 de marzo de 1947, página 2165.

233 Giorgio LA PIRA, *Prima Sottocommissione della Commissione per la Costituzione,* 16 de octubre de 1946.

234 Meuccio RUINI, *Relazione del Presidente della Commissione,* p. 4.

como las formas de Estado adoptadas por las constituciones de la Unión Soviética y los países bajo su influencia, que se organizaban como Estados socialistas de trabajadores. En efecto, faltaron solo doce votos para que la Asamblea Constituyente aprobara la declaración de Italia como una República "de los trabajadores"[235], siguiendo el modelo de la Unión Soviética en la época, de consagrar un Estado de "obreros y campesinos".[236]

Finalmente, la Asamblea aprobó una formulación de compromiso, haciendo alusión al "trabajo" y no a los trabajadores, en una redacción transaccional similar a la utilizada por la Constitución de España de 1931 – ya sin efecto por las Leyes Fundamentales del régimen de Franco, en 1939 –, cuyo artículo 1 constituía al país en una "República democrática de trabajadores", pero agregando a continuación, "de toda clase".[237]

Aunque el debate entre los diputados de la Asamblea Constituyente entendió que el rol social del Estado debía estar en la Constitución, para la mayoría el objeto social del texto se manifestaba en la consagración de derechos sociales y la configuración de mandatos de acción a los órganos públicos. En su informe, el diputado La Pira insistió que los constituyentes actuaron bajo la convicción que la consagración de derechos sociales en el texto constitucional produce una "mutación estructural" del sistema jurídico, necesariamente unida a una concepción sustancialmente democrática del Estado, y son fundamentales para asegurar la autonomía e independencia,

---

235 Asamblea Constituyente, sesión de la tarde, 22 de marzo de 1947, pp. 2376-2379.

236 Así, por ejemplo, la Constitución de la Unión Soviética de 1936, artículo 1.

237 Sobre el texto de la Constitución de la II República y el Estado social profundizaremos más adelante, en el capítulo referido a España.

incluida la política, de las personas.[238] La concepción democrática del párrafo primero del artículo 1 se refuerza con el párrafo siguiente, que indica que "[l]a soberanía pertenece al pueblo", y tiene una concreción directa en el artículo 3.2 del texto, en el cual profundizaremos más adelante.

La "mutación estructural" que generaba la consagración de derechos sociales fue vista con suspicacia por otros miembros de la Asamblea, que llamaban a la moderación por el contenido programático de los derechos. El diputado Calamandrei (Unione dei Socialisti Italiani) resaltó las dudas sobre el rol de la Constitución como el instrumento idóneo para facilitar, regular y dirigir "una revolución", como era la transformación social que se buscaba con el nuevo texto. Por ello, Calamandrei pedía especial atención en la consagración de derechos que son en realidad "programas, deseos, en cuya formulación – aunque estén todos de acuerdo en su contenido – se debe tener cuidado para no generar ilusiones en los ciudadanos."[239]

Por tanto, el reporte de la Constitución precisó que el texto buscó establecer los criterios para que sea el legislador quien regule los derechos, y para ello, el texto de la Carta fija tanto límites inquebrantables como las directivas que se deberán seguir.[240]. De esta manera, como indicaba el diputado Amintore Fanfani (Democrazia Cristiana), "[e]l futuro legislador se encargará entonces de que este compromiso, en el solemne texto constitucional, se convierta en una regla de derecho precisa."[241]

---

238 Giorgio LA PIRA, *Prima Sottocommissione, Relazione sui principii relativi ai rapporti civili,* p. 14.

239 Piero CALAMANDREI; *Commissione per la Costituzione,* sesión 6, 25 de octubre de 1946, pp. 45- 46.

240 Meuccio RUINI, *Relazione del Presidente della Commissione,* p. 6.

241 Amintore FANFANI; *Commissione per la Costituzione,* sesión 6, 25 de octubre de 1946, p.49. En la misma sesión, Lelio BASSO (Partido Socialista), p. 51.

3.1.2. La naturaleza del compromiso del texto italiano

Como mencionaba Fanfani, el texto aprobado por la Asamblea Constituyente es fruto de un compromiso entre las fuerzas políticas. Esta naturaleza compromisoria del texto italiano fue resaltada por los primeros comentaristas de la Constitución italiana.[242] Se valoraba las distintas fórmulas que buscó el constituyente para conciliar la acción del Estado en la búsqueda de igualdad sustantiva con espacios de libertad individual.[243] La calificación de normas de compromiso no tiene un significado negativo, como aclaró Pizzorusso, sino que recalca la voluntad de redactar un texto que pudiera ser la Constitución de toda la nación, y por ello se hizo el esfuerzo de integrar elementos distintos y adaptarlos para hacerlos compatibles entre sí.[244] Este ánimo de consenso del texto hizo que Giannini calificara al texto como una "constitución convencional", originada por convenciones o acuerdos entre fuerzas políticas opuestas, que, estructuralmente, se articularon en garantías unilaterales, bilaterales o recíprocas, según los tiempos y las fuerzas, y en las que también la misma organización constitucional asume una función de garantía.[245]

---

242 GRASSO, Pietro Giussepe (1961): " 'Stato di diritto' e 'Stato sociale' nell'attuale ordinamento italiano", en *Il Politico*, volumen 26, N° 4, p. 817; PREDIERI, Alberto (1977): "Régimen Económico y Social de la Constitución Italiana", en Varios Autores: *Constitución y Economía. La ordenación del sistema económico en las constituciones occidentales* (Madrid, Editorial Revista de Derecho Privado), p. 21.

243 CERETI, Carlo (1949): *Corso di diritto costituzionale italiano* (Torino, G. Giappichelli Editore), p. 75.

244 PIZZORUSSO, Alessandro (1984): *Lecciones de derecho constitucional* (Madrid, Centro de Estudios Constitucionales), p. 176.

245 En contraposición a las "constituciones convencionales", Giannini señala que existen constituciones "ordenativas", que emanan de una sola fuerza política que detenta el poder, ya sea porque está históricamente sola en ese período determinado, o porque ha agobiado a las demás, eliminándolas como fuerzas.

Para Costantino Mortati, el artículo 1 es fórmula de compromiso, buscando conciliar el espacio de autonomía de las personas y los grupos sociales, como también el interés social, y mandatar al Estado que tutele las situaciones en que el ejercicio de este espacio de libertad quede al margen de la "solidaridad social".[246] El texto tomó la directriz que juzgaba idónea para iniciar la superación de las diferencias entre ciudadanos que no estuvieran basadas en el mérito o sus capacidades, y esta directiva, de acuerdo con Mortati, se identificó en los valores inherentes al trabajo.

En la opinión de Massimo Severo Giannini, la cláusula del artículo 1 se trató de una clara norma compromisoria, ya que pese al énfasis de la fórmula en el trabajo, la naturaleza compromisoria de la Constitución incluyó otros puntos ideológicos que le quitan valor efectivo a esta interpretación. Con esto, el artículo 1 terminó siendo una "mera máscara de una realidad efectiva diferente". Esto deja claro que la fundación de la República en el trabajo no es solo un enunciado verbal, sino que fue una "dolorosa concesión" entre las fuerzas políticas.[247]

3.1.3. La interpretación de la doctrina del principio lavoralista del artículo 1

La configuración de Italia como una República fundada en el trabajo y el debate en la Asamblea Constituyente sobre el rol del Estado dieron lugar a distintas interpretaciones que son relevantes para comprender el sentido del Estado social. Los autores descartaron rápidamente interpretaciones del artículo 1

---

246 MORTATI, Costantino (1962): *Istituzioni di diritto pubblico* (CEDAM, Padova), p. 88; MORTATI, *Il lavoro nella Costituzione*..., p. 8.

247 GIANNINI, Massimo Severo (1949): "Rilevanza costituzionale del lavoro", en GIANNINI, Massimo Severo (2003): *Scritti* (Milano, Giuffrè) vol. III, pp.123-125.

que entendían que la mención al trabajo fuera una regla para determinar que la soberanía recaía solo en los trabajadores, una lectura *monoclase* que se contraponía a la hermenéutica conjunta con el resto del articulado de la Constitución.[248]

Carlo Esposito argumentó que la formulación del *principio lavoralista* tenía un valor solamente moral, como síntesis de las variadas disposiciones sobre el trabajo que tenía el nuevo texto, enunciando con ello un principio programático que no definía una fisonomía constitucional del Estado italiano.[249] En cambio, sí tenía importancia política la decisión del constituyente de alejarse de las fórmulas de los Estados socialistas, y de este modo, su texto resalta la búsqueda de una configuración de la actividad estatal "más allá de las clases", configurando un principio que permitía justificar la protección focalizada de la acción estatal hacia los trabajadores más necesitados.[250]

Desde los artículos 1 y 2 de la nueva Constitución, Constantino Mortati ve "en el trabajo la afirmación más eficaz de la personalidad social del hombre, su valor más comprensible

---

248 Para esta interpretación existía, además, una razón histórica: el borrador del proyecto de Constitución contemplaba un artículo 31 que señalaba que el trabajo era "condición para el ejercicio de los derechos políticos", el que fue rechazado del texto definitivo. PALLIERI, G. Balladore (1972): *Diritto costituzionale* (Milano, Giufrrè Editore), p. 177. Contra esta postura, Lavagna insistió que la nueva República buscaba la instauración de una sociedad monoclase, donde los trabajadores tenían un rol fundamental en el ejercicio del poder. LAVAGNA, Carlo (1977): *Costituzione e socialismo* (Bologna, Società editrice il Mulino), p. 55.

249 ESPOSITO, Carlo (1948): "Commento all'articolo 1 della Costituzione", en *Rassegna di diritto pubblico,* volumen 1, citado por GIANNINI, *Rilevanza costituzionale del lavoro,* p. 109.

250 ESPOSITO, Carlo (1954): *La costituzione italiana: saggi* (Padova, CEDAM), pp. 15 y 12.

y significativo."[251] Con esto, la Constitución buscó superar la visión utilitaria-economicista del trabajo como un fin en sí mismo o mero instrumento de obtención de ganancias, sino que un medio necesario para la realización y cumplimiento de los fines espirituales de la persona. Por ello que la fórmula "fundada en el trabajo" se convierte en la enunciación de un principio como núcleo esencial e inmutable de la Constitución.[252] En la interpretación de Mortati, aunque el trabajo es un adjetivo de la democracia, su efecto no se agota solo en el régimen político, sino que trasciende hacia la forma del Estado, y consagra a dicho principio como una directriz para la orientación de la intervención del Estado en la esfera del individuo, con el objeto de lograr el mayor desarrollo de los individuos y la sociedad civil.[253]

Esta interpretación amplia del artículo 1 y de las normas constitucionales fue criticada por Giannini. Para el académico romano, la expresión "trabajo" es utilizada en el texto de la Constitución en distintos sentidos, y en particular, la mención del artículo 1 – como uno de los principios fundamentales de la nueva República – no puede ser interpretada de manera unívoca y tan extensa. El origen compromisorio de la Constitución italiana impide pensar que su texto pueda contener valores ideológicos unívocos como los que interpreta

---

251 MORTATI, *Il lavoro nella Costituzione...* pp. 11-12. En este punto, el autor apunta que no es inútil recordar que ya en la síntesis escolástica de Santo Tomás de Aquino el trabajo se sitúa en la base de la sociedad, y es considerado como el único fundamento legítimo de la propiedad y de sus beneficios. *Il lavoro nella Costituzione...*, p. 12, nota marginal 3.

252 MORTATI, Costantino (1975): "Articolo 1", en BRANCA, Giuseppe (editor): *Commentario della Costituzione. Pricipi fondamentali. Articoli 1-12* (Bologna, Nicola Zanichelli Editore), p. 15; MORTATI, *Il lavoro nella Costituzione...*, p. 13.

253 MORTATI, *Articolo 1...*, p. 11; *Il lavoro nella Costituzione...*, p. 8.

Mortati de su texto.[254] Entender la "fundación en el trabajo" de la nueva República italiana requiere constatar dos elementos fundamentales: el primero, la realidad social de la época de la redacción de la Constitución italiana. Para Giannini, el trabajo de la Asamblea Constituyente se desarrolló bajo la presión de los movimientos de trabajadores, que abogaban por un nuevo texto constitucional, y que demandaban que las nuevas normas de la República se hicieran cargo de la existencia de la explotación del trabajador. Por ello, el concepto de trabajo del artículo 1 es uno de naturaleza sociológica, que tiene su base en las teorías marxistas por las cuales el trabajo es el componente fundamental de la estructura de la sociedad, y por tanto, la Constitución lo entiende como objeto de explotación.[255]

En segundo lugar, como ya mencionamos, Giannini consideró que la Constitución italiana tiene un origen eminentemente de compromiso, y el artículo 1 es muestra de ello. El texto de dicha norma – y en general, de toda la Constitución – fue un compromiso entre las fuerzas opuestas del trabajo y del privilegio económico-social dentro y fuera de la Asamblea Constituyente. De este modo, las garantías compromisorias en beneficio de la fuerza de trabajo están destinadas a limitar las manifestaciones de las fuerzas del privilegio, como queda de manifiesto en el artículo 1.[256] No sería posible desprender, por tanto, mayores conclusiones de dicha norma en cuanto elemento estructurante de la nueva República.

---

[254] GIANNINI, *Rilevanza costituzionale del lavoro*, p. 111. La única excepción que menciona Giannini, como veremos más adelante, es el artículo 3.2 del texto constitucional, p. 112.

[255] GIANNINI, *Rilevanza costituzionale del lavoro*, p. 113.

[256] GIANNINI, *Rilevanza costituzionale del lavoro*, p. 122.

3.1.4. La importancia del deber de remoción de obstáculos del artículo 3.2

Una de las innovaciones de la Constitución de 1948 fue la inclusión del artículo 3, párrafo segundo, consagrando como deber de la República "remover los obstáculos de orden económico y social que, limitando de hecho la libertad y la igualdad entre los ciudadanos, impiden el pleno desarrollo de la persona humana y la participación efectiva de todos los trabajadores en la organización política, económica y social del país."[257]

Esta norma tuvo un breve debate en la Asamblea Constituyente, en parte por el acuerdo para la incorporación de un principio de igualdad sustantiva entre la Democracia Cristiana, el Partido Comunista y el Partido Socialista. En su aprobación fue clave la figura de Lelio Basso (Partido Socialista) y la redacción de su compañero de partido y académico Massimo Severo Giannini.[258]

Para Mortati, la igualdad a la que hace mención esta norma no debe entenderse como un "igualitarismo mecanicista", sino hacer que las diferencias de trato deriven únicamente de elementos objetivos basadas en capacidades y méritos, conforme al principio laboralista.[259] Por lo tanto, Mortati ve que la interpretación del artículo 1 junto al artículo 3.2 confirma la idea de valorar al trabajo como el elemento fundamental de la orientación del Estado, estableciendo como su deber la

---

257 El texto original del artículo 3.2 dice: "E' compito della Repubblica rimuovere gli ostacoli di ordine economico e sociale, che, limitando di fatto la libertà e l'eguaglianza dei cittadini, impediscono il pieno sviluppo della persona umana e l'effettiva partecipazione di tutti i lavoratori all'organizzazione politica, economica e sociale del Paese.".

258 GIORGIS, Andrea (2006): "Articolo 3, 2° co, Cost.", en BIFULCO, Raffaele; CELOTTO, Alfonso y OLIVETTI, Marco (editores): *Commentario alla Costituzione* (Milano, UTET Giuridica), p. 92.

259 MORTATI, *Articolo 1...*, p. 9.

preparación de una organización estatal destinada a "imprimir en las relaciones sociales el dinamismo necesario para arrancar hacia un nuevo orden".[260]

Giannini, al igual que Mortati, concibe a la Constitución de 1948 como un texto de compromiso. Sin embargo, considera que hay una norma en la constitución que escapa a la lógica compromisoria de las fuerzas políticas, y que, además, es de aquellas más originales de su texto: precisamente – aquella en cuya redacción colaboró – el artículo 3.2 de la Constitución. [261] Esta sería la única norma constitucional ideológicamente definida, insistiendo que todo el resto fue el resultado de acuerdos compromisorios entre los partidos políticos.[262]

Giannini puso todas sus esperanzas en que el centro de la actividad social del Estado recae en la transformación que se puede llevar adelante a través del artículo 3.2 de la Constitución. A diferencia del artículo 1, que aunque se interprete en clave transformadora, es más "una expresión literaria, no jurídica", el artículo 3.2 es la fórmula que permite dotar de efectividad a la potencialidad del principio laboralista y generar los cambios estructurales que debe llevar a cabo el Estado, haciendo innecesaria la adopción de cláusulas genéricas e inútiles a su juicio como un "Estado social".[263] Para Giannini, el objeto del Estado social y la igualdad sustantiva están intrínsecamente vinculados, ya que la expansión de la protección social es precisamente un instrumento de igualdad sustantiva.

---

260 MORTATI, *Il lavoro nella Costituzione*, p. 14.

261 GIANNINI, *Rilevanza costituzionale del lavoro*, p. 123.

262 GIANNINI, *Rilevanza costituzionale del lavoro*, p. 112.

263 Aunque Giannini reconoce que el término alemán de "soziale Rechtsstaat" es algo más preciso (pero también más complejo) que el simple "Estado social", sigue utilizando el concepto de "social", lo que mantiene la dificultad en su interpretación. GIANNINI, *Stato sociale: una nozione inutile…*, p. 208.

Tanto Giannini como Mortati entienden que el artículo 3.2 es una norma programática. Sin embargo, esto no significa que estemos frente a normas que sean solo una "expresión de la retórica constitucional", en palabras de Giannini. Como por su importancia se ubica entre los principios fundamentales de la Constitución, este artículo tiene la potencialidad de permear a toda la legislación ordinaria. Para Mortati, aunque es cierto que algunos programas y controles no podrán operar hasta que se promulguen leyes específicas, también es cierto que la Constitución actúa como criterio de interpretación de las normas anteriores a la hora de discutir su cumplimiento.[264] Así, la obligación que impone el artículo 3.2, por ejemplo, no es una mera afirmación "sino que se desarrolla en una amplia y bien articulada serie de disposiciones que atribuyen créditos y deberes correspondientes y que deducen precisamente del principio laboral el criterio válido para hacer comprender el alcance exacto de cada una y coordinarlos en una unidad armoniosa."[265]

Para Giannini, no sería permisible que el legislador, en la composición concreta de la ley, olvide lo que la Constitución señala como una de sus tareas fundamentales a cumplir.[266] Si finalmente las reformas que demanda el artículo 3.2, no se llevan a cabo, la expresión de la República fundada en el trabajo "quedaría, en el mejor de los casos, en un hecho declamatorio. Pero tampoco hay duda de que esto sucederá en la medida en que las fuerzas del trabajo, adquiridas y hechas tomar conciencia

---

264 Mortati, *Istituzioni di diritto pubblico,* pp. 881-882.

265 Mortati, *Articolo 1,* pp. 14-15.

266 Giannini, Massimo Severo (1952): "Profili costituzionali della protezione sociale delle categorie lavoratrici", en Giannini, Massimo Severo (2003): *Scritti* (Milano, Giuffrè) vol. III, pp. 739.

de que su futuro depende de la realización de sus garantías, habrán impuesto su realización con su peso político".[267]

Con el correr del tiempo, el artículo 3.2 de la Constitución de 1948 ha sido uno de los elementos más resaltados por la doctrina constitucional como el verdadero configurador de un Estado social italiano, desacoplándose lentamente de su mirada transformadora original. En su comentario al nuevo texto, Biscaretti de Ruffia concluía que el nuevo Estado italiano es "un Estado de democracia clásica, pero de carácter social, dada su marcada orientación intervencionista", en atención a los principios que configuran los primeros artículos de su texto, recalcando su reconocimiento de derechos sociales y la intención de lograr la justicia social a través de la norma del artículo 3, párrafo segundo.[268]

De acuerdo con Livio Paladin, el artículo 3.2 artículo consagraba un deber de igualdad sustantiva que resulta decisivo para calificar a la nueva República como un Estado social, administrativo o de bienestar.[269] Lo mismo opinaba De Vergottini, que considera que el Estado social está consagrado en Italia en los artículos 2 y 3.[270] Para Predieri – coincidiendo con Giannini – la clave interpretativa de la Constitución es el artículo 3.2, lo que hace "superflua (o si queremos demasiado limitativa)" a la fórmula del Estado social.[271]

---

267 GIANNINI, *Rilevanza costituzionale del lavoro*, p. 126.

268 BISCARETTI DI RUFFIA, Paolo (1968): *Diritto costituzionale. Istituzioni di diritto pubblico* (Napoli, Casa Editrice Dottore Eugenio Jovene), p. 189.

269 PALADIN, Livio (1965): *Il principio costituzionale d'eguaglianza* (Milano, Giuffrè Editore), p. 332.

270 DE VERGOTTINI, Giussepe (2013): *Diritto costituzionale comparato* (Padova, CEDAM), p. 401.

271 PREDIERI, Alberto (1977): "Régimen Económico y Social de la Constitución Italiana", en Varios Autores: *Constitución y Economía. La ordenación del sistema económico en las constituciones occidentales* (Madrid, Editorial Revista de Derecho Privado), p. 27.

En esta línea, Carlo Cereti destacó que la declaración de ser una República democrática "fundada en el trabajo" buscaba la creación de una democracia social y económica[272], pero este nuevo rol se garantiza por el mandato del artículo 3.2 de la Constitución, que cumpliría un rol fundamental para el vigor del catálogo de derechos sociales.[273] Para Cereti, los nuevos derechos sociales, junto con los principios del artículo 1 y 3.2, se agrupan en un complejo unitario que tiene como elemento común la *socialidad*; desde el punto de vista jurídico constituyen un conjunto de directrices vinculantes para la actividad legislativa y administrativa, la interpretación y aplicación de la legislación vigente e, incluso, con efecto reflejo en las relaciones privadas.[274] Con este modelo se busca que la justicia social no sea "el legado de un solo partido, sino elevada a un programa de toda la vida estatal".[275] En este nuevo Estado configurado por la Constitución de 1948, que tiene como fin la "conservación y elevación progresiva del pueblo, según un alto principio de

---

272 CERETI, *Corso di diritto costituzionale italiano*, pp. 75-76.

273 CERETI, *Corso di diritto costituzionale italiano*, pp. 82-83 y 111.

274 CERETI, *Corso di diritto costituzionale italiano*, p. 113. Así, por ejemplo, Cereti señala que "el ámbito contractual, se puede impugnar la eficacia de los acuerdos (por ejemplo en materia laboral) que entren en conflicto con ellos [los derechos sociales y principios constitucionales]; asimismo, la mención al derecho al trabajo ya puede implicar el derecho a una prestación por desempleo involuntario (art. 38), y así. Evidentemente estamos ante intereses jurídicamente relevantes aún carentes de accionabilidad directa, pero se sabe que la figura del interés sólo parcialmente jurídico es particularmente frecuente en aquellas relaciones que aún se encuentran en una etapa de evolución donde abundan las zonas grises, esos medios tonos que desaparecen cuando el derecho objetivo ha alcanzado un mayor grado de elaboración, como es, por ejemplo, en el derecho privado.".

275 CERETI, *Corso di diritto costituzionale italiano*, p. 75.

justicia y solidaridad social", el elemento decisivo es el deber de remoción de obstáculos del artículo 3.2 de la Constitución.[276]

Hacia finales de la década de 1970, continuaron los debates sobre la interpretación de una cláusula transformadora implícita en el artículo 3.2, destacando la argumentación a favor de esta lectura de Carlos Lavagna,[277] y la respuesta desde la propia izquierda de Ugo Rescigno, quien señalaba que, "[e]n sí mismo, este artículo no tiene ningún efecto normativo, a lo sumo sirve para interpretar otras normas, pero no impone ni confiere ni obligaciones ni derechos ni ninguna otra posición jurídicamente significativa".[278]

Más recientemente, y superando las interpretaciones transformadoras, Andrea Giorgis ha señalado que el artículo 3.2 representa el reconocimiento expreso de uno de los objetivos fundamentales del derecho constitucional europeo de la segunda postguerra: garantizar a cada individuo las condiciones materiales, culturales y sociales para poder ejercer concretamente todos aquellos derechos de libertad y participación que reconoce el texto constitucional.[279]

3.1.5. La discusión sobre la existencia de un Estado social implícito en la Constitución italiana

La discusión más relevante para nuestro trabajo es aquella que plantea la importancia – o irrelevancia – de entender a Italia como un Estado social, aunque no lo mencionara

---

276 RANELLETTI, Oreste (1948): *Istituzioni di diritto pubblico* (Milano, Giuffrè Editore), pp. 61-62.

277 LAVAGNA, Carlo (1977): *Costituzione e socialismo* (Bologna, Società editrice il Mulino), pp. 51 y siguientes.

278 RESCIGNO, Ugo (1975): *Costituzione italiana e Stato borghese* (Roma, Savelli), p. 124.

279 GIORGIS, *Articolo 3, 2° co, Cost.*..., p. 93.

expresamente la Constitución, a través de la interpretación del *principio lavoralista* y del deber de remoción de obstáculos del artículo 3.2. Aunque en la literatura italiana ya existían estudios especializados sobre la fórmula de Estado social previo a la dictación de la Constitución de 1948,[280] luego de la aprobación del texto constitucional se plantearon interpretaciones de las nuevas normas a la luz de la comprensión alemana del concepto. Algunos autores criticaron esta interpretación, por considerar innecesario usar una frase tan genérica como Estado social para dotar de un fin material a una Constitución que ya contenía normas que apuntaban al mismo objetivo.

Otros autores dieron valor a la configuración de Italia como una República democrática, con el adjetivo modulador de ser fundada en el trabajo, como un pilar de su consagración en Estado social. Costantino Mortati argumentó que la configuración italiana del artículo 1 daba lugar a una cláusula distinta a la República social de la Constitución de Francia o al Estado social de la Ley Fundamental de Bonn, pero con la intención de producir un efecto similar. [281]

Para Mortati, la idea de Estado social derivaba del concepto de "derecho social" desarrollado por la doctrina francesa – citando en particular a Duguit –, y tenía por objeto "el conjunto de pretensiones a favor de todos los ciudadanos, derivadas del principio de igualdad, para participar en los bienes de la vida sobre la base de una garantía proporcionada por el Estado y expresada mediante intervenciones directas o cargas

---

280 Sobre el particular, Demaria, Giovanni (1946): *Lo Stato sociale moderno* (Milano, Casa Editrice Ambrosiana), pp. 278-306.

281 Por de pronto, Mortati celebra que la ubicación de los principios que informan la organización del Estado esté al comienzo del texto constitucional como una mejor decisión del constituyente que lo ocurrido en Alemania, donde la cláusula de Estado social se encuentra en los artículos 20 y 28. Mortati, *Articolo 1...*, p. 1.

impuestas a otros sujetos".[282] Bajo este sentido, que la Constitución italiana no hubiera adoptado una fórmula explícita de Estado social era irrelevante, ya que los contenidos propios que se pretenden aglutinar bajo dicha cláusula ya se encuentran en el texto constitucional. Por de pronto, la orientación de la actividad del Estado al resguardo de la persona y su objetivo de aumentar el bienestar de los ciudadanos.[283]Al contrario, consideró preferible y valioso evitar el uso del concepto de Estado social por su carácter genérico, que da lugar a la pluralidad de significados que se le atribuyen en Alemania, "que van desde considerarla una pura declamación, o disolverla en el no menos genérico "Estado de Justicia", hasta atribuirle un valor de norma reforzada por garantías especiales".[284] En este sentido, propuso mejor denominar a esta nueva orientación del Estado como un "Estado de Derecho material", más que un "Estado social", porque con esta forma se resalta la idea del uso de los instrumentos del Estado de Derecho para la instauración de un nuevo orden de relaciones sociales.[285]

En suma, para Mortati la Constitución italiana contendría implícitamente aquellas características que desde la década de 1950 se entendieron como propias de un Estado social, haciendo innecesaria su consagración expresa. Si este principio se entiende por algunos una forma de habilitación o incluso mandato a una actividad intervencionista del Estado, la pregunta a responder será cuáles son los límites de dicho rol. La orientación social del Estado, que Mortati entiende como

---

282 MORTATI, *Articolo 1...*, p. 48.

283 MORTATI, *Articolo 1...*, p. 45; MORTATI, *Istituzioni di diritto pubblico*, p. 876.

284 MORTATI, *Articolo 1...* p. 11.

285 MORTATI, *Articolo 1...* p. 48.

intervencionista en el ámbito económico, no puede significar para él llegar al totalitarismo de los Estados socialistas.[286]

Una crítica distinta desde el propio socialismo a la interpretación de Mortati es formulada por Giannini. En primer lugar, Giannini sitúa el origen de la expresión "Estado social" en los partidos fascista italiano y nacionalsocialista en Alemania, sin que su creación tuviera ninguna pretensión académica, sino que buscaba delinear un tipo de Estado caracterizado por la existencia de "realización social", en donde la legitimidad del régimen se basaba en demostrar la protección de los derechos "sociales" de los trabajadores incluso mejor que las democracias del momento. De esta forma, "teniendo en cuenta la antigua enseñanza de que una realidad sin nombre no se puede percibir que exista, se buscó un nombre, y surgió el nombre de 'Estado social' ".[287]

Los regimenes autoritarios italianos y alemanes utilizaban el argumento de la protección social como el elemento caracterizador del Estado social, pero a su vez, intentaban mantener la distancia con la posible caracterización de sus gobiernos como "socialistas", con lo que logran – a juicio de Giannini – esta síntesis de Estado social que parece un "homenaje a Hegel pero hecho para los grandes almacenes".[288] Es por ello que la idea de un Estado social es utilizada como el "ídolo" que hay que presentar a los trabajadores para apaciguar su ánimo contra el capitalismo, como una estrategia del "reformismo conservador" para cerrar los problemas sociales.[289]

---

286 MORTATI, Costantino (1973): *Le forme di governo* (CEDAM, Padova), p. 72.

287 GIANNINI, *Stato sociale: una nozione inutile...*, pp. 206-208.

288 GIANNINI, *Stato sociale: una nozione inutile...*, p. 207.

289 GIANNINI, *Stato sociale: una nozione inutile...*, p. 226.

Para Giannini, si el Estado social es aquel contrapuesto a un Estado liberal caracterizado como un Estado gendarme, la idea de Estado social sería innecesaria, ya que históricamente los Estados han desarrollado políticas en beneficio de las personas más desposeídas. Si la novedad fuera su universalización, tampoco es algo innovador, ya que sería simplemente convertir la actividad histórica del Estado de asistencia social en un servicio público general.[290] Si, en cambio, el Estado social se trata de una nueva relación entre el Estado y la sociedad, la noción tampoco es necesaria, porque no altera en nada los fundamentos del orden liberal, que son la separación de poderes del Estado y el sometimiento de la autoridad al imperio de la ley.

Por otra parte, tampoco es que la idea de Estado social tenga algún elemento en sí transformador. Su idea de protección social es más parecida a lo que las clases empresariales consideran como "un tributo necesario para la paz social" y mantener en funcionamiento al trabajador, en lo que también es parte del reformismo conservador.[291] Para Giannini este concepto es muy claro desde los debates del Parlamento británico para la "legislación de pobres": "necesitamos ayudar a los trabajadores porque, al hacerlo, mejoramos la producción, eliminamos riesgos para el empleador, mejoramos el nivel de vida de todos, aumentamos el consumo".[292] Esta lectura del principio laboralista como un Estado social prestacional cae el problema opuesto al que busca solucionar. La idea de "bienestar" (*benessere*) como una forma de beneficencia termina siendo un instrumento de "reforma conservadora": es decir, un mecanismo para la conservación del orden establecido. "Bajo el aparente reconocimiento de los intereses de una persona

---

290 GIANNINI, *Stato sociale: una nozione inutile...*, p. 220.

291 GIANNINI, Massimo Severo (1979): "I pubblici poteri negli stati pluriclasse", en *Rivista trimestrale di diritto pubblico,* n. 2-3, 1979, p. 395.

292 GIANNINI, *Profili costituzionali della protezione sociale delle categorie lavoratrici,* p. 732.

más débil, en realidad se practica el paternalismo. Es solo con la protección social que se centra el problema de la vida social como generadora de inseguridad, y más aún en una sociedad caracterizada por la explotación del trabajo. Por ello es que la respuesta debe ser completamente opuesta: la idea de trabajo en la Constitución configura a la función laboral como la primera y más intensa forma de protección social."[293]

En consecuencia de lo anterior, si el elemento de prestación social es el decisivo para la calificación de Estado social, nada impediría calificar a un Estado como tal si su constitución material contiene normas de protección social, lo que hace innecesaria la fórmula de Estado social como tal. Pero incluso, tampoco es estrictamente necesario que la protección social esté totalmente consagrada en la Constitución. Giannini señala que hay muchas prestaciones sociales que no están en la Constitución italiana de 1948, y que no hay razones fuertes para justificar qué elemento decisivo se añade por su incorporación al texto constitucional.[294] Esto llevar a calificar la propia idea de un principio de Estado social en la Constitución como una "noción inútil" desde el punto de vista jurídico.[295]

Finalmente, Giannini también señala que si la novedad del Estado social se tratara de su rol de intervención en el mercado, la discusión sobre el rol del Estado en la economía no es una novedad, porque siempre el Estado y los poderes públicos han regulado la economía. Tal como es inútil el concepto de Estado social, lo es el Estado regulador, porque éste, por definición, siempre ha tenido como potestad intrínseca la regulación.[296]

---

293 GIANNINI, *Rilevanza costituzionale del lavoro*, p. 119.

294 GIANNINI, *Stato sociale: una nozione inutile...*, pp. 224-225.

295 GIANNINI, *Stato sociale: una nozione inutile...*, p. 207.

296 En este sentido, D' ALBERTI, Marco (2002): "Massimo Severo Giannini e l'intervento pubblico nell'economia", en FRANCHINI, Claudio, y PAGANETTO, Luigi (editores): *Stato ed economia all'inizio del XXI secolo* (Bologna, Società editrice il Mulino), p. 140.

Dicho lo anterior, en caso alguno Giannini era contrario a la protección social. Al contrario, su interpretación del *principio lavorista* del artículo 1 como una "expresión literaria" tenía tras de sí la crítica a la lentitud de la aplicación de la Constitución de 1948 que impedía la aplicación de las reformas estructurales que preveía su texto.[297] La calificación de Estado social es indiferente, porque lo relevante será su concreción normativa a través de la ley.[298] Por ello, como mencionamos, Giannini puso toda su esperanza en la aplicación transformadora del artículo 3.2 relativa al deber de remoción de obstáculos.

Otros autores interpretaron que la idea de Estado social en Italia se desprende de elementos distintos al artículo 1 de la Constitución. Pergolesi entendió que la idea sustantiva de Estado social, conciliable con el Estado de Derecho, se extrae desde la consagración de derechos sociales y la orientación de la actividad del Estado hacia un fin sustantivo.[299] Grasso resaltaba que la ausencia de una fórmula de Estado social no es relevante en atención a las distintas normas que permiten configurar un rol activo del Estado en materia social, pero que la misma noción de Estado social sí podría tener la aptitud para adquirir una preponderancia más decisiva en el futuro.[300] Barbera insistió que lo más relevante de la nueva configuración del Estado italiano era su tránsito desde un Estado de Derecho a un Estado democrático, en que lo social se encuentra en la actividad de protección de los nuevos

---

297 GIANNINI, Massimo Severo (1981): "La lentissima fondazione dello Stato repubblicano", en *Regione e governo locale*, n. 6, 1979; GIANNINI, *Rilevanza costituzionale del lavoro*, p. 126.

298 GIANNINI, *Stato sociale: una nozione inutile...*, p. 214.

299 PERGOLESI, Ferruccio (1958): "Stato di diritto e garanzie costituzionali", en *Lo Stato sociale*, p. 669, citado por GREGORIO, *Dallo Stato sociale alla Democrazia sociale...*, p. 531.

300 GRASSO, *" 'Stato di diritto' e 'Stato sociale' nell'attuale ordinamento italiano"...*, p. 820.

derechos, remarcando la necesidad de evitar "si es posible, el equívoco del Estado social, demagógico y caritativo".[301] Lerner, en una mirada finalista, identifica el fin del Estado social con el bien común.[302] Finalmente, autores como Bobbio consideraron que el surgimiento del Estado social se da a través de la consagración de derechos sociales, lo que fuerza a un rol activo del Estado.[303]

La doctrina ha interpretado el Estado social en Italia desde una visión de acción directa en la provisión de derechos, otorgando una mayor relevancia a la orientación social desde el deber de remoción de obstáculos del artículo 3, párrafo segundo, así como de otras normas que establecen mandatos de orientación o acción de los poderes públicos, como los artículos 2, 4, 32, 38 – que son el "núcleo fuerte del Estado social"[304]. Mientras que el artículo 2 señala que "[l]a República reconoce y garantiza los derechos inviolables del hombre, tanto como individuo, como en el seno de las formaciones sociales en las que desarrolla su personalidad, y exige el cumplimiento de los deberes ineludibles de solidaridad política, económica y social", el artículo 4 indica que "[l]a República reconoce a todos los ciudadanos el derecho al trabajo y promueve las condiciones que hagan efectivo este derecho." Por su parte, los artículos 32 y 38 se refieren a derechos a la salud y a la seguridad social.

---

301 Barbera, Augusto (1975): "Articolo 2", en Branca, Giuseppe (editor): *Commentario della Costituzione. Principi fondamentali. Articoli 1-12* (Bologna, Nicola Zanichelli Editore), p. 91.

302 Lerner, Salvatore (1966): *Lo Stato sociale contemporaneo. Lineamenti di dottrina generale* (Roma, Edizioni La Civiltà Cattolica), p. 192.

303 Bobbio, Norberto (2005): *L'età dei diritti* (Torino, Giulio Einaudi Editore), p. 72.

304 Olivetti, *Diritti fondamentali...*, p. 437; en este sentido, Caretti, Paolo y De Siervo, Ugo (2017): *Diritto Costituzionale e Pubblico* (Torino, G. Giappichelli Editore), p. 30.

En esta visión, prima la idea de un Estado social como interventor activo, que corrige el mercado y compensa con su intervención los resultados derivados de la sola lógica económica del intercambio[305], teniendo por finalidad alcanzar la igualdad sustancial y no solo formal entre los ciudadanos, a través del reconocimiento de derechos sociales.[306] La realización del Estado social está vinculada al principio de igualdad sustantiva, que debe entenderse como un instrumento destinado orientar la actividad de los poderes públicos para eliminar los desequilibrios tanto económicos como sociales.[307]

En lo que la doctrina ha estado mayoritariamente de acuerdo es que esta orientación estatal va dirigida hacia una economía en que la actividad pública y privada pueden coexistir y colaborar mutuamente.[308] Asimismo, en que el núcleo del Estado social es deferente con el legislador, dejando a la discrecionalidad de la ley la elección del modelo organizativo para su aplicación.[309]

---

[305] BIN, Roberto, Y PITRUZZELLA, Giovanni (2003): *Diritto costituzionale* (Torino, Giappichelli Editore), p. 52. En el mismo sentido, GREGORIO, *Dallo Stato sociale alla Democrazia sociale...*, p. 538; CASSESE, Sabino (2021): "La 'vecchia' costituzione economica: i rapporti tra Stato ed economia dall'Unità ad oggi", en CASSESE, Sabino (editor): *La nuova costituzione economica* (Bari, Laterza Editori), p. 30.

[306] CARETTI y DE SIERVO, *Diritto Costituzionale e Pubblico...*, pp. 30, 81 y 546.

[307] NAPOLITANO, Andrea (2019): *Economia sociale di mercato e tutela dei diritti. Servizi essenziali e forme di gestione* (Torino, Giappichelli), p. 1; SALMONI, Fiammetta (2016): "Riflessioni minime sul concetto di Stato sociale e vincoli comunitari. Selezione dei diritti o selezione dei soggetti da tutelare?", en *Rivista Associazione Italiana dei Costituzionalisti,* Nº 2, p. 32.

[308] PREDIERI, *Régimen Económico y Social de la Constitución Italiana...*, p. 32.

[309] VIOLINI, Lorenza (2006): "Articolo 38", en BIFULCO, Raffaele; CELOTTO, Alfonso y OLIVETTI, Marco (editores): *Commentario alla Costituzione* (Milano, UTET Giuridica), p. 776.

Finalmente, respecto a la provisión de derechos y la necesidad de responsabilidad fiscal, Paolo Grossi ha señalado que es evidente que "el llamado 'Estado social' no puede configurarse como una especie de benefactor rico y generoso pero irresponsable, ni siquiera como un caritativo guardián o protector de cualquier expectativa social.", más aún en un contexto en que la carga fiscal de los países se encuentra presionada no solo por las prestaciones que demandan sus ciudadanos, sino también los nacionales de otros países en sus territorios."[310]

3.1.6. La jurisprudencia de la Corte Constitucional de Italia sobre el Estado social

La inexistencia de una cláusula de Estado social expresa en el texto de la Constitución italiana dificulta que existan pronunciamientos de la Corte Constitucional de dicho país que la interpreten directamente. Sin embargo, sí se ha referido al concepto en su jurisprudencia como un argumento de *obiter dicta* en ciertas resoluciones, en que utiliza directamente ciertos derechos fundamentales, y especialmente, los artículos 2 y 3.2 de la Constitución.

Sobre el uso del artículo 2 de la Constitución por parte de la justicia constitucional, desde temprano la doctrina identificó el problema de su interpretación como una "regla de cierre, que resume todos los derechos fundamentales expresamente protegidos en la Constitución o debe entenderse más bien como una regla de apertura a otras libertades y otros valores personales no expresamente protegidos por el texto constitucional".[311] Su interpretación como una "cláusula

---

310 Grossi, Paolo (2016): "Prestazioni sociali e cittadinanza", en *XVIII Incontro trilaterale con I Tribunali Costituzionali della Spagna e del Portogallo,* p. 4.

311 Barbera, *Articolo 2...*, p. 84.

abierta" permitiría "captar de la realidad social (...) 'nuevos' derechos que emergen en la conciencia social y en la constitución material".[312] La jurisprudencia inicial de la Corte Constitucional del artículo 2 entendió dicha norma como una cláusula "cerrada", de la cual no es posible desprender la existencia de un derecho subjetivo.[313] Esto fue variando en la década de 1980, ampliando la Corte su interpretación del artículo 2, consolidándose a partir de 1987 al reconocer el derecho a disponer libremente de la sexualidad como "un derecho subjetivo absoluto que ha de incluirse entre las posiciones subjetivas directamente protegidas por la Constitución y encuadrarse entre los derechos inviolables de la persona humana que el artículo 2 de la Constitución exige garantizar."[314] Más recientemente, la Corte Constitucional ha reconocido desde el artículo 2 derechos en materia de educación cultural, el derecho a la identidad, el derecho a abandonar la patria, y el derecho a la vivienda.[315]

Esta relación entre el artículo 2 como cláusula abierta y el concepto de Estado social se ha realizado en variadas sentencias de la Corte Constitucional italiana. A principios de la década de 1980, la Corte rechazó cuestiones en que se invocaba el artículo 3.2 para la declaración de inconstitucionalidad de obligaciones de aportaciones de la seguridad social, aduciendo una vulneración al principio de igualdad. En su sentencia, la Corte rechazó la argumentación aduciendo que las distintas

---

312 OLIVETTI, *Diritti fondamentali...*, p. 150

313 Corte Constitucional de Italia, sentencia número 98, 12 de julio de 1979, párrafo 3.

314 Corte Constitucional de Italia, sentencia número 561, 18 de diciembre de 1987, párrafo 2.

315 ROSSI, Emanuele (2006): "Articolo 2", en BIFULCO, Raffaele; CELOTTO, Alfonso y OLIVETTI, Marco (editores): *Commentario alla Costituzione* (Milano, UTET Giuridica), p. 47.

regulaciones, no homogéneas, de contribución a la seguridad social se explican en "la evolución del Estado social".[316]

La principal asociación que realiza la Corte Constitucional de Italia en sus sentencias entre el concepto de Estado social y el artículo 2 es respecto al reconocimiento de un derecho a la vivienda. La primera jurisprudencia relativa a esta materia – de 1983 – rechazó cuestionar la legislación de vivienda en base al artículo 2 de la Constitución, negando que desde esa norma existiera un derecho a la vivienda tutelable por esta Corte, por considerar que dicha declaración va "más allá de las tareas del Tribunal, que es el único responsable del juicio sobre la legitimidad constitucional con exclusión de cualquier evaluación de carácter político y de cualquier control del uso del poder discrecional del Parlamento".[317]

La opinión de la Corte Constitucional varía desde 1988, en que la Corte Constitucional conoció un caso en que se discutió la constitucionalidad de la ley de arrendamientos de inmuebles urbanos por la ausencia del conviviente o cónyuge separado de hecho entre los legitimados para suceder al inquilino fallecido o justificar su ocupación del hogar. En esta sentencia, la Corte reconoce el derecho a la vivienda entre los derechos inviolables del artículo 2 de la Constitución. La sentencia declaró que "el 'derecho a la vivienda' se encuentra entre los requisitos esenciales que caracterizan la sociabilidad a la que se ajusta el Estado democrático deseado por la Constitución... En definitiva, el crear las condiciones mínimas de un Estado social, contribuyen a garantizar al mayor número posible de ciudadanos un derecho social fundamental, como es el derecho a la

---

316 Corte Constitucional de Italia, sentencia número 240, 29 de diciembre de 1982, párrafo 3.

317 Corte Constitucional de Italia, sentencia número 252, de 15 de julio de 1983.

vivienda (…) situado entre los derechos humanos inviolables a que se refiere el artículo 2 de la Constitución."[318]

En 1988, en una discusión sobre la competencia para la dictación de legislación que favorecía el acceso al crédito para la compra de viviendas, la Corte Constitucional declaró su conformidad con la Constitución en base al artículo 3.2, por cumplir con "el imperativo constitucional obligatorio de reducir la distancia o desproporción en el disfrute de los bienes jurídicos primarios, contribuyendo a dar la máxima efectividad a un derecho social fundamental (art. 3, segundo párrafo, Constitución)", lo que significa "las condiciones mínimas de un Estado social".[319]

Un año después, la Corte Constitucional conoció un caso en que se discutió la constitucionalidad de una norma que permitía el desalojo de un inmueble ocupado por la conviviente de su dueño, por considerarse su ocupación como ilegal. En esta sentencia, el Tribunal declaró inconstitucional esta ley, declarando que es " 'sin duda deber de toda la comunidad evitar que las personas se queden sin hogar', y ha identificado este deber, que corresponde al derecho social a la vivienda, como uno de los derechos inviolables del hombre a que se refiere el artículo 2 de la Constitución, connotación de la forma constitucional de Estado social".[320]

Siguiendo la interpretación de un derecho a la vivienda desde el artículo 2 y asociándolo con el principio de Estado social, la Corte Constitucional también ha argumentado que la

---

318 Corte Constitucional de Italia, sentencia número 404, de 7 de abril de 1988.

319 Corte Constitucional de Italia, sentencia número 217, 2 de marzo de 1988, párrafo 5.2

320 Corte Constitucional de Italia, sentencia número 12, de 20 de diciembre de 1989; Corte Constitucional de Italia, número 559-1989, 27 de diciembre de 1989, párrafo 3.

existencia de plazos de gracia a los inquilinos morosos para dejar las viviendas, y la existencia de procedimientos de evicción menos apremiantes, se encuentra justificada "en una comprensión más favorable del Estado social para los arrendatarios de inmuebles urbanos destinados a vivienda".[321]

En materia penal, la Corte Constitucional ha criticado que en un "Estado social" exista una expansión del número de delitos relacionados con la seguridad social y materias tributarias, esperando que ello permitiera generar una función disuasoria y de "orientación cultural" a la sociedad. Para la Corte, "siempre que se rompa el vínculo constante entre delito y pena y se utilice esta última con fines ajenos a los relativos a la defensa de los bienes tutelados mediante la persecución penal, este uso, al impactar negativamente el principio de igualdad previsto en el artículo 3 de la Constitución, debe encontrar su justificación en el marco constitucional que determina el fundamento y los límites de la intervención punitiva del Estado." De otra forma, "el ejercicio arbitrario de la punibilidad equivale no sólo a violar el artículo 3 de la Constitución sino alterar, con el principio de pena obligatoria, toda la cara del ordenamiento constitucional en materia penal."[322]

Respecto al derecho a la salud, la Corte ha señalado que éste "ha sido constantemente reconocido como primordial (...) tanto por su naturaleza inherente a la persona humana como por su valor como derecho social, caracterizando la forma Estado social diseñada por la Constitución".[323]

---

321 Corte Constitucional de Italia, sentencia número 419, 27 de noviembre de 1991, párrafo 2.

322 Corte Constitucional de Italia, sentencia número 369, 13 de abril de 1988, punto 5.

323 Corte Constitucional de Italia, sentencia número 37, 31 de enero de 1991, párrafo 3.

Más recientemente, en el año 2013, la Corte declaró inconstitucional la exclusión de familiares entre los beneficiarios de ayudas para el cuidado de personas con discapacidades graves por infringir el artículo 2 de la Constitución y el principio de Estado social. En su sentencia, declaró que: "el legislador ha establecido una forma indirecta o mediada de asistencia a las personas con discapacidad grave, basada en la valorización de las expresiones de solidaridad existentes en el tejido social y, en particular, en el contexto familiar, de acuerdo con la letra y el espíritu de la Constitución, comenzando por los principios de solidaridad y subsidiariedad a que se refieren los artículos 2 y 118, párrafo cuarto, de la Constitución – [este último introducido en la reforma de 2001], por lo que el legislador pretendió hacerse cargo de la situación de la persona necesitada, disponiendo también los medios económicos necesarios, mediante el reconocimiento de un derecho a vacaciones a un familiar, que se beneficiará de ella en beneficio del paciente y en interés general. La licencia extraordinaria es, por tanto, una expresión del Estado social que se logra, más que con los instrumentos más conocidos de la prestación directa de servicios de bienestar o beneficios económicos, a través de facilitaciones e incentivos para las manifestaciones de solidaridad entre familiares."[324]

En 2022, relacionando el artículo 3.2 en relación con deberes de los poderes públicos, con el artículo 31, que consagra el deber de "[l]a República favorece con medidas económicas y

[324] Corte Constitucional de Italia, sentencia número 203, 24 de julio de 2013. El artículo 118 de la Constitución de Italia de 1948 señala: "El Estado, las Regiones, las Ciudades Metropolitanas, las Provincias y los Municipios fomentarán la iniciativa autónoma de los ciudadanos, individualmente o asociados, para el desarrollo de actividades de interés general sobre la base del principio de subsidiariedad." En este mismo sentido, Corte Constitucional de Italia, sentencia número 213, 28 de septiembre de 2016, párrafo 3.2.

otras disposiciones la formación de la familia y el cumplimiento de las obligaciones correspondientes, dedicando atención especial a las familias numerosas", la Corte Constitucional declaró inconstitucional la restricción del reconocimiento del subsidio por nacimiento y del subsidio por maternidad a la posesión de un permiso de residencia válido durante al menos cinco años, ingresos no inferiores al importe anual del subsidio social y a la disponibilidad de un alojamiento adecuado. Con estos requisitos, la Corte declaró que "las disposiciones impugnadas establecen un sistema irrazonablemente más gravoso sólo para los ciudadanos de terceros países, que va más allá del objetivo legítimo de conceder los beneficios del Estado social a quienes demuestran una estancia regular y no episódica en el territorio de la nación."[325]

La aplicación del concepto de Estado social por la justicia constitucional italiana causa interés por ser un reconocimiento de su consagración implícita en la Constitución de 1948. La Corte Constitucional, como vemos, ha consolidado como una "cláusula abierta" la interpretación de artículo 2, "moviéndose sobre bases constitucionales bastante frágiles"[326] y con un alcance "forzado por intérpretes y jueces".[327] Es en este contexto que ha utilizado la expresión "Estado social" como un argumento de *obiter dicta* en sus resoluciones cuando aplica las normas de los artículos 2 y 3 de la Constitución.

---

[325] Corte Constitucional de Italia, sentencia número 54, 9 de marzo de 2022, párrafo 13.3.

[326] Olivetti, *Diritti fondamentali...*, pp. 152-153.

[327] Paladin, Livio; Mazzarolli, Ludovico, y Girotto, Dimitri (2018): *Diritto costituzionale* (Torino, G. Giappichelli Editore), p. 582.

3.1.7. La importancia de la Constitución italiana en el desarrollo del concepto de Estado social

La Constitución de Italia de 1948 tiene una gran importancia para el desarrollo del concepto de Estado social. Aunque su texto no menciona explícitamente el término, la consagración de una República "fundada en el trabajo" buscó una fórmula de compromiso para dotar de un contenido material a la forma de Estado. Junto con ello, su contenido refleja los principios de igualdad sustantiva y protección de los derechos sociales; en especial, el artículo 3.2, que obliga a la República a remover los obstáculos de orden económico y social que impidan el desarrollo pleno de la persona y su participación en la vida política, económica y social del país. Estos elementos permitieron desde temprano calificar a Italia como un Estado social implícito, sin necesidad de una configuración expresa de la fórmula en su texto.

A continuación revisaremos un caso distinto, el de Alemania, en que por primera vez se incluirá de forma expresa en la Constitución la forma de Estado social.

3.2. EL ESTADO SOCIAL COMO CLÁUSULA EXPLÍCITA: LA LEY FUNDAMENTAL DE BONN DE 1949

Las constituciones de la segunda postguerra buscaron la superación de la justificación del poder del Estado como garante del interés público, para avanzar hacia su legitimidad en elementos materiales. En el caso de Italia, como vimos, esto se materializó en la fundación de la República en la democracia, adjetivada por el trabajo, junto a un catálogo de derechos sociales y un deber explícito del Estado para remover los obstáculos para lograr la igualdad sustantiva.

La situación de Alemania era distinta. Luego de la Segunda Guerra Mundial, la confianza en el Estado de Derecho se había transformado en escepticismo.[328] La visión formal de dicho concepto, técnica y relativizada, no había logrado impedir la dictadura nacionalsocialista, deslegitimando el ejercicio del poder estatal. Por ello, surge con mayor ímpetu la necesidad de dotar al Estado de Derecho de un contenido material y de unificación del pueblo alemán que expresara la superación de dicha etapa histórica.[329]

3.2.1. La génesis de la Ley Fundamental de Bonn

En la segunda postguerra, los académicos alemanes que habían desarrollado y propuesto más recientemente la idea de dotar de un fin material al Estado – aquello que llamaban Estado social – habían fallecido previo al inicio de la Segunda Guerra Mundial. Gierke murió en 1921, y Heller falleció en el exilio en Madrid, como profesor agregado de la Universidad Central en 1933, poco después de la llegada de Hitler al poder.

Pese a ello, la influencia de ambos intelectuales se comenzó a manifestar en los primeros textos constitucionales de los *länder.* La Constitución de Baviera de 2 de diciembre de 1946 – redactada por una Asamblea Estatal Constituyente integrada por una abrumadora mayoría del Partido Socialdemócrata de Alemania, PSD – hizo sentir en su texto las ideas socialdemócratas. En esta Asamblea, bajo el liderazgo de Wilhelm Hogner y el académico austríaco Hans Nawiasky, se consagra por primera vez en un texto constitucional la adjetivación del Estado como social, al aprobar que Baviera se configure como un Estado social de Derecho, cuyo objetivo es el bien común.[330] La Constitución de Baviera de

---

328 BENDA, *El Estado social de Derecho...*, p. 489.

329 RITTER, *El Estado social...*, p. 19; BÖCKENFÖRDE, *Estudios sobre el Estado de Derecho y la democracia...*, p. 17.

330 Constitución de Baviera de 1946, artículo 3. Su inciso primero dice que "Bayern ist ein Rechts-, Kultur- und Sozialstaat. Er dient dem Gemeinwohl.".

1946 fue uno de los primeros textos constitucional redactados por un *länder* después de la Segunda Guerra Mundial; luego vendrán otras cuatro regiones hasta 1947.[331]

Pese al entusiasmo inicial, las primeras constituciones estatales recordaban a las declaraciones de derechos sociales y política económica y social de la Constitución de Weimar que, finalmente, tuvieron pocos efectos jurídicos directos. Parecían declaraciones que podían significar expectativas no realizables para la ciudadanía y, por ello, perjudiciales para el sistema político. Sin embargo, un elemento común a las nuevas constituciones de los *Länder* era la incorporación del adjetivo social a sus formas estaduales. La recién mencionada Constitución de Baviera, de 2 de diciembre de 1946, habla de un "Estado constitucional, cultural y social. Está al servicio del bien común". [332] La Constitución de Baden, de 18 de mayo de 1947, se proclamó como "Estado libre democrático y social".[333] La Constitución de Renania-Palatinado, de misma fecha, declaró a dicho territorio como un "Estado constituyente democrático y social de Alemania".[334] La Constitución del Sarre de 15 de noviembre de 1947, que entonces aún estaba ligado a Francia, se proclamó como "Estado autónomo, democrático y socialmente organizado".[335] El elemento social asociado a una forma de Estado había comenzado a expandirse por Alemania, que se

---

331 En estricto rigor, 2 días antes de la Constitución bávara, se dictó la Constitución de Württemberg-Baden de 30 de noviembre de 1946, que señaló que dicho *länder* era un "Estado popular democrático y social". Constitución de Württemberg-Badens de 1946, artículo 43. El territorio de Württemberg-Baden, al fusionarse con Baden y Wurtemberg-Hohenzollern en 1952, dio origen al *land* de Baden-Wurtemberg.

332 Constitución de Baviera de 1946, artículo 3.

333 Constitución de Baden de 1947, artículo 50.

334 Constitución de Renania-Palatinado de 1947, artículo 74.

335 Constitución del Sarre de 1947, artículo 60.

encontraba *ad portas* de la redacción de una Constitución para el territorio de la parte occidental de Alemania, en lo que sería la República Federal.

En julio de 1948, las potencias ganadoras de la Segunda Guerra Mundial acordaron dotar de poderes al Canciller alemán para la dictación de una nueva constitución. En el Documento sobre el futuro desarrollo político de Alemania se fijaron ciertos puntos básicos: que el nuevo texto adopte un gobierno federal, por considerarlo como el más adecuado "para restablecer con el tiempo la unidad alemana, actualmente fracturada", que proteja los derechos de los *Länder* participantes, cree una autoridad central adecuada y contenga garantías de los derechos y libertades individuales.[336]

3.2.2. La creación de la cláusula de Estado social en el Consejo Parlamentario

Aunque el mandato de las seis potencias fue la aprobación de una constitución,[337] la división política de Alemania en dos territorios incidió en que el ánimo de su redacción fuera la confección de un documento temporal, de rango constitucional, que denominarían *Grundgesetz* – "Ley Fundamental" – a la espera de la reunificación del país. Una Convención Constitucional preparatoria decidió que una asamblea electa por los parlamentos de los *Länder* de la "zona occidental" –

---

336 *Dokumente zur künftigen politischen Entwicklung Deutschlands* (Documentos sobre el futuro desarrollo político de Alemania – "Documentos de Frankfurt"), N° 1, 1 de julio de 1948.

337 Las "seis potencias" que formaron parte de la Conferencia de Londres – que da origen a las Recomendaciones de Londres–fueron Estados Unidos, Reino Unido y Francia, países ocupantes del territorio alemán, sumando a Bélgica, los Países Bajos y Luxemburgo, como países fronterizos vecinos de Alemania occidental.

el *Parlamentarischer Rat,* o Consejo Parlamentario –, sesionara en la ciudad de Bonn bajo el mandato de redactar una constitución breve, para que su texto no se convirtiera en la decepción que significó el texto extenso, profundo, pero sin suficiente vigor, de la Constitución de Weimar.

El acuerdo de las seis potencias sobre la nueva Constitución solo contenía la obligación de consagrar un sistema federal y democrático para Alemania. El Consejo Parlamentario incorporó un elemento adicional, configurando al país en su artículo 20.1 como un Estado "federal, democrático y social": *Die Bundesrepublik Deutschland ist ein demokratischer und sozialer Bundesstaat.*

De lo poco que se conoce de la aparición de la expresión "*sozialer Bundesstaat*" en la discusión de la Ley Fundamental de Bonn es que no hay un consenso sobre éste, y esto es así, ya que el Consejo Parlamentario no buscaba algo concreto con su incorporación. En las deliberaciones constitucionales previas del proyecto de Herrenchiemsee no se contenía referencia alguna al concepto de Estado social. La incorporación del elemento social parece haber sido una fórmula de compromiso para superar el conflicto que se generó en la Comisión de Cuestiones Fundamentales y en la Comisión de Redacción General respecto a una propuesta de una fracción del Partido Comunista–KPD: la incorporación en el texto de un derecho de todos los ciudadanos a un trabajo y medios de subsistencia garantizados a través de la acción económica del Estado, junto a una gran cantidad de derechos sociales como vacaciones pagadas, subsidios por maternidad. De la propuesta, la principal preocupación habría sido la idea de consagrar en el texto constitucional la garantía que todos recibieran una parte justa de los resultados de la producción de la economía nacional y un mandato de participación de los trabajadores en la gestión de las empresas.[338]

---

338 WEFERS, Walter (1957): "La idea del Estado social en la Ley Fundamental de Bonn" en *Revista de Estudios Políticos,* N° 95, p. 72; *Eingabe*

La presión del KPD habría generado la necesidad de una propuesta de consenso que permitiera incorporar un elemento social en la configuración misma del nuevo Estado. Como se buscaba que esta idea de progreso económico y participación social tuviese una cobertura federal, se incorporó la declaración de Alemania como un Estado democrático y "social", incluyendo también dicho adjetivo como uno de los principios de la configuración de cada *Länder* en el artículo 28.1 de la Ley Fundamental. Sin embargo, esto no buscó una definición en el sentido de una política social específica o una teoría concreta sobre el contenido de dicho Estado social.[339]

Mientras que para algunos la inspiración del Consejo Parlamentario para el uso de la fórmula de Estado social habría sido la obra de Herman Heller, otros consideran que reflejó más nítidamente las ideas de Otto von Gierke.[340] De la misma forma, aunque se atribuyó a Carlo Schmid, diputado del PSD y profesor de la Universidad de Tübingen, el haber propuesto la incorporación de la expresión Estado social de Derecho durante la discusión de la nueva Constitución en el *Parlamentarischer Rat*,[341] otros autores mencionan que habría sido Hermann von Mangoldt, diputado de la Unión Demócrata Cristiana, el autor de la cláusula.[342]

---

der KPD-Fraktion zu den Grundrechten, en PIKART, Eberhard y WERNER, Wolfram (1993): *Der Parlamentarische Rat 1948-1949, Akten und Protokolle. Band 5/I. Ausschuß für Grundsatzfragen* (Boppard Am Rhein, Harald Boldt Verlag) artículo 1, p. 253, y artículo 10, p. 255.

339 GRZESZICK, *Artikel 20...*, Rn 16.

340 EWALD, *Comparative jurisprudence (I)...* p. 2062; Abendroth insistió que era el modelo de Heller el que se quiso mantener vivo en el texto de la Ley Fundamental. ABENDROTH, *El Estado de Derecho democrático y social como proyecto político*, pp. 20 y 30.

341 MENGER, *Der Begriff des sozialen Rechtsstaates im Bonner Grundgesetz*, pp. 3-4.

342 WEBER, Werner (1965): "Die verfassungsrechtlichen grenzen sozialstaatlicher Forderungen", en *Der Staat*, volumen 4, número 4, p. 411.

En nuestra opinión, la revisión de las actas del Consejo Parlamentario muestra que la primera propuesta de incorporar el elemento social fue de Hermann von Mangoldt, y que en la breve discusión sobre su redacción, Ludwig Bergsträsser (SPD) propuso que lo "social" se encontrara asociado al elemento de Estado, como *sozialer Staat,* mientras que Carlo Schmid al de República, una *soziale Republik.* La propuesta de von Mangoldt decía que "[l]a República Federal de Alemania es un Estado de derecho democrático y social con una forma de gobierno parlamentaria y una estructura federal." Luego, Bergsträsser propone que se diga, "de forma breve y sucinta, que Alemania es un Estado constitucional democrático y social con una forma de gobierno parlamentaria y una estructura federal". Por su parte, Carlo Schmid propone: "Alemania es una República democrática y social de estructura federal, cuyo gobierno es responsable ante los representantes del pueblo." Entre ambas posiciones, Helene Weber (CDU) recalcó que, en la redacción de este artículo, "[e] l Estado de Derecho debe ocupar un lugar central; yo incorporaría al pueblo después." Finalmente, la redacción aprobada luego del intercambio de posiciones fue que "[l]a *República* Federal de Alemania es un *Estado* federal democrático y social".[343]

Es relevante la opinión de Helene Weber, que resaltaba la importancia de vincular el elemento social con la idea de *Rechtstaat,* pero marcando que dicho adjetivo se subordina al Estado de Derecho. Schmid habría preferido asociarlo a la idea de República para "evitar hacer referencia a la idea de Estado de Derecho, noción con un pasado equívoco, e insistir más en la importancia que debe darse a la soberanía popular."[344]

---

343 Comité Político, sesión N° 11, 14 de octubre de 1948, en PIKART y WERNER, *Der Parlamentarische Rat 1948-1949...,* pp. 288-290.

344 DUCHATELLE, Olivier (1999): "Carlo Schmid et "l'État de droit social": Vers une conception humaniste de l'État et de la constitution", en *Recherches Germaniques,* número 29, p. 114.

Que la cláusula de Estado social no se encuentre en los primeros artículos de la Ley Fundamental de Bonn fue por la decisión consciente – e históricamente justificada – del Consejo Parlamentario a favor de la prioridad política, ética y constitucional de la sección de derechos fundamentales, en particular el principio de inviolabilidad de la dignidad humana consagrado en el artículo 1.[345]

En la actualidad, la doctrina ha entendido que la Ley Fundamental de Bonn no fue innovadora con su declaración del Estado social, sino que se limitó a reconocer que, en los hechos, la configuración del Estado alemán históricamente ha tenido una finalidad de protección y fomento de la sociedad civil.[346] De hecho, Carlo Schmid en el Consejo Parlamentario expresamente señaló que al mencionar a Alemania como Estado social "[s]olo le damos una denominación y no expresamos que queramos crear algo. Tiene un carácter declarativo y no constitutivo."[347]

3.2.3. La cláusula de Estado social como una fórmula de compromiso

El espíritu de compromiso fue transversal al texto de la Ley Fundamental de Bonn, siendo notorio el esfuerzo de evitar el exceso de detalles, y en cambio, la disposición a consagrar fórmulas que pudieran conciliar el acuerdo de las diversas posiciones. En la fórmula de Estado social se aprecia la búsqueda de un concepto que permitiera la suficiente amplitud para integrar distintas materias y posiciones políticas. En este acuerdo pesó la necesidad de evitar, como señalamos, que se incurriera nuevamente en el error que se le imputaba a la

345 Herzog y Grzeszick, *Artikel 20...*, I, Rn. 1.

346 Herzog y Grzeszick, *Artikel 20...*, VIII, Rn. 8.

347 Carlo Schmid, sesión de 10 de noviembre de 1948, p. 532.

Constitución de Weimar de haber generado expectativas en la ciudadanía con una generosa declaración de derechos, que finalmente el momento económico y político hicieron imposibles de cumplir.[348]

En palabras de Badura, la cláusula de Estado social tuvo el carácter de un "compromiso generador y conservador de la paz".[349] Para Forsthoff, se trató de una "norma anclada" a la Constitución para dejar "fuera de combate" o "pacificar" las materias calificadas como sociales, dilatando su definición.[350] Este principio permitía un marco para una suma de expectativas concordantes y divergentes sobre el nuevo Estado, y precisamente, es ese consenso el que contribuye a las decisiones sociales.[351]

El sentido de la cláusula de Estado social como una fórmula de compromiso fue interpretado por Abendroth como el resultado de la lucha entre clases sociales con intereses contradictorios en el Consejo Parlamentario, que culminó con la incorporación de un contrapeso "socializante" al texto constitucional, pero que no alarmara a los aliados, en el contexto de un país, clases sociales y partidos políticos divididos, y una economía desarmada, sin moneda y sin recursos.[352]

---

348 BENDA, *El Estado social...*, pp. 522-523.

349 Citado por STERN, Klaus (1987): *Derecho del Estado de la República Federal Alemana* (Madrid, Centro de Estudios Constitucionales), p. 233.

350 Citado por STERN, *Derecho del Estado de la República Federal Alemana...*, p. 213.

351 ZACHER, *Was können wir über das Sozialstaatsprinzip wissen...*, pp. 244-246.

352 ABENDROTH, Wolfgang (1954): "Sobre el concepto de Estado democrático y social tal como se formula en la Constitución de la República Federal de Alemania", en ABENDROTH, Wolfgang (1973): *Sociedad antagónica y democracia política* (Barcelona, Grijaldo), pp. 265-269 y 282; ABENDROTH, *El Estado de Derecho democrático y social como proyecto político...*, p. 25.

La dificultad interpretativa derivada de la naturaleza de compromiso de la cláusula de Estado social no significa que carezca de un contenido mínimo, pero al ser un "compromiso mínimo inamovible", [353] cubierto por la norma de intangibilidad del artículo 79.3 de la Ley Fundamental de Bonn, debía ser uno común admisible para todos, y así, abierto a distintas pretensiones de las fuerzas políticas dentro del marco constitucional. De esta forma se evita "elevar al redactor constitucional a la posición de árbitro entre visiones políticas del mundo", enfrentando unas contra otras, sino más bien integrarlas sobre la base de una estructura de valores común a todos. [354] Por ello es que se caracteriza también a la cláusula como la constitucionalización de "una socialdemocracia en forma de Estado de derecho".[355] Si la cláusula de Estado social no era una innovación material, ya que simplemente constitucionalizaba una tradición y actuación de los poderes públicos, y la fórmula representa una redacción de compromiso, entonces el contenido que se puede identificar en ella debiese ser el mínimo necesario para respetar dicho consenso.

3.2.4. Las críticas a la vaguedad y falta de contenido de la cláusula de Estado social

Como describe Benda, con la misma falta de debate con que se discutió la cláusula de Estado social en el Consejo Parlamentario de Bonn, la doctrina en un primer momento no tuvo mayor interés por ella.[356] En una época inicial, los autores dieron más

---

353 MENGER, *Der Begriff des sozialen Rechtsstaates im Bonner Grundgesetz...*, pp. 3-4; BENDA, *El Estado social de derecho...*, p. 523.

354 HERZOG y GRZESZICK, *Artikel 20...*, Rn. 19-20.

355 PAPIER, Hans-Jürgen (2020): "Solidarität, Gerechtigkeit, Gemeinwohl", en *Zeitschrift für Internationales Wirtschaftsrecht*, N° 5, p. 195.

356 BENDA, *El Estado social de derecho...*, p. 521.

atención a los artículos 14 y 15, cuya potencial interpretación "socializante" se veía como "el talón de Aquiles de la Ley Fundamental y de la democracia".[357]

Con el paso del tiempo, la doctrina comenzó a poner atención a esta nueva forma de Estado, y con ello, se marcaron las diferencias en su análisis. Comentando la situación de la época, Benda detalla cómo los primeros comentarios a la Ley Fundamental sobre el Estado social consideraban a la cláusula como un concepto en blanco, carente de sustantividad; una quimera que nada tenía que ver con la realidad, o en última instancia, una norma de carácter programático.[358] En esta línea, Grewe señalaba que la cláusula de Estado social podía fácilmente llevar a posibles interpretaciones inmanejables, y consideraba dudoso que las constituciones de los *Länder* usaran alguna vez este concepto vacío para producir efectos legales relevantes. Por la misma ausencia de contenido de la cláusula, era claro que la Ley Fundamental no quiso implantar un programa maximalista para este Estado social – fuera lo que significara este concepto – al garantizar ciertos derechos básicos.[359]

Otros autores reconocían que, por su inclusión en la Ley Fundamental de Bonn, la formulación de Estado social debía tener un contenido normativo. Huber interpretó la fórmula como un esfuerzo para superar la oposición entre la sociedad industrial de clases y fomentar la integración social, teniendo como ejes la asistencia social, la previsión social y la pacificación social.[360] Para Abendroth, la inclusión de la cláusula de

---

357 IPSEN, Hans F. (1952): "Enteignung und Sozialisierung", en *Veröffentlichungen der Vereinigung der Deutschen Staatsrechtelehrer,* N° 10, p. 102.

358 BENDA, *El Estado social de derecho...*, p. 521.

359 GREWE, Wilhem (1949): "Das bundesstaatliche System des Grundgesetzes", en *Deutsche Rechts-Zeitschrift,* N° 15, p. 349.

360 HUBER, Ernst Rudolf (1969): *Deutsche Verfassungsgeschicte seit 1789,* volumen, p. 1132 y ss., citado por RITTER, *El Estado social...*, p. 26.

Estado social quería compensar la mirada liberal de los derechos que consagraba la Ley Fundamental de Bonn, ampliando la protección de éstos más allá de los contenidos en el texto constitucional, y que el catálogo que contemplaba la nueva Constitución no fuera entendido en el futuro como una "rígida garantía del orden social y económico existente."[361]

Dentro de la doctrina, la opinión inicial más influyente sobre la nueva forma de Estado social fue de Hans P. Ipsen, comenzando una discusión sobre su contenido en la que intervendrán distintos autores; entre ellos, Ernst Forsthoff. Para Ipsen, si la decisión de la Ley Fundamental a favor del Estado social pretende ser algo más sustancial y profundo que una fórmula afinada de compromiso o concesión, o incluso una mera promesa no vinculante, entonces significa la voluntad y la responsabilidad, la tarea y la competencia del Estado para configurar el orden social. De esta forma, la Constitución tomó la decisión de poner en el Estado la responsabilidad de la formación de dicho orden; en particular, el deber de actuación positiva sobre la sociedad para la igualación progresiva de las clases sociales. El concepto mandata al Estado a la configuración de un "orden social justo", permitiendo materializar el resto de las normas de la Ley Fundamental de Bonn sin necesidad de modificaciones constitucionales, logrando con ello la transformación del orden económico y social.[362]

El concepto de "orden social justo" de Ipsen fue criticado por Kelsen por carecer de significado: "¿Qué es lo que realmente significa la afirmación de que un orden social es justo? Significa que ese orden regula la conducta de los hombres en una forma satisfactoria para todos, es decir, de tal modo que

---

361 Abendroth, *Sobre el concepto de Estado democrático y social...*, pp. 265-269 y 271; Abendroth, *El Estado de Derecho democrático y social como proyecto político...*, p. 25.

362 Ipsen, *Enteignung und Sozialisierung...*, pp. 74, 103 y 122.

todos encuentren en él su felicidad. La aspiración a la justicia es el eterno anhelo humano de felicidad. El individuo aislado no puede, en cuanto tal, encontrar la felicidad, y por ello la busca en la sociedad. Justicia es felicidad social. (...) Pero ¿qué necesidades humanas son dignas de ser satisfechas y, sobre todo, cuál es el orden jerárquico que les corresponde? Estos problemas no pueden ser resueltos por medio de un conocimiento racional. La solución de los mismos implica un juicio de valor determinado por factores emocionales y tiene, por ende, carácter subjetivo, válido únicamente para el sujeto que juzga y, por tanto, relativo sólo a él."[363] Por ello, para Kelsen, el elemento definidor del Estado social es el principio democrático.[364]

Ernst Forsthoff criticó directamente la consagración del adjetivo "social" como forma de Estado a nivel constitucional y los intentos de Ipsen por dotarlo de contenido. En general, Forsthoff era crítico de todas las adjetivaciones del Estado – liberal, burgués, socialista, entre otras –, calificándolas como parte de un proceso que pretender plasmar en el texto constitucional todo cambio social y político, y que producen la degeneración de la importancia del Estado de Derecho en el orden social.[365] Esta crítica a la adjetivación del Estado de Derecho ya se planteaba por Triepel, quien consideraba que el valor del Estado de Derecho es atemporal, y adjetivarlo es

---

363 KELSEN, Hans (1995): *Teoría general del derecho y del Estado* (Ciudad de México, Universidad Nacional Autónoma de México), p. 7.

364 Citado por DE VEGA García, Pedro (1997): "En torno al concepto político de Constitución", en GARCÍA HERRERA, Miguel Ángel (director): *El constitucionalismo en la crisis del Estado social* (Bilbao, Servicio Editorial de la Universidad del País Vasco), p. 715. La cita del profesor De Vega a la opinión de Kelsen no indica la obra del autor austríaco a la que se hace referencia.

365 FORSTHOFF, *Concepto y esencia del Estado social de Derecho...*, pp. 103 y 82.

un menosprecio a su importancia histórica, arrastrando "un valor de la eternidad al polvo de las pequeñeces terrenales."[366]

En esta línea, al no existir una definición precisa de Estado social, para Forsthoff éste no responde a la estructura de una forma de Estado, sino que a un valor o sistema de valores, lo que va contra la idea de Estado como organización del poder y persigue transformar a la Constitución desde un instrumento jurídico de ordenación política a un programa social.[367] La cláusula configura, por tanto, una obligación del Estado que "permanece indefinida, de manera que cada cual puede interpretarla a su buen entender. Esta 'fórmula vacía y una banalidad de arriba a abajo' de la forma de Estado tiene un precio: "la disolución de una clara conceptualidad en palabrería".[368] Es por esto que, para Forsthoff, la cláusula de Estado social se ha utilizado como un mecanismo para la introducción de la "ideología en el derecho constitucional",[369] "hacen incierto el contenido constitucional, (...) y constituyen el final de la certeza de la libertad en el marco de la ley en la medida en que transforman la Constitución en una masa de arcilla en manos de los ideólogos."[370]

Comentando la fórmula de Estado social, Hayek la calificó de una "forma extrema de abuso" de la palabra "social", cuya

---

366 Triepel, Heinrich (1931): "Aussprache am 2. Tage Wahlrechtsreform", en *Veröffentlichungen der Vereinigung der Deutschen Staatsrechtslehrer*, N° 7, p. 197.

367 Forsthoff, Ernst (1975): *El Estado de la sociedad industrial* (Madrid, Instituto de Estudios Políticos), p. 106.

368 Forsthoff, *Concepto y esencia del Estado social de Derecho...*, p. 97; Forsthoff, *El Estado de la sociedad industrial...*, p. 128.

369 Forsthoff, Ernst (1954): "Concepto y esencia del Estado social de Derecho", en Abendroth, Wolfgang; Forsthoff, Ernst, y Doehring, Karl (1986): *El Estado social* (Madrid, Centro de Estudios Constitucionales), p. 108.

370 Forsthoff, *El Estado de la sociedad industrial...*, p. 125.

obligatoriedad hace desaparecer el Estado de derecho y cuya inclusión en la Ley Fundamental de Bonn es culpa de unos "Fabianos confundidos" inspirados "en el inventor de la expresión Nacional socialismo: Friedrich Naumann".[371]

3.2.5. El Estado social como fórmula transformadora

Una parte de la izquierda no quiso agotar la interpretación de la cláusula de Estado social como una fórmula de compromiso, y con ello, renunciar a su faz transformadora. Para Wolfgang Abendroth, el Estado social representaba un mandato material para la transformación de la estructura y el orden social desde la democracia, sustituyendo el mercado con una economía planificada en interés de toda sociedad.[372] Es esto lo que definiría al Estado social, más allá de la provisión de derechos sociales. Con la consagración de una cláusula de Estado social, la Ley Fundamental "no ha querido (ni podido) tomar una decisión material y definitiva entre las filosofías sociales en pugna de las fuerzas que estaban presentes en el Consejo Parlamentario por ser representativas de los varios elementos de la situación social. La Constitución se ha limitado a preservar la libertad de acción de esas fuerzas para traspasar al orden social su voluntad trasformadora."[373] Por ello, Abendroth criticó que partidos políticos como la Democracia Cristiana hayan moderado su visión de este concepto, limitándolo a medidas sociales para los trabajadores que no significan una transformación real.

---

371 HAYEK, Friedrich von (1988): *The fatal conceit: the errors of socialism* (Chicago, The University of Chicago Press), p. 117.

372 ABENDROTH, *Sobre el concepto de Estado democrático y social...*, pp. 271, 273-274.

373 ABENDROTH, *Sobre el concepto de Estado democrático y social...*, p. 290.

En contra de esta postura, Forsthoff consideraba inadmisible una interpretación del Estado social como transformador de la estructura económica y social. El Estado debe representar un poder neutro, de la misma forma que tanto la autoridad como el funcionario de la Administración debe ser neutrales y estar por sobre todo grupo de interés social que haga peligrar su objetividad.[374] En este rol neutral, el Estado debe asumir como un hecho dado el sistema de relaciones sociales y asignación de recursos, por lo que no puede ser un objetivo de éste su transformación. [375] En segundo término, el rol transformador del Estado es incompatible con la idea misma de Estado de Derecho, porque resulta contradictoria con la seguridad y certeza jurídica que es un elemento esencial de éste. De ser así, entonces las garantías del Estado de Derecho solo operarían de acuerdo con lo que la mayoría del momento considerase como "social".[376]

Para Forsthoff, la pérdida de esta neutralidad por un rol activo del Estado en la economía pudo justificarse luego de la Primera Guerra Mundial – como ocurrió en Weimar – [377] porque el cambio en las condiciones de vida posteriores no permitía el funcionamiento autónomo del mercado y requerían la ayuda social a las personas desposeídas.[378] Sin embargo, no se justifica

---

374 FORSTHOFF, Ernst (1961): "Problemas constitucionales del Estado social", en ABENDROTH, Wolfgang; FORSTHOFF, Ernst, y DOEHRING, Karl (1986): *El Estado social* (Madrid, Centro de Estudios Constitucionales), p. 62.

375 FORSTHOFF, Ernst (1958): *Tratado de Derecho Administrativo* (Madrid, Instituto de Estudios Político), p. 104.

376 FORSTHOFF, *Concepto y esencia del Estado social de Derecho...*, p. 95.

377 FORSTHOFF, *Concepto y esencia del Estado social de Derecho...*, p. 75.

378 Esto es, la reducción del espacio vital en que se desenvuelve cotidianamente la vida de una persona – la vida rural, por ejemplo, traspasada a la ciudad–fue compensada por una ganancia en el espacio vital efectivo: ahora las personas pueden gozar de parques,

en la segunda postguerra, donde ya existe una conciencia de la necesidad de una actividad administrativa intensa en beneficio de las personas – lo que hace, además, innecesaria la existencia de una cláusula constitucional para dotar al Estado de este deber de actuación.

La interpretación de la cláusula de Estado social con una función transformadora de la sociedad comienza a decaer después de 1959, cuando el Partido Socialdemocráta de Alemania acuerda en el programa de Bad Godesberg el término de la lucha de clases y el marxismo, y la aceptación de la importancia de una economía de mercado para el desarrollo. En cambio, declaran que "[el] Estado debe crear las condiciones previas para que el individuo pueda desarrollarse con libertad de responsabilidad y de obligación social. Los derechos fundamentales no sólo deben asegurar la libertad del individuo frente al Estado sino que deben contribuir a fundar el Estado como derecho constitutivo de la comunidad. Como Estado social tiene que prevenir la existencia de sus ciudadanos para facilitar a cada uno la autodeterminación con propia responsabilidad y fomentar el desarrollo de una sociedad libre."[379]

---

transporte y servicios públicos. Sin embargo, la pérdida de ese espacio vital básico produjo el efecto de perder la seguridad de la autonomía de su existencia. Ahora las personas no dependen de su cultivo, sino del salario, y son dependientes de servicios como el agua, la electricidad, el gas, medios de transporte, y "todo lo que pertenece a la dotación normal de la moderna vida según las posibilidades técnicas y financieras." FORSTHOFF, *El Estado de la sociedad industrial…*, p. 20.

379 PARTIDO SOCIALDEMÓCRATA DE ALEMANIA (1959): *Programa fundamental del Partido Socialdemócrata de Alemania. Acordado por el Congreso extraordinario del Partido Socialdemócrata de Alemania, celebrado en Bad Godesberg del 13 al 15 de noviembre de 1959* (Bonn, Publicación del Partido Socialdemócrata de Alemania), p. 8.

3.2.6. El Estado social y la procura existencial

Para Forsthoff, el rol de un Estado social debía ser la promoción en las personas un nuevo ámbito de dominio, para hacerlos independientes de su existencia respecto del Estado, y no al contrario.[380] La acción del Estado se hace necesaria, entonces, para satisfacer la "procura existencial" (*Daseinsvorsorge*) originada por las transformaciones que experimenta la sociedad industrial respecto al espacio vital de cada persona.[381] Sin embargo, de esto no se deriva la necesidad de darle un efecto normativo a una cláusula vacía, como él calificaba al Estado social. Al contrario, la ayuda social supone una necesidad intrínseca al Estado moderno con independencia de la calificación explícita de Estado social,[382] que no debería ser parte de la Constitución, porque la naturaleza de la Ley Fundamental no es ser un "supermercado donde se puedan satisfacer todos los deseos".[383]

En la actualidad, los objetivos más importantes que identifica la doctrina contemporánea en el Estado social se relacionan con el concepto de "procura existencial": la ayuda contra la necesidad y la pobreza y un nivel de subsistencia humano para todos; más igualdad mediante la reducción de las diferencias de prosperidad y el control de las relaciones de dependencia; más seguridad contra las "vicisitudes de la vida "; y, por último, el aumento y la extensión de la prosperidad. Para Zacher, estos objetivos son amplios, abiertos al futuro, tal como la cláusula de Estado social: no prejuzgan los medios, sino que apuntan a resultados.[384]

---

380 FORSTHOFF, *Problemas constitucionales del Estado social...*, p. 65.

381 FORSTHOFF, *El Estado de la sociedad industrial*, p. 120-123. En un sentido similar, STEINER, *Werden und Wandel des Sozialrechts im Sozialstaat...*, p. 3.

382 FORSTHOFF, *Tratado de Derecho Administrativo*, p. 231.

383 FORSTHOFF, *El Estado de la sociedad industrial*, pp. 124-125.

384 ZACHER, Hans (1987): "Das soziale Staatsziel", en ISENSEE, Josef y KIRCHHOF, Paul (editores): *Handbuch des Staatsrechts der Bundesrepublik*

Desde la idea de procura existencia como garantía de libertad de las personas, se ha insistido que el Estado social tiene la tarea de promover la interacción social entre sus ciudadanos de tal manera que puedan hacer uso de las libertades que se les otorgan y tomar el control de sus vidas, y no de llegar a un Estado asistencialista o totalitario. El Estado no tiene el monopolio de lo "social" ni el título de abolir la sociedad para garantizar su carácter "social".[385] Sólo sobre esta base se puede asumir que la sociedad asumirá la necesaria responsabilidad personal, sin la cual una sociedad libre estaría condenada al fracaso. Esto es, el Estado social requiere una necesaria e indispensable exigencia de responsabilidad personal de cada ciudadano que reduzca o limite la responsabilidad del Estado, evitando que éste aumente su carga respecto a ellas en atención a los excesivos recursos que ello puede significar.[386]

Un elemento relacionado con lo anterior es el peligro que la inmovilidad social puede generar en el sistema político. Para Forsthoff, la incorporación del Estado social en el texto constitucional y la creación de deberes de actuación positiva para la Administración puede significar un riesgo para el sistema político, transformando a los ciudadanos en personas y grupos con interés en las prestaciones que ahora puedan obtener del Estado. Con esto, el elector no piensa en el bien común para votar, sino en lo que pueda significar una mejora para su propia condición.[387] Esta visión se termina traspasando al interés por llegar al poder, y por tanto, la motivación de los candidatos no será transformar la representación en voluntad estatal vinculante, sino que participar en la

---

Deutschland. Band I, Grundlagen von Staat und Verfassung (Heidelberg, C. F. Müller Juristischer Verlag), pp. 1060-1061.

385 ZACHER, *Das soziale Staatsziel...*, p. 1061

386 PAPIER, *Solidarität, Gerechtigkeit, Gemeinwohl...*, p. 196

387 FORSTHOFF, *Problemas constitucionales del Estado social...*, p. 55.

redistribución de recursos del Estado social. Como ahora hay un interés mayor de los grupos de interés en participar del Estado social – para obtener prestaciones de éste – se corre el riesgo que triunfen los intereses mejor organizados que aquellos que apunten a la protección del bien común y de los más débiles.[388]

La ambigüedad del concepto de "social", unido a la pérdida de la necesaria neutralidad del Estado, hace que éste corra el peligro de ser instrumentalizado al servicio de los más poderosos, y que las personas que se benefician de su rol social se olviden de la real naturaleza del Estado como poder organizado. La debilidad del sistema de partidos políticos es síntoma de una debilidad institucional que debía ser el principal foco de atención del Estado en dicho momento. Por esto, Forsthoff considera que el primer deber social del Estado es la defensa de la igualdad de derechos, y en particular, de los derechos políticos. Solo de esta forma se puede asegurar que el Estado socorra a los más necesitados, y en última instancia, también evitar una dictadura totalitaria.[389]

En esta línea, Abendroth tampoco ve al Estado social como un Estado prestador, el que critica como Estado asistencialista, sospechando de su uso como instrumento de regulación y represión de todo ámbito de libertad en favor del poder económico, debilitando "la autoconsciencia democrática de los trabajadores, encarnada en sus sindicatos, y sustituirla por la fe en el poder supuestamente neutral de la autoridad del Estado."[390]

---

[388] Forsthoff, *Problemas constitucionales del Estado social...*, p. 59

[389] Forsthoff, *Problemas constitucionales del Estado social...*, p. 61.

[390] Abendroth, Wolfgang (1959): "Tareas y objetivos de la socialdemocracia alemana", en Abendroth, Wolfgang (1973): *Sociedad antagónica y democracia política* (Barcelona, Grijaldo), pp. 71-72.

3.2.7. La concreción normativa de los objetivos del Estado social y el rol de los poderes públicos

Como señalamos, el concepto de Estado social se basa en el principio de libertad y responsabilidad personal de los ciudadanos, con todas las oportunidades y, por supuesto, también con los riesgos correspondientes. Esta idea se complementa con el mandato del Estado social para asegurar las oportunidades de desarrollo de los ciudadanos y aliviarlos de aquellos riesgos elementales que no pueden soportar por sí mismos.[391]

Pese a estos esfuerzos de síntesis de los elementos mínimos del Estado social, la dificultad de llenar de contenido el concepto constitucional ha hecho que, aunque inicialmente se planteó una interpretación expansiva de la cláusula,[392] finalmente se ha entendido por la doctrina como una fórmula que requiere una aplicación más restrictiva.[393] Por su alto grado de indeterminación, el principio del Estado social requiere un grado particular de interpretación y especificación, relacionando los adjetivos que incluye el artículo 20.1 entre sí – el carácter democrático y federal de Alemania – y también con el resto de las normas constitucionales, no solo con aquellas relativas a derechos fundamentales.[394] Lo anterior plantea el desafío de cómo se concretan normativamente los objetivos amplios que busca el Estado social.

---

391 PAPIER, *Solidarität, Gerechtigkeit, Gemeinwohl...*, p. 196

392 STERN, *Derecho del Estado de la República Federal Alemana...*, p. 271.

393 HERZOG y GRZESZICK, *Artikel 20...*, VIII, Rn. 6.

394 KUNIG, Philip (1988): "The Principle of Social Justice", en KARPEN, Ulrich (editor): *The Constitution of the Federal Republic of Germany – Essays on the Basic Rights and Principles of the Basic Law with a Translation of the Basic Law* (Baden-Baden, Nomos Nomos Verlagsgesellschaft), p. 188.

Pese a sus complejidades, la doctrina ha entendido que el concepto de Estado social no es una disposición programática, sino una auténtica directriz estatal directamente aplicable y vinculante para todos los poderes estatales.[395] Dicho esto, la comprensión del Estado social como una directriz vinculante no significa que de dicho concepto puedan derivarse también directrices concretas para la resolución de casos individuales,[396] ni tampoco ningún tipo de derecho subjetivo.[397] La razón de esto no es exclusivamente la vaguedad del concepto, sino la disposición de recursos económicos hacia la adopción de medidas que podrían emanar directamente del concepto de Estado social, como también el traslado del establecimiento de prioridades políticas desde el poder legislativo hacia el Tribunal Constitucional.[398] Como apunta Zacher, solo considerando estas restricciones es correcto hablar del principio del Estado social como una ayuda para la interpretación del derecho constitucional sustantivo.[399]

Existen también razones históricas para justificar que la cláusula de Estado social no se consideró vinculada directamente a una garantía constitucional de derechos sociales. En el Consejo Parlamentario, el PSD se negó a incluir un catálogo de derechos sociales en el texto constitucional, aduciendo la necesidad de evitar que la Constitución regulara el contenido

---

395 Herzog y Grzeszick, *Artikel 20...*, VIII, Rn. 6; Epping, Volker, y Hillgruber, Christian (2023): *BeckOK Grundgesetz Kommentar* (München, Beck), Rn. 209.

396 Forsthoff, *Concepto y esencia del Estado social de Derecho...*, p. 97; Grzeszick, *Artículo 20...*, Rn.1, 2.

397 Bumke, Christian, y Vosskuhle, Andreas (2019): *German constitutional law. Introduction, cases and principles* (Oxford, Oxford University Press), p. 333.

398 Epping y Hillgruber, *BeckOK Grundgesetz Kommentar...*, Rn. 209 y 209.1.

399 Zacher, *Was können wir über das Sozialstaatsprinzip wissen...*, pp. 228-229.

de la vida en comunidad. Carlo Schmid sostuvo que debían limitarse a definir derechos fundamentales individuales, que brinden a los individuos la libertad de reclamar un cierto estándar mínimo de seguridad y derechos civiles, y su desarrollo era una materia propia del legislador.[400] Por tanto, la cláusula de Estado social no estaba diseñada para suplir la falta de derechos sociales en el texto de la Ley Fundamental de Bonn.

La falta de vinculación directa entre el Estado social y los derechos sociales no debe entenderse como una dilución de los derechos fundamentales o de su importancia. Por cierto que el Estado social tiene una dimensión relacionada con la provisión de derechos, pero esto es una decisión de política pública que corresponde al legislador. Para Zacher, la amplitud de decisiones políticas que permite el Estado social asegura una vigilancia mayor del propio sistema político en su respeto y un compromiso de la comunidad con su desarrollo.[401] Es decir, el Estado social significa un mandato al legislador federal y estatal para la protección de derechos, "materializándose" a través de una decisión política previa.[402] Esto evita el temor de Forsthoff a que el derecho dote de contenido al Estado social, y no la política, transformando a la propia Constitución desde un instrumento jurídico de ordenación política a un programa social.[403]

En general, la doctrina está de acuerdo que el Estado social es un principio cuya concreción depende de la actuación del legislador. Abendroth reconocía que el Estado social es un principio estructural que requiere su configuración en una norma jurídica precisa, por lo que – tal como señalaba Heller – debe ser

---

400 CARLO SCHMID, Comité Político, sesión N° 8, 7 de octubre de 1948, en PIKART y WERNER, *Der Parlamentarische Rat 1948-1949...*, p. 217.

401 ZACHER, *Was können wir über das Sozialstaatsprinzip wissen...*, p. 228

402 ZACHER, *Was können wir über das Sozialstaatsprinzip wissen...*, p. 229

403 FORSTHOFF, *El Estado de la sociedad industrial...*, p. 106.

concretizado por la ley.[404] Esta decisión política del Parlamento debía concretarse junto a los partidos políticos y las organizaciones sociales, para evitar que el derecho caiga en "ilusorias ideologizaciones que no puede revelar ni disolver críticamente con el método jurídico-formal."[405]

Como ha señalado Badura – siguiendo la jurisprudencia del Tribunal Constitucional Federal – el Estado social confiere al legislador un amplio margen de maniobra en los instrumentos para su concreción.[406] Esta habilitación al legislador es también un mandato para el legislador a ser socialmente activo y, en particular, a "esforzarse por lograr un equilibrio tolerable de intereses en conflicto y crear condiciones de vida tolerables".[407]

La amplitud de medios del legislador para la concreción de la cláusula de Estado social no significa que ésta abra la puerta a cualquier concepción de política, sino que solo aquellas que se enmarquen en el Estado democrático y constitucional, lo que se entiende como especialmente contrario a una política socialista estatal. El Estado de la Ley Fundamental no es sólo un Estado social, sino también un Estado social de Derecho, o mejor dicho, un Estado social liberal de Derecho.[408]

Siendo el legislador el primer obligado por la cláusula de Estado social, la pregunta es cuál es el mandato que le compete al resto de los poderes públicos. Para Forsthoff, el problema de

---

404 ABENDROTH, *Sobre el concepto de Estado democrático y social...*, p. 267.

405 ABENDROTH, Wolfgang (1952): "Zur Funktion der Gewerkschaften in der westdeutschen Demokratie", en *Gewerkschaftliche Monatshefte*, N° 11, Noviembre de 1952, p. 642; ABENDROTH, *Sobre el concepto de Estado democrático y social*, pp. 289-290.

406 BADURA, Peter (1986): *Staatsrecht* (Munchen, Beck) p. 196

407 PAPIER, *Solidarität, Gerechtigkeit, Gemeinwohl...*, p. 196

408 HERZOG y GRZESZICK, *Artikel 20...*, VIII, Rn. 43; ZACHER, *Was können wir über das Sozialstaatsprinzip wissen...*, p. 228

incluir el concepto de Estado social es la pretensión de dotarlo de aplicación directa sin necesidad de desarrollo legislativo que le dotara de contenido, presionando a que las garantías sociales tengan vinculación jurídica directa, y comienza a forzar un "Estado administrativo" más que uno de Derecho.[409] Entonces, si desde la Constitución se busca dotar de aplicación directa a conceptos carentes de un contenido claro – como Estado social – , sin que exista una concreción previa por la ley, se vulnera la seguridad jurídica y la Administración invadirá el campo de la ley, afectando la separación de funciones, y sacrificando el concepto mismo de Estado de Derecho.[410] No obstante lo anterior, la cláusula de Estado social es un criterio interpretativo de la Ley Fundamental y de las leyes para la Administración. Por tanto, en el ejercicio de sus potestades, la Administración debe tener en consideración el principio de Estado social.[411]

La misma consideración en la aplicación del concepto de Estado social debe tener el Poder Judicial. Cuanto más original y amplia es la competencia decisoria de los jueces y de la Administración, más se asemeja su relación con el principio del Estado social a la relación entre el mandato político del poder legislativo y el gobierno.[412] No corresponde a los tribunales una aplicación directa del concepto, ya que, en un Estado democrático, tanto éstos como la Administración deben estar sometidos al órgano estatal inmediata y democráticamente determinado, o sea, al legislador.[413]

---

409 FORSTHOFF, *Concepto y esencia del Estado social de Derecho...*, pp. 86-87

410 FORSTHOFF, *Concepto y esencia del Estado social de Derecho...*, p. 84.

411 BUMKE y VOSSKUHLE, *German constitutional law. Introduction, cases and principles...*, p. 333.

412 ZACHER, *Was können wir über das Sozialstaatsprinzip wissen...*, p. 229

413 ABENDROTH, *Sobre el concepto de Estado democrático y social...*, pp. 269 y 289.

La justicia constitucional presenta un desafío adicional. Para Abendroth, el principio del Estado social solo permitiría su uso por el juez para determinar la constitucionalidad de una norma legal, y excepcionalmente, como un criterio para el control de la omisión del legislador. Como en estos casos se corre el riesgo de entrar a un "terreno limítrofe explosivo entre la ciencia de la política y el derecho político", la intervención del Tribunal Constitucional utilizando el Estado social como un criterio material de constitucionalidad de la ley solo podrá operar en caso de que el legislador democrático "lesione groseramente" el principio constitucional.[414]

Para Zacher, el poder de control normativo del juez constitucional es un poder legislativo negativo. Y esto corresponde precisamente a la tentación de ver las formas existentes del Estado social como institucionalmente aseguradas por dicho principio, de modo que el juez tenga la posibilidad de derogar leyes cambiantes por ser "contrarias al Estado social". De ahí surge el peligro que se ignore perjudicialmente la primacía de la política y la primacía del legislador en la realización del mandato político del Estado social.[415]

3.2.8. Estado social y responsabilidad fiscal

En Alemania, se ha entendido que la materialización del Estado social por la Administración y el legislador depende del crecimiento económico y de los recursos disponibles, por lo que no pudiendo garantizar éste, tampoco puede asegurarse la igualdad social o incluso la igualdad de oportunidades entre generaciones. Los límites materiales del Estado social también

---

414 ABENDROTH, *Sobre el concepto de Estado democrático y social...*, pp. 274-275.

415 ZACHER, *Was können wir über das Sozialstaatsprinzip wissen...*, pp. 229-230

constituyen criterios para la evaluación constitucional de aquellas leyes con las que se persigue y cumple la tarea social del Estado.[416]

Para Forsthoff, la falta de control respecto al gasto en la aplicación directa del concepto era uno de los peligros intrínseco del Estado social. Su vinculación directa con elementos prestacionales que dependen de los recursos disponibles por el país podía afectar la soberanía interna, al no poder cumplir las obligaciones que se autoimponen por razones que distan del ejercicio del poder del Estado y estar sometido al "imperio fáctico" del crecimiento de los fondos nacionales. Asimismo, restringe la posibilidad de actuación de la autoridad, que para asegurar su mantención en el cargo deberá priorizar siempre en su gestión la provisión de derechos sociales, por sobre el ejercicio libre de su mandato.[417] Finalmente, amenaza la existencia básica del Estado como poder organizado. El ciudadano, ante la pérdida de su espacio vital y reservas existenciales propias, entrega al Estado la exigencia de dotarlo de esa seguridad en caso de enfermedad, cesantía, falta de habitación, y muchas más. Y en caso de que el Estado moderno defraude esas expectativas, termina por amenazar su propia existencia como Estado, que no tiene el poder para cumplir con lo ofrecido.[418]

En esta mirada del Estado social en la Alemania de postguerra como un principio orientador se ha atribuido una influencia decisiva al canciller alemán y economista Ludwig Erhard, que habría logrado imponer la "estrategia ambigua y transaccional" de una "economía social de mercado" en el programa de Düsseldorf de 1949, una fórmula calificada como ambigua

416 BADURA, *Staatsrecht...*, p. 199.

417 FORSTHOFF, *El Estado de la sociedad industrial...*, p. 130.

418 FORSTHOFF *Problemas constitucionales del Estado social...*, p. 53.

y un contrasentido, pero eficaz,[419] que desfiguró cualquier intento por dotar al adjetivo social de algún elemento transformador y de aplicación directa.[420]

3.2.9. La aplicación del concepto de Estado social por la jurisprudencia del Tribunal Constitucional Federal de Alemania

A diferencia del caso italiano, la existencia de una cláusula explícita permite que la jurisprudencia de la justicia constitucional sea muy extensa en la interpretación del concepto de Estado social, pese – o quizás, precisamente por esto – a las escasas conclusiones que pueden desprenderse de la literalidad de la norma. Precisamente, uno de los temores de Forsthoff luego de la redacción de la Ley Fundamental de Bonn era cómo el Tribunal Constitucional Federal interpretaría el concepto de Estado social y su aplicación normativa.

Como se esperaba, desde sus inicios la jurisprudencia del Tribunal Constitucional alemán fue deferente con el legislador federal y los *Länder* en la configuración del Estado social. Ya en sus primeras sentencias, en 1952, ha señalado que la cláusula del Estado social no es sólo una tesis político-programática, sino que tiene el carácter normativo vinculante. Sin embargo, la concreción del Estado social y de los ideales de justicia social, libertad, igualdad y equidad que se encuentran en la Ley Fundamental de Bonn es tarea del legislador, en la que el ciudadano participa indirectamente a través del ejercicio del derecho al voto. Asimismo, aunque el elemento social puede

---

419 García Cotarelo, Ramón (1986): "*Del Estado del bienestar al Estado del malestar* (Madrid, Centro de Estudios Constitucionales), p. 51.

420 En este sentido, y haciendo extensiva la crítica a la Escuela de Friburgo, Abellán, Angel-Manuel (1997): "La problemática del Estado de Bienestar como fenómeno internacional", en *Revista de Derecho Político,* número 42, p. 114.

servir como un criterio de interpretación de la ley, el Tribunal Constitucional Federal no es un órgano legislativo y no le corresponde sustituir al poder legislativo.[421]

Algunos criterios fundamentales en la jurisprudencia del Tribunal Constitucional Federal que delinean su interpretación del concepto de Estado social son los siguientes.

i. El principio de Estado social y su deferencia con el legislador

En primer término, la jurisprudencia ha considerado que el Estado social es un principio que, aunque tiene relación entre sus elementos, puede tener una aplicación normativa separada del elemento democrático en la cláusula de "Estado democrático y social de Derecho" del artículo 20.1 de la Ley Fundamental de Bonn. En cuanto principio, el Estado social establece el deber del Estado de garantizar un orden social justo, a través de asegurar un equilibrio entre las diferencias sociales. La Ley Fundamental de Bonn, aunque impone esta tarea para el Estado, no dice nada acerca de los medios o el detalle por los cuales dicho deber tiene que llevarse a cabo.[422]

De esta manera, el cumplimiento del deber que impone el Estado social le corresponde en primer lugar, y principalmente, al poder legislativo.[423] El orden democrático de la ley

---

[421] BVerfGE 1, 97; sobre el particular, VOSSKUHLE y WISCHMEYER, *Grundwissen – Öffentliches Recht: Das Sozialstaatsprinzip...*, p. 693.

[422] BVerfGE 22, 180 [87, 89], de 1967; BVerfGE 27, 253 [283], de 1969; BVerfGE 29, 221 [49, 51], de 1970; BVerfGE 59, 231 [68], de 1982; BVerfGE 97, 169 [54], de 1998; BVerfGE 100, 271 [58, 59], de 1999; 1 BVR 395/00, [14], de 2000; 2 BvL 5/00 [96], de 2004; BVerfGE 113, 167 [128, 129], de 2005; 2 BvF 3/02 [63, 64], de 2007; 2 BvR 1095/05 [51], de 2007; BVerfGE 123, 267 [257], de 2009.

[423] BVerfGE 22, 180 [87, 88] de 1967; BVerfGE 69, 272 [150, 151], de 1985.

Fundamental se estaría limitando y recortando en forma decisiva, entendido como el ordenamiento de un proceso político libre, si a la formación de la voluntad política se le impusiera cumplir una obligación constitucional de una determinada manera, sin que pudiera ser de otro modo. [424]

Por ello, en la tensión entre la libertad individual y las exigencias de un sistema de Estado social para garantizar un orden social justo, el legislador tiene un amplio margen para su diseño y actuación.[425] Esto incluye la regulación del mercado laboral, el orden social y la economía, en que el principio del Estado social entrega al legislador un margen de apreciación, evaluación y pronóstico de un amplio alcance.[426]

ii. El Estado social es un principio amplio del cual no es posible derivar instrucciones, instrumentos o prestaciones directas

Una de las manifestaciones del Estado social es la protección de derechos en el texto de la Constitución. Sin embargo, aun cuando existen derechos asegurados constitucionalmente, le corresponde al legislador revisar en primer lugar el espacio, estándar y obligaciones que entregan los derechos fundamentales, como también la especificación por parte del legislador para su protección directa de derechos fundamentales.[427] Para

---

424 BVerfGE 59, 23 [68], de 1982.

425 BVerfGE 18, 257 [27], de 1964; BVerfGE 29, 221 [49], de 1970; BVerfGE 59, 231 [68], de 1982; 1 BvR 2204/00 [25], de 2007.

426 BVerfGE 5, 85 [344], de 1956; BVerfGE 63, 88 [110], de 1983; BVerfGE 97, 169 [54], de 1998; BVerfGE 103, 293 [51], de 2001; 1 BvR 2995/06 [25], de 2008; 1 BvR 1842/11 [64, 69-71], de 2013; 1 BvR 1843/11 [68, 73], de 2013.

427 BVerfGE 1, 97 [37], de 1951; BVerfGE 59, 231 [68], de 1982; BVerfGE 97, 169 [54], de 1998; BVerfGE 100, 271 [58, 59], de 1999; 2 BvL 5/00 [90], de 2004; 2 BvR 1095/05 [51], de 2007.

el Tribunal Constitucional alemán, el Estado social es un principio del que, por su amplitud y vaguedad, no se pueden derivar instrucciones directas para la acción,[428] instrumentos vinculantes para la consecución de un orden social justo [429] o que las prestaciones sociales deban deducirse de él.[430]

iii. El Estado social mandata al legislador para garantizar un nivel de subsistencia digno

El principio del Estado social le da al legislador la tarea de garantizar un nivel de subsistencia digno. Por ello, la función legislativa tiene margen de maniobra en las valoraciones ineludibles que están asociadas a determinar el nivel de lo que asegura la existencia física y social de una persona. Este derecho fundamental es fundamentalmente indisponible y debe redimirse mediante un reclamo de beneficios, pero necesita ser especificado y actualizado constantemente por la legislatura, que alinea los servicios a brindar con el respectivo nivel de desarrollo de la comunidad y las condiciones de vida existentes. con respecto a las necesidades específicas de los afectados.[431]

---

428 BVerfGE 22, 180 [87], de 1967; BVerfGE 27, 253 [128], de 1969; BVerfGE 35, 202 [72], de 1973; BVerfGE 59, 231 [68], de 1982; BVerfGE 65, 182 [44], de 1983; BVerfGE 69, 272 [150, 151], de 1985; BVerfGE 82, 60 [88, 93], de 1990; BVerfGE 94, 241 [60], de 1996; BVerfGE 97, 169 [54], de 1998; BVerfGE 100, 271 [58, 59], de 1999; 2 BvR 1095/05 [51], de 2007.

429 BVerfGE 22, 180 [87], de 1967; BVerfGE 40, 121 [44], de 1975; 2 BvF 3/02 [64], de 2007.

430 BVerfGE 94, 241 [60], de 1996; 2 BvL 5/00 [96], de 2004.

431 BVerfGE 125, 175 [172], de 2009; BVerfGE 132, 134 [61, 63], de 2012.

Dentro de este deber, la seguridad social es una expresión particularmente llamativa del principio del Estado social.[432] Esto requiere el bienestar estatal para individuos o grupos que se ven impedido de su desarrollo personal o social debido a sus circunstancias personales o desventaja social.[433] El objetivo de combatir el desempleo masivo tiene rango constitucional sobre la base del principio del Estado social y permite a los previamente desempleados hacer efectivo el derecho fundamental en virtud del artículo 12.1 de la Ley Fundamental.[434]

iv. El Estado social es plenamente compatible con la provisión privada de derechos

En 1954, el Tribunal Constitucional Federal declaraba que la Ley Fundamental de Bonn tiene "neutralidad económica"; es decir, el Consejo Parlamentario no se pronunció expresamente a favor de un sistema económico específico. Esto permite al legislador llevar a cabo cualquier política económica que considere apropiada mientras respete la Ley Fundamental. Por tanto, el actual orden económico y social alemán es uno posible, pero de ningún modo el único posible, porque ello es una decisión económica y sociopolítica tomada por el legislador, y puede ser reemplazado por él.[435]

Asimismo, del principio del Estado social no se deduce en absoluto que el legislador sólo pueda establecer medidas estatales para la realización de sus objetivos. El párrafo 1 del artículo 20 de la Ley Fundamental sólo determina el "qué", el objetivo, el orden social justo, pero deja todas las vías abiertas para el

---

432 BVerfGE 28, 324 [70], de 1970; 2 BvR 1095/05 [84], de 2007.

433 BVerfGE 100, 271 [59], de 1999; 2 BvR 1095/05 [51], de 2007.

434 BVerfGE 100, 271 [58], de 1999; BVerfGE 103, 293 [58], de 2001; 1 BvR 2283/03 [27], de 2004.

435 BVerfGE 4, 7 [38], de 1954.

"cómo", es decir, para la consecución del objetivo. Por lo tanto, el legislador es libre de prever la ayuda de organizaciones de bienestar privadas para alcanzar el objetivo.[436]

La propiedad es un derecho fundamental elemental y su protección reviste particular importancia para el Estado social.[437] En la estructura de los derechos fundamentales, la garantía de propiedad tiene la tarea particular de asegurar al titular del derecho fundamental la libertad en el ámbito del derecho de propiedad y, por lo tanto, permitirle asumir la responsabilidad de configurar su vida. El derecho de propiedad es útil como base para la iniciativa privada y en su propio interés privado responsable.[438] Al mismo tiempo, el uso de la propiedad debe estar al servicio del bien público y la Ley Fundamental rechaza la idea que la propiedad individual tenga prioridad incondicional sobre los intereses de la comunidad.[439]

v. Estado social y carga fiscal

El legislador debe tener en consideración la carga fiscal de las prestaciones que el legislador contemple en aplicación de los derechos fundamentales y cumpliendo con el principio del Estado social. Le corresponde al legislador la determinación de la carga y su ponderación con los derechos protegidos. En las consideraciones relativas a los derechos fundamentales, el aspecto social de la carga económica del sistema sanitario tiene un peso considerable.[440] Queda dentro de la discrecionalidad

---

436 BVerfGE 22, 180 [87], de 1967.

437 BVerfGE 14, 263 [53], de 1961; BVerfGE 134, 242 [167], de 2013.

438 BVerfGE 100, 226 [83, 85], de 1999; BVerfGE 134, 242 [167], de 2013.

439 BVerfGE 21, 73 [24], de 1967; BVerfGE 102, 1 [39], de 2000; BVerfGE 134, 242 [167], de 2013.

440 BVerfGE 82, 209 [71], de 1990; 2 BvR 1095/05 [45], de 2007.

otorgada al legislador la forma en que estabiliza la cobertura financiera de los seguros de pensiones.[441] En cuanto a la política de gasto, el legislador también debía observar las obligaciones de cumplimiento del Pacto Europeo de Estabilidad.[442] La deuda excesiva del gobierno y la creciente carga de intereses asociada impiden el crecimiento a largo plazo de la economía, reducen el margen de acción actual del gobierno, trasladan la carga financiera a las generaciones futuras, y significan una erosión de la eficiencia actual y futura del Estado democrático y social.[443]

3.2.10. La importancia de la Ley Fundamental de Bonn en el desarrollo del concepto de Estado social

La Ley Fundamental de Bonn de 1949 es clave para el concepto de Estado social, al incorporar explícitamente en su texto la adjetivación de Alemania como un *Sozialstaat* en su artículo 20.1. A diferencia de la Constitución de Weimar, la Ley Fundamental de Bonn buscó superar la desconfianza generada por la experiencia nacionalsocialista y dar un contenido material a la forma de Estado, pero dentro de una fórmula compleja que incluye un Estado democrático y federal bajo un Estado de Derecho. En este marco, el Estado social adquiere relevancia no solo a nivel federal sino que también en la configuración territorial alemana, siendo la forma de Estado social un mandato para las constituciones de los *Länder* de acuerdo con el artículo 28.1 de la Ley Fundamental de Bonn.

La cláusula de Estado social fue parte de un compromiso entre las diversas fuerzas políticas al momento de su redacción,

---

441 1 BvR 79/09 [55], de 2014.

442 1 BvR 824/03 [38], de 2007.

443 2 BvF 1/04 [134], de 2007.

en un esfuerzo por incorporar una preocupación social de manera amplia, ofreciendo con ello un marco flexible que permite al legislador implementar medidas sociales de acuerdo con las necesidades del país, sin generar expectativas inalcanzables como ocurrió con la Constitución de Weimar.

3.3. LA PROYECCIÓN DEL CONCEPTO DE ESTADO SOCIAL EN LAS CONSTITUCIONES EUROPEAS LUEGO DE 1949 Y SU DIFERENCIA CON EL ESTADO SOCIALISTA

El ejemplo de la consagración de un Estado social explícito en la Ley Fundamental de Bonn tuvo efectos dispares en la discusión constitucional europea de la segunda postguerra, aunque hay que reconocer que el impacto en la redacción de las nuevas constituciones estaba muy limitado por el número considerable de países que formaban parte de la órbita soviética y escribieron textos bajo ese influjo después de 1949.

La República Democrática Alemana (RDA), bajo la influencia de la Unión Soviética, promulgó su Constitución en octubre de 1949. El preámbulo de la Constitución de la RDA subrayaba los ideales que guiaban la formación del nuevo Estado socialista, proclamando que "[e]l pueblo alemán, imbuido del deseo de salvaguardar la libertad y los derechos humanos, de reorganizar la vida colectiva y económica de acuerdo con los principios de justicia social, de servir al progreso social y de promover una paz segura y la amistad con todos los pueblos, ha adoptado esta Constitución". En la práctica, la interpretación de estos principios estaba alineada con los modelos socialistas soviéticos, que priorizaban el control del Partido Socialista Unificado de Alemania (SED) sobre el Estado y la sociedad.

La forma de Estado de la RDA se definía en el artículo 1 como "una República democrática indivisible, cuyos fundamentos son los *Länder* alemanes".[444] A pesar de esta referencia a los *Länder*, el modelo de organización territorial de la RDA era fuertemente centralizado, eliminándose estos Estados federados por la Ley de Reorganización Administrativa de 1952 y dividiéndose el territorio en distritos (*Bezirke*), lo que consolidó aún más el control central. Algo similar puede decirse de la referencia del artículo 1 a la República democrática. El sistema de partido único del PSU, junto con la centralización económica y política hacían de la RDA un Estado socialista, donde las libertades democráticas estaban subordinadas a los objetivos del partido. La Constitución fue reformada en 1968 para reflejar aún más la orientación socialista del Estado, declarando explícitamente en su preámbulo la voluntad de "continuar inquebrantablemente por el camino del socialismo y el comunismo, la paz, la democracia y la amistad internacional", alterando también su artículo 1 para indicar que la República Democrática Alemana es "un Estado socialista de trabajadores y campesinos. Es la organización política del pueblo trabajador en las ciudades y el campo, liderada por la clase trabajadora y su partido marxista-leninista."[445]

El modelo de la RDA no era único en los países bajo la órbita de la Unión Soviética. Durante la ocupación soviética, la Constitución de Hungría de 1949 señaló en su artículo 2 que "[l]a República Popular de Hungría es un Estado de obreros y campesinos".[446] Una redacción similar tiene la Constitución de Rumania de 1952, también dictada bajo la ocupación de la URSS. Su texto indicó que "[l]a República popular de Rumania

---

444 Constitución de la República Democrática Alemana de 1949 (original), artículo 1.

445 Constitución de la República Democrática Alemana de 1949 (reformada en 1968), artículo 1.

446 Constitución de Hungría de 1949, artículo 2.

es un Estado de obreros de ciudades y pueblos".[447] La Constitución de la República Popular de Polonia, también de 1952, señaló que "[la] República popular de Polonia es un Estado de democracia popular".[448] La Constitución de la República Socialista de Checoeslovaquia de 1960 declaró que "[l]a República socialista de Checoeslovaquia es un Estado socialista fundado en la firme alianza entre obreros, campesinos y la intelligentsia, con la clase trabajadora a su cabeza".[449] Finalmente, la Constitución de la República Federativa Socialista de Yugoslavia, de 1963, dice que "La República Federal Socialista de Yugoeslavia es un Estado federal de personas iguales y unidas voluntariamente y una comunidad democrática socialista basada en los poderes de la clase obrera y el autogobierno."[450]

Como se aprecia de la lectura de las normas citadas, uno de los rasgos característicos de estas constituciones es la inclusión de "cláusulas que definen la sustancia de clase del Estado, a su vez expresión de las relaciones de poder durante una fase determinada en la edificación comunista", a través de expresiones como "pueblo", "obreros", "campesinos", "clase obrera", entre otros.[451]

Estas declaraciones retóricas de las constituciones socialistas para referirse a la forma de Estado fue lo que motivó al profesor alemán Karl Loewenstein en 1958 a estudiar estos documentos que "se denominan constituciones", sin pretensión alguna de limitar el poder, sino que solo "adornar la simple

---

447 Constitución de Rumania de 1952, artículo 1.

448 Constitución de Polonia de 1952, artículo 1.

449 Constitución de Checoeslovaquia de 1960, artículo 1.

450 Constitución de Yugoslavia de 1963, artículo 1.

451 GARCÍA ÁLVAREZ, Manuel (1977): "Las constituciones de los Estados socialistas de Europa Oriental", en *Sistema*, números 17-18, p. 133.

autocracia con una constitución escrita."[452] Para Loewenstein, la mayor "perversión de la constitución escrita con fines autocráticos se encuentra en el ámbito comunista del poder: en la Unión Soviética, en sus satélites de Europa y Asia, y en la China comunista." De ahí que calificara a las constituciones de estos países como "semánticas", sin mayor intención que perpetuar en el poder a los actuales dirigentes.[453]

En los países que no fueron parte de la influencia soviética y que redactaron constituciones después de la aprobación de la Ley Fundamental de Bonn, el Estado social no fue acogido mayoritariamente dentro de sus formas de Estado. En Suecia ninguna de sus cuatro leyes fundamentales mencionó la forma de Estado. La Constitución de Dinamarca, de 1953, tampoco indicó la forma de Estado. La Constitución del Principado de Mónaco, de 1962, incorporó solamente en su texto que se constituía como un Estado de Derecho. La Constitución de Malta de 1964 no incluyó en su texto adjetivos de la forma de Estado, pero en una reforma en 1974 se agregó una mención a su Estado como neutral, con el objeto activo de buscar la paz, seguridad y el progreso social.[454] Para concluir, la Constitución de Grecia de 1975 tampoco mencionó la forma de Estado, solo indicando que dicho país es una República parlamentaria.[455]

En el ámbito internacional, como ya mencionamos, el adjetivo social adquiere relevancia desde la Declaración de Derechos Humanos de las Naciones Unidas en 1948. En la década de 1960 se aprueban dos textos que también son relevantes en este punto: la Carta Social Europea de 1961, y el Pacto Internacional

---

452 LOEWENSTEIN, Karl (1979): *Teoría de la Constitución* (Barcelona, Ariel), p. 215.

453 LOEWENSTEIN, *Teoría de la Constitución...*, p. 221.

454 Constitución de Malta de 1964, artículo 1.3.

455 Constitución de Grecia de 1975, artículo 1.1.

de Derechos Económicos, Sociales y Culturales de las Naciones Unidas de 1966, aunque recién entró en vigor en 1976.

Volviendo al plano constitucional, hay dos países cuyas constituciones representan casos especiales del uso de adjetivaciones similares al Estado social en su texto, que son las constituciones de Francia de 1958 y Portugal de 1976.

La Constitución francesa de 1958 definió al país como una "República indivisible, laica, democrática y social", [456] reiterando estos cuatro elementos que ya se encontraban contenidos en la fórmula del artículo 1 del texto de 1946. Asimismo, en su preámbulo declaró expresamente "su adhesión a los derechos humanos y a los principios de la soberanía nacional tal y como fueron definidos por la Declaración de 1789, confirmada y completada por el Preámbulo de la Constitución de 1946". Dentro de los principios políticos, económicos y sociales que contemplaba la Constitución de la IV República, y que el texto de 1958 incorpora expresamente en ella se encuentran, en materia laboral, el derecho al derecho al trabajo y a obtener un empleo; el derecho a la sindicación y a la huelga, así como la participación de los trabajadores en la gestión empresarial. En temas de protección social y sanidad, el preámbulo incorporó el deber de la nación de asegurar condiciones de vida adecuadas para individuos y familias, con especial atención a niños, madres y trabajadores mayores, incluyendo protección en salud, seguridad y descanso, así como asistencia a los incapaces de trabajar. Finalmente, respecto al derecho a la educación, se garantiza la igualdad de acceso del niño y del adulto a la instrucción, y el deber del Estado a una enseñanza pública gratuita y laica.

Pese a lo anterior, en nuestra opinión, el adjetivo "social" de la fórmula de la Constitución de 1958 no pretendía establecer

---

[456] Constitución de Francia de 1958, artículo 1.

un Estado social en el sentido alemán, pero sí adopta un similar sentido de compromiso. Comentando su texto, Manuel García-Pelayo recalca que el término "República social" es impreciso, "usado por ideologías confusas y por un socialismo liberal a lo Jaurès", pero "precisamente por su equivocidad está en su punto en la constitución, que en lo que se refiere a la estructura económico-social a que quiere dar lugar, no muestra una línea clara y decidida, sino más bien vacilante y tratando de hermanar en su seno el liberalismo burgués con las exigencias de la clase trabajadora y las doctrinas del catolicismo social".[457]

La mención de García-Pelayo a la influencia de Jean Jaurès es importante, ya que sus ideas socialistas a favor de una República marcan la interpretación del modelo de "République sociale" como propiamente francés, que aborda la "cuestión social" como una "cuestión política", diferenciándose de la visión prestacional del *Welfare state* inglés, y separándose también del *Sozialstaat* alemán, "que aborda la cuestión social (...) en términos de comunidades."[458]

Por otra parte, la Constitución de Portugal de 1976 tuvo su origen en la llamada "Revolución de los Claveles", que puso fin a una dictadura de 48 años en dicho país. Como revisaremos más adelante, a propósito de la Constitución española, la dictadura corporativista del *Estado Novo* se presentaba como un "Estado social" para reforzar su legitimación.[459] En cambio, las fuerzas mayoritarias de la Asamblea Constituyente lusa buscaron consagrar un Estado socialista.

---

457 García-Pelayo, Manuel (1964): *Derecho constitucional comparado* (Madrid, Manuales de la Revista de Occidente) p. 499.

458 Supiot, Alan (2021): "La 'Constitution sociale' de la V République", en *Revue Politique et Parlementaire*, número 1098, p. 153.

459 Moura Ramos, Rui Manuel, Loureiro, João Carlos, y Tavares Da Silva, Suzana (2023): *La Constitución de Portugal* (Valencia, Tirant Lo Blanch), p. 29.

El preámbulo de la Constitución de 1976 es elocuente al señalar que su texto busca "asegurar la primacía del Estado de derecho democrático y de abrir la senda hacia una sociedad socialista".[460] Luego, su artículo 1 declaraba que "Portugal es una República soberana, basada en la dignidad de la persona humana y en la voluntad popular y empeñada en la transformación en una sociedad sin clases", y el artículo 2 configuraba al país como "un Estado democrático, basado en la soberanía popular, en el respeto y la garantía de los derechos y libertades fundamentales y en el pluralismo de expresión y de organización política democráticas, y tiene por objetivo asegurar la transición hacia el socialismo mediante la creación de condiciones para el ejercicio democrático del poder por las clases trabajadoras."[461]

En 1982 se aprobó una extensa reforma constitucional cuyo objetivo fue eliminar de forma casi completa "las fórmulas lingüísticas propias de las narrativas emancipadoras" de la revolución.[462] Entre estas modificaciones se alteró significativamente el contenido de los artículos 1 y 2, señalando en la actualidad el artículo 1 que "Portugal es una República soberana, basada en la dignidad de la persona y en la voluntad popular y empeñada en construir una sociedad libre, justa y solidaria", y el artículo 2 que Portugal "es un Estado Democrático basado en el Derecho, la soberanía del pueblo, la expresión y organización democrática plural, el respeto y la garantía de la implementación efectiva de los derechos y libertades fundamentales, y la separación e interdependencia de poderes, todo ello con la perspectiva de alcanzar la democracia económica social y cultural y profundamente participativa."[463]

---

460 Constitución de Portugal de 1976, preámbulo.

461 Constitución de Portugal de 1976, artículos 1 y 2 (previos a la reforma de 1982).

462 GOMES CANOTILHO, José Joaquim (2003): *Direito constitucional e Teoria da Constituição* (Coimbra, Almedina), p. 208.

463 Constitución de Portugal de 1976, artículos 1 y 2 de su texto actualizado.

Luego de las reformas de 1982, la doctrina entendería– tal como en el caso italiano – que la configuración de derechos sociales que realizó la Constitución lusa lo convirtió implícitamente en un Estado social bajo un sistema de economía de mercado mixto.[464] La reforma no significó un cambio de constitución, pero "[s]in embargo, 'una' constitución desapareció":[465] la que buscaba su legitimidad en el movimiento revolucionario, y dio paso a una donde la justificación del poder estatal se fundamenta en la democracia representativa y la orientación material de sus políticas públicas.

En la actual lectura del texto de la Constitución portuguesa, el Estado social es visto como un Estado regulador de servicios públicos esenciales, más que un Estado prestador directo. Para Gomes Canotilho, el cambio en la visión del Estado social en Portugal "no se basa sólo en premisas ideológicas ("menos Estado, mejor Estado", "autorregulación de la economía frente a la planificación estatal", "la competencia económica como expresión de libertad"), sino que por comprobar que la realización de numerosas tareas anteriormente incluidas en el "núcleo duro" de las tareas del Estado (servicios esenciales, investigación, empleo) exige recursos financieros, conocimientos, competencias y experiencias técnicas y profesionales que se encuentran fuera del aparato estatal. Por ello, parece mejor aprovechar la provisión privada de servicios de interés para la ciudadanía, bajo un modelo regulador y fiscalizador estatal.[466]

---

464 D'Oliveira Martins, Guilherme (1988): "La Constitución económica portuguesa: del programa a la mediación", en *Revista de Estudios Políticos*, Nº 60-61, p. 741; De Sousa Franco, António Luciano Pacheco (1982): "A revisão da Constituição económica", en *Revista da Ordem dos Advogados*, p. 683.

465 Gomes Canotilho, *Direito constitucional e Teoria da Constituição...*, p. 352.

466 Gomes Canotilho, *Direito constitucional e Teoria da Constituição...*, p. 209.

3.4. RECAPITULACIÓN

En este capítulo revisamos la configuración del Estado social en las constituciones de Italia de 1948 y Alemania de 1949. En ambos países, las constituciones nacen del consenso y compromiso de la postguerra, buscando conceptos integradores asociados a la forma de Estado. La Constitución italiana evita el adjetivo social, pero se considera un Estado social implícito por el enfoque finalista del artículo 1, el reconocimiento de derechos del artículo 2, la remoción de obstáculos del artículo 3.2 y la garantía de derechos sociales. En cambio, la Ley Fundamental de Bonn es el primer texto constitucional en incorporar explícitamente el concepto de Estado social, sin incluir derechos sociales en su texto, enmarcándolo dentro del elemento democrático y del Estado de Derecho. Ello no significa que en Italia el Estado social implícito no sea un Estado democrático o de Derecho, pero la diferencia tiene valor a la hora del uso de la cláusula de "Estado democrático y social de Derecho" como criterio interpretativo, mandato estatal al legislador o parámetro de constitucionalidad del sistema jurídico. Esta asociación entre elementos refuerza, además, la importancia de incorporar explícitamente el adjetivo democrático asociado al Estado social.

El capítulo finaliza revisando la proyección normativa de la Ley Fundamental de Bonn en la redacción de constituciones del período de la segunda post guerra. Se aprecia una constitucionalización creciente de los elementos de la forma de Estado, como una manera de integrar una garantía normativa a la fórmula política de configuración estatal. Respecto a la inclusión del elemento social, la consagración de un Estado social explícito en Alemania tuvo efectos dispares en la discusión constitucional europea. El impacto en la redacción de las nuevas constituciones fue limitado por el número considerable de países que formaban parte de la órbita soviética y que escribieron textos bajo ese influjo después de

Bonn, en que la forma de Estado predominante era el Estado socialista, de trabajadores y obreros, democracias populares, o fórmulas similares. En los países que no estuvieron bajo el influjo socialista y que redactaron constituciones después de la aprobación de la Ley Fundamental de Bonn, el Estado social no fue acogido mayoritariamente dentro de sus formas de Estado, siendo el elemento principal el adjetivo democrático y el Estado de Derecho.

Esto lo había anticipado Forsthoff: el elemento fundamental de las constituciones en Europa luego de la Segunda Guerra Mundial era el Estado democrático de Derecho. El nuevo período del Estado social llegó treinta años después, en España – como veremos en el siguiente capítulo, y desde la caída del Muro de Berlín, comienza su expansión por el resto del continente y finalmente América Latina.

Capítulo 4

El Estado social en España y la Constitución de 1978

España es el último país europeo que consagró en su Constitución la fórmula de Estado social antes de la caída del Muro de Berlín.[467] Lo hizo tardíamente, en 1978, porque entre 1939 y 1975 el régimen de Francisco Franco utilizó las Leyes Fundamentales como sucedáneo de una constitución. Esto hizo que, a diferencia de Alemania e Italia, el desarrollo de la doctrina española sobre el concepto de Estado social no estuvo inicialmente vinculado a un texto constitucional *stricto sensu,* sino a la revisión de la experiencia comparada, y luego de 1978 a la interpretación de la cláusula de Estado social en la nueva Constitución. Por ello, para comprender las distintas interpretaciones de la fórmula de Estado social en España, es necesaria una revisión de la discusión de la forma de Estado en los antecedentes de 1978, para luego centrarnos en la exégesis del concepto por la doctrina luego del nuevo texto constitucional.

En España, la mirada corporativista del Estado social, desde la visión organicista del Estado de Karl Christian Friedrich Krause, fue recogida por la obra de Francisco Giner de los Ríos

---

467 Es el último país europeo antes de la caída del Muro de Berlín porque luego de ella, en 1993, la Constitución de Andorra incluirá la fórmula de Estado social y democrático de Derecho en el artículo 1 de su texto, diciendo que "Andorra es un Estado democrático y social independiente que respeta el Estado de Derecho".

en 1899.[468] Del punto de vista normativo, tal como la seguridad social en Alemania fue impulsada desde el conservadurismo de Bismarck, la consolidación de la legislación social en España se produjo en los gobiernos conservadores de la Restauración.[469] Bajo el gobierno de Antonio Cánovas del Castillo da inicio a una incipiente preocupación por la "cuestión social". En 1903, con Francisco Silvela, se creó el Instituto de Reformas Sociales. Luego, en los gobiernos de Antonio Maura – según apunta Esteve Pardo, con influencias del krausismo[470] – se aprobó importante normativa en la materia, como la Ley de descanso dominical en 1904.

Sin embargo, la figura central del desarrollo de la legislación social en esta época fue Eduardo Dato. Como Ministro de la Gobernación, Dato impulsó la Ley de accidentes de trabajo en los establecimientos mercantiles e industriales, de 26 de enero de 1900, y la que regulaba el trabajo de las mujeres y los niños en los establecimientos industriales y mercantiles, de 13 de marzo de 1900. En 1904, Dato era Ministro de Gracia y Justicia, y participó en el debate del proyecto de ley sobre descanso dominical, definiendo su postura de esta manera: "Yo no soy socialista, ni individualista, yo soy intervencionista [...] el Estado tiene, no ya el derecho, sino el deber de intervenir en las cuestiones obreras y el deber de intervenir en la dirección de mejorar, en cuanto sus medios lo consientan, y no más allá del límite de lo necesario y lo posible, la condición de las clases

---

468 GINER DE LOS RÍOS, Francisco (1899): *La persona social. Estudios y fragmentos* (Madrid, Librería General de Victoriano Suárez), pp. 205-207.

469 MIRANDA BOTO, José María, y VELASCO MARTÍNEZ, Luis (2011): "La Cuestión Social desde Cánovas hasta Dato: El nacimiento del Derecho del Trabajo en España a través de los gobiernos conservadores (1875-1920)", en *Revista General de Derecho del Trabajo y de la Seguridad Social*, número 23, p. 16.

470 ESTEVE PARDO, *El pensamiento antiparlamentario...*, p. 195

trabajadoras."[471] En 1908, se crea el Instituto Nacional de Previsión. Ya con Dato en la presidencia del gobierno, en 1920, se creó el Ministerio del Trabajo, uno de los hitos más relevantes de la preocupación social conservadora del período.

Aunque la política conservadora y su respuesta a la "cuestión social" no terminó en 1923 con la dictadura de Miguel Primo de Rivera, es en el surgimiento de la II República donde encontramos las principales bases para la evolución del concepto de Estado social en España en este trabajo.

4.1. LA CONSTITUCIÓN DE 1931 Y LA DISCUSIÓN SOBRE LA FORMA DE ESTADO

El primer antecedente normativo relevante para la configuración de la idea de Estado social en España es la Constitución de 1931. Este texto fue consecuencia de un proceso iniciado en la primera postguerra y la crisis política y económica de los años posteriores que dio paso al golpe de Estado de Miguel Primo de Rivera, en 1923. Precisamente, el término de su dictadura, en 1930, aceleró la instauración de la Segunda República y la dictación de la Constitución de 1931. El contexto da origen a un texto propio del constitucionalismo europeo de entreguerras, donde resulta clara la influencia de la Constitución de Weimar en la incorporación de derechos fundamentales a su texto, así como declaraciones de unos ciertos principios rectores en su capítulo II.

La Constitución de 1931 definió a España en su artículo 1 como una "República democrática de trabajadores de toda

---

[471] ARCHIVO DEL CONGRESO DE LOS DIPUTADOS (2021): "Prólogo al Discurso pronunciado por Eduardo Dato Iradier el 23 de febrero de 1900 en el Congreso de los Diputados", en *Revista de las Cortes Generales*, número 110, p. 21

clase", buscando dotarla desde su primer artículo con un elemento con inspiración social–o socialista, en atención a su origen, ya que esta mención fue una enmienda propuesta por los diputados del Partido Socialista Obrero Español (PSOE) Luis Araquistain, Luis Jiménez de Asúa, Trifón Gómez San José, Jerónimo Bugeda Muñoz y Enrique de Francisco Jiménez. Aunque en la defensa de la norma el diputado Luis Araquistain (PSOE) citó la inspiración de Ferdinand Lassalle en su propuesta, reconoció que no cifraba mayores esperanzas transformadoras en el texto constitucional, sino que en la "constitución social" en general.

Para Araquistain, el artículo 1 pretendía dar a la nueva constitución "el carácter más original del mundo... no en el sentido de algo nuevo, inusitado, extraordinario, que nunca ha ocurrido en la historia, sino como el origen, como el comienzo de una nueva actitud ante la vida, como un anticipo de la historia venidera." La originalidad declarada por los diputados era reconocer que el trabajo es una obligación social, siendo esto un principio común a la civilización y ya no solo puramente socialista, y así, buscan colocar "a la cabeza de la Constitución un principio de norma de servicio social y el principio de soberanía".[472] Otra parte de la innovación de la fórmula, por cierto, era la declaración de una República y no de una monarquía. Comentando su texto, Adolfo Posada se refería al rol teleológico del Estado y la constitución de 1931 como una "defensora de la acción tutelar de los natural o socialmente débiles y no bien protegidos por el Derecho".[473]

La incorporación de la expresión "de toda clase", para evitar la frase "República de trabajadores" a secas, se realizó a

---

[472] Diario de Sesiones de las Cortes Constituyentes, N° 39, 16 de septiembre de 1931, p. 942.

[473] POSADA, Adolfo (1935): *Tratado de Derecho Político* (Madrid, Librería General de Victoriano Suárez), tomo II, p. 391.

propuesta del Presidente Niceto Alcalá-Zamora, de Derecha Liberal Republicana, para evitar el "matiz de clase" que tenía la expresión aprobada por la mayoría de izquierda. [474]

La norma del artículo 1 resultaba original respecto a los textos constitucionales del período en variados aspectos. Aunque se intentó hacer un paralelo con la Constitución de la República Socialista Federativa Soviética de Rusia de 1918, en que su artículo 1 declaraba que Rusia era una "República de los Soviets de Diputados obreros, soldados y campesinos", el texto español tenía significativas diferencias ideológicas con dicha redacción. Otra norma con alguna similitud era el artículo 2 de la *Carta del Lavoro* italiana de 1927 – una de las leyes fundamentales de Mussolini – que señalaba que el trabajo, en todas sus formas, es un deber social. Sin embargo, en ningún texto constitucional español se había adjetivado con dicho elemento el carácter de República, como hace la Constitución de 1931, valorado posteriormente como una verdadera cláusula de Estado social y, por tanto, "el más gigantesco avance de la cultura cívica" de su texto.[475]

La novedad que perseguía la Constitución de la Segunda República era posible por la ausencia de una representación de la derecha en las Cortes, que era dominada por una mayoría de centro izquierda, socialista y republicana. La falta de representación de la derecha en la redacción del texto constitucional quedó de manifiesto en las elecciones de 1933, donde la Confederación Española de Derechas Autónomas se alzó como el grupo parlamentario más numeroso. La ausencia de un consenso sobre la Constitución de 1931 incidió en el desenlace de la Segunda República, solo cinco años después de su entrada en vigor.

---

474 Diario de Sesiones de las Cortes Constituyentes, Nº 45, 25 de septiembre de 1931, p. 1253.

475 San Miguel Pérez, Enrique (2021): *La Constitución de 1931. Derecho y cultura política* (Valencia, Tirant Lo Blanch), p. 127.

4.2. LOS CONCEPTOS DE ESTADO SOCIAL DEL FRANQUISMO Y DE LA OPOSICIÓN

Aunque la Constitución de 1931 no es la causa directa del fin de la Segunda República, ciertamente su texto no contribuyó a la integración y consenso en un país dividido. La Segunda República fue interrumpida finalmente por el golpe de Estado en julio de 1936 y una guerra civil que terminó en 1939 con la asunción de Francisco Franco como Jefe de Estado, dando inicio a una interrupción democrática en España que se extendió hasta su muerte, en 1975. Este antecedente histórico es importante para el desarrollo del concepto de Estado social, puesto que dicha cláusula fue utilizada por el franquismo y su oposición política durante el período anterior a la Constitución de 1978 para legitimar o criticar la actividad del gobierno autoritario.

4.2.1. El concepto de Estado social del primer franquismo: la justicia social

Desde la primera etapa del franquismo – 1939 a 1959–España se rigió por normas de rango constitucional denominadas Leyes Fundamentales, que pretendían ser las normas que fundaban el ser del Estado en su estructura, naturaleza y forma política. La primera de ellas, el Fuero del Trabajo de 1938, se dictó durante la guerra civil en un esfuerzo por lograr la adhesión de los españoles al bando triunfante, combinando "el tradicionalismo corporativista de corte carlista, el sindicalismo católico y el falangismo en la búsqueda de un proyecto social que acabara con la conflictividad social que presidió la realidad española de los últimos decenios."[476]

---

[476] GONZÁLEZ MURILLO, Pedro (2021): "Franquismo social y Ministerio de Trabajo (1939-1957)", en *Sociología del Trabajo*, número 99, p. 206.

La legislación del trabajo era utilizada como un instrumento de consolidación del movimiento sublevado, pero también, durante el mismo período de la guerra civil, se dictaban normas laborales por las instituciones republicanas. Por ejemplo, el Decreto de 21 de julio de 1936, por el que el Gobierno ordena el cese de los empleados públicos que hubieran participado en el movimiento subversivo; el Decreto de 27 de abril de 1937, que reforma algunos preceptos del Código de Trabajo para mejorar los cauces procesales para la reclamación de los derechos de los obreros ante los Tribunales Industriales; el Decreto de 29 de junio de 1937 (convalidado por Ley de 21 de octubre de 1937), que suspende la aplicación del derecho de vacaciones contenido en el artículo 56 de la Ley de Contrato de Trabajo de 1931 y el Decreto de 19 de febrero de 1938 (convalidado por Ley de 5 de noviembre de 1938), que reduce los derechos 4 laborales estableciendo una jornada mínima de 48 horas a la semana.[477]

Desde el franquismo, el Fuero del Trabajo contenía una serie de normas laborales que, además de un objetivo de protección del trabajador, tenían un carácter dogmático y significación política más amplia, "en función del fin del Estado, en la esfera de la realización de la justicia social y en el establecimiento de los principios rectores en dicha materia, así como en la consagración de los derechos y deberes de los españoles en el ámbito de la política social".[478] El Fuero del Trabajo representó, por tanto, la culminación de la "etapa

---

477 García González-Castro, Guillermo (2015): "El derecho del trabajo durante la Guerra Civil española: acerca de la normativa sobre comedores de empresa y su actual vigencia (decreto de 8 de junio de 1938 y orden de 30 de junio de 1938)", en *IUS Labor,* número 3, p. 3.

478 Fernández Miranda, Torcuato (1960) *El hombre y la sociedad* (Madrid, Doncel), p. 182.

preparatoria" del franquismo, y marca el inicio de la "fase de construcción 'constitucional' del Nuevo Estado".[479]

La visión del del Estado social que realiza el franquismo se basó en una interpretación de la doctrina social de la Iglesia en que la "creación revolucionaria" del régimen se enmarcaba en "los supremos valores católicos en los que apoyamos nuestra doctrina y nuestra conducta".[480] El propio Fuero del Trabajo, en su preámbulo, comenzaba señalando que busca renovar "la tradición católica, de justicia social y alto sentido humano" por la cual "el Estado asume la tarea de garantizar a los españoles la Patria, el Pan y la Justicia."[481]

En la dictación del Fuero del Trabajo tuvo especial importancia la Falange, partido político que se había fundado en 1933 por Alfonso García Valdecasas, Julio Ruiz de Alda y José Antonio Primo de Rivera. La Falange se convirtió en el "portavoz ideológico" de la dictadura de Franco, bajo un corporativismo proclamado como católico y nacional-sindicalista, contrario al liberalismo y al comunismo, "en el cual el Estado sea el pueblo y el pueblo sea el Estado, a través de la escala intermedia del partido".[482]

El enfoque tradicionalista católico no era exclusivo del franquismo. En Portugal, la dictadura de António de Oliveira Salazar había impulsado una nueva Constitución en 1933 para la

---

479 APARICIO PÉREZ, Miguel Ángel (1980): *El sindicalismo vertical y la formación del Estado franquista* (Barcelona, Ediciones de la Universidad de Barcelona), p. 53.

480 FRANCO BAHAMONDE, Francisco, *Mensaje de fin de año,* 31 de diciembre de 1952.

481 Fuero del Trabajo de 1938, preámbulo.

482 "Discurso pronunciado en Sevilla por nuestro camarada Fernández Cuesta, el día de los 'caídos'", en *La Falange, Semanario de Falange Española Tradicionalista y de las JONS,* número 164, 8 de noviembre de 1937.

fundación de un "Estado novo", corporativista, influenciado por la doctrina social de la Iglesia Católica, bajo el lema "Deus, Pátria e Família", donde también se pretendía la construcción de un "Estado social".[483] Estas ideas son similares a las referencias de Franco al "Estado nuevo" español – también bajo la consigna "Dios, Patria y Familia", en que se señala que "el Estado nuevo es un Estado social", que tiene por objeto "crear e imponer la justicia social compatible con un orden económico".[484]

Hemos visto previamente cómo el corporativismo encontraba un sustento teórico desde la doctrina de la Iglesia Católica. Como apuntó Aparicio, "el 'Estado corporativo', en cuanto teoría del catolicismo militante políticamente, reflejaba el difícil equilibrio de la Iglesia en un momento histórico en que el desarrollo del capitalismo europeo, por un lado, y la aparición de los países socialistas, por otro, habían puesto en cuestión el mantenimiento de sus tradicionales esferas de poder en la sociedad civil y en el propio aparato político e, incluso, su indiscutida hegemonía ideológica como institución".[485] Sin embargo, el corporativismo no era solo monopolio del franquismo en España. En el socialismo, Francisco Giner de los Ríos y Julián Besteiro habían hecho planteamientos a principios del siglo XX desde un corporativismo

---

483 De Oliveira Salazar, António, Discurso de 30 de julio de 1930, en Teixeira Pereira, Pedro (2013): *Salazar y Franco. La política social ibérica (1933-1957),* Tesis del grado de Doctor en Historia Comparada, Política y Social, Universitat Autònoma de Barcelona, p. 101.

484 Franco Bahamonde, Francisco, *Discurso en el Congreso de Trabajadores,* 20 de noviembre de 1945, *y Discurso en el Museo del Ejército,* 7 de marzo de 1945. En este mismo sentido, el discurso de Franco en el I Congreso Iberoamericano de Seguridad Social, 23 de mayo de 1951, en que insiste que "hemos llegado a definir nuestro Estado como un Estado Social.".

485 Aparicio Pérez, *El sindicalismo vertical y la formación del Estado franquista...,* p. 11.

krausista, tal como desde una derecha calificada como liberal Antonio Maura había realizado propuestas legislativas en esta línea durante la Restauración.[486]

Más allá de las declaraciones políticas, normativamente fue la Ley de Sucesión en la Jefatura de Estado de 1947 que utilizó por primera vez el adjetivo social de forma explícita para caracterizar la forma de Estado en el país, al definir a España como un Estado "católico, social y representativo".[487] El uso del término "Estado social" en esta ley fundamental no era casualidad: la doctrina española conocía el debate en torno al concepto, pero el franquismo decidió utilizar dicha fórmula en un sentido distinto a la discusión contemporánea en Alemania e Italia. En este período, el Estado social se encontraba asociado a la idea de justicia social que, por lo demás, no era unívoca, y su concepto sirvió para incluir una especie de pluralismo limitado dentro de las distintas visiones e interpretaciones conservadoras de la acción del régimen.[488]

El régimen autoritario entendió el Estado social calificándose desde "una concepción cristiana" como "personalista; no se trata de cambiar el poder de una clase por el de otra, mayoritaria o minoritaria, sino crear una organización en donde la situación sobre abierta a todos los ciudadanos garantice a *todos y a cada uno* la misma igualdad de oportunidades en la vida nacional". Por ello, el Estado español era un "Estado social en cuanto está al servicio de la unidad [de la Patria],

---

486 En este sentido, ESTEVE PARDO, *El pensamiento antiparlamentario...*, p. 195

487 Ley de Sucesión en la Jefatura de Estado de 1947.

488 Sobre la heterogeneidad de las visiones en el franquismo, LINZ, Juan (1964): "An authoritarian regime: Spain", en ALLARDT, Erik, y LITTUNEN, Yrjö (editores): *Cleavages, ideologies and party systems. Contributions to comparative political sociology* (Helsinki, The Academy Bookstore), pp. 303-304.

en la reacción contra el separatismo social de la división de clases, cuya única superación es precisamente la realización de la justicia social".[489]

Esta primera etapa del franquismo continuó con la legislación laboral como una forma de consolidación del régimen, en que el Ministerio del Trabajo adquirió un rol preponderante en la estructura del gobierno.[490] El papel del ministro José Antonio Girón de Velasco tuvo protagonismo en este período de auge de las prestaciones sociales, como la creación del Seguro Obligatorio de Enfermedad en 1942 y el Seguro Obligatorio de Vejez e Invalidez (SOVI) en 1947.

La variedad de normas dictadas en este período relativas a la seguridad social ha hecho que se caracterice a esta primera etapa franquista como el nacimiento de un verdadero Estado social.[491] La idea contemporánea de un Estado social, sin embargo, no resulta compatible con un gobierno autoritario, que habitualmente busca su legitimación a través de políticas sociales. Esta búsqueda de una mayor eficiencia en la Administración del Estado da lugar a una segunda justificación del Estado social, calificado por Alejandro Nieto como el "Estado administrativo del tardofranquismo".[492]

---

489 Fernández Miranda, *El hombre y la sociedad...*, pp. 108, 159 y 184.

490 González Murillo, *Franquismo social y Ministerio de Trabajo (1939-1957)...*, p. 220.

491 Torres García, Francisco (2018): *Franco socialista. El franquismo social o la revolución silenciada del pueblo español* (Madrid, Ímpetu), p. 54.

492 Nieto García, Alejandro (2013): "Del Estado de Guerra al Estado de Crisis", en *Anales de la Real Academia de ciencias morales y políticas,* fascículo 1, p. 627.

4.2.2. El Estado social del segundo franquismo: la Administración eficiente

Aunque después de 1947 la cláusula de Estado social se había en parte positivizado en la Ley de Sucesión de la Jefatura de Estado, durante el franquismo la expresión seguía teniendo un carácter más doctrinal y político que institucionalizado.[493]

La idea de Estado social del primer franquismo cambió con la llegada de los llamados "tecnócratas" – una serie de Ministros de Estado que desplazaron a los políticos de la antigua Falange – y la aplicación de un Plan de Estabilización y Liberalización de la economía que dio resultados positivos: entre 1959 y 1973 el Producto Interno Bruto (PIB) de la economía española creció a un ritmo promedio del 7% anual. En el contexto de este "segundo franquismo" que Laureano López Rodó – en ese entonces, Secretario General Técnico de la Presidencia del Gobierno – argumentaba en la década de 1950 cómo uno de los puntos fundamentales del régimen era el desarrollo y edificación del Estado social, entendiendo éste como aquel cuya acción persigue, "dentro del mayor respeto al Derecho, la consecución del máximo bienestar social." [494]

Esta visión del Estado social se interpretó como una acción necesariamente complementaria a la iniciativa privada, ya que el principio de subsidiariedad tenía sustento en una norma de rango constitucional. La Ley de Principios del Movimiento Nacional, de 1958, establecía que "[l]a iniciativa privada, fundamento de la actividad económica, deberá ser estimulada,

493 MORODO, Raúl (1962): "Constitución, legalidad, legitimidad", en *Boletín informativo del seminario de derecho político de la Universidad de Salamanca,* N° 26, fascículo 1, p. 57.

494 LÓPEZ RODÓ, Laureano (1970): *Política y desarrollo* (Madrid, Aguilar), p. 141.

encauzada y, en su caso, suplida por la acción del Estado."[495] Sin embargo, la realidad del crecimiento del sector público lo había desbordado prácticamente de inmediato, en la búsqueda de un modelo más parecido a un Estado de bienestar en el sentido prestacional.[496]

El Estado social tuvo tres pilares fundamentales bajo la visión del segundo franquismo: un elemento de programación — o planificación – de la autoridad sobre el desarrollo futuro del país; otro de participación ciudadana en la decisión de la Administración, y por último, un pilar de liberación y promoción social para asegurar la igualdad de oportunidades.[497]

Por ello, aunque se entiende que un Estado social requiere la provisión directa de ciertos bienes y servicios hacia las personas, la forma de enfocar su acción se concibió a través de la arquitectura de un Estado eficiente, donde la Administración debe tener una acción "idónea, rápida y eficaz" para ir en ayuda de la población y de esa manera elevar su nivel de vida, porque el solo respeto de los derechos individuales no tiene sentido si las personas requieren operatividad y urgencia para sus necesidades.[498] Desde esta comprensión del Estado social, eran esenciales las iniciativas normativas como la nueva Ley sobre Procedimiento Administrativo de 1958, por las garantías de seguridad jurídica, legalidad de los actos de la Administración y una renovación de sus instrumentos de actuación. La exposición de motivos de dicha ley señala que "[l]a necesaria presencia del Estado en todas las esferas de la vida social exige un procedimiento rápido, ágil y flexible, que permita dar satisfacción a las necesidades públicas, sin olvidar

---

495 Ley de Principios del Movimiento Nacional, principio X.

496 De Juan Asenjo, Óscar (1984): *La Constitución Económica española* (Madrid, Centro de Estudios Constitucionales), p. 19.

497 López Rodó, *Política y desarrollo...*, pp. 155-161.

498 López Rodó, *Política y desarrollo...*, pp. 11 y 141.

las garantías debidas al administrado, en cumplimiento de los principios consagrados en nuestras Leyes Fundamentales".

Esta nueva ley también es importante para las prestaciones asistenciales directas, que eran calificadas por la prensa franquista de la época como "pasos firmes" a un Estado social.[499] En un país con un crecimiento económico sostenido como la España de la década del '60, resultaba natural asociar la idea de Estado social a un Estado benefactor o de bienestar. Franco lo decía en 1964: "[c]uando un Estado se proclama social (...) su doctrina se orienta a lograr el bienestar máximo para sus componentes."[500] Este énfasis en una actividad administrativa eficiente, como apunta Esteve Pardo, se explica por la pretensión de compensación de la falta o limitación ostensibles de las libertades públicas.[501]

4.2.3. El concepto de la oposición de Estado social como "transformador" hacia la justicia social y etapa intermedia hacia una economía socialista

A diferencia de la mirada del franquismo de un Estado social "desarrollista", eficiente y tecnocrático en el contexto de un Estado autoritario, la visión predominante desde su oposición era un Estado social cuyo significado era cumplir un rol transformador de la vida económica y social. Como respuesta a la interpretación franquista, la teorización del Estado social desde su oposición – Pablo Lucas Verdú en 1955, y poco después su

---

499 Editorial del periódico *Pueblo,* 14 de marzo de 1962.

500 FRANCO, FRANCISCO (1964): "Discurso de inauguración de la VII legislatura de las Cortes – 8 de julio de 1964", en *Discursos y mensajes del jefe del Estado 1964-1967* (Madrid, Dirección General de Cultura Popular y Espectáculos) pp. 81-82.

501 ESTEVE PARDO, José, *El pensamiento antiparlamentario y la formación del Derecho público en Europa...*, p. 165.

alumno Elías Díaz – lo hacen criticando directamente el uso del concepto que hacía el régimen, argumentando que el Estado social es intrínsecamente democrático, y reprochando los totalitarismos o autoritarismos – en este último calificativo incluyen a España – que se denominan como "Estado social", por ser un intento de superación del Estado liberal "desde el fascismo". No todo Estado que tenga afán por lo social es un Estado social, ni tampoco un Estado de Derecho.[502] Lucas Verdú y Elías Díaz desafían el concepto de Estado social de Franco desde el análisis de la doctrina alemana y la Ley Fundamental de Bonn, pero con una pretensión de efectos en España, describiendo el Estado social como un paso previo al Estado democrático de Derecho, el que identifican como una economía socialista, pero atribuyéndole además ciertos objetivos que analizaremos más adelante.[503]

---

[502] DÍAZ GARCÍA, Elías (1963): "Teoría general del Estado de Derecho", en *Revista de Estudios Políticos,* N° 131, pp. 21-48. Sobre cómo la idea franquista de Estado social provocó la respuesta y teorización de Lucas Verdú y Elías Díaz, SESMA LANDRIN, Nicolás (2006): "Franquismo, ¿Estado de derecho? Notas sobre la renovación del lenguaje político de la dictadura durante los años 60", en *Pasado y memoria: Revista de historia contemporánea,* N° 5, p. 57.

[503] En el análisis que sigue se busca conciliar los elementos principales de los planteamientos de Díaz García y Lucas Verdú, porque existen matices significativos entre ellos respecto a la posibilidad de alcanzar un Estado democrático de Derecho y una legalidad socialista bajo un Estado de Derecho. Sobre esto, puede a verse DÍAZ GARCÍA, *Teoría general del Estado de Derecho...*, y DÍAZ GARCÍA, Elías (1966): *Estado de Derecho y sociedad democrática* (Madrid, Editorial Cuadernos para el diálogo); comentando la obra de LUCAS VERDÚ, *Estado liberal de Derecho y Estado social de Derecho...*, la respuesta de este último en 1975 en LUCAS VERDÚ, *La lucha por el Estado de Derecho...*, los comentarios de Díaz García posteriores en la Revista Sistema, y en ediciones más recientes y revisadas de DÍAZ GARCÍA, *Estado de Derecho y sociedad democrática.* Para el propósito central de nuestro trabajo, el

En 1955, la primera etapa de la noción de Estado social por parte de la oposición a Franco la asoció con la persecución de un contenido material al Estado de Derecho, identificando éste con la idea de justicia social. En este período, Pablo Lucas Verdú fue el principal exponente de esta lectura.

Para Lucas Verdú la fórmula del Estado de Derecho es un principio del cual se intentan apropiar distintas tendencias políticas, porque permite que el poder estatal esté al servicio de ciertos valores. El problema moderno del Estado de Derecho es su reducción a un concepto formal y jurídico, sin adaptarse a una sociedad en crisis, sometida a cambios y con desigualdad económica y social. Por tanto, se hace necesario superar el formalismo a través de la creación de un Estado material de Derecho. De ahí la importancia de la Ley Fundamental de Bonn, que tuvo el mérito de reestablecer los fundamentos éticos del orden jurídico y social sobre los cuales debe apoyarse todo Estado de Derecho, superando el formalismo positivista imperante.[504]

Lucas Verdú entiende que el Estado material de Derecho se puede conseguir de manera implícita o explícita. La formulación implícita se adquiere a través de la incorporación en el texto constitucional de expresiones éticas como dignidad humana, derechos, familia, matrimonio, entre otras, que convierten al orden constitucional en un Estado material de Derecho. Estas afirmaciones "culturales y éticas (...) son incompatibles con el relativismo y formalismo del Estado liberal de derecho." En cambio, la formulación explícita de un Estado material de Derecho es a través de la literalidad de la adjetivación del

---

interés del debate se da solo respecto al concepto de Estado social de Derecho, en el cual no existen matices significativos entre ellos.

504 LUCAS VERDÚ, *Estado liberal de Derecho y Estado social de Derecho...*, p. 76.

Estado de Derecho como Estado social.[505] En consecuencia, la opinión de Lucas Verdú en 1955 era que el Estado social era un Estado material de derecho que abandona su contenido formal, neutro e individualista, para establecer la justicia social.[506]

Posteriormente, en la década de 1960, la idea de Estado social que primó en la oposición al régimen franquista fue aquella que lo caracterizaba como una etapa intermedia para alcanzar el Estado democrático de Derecho, entendido éste como el orden democrático de la legalidad socialista. Este cambio más radical en la mirada del Estado social se aprecia desde la obra de Elías Díaz y, también, en la evolución del pensamiento de Lucas Verdú en este período.

La crítica de Elías Díaz proviene desde un socialismo democrático, que busca mostrar una suerte de camino alternativo hacia el socialismo, en el contexto de una economía de mercado, entre la socialdemocracia que ven entregada al capitalismo, y el "socialismo real" del Estado socialista. El socialismo democrático busca entonces distinguirse del concepto de socialdemocracia, rescatando de esta idea "su valoración positiva de las instituciones jurídico-políticas de la democracia representativa y, entre ellas, del Estado como vía de actuación y transformación hacia objetivos socialistas (aquí radicaría su diferencia esencial con el liberalismo progresista)", pero también reivindicar los métodos pacíficos de acción política, separándose de las posiciones de izquierda que legitiman la violencia como instrumento de participación.[507]

---

505 Lucas Verdú, *Estado liberal de Derecho y Estado social de Derecho…*, p. 69.

506 Lucas Verdú, *Estado liberal de Derecho y Estado social de Derecho…*, p. 80.

507 Díaz García, Elías (1988): "Socialismo democrático. Instituciones políticas y movimientos sociales", en *Revista de Estudios Políticos (Nueva época)*, número 62, p. 44.

Desde esta crítica de Elías Díaz, en la siguiente edición de su obra, en 1975, Lucas Verdú modificará su conclusión sobre el Estado social. En vez de señalar que el Estado social de Derecho "establece" la justicia social, ahora dirá que la "pretende", y que, por ello, "en las condiciones del capitalismo avanzado, la clase dominante ha optado por el Estado social de Derecho".[508] Este cambio de posición de la doctrina más influyente sobre la idea de Estado social en la época no es irrelevante para la concepción de esta forma de Estado, como tampoco lo fue en la redacción de la futura Constitución de 1978.

En la nueva interpretación de Lucas Verdú – motivada en nuestra opinión por la obra de Elías Díaz – el Estado social es una forma de Estado que pretende legalizar la sociedad neocapitalista, pero buscando el bienestar social. Se transforma, por tanto, en una etapa intermedia de búsqueda de la sociedad del bienestar. En esta línea, Elías Díaz planteaba que, en su intento por autocalificarse con adjetivos sociales, los países desarrollados occidentales capitalistas han comenzado a denominarse como *Welfare States* o Estados de bienestar, bajo el convencimiento que la nivelación tecnocrática de elementos superfluos de la vida significa el bienestar social. Esta simplificación interesada en la idea tecnocrática pone el énfasis en los medios y no los fines, en un esfuerzo por lograr una apariencia "neutrista" que cumple la función de evitar el pluralismo ideológico, ayudando así a conservar el predominio de la ideología dominante.[509]

Para Elías Díaz, la forma jurídica del Estado de bienestar se denomina Estado social.[510] Por ello es que su crítica al concepto incluye también reproches a las políticas asistencialistas. Aunque reconoce que el *Welfare State* ha mejorado la calidad de

---

508 LUCAS VERDÚ, *La lucha por el Estado de Derecho...*, p. 94.

509 DÍAZ GARCÍA, *Estado de Derecho y sociedad democrática*, edición de 1975, pp. 108-110.

510 DÍAZ GARCÍA, *Teoría general del Estado de Derecho*, p. 41.

vida de las personas, no es un sistema de bienestar democrático porque traspasa la desigualdad interna al plano internacional, a través de la explotación de los países pobre subdesarrollados, o países proletarios.[511] Además, porque mantiene las bases fundamentales del capitalismo: propiedad privada, economía de mercado, iniciativa económica privada, explotación del trabajo por el capital, y el lucro como motor del sistema.[512]

El Estado social como forma de Estado es un instrumento de crítica de dos elementos del capitalismo: el individualismo y abstencionismo del Estado. Sin embargo, la superación de ambos conceptos se realiza desde el mismo neocapitalismo, a través de la compatibilización de dos elementos: el capitalismo como forma de producción y la consecución de un bienestar social general, bajo una forma democrática.[513] Sin embargo, como el Estado social se desarrolla dentro del capitalismo utilizando sus instrumentos, no es posible que sea el estadio final de evolución del Estado de Derecho. El Estado social es en realidad una "pausa" en la lucha social, y no es la transformación estructural que requiere la obtención del bienestar general. El Estado social "surge tras enfrentamientos sociales con el intento de normativizar las reivindicaciones sociales sin necesidad de recurrir a la revolución. Dicho de otro modo: el Estado social de derecho es el fruto del acuerdo entre la derecha liberal 'civilizada' y el socialismo democrático 'responsable'."[514] Es solo una etapa de la vía occidental hacia la democracia y socialismo.

Por esto, no constituye fin del Estado social "el aumento y extensión de los seguros sociales, aunque esto sea un poderoso

---

511 Díaz García, *Teoría general del Estado de Derecho,* p. 42.

512 Díaz García, *Estado de Derecho y sociedad democrática,* edición de 1975, pp. 119-120.

513 Díaz García, *Estado de Derecho y sociedad democrática,* edición de 1975, p. 106.

514 Lucas Verdú, *La lucha por el Estado de Derecho,* p. 111.

medio, en una etapa transitoria, para obtener cierto grado de bienestar social".[515] Estas concesiones solo permiten neutralizar que el Estado social sigue albergando "residuos explotadores" que solo es posible superar en una nueva forma de Estado, "que armonice plenamente con la justicia social". [516] Esto se consigue en nueva forma de Estado denomina Estado democrático de Derecho. En esta etapa – superación del Estado social – el socialismo económico se impondrá al neocapitalismo, junto con la instauración de una democracia material y no solo formal.[517]

La superación del Estado abstencionista por el Estado social se manifiesta en una acción fuertemente intervencionista – y en este sentido, también es una crítica al parlamentarismo y su ineficacia[518] – en que se obtiene el bienestar social a través de una política de intensa presión fiscal redistributiva. En el Estado social, los impuestos no solo tienen un efecto recaudatorio, sino también redistributivo, como "medio para modificar socialmente la capacidad adquisitiva".[519]

En este período de transición a la sociedad del bienestar que es el Estado social, la propiedad privada no desaparece, pero sí deja de ser un derecho esencial,[520] porque el bien común requerirá su limitación o intervención profunda. Por otra parte, en el Estado social la libertad no se pierde, sino que se "transforma", porque ahora se ordena hacia el bien común. Esto no excluye el rol del sector privado, pero sí que existirá

---

515 LUCAS VERDÚ, *La lucha por el Estado de Derecho*, p. 144.

516 LUCAS VERDÚ, *La lucha por el Estado de Derecho*, p. 94.

517 DÍAZ GARCÍA, *Estado de Derecho y sociedad democrática*, edición de 1975, pp. 17, 39, 131-132.

518 DÍAZ GARCÍA, *Estado de Derecho y sociedad democrática*, edición de 1975, p. 97.

519 LUCAS VERDÚ, *La lucha por el Estado de Derecho*, pp. 103-104.

520 LUCAS VERDÚ, *La lucha por el Estado de Derecho*, p. 103.

un rol activo del Estado como agente económico. El rol del Estado en el Estado social es el ejercicio de su poder económico, a través de la planificación; esto es, la elección de prioridades económicos por la autoridad. Esta intervención continua e institucionalizada se ordena a través un programa de largo alcance. La planificación requiere, en su esencia, la prospección o previsión anticipada de los recursos para cumplir con los objetivos que persigue el Estado. De esta forma, se requiere una política financiera que determine los gastos públicos, instrumento que es el alma del Estado social, y que debe seguir "las observaciones que la ciencia financiera hace sobre estas cuestiones".[521]

Como mencionamos, en esta etapa de la idea de Estado social, éste es solo un estadio intermedio en la superación del capitalismo para alcanzar la forma de Estado final, que es el "Estado democrático de derecho". Para Elías Díaz, "el objetivo del Estado democrático de Derecho es justamente el de hacer realidad aquellas exigencias incumplidas: para ello, lo que se propone como base es la liquidación del sistema neocapitalista y el paso progresivo a un modo de producción socialista (que hoy debe saber armonizar planificación y autogestión para lograr un verdadero control colectivo de la economía)."[522]

Luego del Estado democrático de derecho solo queda el socialismo, pero éste solo será posible a través de un cambio drástico, o sea revolucionario, que afecte a las bases estructurales socioeconómicas, lo que por ahora no parece posible, y por tanto, parece más apropiado el Estado democrático de derecho como objetivo social. Para Elías Díaz, en cambio, el Estado democrático de Derecho es por definición aquel que se construye sobre una organización económica y e ideológica de carácter socialista, que "es la forma más correcta de llegar

---

521 LUCAS VERDÚ, *La lucha por el Estado de Derecho,* pp. 112-113.

522 DÍAZ GARCÍA, Elías (1977): "El Estado democrático de Derecho y sus críticos izquierdistas", en *Revista Sistema,* Nº 17-18, 1977, p. 56.

a la realización de una auténtica democracia". [523] Concluye el autor reconociendo que es normal que las medidas del Estado social produzcan alarma entre quienes mantienen privilegios que dependen, a su vez, de la mantención de la estructura social capitalista. El Estado social entrega seguridad jurídica a las nuevas conquistas sociales, pero genera otras desigualdades propias del neocapitalismo.

4.2.4. El Estado social como regulador y legitimador del poder estatal. Manuel García-Pelayo

Una mirada posterior, distinta a las anteriores e influyente en el debate de los años venideros, es la que presentó Manuel García-Pelayo. En 1974, García-Pelayo recogió la lectura del concepto de Estado social desde su faz transformadora, señalando que éste representa una superación de la estructura del Estado liberal y de la sociedad del "capitalismo maduro", pero con el objeto de aprovechar las posibilidades que ofrece el desarrollo cultural y tecnológico de la época industrial.[524] Esta interpretación no refleja la posición de "superación del capitalismo" que plantean Lucas Verdú y Elías Díaz, sino que propone el uso de dicho sistema económico como un instrumento del Estado. El componente social no puede desarrollarse si no es democráticamente, y el principio democrático es garantía que la orientación de la autoridad sea a los intereses sociales.[525]

---

[523] DÍAZ GARCÍA, *Estado de Derecho y sociedad democrática*, edición de 1975, p. 178.

[524] GARCÍA-PELAYO, Manuel (1980): "El Estado social y sus implicaciones", en GARCÍA-PELAYO, Manuel: *Las transformaciones del Estado contemporáneo* (Barcelona, Alianza), p. 19. En el original, García-Pelayo denomina *"hochkapitalismus"* al "capitalismo maduro".

[525] GARCÍA-PELAYO, Manuel (1980): "El Estado social y democrático de derecho en la Constitución española", en GARCÍA-PELAYO, Manuel: *Las transformaciones del Estado contemporáneo* (Barcelona, Alianza), p. 103.

La concepción del Estado social de García Pelayo tiene como rasgo más característico el propósito intervencionista, pero acentuando la idea del Estado como planificador y regulador, en que solo su acción de estructuración de la sociedad puede "neutralizar los efectos disfuncionales de un desarrollo económico y social no controlado."[526] En este sentido, los efectos negativos del mercado y su impacto en la sociedad requieren de la intervención reguladora del Estado, sin la cual no subsistiría, y por otra parte, el propio Estado no podría existir sin dicha reestructuración. [527]

El Estado social, en opinión de García-Pelayo, es la solución para la mantención de la propia sociedad y Estado. Dentro del sistema capitalista, el Estado social es un Estado gestor, enfocado en la justicia material y la procura existencial. Las políticas del Estado social se extienden a todas las clases sociales, y de este modo, dan estabilidad al sistema neocapitalista. De hecho, en su opinión, el Estado social bien podría denominarse "Estado democrático neocapitalista". Esta construcción permite, por tanto, reducir "la intensidad de la lucha de clases y de la energía revolucionaria de los partidos obreros"[528] Que un Estado social desemboque en el socialismo democrático es posible, pero no es necesario para que exista dicho Estado social.[529]

El rol del Estado social no se centra tanto en la titularidad formal de los medios de producción, sino en la más justa distribución de lo producido. El Estado social determina objetivos que puede accionar por sí mismo, pero también orienta

---

526 García-Pelayo, *El Estado social y sus implicaciones…*, pp. 18-19 y 23. En esto, García-Pelayo cita a Hans F. Ipsen en *Enteignung und Sozialisierung*, que revisamos anteriormente.

527 García-Pelayo, *El Estado social y sus implicaciones…*, p. 24.

528 García-Pelayo, *El Estado social y sus implicaciones…*, pp. 26-29.

529 García-Pelayo, *El Estado social y sus implicaciones…*, p. 66.

la acción privada. Una muestra de esto es la posibilidad de cumplimiento de funciones estatales a través de empresas privadas. Esta colaboración público-privada es denominada por García-Pelayo un *metasistema*, donde participan los sistemas públicos y privados, en que cada uno tiene finalidades complementarias. Respecto al objetivo de una distribución más justa de lo producido, ésta se lleva a cabo por la potestad fiscal del Estado.[530]

Finalmente, dos elementos fundamentales en la interpretación del Estado social de García-Pelayo. El primero es su visión del Estado social como factor de integración de la comunidad nacional. En esto, siguiendo a Huber – cuya opinión revisamos anteriormente -, García-Pelayo considera que la función característica del Estado social es producir la integración dentro de las condiciones de la sociedad industrial, con su pluralidad de grupos e intereses antagónicos, reduciendo los conflictos sociales a "contactos sociales", en que es posible llegar a acuerdos entre las distintas clases – a diferencia de la lucha de clases imperante hasta ese momento – y la posibilidad de ascenso social frente a la estratificación rígida del Estado liberal.[531]

El segundo elemento importante – que adelanta la discusión que veremos a continuación, sobre la "crisis del Estado social" – es considerar que el Estado social pone el foco de la legitimidad de la actuación del Estado en "la performance, la funcionalidad o la eficacia de su gestión", que deberá interactuar con la legitimidad democrática.[532]

---

530 GARCÍA-PELAYO, *El Estado social y sus implicaciones…*, pp. 25-36.

531 GARCÍA-PELAYO, *El Estado social y sus implicaciones…*, pp. 42-45.

532 GARCÍA-PELAYO, *El Estado social y sus implicaciones…*, p. 38.

4.3. EL CONCEPTO DE ESTADO SOCIAL DESDE LA CONSTITUCIÓN DE 1978

El siguiente período en el desarrollo del concepto de Estado social en España se construyó desde 1975, bajo un contexto económico y político distinto al anterior. Siguiendo un orden cronológico, el primer hito que marca este período es de carácter económico. El "milagro" que llevó a que el ingreso per cápita de los españoles en 1974 fuera un 360% superior al de 1950, llegó a su fin en 1973 por la crisis mundial del precio del petróleo. Una inflación anual de cerca del 20%, tasas de desempleo recientes, aumento del déficit de la balanza comercial, y una presión fiscal de más del 20% del PIB hacían difícilmente sostenibles las prestaciones del Estado social franquista, y menos aún la posibilidad de garantizar nuevos derechos o profundizar aquellos existentes.

El segundo hito del período comenzó con la muerte de Francisco Franco en noviembre de 1975, que inicia un proceso de cambio político en que la dictación de la Ley 1/1977, de 4 de enero, para la Reforma Política, elemento fundamental para la elección de las Cortes Generales, y con ello, el llamado del Rey para la aprobación de una nueva Constitución.

Finalmente, el tercer hito de este nuevo período es una respuesta al contexto económico, en paralelo a la discusión del texto constitucional, y son los Acuerdos sobre los programas de saneamiento y reforma de la economía y de actuación jurídica y política, llamados "Pactos de La Moncloa", suscritos en octubre de 1977 entre el gobierno de Adolfo Suárez (Centro Democrático y Social), los principales partidos políticos con representación parlamentaria, y el apoyo de principales asociaciones empresariales y sindicatos.

Mientras que el referéndum de la Ley para la Reforma Política fue esencial para dotar de una legitimidad democrática reforzada al proceso, los Pactos de La Moncloa, en el contexto de la transición política a la democracia, representan el marco político, social y económico sobre el cual se discutieron los principales nudos de la Constitución, todo ello bajo un contexto en que las finanzas públicas estaban sumamente limitadas para proveer los servicios y las prestaciones sociales que definían el perfil de un Estado moderno europeo.[533]

En este marco histórico, político y económica que el trabajo de los ponentes y la redacción final de la Constitución por las Cortes Generales incluyeron en el artículo 1 de su texto la constitución de España como un Estado "social y democrático de Derecho".

La propuesta inicial del Grupo parlamentario socialista decía que "España se constituye como Estado democrático de Derecho". Esto tiene sentido en el contexto que hemos reseñado previamente: los socialistas consideraban el Estado democrático como un paso hacia el socialismo – en esto, era sugerente el ejemplo de la República Democrática de Alemania. Aunque el texto de la ponencia comenzó a discutirse sobre la expresión "Estado democrático" terminó alterándose a "Estado democrático y social de derecho" buscando un sentido concreto.[534]

Gregorio Peces-Barba (PSOE) señaló que la inclusión del elemento social fue una proposición de Manuel Fraga (Alianza Popular – AP): "La primera formulación de este artículo 1.1 se presenta durante los primeros días del trabajo de la ponencia a finales de agosto de 1977, por el Grupo Socialista, y era del siguiente tenor: 'España se constituye como Estado Democrático de Derecho que propugna, como valor superior de su ordenamiento jurídico, la justicia, la libertad y la igualdad. (...) Este

533 DOMÍNGUEZ MARTÍNEZ, José Manuel (2017): "La crisis económica de los años 70 y los Pactos de la Moncloa", en *eXtoikos*, Nº 20, p. 19.

534 Minuta de la sesión de 25 de agosto de 1977, en *Revista de las Cortes Generales*, Nº 2, 1984, p. 257.

texto se adoptó como base de trabajo, y a propuesta del señor Fraga, apoyado por los ponentes de la UCD y el de la minoría catalana, señor Roca, se añadió al 'Estado democrático' el concepto 'social', y también los mismos propusieron que se añadiese el concepto de 'pluralismo político', lo que fue aceptado por unanimidad." [535] La fórmula definitiva, que altera el orden de los adjetivos "democrático" y "social" por "social y democrático" ocurrió el 5 de enero de 1978, en el anteproyecto presentado por la ponencia, como consta en el acta de dicha fecha.

Aunque no existen registros conocidos en las memorias de Manuel Fraga que confirmen lo señalado por Peces-Barba y hagan referencia a su propuesta de inclusión del adjetivo "social" en la forma de Estado, sí es posible encontrar referencias políticas suyas al concepto de Estado social antes de las elecciones a las Cortes de 1977. Por ejemplo, en el discurso de cierre de Manuel Fraga del Congreso de Reforma Democrática (integrante de Alianza Popular), de 29 de diciembre de 1976, señaló que "[n]o queremos un Estado formal de derecho, sino un Estado social de derecho; es decir, claramente orientado a la justicia social".[536]

En nuestra opinión, esta asociación a la propuesta de inclusión de Estado social a la obra de Alianza Popular, o las reminiscencias a la Ley de Sucesión en la Jefatura de Estado y al "Estado social" franquista, puede haber hecho que algunos primeros comentaristas consideraron como "típicamente

---

535 PECES-BARBA, Gregorio (1984): *Los valores superiores* (Madrid, Tecnos), p. 27. En el mismo sentido, PECES-BARBA MARTÍNEZ, Gregorio (1978): "La nueva Constitución española desde la filosofía del Derecho", en *Documentación Administrativa,* Nº 180, p. 25, nota marginal 13.

536 "Manuel Fraga: Queremos un Estado orientado a la justicia social", en *Pueblo,* 30 de diciembre de 1976.

conservadora" la idea de Estado social, [537] y con referencias implícitas a la doctrina social de la Iglesia Católica.[538]

Durante la discusión en las Cortes la mayoría de los parlamentarios consideraron que se trataba de una fórmula valiosa, aunque surgieron algunas críticas respecto a la necesidad de su explicitación en el texto. Distintos parlamentarios sostuvieron que la consagración del Estado social como forma de Estado era innecesaria, ya que dicho rol social "(...) se hace sin necesidad de decirlo, y resulta aleccionador que sean los países más atrasados en la vía de la democracia social los que se recreen en este tipo de declaraciones constitucionales, porque una vez más la palabra tienda a sustituir a la acción." [539] Por lo superflua de la declaración, consideraban que era una formulación que debería mantenerse en el preámbulo de la Constitución y no en su texto.[540]

Buscando dotar al concepto de Estado social de una función transformadora, el diputado Miquel Roca (Convergència Democràtica de Catalunya – CDC) – quien además fue parte de la ponencia – argumentaba que la fórmula "social" buscaba configurar en el texto constitucional "la voluntad de

---

537 GONZÁLEZ CASANOVA, José Antonio (1978): "Primera definición del Estado", en *Mundo Diario*, 12 de abril de 1978, citado por ALZAGA VILLAAMIL, Óscar (2016): *Comentario sistemático a la Constitución española de 1978* (Madrid, Marcial Pons), p. 69.

538 BASILE, Silvio (1981): "Los 'valores superiores', los principios fundamentales y los derechos y libertades públicas", en PREDIERI, Alberto, y GARCÍA DE ENTERRÍA, Eduardo (directores): *La Constitución española de 1978* (Madrid, Civitas), pp. 268.

539 HERRERO DE MIÑÓN, Miguel (Unión de Centro Democrático – UCD), Congreso de los Diputados, Comisión de Asuntos Constitucionales y libertades públicas, sesión N° 1, p. 2026.

540 BARRERA I COSTA, Heribert (Esquerra Republicana–ERC), Comisión de Asuntos Constitucionales y libertades públicas, sesión N° 4, 11 de mayo de 1978, p. 2163. Diario de sesiones N° 64.

transformación de las estructuras sociales.[541] Joan Reventós i Carner (Convergència Socialista de Catalunya) consideró con esta fórmula la Constitución permitía "la posibilidad legal de una transición democrática al socialismo (...) Si no ha sido posible incorporar en la Constitución los ideales y los proyectos del socialismo, sí ha sido posible introducir, al menos, las vías por las cuales puedan llegar los españoles, si aspiran a ello mayoritariamente, a construir una España socialista, libre, próspera y sin clases."[542]

Enrique Tierno Galván (Partido Socialista Popular) entendía que el concepto de Estado social y democrático de Derecho solo tiene sentido siguiendo la línea de su concepción que ha realizado el socialismo. De esta manera, lo "democrático" en la cláusula no es solo por sus instituciones parlamentarias, sino porque "la voluntad del pueblo puede llevar tan lejos el proceso que queda abierto el camino a cualquier ideología, incluida, claro es, la socialista." Por otra parte, "cuando se añade 'social' lo que se está haciendo es puntuar un término medio que indica que lo de democrático está más lejos y es alcanzable pasando por ese previo paso que es ese neutrogeneralizador social de tan difícil cualificación, incluso dentro de la rutina de los contextos admitidos."[543]

Dentro de las Cortes, el concepto de Estado social tuvo su mayor apoyo desde la Unión de Centro Democrático (UCD). En esta argumentación es notoria la coincidencia con los planteamientos de García-Pelayo sobre el contenido del Estado social. El grupo de la UCD entendía el Estado social como aquel

---

541 Roca Junyent, Miquel, Congreso, sesión 59, p. 2053.

542 Reventós i Carner, Joan, Sesión del Pleno del Congreso de los Diputados, sesión plenaria N° 43, 21 de julio de 1978, pp. 4596-4597. Diario de sesiones N° 116.

543 Tierno Galván, Enrique, Congreso de los Diputados, Comisión de Asuntos Constitucionales y libertades públicas, sesión N° 1, p. 2060.

"redistribuidor que corrige las disfuncionalidades sociales de las distribuciones primarias", que actúa a través de la política fiscal, los servicios sociales y los parámetros de la economía de mercado, y su objetivo es una creciente participación en los bienes materiales y culturales por los ciudadanos.[544] Ortí Bordás (independiente) puso como foco del Estado social la inclinación "hacia la justicia social y de poner a la libertad incardinada en una sociedad justa".[545] En el Senado, Luis Sánchez Agesta (senador real), citando la interpretación de Forsthoff del concepto – que consideraba como unánime en la doctrina –, entendía el Estado social como aquel que persigue "una justa y equitativa distribución de los bienes dentro de una comunidad.[546] También se caracterizó a la cláusula como un mandato al Estado para "producir una integración nacional transformadora de antagonismos sociales".[547]

Desde la centroderecha, Herrero de Miñón planteaba que la fórmula "es la consecuencia ineludible del Estado de Derecho a la altura de nuestros tiempos; es el Estado que no solo garantiza la libertad, sino que toma aquellas medidas que hacen posible esta libertad"; en particular, la actividad de tutela de los intereses de los sectores más desposeídos – donde incluye también la infancia, la vejez e incluso a los pequeños comerciantes e industrias.[548]

---

544 PÉREZ PUGA, David, Senado, sesión 39, p. 1571-1572.

545 ORTÍ BORDÁS, José Miguel, Comisión de Asuntos Constitucionales y libertades públicas, sesión Nº 4, 11 de mayo de 1978, p. 2166. Diario de sesiones Nº 64.

546 SÁNCHEZ AGESTA, Luis, Senado, sesión 39, p. 1569-1570.

547 PÉREZ PUGA, David, Sesión Plenaria del Senado Nº 32, 25 de septiembre de 1978, p. 2876, diario de sesiones Nº 58.

548 HERRERO DE MIÑÓN, Miguel, Congreso de los Diputados, Comisión de Asuntos Constitucionales y libertades públicas, sesión Nº 1, p. 2026.

Una crítica adicional al concepto fue que se utilizara el concepto de Estado social argumentando a favor su uso por la Ley Fundamental de Bonn, siendo que ésta había sido redactada en un contexto de post guerra, distinto al español, y más importante aún, hace 30 años atrás. En efecto, si término "social" tiene muchas connotaciones y de ellas es ser un correctivo del orden liberal, formalista e individual, también se había utilizado bajo una concepción organicista y corporativista, como ocurrió en el régimen franquista y en el de Oliveira Salazar en Portugal, que hemos mencionado anteriormente. En cualquier caso, reflejaba una fórmula de compromiso históricamente superada, y en cambio, parecía más correcto el uso exclusivo de la forma de Estado democrático de Derecho.[549]

Más allá de estas interpretaciones, la mayoría de los diputados y la doctrina de la época le otorgó importancia a la cláusula desde distintas miradas, como veremos a continuación.

4.3.1. El orden de los elementos en la fórmula Estado social y democrático

Un primer punto para la interpretación de la cláusula fue el orden de los elementos dentro de la cláusula de Estado social y democrático de Derecho. De la lectura de la doctrina del período, resulta claro que los ponentes tenían presente el sentido del orden que se incluían los conceptos en relación con el contenido que propugnaba el socialismo para la cláusula de Estado social en ese momento.[550]

---

549 Barrera i Costa, Heribert, Comisión de Asuntos Constitucionales y libertades públicas, sesión N° 4, 11 de mayo de 1978, p. 2163. Diario de sesiones N° 64; Ollero Gómez, Carlos, enmienda 598, p. 256, y Senado, sesión 39, pp. 1567-1568.

550 Esto queda claro de las notas de prensa del período; por ejemplo, Lucas Verdú, Pablo (1978): "Afirmaciones políticas y definiciones constitucionales / 1", en *Diario El País,* 18 de enero de 1978.

Lucas Verdú mencionó que “la adición Estado social de Derecho y Estado democrático de Derecho es resultado del compromiso social *ucedista*. (...) los autores del Anteproyecto han preferido, debido a la composición de fuerzas en las Cortes, reflejadas en la proporción del número de los ponentes, fijar una fórmula aditiva: Estado social (en parte liberal) de Derecho más Estado democrático de Derecho antes que llegar a una síntesis, cualitativamente superior, que caracteriza a los dos momentos anteriores, la cual se expresaría como Estado democrático de Derecho.”[551]

Comentando el orden de los elementos de la cláusula de Estado social y democrático en el artículo 1, Gregorio Peces-Barba consideraba como innecesaria la inclusión del calificativo “social”, porque éste se encuentra contenido en el elemento democrático – lo que es consistente con la propuesta que hizo el Grupo Socialista en la ponencia, como revisamos anteriormente. A su vez, Peces-Barba identificaba en el Estado social la forma más avanzada de Estado, como la culminación del Estado social que, a su vez, es la superación del Estado liberal. Sobre esto, resulta clarificador su siguiente afirmación: “la calificación del Estado de Derecho como ‘democrático’ da un sentido progresivo a este concepto, que, sin embargo, como antes decía, se ve oscurecido con el calificativo ‘social’, que además de la razón de que supone una etapa anterior en la evolución histórica del Estado de Derecho puede tener una interpretación no técnica, pero sí política, que desvirtuaría su sentido al colocar sucesivamente los términos social y democrático.”[552] Es decir, para

551 LUCAS VERDÚ, Pablo (1978): "El Título I del Anteproyecto constitucional (la fórmula política de la Constitución)", en CENTRO DE ESTUDIOS CONSTITUCIONALES: *Estudios sobre el proyecto de Constitución* (Madrid, Centro de Estudios Constitucionales), p. 13.

552 PECES-BARBA MARTÍNEZ, Gregorio (1978): “La nueva Constitución española desde la filosofía del Derecho”, en *Documentación Administrativa,* N° 180, pp. 25-26.

Peces-Barba, el orden de los adjetivos sí tiene relevancia, porque su interpretación está anclada a la visión que se tenía en ese momento – citando a Díaz y Lucas Verdú – del Estado democrático identificado como un paso hacia el Estado socialista.[553]

Esta interpretación coincide con la postura socialista en las Cortes – como vimos, la de Tierno Galván –, pero también es la posición de la primera propuesta de redacción que hizo el socialismo a la forma de Estado, que usan la expresión "Estado democrático de Derecho", sin mención al elemento social. En la idea de los sectores de izquierda, el elemento democrático era lo más importante y transformador en la sociedad española, y al contrario, la expresión "social" se encontraba cargada del "neocapitalismo" que pretendían combatir.[554] Para salvar su posición, interpretaron que al dejar al final de la frase el adjetivo "democrático", éste era un estadio superior de la sociedad y la meta a la cual se debía transitar; en suma, el Estado social era el paso anterior al Estado democrático de Derecho, el cual ahora se convierte en meta por aplicación del artículo 9.2.[555]

4.3.2. El concepto de Estado social como fórmula de compromiso

La Constitución española fue calificada prontamente como una constitución de consenso, pacto o transacción constitucional, convenido por una representación amplia de fuerzas políticas, rica en normas con "declaraciones satisfactorias para el

---

553 LUCAS VERDÚ, *Afirmaciones políticas y definiciones constitucionales / 1.*

554 DÍAZ GARCÍA, *Estado de Derecho y sociedad democrática...*, edición de 1975, p. 121.

555 DÍAZ GARCÍA, *Estado de Derecho y sociedad democrática...*, edición de 1975, p. 131; LUCAS VERDÚ, *El Título I del Anteproyecto constitucional...*, p. 13; LUCAS VERDÚ, *Dimensión axiológica de la Constitución...*, p. 119.

máximo de partes en presencia".[556] Dentro de estos elementos de consenso se encontraba la cláusula de Estado social.

En primer lugar, la discusión en las Cortes sobre el concepto de Estado social fue escasa en comparación con otras normas del texto de la Constitución, lo que a nuestro entender es reflejo de su naturaleza compromisoria. En las actas de la ponencia se registró que la redacción de la cláusula en el artículo 1 representó un "texto transaccional" entre las fuerzas políticas.[557] Durante el debate en las Cortes, se consideró al Estado social como una norma que recoge las tradiciones de la filosofía del Derecho y del Estado más reciente, al vincular el ordenamiento jurídico con la realización de determinados valores.[558] Los ponentes también eran conscientes que la fórmula tenía un desarrollo doctrinal en España y Europa que acarreaba discusiones políticas complejas sobre el rol del Estado y los sistemas económicos, pero confiaban que estas "agudas polémicas" de interpretación "serán básicamente (...) academicistas, polémicas profesorales (...). [L]a fórmula, desde luego, no supone ningún riesgo, ninguna amenaza de alteración de la convivencia civil pacífica de los españoles en torno a la interpretación, alcance y dimensión de tales conceptos."[559]

---

556 MARTÍNEZ CUADRADO, Miguel (1981): "La Constitución española de 1978 en la historia del constitucionalismo español", en PREDIERI, Alberto, y GARCÍA DE ENTERRÍA, Eduardo (directores): *La Constitución española de 1978. Estudio sistemático* (Madrid, Civitas), pp. 26-27.

557 Minuta de la sesión de 25 de agosto de 1977, en *Revista de las Cortes Generales*, N° 2, 1984, p. 257.

558 PECES-BARBA, Gregorio, Comisión de Asuntos Constitucionales y libertades públicas, sesión N° 4, 11 de mayo de 1978, p. 2171. Diario de sesiones N° 64.

559 CISNEROS LABORDA, Gabriel, Comisión de Asuntos Constitucionales y libertades públicas, sesión N° 4, 11 de mayo de 1978, p. 2176. Diario de sesiones N° 64.

En algunas intervenciones – en particular, de los miembros de partidos de izquierda en las Cortes Generales – se dejó de manifiesto que la cláusula de Estado social fue, finalmente, un compromiso de los partidos durante la ponencia. Juan María Bandrés Molet argumentó que el grupo socialista hubiera con gusto querido que la frase fuera que "El Estado se constituye como un Estado socialista y democrático de Derecho", pero sabían que no sería posible "por realismo político".[560] Tierno Galván vio en la expresión "social y democrático" una "defensa de clase", que buscaba matizar la función transformadora de la cláusula y la posibilidad que llevase al socialismo.[561] Francisco Letamendía (Euskadiko Ezkerra) agregaba que eran conscientes que "vivimos en una sociedad capitalista, y de que sería demagógico e irreal que la Constitución contuviera fórmulas exclusivamente socialistas. Pero sí debemos exigir que estas formulaciones sean lo bastante ambiguas como para valer tanto para una sociedad capitalista como para una sociedad socialista."[562]

Comentando los alcances de la fórmula de Estado social durante la discusión constitucional, Lucas Verdú lo calificó como un Estado social "convertido en un espejismo que buscara contentar a centristas y socialistas, que no significa progreso alguno".[563] Alzaga Villaamil vio tempranamente en la cláusula

---

560 Bandrés Molet, Juan María, Comisión de Constitución del Senado, 18 de agosto de 1978, p. 1567. Diario de sesiones N° 1.

561 Tierno Galván, Enrique, Comisión de Asuntos Constitucionales y libertades públicas, sesión N° 1, 5 de mayo de 1978, p. 2060. Diario de sesiones N° 59.

562 Letamendia Belzunce, Francisco, Comisión de Asuntos Constitucionales y libertades públicas, sesión N° 2, 8 de mayo de 1978, p. 2085. Diario de sesiones N° 60.

563 Lucas Verdú, *El Título I del Anteproyecto constitucional (la fórmula política de la Constitución)...*, pp. 12-13. Es interesante que desde esta obra que Pablo Lucas Verdú comienza a calificar el Estado social

una fórmula de "realista transacción" entre la tradición demo-liberal y socialista, como un intento de superación de la etapa de lucha de clases de los años '70.[564] Para Basile, el Estado social "es una fórmula indefinible, y tendrá el sentido que le den los hechos".[565] La vaguedad o imprecisión de la fórmula fue valorada por "permitir el uso alternativo del Derecho, dependiendo la interpretación progresiva o no del texto constitucional del contexto político en que tenga lugar".[566] Gregorio Peces-Barba reconoció que el concepto de Estado social "no es unívoco, ni tampoco carece de ambigüedad o, al menos, de diferentes interpretaciones".[567]

Otros autores señalaron que la cláusula de Estado social se trataba de una formulación que apuntaba a ser una constitución "socialdemócrata", cuyos efectos dependerán de su interpretación futura.[568] Jordi Solé i Tura recalcaba su satisfacción por haberse adoptado un sistema abierto, susceptible de transformaciones dentro del propio marco constitucional, que permita llegar hacia "objetivos de transformación social profunda,

---

como una "creación" de Hermann Heller, y luego, de un "proyecto utópico" del autor alemán. LUCAS VERDÚ, Pablo (1983): "Estado de Derecho y justicia constitucional. Aspectos históricos, ideológicos y normativos de su interrelación", en *Revista de Estudios Políticos,* Nº 33, p. 13.

564 ALZAGA VILLAAMIL, *Comentario sistemático a la Constitución...*, p. 69.

565 BASILE, *Los 'valores superiores', los principios fundamentales y los derechos y libertades públicas...* pp. 266-267.

566 CENTRO DE ESTUDIOS CONSTITUCIONALES (1978): *Estudios sobre el proyecto de Constitución* (Madrid, Centro de Estudios Constitucionales), p. 27; DE ESTEBAN, Jorge, y LÓPEZ GUERRA, Luis (1980): *El régimen constitucional español* (Barcelona, Labor) volumen I, p. 313.

567 PECES-BARBA, *Los valores superiores...*, p. 58.

568 GASTÓN SANZ, Emilio, Comisión de Asuntos Constitucionales y libertades públicas, sesión Nº 2, 8 de mayo de 1978, p. 2089. Diario de sesiones Nº 60.

dentro de la perspectiva que nosotros denominamos la democracia política y social y, evidentemente, del socialismo".[569] López Aranguren comentaba que "la palabra 'social' se introduce cuantas veces se pueda", lo que hace a la Constitución "discretamente socializante", y dejando lugar a la posibilidad de medidas legales socializadoras.[570]

De Otto calificó al Estado social como una norma de programación final; esto es, una disposición constitucional que no da respuesta a una situación de hecho, sino que mandata el logro de un fin. Esto es lo que dificulta la comprensión del contenido de la obligación del Estado, pero a su vez, lo que permite que la autoridad – en este caso, el legislador – tenga un amplio margen de discrecionalidad para su cumplimiento.[571] Aparicio Pérez la interpretó como una formulación "que encierra dentro de sí una serie de elementos complementarios de origen diverso. (…) [L]os adjetivos fueron negociados duramente hasta llegar a esta definición sintética", aunque la voz social tiene un sentido "vago e inconcreto", más apegado al corporativismo que a la visión de Hermann Heller".[572]

Pérez Luño criticó la redacción por establecer una continuidad entre el Estado social y el democrático que es contraria a la teoría y a la práctica, porque el Estado social es una "realidad operativa" en la estructura capitalista, y el Estado democrático en cambio es el "corolario del socialismo humanista y democrático". No es posible que ambos existan en conjunto con la

---

569 Solé i Tura, Jordi (1978): "La Constitución de 1978 desde el punto de vista comunista", en *Documentación Administrativa,* N° 180, p. 54.

570 López Aranguren, José Luis (1978): "La esencia del suarismo y su reflejo en la Constitución", en *Diario El País,* 17 de febrero de 1978.

571 De Otto Pardo, Ignacio (1988): *Derecho Constitucional. Sistema de fuentes* (Barcelona, Ariel), pp. 42-47.

572 Aparicio Pérez, Miguel Ángel (1980): *Introducción al sistema político y constitucional español (la Constitución de 1978)* (Barcelona, Ariel), p. 62.

vigencia de la Constitución porque el Estado democrático no ha sido logrado en el mundo, salvo en países con una "eficacia efímera y trágicamente cercenada en las denominadas 'vías checa y chilena al socialismo'". La única explicación para "los equívocos, ambigüedades y contradicciones técnicas" es que no son casuales, "sino que se hallan en estrecha dependencia con la peculiaridad de las condiciones en que se ha desarrollado el proceso constituyente".[573]

De Cabo Martin sostuvo que el Estado social representa, en principio, el fin de la "armonía espontánea del mercado" como elemento básico del Estado liberal. Sin embargo, su formulación en el texto constitucional cometió el error de utilizar los mecanismos del sistema capitalista para su funcionamiento. Esto significa "la aceptación de la lógica de mercado, la inexistencia de una política de clase y la aceptación de la lógica de la internacionalización del capital." [574] Con esto, el Estado social de la constitución de 1978 es simplemente un Estado liberal de Derecho escasamente socializado, bajo las superestructuras

---

573 PÉREZ LUÑO, Antonio (1979): "Estado de Derecho y derechos fundamentales", en CASCAJO CASTRO, José Luis; DE CASTRO CID, Benito; GÓMEZ TORRES, Carmelo; PÉREZ LUÑO, Antonio: *Los derechos humanos. Significación, estatuto jurídico y sistema. Anales de la Universidad Hispalense* (Sevilla, Publicaciones de la Universidad de Sevilla) pp. 161-162. En la opinión actual de Pérez Luño, no es posible entender una lectura de la cláusula como la propuesta por Elías Díaz, sino que la cláusula de Estado social debe entenderse como "fruto de un laborioso consenso o, mejor, compromiso político", y por tanto, "la búsqueda de la pretendida «interpretación auténtica» del precepto no puede reposar unilateralmente en la postura de una de las concepciones políticas en liza sino, precisamente, en la resultante del acuerdo alcanzado." PÉREZ LUÑO, *Derechos Humanos, Estado de Derecho y Constitución...*, p. 242.

574 DE CABO MARTIN, Carlos (1986): *La crisis del Estado social* (Barcelona, Promociones Publicaciones Universitarias), pp. 19, 74-75 y 80-81.

jurídico-políticas de la sociedad neocapitalista.[575] Más recientemente, Guillermo Escobar Roca ha señalado que la cláusula de Estado social es "fruto de un auténtico pacto constituyente, revelador de un consenso entre izquierda y derecha".[576]

4.3.3. El contenido de la fórmula de Estado social

Siguiendo a Santamaría Pastor, podemos distinguir dos formas de interpretación de la cláusula de Estado social en la Constitución de 1978. Una, asociada a la búsqueda de descripción de su contenido, y la otra, que intenta comprender los efectos prescriptivos o normativos de la expresión.[577] Para Aragón, el Estado social no es una forma de Estado propiamente tal, sino que una modalidad del Estado democrático que buscar acentuar la orientación de sus fines. El Estado social "no significa un modo específico de "ser" del Estado, sino una manera de "actuar" por parte del poder público.[578]

De acuerdo con Parejo, el elemento "social" tuvo por objeto preservar la armonía de la colaboración entre Estado y sociedad, sin pretender absorber los fines de interés general.[579]

---

575 Lucas Verdú, *El Título I del Anteproyecto constitucional...*, pp. 12-13. Es interesante que desde esta obra que Lucas Verdú comienza a calificar el Estado social como una "creación" de Hermann Heller, y luego, de un "proyecto utópico" del autor alemán.

576 Escobar Roca, Guillermo (2012): "El Estado social como principio constitucional: quince tesis", en Varios autores: *Constitución y democracia: ayer y hoy. Libro homenaje a Antonio Torres del Moral* (Madrid, Editorial Universitas), volumen I, p. 479.

577 La distinción es propuesta por Santamaría Pastor, *Fundamentos de derecho administrativo I*, p. 227.

578 Aragón Reyes, Manuel (2013): *Estudios de Derecho Constitucional* (Madrid, Centro de Estudios Políticos y Constitucionales), pp. 409-422 y 556.

579 Parejo Alfonso, Luciano (1995): *Eficacia y Administración. Tres estudios* (Madrid, Instituto Nacional de Administración Pública) p. 32.

De esta manera, el Estado social supone una interpenetración entre Estado y sociedad que no es unidireccional – es decir, no busca solo legitimar el intervencionismo –, sino bidireccional, incluyendo una mayor participación ciudadana, individual y colectiva, en la acción pública. [580]

Para Garrorena, el adjetivo social significa un mandato a los poderes públicos para "optar siempre, entre las alternativas a que se enfrenten, por la solución que comporte un mayor grado de solidaridad social". La cláusula de Estado social configura así una presunción de responsabilidad pública en materia de prestaciones sociales.[581]

Luis Jimena Quesada critica la visión sobre una cláusula excesivamente "maleable" o "dúctil" en su desarrollo y ejercicio por los poderes públicos, por considerar que dicha flexibilidad conduce a su deformación "hasta el punto de hacer pender de un hilo el consenso constitucional tejido durante estas últimas décadas", por lo que debe tener algún sustrato permanente, susceptible de resistencia, y razonablemente maleable por los poderes públicos.[582] Para Escobar Roca, aunque se trata de una norma con un contenido que admite variadas concepciones, el Estado social es un instrumento al servicio de un fin, que es la justicia social concretizada en la satisfacción de un mínimo vital. La consecución de igualdad por este hecho es una consecuencia de lo anterior.[583]

José María Rodríguez de Santiago señala que el Estado social es una norma "que contiene la decisión valorativa de rechazo

---

580 COSCULLUELA MONTANER, Luis (2016): *Manual de derecho administrativo* (Madrid, Thomson Reuters), p. 29.

581 GARRORENA MORALES, *El Estado español...*, pp. 101-102.

582 JIMENA QUESADA, Luis (2017): *Devaluación y blindaje del Estado social y democrático de Derecho* (Valencia, Tirant Lo Blanch), p. 16.

583 ESCOBAR ROCA, *El Estado social como principio constitucional: quince tesis...*, p. 479.

del Estado 'neutral en las cuestiones sociales'", y que su objetivo de justicia social se consigue a través de la actuación del individuo junto al Estado y la interacción entre ellos, la familia y la sociedad. Sin embargo, sigue siendo responsabilidad primaria del individuo, en una sociedad libre, sufragar y atender a sus propias necesidades. [584]

4.3.4. El Estado social y su vinculación con el artículo 9.2 de la Constitución

Respecto al contenido de la cláusula del Estado social, su interpretación replicó las distintas visiones que existían antes de su incorporación en la Constitución de 1978, pero esta vez, con un antecedente adicional en su texto: el nuevo artículo 9.2, que mandata "a los poderes públicos a promover las condiciones para que la libertad y la igualdad del individuo y de los grupos en que se integra sean reales y efectivas; remover los obstáculos que impidan o dificulten su plenitud y facilitar la participación de todos los ciudadanos en la vida política, económica, cultural y social" se entendió desde temprano como uno de los complementos fundamentales del Estado social. Alzaga Villaamil, en su comentario de 1978 a la Constitución, señalaba que esta norma, que "no ha merecido especial atención por parte de la prensa y de las fuerzas políticas en juego, sin duda será uno de los más estudiados por los futuros exégetas de nuestra Constitución".[585]

Este artículo se encuentra claramente inspirado en el texto del artículo 3.2 de la Constitución italiana de 1948, que ya comentamos, y su inclusión fue iniciativa de Gregorio Peces-Barba.

---

584 Rodríguez de Santiago, *La Administración del Estado social...*, p. 18.

585 Alzaga Villaamil, Óscar (1978): *Comentario sistemático a la Constitución española de 1978* (Madrid, Ediciones del Foro), p. 134.

De ahí que las primeras lecturas de este artículo vieron en su contenido, en el marco de una Constitución de consenso, como la "cláusula de transformación social",[586] o al menos, la habilitación para un texto "socializable" y socialmente progresivo.[587] El elemento de igualdad en esta norma se entendió como una remoción de los obstáculos de la estructura del poder económico capitalista, "la cual debiera ser objeto de una reforma en profundidad".[588] Como señaló Elías Díaz comentando la norma, "hacer real la libertad y la igualdad – como dispone y exige el artículo 9.2 – es, sin duda, la mejor síntesis de los principales objetivos del socialismo democrático y permite, creo, avanzar – con la Constitución en la mano –hacia esa utopía, aquí auspiciada, del Estado democrático de Derecho."[589]

La fórmula en su momento también tuvo críticos. Óscar Alzaga planteaba que aunque "la voluntad del promotor de la idea y de su Grupo Parlamentario ha sido enteramente progresiva (…) en la práctica, esta afirmación constitucional debe ser interpretada como una fórmula retórica de las que el Derecho constitucional no suele estar precisamente escaso, pues su aplicación literal llevaría a las más absurdas consecuencias que desde luego ningún grupo político, al menos de los presentes en las Constituyentes, pretenden."[590]

---

586 LUCAS VERDÚ, Pablo (1997): "Dimensión axiológica de la Constitución", en *Anales de la Real Academia de Ciencias Morales y Políticas,* Nº 74, p. 129.

587 DE ESTEBAN y LÓPEZ GUERRA, *El régimen constitucional español,* pp. 313-315; 338 y 348.

588 DE JUAN ASENJO, *La Constitución Económica española…*, p. 75.

589 DÍAZ GARCÍA, Elías (1981): "El Estado democrático de Derecho en la Constitución española de 1978", en *Sistema,* Nº 41, p. 86

590 ALZAGA VILLAAMIL, *Comentario sistemático a la Constitución española de 1978…*, p. 135.

El avance del tiempo fue moderando las posturas transformadoras y también aquellas que venían en la norma una mera formulación retórica, interpretándose en la actualidad el artículo 9.2 como un refuerzo de la legitimidad de las intervenciones correctoras del Estado en la economía, más que una efectiva transformación social.[591] Asimismo, se recalca que la norma entrega un mandato a los poderes públicos para promover condiciones tanto de libertad como de igualdad, por lo que una lectura enfocada exclusivamente en uno de los planos no resulta concordante con el texto de la Constitución. Para Parejo, el contenido del artículo 9.2 significó una primera concreción del Estado social como principio jurídico que expresa la determinación constitucional de un deber jurídico y efectivo.[592] Francisco Rubio Llorente valoraba esta norma como uno de los componentes básicos de la noción de Estado social.[593]

La eficacia del artículo 9.2 como mandato de reducción de la desigualdad y la justicia social para todos los poderes públicos tiene límites. Así, para Pérez Luño, en el Estado social son perfectamente legítimas las acciones positivas dirigidas a garantizar la igualdad real de los ciudadanos, pero no es admisible la discriminación positiva, por significar una forma de discriminación que, pese a sus justificaciones, no evita que al ejecutarla se produzcan nuevas discriminaciones para terceros.[594]

Que el artículo 9.2 no haya desarrollado la potencialidad “transformadora” que esperaba una parte del espectro político

---

591 En este sentido, Basile, *Los 'valores superiores'...*, pp. 270 y 276.

592 Parejo Alfonso, Luciano (2021): *Lecciones de Derecho Administrativo* (Valencia, Tirant Lo Blanch), p. 139.

593 Rubio Llorente, Francisco (1997): *La forma del poder (Estudios sobre la Constitución)* (Madrid, Centro de Estudios Constitucionales), p. 268.

594 Pérez Luño, Antonio (2007): *Dimensiones de la igualdad* (Madrid, Dykinson), p. 117.

y académico no significa disminuir su relevancia dentro de la comprensión del Estado social. Al contrario, se ha consolidado como una de las normas más utilizadas tanto por la doctrina y también por la jurisprudencia del Tribunal Constitucional para la interpretación de la cláusula de Estado social y su vinculación con otros derechos fundamentales, como veremos más adelante.

4.3.5. Los efectos normativos de la cláusula de Estado social

El principal desafío de la cláusula de Estado social en la lectura española del período – al igual que en Alemania en 1948 – era la derivación de sus efectos preceptivos. Tempranamente se estimó que el adjetivo social tiene un valor hermenéutico de todo el ordenamiento jurídico, y para toda la sociedad. Sin embargo, para comprender el sentido de dicho efecto interpretativo, se necesita dotar de un contenido mínimo normativo de la cláusula, lo que para la doctrina se alcanza a través de una interpretación sistemática de la Constitución. [595] Un elemento fundamental en esto es el artículo 9.2, que interpretado en conjunto con la idea de Estado social convirtió a la cláusula en un mandato expreso a los poderes públicos – en particular, al legislador – de configuración social para hacer realidad la libertad e igualdad de las personas.

La idea de Estado social encuentra también su desarrollo en el reconocimiento de derechos fundamentales en cuanto derechos subjetivos garantizados, y su distinción de aquellos derechos que requieren necesariamente de un desarrollo legislativo para su aplicación, que la Constitución española denomina como principios rectores del orden económico y social.[596] Esta

---

595 ARAGÓN REYES, *Estudios de Derecho Constitucional...*, p. 422.

596 DE LA QUADRA-SALCEDO JANINI, Tomás (2022): *Los derechos fundamentales económicos en el Estado social* (Madrid, Marcial Pons), p. 19.

distinción entre ambos conceptos es atribuida a una propuesta de Herrero de Miñón, como un intento de distinguir el carácter normativo de los principios y derechos que se estaban consagrando en el texto del proyecto, al separar "los límites del poder de los objetivos, algunos poco precisos, que se asignan a ese poder".[597]

En la discusión de la norma en las Cortes, señaló que "[l]os principios rectores, tal como se esbozaron muy defectuosamente en la Constitución del 31, se acuñaron en la irlandesa del 37 y se difundieron a partir de la birmana de 1948; son exclusivamente unos valores que deben inspirar al legislador, pero que no pueden ser alegados ante los tribunales para impugnar la constitucionalidad de una norma ni para pedir la tutela de un derecho."[598] La conciliación entre la justiciabilidad de los derechos y los principios rectores materializó, en opinión de Garrido Falla, el compromiso del Estado social por la mantención de las estructuras del Estado liberal .[599]

Aunque la cláusula de Estado social fue interpretada junto con el mandato del artículo 9.2 hacia todos "los poderes públicos", la mayoría de la doctrina ha entendido que la fórmula de Estado social se concreta, primeramente, por la actuación del legislador.[600] De la cláusula de Estado social no

---

597 Herrero de Miñón, Miguel (1993): *Memorias de estío* (Madrid, Temas de Hoy), pp. 146-147.

598 Diario de sesiones del Congreso de los Diputados, Nº 59, de 5 de mayo de 1978, p. 2026.

599 Garrido Falla, Fernando (1980): "Artículo 1", en Garrido Falla, Fernando; Cazorla Prieto, Luis; Entrena Cuesta, Rafael; Entrena Cuesta, Ramón; Gálvez Montes, Francisco Javier; Recorder de Casso, Emilio; Santamaría Pastor, Juan; Santaolalla López, Fernando, y Serrano Alberca, José: *Comentarios a la Constitución* (Madrid, Civitas), p. 28.

600 En este sentido, Lucas Verdú, *El Título I del Anteproyecto constitucional...*, p. 12; Aragón Reyes, Manuel (1995): *Libertades económicas y*

cabe derivar exigencias organizativas, sino cumplimiento de fines, al ser un principio material y no una regla de actuación, aunque sí se estima que requiere que el Estado asuma "tareas de regulación, configuración y control social" ,[601] bajo el marco de los derechos fundamentales que garantiza el texto constitucional. Sin embargo, "no impone, por sí mismo, el establecimiento de órganos determinados ni exige modalidades específicas de composición y funcionamiento de determinados órganos públicos, aunque ambas posibilidades pueden ser obra del legislador."[602] Para la consecución de los fines del Estado social, como cláusula de compromiso, el Parlamento puede adoptar distintas alternativas para el orden económico y social, en el marco que entrega la Constitución, con un amplio margen de actuación.[603]

Como apunta De La Quadra-Salcedo, "esta amplia remisión al legislador para que sea él quien desarrolle y promueva muchos de los valores y principios que conforman el referido Estado social no significa que en su labor normativa este no se encuentre sometido a escrutinio, pues indudablemente el legislador se encuentra vinculado por aquellos. Pero una cosa es considerar que los principios y valores que caracterizan el Estado social puedan ser vinculantes para el legislador

---

Estado social (Madrid, McGraw-Hill), p. 126-127; JIMENA QUESADA, *Devaluación y blindaje del Estado social y democrático de Derecho...*, p. 15. En este punto es notorio el cambio en la posición de Lucas Verdú, ya que al interpretar la cláusula de Estado social en la Ley Fundamental la entendía como derecho inmediatamente vigente a la legislación, a la Administración y a los tribunales de justicia. LUCAS VERDÚ, *Estado liberal de Derecho y Estado social de Derecho...*, p. 70.

601 GARCÍA DE ENTERRÍA, Eduardo, y FERNÁNDEZ, Tomás-Ramón (2008): *Curso de derecho administrativo* (Madrid, Civitas), tomo II, p. 457.

602 ARAGÓN REYES, *Estudios de Derecho Constitucional...*, p. 422.

603 PAREJO ALFONSO, *Lecciones de Derecho Administrativo...*, p. 139.

y otra considerar que aquellos valores y principios, que no se reconozcan como derechos fundamentales, sean directamente aplicables sin intermediación legislativa alguna, derivando de tales principios y valores derechos subjetivos de los ciudadanos."[604]

Finalmente, en la declaración de constitucionalidad de la ley es donde la doctrina ha reconocido que el concepto de Estado social adquiere su mayor vigor normativo. En este caso, la cláusula produce un efecto negativo – en cuando sirve de criterio para la declaración de inconstitucionalidad de la ley –, pero no en su sentido positivo – es decir, su aplicación no puede resultar en la imposición al legislador de conductas conducentes a cubrir omisiones en materia social.[605]

Como se aprecia, en la interpretación de los efectos normativos de la cláusula de Estado social no hay un compromiso con un resultado en particular, sino con una forma de actuación. La cláusula de Estado social no es, por tanto, un Estado de bienestar,[606] y las prestaciones materiales no son de la esencia de éste,[607] sino una "exigencia de realización inmediata y plena, sino solo relativa e históricamente factible". La igualdad material postulada por el Estado social de derecho debe traducirse en igualdad de oportunidades, pero no en igualdad

---

604 De la Quadra-Salcedo Janini, *Los derechos fundamentales económicos en el Estado social...*, p. 16.

605 Garrorena Morales, *El Estado español como Estado social y democrático de derecho,* pp. 99-104; Santamaría Pastor, *Fundamentos de Derecho Administrativo I...*, p. 231.

606 Identificándolos directamente, por ejemplo, García Roca, *Lecciones de derecho constitucional,* p. 103; Abellán, *La problemática del Estado de Bienestar como fenómeno internacional...*, p. 184.

607 Aparicio Pérez, Miguel Ángel (1994): *Introducción al sistema político y constitucional español* (Barcelona, Ariel), p. 99.

de resultados.[608] Evidentemente, la responsabilidad del Estado derivada de la cláusula de Estado social no puede sobrepasar la capacidad misma de la sociedad de la que el Estado forma parte. [609] En esto, es ilustrativo el uso terminológico del texto constitucional para la ausencia de obligaciones sobre un resultado, utilizando formas verbales en futuro imperativo, como "promoverá", "tutelará", "amparará", "prestará atención", "protegerá", entre otras.

4.3.6. El Estado social multinivel: los efectos de la cláusula de Estado social a nivel autonómico y su relación con el derecho de la Unión Europea

Una dimensión relevante sobre el Estado social en Europa es su perspectiva multinivel: esto es, internamente, la relación de la forma de Estado social, su concreción por parte del nivel central y las competencias para su desarrollo y ejecución por parte de los entes subestatales – las regiones italianas, los *länder* alemanes y las Comunidades Autónomas españolas. Por otra parte, desde una mirada externa, la relación entre los Estados y la normativa de la Unión Europea.

En el caso de España, la dimensión multinivel se desarrolla internamente en relación con las Comunidades Autónomas – lo que se conoce como "Estado social autonómico" – y también de forma externa, en la articulación del Estado central y la normativa de la Unión Europea, que es lo que revisaremos brevemente a continuación.

---

608 PÉREZ LUÑO, *Dimensiones de la igualdad...*, p. 116.

609 PAREJO ALFONSO, Luciano (1983): *Estado social y Administración pública* (Madrid, Civitas), pp. 89-90.

i. El Estado social y las competencias de las Comunidades Autónomas

En relación con el Estado social y las Comunidades Autónomas, los autores han entendido una dimensión de la cláusula que aporta a la descentralización política interna del país.[610] De esta forma, la nueva configuración del Estado social sería expansiva, desde el centralismo originario de la cláusula hacia los territorios, en un proceso de *devolution* que busca el refuerzo de las garantías sociales desde esferas públicas más próximas a los ciudadanos.[611]

El Tribunal Constitucional desde temprano señaló que la actuación del Estado social es "una obligación que deben observar todos los poderes públicos, centrales y autonómicos, en el ejercicio de las atribuciones que a cada uno de ellos reconoce el ordenamiento jurídico".[612] Para el Tribunal, esta interpretación es "la lógica consecuencia que deriva de dos principios constitucionales fundamentales: por un lado, la sujeción de todos los poderes públicos a los preceptos constitucionales (art. 9.1 CE), consecuencia del carácter íntegramente normativo de la Constitución; y por el otro, el principio autonómico o de división vertical del poder que inaugura la CE, conforme al cual la actuación

---

610 Cascajo Castro, José Luis (1993): "La configuración del Estado social en la Constitución española", en Cámara Villar, Gregorio, y Cano Bueno, Juan (coordinadores): *Estudios sobre el Estado social. El Estado social y la comunidad autónoma andaluza* (Madrid, Parlamento de Andalucía-Tecnos), p. 44

611 Porras Nadales, Antonio J. (2014): "El Estado social autonómico tras la crisis", en Anguita Susi, Alberto (director): *Derechos estatutarios y defensores del pueblo. Teoría y práctica en España e Italia* (Barcelona, Atelier), pp. 15-16.

612 STC 25/1981, 13 de agosto de 1981, FJ 5.

de los poderes públicos debe llevarse a cabo de acuerdo con el reparto de competencias entre los diferentes entes públicos."[613]

Las sentencias del Tribunal Constitucional referidas a la constitucionalidad de diversas normas de Estatutos de Autonomía – como la STC 247/2007, sobre la constitucionalidad de la reforma al Estatuto de Autonomía de la Comunidad Valenciana, y la STC 31/2010, respecto a las modificaciones al Estatuto de Autonomía de Cataluña – dan cuenta de una interpretación de dicha magistratura sobre la concreción del Estado social que no dista, a nuestro parecer, de su doctrina tradicional en la materia. De esta forma, la concreción de la cláusula de Estado social, a través del reconocimiento de derechos en los Estatutos de cada Comunidad Autónoma, no los convierte automáticamente en derechos subjetivos. Más bien, estos constituyen mandatos dirigidos a los poderes públicos autonómicos, que solo adquieren aplicabilidad directa cuando el legislador autonómico los regula, convirtiéndolos así en derechos subjetivos.

Dentro de las concreciones del Estado social, conforme con el artículo 149.1 de la Constitución española, las materias de educación y sanidad son una competencia concurrente: las directrices las entrega el Estado, pero luego su ejecución y desarrollo legislativo está entregado a las Comunidades Autónomas. Por otra parte, la asistencia social sí sería directamente una competencia autonómica, conforme a los Estatutos de autonomía de las Comunidades Autónomas, de acuerdo con el artículo 148.1.20. Esto se podría entender, por tanto, como la consagración de un Estado social autonómico implícito a partir de las competencias de legislación de desarrollo y ejecución de dichos entes territoriales.[614]

---

613 STC 25/1981, 13 de agosto de 1981, FJ 5. (TOL110.828)

614 Respecto a la distribución de competencias, CASTELLÀ ANDREU, Josep Maria (2018): Estado autonómico: pluralismo e integración constitucional (Madrid, Marcial Pons), pp. 114 y ss.

Dicho lo anterior, se ha interpretado que el artículo 149.1.1. de la Constitución, que establece como competencia exclusiva del Estado "[l]la regulación de las condiciones básicas que garanticen la igualdad de todos los españoles en el ejercicio de los derechos y en el cumplimiento de los deberes constitucionales", otorga al Estado central una competencia transversal en la regulación tanto de los derechos del Capítulo II del Título I como también de los principios rectores de la política económica y social del Capítulo III.[615]

Con independencia de la discusión sobre el reparto de competencias entre el Estado central y las Comunidades Autónomas, la existencia e interpretación de la cláusula del artículo 149.1.1 refuerza, en nuestra opinión, la idea de un Estado social como elemento de cohesión de la comunidad nacional. La reserva de competencias del Estado para garantizar "la igualdad de todos los españoles" es una muestra de cómo el Estado central considera que la concreción del Estado social es su tarea irrenunciable.

ii. El Estado social y el orden supranacional

En esta mirada multinivel, la relación entre Estado social y el orden supranacional es de una evolución continua. En el caso europeo, el desarrollo de la integración continental se da en la segunda postguerra en la búsqueda de una cooperación

---

615 Sobre el particular, Cabellos Espiérrez, Miguel Ángel (2001): *Distribución competencial, derechos de los ciudadanos e incidencia del derecho comunitario* (Madrid, Centro de Estudios Políticos y Constitucionales), pp. 209-231. Más recientemente, De la Quadra-Salcedo Janini, Tomás (2017): "El Estado autonómico social. El efecto de irradiación de los derechos sociales sobre el modelo constitucional de distribución de competencias", en *Revista General de Derecho Administrativo*, número 46, pp. 2-3.

económica más estrecha entre los países del continente, en que resultó crucial las figuras del economista Jean Monnet y el Ministro de Asuntos Exteriores de Francia Robert Schuman y la denominada "Declaración Schuman", en 1950.

Un año antes, en 1949, se había firmado el Tratado de Londres, que creó el Consejo de Europa, con el objeto de "realizar una unión más estrecha entre sus miembros para salvaguardar y promover los ideales y los principios que constituyen su patrimonio común y favorecer su progreso económico y social." Al año siguiente, el Consejo de Europa impulsó la aprobación del Convenio Europeo para la Protección de los Derechos Humanos y de las Libertades Fundamentales, o Convenio Europeo de Derechos Humanos, y la creación del Tribunal Europeo de Derechos Humanos.

El Convenio Europeo de Derechos Humanos no contiene derechos calificados como sociales. Por tanto, en 1961, la aprobación de la Carta Social Europea se constituye en un hito en su protección. La Carta Social Europea es un tratado del Consejo de Europa que reconoce derechos y principios sociales fundamentales para proteger los derechos humanos de los ciudadanos europeos, enfocándose en derechos como el derecho al trabajo, la formación profesional, la seguridad social, la protección de la salud, el bienestar económico, la asistencia y servicios sociales, la protección y cuidado de las familias y niños, y el ejercicio de los derechos sindicales. Asimismo, se estableció el Comité Europeo de Derechos Sociales como el órgano encargado de vigilar el cumplimiento de la Carta por parte de los estados miembros, una garantía distinta a la contemplada en el Convenio Europeo de Derechos Humanos.

Hasta este momento, el proceso europeo de protección y garantía de derechos no incluía a España dentro de los países miembros. Durante el régimen franquista, España no era parte de la Comunidad Económica Europea y tampoco miembro de los instrumentos internacionales que hemos revisado. Luego de la muerte de Franco, los gobiernos democráticos inician una apertura a la comunidad internacional. España solicitó la adhesión a la Comunidad Económica Europea en 1977, la que se materializó con la firma del Tratado de Adhesión en Madrid, en 1985, y la integración efectiva a la Comunidad Económica el 1 de enero de 1986. El Convenio Europeo de Derechos Humanos de 1950 se ratificó poco después, en 1979, y la Carta Social Europea de 1961 se firmó por España en 1980.

Luego de este desarrollo internacional, autores como Luis Jimena Quesada han propuesto que la fórmula de Estado social y democrático de Derecho se ha convertido en una exigencia axiológica de orden internacional.[616] Respecto al Estado social, esta fórmula sería el medio para alcanzar la democracia social de la Carta Social Europea de 1961, como también una exigencia de la política de cohesión económica y social de la Europa comunitaria.[617]

La integración española al derecho europeo generó un conflicto normativo para el Estado social: conforme al artículo 93 de la Constitución de 1978, "[m]ediante ley orgánica se podrá autorizar la celebración de tratados por los que se atribuya a una organización o institución internacional el ejercicio de competencias derivadas de la Constitución." La jurisprudencia europea delineó los principios de efecto directo del derecho de la Unión, que obliga a los poderes públicos a la aplicación de las normas europeas, como también el de su primacía, que tiene como efecto la prevalencia del derecho de la Unión en su aplicación por sobre el derecho nacional.

---

616 Jimena Quesada, *Devaluación y blindaje...*, p. 59; Jimena Quesada, Luis (1997): *La Europa social y democrática de derecho* (Madrid, Dykinson), p. 31

617 Jimena Quesada, Luis (2001): "El Estado social en Europa", en *Revista del Ministerio de Trabajo y Asuntos Sociales: Revista del Ministerio de Trabajo e Inmigración*, número 30, p. 15.

Para Herrero de Miñón, estos principios ponen en riesgo las instituciones que concretan el Estado social en España, generando una dependencia de una "gobernanza burocrática y judicial" que adopta decisiones sin legitimidad democrática, afectando la identidad constitucional española.[618] Por otra parte, criticando el actuar de los órganos europeos, José Luis Monereo recalca que las iniciativas en materias sociales de la Unión Europea no han sido eficaces, sino al contrario, "claramente favorecedoras de la consolidación del mercado común en detrimento de la garantía efectiva de los derechos sociales."[619] Esta crítica, en parte, apunta a la dimensión de estabilidad presupuestaria exigida por la Unión Europea y que culminó en el caso español con la reforma del artículo 135 de la Constitución, como veremos en el siguiente apartado.

De acuerdo con Jimena Quesada, la solución al debilitamiento de la protección internacional de los valores del Estado social es su reforzamiento a la efectividad de la Carta Social Europea como "Pacto Europeo de Democracia Social", junto a las sinergias de la Carta de Derechos Fundamentales de la Unión Europea, de 2000, y el dinamismo que imprima el "Pilar Europeo de Derechos Sociales" de la Comisión Europea de abril de 2018. De este modo, "[s]ólo desde semejante perspectiva evolutiva e internacionalizada serán susceptibles de blindaje los valores del Estado social y democrático de Derecho."[620]

---

618 HERRERO DE MIÑÓN, Miguel (2013): "¿Unión Europea vs. Estado social?", en *Anales de la Real Academia de Ciencias Morales y Políticas,* número 90, p. 398.

619 MONEREO PÉREZ, José Luis (2018): "Pilar europeo de derechos sociales y sistema de seguridad social", en *Lex social. Revista jurídica de los derechos sociales,* volumen 8, número 2, pp. 256-257.

620 JIMENA QUESADA, Luis (2019): "Afectación de la integración económica y la globalización a los valores y al Estado social", en GARCÍA GUERRERO, José Luis, y MARTÍNEZ ALARCÓN, María Luz (directores): *Constitucionalizando la globalización* (Valencia, Tirant Lo Blanch), pp. 1410-1411.

4.3.7. La "crisis" y posterior "desmantelamiento" del Estado social, y el surgimiento del Estado social como garante

El intervencionismo que se propugnó inicialmente para el Estado social debió matizarse luego de la década de 1970, que demostró la dificultad para conciliar la libertad de las personas con la antigua idea del Estado social como prestador total y absoluto. Los efectos de la crisis económica de esa década continuaron golpeando a España durante una parte importante del período posterior a la aprobación de la nueva Constitución. Durante la década de transición (1974-1984), la tasa de crecimiento del PIB cayó a un tercio de la alcanzada en el periodo 1958-1974, y a un cuarto si se mide en términos per cápita.[621] Luego de un corto período de recuperación, la devaluación de la peseta entre 1992 y 1993 hizo contraer al PIB en -1,1%. Estos factores permiten comprender el contexto en que van mutando las interpretaciones del Estado social en los '80 y '90.

El mayor problema del Estado social en períodos de contracción del PIB no es jurídico, sino económico, por los costes que significa la actuación prestacional del Estado social, y las contradicciones entre su materialización y el crecimiento económico. La idea de un Estado prestador, planificador y empresario emprendió un retroceso desde la década del '90. La incorporación de España a la Unión Europea en 1986 genera también la necesidad de adaptar las reglas de la actividad económica interna al nuevo mercado común, pero también la estrechez del presupuesto fiscal y la necesidad de reducción de los costos públicos explican el cambio de visión. El Estado comenzó una postura de mantener la capacidad de actuación de la iniciativa privada en materia económica, y al mismo tiempo,

---

621 Prados de la Escosura, Leandro (2017): *Spanish Economic Growth, 1850–2015* (London, Palgrave Macmillan), p. 21.

asegurar prestaciones sociales básicas, pero sin que ello significara una asunción total de ellas por parte del Estado, sino que su complemento.[622]

Paulatinamente, el Estado cesó en insistir en su actividad prestacional directa, sin eliminarla completamente, pero manteniéndola en un mínimo; luego, la función de dirección y planificación que planteaba García-Pelayo se transforma definitivamente en una actividad de supervisión y control; es decir, adopta su rol de regulador de mercados y ejercita las técnicas de intervención que entrega la propia Constitución para ello, como por ejemplo, imponer obligaciones a la actividad privada que presta servicios públicos.[623]

En esto, el Estado ha adoptado una postura que prevé aquello que recordaba Forsthoff en Alemania, y posteriormente García-Pelayo en España: la dificultad de mantener la legitimidad de la actuación del Estado frente a la población ante la escasez de recursos para continuar con la acción prestacional directa. El advenimiento del Estado democrático significó un cambio en la fuente de legitimidad del poder de los gobernantes, pero no completa, ya que la ciudadanía comienza a juzgarlos a través de la garantía política del voto en consideración a la orientación y eficacia de su actuación. Defraudar las expectativas ciudadanas puestas en los programas de Gobierno no solo afecta la impopularidad de la clase política, sino también refuerza "la imagen de ineficacia de lo público (con consolidación y reforzamiento paralelos del prestigio de la eficacia de lo privado)."[624]

---

622 ARAGÓN REYES, *Estudios de Derecho Constitucional…*, p. 420.

623 ARAGÓN REYES, *Estudios de Derecho Constitucional…*, pp. 574-575; PAREJO ALFONSO, *El Estado social administrativo…*p. 238.

624 PAREJO ALFONSO, *El Estado social administrativo…*p. 222.

La disminución en la actividad prestacional directa y su sustitución por funciones de regulación de mercados fue criticada por una parte de la doctrina que estima inadmisible que el Estado cese en su intento por continuar la expansión de su actuación directa en la sociedad, porque ello significa una desprotección en el goce de derechos fundamentales, pero, además, representa un retroceso en el camino al Estado democrático – como ya hemos revisado anteriormente. La imposición de límites constitucionales al gasto fiscal – como ocurrió con la reforma del artículo 135 de la Constitución española – crearía un "constitucionalismo fiscal" que hace depender de los recursos económicos la provisión de derechos, pero en la práctica, los vincula a reglas "espontáneas y naturales" del mercado.[625]

Los críticos denominan a este proceso como la "crisis" o "devaluación" del Estado social, que se inició en la década de 1990 a consecuencia de la necesidad de disminuir el gasto fiscal en un contexto de crisis económica.[626] Más tarde, en la década de 2000, se llamó "desmontaje" o "desmantelamiento" del Estado social a las medidas de austeridad requeridas por la crisis económica de 2007-2008 llevaron a un ajuste europeo del gasto público y a la reforma del artículo 135 de la Constitución para incluir el principio de estabilidad presupuestaria y el de sostenibilidad financiera.[627] Esta reforma al texto constitucional dejó a dicho principio "fuera de la disponibilidad —de la competencia— del Estado y de las Comunidades Autónomas",

---

625 Cantano, Antonio (1997): "El declive de la 'constitución económica del Estado social'", en García Herrera, Miguel Ángel (director): *El constitucionalismo en la crisis del Estado social* (Bilbao, Servicio Editorial de la Universidad del País Vasco) p. 170.

626 Haciendo notar el sentido marxista del concepto de "crisis" referido al Estado social, De Cabo Martin, *La crisis del Estado social…*, p. 13.

627 Jimena Quesada, *Devaluación y blindaje del Estado social y democrático de Derecho…*, p. 17; Almagro Castro, David (2023): *El Estado social en España. La larga marcha inacabada* (Granada, Comares) p. 325.

como señaló la STC 157/2011, de 15 de noviembre de 2011, habilitando este "desmantelamiento" del Estado social a través del legislador, y con ello, permitiendo un "aprovechamiento ideológico y político de la crisis para cambiar el modelo de convivencia" en el país.[628]

Estas denominadas "crisis" o "desmantelamiento" del Estado social – al final del día, dos expresiones para la misma crítica–no son, en nuestra opinión, una vulneración a la Constitución ni a sus principios. No existe incompatibilidad entre el contenido del Estado social y que éste haga una "descarga de funciones públicas estatales en organizaciones sociales", que finalmente se mantienen bajo la supervisión y control Estado.[629] Al contrario, de las garantías constitucionales en materia económica se deduce la prohibición al Estado de ir más allá de lo que exijan las necesidades imputables al principio de Estado social.[630] No se aprecia del contenido del Estado social que hemos reseñado cómo podría existir una incompatibilidad entre la provisión privada de prestaciones sociales y la cláusula de Estado social, mientras existe la debida supervisión y control del Estado para el cumplimiento de dicho servicio público. De ello se desprende también que la actividad económica de iniciativa del poder público sólo debe extenderse a lo estrictamente necesario para cumplir el objetivo de la norma atributiva de la habilitación correspondiente, confirmándose así que el hecho mismo de esta habilitación, su contenido y alcance, es de carácter jurídico-público.

---

628 CÁMARA VILLAR, Gregorio (2015): "Crisis económica y constitución. El caso de España", en GARCÍA HERRERA, Miguel Ángel; ASENSI SABATER, José, y BALAGUER CALLEJÓN, Francisco (coordinadores): *Constitucionalismo crítico: liber amicorum Carlos de Cabo Martín* (Valencia, Tirant Lo Blanch), p. 555.

629 PAREJO ALFONSO, *Eficacia y Administración...*, p. 41.

630 PAREJO ALFONSO, *Eficacia y Administración...*, p. 72.

Autores como Porras Nadales han ido más allá de identificar a la "crisis del Estado social" con a un problema financiero o ideológico, sino que han postulado que ésta es una "crisis de eficacia, de adaptabilidad" a demandas sociales cada vez más complejas, lo que deja a merced de "fórmulas neoliberales" los instrumentos para salvar el Estado social a través de una reasignación de las tareas públicas al mercado.[631]

Gaspar Ariño fue crítico que la solución a la "crisis del Estado social" fuera la desregulación, privatización y recorte del gasto público. La pregunta, en cambio, es "cómo conseguir que los servicios [públicos] funcionen (...), actividades sobre las que descansa la vida de las gentes, sin necesidad de crear un inmenso aparato burocrático que acaba asfixiando al ciudadano."[632] En esta línea, una visión contemporánea del Estado social y su faz de regulador ha dado lugar a la noción de un Estado *garante*.

Para el profesor José Esteve Pardo – uno de los principales exponentes de la idea de Estado garante–ya no hay enemigos externos del Estado social, sino que solo tiene un problema interno, que es la sostenibilidad de los flujos futuros que requiere para su mantenimiento.[633] Las únicas objeciones que se

---

631 Porras Nadales, Antonio J. (1997): "Complejidad, eficacia y subsidiariedad", en García Herrera, Miguel Ángel (director): *El constitucionalismo en la crisis del Estado social* (Bilbao, Servicio Editorial de la Universidad del País Vasco) p. 103. La mirada de Porras Nadal para evitar recurrir a instrumentos de mercado es fortalecer el sistema de garantía multinivel en los países que presentan Estados sociales; esto es, reforzar la subsidiariedad vertical en los Estados compuestos. Porras Nadales, *Complejidad, eficacia y subsidiariedad...*, p. 118.

632 Ariño, Gaspar (2011): *Lecciones de Administración (y políticas públicas)* (Madrid, Iustel), p. 829.

633 Esteve Pardo, José (2015): *Estado garante. Idea y realidad* (Madrid, Instituto Nacional de Administración Pública), p. 16

le hacen al Estado social no son a sus fundamentos, sus valores, objetivos o logros, sino a su propia estructura organizativa, a su economía y a sus fuentes de financiación. Lo que se cuestiona es la sostenibilidad del Estado social por su alto costo.[634] Por esta razón es que la reforma del artículo 135 de la Constitución era necesaria para garantizar la propia subsistencia del Estado social. Es la necesidad de proteger el Estado para garantizar su continuidad y sostenibilidad no solo actual, sino que también intergeneracional. [635]

Bajo esta mirada, aunque el Estado social encomiende al Estado el cumplimiento de ciertos fines, los medios para llevarlos a cabo pueden variar y admitir distintas formas distintas a la prestación directa en que el Estado actúa como garante, reservándose las potestades de fomento, control, supervisión y sanción.[636]

La actuación como regulador de servicios públicos provistos por los privados, como también por la actividad directa de la Administración focalizada especialmente en los grupos más vulnerables contribuye a su relegitimación social desde la eficiencia en su actuar. Asimismo, la actuación reguladora del Estado a través de agencias independientes no es incompatible con el Estado social; al contrario, si el objeto de dichos organismos es garantizar la eficiencia en la provisión de dichos servicios, también se obtiene un beneficio social en dicha actuación. Es tal el dinamismo social que el Estado se llena de nuevas tareas cotidianamente, que lo superan en técnica y recursos, quedando constantemente atrás en sus capacidades, por lo que difícilmente un Estado social-prestacional podría seguir la marcha del cambio técnico y social, por lo que la colaboración con el sector privado

---

634 ESTEVE PARDO, *Estado garante. Idea y realidad...*, p. 17.

635 ESTEVE PARDO, *La nueva relación entre Estado y sociedad...*, p. 139.

636 ESTEVE PARDO, *La nueva relación entre Estado y sociedad...*, p. 170; del mismo autor, *Estado garante. Idea y realidad...*, p. 106.

no solo es importante, sino esencial para satisfacer los servicios públicos cada vez más complejos que demanda la sociedad.

Finalmente, hay opiniones que entienden que "crisis" del Estado social no apunta a las dificultades económicas de los Estados, sino que a las tendencias de transformación regresiva de la democracia precisamente por el éxito de un Estado de bienestar que produjo la desmovilización ciudadana que fue esencial para su construcción; es decir, la crisis del Estado social ha sido el cambio a una mentalidad de consumo en masa que, eliminando el sentido de comunidad – lo "social" – también amenaza el elemento democrático.[637]

4.3.8. La jurisprudencia del Tribunal Constitucional de España sobre la cláusula de Estado social

Cuando en 1981, Manuel García Pelayo calificaba el rol del Tribunal Constitucional de "perfeccionar la vigencia del Estado de Derecho",[638] Pablo Lucas Verdú entendía que esto se lograría través de la "cláusula transformadora" del artículo 9.2 de la Constitución, ya que se necesitaba de este perfeccionamiento del Estado de Derecho actual para lograr el Estado social y democrático de Derecho a través del rol de la justicia constitucional tanto en un sentido de eficacia positiva como negativa.[639]

---

637 DOGLIANI, Mario (1997): "Los problemas del constitucionalismo en la crisis del Estado social", en GARCÍA HERRERA, Miguel Ángel (director): *El constitucionalismo en la crisis del Estado social* (Bilbao, Servicio Editorial de la Universidad del País Vasco) p. 688.

638 GARCÍA-PELAYO, Manuel (1981): "El 'status' del Tribunal Constitucional", en *Revista Española de Derecho Constitucional*, volumen 1, N° 1, p. 15.

639 LUCAS VERDÚ, *Estado de Derecho y justicia constitucional*... p. 38; DE ESTEBAN y LÓPEZ GUERRA, *El régimen constitucional español*, p. 349.

El paso del tiempo hizo que el ímpetu transformador que la doctrina esperaba desde la justicia constitucional fue disminuyendo. Un ejemplo cuantitativo puede servir para ilustrar el punto: de las más de 9.000 sentencias del Tribunal Constitucional de España desde 1981 a la fecha, solo en 248 de ellas se ha utilizado el concepto de Estado social de Derecho – mayoritariamente, asociado a la cláusula completa de Estado social y democrático. En la actualidad, su uso se concentra mayoritariamente como argumentación *obiter dicta*, sin que se desprendan consecuencias normativas distintas a las que podemos entender como propias del Estado democrático o constitucional de Derecho.[640] En este sentido, coincidimos con Guillermo Escobar Roca: pareciera que la búsqueda de un contenido para el Estado social en la jurisprudencia "ayuda poco".[641]

A continuación haremos una revisión de las principales líneas en las cuales el Tribunal Constitucional ha argumentado utilizando la cláusula del Estado social, siguiendo con algunos matices una distinción en puntos que ha utilizado la doctrina anteriormente en su análisis: i) la cláusula de Estado social como un elemento indiferenciado de la fórmula de Estado social y democrático de Derecho, o una consideración de *obiter dicta*; ii) el contenido conceptual de la fórmula de Estado social; iii) la relación de la cláusula de Estado social con el principio de igualdad sustantiva; iv) el Estado social y la denominada "Constitución económica", y v) la cláusula de Estado social y su relación con derechos económicos y sociales como actividades prestacionales.[642]

---

640 Los datos son de elaboración propia, al revisar las sentencias del Tribunal Constitucional desde 1981 hasta el 13 de octubre de 2024, tanto en Sala como en Pleno.

641 ESCOBAR ROCA, *El Estado social como principio constitucional: quince tesis...*, p. 478.

642 Los criterios ii, iii, iv y v son de APARICIO PÉREZ, Miguel Ángel (1993): "El Estado social en la jurisprudencia del Tribunal Constitucional",

i. La cláusula de Estado social como un elemento indiferenciado de la fórmula de Estado social y democrático de Derecho, y como una consideración de *obiter dicta* en las sentencias

En general, las sentencias del Tribunal Constitucional español no desprenden efectos directos distintivos de la cláusula de Estado social. En algunos casos, se argumenta a través de la fórmula completa – "Estado social y democrático de Derecho", y en otros, los menos, utilizando solo la expresión Estado social.

En la mayoría de los casos el Tribunal Constitucional utiliza la fórmula de Estado social y democrático de Derecho para extraer efectos que son propios de la idea de Estado de Derecho, en que no se aprecia que el elemento social sea definitorio para su análisis.[643] Por ejemplo, ha dicho que la división y separación de poderes es un principio esencial del Estado social y democrático de Derecho;[644] lo mismo, respecto a la reserva legal en la regulación de derechos fundamentales[645] y

---

en Cámara Villar, Gregorio, y Cano Bueno, Juan (coordinadores): *Estudios sobre el Estado social. El Estado social y la comunidad autónoma andaluza* (Madrid, Parlamento de Andalucía-Tecnos), p. 59. Previamente, un estudio de jurisprudencia del Tribunal Constitucional sobre la cláusula de Estado social se puede encontrar en Pérez Royo, Javier (1983): "La doctrina del Tribunal Constitucional sobre el Estado social", en *Revista Española de Derecho Constitucional*, año 4, número 10, pp. 157-181. Más recientemente, en 2003, Fernández-Miranda Campoamor, *El Estado social...*, pp. 173-178.

643 Como ejemplos generales, las STC 4/1981, 2 de febrero de 1981, FJ 3 (TOL518.779); STC 3/2003, 16 de enero de 2003, FJ 3 (TOL238.345), o recientemente, la STC 93/2024, 19 de junio de 2024, FJ 4.3.5. (TOL10.273.360)

644 STC 70/2022, 2 de junio de 2022, FJ 5 (TOL9.013.841); STC 48/2001, 26 de febrero de 2001, FJ 4 (TOL81.422); STC 124/2018, de 14 de noviembre de 2018, FJ 6 (TOL6.934.913).

645 STC 185/1995, 14 de diciembre de 1995, FJ 3 (TOL82.922); STC 112/2006, 5 de abril de 2006, FJ 3 (TOL870.492).

sobre los límites de la potestad sancionadora de la Administración.[646] También, que la política de defensa tienen por finalidad la protección de la sociedad española y, entre otros, del Estado social y democrático de Derecho;[647] ha recalcado, además, el rol deferente de la jurisdicción constitucional en el Estado de Derecho,[648] y la importancia de la ejecución de las sentencias.[649]

En estos casos, como se aprecia de las materias descritas, la cláusula de Estado social no es utilizada de manera distintiva, sino que sus efectos parecen ser aquellos propios de un Estado de derecho.

ii. El contenido conceptual de la fórmula de Estado social en la jurisprudencia

Como adelantamos, la jurisprudencia del Tribunal Constitucional de España no es particularmente extensa en la interpretación y concepto que entrega de la forma de Estado social, a diferencia de Alemania o de los países latinoamericanos, como veremos a continuación.

---

646 STC 120/1996, 8 de julio de 1996, FJ 5 (TOL83.053); STC 7/1998, 13 de enero de 1998 (TOL80.867); STC 54/2003, 24 de marzo de 2003, FJ 3 (TOL254.940); STC 145/2004, 13 de septiembre de 2004, FJ 3 (TOL500.538); STC 157/2007, 2 de julio de 2007, FJ 3 (TOL1.115.491); STC 219/2007, 8 de octubre de 2007, FJ 4 (TOL1.173.561); STC 59/2014, 5 de mayo de 2014, FJ 3 (TOL4.356.700).

647 STC 184/2016, 3 de noviembre de 2016, FJ 3 (TOL5.921.803).

648 STC 17/1981, 1 de junio de 1981, FJ 4 (TOL109.396).

649 STC 67/1984, 7 de junio de 1986, FJ 2 (TOL79.357); en este mismo sentido, STC 73/1991, 8 de abril de 1991, FJ 4 (TOL80.487); STC 107/1992, 1 de julio de 1992, FJ 2 (TOL80.719); STC 34/1993, 8 de febrero de 1993, FJ 3 (TOL82.057); STC 298/1994, 14 de noviembre de 1994, FJ 4 (TOL82.703); STC 92/1988, 23 de mayo de 1988, FJ 2 (TOL80.203); STC 110/1999, 14 de junio de 1999, FJ 3 (TOL2.098).

En el contexto de la revisión de la cláusula de Estado social y democrático de Derecho, el Tribunal Constitucional ha recalcado que la Constitución es "un marco de coincidencias suficientemente amplio como para que dentro de él quepan opciones políticas de muy diferente signo". En este sentido, el Estado social y democrático de derecho, entre otras significaciones, "tiene la de legitimar medios de defensa a los intereses de grupos y estratos de la población socialmente dependientes, y entre los que se cuenta el de otorgar reconocimiento constitucional a un instrumento de presión que la experiencia secular ha mostrado ser necesario para la afirmación de los intereses de los trabajadores en los conflictos socioeconómicos, conflictos que el Estado social no puede excluir, pero a los que sí puede y debe proporcionar los adecuados cauces institucionales."[650]

Dentro de las sentencias de mayor relevancia para la comprensión del Estado social se encuentra la STC 18/1984, de 9 de marzo de 1984, en que el Tribunal Constitucional se explaya en analizar la relación entre el Estado y la sociedad y cómo ésta "produce consecuencias muy diversas en el mundo del Derecho", en particular, referidas a los derechos económicos y sociales. El Tribunal señala que "[e]l reconocimiento de los denominados derechos de carácter económico y social -reflejado en diversos preceptos de la Constitución- conduce a la intervención del Estado para hacerlos efectivos, a la vez que dota de una transcendencia social al ejercicio de sus derechos por los ciudadanos -especialmente de los de contenido patrimonial, como el de propiedad- y al cumplimiento de determinados deberes -como los tributarios-. En el campo de la organización, que es el que aquí interesa, la interpenetración entre Estado y Sociedad se traduce tanto en la participación de los ciudadanos en la organización del Estado como en una ordenación

650 STC 11/1981, de 8 de abril de 1981, FJ 7 (TOL109.335).

por el Estado de Entidades de carácter social en cuanto a su actividad presenta un interés público relevante, si bien los grados de intensidad de esta ordenación y de intervención del Estado pueden ser diferentes, lo que se explica no sólo por la libertad de que dispone el legislador en el marco constitucional, sino también por la confluencia de diversos principios, como el del pluralismo político en relación a los partidos políticos, dado su carácter de organizaciones sociales con relevancia constitucional (art. 6 de la Constitución) o el derecho de libertad sindical en cuanto se traduce en la creación de sindicatos (art. 28), a los que, al igual que a los partidos políticos y a las asociaciones empresariales, se garantiza la libertad de creación y ejercicio de su actividad dentro del respeto a la Constitución y a la Ley, si bien su estructura interna y funcionamiento han de ser democráticos (art. 7)."[651]

En este sentido, la relación entre Estado y sociedad en el marco del Estado social "difumina la dicotomía Derecho público-privado". Por ello es que "[l]a función ordenadora de la Sociedad puede conseguirse de muy diversas formas (...) es propio del Estado social de Derecho la existencia de entes de carácter social, no público, que cumplen fines de relevancia constitucional o de interés general".[652]

iii. La relación de la cláusula de Estado social con el principio de igualdad sustantiva

Probablemente la norma que más vincula el Tribunal Constitucional al Estado social es el artículo 9.2 de la Constitución, que como hemos señalado, mandata a los poderes públicos a "promover las condiciones para que la libertad y la igualdad

---

651 STC 18/1984, de 9 de marzo de 1994, FJ 3. (TOL79.308)

652 STC 18/1984, de 9 de marzo de 1994, FJ 3. (TOL79.308)

del individuo y de los grupos en que se integra sean reales y efectivas; remover los obstáculos que impidan o dificulten su plenitud y facilitar la participación de todos los ciudadanos en la vida política, económica, cultural y social".

Respecto a la promoción de las condiciones de la libertad, el Tribunal Constitucional ha dicho que ésta es un valor superior del Estado social y democrático de Derecho, como también un derecho fundamental, y su trascendencia se basa en ser el presupuesto de otras libertades y derechos fundamentales. entre las diversas opciones vitales que se les presentan. En efecto, "[e]n un régimen democrático, donde rigen derechos fundamentales, la libertad de los ciudadanos es la regla general y no la excepción, de modo que aquéllos gozan de autonomía para elegir entre las diversas opciones vitales que se les presentan."[653]

Pero es desde la promoción de las condiciones de igualdad que el Tribunal ha derivado mayores consecuencias. Como marco general, el Tribunal ha entendido que la igualdad como valor del artículo 1.1 es inherente al Estado social, e incluye tanto la igualdad formal del artículo 14 como aquella de índole sustantiva del artículo 9.2.[654] En relación con las condiciones de igualdad, el Tribunal ha declarado que, en relación con el artículo 9.2, "la igualdad que el artículo 1.1 de la Constitución proclama como uno de los valores superiores de nuestro ordenamiento jurídico –inherente, junto con el valor justicia, a la forma de Estado Social que ese ordenamiento reviste, pero también, a la de Estado de Derecho– no sólo se traduce en la de carácter formal contemplada en el artículo 14 y que, en principio, parece implicar únicamente un deber de abstención

---

653 STC 82/2003, FJ 3 (TOL267.655); en el mismo sentido, STC 29/2008, 20 de febrero de 2008, FJ 7. (TOL1.264.013)

654 STC 91/2019, 3 de julio de 2019, FJ 4 (TOL7.419.670); STC 44/2023, 9 de mayo de 2023, FJ 10 (TOL9.582.039).

en la generación de diferenciaciones arbitrarias, sino asimismo en la de índole sustancial recogida en el artículo 9.2, que obliga a los poderes públicos a promover las condiciones para que la de los individuos y de los grupos sea real y efectiva".”[655]

La relación entre Estado social y el artículo 9.2 tiene su concreción en los principios rectores del orden económico y social, ya que “[a]unque estos principios no generen, por sí mismos, derechos subjetivos a favor de los ciudadanos, (...) salvo que la ley los reconozca, ni derechos susceptibles de amparo constitucional, sí constituyen contenidos constitucionales que el legislador y el resto de los poderes públicos no pueden desconocer (STC 88/1988, que reitera jurisprudencia anterior en la materia), y que son concreción de la cláusula del Estado social con que el art. 1 CE define nuestra forma política, así como de la obligación que el art. 9.2 CE impone a los poderes públicos.”[656]

La relación entre el Estado social, el artículo 9.2 y el artículo 14 “supone una modulación de este último” para la calificación de la acción de los poderes públicos, en el sentido de exigir “de los poderes públicos, enfrentados a una situación de desigualdad de origen histórico, la adopción de una actitud positiva y diligente tendente a su corrección”.[657] En otros términos, señala el Tribunal, “el art. 9.2 CE expresa la voluntad del constituyente de alcanzar no sólo la igualdad formal sino también la igualdad sustantiva, al ser consciente de que únicamente desde esa igualdad sustantiva es posible la realización efectiva del libre desarrollo de la personalidad; por ello el constituyente completa la vertiente negativa de proscripción de acciones discriminatorias con la positiva de favorecimiento de esa igualdad

655 STC 12/2008, 29 de enero de 2008, FJ 4 (TOL1.258.616).

656 STC 44/2023, 9 de mayo de 2023, FJ 10 (TOL9.582.039).

657 STC 216/1991, 14 de noviembre de 1991, FJ 5 (TOL81.899).

material."[658] Esto es una consecuencia de la existencia de un Estado social y democrático de Derecho, en que "el derecho a la igualdad no consiste meramente en una exigencia formal de trato equitativo, sino en una exigencia material de tutela que garantice la efectividad sustancial de la igualdad entre los individuos y los grupos, y que remueva los obstáculos que impidan o dificulten su plenitud (art. 9.2 CE)."[659] La "igualdad real, cuya procura encomienda la Constitución (art. 9.2) a todos los Poderes Públicos y que es una finalidad propia del Estado social y democrático de Derecho".[660]

Más en concreto, refiriéndose únicamente al Estado social asociado a los artículos 9.2 y 14, el Tribunal ha señalado que "el indeclinable deber de todos los poderes públicos de lucha contra la discriminación, que viene impuesta por el art. 14 CE en relación con el 9.2 del propio texto, y por la propia cláusula dc Estado social y el sistema de valores proclamados en el art. 1 CE".[661] Respeto a las diferencias de trato, el Tribunal ha entendido que un "trato más favorable dispensado en la regulación legal a los funcionarios jubilados -como el concedido a los pensionistas [tiene] una justificación objetiva y razonable de la desigualdad de trato cuyo fundamento último se halla en los principios del Estado social que nuestra Constitución proclama".[662] Asimismo, el Tribunal ha argumentado que el efecto horizontal de los derechos fundamentales se deriva del Estado social y del artículo 9.2, ya que "en un Estado social de

---

658 STC 13/2009, 19 de enero de 2009, FJ 10 (TOL1.436.869).

659 STC 44/2023, 9 de mayo de 2023, FJ 10 (TOL9.582.039).

660 STC 83/1984, 24 de julio de 1984, FJ 3 (TOL79.372); en este sentido, STC 19/1982, 5 de noviembre de 1982, FJ 6 (TOL78.993). En un sentido similar, STC 13/2009, 19 de enero de 2009, FJ 10 (TOL1.436.869).

661 STC 250/2000, 30 de octubre de 2000, FJ 2 (TOL2.128).

662 STC 176/1993, 27 de mayo de 1993, FJ 3 (TOL82.199).

Derecho no puede sostenerse con carácter general que el titular de tales derechos no lo sea en la vida social".[663]

El Tribunal ha declarado que las prestaciones asistenciales son inherentes al Estado social de Derecho y a su relación con el artículo 9.2 y 14 de la Constitución. "Es también pertinente hacer, con carácter previo, algunas referencias al ámbito, significación y función de los derechos fundamentales en el constitucionalismo de nuestro tiempo inspirado en el Estado social de Derecho. En este sentido, la doctrina ha puesto de manifiesto -en coherencia con los contenidos y estructuras de los ordenamientos positivos- que los derechos fundamentales no incluyen solamente derechos subjetivos de defensa de los individuos frente al Estado, y garantías institucionales, sino también deberes positivos por parte de éste (...) Por consiguiente, de la obligación del sometimiento de todos los poderes a la Constitución no solamente se deduce la obligación negativa del Estado de no lesionar la esfera individual o institucional protegida por los derechos fundamentales, sino también la obligación positiva de contribuir a la efectividad de tales derechos, y de los valores que representan, aun cuando no exista una pretensión subjetiva por parte del ciudadano. Ello obliga especialmente al legislador, quien recibe de los derechos fundamentales «los impulsos y líneas directivas», obligación que adquiere especial relevancia allí donde un derecho o valor fundamental quedaría vacío de no establecerse los supuestos para su defensa."[664] Asimismo, "[l]a reserva de [ayudas económicas] a personas de limitadas posibilidades económicas, como es práctica común

---

663 STC 18/1984, 7 de febrero de 1984, FJ 6 (TOL79.308); En la STC 177/1988, 10 de octubre de 1988, FJ 4, se vincula a los artículos 14 y 53.1. (TOL80.025) En el mismo sentido, STC 171/1989, 19 de octubre de 1989, FJ 2 (TOL81.745); STC 180/1994, 20 de junio de 1994, FJ 2 (TOL82.585).

664 STC 53/1985, 11 de abril de 1985, FJ 4 y 11 (TOL79.468).

en muchos Ayuntamientos, encuentra su justificación última en el art. 9.2 de la Constitución y, en definitiva, en los principios del Estado social que nuestra Constitución proclama."[665]

En consecuencia, la jurisprudencia del Tribunal ha entendido que "[l]a cláusula del Estado social (art. 1.1) y, en conexión con ella, el mandato genérico contenido en el art. 9.2 imponen, sin duda, actuaciones positivas" de los poderes públicos para que "adopten las medidas que estimen necesarias para remover los obstáculos que el libre juego de las fuerzas sociales pudieran oponerle." Sin embargo, de esto "no cabe derivar (…) de esta obligación el derecho a exigir el apoyo con fondos públicos."[666]

iv. El Estado social y la "Constitución económica"

En primer término, el Tribunal Constitucional ha declarado que la configuración del Estado como Estado social de Derecho culmina una evolución en la que la consecución de los fines de interés general no es absorbida por el Estado, sino que se armoniza con una actuación mutua Estado-sociedad.[667]

En este sentido, el Tribunal plantea que "uno de los problemas que se plantea en el Estado social y democrático de Derecho es determinar en qué medida el Estado puede organizar su intervención en los diversos sectores de la vida social a través de la regulación de asociaciones privadas de configuración legal, a las que se confiere el ejercicio de funciones públicas de

---

665 STC 23/1989, 2 de febrero de 1989, FJ 4 (TOL80.234); en este sentido, STC 90/1995, 9 de junio de 1995, FJ 3 (TOL82.829); STC 31/2018, 10 de abril de 2018, FJ 4 (TOL8.485.296).

666 STC 6/1981, 16 de marzo de 1981, FJ 5 (TOL109.401).

667 STC 18/1984, de 7 de febrero de 1984 (TOL79.308); en este sentido, STC 49/1988, 22 de marzo de 1988, FJ 4 (TOL80.160).

carácter administrativo relativas a todo un sector."[668] Para el Tribunal, "es propio del Estado social de Derecho la existencia de entes de carácter social, no público, que cumplen fines de relevancia constitucional o de interés general."[669]

El Tribunal Constitucional ha sido especialmente claro en la necesidad de colaboración pública-privada en el Estado social: "en una materia compleja, como la acción y protección social, tan central además en un Estado Social (a la vista de los principios rectores de política social incluidos en el Capítulo tercero del Título I de la Constitución), las competencias exclusivas no pueden entenderse en un sentido estricto de exclusión de actuación en el campo de lo social, ni de otros entes públicos tal como sucede en particular con los entes locales, ni por parte de entidades privadas, que gozan además al respecto de una esfera específica de libertad que consagra el inciso final del art. 41 de la Constitución, ni tampoco por parte del Estado, respecto de aquellos problemas específicos que requieran para su adecuado estudio y tratamiento un ámbito más amplio que el de la Comunidad Autónoma y que presupongan en su concepción, e incluso en su gestión, un ámbito supracomunitario, que puede corresponder al Estado."[670] Sin embargo, dentro de este margen, el Tribunal ha reiterado una directriz: de la libertad de empresa no puede deducirse una libertad contractual absoluta, en consideración a los artículos 35.1, 38 y al principio de Estado social y democrático de derecho.[671]

En este contexto, el Tribunal ha recalcado la importancia del "valor trascendente del diálogo social en nuestro Estado social y democrático de Derecho (art. 1.1 CE) y la importancia

---

668 STC 67/1985, 24 de mayo de 1985, FJ 3 B) (TOL79.482).

669 STC 18/1984, 7 de febrero de 1984, FJ 3 y 6 (TOL79.308).

670 STC 146/1986, 25 de noviembre de 1986, FJ 5 (TOL79.692).

671 STC 192/2003, 27 de octubre de 2003, FJ 4 (TOL319.140).

de la participación de las organizaciones sindicales y empresariales en el procedimiento de elaboración de aquellas leyes que puedan afectar a los intereses económicos y sociales a cuya defensa y promoción contribuyen significadamente (art. 7 CE)."[672]

En materias tributarias, el Tribunal Constitucional ha señalado que "la finalidad de luchar contra determinadas economías de opción, o directamente contra prácticas elusivas de impuestos, constituye, como tantas veces hemos reiterado, un mandato constitucional, ya que «la amplitud y la complejidad de las funciones que asume el Estado hace que los gastos públicos sean tan cuantiosos que el deber de una aportación equitativa para su sostenimiento resulta especialmente apremiante. De otra forma se produciría una distribución injusta en la carga fiscal, ya que lo que unos no paguen debiendo pagar, lo tendrán que pagar otros con más espíritu cívico o con menos posibilidades de defraudar» (por todas, STC 110/1984, de 26 de noviembre, FJ 3). La garantía de un sistema tributario justo es central a todo Estado social y democrático de derecho, ya que, en ausencia de tal sistema, no puede ni siquiera haber una sociedad civilizada.".[673]

Por esto, ha puesto especial atención a las argumentaciones referidas a materias tributarias en su jurisprudencia. Así, por ejemplo, ha señalado que el impuesto sobre la renta, por aplicar el principio de capacidad económica, igualdad y progresividad tributaria, es el instrumento más idóneo para alcanzar los "objetivos de redistribución de la renta (art. 131.1 C.E.) y de solidaridad (art. 138.1 C.E.) que la Constitución española propugna (STC 19/1987, fundamento jurídico 4) y que dotan de contenido al Estado social y democrático de Derecho (art. 1.1 C.E.).".[674]

---

672 STC 68/2007, 28 de marzo de 2007, FJ 11 (TOL1.043.980).

673 STC 121/2016, 23 de junio de 2016, FJ 5 (TOL5.854.022).

674 STC 182/1997, 28 de octubre de 1997, FJ 9 (TOL80.805); en el mismo sentido, STC 46/2000, 17 de febrero de 2000, FJ 6 (TOL81.282);

En materia de exenciones y beneficios tributarios, el Tribunal ha declarado que, en general, en un Estado social y democrático de Derecho, el pago de un tributo no puede obstaculizar el ejercicio de un derecho fundamental.[675] Sin embargo, corresponde al legislador determinar las exenciones que respondan al principio de capacidad económica y a la cláusula del Estado social y democrático de Derecho.[676] Lo que no le es dable al legislador —desde el punto de vista de la igualdad como garantía básica del sistema tributario— es localizar en una parte del territorio nacional, y para un sector o grupo de sujetos, un beneficio tributario sin una justificación plausible que haga prevalecer la quiebra del genérico deber de contribuir al sostenimiento de los gastos públicos sobre los objetivos de redistribución de la renta (artículo 131.1) y de solidaridad (art. 138.1) de la Constitución, y que dotan de contenido al Estado social y democrático de Derecho.[677]

Un caso especialmente interesante es la discusión sobre un mínimo vital de subsistencia no sometido a tributación. Para el Tribunal Constitucional, este monto es un elemento básico del principio de capacidad económica, sino que es fruto de

STC 47/2001, 15 de febrero de 2001, FJ 9 (TOL104.640); STC 137/2003, 3 de julio de 2003, FJ 7 (TOL413.048); STC 108/2004, 30 de junio de 2004, FJ 8 (TOL413.048); STC 189/2005, 7 de julio de 2005, FJ 8 (TOL673.552); STC 7/2010, 27 de abril de 2010, FJ 6 (TOL1.833.529).

675 STC 140/2016, 21 de julio de 2016, FJ 13 (TOL5.783.526); 227/2016, 22 de diciembre de 2016, FJ 5 (TOL5.941.250); STC 55/2017, 11 de mayo de 2017, FJ 4 (TOL6.165.658).

676 STC 134/1996, 22 de julio de 1996, FJ 6 B) (TOL83.066); STC 10/2005, 20 de enero de 2005, FJ 6 (TOL570.196).

677 STC 96/2002, 25 de abril de 2002, FJ 8 (TOL258.630); STC 20/2022, 9 de febrero de 2022, FJ 4 (TOL8.818.499); STC 19/1987, de 17 de febrero de 1987, FJ 4 (TOL79.728); STC 182/1997, de 28 de octubre, FJ 9 (TOL80.805); y STC 46/2000, de 17 de febrero, FJ 6) (TOL81.282).

la justicia como valor del Estado social y democrático, y como exigencia del sistema tributario del artículo 31.1, en conexión con la garantía de la dignidad de la persona (artículo 10.1) y la obligación de aseguramiento por los poderes públicos de la protección de la familia (artículo 39.1 CE). En efecto, no podría calificarse de justo un Estado que se denominara como "social y democrático de Derecho" si privase a sus ciudadanos, a través de su sistema tributario, de la renta mínima de supervivencia, so pretexto del deber de contribuir a los gastos generales, pues con ello no sólo perdería su legitimidad política y democrática sino que atentaría a la esencia misma de la dignidad humana.[678]

No menos importante, sobre esta materia, el Tribunal Constitucional ha reiterado que el Estado social es, además, Estado único, y por tanto, en vinculación con el artículo 128.1, la quiebra del orden económico unitario del país privaría al Estado social de importantes recursos con que atender a la equidad debida y a múltiples necesidades generales.[679]

v. Estado social y su relación con los derechos fundamentales y principios rectores

El Tribunal Constitucional ha dado una relevancia decisiva al rol de los derechos fundamentales para la configuración del Estado social. Ha señalado que los derechos constitucionales son primeramente derechos subjetivos, pero además, elementos esenciales de un ordenamiento objetivo de la comunidad nacional, en cuanto ésta se configura como marco de una convivencia humana justa y pacífica, plasmada históricamente en

---

678 STC 19/2012, 15 de febrero de 2012, FJ 4 (TOL2.473.355).

679 STC 1/1982, 28 de enero de 1982, FJ 5 (TOL110.844).

el Estado de Derecho y, más tarde, en el Estado social de Derecho o el Estado social y democrático de Derecho.[680]

En la jurisprudencia del Tribunal Constitucional, sus sentencias no han relacionado directamente todos los derechos fundamentales con el Estado social y democrático de Derecho, o solo con el Estado social. En algunos casos, termina siendo una argumentación de *obiter* dicta – por ejemplo, señalar que libertad de expresión es de capital importancia para el Estado social y democrático de Derecho, pero también su límite en el respeto al honor e intimidad ajena.[681] El desarrollo jurisprudencial ha estado concentrado en ciertos derechos y actuaciones del Estado, como veremos a continuación, diferenciando entre aquellas vinculaciones que hace el Tribunal Constitucional con derechos fundamentales y, separadamente, con principios rectores del orden económico y social.

a. Derechos fundamentales

En relación con derechos fundamentales, las principales asociaciones del Tribunal se realizan con derechos en materia laboral, educacional y propiedad.

---

680 STC 25/1981, 14 de julio de 1981, FJ 5 (TOL110.828); STC 81/1998, 2 de abril de 1998, FJ 2 (TOL80.937); STC 247/2007, 12 de diciembre de 2007, FJ 4 y 13 (TOL1.224.508); STC 99/2021, 10 de mayo de 2021, FJ 3 (TOL8.451.614).

681 STC 99/2002, 6 de mayo de 2002, FJ 5 (TOL258.633); STC 6/1981, 16 de marzo de 1981, FJ 3 y 4 (TOL109.401); STC 105/1990, 6 de junio de 1990 (TOL80.394); STC 85/1992, 8 de junio de 1992 (TOL80.697); STC 200/1998, 14 de octubre de 1998 (TOL81.053); STC 134/1999, 15 de julio de 1999 (TOL81.188); STC 192/1999, 25 de octubre de 1999 (TOL81.230); STC 112/2000, 5 de mayo de 2000 (TOL81.306); STC 6/1981, de 16 de marzo, FFJJ 3 y 4 (TOL109.401).

Respecto a los sindicatos, el Tribunal Constitucional ha declarado que “no puede olvidarse que cualquier aproximación a la base constitucional de la libertad sindical y, por ende, de la acción sindical, debe dejar previamente sentado el carácter promocional de los sindicatos que en la Constitución española asumen los arts. 7 y 28.1 como elemento clave de la configuración del Estado social y democrático de Derecho que persigue el art. 1.1 CE y para la defensa y promoción de los intereses colectivos de los trabajadores.”[682] El rol de los sindicatos – y también de las asociaciones empresariales – en un Estado social permite exigir una protección particularmente intensa a sus actuaciones. [683]

Por su parte, el Tribunal ha reconocido el derecho a huelga desde diversas perspectivas, relacionándolo también con el artículo 9.2 de la Constitución: “Además de ser un derecho subjetivo la huelga se consagra como un derecho constitucional, lo que es coherente con la idea del Estado social y democrático de Derecho establecido por el art. 1.1 de la Constitución, que entre otras significaciones tiene la de legitimar medios de defensa a los intereses de grupos y estratos de la población socialmente dependientes, y entre los que se cuenta el de otorgar reconocimiento constitucional a un instrumento de presión que la experiencia secular ha mostrado ser necesario para la afirmación de los intereses de los trabajadores en los conflictos socioeconómicos, conflictos que el Estado social no puede excluir, pero a los que sí puede y debe proporcionar los adecuados cauces institucionales; lo es también con el derecho reconocido a los sindicatos en el art. 7 de la Constitución, ya que un sindicato sin derecho al ejercicio de la huelga quedaría, en una

---

682 STC 229/2002, 9 de diciembre de 2002, FJ 7; en el mismo sentido, STC 281/2005, FJ 6; STC 8/2015, 22 de enero de 2015, FJ 2; STC 63/2024, 10 de abril de 2024, FJ 4 A).

683 STC 148/2021, 14 de julio de 2021, FJ 7 (TOL8.518.747)

sociedad democrática, vaciado prácticamente de contenido; y lo es, en fin, con la promoción de las condiciones para que la libertad y la igualdad de los individuos y grupos sociales sean reales y efectivas (art. 9.2 de la Constitución), considerado como fundamental y esencial por el Tribunal Constitucional, que entre otras significaciones tiene la de legitimar medios de defensa a los intereses de grupos de la población socialmente dependiente."[684]

El derecho de propiedad también sido uno de aquellos que el Tribunal Constitucional ha analizado a la luz de la cláusula de Estado social antes mencionada. De esta manera, en relación con el artículo 33, el Tribunal ha dicho que: "La expropiación forzosa se concibe en los orígenes del Estado liberal como último límite del derecho natural, sagrado e inviolable, a la propiedad privada y se reduce, inicialmente, a operar sobre los bienes inmuebles con fines de construcción de obras públicas. La transformación que la idea del Estado social introduce en el concepto del derecho de propiedad privada al asignarle una función social con efectos delimitadores de su contenido y la complicación cada vez más intensa de la vida moderna, especialmente notable en el sector económico, determinan una esencial revisión del instituto de la expropiación forzosa, que se convierte, de límite negativo del derecho absoluto de propiedad, en instrumento positivo puesto a disposición del poder público para el cumplimiento de sus fines de ordenación y conformación de la sociedad a imperativos crecientes de justicia social, frente al cual el derecho de propiedad privada, tan sólo garantiza a su titular, ante el interés general, el contenido económico de su propiedad, produciéndose paralelamente un

---

684 STC 11/1981, 8 de abril de 1981, FJ 9 (TOL109.335); En este mismo sentido, STC 332/1994, 19 de diciembre de 1994, FJ 3 (TOL82.736); STC 259/2007, 19 de diciembre de 2007, FJ 7 (TOL1.228.671); STC 33/2011, 28 de marzo de 2011, FJ 4 (TOL2.084.722).

proceso de extensión de la expropiación forzosa a toda clase de derechos e intereses patrimoniales y a toda categoría de fines públicos y sociales.[685]

Desde la cláusula de Estado social y democrático, el Tribunal ha justificado que es "lícitamente posible para el legislador la introducción de límites y restricciones al ejercicio de derechos de contenido patrimonial, como son los de propiedad y libertad de empresa, por razones derivadas de su función social".[686] De la misma manera, "en el marco del Estado social (art. 1.1 CE), el legislador está autorizado a negar pura y simplemente el derecho de propiedad por razones de utilidad pública e interés general –con los límites que impone el art. 33.3 CE– o, sin llegar hasta este extremo, a restringirlo para ajustar su contenido a los más variados objetivos colectivos (arts. 33.2 y 128.1 CE) con la consiguiente generación de «diferentes tipos de propiedades dotadas de estatutos jurídicos diversos".[687]

Finalmente en relación con los derechos fundamentales, respecto al rol del Estado social en materia educacional, el Tribunal ha dicho que "[e]n un Estado social de Derecho (art. 1 C.E.), que debe promover las condiciones para que la libertad y la igualdad del individuo sean reales y efectivas (art. 9.2 C.E.), el libre desarrollo de la personalidad (art. 10.1 C.E.), y reconoce el derecho a la educación (art. 27.1 C.E.), es evidente que los poderes públicos deben establecer un programa de ayudas al estudio que garantice a los ciudadanos con menos recursos económicos el acceso a la educación.

---

685 STC 166/1986, 19 de diciembre de 1986, FJ 13 (TOL79.827); en el mismo sentido, STC 48/2005, 3 de marzo de 2005, FJ 4 (TOL598.424).

686 STC 111/1983, 2 de diciembre de 1983, FJ 4 (TOL79.276); en el mismo sentido, STC 227/1993, 9 de julio de 1993, FJ 4 e) (TOL82.249).

687 STC 154/2015, 9 de julio de 2015, FJ 4 (TOL5.430.188); en el mismo sentido, STC 116/2019, 16 de octubre de 2019, FJ 3 (TOL7.569.628).

(...) [E]l sistema de becas controvertido constituye una regulación consistente en una aportación dineraria o beneficio que se concede 'a quienes deseen realizar o se encuentren realizando estudios para su promoción educativa, cultural, profesional y científica' (art. 1 del Real Decreto 2298/1983) y cumplan determinados requisitos en el marco general de un sistema de educación compensatoria inspirado en los principios de igualdad de oportunidades y solidaridad constitutivo de un fin público esencial de un Estado social moderno."[688]

b. Principios rectores del orden económico y social

Respecto a la relación entre la cláusula de Estado social y los principios rectores del orden económico y social, el Tribunal Constitucional ha resuelto diversos casos en materia laboral, vinculando el articulado de ciertos derechos fundamentales con la cláusula de Estado social y con el artículo 9.2 de la Constitución.

El Tribunal ha declarado que los trabajadores y empleadores tienen libertad para la determinación del salario, conforme con los artículos 35 y 37 de la Constitución. Sin embargo, el Tribunal ha matizado esta conclusión vinculando la cláusula de Estado social y del artículo 9.2 de la Constitución con los principios rectores ya mencionados, para declarar que "[u]n Estado social y democrático de Derecho, que propugna entre los valores superiores de su ordenamiento jurídico la justicia y la igualdad (art. 1.1 de la C.E.), y en el que se encomienda a todos los Poderes públicos el promover las condiciones para que la igualdad del individuo y de los grupos en que se integra

---

688 STC 214/1994, 14 de julio de 1994, FJ 8 B) (TOL82.619); En este mismo sentido, STC 188/2001, 20 de septiembre de 2001, FJ 5 y 7 (TOL110.433); STC 212/2005, 21 de julio de 2005, FJ 4 (TOL687.278).

sean reales y efectivas (art. 9.2 de la C.E.), ha de complementar aquel sistema de determinación del mínimo salarial estableciendo desde los Poderes a los que compete la gobernación unos techos salariales mínimos que respondiendo a aquellos valores de justicia e igualdad den efectividad al también mandato constitucional contenido en el art. 35.1. En este marco de exigencias constitucionales ha de situarse el art. 27 del Estatuto de los Trabajadores y a ellas ha de someterse la potestad expresa y específica al Gobierno de fijar un salario mínimo interprofesional. En concreto, puede decirse que mediante esta intervención estatal se atiende a un interés social que, sin embargo, no disminuye el papel de las partes sociales en la consecución de otros mínimos salariales por encima de los indisponibles del mínimo interprofesional."[689]

Sobre el principio rector del artículo 40.2, el Tribunal ha desprendido de éste que "[e]l derecho a vacaciones anuales retribuidas, sin ser absoluto en cuanto a las fechas de su ejercicio, forma parte del núcleo irrenunciable de los derechos propios de un Estado social.".[690]

El Tribunal Constitucional, aplicando el artículo 41 de la Constitución, ha dicho que la acción y protección social es "central (…) en un Estado Social (a la vista de los principios rectores de política social incluidos en el Capítulo tercero del Título I de la Constitución),".[691] También relacionado con dicho principio rector, el Tribunal ha declarado que: "es una exigencia del Estado social de Derecho (art. 1 CE) que quienes no

---

689 STC 31/1984, 7 de marzo de 1984, FJ 9 (TOL79.321). En el mismo sentido, STC 119/2002, 20 de mayo de 2002, FJ 6 (TOL258.651); STC 5/2004, 16 de enero de 2004, FJ 4 (TOL337.394); STC 112/2017, 16 de octubre de 2017, FJ 5 (TOL6.390.925).

690 STC 324/2006, 20 de noviembre de 2006, FJ 5 (TOL1.016.525).

691 STC 146/1986, 25 de noviembre de 1986, FJ 5 (TOL79.692); en el mismo sentido, STC 36/2022, 10 de marzo de 2022 (TOL8.889.750).

tengan cubiertas sus necesidades mínimas por la modalidad no contributiva del sistema de la Seguridad Social puedan acceder a otros beneficios o ayudas de carácter o naturaleza diferente".[692]

Relacionando esta vez los principios rectores de la seguridad social con el artículo 9.2, el Tribunal ha señalado que "la situación de desventaja relativa de determinadas personas en el mercado de trabajo en razón de sus circunstancias físicas o de salud y su eventual riesgo de exclusión social constituyen problemas cuya atención corresponde a los poderes públicos, de conformidad con el art. 9.2 CE, a través, entre otros, del conjunto de medidas de política sanitaria, de formación y readaptación profesionales y, en su caso, de protección social a las que se refieren los arts. 43.2, 40.2 y 41 CE, instrumentos esenciales para hacer realidad el modelo de "Estado social y democrático de Derecho" que nuestra Constitución impone (art. 1.1 CE)."[693]

En el mismo sentido, aplicando el principio rector del artículo 40.1, ha señalado que no puede considerarse como inconstitucional "toda intervención económica de las Comunidades Autónomas mediante subvenciones u otro género de ayudas que repercutan de algún modo en la circulación de industrias por el territorio nacional, pues no han de perderse de vista que medidas de este tipo pueden resultar, al menos coyunturalmente y, en particular, en situaciones de crisis y deterioro industrial, indispensables para corregir o disminuir las insuficiencias o disfunciones que presente el mercado, incrementando la productividad, optimizando el crecimiento económico y favoreciendo, en definitiva, el desarrollo regional, fines todos ellos que, lejos de ser reprobables, la Constitución encomienda, como propios del Estado Social de Derecho, a todos los poderes públicos. A éstos, en efecto, corresponde

---

692 STC 239/2002, 11 de diciembre de 2002, FJ 7 (TOL224.791).

693 STC 62/2008, 26 de mayo de 2008, FJ 7 (TOL1.322.455).

promover las condiciones favorables para el progreso social y económico (art. 40.1), atender a la modernización y desarrollo de todos los sectores económicos (art. 130.1) y garantizar y proteger el ejercicio de la libertad de empresa y la defensa de la productividad (art. 38), asumiendo así un compromiso, que, como ha señalado este Tribunal, supone «la necesidad de una actuación específicamente encaminada a defender tales objetivos constitucionales".[694]

4.3.9. La importancia de la Constitución Española para el desarrollo del concepto de Estado social

La Constitución de España de 1978 es el último paso en Europa para la evolución del Estado social, al consagrar tardíamente la fórmula de Estado social y democrático de Derecho en su artículo 1. La fórmula de Estado social en la Constitución de 1978 surgió como un compromiso político entre las diferentes fuerzas en las Cortes Constituyentes. La inclusión del adjetivo "social" tuvo el propósito de reflejar una voluntad tanto de asegurar la actividad prestacional del Estado, como también de dotar de un marco amplio a los futuros gobiernos de distintos signos políticos. Esta interpretación del Estado social dejó de lado las discusiones sobre fines socialistas o transformadores del adjetivo, así como la mirada que desconfiaba de su uso por las reminiscencias del régimen franquista.

Junto a la forma de Estado del artículo 1.1, el artículo 9.2 de la Constitución – inspirado por la Constitución italiana – refuerza la orientación social estatal, estableciendo que los poderes públicos deben promover las condiciones para que la libertad y la igualdad del individuo y de los grupos en que se integra sean reales y efectivas; remover los obstáculos que

694 STC 64/1990, 5 de abril de 1990, FJ 5 (TOL80.356).

impidan o dificulten su plenitud y facilitar la participación de todos los ciudadanos en la vida política, económica, cultural y social la libertad y la igualdad sean reales y efectivas.

Finalmente, la cláusula de Estado social tiene una dimensión territorial que aporta a la descentralización política interna del país. Las competencias de legislación y de desarrollo y ejecución de las Comunidades Autónomas consagran implícitamente un Estado social autonómico, pero manteniendo el Estado central una competencia transversal en la regulación tanto de los derechos del Capítulo II del Título I como también de los principios rectores de la política económica y social del Capítulo III. Esto refuerza la idea de un Estado social como elemento de cohesión de la unidad nacional. La reserva de competencias del Estado para garantizar "la igualdad de todos los españoles" es una muestra de cómo el Estado central considera que la concreción del Estado social es su tarea irrenunciable.

4.4. LAS CONSTITUCIONES EUROPEAS, LOS ELEMENTOS DE SUS FORMAS DE ESTADO Y SU MODIFICACIÓN LUEGO DE LA CAÍDA DEL MURO DE BERLÍN

Si la Ley Fundamental de Bonn de 1949 fue la primera constitución de un país en incorporar la fórmula de Estado social, la Constitución española de 1978 siguió su camino casi treinta años más tarde. Sin embargo, no fue el único país europeo en demorar la redacción de una nueva constitución que incluyera los elementos de Estado social, Estado democrático o Estado de Derecho.

Como revisamos previamente, un número importante de constituciones después de 1949 fueron redactadas bajo la influencia soviética. Una de las características de las constituciones de los Estados socialistas fue la inclusión de cláusulas en que la forma de Estado se asociaba directamente a una cierta clase: obreros, trabajadores, o campesinos; el elemento democrático era nominal, o hacía referencia al Estado democrático socialista, y finalmente, el Estado de Derecho no era concebido de la misma forma que la tradición italiana, alemana y española. Esta situación cambió con la caída del muro de Berlín y la desintegración de la Unión Soviética, iniciándose una ola de redacción de constituciones para los países que se independizaban donde una de las primeras definiciones que se buscaba modificar era, precisamente, la forma de Estado.

La importancia de consolidar las nuevas repúblicas como Estados de Derecho fue vislumbrada por Antonio La Pérgola, Ministro de Asuntos Europeos del gobierno italiano, quien propuso la creación de un foro internacional de constitucionalistas para el desarrollo de la democracia y el Estado de Derecho que anticipara la futura colaboración que se debería prestar a los países de Europa Central y Oriental con la caída del Muro de Berlín. Este organismo, denominado Comisión Europea para la Democracia a través del Derecho – conocida como Comisión de Venecia –, se constituyó como un órgano del Consejo de Europa, luego con acuerdo ampliado a otros Estados extraeuropeos, integrado por expertos constitucionales independientes, con el objeto de brindar asistencia en la redacción de las nuevas constituciones de Europa Central y del Este.

En su mayoría, las nuevas constituciones de los países se configuraron como Estados democráticos de Derecho, y no como Estados sociales. Dentro de las constituciones que se configuran como Estados democráticos de Derecho, algunas de ellas incluyeron elementos como la justicia social como objetivos o fines del Estado. Sin embargo, si incorporamos a nuestra revisión las constituciones dictadas previo a la caída del Muro de Berlín, el panorama general de los textos europeos es más proclive a la consagración expresa del elemento democrático –

no el sentido de Elías Diaz, que hemos resaltado previamente, sino que democracias constitucionales y liberales.

4.4.1. Constituciones en que no hay mención a elementos de la forma de Estado

Es necesario tener presente que hay constituciones europeas que no contienen menciones a elementos de la forma de Estado en sus textos hasta la fecha. La Constitución de Dinamarca, de 1953, no menciona una forma de Estado.[695] Tampoco lo hace la Constitución de Malta de 1964.[696] En Suecia ninguna de sus cuatro leyes fundamentales – la última, de 1974 – se refiere a la forma de Estado, ni tampoco lo hizo la Constitución de Grecia de 1975 solo indicando que dicho país es una República parlamentaria.[697] En los Países Bajos, ni la Ley Básica del Reino de 1983 ni sus constituciones anteriores contienen menciones a la forma de Estado.

De aquellas constituciones que sí incluyen elementos de la forma de Estado, un repaso histórico por las constituciones que se mantienen en vigor puede ayudar a visibilizar cómo la forma de Estado predominante es el adjetivo de Estado democrático de Derecho, distinto de las teorías del Estado democrático de Derecho de la década de 1960 y 1970 que hemos revisado previamente.

---

695 Constitución de Dinamarca de 1953, parte I, número 1.

696 Constitución de Malta de 1964, artículo 1.1.

697 Constitución de Grecia de 1975, artículo 1.1.

4.4.2. Los elementos de la forma de Estado en las constituciones hasta la caída del muro de Berlín

Comencemos señalando que, en las constituciones redactadas hasta el comienzo del siglo XX que aún siguen en vigor en Europa, vemos que la forma de Estado no era relevante en su contenido constitucional, o solo se hace mención elementos como la democracia, soberanía e independencia.

Así, la Constitución de Bélgica de 1831 solo señala que es un Estado federal.[698] La Constitución del Principado de Mónaco de 1911 señalaba que "el Principado de Mónaco forma un Estado independiente".[699] En 1962, incorporó en su texto que se constituía como "Un Estado soberano e independiente en el marco de los principios generales del derecho internacional y las convenciones particulares con Francia".[700] La Constitución de Austria de 1920, señala que "Austria es una República democrática".[701] La Constitución de Irlanda en 1937 proclama al país como "un Estado soberano, independiente y democrático" [702], remarcando estos tres elementos en el contexto de su independencia del Reino Unido.

El elemento social asociado a la forma de Estado surge en la segunda postguerra, como hemos estudiado en el capítulo anterior, con dos líneas: la primera, desde la tradición central europea, como la Constitución de Italia, en 1948, que como vimos, contempla una forma de República democrática fundada en el trabajo. En 1949, la Ley Fundamental de Bonn que contiene la cláusula de Estado democrático y social. En Francia, la Constitución de 1958 hace mención a la República

---

[698] Constitución de Bélgica de 1831, artículo 1.

[699] Constitución del Principado de Mónaco de 1911, artículo 1.

[700] Constitución del Principado de Mónaco de 1962, artículo 1.

[701] Constitución de Austria de 1920, artículo 1.

[702] Constitución de Irlanda de 1937, artículo 1.5.

indivisible, laica, democrática y social. La Constitución de España en 1978, como recién hemos visto, tardíamente constituye al país en un Estado social y democrático de Derecho. Por otro lado, en cambio, se encuentra la influencia de las revoluciones de izquierda y de la Unión Soviética en la redacción de los textos constitucionales, como revisamos en el capítulo 3.

4.4.3. Los elementos de la forma de Estado en las constituciones después de la caída del muro de Berlín

Luego de la caída del Muro de Berlín, los países persiguen marcar desde la constitución, en la forma de Estado, la necesidad de consolidación de la democracia representativa, en que lo social queda inicialmente en un segundo plano. Una minoría de países en este período incluirán elementos sociales en la forma de Estado en las constituciones redactadas al comienzo de la década de 1990, pero siempre asociado al elemento democrático.

i. Países que no incluyen elementos sociales en la forma de Estado

En Hungría, en 1990, la Constitución de 1949 fue reformada fijando un "Estado democrático de Derecho independiente."[703] Luego, en 2011, la nueva Constitución de Hungría la constituye como un "Estado de derecho independiente y democrático."[704]

En Ucrania, la declaración de la Soberanía del Estado de 1990 no utiliza adjetivos para la forma de Estado, pero sí lo hace el Acta de la Declaración de Independencia de 1991, que constituye al país como un "Estado democrático de Derecho".

---

703 Constitución de Hungría de 1949, preámbulo y artículo 2.1.

704 Constitución de Hungría de 2011, artículo B.1.

En 1992, la Constitución de Eslovaquia se establece como un "Estado democrático y soberano gobernado por el Derecho."[705] La Constitución de Lituania del mismo año menciona que es una "República independiente y democrática",[706] similar a la declaración de la Constitución de Estonia, también de 1992, que indica que es una "República democrática independiente y soberana donde la máxima autoridad estatal reside en el pueblo."[707]

La Constitución de la República Checa de 1993 señala que "La República Checa es un Estado soberano, unitario y democrático regido por el estado de derecho, basado en el respeto de los derechos y libertades del hombre y de los ciudadanos."[708] La Constitución de Letonia de 1922 – puesta en vigor nuevamente en 1993, luego de su separación de la Unión Soviética – indica que es una "República democrática independiente."[709]

En 1994, la Constitución de Moldavia de 1994 señala que el país es un "Estado democrático de Derecho gobernado por el imperio del derecho."[710] Luego, en 1995, la Constitución de Bosnia y Herzegovina indica que es un "Estado democrático, que operará bajo el imperio de la ley y con elecciones libres y democráticas.".[711]

---

705 Constitución de la República de Eslovaquia de 1992, artículo 1.

706 Constitución de Lituania de 1992, artículo 1.

707 Constitución de Estonia de 1992, artículo 1.

708 Constitución de la República Checa de 1993, artículo 7.1

709 Constitución de Letonia de 1922, artículo 1.

710 Constitución de Moldavia de 1994, artículo 1.3.

711 Constitución de Bosnia y Herzegovina de 1995, artículo 1.2.

ii. Países que incluyen elementos sociales en la forma de Estado

Aunque el elemento fundamental en la configuración de la forma de Estado será el adjetivo democrático, distintos países – en su mayoría, en la década de 1990 – incluirán calificativos relacionados con aspectos sociales en la forma de Estado o en sus preámbulos, como la justicia social o la explicitación de un Estado social. Sin embargo, esto siempre se realizará asociado a la forma de Estado democrática.

En 1991 se dictan numerosas constituciones en este sentido. La Constitución de Croacia dice que "[l]a República de Croacia es un Estado democrático y social unitario e indivisible.[712] La Constitución de Rumania de 1991 dice que es un "Estado social y democrático de Derecho."[713] Algo similar en Macedonia del Norte, donde su Constitución de 1991 señala que es un "Estado soberano, independiente, democrático y social." [714] En Bulgaria la Constitución de 1991 no indica una forma de Estado, pero su preámbulo proclama la creación de un Estado social y democrático de Derecho.[715] La Constitución de Eslovenia de 1991 declaró que su país se constituye como una "República democrática" y un "Estado social y legal de Derecho".[716] La Constitución de Albania, después de su independencia del régimen socialista en 1991, se constituyó como un "Estado democrático de Derecho", declarando que "la dignidad humana, sus derechos y libertades, el desarrollo libre de su personalidad y del orden constitucional,

712 Constitución de Croacia de 1991, artículo 1.

713 Constitución de Rumania de 1991, artículo 1.3. La fórmula original se modificó ligeramente en 2003, señalando ahora que el país es un "Estado social y democrático, sometido al imperio del Derecho".

714 Constitución de Macedonia del Norte de 1991, artículo 1.

715 Constitución de Bulgaria de 1991, preámbulo.

716 Constitución de Eslovenia de 1991, artículos 1 y 2.

la igualdad ante la ley, la justicia social, la protección social y el pluralismo son las bases del Estado."[717]

La Constitución de Polonia, reformada en 1992 y redactada nuevamente en 1997, dice que "La República de Polonia es un Estado democrático de Derecho que promueve los principios de la justicia social."[718] La Constitución de Montenegro de 1992 – la primera desde la ley constitucional de 1910 – consagra al país como un "Estado democrático, social y ecológico." [719] En la nueva Constitución de Montenegro de 2007, sin embargo, se eliminó la fórmula de Estado social de su texto, señalando ahora que se constituyen como un "Estado civil, democrático, ecológico y de justicia social, basado en el imperio del derecho."[720]

Bielorrusia, en su primera Constitución de 1994, luego del fin de la URSS, señala que es un "Estado unitario, democrático y social de Derecho."[721] La Constitución de la Federación Rusa, de 1994, señala en su artículo 1 que dicho país es un "Estado democrático federal de derecho regido por un sistema de gobierno republicano", pero más adelante, su artículo 7.1 precisa que Rusia "es un Estado social, cuya política está dirigida a crear condiciones que garanticen una vida digna y el libre desarrollo del individuo."

En Georgia, la Constitución de 1995 repite la misma forma de Estado de su antecesora, de 1917, definiéndose como un "Georgia es un Estado independiente, unificado e indivisible" y "una República democrática".[722] Sin embargo, en su preámbulo

---

717 Leyes constitucionales de Albania de 1993, artículo 2.

718 Constitución de Polonia de 1997, artículo 2.

719 Constitución de Montenegro de 1992, artículo 1.

720 Constitución de Montenegro de 2007, artículo 1.

721 Constitución de Bielorrusia de 1994, artículo 1.

722 Constitución de Georgia de 1917, artículos 1 y 3.

señala que la voluntad del Constituyente es establecer un Estado social de Derecho.[723] La Constitución de Armenia de 1995 dice que es un "Estado democrático, basado en la justicia social y el imperio del derecho."[724] Luego de la reforma de 2015, su texto indica que es un "Estado soberano, democrático y social de Derecho."[725]

En 1996, la nueva Constitución de Ucrania declaró que es un "Estado independiente, democrático, social y de Derecho."[726]

Poco más adelante, la Constitución de Albania de 1998 solo señala que "la República de Albania es un Estado unitario e indivisible." [727] En su preámbulo, sin embargo, se incorporó la determinación de construir un Estado de Derecho social y democrático, que garantice derechos y libertades fundamentales, y repitiendo la justicia social como objetivo del Estado.[728]

En otro contexto, la Constitución de 1999 de Suiza no tiene menciones a formas adjetivas de Estado, sino que establece principios o fines para éste, como la libertad, los derechos del pueblo, el bienestar común, el desarrollo sostenible, la cohesión interna y la diversidad cultural del país, entre otros.[729]

La Constitución de Finlandia de 1999 sigue la línea de la carta de 1921 y tampoco incorpora menciones a un Estado social u objetivos del Estado, sino que señala que es una "República soberana" y refuerza el sentido de la garantía normativa: "la Constitución garantizará la inviolabilidad de la dignidad

---

723 Constitución de Georgia de 1995, preámbulo.

724 Constitución de Armenia de 1995, artículo 1.

725 Constitución de Armenia de 1995, reformada en 2015, artículo 1.

726 Constitución de Ucrania de 1996, artículo 1.

727 Constitución de Albania de 1998, artículo 1.2.

728 Constitución de Albania de 1998, preámbulo.

729 Constitución de Suiza de 1999, artículo 2.

humana y la libertad y los derechos de la persona y promoverá la justicia en la sociedad."[730]

Ya en la década de 2000, la Constitución de Serbia de 2006 – la primera después de la Constitución de la República Socialista, de 1963–declaró que "La República de Serbia es un Estado de pueblo serbio y de todos los ciudadanos que viven en él, basado en el Estado de derecho y la justicia social, los principios de la democracia civil, los derechos humanos y las minorías y el compromiso con los principios y valores europeos."[731]

Para finalizar, la Constitución de Noruega, de 1814, no mencionaba una forma de Estado, sino que hace referencia a que "el Reino de Noruega es un Estado libre, independiente, indivisible e inalienable." Posteriormente, reformas en 2012 y 2014 incluyeron como objetivos constitucionales "la democracia, el Estado de Derecho y los derechos humanos".[732]

4.5. RECAPITULACIÓN

La evolución del Estado social en España distingue dos momentos: el primero, su uso durante el régimen de Franco tanto por el Gobierno como por sectores de izquierda, y su posterior desarrollo después de la Constitución de 1978. Durante el primer periodo del franquismo, el concepto de Estado social fue empleado como un elemento legitimador del "Estado nuevo". Posteriormente, se concibió el Estado social como un medio para lograr la eficiencia en los servicios públicos y el máximo bienestar social, en contexto de un régimen autoritario. El uso del concepto de Estado social por un gobierno no democrático generó controversia, pues la doctrina de izquierda consideraba

---

[730] Constitución de Finlandia de 1999, artículo 1.

[731] Constitución de Serbia de 2006, artículo 1.

[732] Constitución de Noruega de 1814, artículos 1 y 2.

que el Estado social debía ser intrínsecamente democrático, y más aún, una etapa intermedia transformadora hacia el Estado democrático de Derecho, concepto asociado a un sistema de orden socialista. Con la transición a la democracia, el concepto de Estado social se constitucionalizó en España, integrándose con el elemento democrático y del Estado de Derecho, limitando con ello las aspiraciones transformadoras de los autores de izquierda.

El enfoque de la Constitución de 1978 enfatizó la función política, de unidad e integración social post dictadura, junto con una legitimación de la intervención estatal en el orden económico y social. La inclusión de una cláusula explícita de Estado social como en la Ley Fundamental de Bonn de 1949, sumado a una consagración de derechos sociales y un deber estatal de remoción de obstáculos, al estilo de la Constitución italiana de 1948, son muestras de cómo España sintetizó la tradición alemana e italiana de la configuración de un Estado social más allá del elemento prestacional. Hacia finales de la década de 1990, la idea de "crisis" del Estado social no se trató de la quiebra de la forma de Estado, sino de la crisis del modelo de Estado social asociado únicamente a un rol prestacional. Esto derivó en la década de 2010 a propuestas para superar el Estado social prestador hacia un Estado social regulador y garante de servicios públicos.

En cuanto a su presencia en las constituciones europeas, inicialmente no era común ver al Estado social dentro de las formas de Estado de las nuevas constituciones, sino que era más habitual la incorporación del elemento democrático y del Estado de Derecho, especialmente en los países de la órbita soviética post-caída del Muro de Berlín. En paralelo, el concepto de Estado social comienza un desarrollo distinto en los países de América Latina, en que el neoconstitucionalismo y el nuevo constitucionalismo latinoamericano influirán en una lectura distinta de la interpretación europea de la fórmula, que es lo que revisaremos a continuación.

Capítulo 5

La "recuperación" del concepto de Estado social en América Latina. El neoconstitucionalismo y el nuevo constitucionalismo latinoamericano y su influencia en la configuración del Estado social en las constituciones de Colombia, Venezuela y Bolivia

En los capítulos anteriores hemos revisado cómo el desarrollo del concepto de Estado social en Europa se dio en un primer período marcado por la segunda postguerra en Alemania e Italia, y luego, en una segunda etapa, con el retorno a la democracia en el caso de España. En estos casos, la idea de Estado social fue acompañada de un auge en las finanzas públicas que, como todo ciclo macroeconómico, llegó a su fin y puso en crisis la noción netamente prestacional del concepto. Sin embargo, como hemos analizado también precedentemente, el uso de la fórmula de Estado social no se basaba solo en la garantía de derechos sociales, sino que fundamentalmente en un principio de orientación de la acción del Estado que va más allá del solo elemento prestacional.

Como analizaba Manuel García-Pelayo, si la idea de Estado social se asocia a un Estado de bienestar, ella es una forma de Estado que solo puede ser desarrollada plenamente en países industrializados. No obstante, en aquellos países "en tránsito al desarrollo", el concepto "tiene la potencialidad de actuar como modelo orientador" para ellos.[733] Este era el caso de América Latina, donde la idea de Estado social se importó desde la década de 1970 inicialmente en una variante prestacional, pero además recogiendo una dimensión que había sido superada en Europa, como era su función transformadora de la sociedad.

La primera constitución que recogió el concepto de Estado social es la de Perú, en 1979. Luego, en la década de 1990, la Constitución de Colombia de 1991 dio inicio a una nueva etapa del Estado social asociada a un elemento refundacional tanto institucional como económico, político y social, que una parte de la doctrina caracterizó como una "recuperación" del Estado social que había sido reducido hasta una fórmula nominal en Europa. En esta evolución del concepto en América Latina, de la mano del neo constitucionalismo, y posteriormente, del nuevo constitucionalismo latinoamericano, la consagración de la fórmula de Estado social en el texto constitucional se intentó convertir en un elemento de garantía directa, permitiendo una interpretación y derivación de efectos normativos desde una cláusula que, en sí mismo, no tiene un contenido claro o unívoco, y con ello, asume la función de transformación o refundación necesaria para dejar atrás las "viejas estructuras" de garantía del orden conservador: el sistema judicial y los órganos de la Administración latinoamericanos.

En las tres constituciones que podemos enmarcar el panorama latinoamericano – Colombia de 1991, neoconstitucionalista, y el nuevo constitucionalismo latinoamericano en

---

[733] GARCÍA-PELAYO, *El Estado social y sus implicaciones*, p. 14.

las constituciones de Venezuela de 1999 y Bolivia de 2009 – el concepto de Estado social se utilizó como una fórmula transformadora y con una potencialidad de aplicación directa a través de la justicia constitucional. Sin embargo, cada realidad constitucional comenzó a interpretar la cláusula hacia objetivos distintos.

Mientras que en el caso colombiano la configuración de Estado social fue clave para el rol activo de la Corte Constitucional de Colombia en la garantía de derechos sociales, en el caso de Venezuela se ha interpretado en su faz transformadora y revolucionaria, sin mayor importancia como garantía de derechos, pero sí como criterio de constitucionalidad de la legislación – en particular, aquella aprobada por la mayoría opositora en la Asamblea Nacional desde 2015. Finalmente, la interpretación de la cláusula en Bolivia ha dado más importancia al elemento integrador social, asociándolo directamente con la plurinacionalidad, entendiendo la faz transformadora como una expresión de la refundación del país por la incorporación de mayores mecanismos de democracia participativa e inclusión de los pueblos indígenas.

5.1. LA INCORPORACIÓN DEL CONCEPTO DE ESTADO SOCIAL EN LAS CONSTITUCIONES DE AMÉRICA LATINA

Aunque la incorporación de la cláusula de Estado social en América Latina comienza en la década de 1970, distintos autores de esa región consideraban que las constituciones latinoamericanas contenían elementos implícitos de un Estado social desde principios del siglo XX. El caso más representativo es la Constitución de México de 1917, que como ya hemos mencionado, se caracteriza como el origen del constitucionalismo social. Dicha Constitución, en su artículo 1, no indica una forma de Estado sino que prescribe que "en los Estados Unidos

Mexicanos todo individuo gozará de las garantías que otorga esta Constitución, las cuales no podrán restringirse ni suspenderse, sino en los casos y con las condiciones que ella misma establece."[734] Otras constituciones posteriores se han interpretado por la doctrina como configuradoras de un Estado social, como la Constitución de Ecuador de 1929, [735] o en el caso de Bolivia, desde la Constitución de 1938. [736]

Esta idea de Estado social implícito de inicios del siglo XX no importaba la variante transformadora y prestacional que se buscó posteriormente en el uso del concepto en América Latina. Al contrario, como indica Trujillo en el caso ecuatoriano, la comprensión de la existencia de un Estado social en Ecuador en esta etapa se hizo "[s]in mayores debates ni conciencia general de su significado y consecuencias".[737]

En un segundo período, entre las décadas de 1970 y 2010, se recogió la idea de un Estado prestacional de derechos sociales pero, de manera creciente, en una cláusula de transformación institucional, en momentos en que a juicio de autores se había

---

734 Constitución de México de 1917, artículo 1, en su redacción original.

735 TRUJILLO VÁSQUEZ, Julio César (2009): "Sociedad civil, Estado y participación", en ANDRADE, Santiago, GRIJALVA, Agustín, y STORINI, Claudia (editores): *La nueva Constitución del Ecuador: Estado, derechos e instituciones* (Quito, Universidad Andina Simón Bolívar / Corporación Editora Nacional), p. 28.

736 En este sentido, RODRÍGUEZ OSTRIA, Gustavo (2011): "Marco histórico. La larga marcha a la Asamblea Constituyente", en VICEPRESIDENCIA DEL ESTADO PLURINACIONAL DE BOLIVIA: *Enciclopedia Histórica Documental del Proceso Constituyente Boliviano* (La Paz), tomo I, volumen 1, p. 104; GONZÁLEZ OLIVA, Hugo (MIR-NM), Actas de la Asamblea Constituyente de Bolivia de 2006, tomo II, volumen 1, p. 111.

737 TRUJILLO VÁSQUEZ, Julio César (2005): "El Estado en la Constitución", en VICIANO PASTOR, Roberto; TRUJILLO VÁSQUEZ, Julio César; ANDRADE, Santiago (2005): *Estudios sobre la Constitución ecuatoriana de 1998* (Valencia, Tirant Lo Blanch), p. 121.

puesto en entredicho en Europa la valoración del Estado social, que había sido "expulsado del espacio constitucional [y] restando solo como un residuo nominal, desde el punto de vista constitucional".[738]

En este período se pueden distinguir dos etapas constitucionales: una de ellas, con el retorno paulatino de la democracia luego de las dictaduras militares y el triunfo de la democracia representativa como modelo para dichos países. El segundo período, en cambio, se da por la búsqueda de mecanismos de democracia directa y participativa – como referéndums o plebiscitos – que permitirían reconocer de mejor manera la voluntad popular. En esta última fase se comienza a ver un auge en la idea de Estado social en los textos de las nuevas constituciones asociado a elementos refundacionales y, en menor medida, al incentivo a la adopción de un rol prestacional directo del Estado en la provisión de derechos sociales.

En la década de 1980, durante la primera oleada del proceso democrático latinoamericano después de las dictaduras militares, la Asamblea Constituyente de Perú de 1978 incorporó la primera consagración expresa de un Estado social en su Constitución de 1979. Dicho texto configuró al país como "una República democrática y social, independiente y soberana, basada en el trabajo",[739] lo que recoge notoriamente el *principio lavoralista* italiano. Asimismo dicha Constitución explicitó que "[l]a enumeración de los derechos reconocidos [en el capítulo I] no excluye los demás que la Constitución garantiza, ni otros de naturaleza análoga o que derivan de la dignidad del hombre, del principio de soberanía del pueblo, del Estado social y democrático de derecho y de la forma republicana de

---

738 Maestro Buelga, Gonzalo (2012): "Estado y mercado en el nuevo constitucionalismo latinoamericano", en *Revista General de Derecho Público Comparado,* número 11, p. 3.

739 Constitución de Perú de 1979, artículo 79.

gobierno".[740] Pese a su duración de más de una década – 12 años, hasta el autogolpe de Fujimori de 1992 – dicho texto tuvo la relevancia de ser la primera en América Latina en contener expresamente la fórmula de Estado social en su texto.

De las constituciones de América Latina dictadas luego de la peruana de 1979 – Chile en 1980, Ecuador en 1984 y Brasil en 1988 – ninguna de ellas utilizó explícitamente la fórmula del Estado social. La Constitución de Chile señaló escuetamente que dicho país "es una República democrática".[741] En la de Ecuador, la Constitución determinó que el país era "un Estado soberano, independiente, democrático y unitario",[742] y Brasil se constituyó como un "Estado democrático de Derecho y tiene como fundamentos: I. la soberanía; II. la ciudadanía; III. la dignidad humana; IV. los valores sociales del trabajo y la libre iniciativa; V. el pluralismo político".[743]

En Centroamérica, la Constitución de Costa Rica, de 1949, indica que "es una República democrática, libre, independiente, multiétnica y pluricultural".[744] La Constitución de Panamá de 1972 señala que "La Nación panameña está organizada en Estado soberano e independiente, cuya denominación es República de Panamá. Su Gobierno es unitario, republicano, democrático y representativo."[745]

La Constitución de Belice, de 1981, aunque señala que "será un Estado democrático soberano de Centroamérica en la región del Caribe", contiene en su preámbulo una mención al respeto de "los principios de justicia social y, por consiguiente,

---

740 Constitución de Perú de 1979, artículo 4.

741 Constitución de Chile de 1980, artículo 4.

742 Constitución de Ecuador de 1984, artículo 1.

743 Constitución de Brasil de 1988, artículo 1.

744 Constitución de Costa Rica de 1949, artículo 1.

745 Constitución de Belice de 1972, artículo 1.

[consideran] que el funcionamiento del sistema económico debe dar lugar a que los recursos materiales de la comunidad se distribuyan de manera tal que observen el bien común, que haya medios de subsistencia adecuados para todos".[746]

La Constitución de Honduras, de 1982, indicó que "es un Estado de Derecho, soberano, constituido como república libre, democrática e independiente para asegurar a sus habitantes el goce de la justicia, la libertad, la cultura y el bienestar económico y social." En su preámbulo, se precisa que se busca con la nueva Constitución que se "fortalezca y perpetúe un Estado de derecho que asegure una sociedad política, económica y socialmente justa que afirme la nacionalidad y propicie las condiciones para la plena realización del hombre, como persona humana, dentro de la justicia, la libertad, la seguridad, la estabilidad, el pluralismo, la paz, la democracia representativa y el bien común."[747]

En El Salvador, la Constitución de 1983 señaló que "El Salvador reconoce a la persona humana como el origen y el fin de la actividad del Estado, que está organizado para la consecución de la justicia, de la seguridad jurídica y del bien común. En consecuencia, es obligación del Estado asegurar a los habitantes de la República, el goce de la libertad, la salud, la cultura, el bienestar económico y la justicia social."[748]

La Constitución de Guatemala de 1985 dice que "[e]l Estado de Guatemala se organiza para proteger a la persona y a la familia; su fin supremo es la realización del bien común." Su artículo segundo precisa que "[e]s deber del Estado garantizarle

---

[746] Constitución de Belice de 1981, preámbulo y artículo 1.

[747] Constitución de Honduras de 1982, preámbulo y artículo 1.

[748] Constitución de El Salvador de 1983, artículo 1.

a los habitantes de la República la vida, la libertad, la justicia, la seguridad, la paz y el desarrollo integral de la persona."[749]

Finalmente, la Constitución de Nicaragua, de 1987 – modificada en 1995 –declaró que "[e]l Estado nicaragüense reconoce a la persona, la familia y la comunidad como el origen y el fin de su actividad, y está organizado para asegurar el bien común, asumiendo la tarea de promover el desarrollo humano de todos y cada uno de los nicaragüenses, bajo la inspiración de valores cristianos, ideales socialistas, prácticas solidarias, democráticas y humanísticas, como valores universales y generales, así como los valores e ideales de la cultura e identidad nicaragüense."[750]

De las constituciones centroamericanas, resulta importante resaltar la incorporación del elemento democrático y del Estado de Derecho a sus formas de Estado. El adjetivo social no aparece en las formulaciones de estos textos constitucionales, aunque sí se incluyen rasgos finalistas que orientan la acción estatal hacia un elemento compartido por las constituciones de Honduras, el Salvador, Guatemala y Nicaragua, como es el bien común.

En América del sur, la década de 1990 trajo al Estado social como una norma común a las constituciones redactadas en este período. De este grupo, la Constitución de Colombia de 1991 destacó tanto por su creación a través de un proceso

---

749 Constitución de Guatemala de 1985, artículos 1 y 2.

750 Constitución de Nicaragua de 1987, artículo 4. El artículo 4 original, previo a la reforma de Ley número 192, de 4 de julio de 1995, decía: "El pueblo nicaragüense ha constituido un nuevo Estado para promover sus intereses y garantizar sus conquistas sociales y políticas. El Estado es el principal instrumento del pueblo para eliminar toda forma de sumisión y explotación del ser humano, para impulsar el progreso material y espiritual de toda la nación y garantizar que prevalezcan los intereses y derechos de las mayorías."

democrático participativo, como por ser la primera de este segundo período en consagrar explícitamente al país como un Estado social de derecho, prescribiendo que: "Colombia es un Estado social de derecho organizado en forma de República unitaria, descentralizada, con autonomía de sus entidades territoriales, democrática, participativa y pluralista, fundada en el respeto de la dignidad humana, en el trabajo y la solidaridad de las personas que la integran y en la prevalencia del interés general."[751] Aunque como vimos no es la primera constitución de América Latina en contener dicha cláusula, sí es el texto más importante del punto de vista cualitativo en su incorporación e implementación, como veremos más adelante en este capítulo.

Luego de Colombia, la cláusula de Estado social se recogió en la Constitución de Paraguay de 1992, que señala en su artículo 1 que el país "[s]e constituye en Estado social de derecho, unitario, indivisible, y descentralizado en la forma que se establecen esta Constitución y las leyes".[752] El año siguiente, se incorporó el concepto en la nueva Constitución de Perú de 1993, que mantuvo la configuración del país que hace la carta de 1979, pero ahora indicando expresamente que "[l]a República del Perú es democrática, social, independiente y soberana".[753]

---

751 Constitución de Colombia de 1991, artículo 1.

752 Constitución de Paraguay de 199, artículo 1.

753 Constitución de Perú de 1993, artículo 43. Sobre el sentido económico de la configuración del Estado peruano, CALDERÓN, Andrés (2023): *Verdades y mitos de la Constitución Económica de 1993* (Lima, Debate), pp. 29 y siguientes. Un análisis de la reconfiguración desde el "Estado social" de 1979 hasta el "Estado social y democrático de Derecho" de 1993 puede verse en el análisis del Magistrado del Tribunal Constitucional de Perú GONZÁLEZ OJEDA, Magdiel (2004): "El Estado Social y Democrático de Derecho y el Estado Peruano", en *Derecho & Sociedad*, número 23, pp. 144-159.

La desvalorización de la democracia representativa por los gobiernos de corte populista en América Latina dio un impulso de los mecanismos de democracia directa a finales de la década de 1990, lo que marcó la segunda etapa del desarrollo constitucional del Estado social en la región. En ese período, las constituciones y el Estado social se conciben como instrumentos refundacionales "para controlar el poder y empoderar a los sin poder", [754] donde el elemento "social y democrático" está vinculado a la democracia directa, el presidencialismo reforzado y una orientación a transformar los fundamentos económicos del orden imperante, que se conciben como "neoliberales" y resguardados por un Estado que, también, califican peyorativamente como liberal.

Así, en Ecuador el populismo potenció el llamado a una Asamblea Nacional Constituyente en 1998, que consagró en su Constitución que "[e]l Ecuador es un Estado social de derecho, soberano, unitario, independiente, democrático, pluricultural y multiétnico".[755] Lo mismo ocurrió en Venezuela, donde la nueva Constitución de 1999 señaló que dicho país "se constituye en un Estado democrático y social de Derecho y de Justicia, que propugna como valores superiores de su ordenamiento jurídico y de su actuación, la vida, la libertad, la justicia, la igualdad, la solidaridad, la democracia, la responsabilidad social y en general, la preeminencia de los derechos humanos, la ética y el pluralismo político".[756]

En 2004, las protestas de movimientos sociales en Bolivia son encauzadas a un proceso de reforma constitucional que incorporó la cláusula de Estado social en su artículo 1.II, señalando

---

754 ALTERIO, Ana Micaela (2020): *Entre lo neo y lo nuevo del constitucionalismo latinoamericano* (Ciudad de México, Tirant Lo Blanch) pp. 13-16.

755 Constitución de Ecuador de 1998, artículo 1.

756 Constitución de Venezuela de 1999, artículo 2.

que dicho país "[e]s un Estado Social y Democrático de Derecho que sostiene como valores superiores de su ordenamiento jurídico, la libertas, la igualdad y la justicia." Diez años después, en 2008, Ecuador repitió nuevamente un proceso constitucional, y su nueva Constitución modificó la forma de Estado declarando que el país era un "Estado constitucional de *derechos* (sic) y justicia, democrático, soberano, independiente, unitario, intercultural, plurinacional y laico."[757] En Bolivia, la presión por un proceso constituyente originó la Constitución de 2009 – la primera desde la Carta de 1967 – , que incluyó en su artículo 1 la fórmula de constituirse como "un Estado Unitario Social de Derecho Plurinacional Comunitario, libre, independiente, soberano, democrático, intercultural, descentralizado y con autonomías".[758]

Los dos últimos procesos constituyentes latinoamericanos se han dado también bajo la consigna de profundizar la democracia y el Estado social, aunque en contextos muy disímiles. En 2017, el gobierno de Nicolás Maduro convocó a un referéndum para convocar a una Asamblea Nacional Constituyente en Venezuela para proponer una nueva Constitución, lo que finalmente no ocurrió, y fue disuelta por el mismo Maduro en 2020.

En Chile, desde mediados de la década del 2000 se comenzó a discutir la necesidad de una nueva Constitución que tuviera dentro de sus pilares la configuración de un Estado social de Derecho. En 2021 la idea de incorporar la cláusula de Estado social cristalizó en la elección de una Convención Constitucional, y luego, en la propuesta de una Constitución que fue rechazada en un referéndum en septiembre de 2022. Unos meses después se inició un nuevo proceso – esta vez a cargo de una Comisión Experta y un Consejo Constitucional – que propuso un nuevo texto rechazado también por la ciudadanía en diciembre de 2023.

---

[757] Constitución de Ecuador de 2008, artículo 1.

[758] Constitución de Bolivia de 2009, artículo 1.

Un elemento común a los procesos constituyentes de este segundo período es, precisamente, el uso de la fórmula de Estado social como justificación o lema para dotar de fuerza al propio proceso de cambio constitucional, a través de la expectativa que dicha modificación a la forma de Estado traería a la ciudadanía. La razón de la confianza política en la adopción de constituciones que configuran explícitamente un Estado social es la búsqueda de efectos normativos directos del texto constitucional, en el marco de una interpretación transformadora del rol del Estado y la sociedad, y la superación de la visión "liberal" que se atribuye a dichos países. Cada país de América Latina tuvo un proceso distinto, atribuyendo significados diferentes a la cláusula, como veremos a continuación.

5.1.1. Los efectos de la constitucionalización del Estado social en las constituciones latinoamericanas

La importancia que se dio a la consagración explícita de la fórmula de Estado social a nivel constitucional se explica, en parte, por la influencia que adquiere la función transformadora de la Constitución. Esta visión del texto constitucional pretende profundizar el elemento de refundación social de ellos, a través del reconocimiento de derechos sociales y garantías judiciales para su protección derivadas de una aplicación directa del texto constitucional. De esta forma, los procesos constituyentes de Venezuela, Bolivia y Ecuador han sido en un contexto de buscar "una nueva forma de lucha a través de la cual reformular las bases institucionales, sociales, culturales y económicas de la sociedad".[759]

---

759 FIALLO MONEDERO, Liliam, y ZALDÍVAR RODRÍGUEZ, Abraham (2012): "Un nuevo constitucionalismo para el proyecto de emancipación latinoamericana", en VICIANO PASTOR, Roberto (editor): *Estudios sobre el nuevo Constitucionalismo Latinoamericano* (Valencia, Tirant Lo Blanch), p. 198.

Esta visión sobre la función de las constituciones y del Estado social se separa de la tradición europea central[760] – Alemania, Italia, e España – criticando la supuesta debilidad en la configuración del Estado social en dicho continente. Palacios Romeo es enfático en señalar que "[e]l Estado social nunca fue un hecho constitucional en Europa, sino un conjunto de políticas públicas a albur de las presiones de la estructura financiera y de los grandes grupos de presión".[761] Las constituciones de América Latina intentan marcar una diferencia con esta visión, desde la interpretación de un constitucionalismo transformador que se incorpora a una corriente denominada como "nuevo constitucionalismo latinoamericano".

El nuevo constitucionalismo latinoamericano es una variante del neoconstitucionalismo, manteniendo ciertas bases comunes, pero incorporando matices de relevancia para nuestro análisis. El neoconstitucionalismo, en un sentido estricto, no es una innovación del constitucionalismo, entendiendo por este último concepto la doctrina que exige que la limitación del poder estatal quede asegurada mediante la atribución de su ejercicio a órganos distintos, y que el ámbito de libertad de las personas incluya al menos el goce de los derechos liberales.[762]

760 Villabella Armengol, Carlos Manuel (2012): "El Derecho Constitucional del Siglo XXI en Latinoamérica: Un cambio de paradigma", en Viciano Pastor, Roberto (editor): *Estudios sobre el nuevo Constitucionalismo Latinoamericano* (Valencia, Tirant Lo Blanch), p. 74.

761 Palacios Romeo, Francisco (2009): "Quiebra del Estado liberal-aleatorio, constitucionalización material del Estado social y apertura de un nuevo sistema comunitario", en Palacios Romeo, Francisco, y Velásquez Reque, Dixies (coordinadores): *Estudios sobre la Constitución de la República Bolivariana de Venezuela. X Aniversario* (Caracas, Procuraduría General de la República), pp. 88, 91-95.

762 Rubio Llorente, Francisco (2011): "Constitucionalismo", en Aragón Reyes, Manuel (director), y Aguado Renedo, César (codirector): *Constitución, Estado constitucional, partidos y elecciones y fuentes del Derecho. Tomo I* (Madrid, Thomson Reuters), p. 36.

El neoconstitucionalismo no rompe con estas bases, ni tampoco existe en un único modelo.[763]

Siguiendo la descripción de Luis Prieto Sanchís, aunque no hay una única formulación del neoconstitucionalismo, sí es posible definir rasgos nucleares compartidos por todas sus variantes: i) tienen como base el modelo de Estado constitucional de Derecho; ii) la naturaleza de norma suprema de su texto y la superación de la concepción de la constitución como un ejercicio de retórica política o como expresión de un catálogo de buenas intenciones; iii) la incorporación a la constitución de valores, principios y derechos fundamentales en un número y contenido creciente – lo que Prieto Sanchís denomina la "rematerialización" de la Constitución; iv) la garantía judicial y la aplicación directa de la constitución, con un modelo de control concentrado; y v) la rigidez constitucional.[764]

Bajo esta descripción del neoconstitucionalismo en Europa, desde las reformas constitucionales de Ecuador en 1978, Chile y Brasil en 1989, Colombia en 1991, Paraguay en 1992, Perú y Bolivia en 1993, Argentina, Guatemala y Nicaragua en 1994, autores latinoamericanos como Roberto Gargarella comienzan a hablar de un "nuevo constitucionalismo" en la región.[765] Luego, los procesos constitucionales que dan origen a las constituciones de Venezuela de 1999; Ecuador de 2008

---

763 CARBONELL, Miguel (2005): "Nuevos tiempos para el constitucionalismo", en Carbonell, Miguel (editor): *Neoconstitucionalismo(s)* (Madrid, Trotta), p. 9.

764 PRIETO SANCHÍS, Luis (2017): "Neoconstitucionalismos. Un catálogo de problemas y argumentos", en PRIETO SANCHÍS, Luis: *El constitucionalismo de los derechos* (Madrid, Trotta), pp. 24-32.

765 GARGARELLA, Roberto (1997): "Recientes reformas constitucionales en América Latina: una primera aproximación", en *Desarrollo Económico,* volumen 36, número 144, p. 972.

y Bolivia en 2009 han caracterizado definitivamente a esta corriente del neoconstitucionalismo como el "nuevo constitucionalismo latinoamericano".

El "nuevo constitucionalismo latinoamericano" se ha considerado como una variante del neoconstitucionalismo por la existencia de ciertas características especiales del derecho constitucional en esta región. Primero, en América Latina se argumentó que la legitimación que entregó el retorno a la democracia luego de los gobiernos autoritarios justificaba – o incluso, demandaba – la necesidad de un nuevo orden transformador de aquel impuesto por la fuerza. Por esto, se dio lugar en América Latina a textos constitucionales particularmente frondosos de normas, incluyendo declaraciones de valores, principios y derechos "robustas, generosas y extensas",[766] que van más allá de los derechos individuales – los que son vistos con sospecha por ser parte del antiguo orden que es necesario transformar –, incluyendo derechos sociales, económicos, culturales y ambientales, derechos colectivos, indígenas y de la naturaleza.

En este nuevo constitucionalismo latinoamericano, la fuerza normativa de la Constitución se profundiza a través de su aplicación directa total: esto es, desde cualquier norma constitucional sería posible deducir una regla o norma que permita decidir un asunto controvertido o derivar un mandato para el legislador o los poderes públicos. Respecto a la forma de gobierno, los regímenes presidencialistas se exacerban, reduciendo los contrapesos del Presidente y permitiendo la reelección – o al menos, haciendo más difícil para la oposición la alternancia en el poder. Finalmente, la democracia representativa, propia de la tradición constitucional europea, da paso a esfuerzos por la creación de nuevos modelos de democracia directa y participativa, desconfiando de la clase política y los partidos políticos.

---

766 GARGARELLA, *Sobre el nuevo constitucionalismo latinoamericano...*, pp. 114.

Bajo esta concepción de un constitucionalismo transformador, la consagración de la fórmula de Estado social en el texto se convirtió en un elemento de garantía directa, permitiendo una interpretación y derivación de efectos normativos desde una cláusula que, en sí mismo, no tiene un contenido claro o unívoco, y con ello, asume la función de transformación o refundación necesaria para dejar atrás las "viejas estructuras" de garantía del orden conservador – el sistema judicial y los órganos de la Administración latinoamericanos. Con ello, el Estado social permitía convertir el núcleo básico de la organización de poder – la "sala de máquinas" – a uno destinado a la garantía de los nuevos derechos y transformar el orden social.[767] El objetivo no es directamente la protección individual de los derechos, sino constitucionalizar un proyecto de vida social que representa, en estricto sentido, no un "cambio social", sino "un cambio de sociedad". [768]

En esta crítica de la lectura latinoamericana, Cea Egaña manifestaba su preocupación por "la nebulosa que actualmente caracteriza" al Estado social latinoamericano, permitiendo que "quede disponible a la infusión del contenido socialista, concebido en los términos ideológicos tradicionales y generalmente fracasados" [769] que fueron dejados de lado en la tradición europea del Estado social, pero que en Latinoamérica reviven con nuevos bríos. En efecto, como señala con claridad Gonzalo Maestro Buelga, la declaración de "Estado social y democrático

---

767 GARGARELLA, *Sobre el 'nuevo constitucionalismo latinoamericano...*, pp. 125-126.

768 NOVOA MONREAL, Eduardo (2007): El derecho como obstáculo al cambio social (Ciudad de México, Siglo Veintiuno Editores), p. 204. La frase final, caracterizando la interpretación transformadora de un Estado social en España desde una visión crítica, es de HERRERO DE MIÑÓN, *Memorias de estío...*, pp. 139.

769 CEA EGAÑA (2015): *Derecho constitucional chileno. Tomo I* (Santiago, Ediciones UC), pp. 108-109.

de derecho" en las constituciones latinoamericanas "resulta ser más una declaración retórica que mimetiza, con pretensiones legitimadoras, una fórmula extendida en el constitucionalismo latinoamericano. Las consecuencias constitucionales de esta declaración son escasas. Las fórmulas del vínculo social (...) son casi inexistentes y la relación público-privado, acreditan una debilidad de la dimensión pública evidente. Si hemos llamado la atención sobre la legitimidad del uso del término "Estado social" fuera del constitucionalismo europeo de la postguerra mundial, en este caso, ni siquiera el nominalismo constitucional lo justifica."[770]

Una muestra de la importancia de las "declaraciones retóricas" en el nuevo constitucionalismo latinoamericano se aprecia en la innovación de categorías como las formas de Estado tradicionales. En Ecuador, como mencionamos, se da un caso de particular interés para nuestro trabajo, que es la sustitución de la formulación tradicional de "Estado social de Derecho", de la Constitución de 1998, por un "Estado social de derechos", con la palabra "derecho" en plural, en el texto de 2008.

5.1.2. Estado social de Derecho y Estado social de derechos

En su reporte sobre el Estado de Derecho de 2011, la Comisión de Venecia alertó sobre las distorsiones que se introducían a la fórmula del Estado de Derecho con expresiones que intentaban mostrarse como equivalentes, pero que alteraban la esencia del principio.[771] Precisamente, en el contexto del nuevo constitucionalismo latinoamericano es que han surgido

---

770 Maestro Buelga, Gonzalo (2012): "Estado y mercado en el nuevo constitucionalismo latinoamericano", en *Revista General de Derecho Público Comparado,* número 11, p. 14.

771 Comisión Europea para la Democracia a través del Derecho (2011): *Report on the Rule of Law,* pp. 4-5. Los ejemplos que

variantes de la cláusula de Estado social de Derecho, redactándola como "Estado social de derechos", o incorporando otros adjetivos como "justicia". Que la palabra final de la formulación sea "derechos" y no "Derecho", o la incorporación de otros adjetivos, pareciera ser un asunto al que la doctrina no ha prestado mayor atención. En nuestra opinión, existen tres causas de esta diferenciación entre "derechos" y "Derecho".

La primera interpretación es, simplemente, una alteración de la cláusula de manera no intencionada en autores que consideran que Estado social de "Derecho" y "derechos" son expresiones sinónimas. Podemos desprender esta causa del carácter vacilante en el uso de la fórmula "derechos" en otras publicaciones de los mismos autores, pero también por el contexto y contenido de su obra, en que no se aprecia que busquen derivar un efecto distinto al de la cláusula de Estado social.[772]

Una segunda explicación para el uso de la palabra "derechos" –una formulación normativa original de la Constitución ecuatoriana de 2008 – sería la intención de remarcar una etapa superior del Estado social "de Derecho", que acentúa el carácter

---

da la Comisión como distorsiones del "Rule of law" son las expresiones: "rule by law", "rule by the law", o "law by rules".

772 En este sentido la doctrina es abundante, pero nos parece valioso resaltar algunos ejemplos diversos: GARRETÓN, Manuel Antonio (2010): "Dimensiones políticas del estado social de derechos", en ERAZO, Ximena; PAUTASSI, Laura; SANTOS, Antonia (editoras): *Exigibilidad y realización de derechos sociales. Impacto en la política pública* (Santiago, LOM ediciones), p. 43; GARCÍA GARCÍA, JOSÉ FRANCISCO, Y VERDUGO RAMÍREZ, SERGIO (2015): "Subsidiariedad: mitos y realidades en torno a su teoría y práctica constitucional", en ORTÚZAR, Pablo (editor): *Subsidiariedad. Más allá del Estado y del mercado* (Santiago, Instituto de Estudios de la Sociedad), p. 208; SCHALPER SEPÚLVEDA, Diego (2021): *Protección de los derechos sociales: estudio jurídico con especial consideración a los ordenamientos jurídicos de Alemania y Chile* (Madrid, Aranzadi), p. 43.

prestacional del Estado social. Esto ocurre con la cláusula de la actual Constitución de Ecuador, que pasó de un "Estado social de Derecho" en 1998 a un "Estado constitucional de derechos y justicia", al que se agrega, además, el adjetivo de "social". Esta fórmula es una "radical innovación en materia constitucional", en que la "transformación privilegia la figura del Estado como responsable de la realización de los derechos, y al hacerlo, modifica el sentido que la Constitución tiene frente al proceso político; ésta abandona su función de estructura de protección de la sociedad frente al poder político, y pasa a convertirse en instrumento del poder político para la realización de los derechos."[773]

Finalmente, una tercera explicación se funda en que utilizar la expresión Estado "de derechos" resalta desde la forma de Estado la existencia de una pluralidad de sistemas jurídicos bajo la misma Constitución – es decir, pluralidad "en derechos". En el caso de Ecuador, esto buscaría hacer una referencia expresa a su configuración como Estado plurinacional.[774]

Los fines de la alternación del Estado social "de Derecho" por "derechos" también se encuentran vinculados a la incorporación de adjetivo de "justicia" en la Constitución de Venezuela de 1999, al configurar dicho país como un "Estado democrático y social de Derecho y de Justicia". Por una parte, este elemento de "justicia" pretendería reforzar el sentido de

---

773 Echeverria, Julio (2009): "El Estado en la nueva Constitución", en Andrade, Santiago, Grijalva, Agustín, y Storini, Claudia (editores): *La nueva Constitución del Ecuador: Estado, derechos e instituciones* (Quito, Universidad Andina Simón Bolívar / Corporación Editora Nacional), p. 28. pp. 14-19.

774 Ávila Santamaría, Ramiro (2008): "Ecuador, Estado constitucional de derechos y justicia", en Ávila Santamaría, Ramiro (editor): *La Constitución de 2008 en el contexto andino. Análisis desde la doctrina y el derecho comparado* (Quito, Ministerio de Justicia y Derechos Humanos) pp. 19-38, pp. 28 y 37.

garantía de derechos, pero también una marca de superación del Estado de Derecho propiamente tal y de las limitaciones que significaría el imperio de la ley, abriendo la puerta a elementos de justicia material – como veremos en la jurisprudencia del Tribunal Supremo de Venezuela más adelante.

5.1.3. La importancia de los procesos constitucionales de Colombia, Venezuela y Bolivia

La revisión de las constituciones de América Latina y la incorporación del Estado social en sus textos recalcó la importancia de los procesos constitucionales de Colombia, Venezuela y Bolivia. En este capítulo, nos detendremos a revisar su evolución y la comprensión de la cláusula de Estado social en dichos países.

La Constitución de Colombia de 1991, pese a que no fue el primer texto de América Latina en la consagración de la cláusula explícita de Estado social – como vimos, Perú ya lo había hecho en 1979 – sí es la primera discusión constitucional que desde su génesis recogió las distintas tradiciones del concepto, actualizándolas y dotándolas del elemento transformador social que se había sido desechado, o a lo menos minimizado, en la aplicación europea del principio en el siglo XX. En este sentido, la Constitución de Colombia de 1991 fue el primer paso en América Latina de una interpretación de la cláusula de Estado social desde, primero, un neoconstitucionalismo, y luego un nuevo constitucionalismo latinoamericano, logrando convertir al adjetivo de "social" en una cláusula de estilo explícita en el texto de las constituciones dictadas con posterioridad.

El proceso constitucional que dio origen a la Constitución de Venezuela de 1999 marcó un segundo hito en el constitucionalismo latinoamericano, y también en la interpretación del concepto de Estado social. A diferencia del proceso colombiano, en Venezuela la gestación de la nueva constitución se originó en protestas e intentos de golpes de Estado durante una década, que culminaron con la elección de un Presidente cuya principal promesa de campaña fue la lucha contra la corrupción e ineptitud de la clase política y la incapacidad de las instituciones representativas para ejercer controles sobre ellos. Por esto, la solución que impulsó – con el apoyo de la doctrina constitucional venezolana – fue la adopción de una nueva Constitución transformadora de dicho orden económico y social. En este nuevo texto, uno de los elementos de consenso fue la inclusión del adjetivo social en la forma de Estado, pero con un trasfondo que perseguía la llegada al socialismo, más que la visión tradicional europea de la fórmula.

Finalmente, la Constitución de Bolivia de 2009 también tuvo un origen en años de protestas de grupos sociales contra políticas públicas que se consideraban como liberalizadoras de la economía, que en primer término se canalizaron en reformas constitucionales y, eventualmente, en un proceso para una nueva Constitución. En Bolivia, la reforma constitucional de 2004 había incluido el concepto de Estado social en la forma de Estado, adoptando una fórmula prácticamente igual a la de la Constitución de España de 1978. Sin embargo, el sentido del elemento social en la Constitución boliviana estuvo asociado más a un sentido de integración de la plurinacionalidad que a la interpretación europea del concepto.

A continuación revisaremos brevemente los procesos constitucionales que dan lugar a las constituciones de Colombia de 1991, Venezuela de 1999 y Bolivia de 2009, mostrando cómo el concepto de Estado social se va adaptando en América Latina a una mirada diferente de la tradición europea de mediados del siglo XX, con efectos jurídicos y consecuencias también distintos en cada uno de estos países.

5.2. EL ESTADO SOCIAL EN LA CONSTITUCIÓN DE COLOMBIA DE 1991

Para comprender el desarrollo del concepto de Estado social en Colombia, es necesario mencionar los hitos del contexto en el que se llevó a cabo la redacción de la Constitución de 1991.

Desde 1984, Colombia vivía en un estado de excepción constitucional permanente, cuyo objetivo principal era combatir a las guerrillas y el narcotráfico. Luego del asesinato del candidato presidencial Luis Carlos Galán en agosto de 1989, diversos movimientos universitarios comenzaron a promover la necesidad de convocar a una Asamblea Nacional Constituyente, bajo el lema "Todavía podemos salvar a Colombia". Este movimiento impulsaba una reforma profunda del Congreso y del Poder Judicial, la regulación de los estados de excepción constitucional, y la ampliación de los derechos civiles y garantías sociales, entre otras medidas.

Entre las propuestas del movimiento destacó la idea de incluir una séptima papeleta en las urnas de las elecciones parlamentarias de marzo de 1990, para que la ciudadanía se pronunciara a favor o en contra de la siguiente afirmación: "Plebiscito por Colombia, voto por una Asamblea Constituyente que reforme la Constitución y determine cambios políticos, sociales y económicos en beneficio del pueblo". En ese momento existía un consenso en que dichos "cambios políticos, sociales y económicos en beneficio del pueblo" debían canalizarse a través de una reforma constitucional que fortaleciera al Estado y su capacidad institucional, devolviendo al mismo tiempo legitimidad al régimen político.[775]

El triunfo de la votación a favor de una nueva Constitución dio lugar a la creación de una Asamblea Nacional Constituyente,

---

775 RODRÍGUEZ VILLABONA, Andrés Abel (2021): "El Estado como proyecto en la Constitución de 1991", en *Análisis Político,* N° 101, p. 48.

que finalmente aprobó el texto de la nueva Carta Magna, la cual entró en vigor el 4 de julio de 1991. La Asamblea se concentró especialmente en reforzar la protección de los derechos sociales, un aspecto que no era del todo ajeno a la tradición constitucional colombiana anterior, pero que encontró una consagración más explícita en el nuevo texto.[776]

La Constitución de 1991 avanzó en dos aspectos fundamentales: la inclusión del concepto de Estado social como adjetivo de la forma de Estado, y la creación de la acción de tutela para la protección de derechos, a cargo de la nueva Corte Constitucional.[777] El artículo 1 de la Constitución fue aprobado señalando que "Colombia es un Estado social de derecho, organizado en forma de República unitaria, descentralizada, con autonomía de sus entidades territoriales, democrática, participativa y pluralista, fundada en el respeto de la dignidad humana, en el trabajo y la solidaridad de las personas que la integran y en la prevalencia del interés general".

5.2.1. El origen de la cláusula de Estado social en la Asamblea Nacional Constituyente

Pese a que la forma de Estado social fue un elemento central de la nueva Constitución, la discusión de la Asamblea Nacional Constituyente fue escueta en cuanto a la necesidad de consagrar la cláusula en su texto. Desde su inicio, pareció existir un

---

776 ORDÓÑEZ BENAVIDES, Esteban; PACHECO GUTIÉRREZ, Luis Fernando; CORREA FLOREZ, Cristián; PINTO RONDÓN, Viviana; NAVARRO BASTIDAS, Gina; SALAZAR MEDINA, Martín (2006): "El Estado social de derecho en Colombia: pertinencia y vigencia", en *Revista Jurídica Piélagus,* volumen 5, pp. 55-63, p. 58.

777 JIMÉNEZ GONZÁLEZ, Roberto (2010): "Factores genéricos del Estado social de Derecho y su materialización en Colombia", en *Revistas Jurídicas CUC,* N° 6, pp. 146-158, p. 150.

consenso previo en dicha fórmula como un avance del constitucionalismo.[778] Pese a ello, algunos constituyentes insistieron en su irrelevancia argumentando que es un pleonasmo, ya que resulta imposible que haya un "Estado asocial".[779]

Una crítica de fondo – de las pocas que hubo a la incorporación del concepto – interpretó el adjetivo "social" como una idea coyuntural a fenómenos políticos como el Estado soviético o chino, y en Europa, a la Presidencia del Gobierno del PSOE en España o el triunfo de Mitterrand en Francia. En esta crítica, se entendía que las menciones al Estado social en los textos de las constituciones correspondían directamente a movimientos socialistas.[780] La equivalencia entre el Estado social y el Estado socialista fue respondida por el constituyente y ex Presidente de Colombia Misael Pastrana Borrero, recordando los acuerdos de la Ponencia española de 1978 y el objetivo del Estado social de Derecho, en su concepción, por considerar que "la base real de nuestro país era ante todo someter precisamente al Estado al respeto de los principios fundamentales que están encarnados en los derechos humanos." Para ello, Pastrana recurrió al ejemplo de la cláusula del Estado social en Alemania, que "era un Estado nuevo que venía del Nazismo, que nada, no quería comprometerse ese Estado ni con el Marxismo, ni con el Capitalismo frente al Estado liberal del siglo decimonónico, sino algo que no buscara simplemente las libertades civiles o políticas, sino también ese conjunto de libertades que nosotros llamamos derechos y que desde entonces

---

778 SILVA HENAO, Juan Fernando (2012): "Evolución y origen del concepto de 'Estado social' incorporado en la Constitución Política Colombiana de 1991", en *Ratio Juris,* volumen 7, N° 14, pp. 141-158, p. 153.

779 CORNELIO REYES, Comisión Primera, 1 de abril de 1991, p. 14.

780 CORNELIO REYES, Comisión Primera, 1 de abril de 1991, p. 14.

comenzaron a enunciarse en el campo social y económico." [781] De esta manera, se descartaron visiones que criticaron al concepto por considerarlo como "un embeleco de los socialistas o de los comunistas, sino que es producto del mismo desarrollo de la teoría constitucional y del desarrollo político e institucional de la humanidad."[782]

Aunque en la Asamblea Nacional Constituyente colombiana no existió mayor debate u oposición para la consagración del Estado social, sí se rechazaron otras ideas de adjetivos a la forma de Estado, como mencionar que Colombia era una "República civil", o "República social", por no tener dichos conceptos una significación clara. [783] Lo mismo ocurrió con la propuesta para que Colombia fuera un "Estado social basado en el trabajo."[784]

En resumen, como reseñó el informe-ponencia para el debate en la Plenaria de la Asamblea Nacional, la opción del constituyente colombiano "es por un Estado Social, en sentido estricto, y que como tal no actúa obedeciendo los dictados de la beneficencia y de la caridad sino como respuesta a los más elementales derechos de los ciudadanos. Un Estado como agente de justicia social. La Finalidad Social deberá ser permanente, anticipatoria y prioritaria y no, como hoy, esporádica, reactiva y discrecional. El gasto social en Colombia debe ser prioritario por mandato constitucional, primando el concepto de rentabilidad social sobre el de fríos rendimientos económicos. La gestión social debe ser la piedra angular sobre la cual se construyan los ideales de la paz y de la democracia".[785]

---

781 Misael Pastrana Borrero, Comisión Primera, 1 de abril de 1991, p. 34.

782 Germán Toro, Comisión Primera, 2 de abril de 1991, p. 36.

783 Juan Carlos Esguerra, Comisión Primera, 8 y 9 de abril de 1991.

784 Comisión Quinta, 20 de marzo de 1991, p. 25.

785 Benítez Tobón, Jaime; Hoyos Naranjo, Oscar; Cuevas Romero, Tulio; Lemos Simmonds, Carlos; Garzón, Angelino; Lloreda

5.2.2. El contenido y efecto normativo de la cláusula de Estado social en la Asamblea Nacional Constituyente

Si la incorporación de la cláusula de Estado social no generó discusión, tampoco hubo mayor debate sobre la comprensión sobre su contenido. Al contrario, durante la redacción del texto de la Constitución los constituyentes argumentaron que "entendemos perfectamente" el significado y contenido de un Estado social.[786] Una revisión de las características que se mencionaron en el debate constituyente muestra que los constituyentes plantearon diversos objetivos de un Estado social, pero todos en la línea de lo que caracterizamos como nuevo constitucionalismo latinoamericano, otorgando al Estado un rol activo en la vida económica y prestacional de derechos.

En primer lugar, se caracterizó al Estado social como aquel que "no se queda simplemente [con] la vieja concepción de las libertades civiles y de la separación de los poderes, sino que avanza en la búsqueda de igualdad y de colocar al ciudadano frente a la obligación del Estado de satisfacer por lo menos las necesidades esenciales de su existencia, de su dignidad personal".[787] De esta manera, el verdadero Estado social de derecho se configura, en opinión de los constituyentes, en la consagración de derechos sociales, económicos, culturales y sus garantías.[788]

CAICEDO, RODRIGO; GUERRERO FIGUEROA, GUILLERMO; MARULANDA GÓMEZ, IVÁN; MOLINA GIRALDO, IGNACIO; OSSA ESCOBAR, CARLOS; PERRY RUBIO, GUILLERMO; YEPES PARRA, MIGUEL ANTONIO (1991): "Finalidad social del Estado y la Seguridad Social", en *Gaceta Constitucional,* Nº 78, 21 de mayo de 1991, p. 2.

786 JUAN CARLOS ESGUERRA, Comisión Primera, 9 de abril de 1991, p. 58.

787 MISAEL PASTRANA, Comisión Primera, 21 de marzo de 1991, p. 6.

788 MARÍA MERCEDES CARRANZA, Comisión Primera, 1 de abril de 1991, p. 11.

Bajo esta mirada, la libertad del Estado liberal bajo un Estado social solo se concreta en función de elementos materiales[789]. Así, se caracteriza al Estado social con un rol "de árbitro de la economía y del poder, el de protector de los necesitados, el de empresario y garantizador del bien común. Debe hacer justicia, pero también justicia social. En la medida en que no asuma esas responsabilidades se ilegitima, pierde justificación y se desnaturaliza." [790]

Por ello es que el Estado social entendido por la Asamblea Nacional Constituyente colombiana "impone como meta gubernativa la creación de condiciones razonables de vida en tal forma que todo habitante puede hacer valer un derecho a obtener de la sociedad una protección contra los riesgos de vida. [E]l individuo (...), aumenta su cuota de poder y de derecho especialmente en el campo social, aunque vea limitados algunos de los derechos clásicos que el individualismo positivo había exaltado como el de propiedad. Se acentúa la importancia del trabajo, que se transforma [en un] deber irrenunciable y amparado por el Estado. Pasa a constituirse como un valor jurídico positivo, [y] se rechaza el no trabajo. La dignificación del trabajo en sus diversas formas tiene de tal manera el constitucionalismo contemporáneo que por lo común los titulares directos de los derechos sociales son ante todo los trabajadores. (...) La economía dirigida y la planificación son las consecuencias de las nuevas funciones que se asignan al Estado. La rotulación social al Estado, independiente de su forma monárquica o democrática, implica más bien una afirmación que de la organización política va a cumplir metas sociales de protección

---

789 Miguel Antonio Yepes Parra, Sesión Plenaria, 13 de febrero de 1991, páginas 35 y 36.

790 Miguel Antonio Yepes Parra, Sesión Plenaria, 13 de febrero de 1991, páginas 35 y 36.

a los débiles en donde la justicia social valor jurídico-político será el marco de comportamiento y objetivo por alcanzar."[791]

También se mencionó la necesidad de cuidar que el rol activo de la Administración en un Estado social no significara "exceso de poder del Estado". Al contrario, el objeto era la búsqueda del potenciar al individuo organizado en comunidad, que denominan "socialización" Esta idea busca que el individuo mantenga frente al Estado un conjunto de intereses para defender sus atribuciones y derechos; un Estado participativo, en que "el individuo sea responsable también del orden social y del funcionamiento de las instituciones con su presencia, bien su voto directo o su voto delegado pero que no sea simplemente un protagonista espectante, sino, un protagonista dinámico de las definiciones del Estado."[792]

Finalmente, se planteó en la Asamblea Nacional Constituyente el valor de la fórmula del Estado social como criterio interpretativo del resto del ordenamiento jurídico, señalando que ésta tener una influencia inicial en la interpretación del articulado de la Constitución hacia el objetivo de un "orden social justo".[793]

5.2.3. El contenido de la cláusula de Estado social para la doctrina

La doctrina constitucional colombiana ha destacado que la incorporación de la cláusula del Estado social fue una de las mayores innovaciones de la Constitución de 1991.[794] A la luz de

---

791 MIGUEL ANTONIO YEPES PARRA, Sesión Plenaria, 13 de febrero de 1991, páginas 35 y 36.

792 MISAEL PASTRANA, Comisión Primera, 21 de marzo de 1991, p. 6.

793 ALFREDO VÁSQUEZ CARRIZOSA, Comisión Primera, 1 de abril de 1991, p. 17.

794 VILLAR BORDA, Luis (2007): "Estado de Derecho y Estado social de Derecho", en *Revista Derecho del Estado* N° 20, p. 73.

los objetivos planteados en la Asamblea Nacional, la fórmula de Estado social se interpretó como una atribución de identidad al Estado y un deber del poder político para lograr una justicia material mínima a través de la acción pública.[795] Esta idea de "social" como adjetivo del Estado no hacía por tanto referencia directa a la sociedad, sino a la garantía y promoción de derechos sociales por parte de los poderes públicos.[796] Por ello, el Estado social requiere de una transformación social para su debida implantación.[797]

Uno de los puntos más más significativos de la interpretación del Estado social en la Constitución de Colombia es la integración de la argumentación que en España se produce por la vinculación de la cláusula con el artículo 9.2, para así argumentar que la cláusula de Estado social directamente sustituye la concepción formal de la igualdad por una mirada material o sustantiva. En la interpretación colombiana, sin matizar en el deber del Estado de "promover condiciones" del artículo 9.2 español, concluye que la igualdad material no se logra por "las fuerzas del mercado", sino que depende de la "continua y deliberada intervención" de las autoridades públicas en resguardo de los grupos más desfavorecidos. [798]

---

795 Uprimny Yepes, Rodrigo (1995): "La motivación de las sentencias y el papel del Juez en el Estado Social y Democrático de Derecho", en *Pensamiento Jurídico,* N° 4, p. 132.

796 Velasco Cano, Nicole (2016): "Constitucionalismo y Estado social de Derecho en Colombia", en *Revista Diálogos de Saberes,* N° 45, p. 51; Rueda Vásquez, José Miguel; Molina Gómez, Julián R., y Cubillos Ruiz, Álvaro (2022): "Estado social de derecho, ¿aplicación discrecional?", en *Díkaion* 31-2, p. 27.

797 Bermúdez Bueno, William, y Morales Manzur, Juan Carlos (2012): "Estado Social de Derecho: Consideraciones sobre su trayectoria histórica en Colombia a partir de 1991", en *Cuestiones Políticas,* volumen 28, N° 48, p. 75.

798 Cabrera Suárez, Lizandro Alfonso (2018): "El significado real de que Colombia sea un Estado Social de Derecho", en *Dixi* N° 27, p. 12.

La necesidad de transformación social que se entendió como requisito del Estado social estaba presente en el consenso generado en la Asamblea Nacional Constituyente respecto al rol activo del Estado social, pero "súbitamente perdió su prioridad en la conciencia de la clase política colombiana".[799] A esto se sumaba la crítica a la Constitución de consagrar un Estado social, pero sobre la bases de un sistema económico "neoliberal" que no sería compatible con los postulados de la justicia social.[800] De ahí que se le calificó por algunos como "una Constitución aspiracional en un terreno hostil".[801]

La limitación – o inactividad – en la ejecución de lo que se entendía como el contenido mínimo del Estado social, derechos sociales que aseguraran un mínimo vital para los ciudadanos colombianos, cedió el liderazgo en la interpretación y concreción de la idea de Estado social – o como señala un autor, "la suerte de la Constitución" – en manos de la nueva Corte Constitucional.[802] Esto explica que, a diferencia de la

---

799 JOST, Stefan (2012): "La Constitución pendiente y la Constitución del futuro", en JOST, Stefan (editor): *20 años de la Constitución colombiana. Logros, retrocesos y agenda pendiente* (Bogotá, Fundación Konrad Adenauer), p. 470.

800 UPRIMNY YEPES, Rodrigo (2002): "Constitución de 1991, Estado social y Derechos humanos: promesas incumplidas, diagnósticos y perspectivas", en MONCAYO, Víctor Manuel; GAVIRIA, Carlos; UPRIMNY, Rodrigo; VILLA, William; KALMANOVITZ, Salomón; URIBE, María Teresa; HINESTROSA, Fernando, y GALLÓN, Gustavo: *El debate a la Constitución* (Bogotá, Universidad Nacional de Colombia), p. 72.

801 SAFFON, María, y GARCÍA-VILLEGAS, Mauricio (2011): "Derechos sociales y activismo judicial. La dimensión fáctica del activismo judicial en derechos sociales en Colombia", en *Estudios Socio-Jurídicos*, vol. 13, Nº 1, p. 85.

802 MARÍN CASTILLO, Juan Carlos Y TRUJILLO GONZÁLEZ, José Saúl (2016): "El Estado Social de Derecho: un paradigma aún por consolidar", en *Revista Jurídica Derecho*, volumen 3, Nº 4, p. 69; ALARCÓN PEÑA, Andrea (2018): "Economía social de mercado como

experiencia alemana y española donde el desarrollo del Estado social corresponde al legislador, en el caso colombiano la carga de esa configuración se ha desplazado hacia la Corte Constitucional, a través de su abundante doctrina en torno a temas directa o indirectamente relacionados con la condición de Estado social; en particular, con la tutela de derechos fundamentales.[803] Para la doctrina, el ámbito de la acción de tutela de derechos que conoce la Corte Constitucional de Colombia se amplía desde la interpretación de la cláusula de Estado social, que "supone un rol de los jueces que vaya más allá de la aplicación silogística o mecánica del derecho, pues se espera que éstos, a través de sus decisiones, puedan materializar realmente las garantías constitucionales consagradas en la Carta Magna, so pena de que se conviertan en simples declaraciones discursivas".[804]

5.2.4. La aplicación de la cláusula de Estado social por la Corte Constitucional de Colombia

Aunque en el momento de su redacción y aprobación la Asamblea Nacional Constituyente consideraba que la aplicación del Estado social era un deber prioritario del legislador, ha sido finalmente la Corte Constitucional quien, a través de su abundante jurisprudencia, ha definido y dotado de contenido a dicho principio. En este proceso, la Corte ha desempeñado un rol que va más allá de la simple garantía de

---

sistema económico colombiano. Un análisis a partir de la jurisprudencia de la Corte Constitucional", en *Estudios Constitucionales,* año 16, número 2, p. 155.

803 VILLAR BORDA, *Estado de Derecho y Estado social de Derecho...*, p. 84.

804 RUEDA VÁSQUEZ, MOLINA GÓMEZ y CUBILLOS RUIZ, *Estado social de derecho, ¿aplicación discrecional?...*, p. 27.

derechos, asumiendo una función de creación normativa que no se corresponde con su marco de competencias.

i. El concepto de Estado social como cláusula transformadora y de aplicación directa

La Corte Constitucional ha entendido un concepto de Estado social vinculado directamente a prestaciones materiales del Estado. Para esta magistratura, el Estado social es "la forma de organización política que tiene como uno de sus objetivos combatir las penurias económicas o sociales y las desventajas de diversos sectores, grupos o personas de la población, prestándoles asistencia y protección."[805] Esta forma de Estado tiene su justificación en "su capacidad para proteger la libertad y promover la igualdad, la efectiva realización y el ejercicio de los derechos por parte de todos los miembros de la sociedad", por lo que el rol esencial del Estado es el carácter de "Estado de prestaciones y de redistribución con fines de asistencia social obligatoria".[806]

En un tono activo, resaltando su rol transformador, la Corte declaró que el adjetivo "social" no puede ser "una simple muletilla retórica que proporciona un elegante toque de filantropía a la idea tradicional del derecho y del Estado", sino que es un concepto trascendente, culminación de "una larga historia de transformaciones institucionales en las principales democracias constitucionales del mundo".[807] De esta manera, la Corte interpreta – o más bien, completa – la voluntad del constituyente al señalar que el uso del término "social" busca que "la acción del Estado debe dirigirse a garantizarle

---

805 Corte Constitucional de Colombia, T-426-1992, número 5.

806 Corte Constitucional de Colombia, T-571-92.

807 Corte Constitucional de Colombia, T-406-1992, número 1.

a los asociados condiciones de vida dignas. Es decir, con este concepto se resalta que la voluntad del Constituyente en torno al Estado no se reduce a exigir de éste que no interfiera o recorte las libertades de las personas, sino que también exige que el mismo se ponga en movimiento para contrarrestar las desigualdades sociales existentes y para ofrecerle a todos las oportunidades necesarias para desarrollar sus aptitudes y para superar los apremios materiales".[808]

La Corte distinguió un punto de vista cuantitativo y cualitativo del Estado social. El cuantitativo lo denomina "Estado bienestar", que hace equivalente a *welfare State, Stato del benessere* y *Etat Providence.* El cualitativo, en cambio, lo asoció al Estado constitucional democrático. En su faz de "Estado bienestar", el Estado social es definido como aquel que "garantiza estándares mínimos de salario, alimentación, salud, habitación, educación, asegurados para todos los ciudadanos bajo la idea de derecho y no simplemente de caridad."[809]

Luego, la Corte aclaró que el elemento prestacional – "Estado de bienestar" – no es una consecuencia necesaria del carácter social del Estado de Derecho, sino que al contrario, el Estado social es una superación de las contradicciones históricas del Estado de bienestar. La Corte calificó al Estado de bienestar como aquel que pretendió la promoción de sectores marginados, pero que terminó en una crisis fiscal y transfiriendo más poder a los "grupos poderosos de la sociedad contratados por el mismo Estado para acometer sus proyectos y liberados por éste de la prestación de otros servicios. A lo anterior se vino a sumar el crecimiento incontrolado del aparato burocrático administrativo y su ineficiencia para resolver los problemas de una sociedad capitalista compleja."[810] El nuevo orden social

---

[808] Corte Constitucional de Colombia, SU-747-98.

[809] Corte Constitucional de Colombia, T-406-1992, número 2.

[810] Corte Constitucional de Colombia, T-533-92, número 5.

que mandata el Estado social solo será "justo" cuando "la proclamación constitucional de los derechos, garantías y deberes se proyecte en la realidad concreta, lo cual es el fin esencial del Estado."[811] De ahí que el Estado social no obliga solo al Estado, sino que todos los miembros de la sociedad "están vinculados a este mandato en virtud del principio de solidaridad"[812] y de "justicia como realidad social."[813]

En suma, la Corte Constitucional dota al Estado social de un sentido transformador "sustancial en diversas materias relacionadas, esencialmente, con la protección, garantía y efectividad de los derechos: lo que ha generado toda una revolución de los derechos encaminada hacia la construcción de un genuino Estado social de Derecho."[814] El Estado social colombiano, por tanto, ha perdido la sustancia del compromiso político europeo y la habilitación al legislador para su desarrollo, consolidándose como una cláusula cuyo contenido son prestaciones materiales estatales hacia las personas.

ii. El Estado social habilita y mandata un rol intervencionista del Estado en la economía

Para la Corte colombiana, el Estado social es un Estado intervencionista, en que "se desvanece buena parte de la importancia formal (validez) y de la importancia material (justicia) de la ley."[815] Esto no significa que se pierda el principio de legalidad como fundamento del Estado de Derecho, pero éste "se supera y complementa", al dotar como fines del Estado en su preámbulo la garantía de un "orden político, económico y social justo".

---

811 Corte Constitucional de Colombia, T-571-92.

812 Corte Constitucional de Colombia, C-258-13, punto 3.4.3 y 3.4.3.1.

813 Corte Constitucional de Colombia, T-477-95.

814 Corte Constitucional de Colombia, T-622-16, punto 4.8.

815 Corte Constitucional de Colombia, T-406-1992, número 5.

La Corte Constitucional ha declarado que el Estado social de Derecho cuenta con distintos instrumentos para el logro de sus fines. Entre ellos, destacan el poder del Estado de intervención en la economía. La Corte ha insistido que "entre los objetivos de la intervención del Estado en la economía se destacan la corrección de la distribución inequitativa de los recursos económicos y la escasez de oportunidades, la promoción del empleo y, en términos generales, la corrección de las fallas del mercado y la promoción de un desarrollo económico y social justo." De esta forma, "[l]a naturaleza social del Estado de Derecho colombiano supone un papel activo de las autoridades y un compromiso permanente en la promoción de la justicia social", en que ahora el Estado es "instrumento de justicia social", ejerciendo una "cierta intervención redistributiva de la riqueza y de los recursos, permite corregir los excesos individuales o colectivistas."[816]

Otros instrumentos al servicio de un Estado social son "valerse de un sistema tributario para la realización de sus fines"; el presupuesto, en el cual "el gasto público social debe prevalecer sobre cualquier otra asignación" y propender a que "toda persona goce de un mínimo vital en dignidad, ajeno a la pobreza". Por otra parte, las reglas de responsabilidad fiscal, aunque útiles para asegurar la realización sostenible de los derechos fundamentales, no pueden tomarse como fines últimos del Estado ni justificar limitaciones a estos. Finalmente, el instrumento por excelencia del Estado social son los sistemas de seguridad social. Los servicios sociales actúan como mecanismos para la realización de la cláusula de Estado social de Derecho, particularmente para la satisfacción de los derechos económicos, sociales y culturales en su condición de ejes axiológicos de dicha forma de organización política."[817]

---

816 Corte Constitucional de Colombia, T-533-92, número 5.

817 Corte Constitucional de Colombia, C-258-13, punto 3.4.4.

El efecto de mandato al legislador del Estado social ha sido también reconocido por la Corte colombiana, pero con un matiz importante, porque ha declarado expresamente que la omisión legislativa de dictar las normas generales "de intervención estatal en diversos ámbitos de la vida económica y social no puede tener como efecto que el principio de Estado social de Derecho quede simplemente escrito. El principio de inmunidad de los derechos constitucionales impide este resultado. Por ello, ante circunstancias omisivas debe darse aplicación directa a los preceptos constitucionales."[818] De esta forma, para evitar que el principio del Estado social quede "simplemente escrito", la Corte entiende que las "dificultades derivadas del crecimiento desbordante del poder ejecutivo en el estado intervencionista y de la pérdida de liderazgo político del órgano legislativo, deben ser compensadas, en la democracia constitucional, con el fortalecimiento del poder judicial, dotado por excelencia de la capacidad de control y de defensa del orden institucional."[819] Esto ha significado que la propia Corte Constitucional se ha atribuido el rol de garante fundamental y último de los derechos sociales y del Estado social.

En consecuencia, esta pretendida "superación" del formalismo del Estado de Derecho que exigiría el Estado social significa una distorsión de su esencia como principio de limitación del poder y separaciones de funciones. El argumento de la Corte al señalar que su interpretación no menoscaba el principio de legalidad, sino que lo "complementa", es una muestra de ello. La debilitación del rol del legislador se correlaciona con el aumento de las potestades autoproclamadas de la Corte Constitucional, que se sitúa a sí misma como el centro de la garantía del Estado social.

---

[818] Corte Constitucional de Colombia, C-1064-01, punto 4.1.2.

[819] Corte Constitucional de Colombia, T-406-1992, número 9.

iii. El Estado social exige un rol activo del juez constitucional en la garantía de derechos sociales

Para la Corte Constitucional de Colombia, en un Estado social el juez adquiere una importancia fundamental en la transformación cuantitativa y cualitativa de la creación jurídica constitucional. En esta moderna forma de Estado, el rol del juez constitucional ha demostrado "ser el órgano más eficaz en la defensa de los derechos de los ciudadanos y los principios democráticos."[820]

En primer lugar, porque en un Estado social de Derecho, el juez constitucional "también es un portador de la visión institucional del interés general." Esto se une a la transformación de la interpretación del derecho que conlleva un Estado social, en que la labor jurisdiccional resultaría fundamental. El juez del Estado social de derecho ya no es el "frío funcionario que aplica irreflexivamente la ley"[821], porque ha existido una "pérdida de la importancia sacramental del texto legal entendido como emanación de la voluntad popular"[822]. En cambio, el juez en el Estado social "se proyecta más allá de las formas jurídicas, para así atender la agitada realidad subyacente y asumir su responsabilidad como un servidor vigilante, activo y garante de los derechos materiales. El Juez que reclama el pueblo colombiano a través de su Carta Política ha sido encomendado con dos tareas imperiosas: (i) la obtención del derecho sustancial y (ii) la búsqueda de la verdad. Estos dos mandatos, a su vez, constituyen el ideal de la justicia material".[823]

Por lo anterior es que el juez constitucional – al igual que el legislador – son operadores válidos de creación del derecho;

---

820 Corte Constitucional de Colombia, T-406-1992, número 9.

821 Corte Constitucional de Colombia, T-264-09.

822 Corte Constitucional de Colombia, T-406-1992, número 3.

823 Corte Constitucional de Colombia, SU-768-14.

más aún, tratándose de normas abstractas que requieren de una comunicación entre el derecho y la realidad que favorezca el logro del valor justicia.[824] Este "nuevo papel del juez en el Estado social de derecho es la consecuencia directa de la enérgica pretensión de validez y efectividad de los contenidos materiales de la Constitución".[825]

La función de creación del derecho por el juez constitucional se manifiesta – lo hemos mencionado – en el control de la inacción del legislador, a través de una forma de control de la omisión legislativa en la garantía de derechos sociales. De esta forma, la Corte se pregunta retóricamente: "ante la falta de intervención legislativa que desarrolle los derechos-prestación del capítulo segundo título segundo de la Constitución, ¿debe el juez permanecer a la espera de que se produzca dicho desarrollo, y en tal caso, considerar los textos que consagran tales derechos como desprovisto de fuerza normativa, o por el contrario, debe el juez definir el contenido de tales derechos, anticipándose al legislador y aplicándolos de manera directa a partir del propio texto constitucional?"[826]

La Corte ha considerado que debe intervenir cuando "sea indispensable para hacer respetar un principio constitucional o un derecho fundamental", lo que corresponde en principio al legislador, pero "la falta de solución proveniente del órgano que tiene la facultad de decidir, implica la posibilidad de que otro órgano, en este caso el judicial, decida, para un caso específico, con la única pretensión de garantizar la validez y efectividad de la norma constitucional.".[827] No intervenir, a juicio de la Corte, sería desconocer los valores y principios constitucionales que

---

[824] Corte Constitucional de Colombia, T-406-1992, números 3 y 4.

[825] Corte Constitucional de Colombia, T-716-17, número 66.

[826] Corte Constitucional de Colombia, T-406-1992, título 19.

[827] Corte Constitucional de Colombia, T-406-1992, título 19.

consagran la efectividad de los derechos y la prevalencia del derecho sustantivo por sobre los procedimientos.[828]

Con un rol activo de la judicatura constitucional en la protección de los derechos el juez se transforma en un contrapeso real, y se convierte "en un instrumento de presión frente al legislador, de tal manera que este, si no desea ver su espacio de decisión invadido por otros órganos, adopte las responsabilidades de desarrollo legal que le corresponden y expida las normas del caso. Este contrapeso de poderes, que emergen de la dinámica institucional, es la mejor garantía de la protección efectiva de los derechos de los asociados."[829]

El control de la omisión que realiza la Corte Constitucional tiene como contrapartida que su deber, ante la constatación de esta inacción, es la aplicación directa de la Constitución. Esta aplicación directa se predica de toda la Constitución, tanto del catálogo de derechos fundamentales como también

---

828 Corte Constitucional de Colombia, T-406-1992, título 19.

829 Corte Constitucional de Colombia, T-406-1992, número 18. La Corte argumenta sobre la diferencia de los efectos normativos de los valores y principios para el juez constitucional. Los valores expresan fines jurídicos hacia el futuro, y por tanto, es deber del legislador, "de manera prioritaria, la tarea de establecer la delimitación de dichos valores a través de leyes" y establecer el alcance general de ellos, por lo que no son normas de aplicación inmediata suficientes por sí solas para fundamentar la decisión judicial. La importancia del valor es su rol "definitorios a la hora de resolver un problema de interpretación en el cual está en juego el sentido del derecho, [pero] no son normas de aplicación directa que puedan resolver, aisladamente, un asunto." En cambio, los principios "expresan normas jurídicas para el presente; son el inicio del nuevo orden", y por tanto, están dotadas de fuerza normativa y de aplicación inmediata tanto para el legislador como para el juez constitucional. Su textura abierta no les resta su efecto de aplicación directa, sino que solo puede significar, en ocasiones, un límite a su eficacia. Corte Constitucional de Colombia, T-406-1992, número 7, letras a) y b).

de su derivación de principios, desde donde el juez está autorizado para extraer de ellos prestaciones obligatorias para el Estado.[830] "[S]ostener que los derechos sociales, económicos y culturales se reducen a un vínculo de responsabilidad política entre el constituyente y el legislador, es no sólo una ingenuidad en cuanto a la existencia de dicho vínculo, sino también una distorsión evidente en cuanto al sentido y coherencia que debe mantener la Constitución. Si la responsabilidad de la eficacia de los derechos mencionados estuviese sólo en manos del legislador, la norma constitucional no tendría ningún valor y la validez de la voluntad constituyente quedaría supeditada a la voluntad legislativa."[831]

Esto redunda en la creación por la Corte del principio de "efectividad de los derechos fundamentales", el cual "obliga al juez de tutela a definir, dentro del proceso, el medio más eficaz para promover su cumplimiento, máxime cuando la ley no lo contempla o lo hace de manera genérica."[832] En los derechos liberales – como la vida – la Corte ha declarado que siempre que ésta se pueda ver afectada "en su núcleo esencial mediante lesión o amenaza inminente y grave el Estado Social deberá proteger de inmediato al afectado, a quien le reconoce su dimensión inviolable . Así el orden jurídico total se encuentra al servicio de la persona que es el fin del derecho".[833]

Respecto a la tutela directa de los derechos sociales, incluso aquellos que se consideran como programáticos, éstos pueden "generar un derecho público subjetivo de inmediata aplicación" si la persona que busca su protección "demuestra fehacientemente su condición de debilidad manifiesta y la imposibilidad material de su familia para darle asistencia, en

[830] Corte Constitucional de Colombia, T-406-1992, título B).

[831] Corte Constitucional de Colombia, T-406-1992, título 20.

[832] Corte Constitucional de Colombia, T-533-92, número 7.

[833] Corte Constitucional de Colombia, T-165-95.

particular cuando la completa ausencia de apoyo lo priva de su derecho al mínimo vital. En tal evento, se opera una inversión en el orden de exigibilidad del principio de solidaridad social, que obliga al Estado a una prestación directa e inmediata en favor de la persona que se halla en circunstancias de debilidad manifiesta, sin perjuicio del derecho en cabeza de la autoridad estatal, cuando sea del caso, al reintegro posterior de su costo por parte del beneficiario y de su familia."[834]

La idea de generación de un derecho público subjetivo desde un derecho fundamental que se entiende como programático ha sido denominada como "transmutación" de los derechos sociales. En la actualidad, la Corte considera que esta transmutación ocurre cuando el derecho social supera la instancia de indeterminación que impide que el propósito funcional del derecho se traduzca en un derecho subjetivo.[835]

La Corte ha puntualizado que esta transmutación ocurre, fundamentalmente, en "(i) hipótesis referidas a la faceta de abstención o derecho de defensa de la vivienda digna, (ii) pretensiones relativas al respeto de derechos subjetivos previstos en el marco de desarrollos legales o reglamentarios que conlleven a superar la indeterminación inicial en cuanto al contenido normativo propio del derecho a la vivienda digna y (iii) eventos en los cuales las circunstancias de debilidad manifiesta en los que se encuentran los sujetos considerados de especial protección constitucional, a la luz de las normas superiores y de la jurisprudencia de esta Corporación, tornan imperiosa la intervención del juez de tutela con miras a la adopción de medidas que permitan poner a estas personas en condiciones de igualdad material haciendo efectiva, en el caso concreto, la vigencia de la cláusula del Estado Social de Derecho (artículo 1° superior)."[836]

---

834 Corte Constitucional de Colombia, T-533-92, número 5.

835 Corte Constitucional de Colombia, T-859-03, número 12.

836 Corte Constitucional de Colombia, T-585-08, título 2.1.

Respondiendo a las críticas sobre la carga fiscal que esto puede significar, bajo "los nuevos postulados del Estado social", no puede resultar relevante para la Corte Constitucional el efecto presupuestario que pueden significar sus sentencias estimatorias de obligaciones prestacionales – como derechos sociales. La Corte critica la idea que califica "del Estado liberal" que la mayoría de los derechos en referencia implican una prestación por parte del Estado, y, por lo tanto, siempre "una erogación económica que por lo general depende de una decisión política." Con esto, nunca un derecho podría ser objeto de decisiones judiciales mientras no haya una norma legal que los desarrolle, y siempre se diría que "el juez estaría ocupando terrenos que no le corresponden de acuerdo con la doctrina de la separación de los poderes."[837]

En suma, el Estado social de la Constitución de 1991 entrega "una nueva estrategia encaminada al logro de la eficacia de los derechos, que consiste en otorgarle de manera prioritaria al juez, y no ya a la administración o al legislador, la responsabilidad de la eficacia de los derechos fundamentales. En el sistema anterior la eficacia de los derechos fundamentales terminaba reduciéndose a su fuerza simbólica. Hoy, con la nueva Constitución, los derechos son aquello que los jueces dicen a través de las sentencias de tutela."[838]

De esta manera, la Corte Constitucional se sitúa a sí misma como el centro de la garantía del Estado social. Su calificación de "servidor vigilante, activo y garante de los derechos materiales" bajo criterios de justicia material son ejemplo de la degradación del principio de Estado de Derecho para el logro de sus objetivos. La Corte Constitucional ha convertido la cláusula de Estado social como una habilitación para el desborde de competencias y la afectación del principio de separación de poderes,

---

[837] Corte Constitucional de Colombia, T-406-1992, título 16.

[838] Corte Constitucional de Colombia, T-406-92, número 12.

situación que algunos autores defienden como positiva por "ser el precio que se debe pagar para defender derechos de la población u otros principios democráticos".[839]

iv. La concreción del Estado social en la provisión de derechos sociales

La amplitud del mandato construido por la Corte Constitucional de Colombia para el control de la constitucionalidad y omisión de los poderes públicos ha significado que la primera fuente de contenido para la cláusula de Estado social provenga, directamente, de su jurisprudencia. Un primer contenido fundamental del Estado social, de acuerdo con la interpretación de la Corte Constitucional, es el deber de promoción de la igualdad real y efectiva mediante la adopción de medidas en favor de los grupos marginados o discriminados – también denominada por la Corte como "cláusula de erradicación de las injusticias presentes".[840]

En materia de derechos sociales y prestacionales, la Corte Constitucional colombiana ha sido generosa en su interpretación del texto de la Constitución. En primer término, ha declarado que es de la esencia del Estado social el aseguramiento de "la atención y satisfacción de las necesidades insatisfechas de salud, educación, saneamiento ambiental, agua potable, y otras, que aseguren el bienestar general y el mejoramiento de la calidad de vida, con el fin de hacer efectiva la igualdad material entre todos los integrantes de la comunidad." Esto significa, a juicio de la Corte Constitucional, que "la realización y la

---

839 Rivas-Robledo, Pablo (2022): "¿Qué es el activismo judicial? Parte II: una definición más allá de la extralimitación de funciones", en *Díkaion*, volumen 31, número 2, p. 24.

840 Corte Constitucional, sentencias T-533-92, T-153-98, SU-255 de 1998, T-772-03, T-025 de 2004, T-760-08, T-319-09 y T-386-13.

eficacia sustantiva del Estado Social de Derecho se mide por la capacidad de éste para satisfacer, a través de la prestación de los servicios públicos, las necesidades vitales de la población, mediante el suministro de concretas prestaciones que tiendan a ello y, consecuentemente, de lograr por esta vía la igualación de las condiciones materiales de existencia de las personas."[841]

De esta idea, la Corte Constitucional ha derivado un "derecho a un mínimo vital", de carácter implícito, contenido en la Constitución. Este derecho es "consecuencia directa de los principios de dignidad humana y de Estado social de Derecho"[842], al que luego agregó el de solidaridad [843], y es un "presupuesto ineludible" del Estado social. Este derecho "abarca todas las medidas positivas o negativas constitucionalmente ordenadas con el fin de evitar que la persona se vea reducida en su valor intrínseco como ser humano debido a que no cuenta con las condiciones materiales que le permitan llevar una existencia digna."[844] Más recientemente, ha señalado que este derecho al mínimo vital debe reconocer que, "por un lado, que los recursos públicos son escasos y, por el otro, que los eventuales beneficiarios sobrepasan en número y necesidades la cuantía de los subsidios disponibles. Por ello, para garantizar el acceso igualitario de los potenciales beneficiarios se deben diseñar políticas claras y transparentes, que aseguren a todas las personas la posibilidad de competir en igualdad de condiciones para acceder a los programas sociales."[845]

La Corte ha derivado también la obligación de focalización de los recursos en las personas más necesitadas, como

---

841 Corte Constitucional de Colombia, C-636-00, punto 2.3.

842 Corte Constitucional de Colombia, T-426-1992, número 5.

843 Corte Constitucional de Colombia, T-716-17, número 67.

844 Corte Constitucional de Colombia, C-776-03. Más recientemente, Corte Constitucional de Colombia, T-716-17, número 67.

845 Corte Constitucional de Colombia, T-159-23, número 32.

una consecuencia de la cláusula de Estado social y del artículo 350 de la Constitución colombiana, que señala que "el gasto público social tendrá prioridad sobre cualquier otra asignación" en la Ley de Presupuestos. Desde el Estado social, la Corte Constitucional ha declarado como deber del Estado la priorización de los recursos económicos y sociales con el objeto de "favorecer a los grupos tradicionalmente marginados de los beneficios de la riqueza"[846] o "débiles y necesitados", con el objeto de asegurar la igualdad real.[847] Esta desigualdad de trato corresponde a una discriminación justificable y razonable debido a las especiales condiciones de sujetos o grupos.[848]

En la interpretación de la Corte Constitucional, el Estado social no resulta incompatible con la participación privada en la provisión de derechos. Así, ha declarado que "[e]l Estado social de Derecho no impone un modelo económico o social, pero tampoco es indiferente a la realización de valores como el orden social justo y la dignidad humana".[849] Por ende, el Estado social no significa la existencia de "un modelo en el que el mejoramiento de la calidad de vida de los colombianos dependa exclusivamente de la actividad privada o, exclusivamente de la acción estatal y por lo tanto de la inversión pública.". [850]

Al contrario, la Corte ha interpretado que la Constitución colombiana reconoce que el ejercicio de las libertades económicas "en mercados correctamente regulados permite que los mercados contribuyan a asignar eficientemente algunos bienes y servicios, y por esa vía, actúen como vehículos para la distribución equitativa de las oportunidades y los beneficios del

846 Corte Constitucional de Colombia, T-533-92, número 5.

847 Corte Constitucional de Colombia, T-394-93, punto 5; Corte Constitucional de Colombia, T-330-93.

848 Corte Constitucional de Colombia, T-394-93, punto 5.

849 Corte Constitucional de Colombia, C-1064-01, punto 4.1.2.

850 Corte Constitucional de Colombia, C-080-23, número 93.

desarrollo, sin perjuicio de las facultades que el Estado tiene y ejerce en los términos que la Constitución y la ley establecen para corregir las fallas que surjan."”[851]

Por último, el Estado social colombiano es "incompatible tanto con un modelo del liberalismo económico clásico, en el que se proscribe la intervención estatal, como con modalidades de economía de planificación centralizada en las que el Estado es el único agente relevante del mercado y la producción de bienes y servicios es un monopolio público", en que se reconoce la iniciativa privada, y se "limita razonable y proporcionalmente la libertad de empresa y la libre competencia económica, con el único propósito de cumplir fines constitucionalmente valiosos, destinados a la protección del interés general”.[852]

5.2.5. La importancia de la interpretación del concepto de Estado social en Colombia

La recepción de la cláusula del Estado social desde la perspectiva neoconstitucional en Colombia ha perdido el carácter deferente hacia la actividad del legislador que marcaba su interpretación original en la tradición europea. En el contexto colombiano, la fórmula del artículo 1 de la Constitución, que consagra a Colombia como un "Estado social de derecho", ha buscado distanciarse de su modelo europeo, en el cual tanto el adjetivo "democrático" como la referencia al "Estado de derecho" funcionan como límites recíprocos que condicionan la aplicación de los demás elementos del Estado social. Sin embargo, en las interpretaciones predominantes en Colombia, el concepto de Estado social ha evolucionado hacia una

---

851 Corte Constitucional de Colombia, C-080-23, número 93.

852 Corte Constitucional de Colombia, C-228-10, número 6.

habilitación que permite a la Corte Constitucional intervenir en las competencias de otros órganos del Estado, generando tensiones —y en algunos casos afectaciones— al principio de separación de poderes.

Aunque es inevitable que la resolución de un caso por parte de la judicatura implique cierto grado de creación normativa, en Colombia se ha observado que la Corte Constitucional, al aplicar principios jurídicos materiales para atribuir potestades y resolver conflictos, ha ido más allá de su papel de garante de los derechos establecidos en la Constitución de 1991. En lugar de limitarse a interpretar y aplicar la norma, la Corte ha asumido un rol que se acerca a la creación directa de derecho.[853] Esta situación se agrava por la falta de criterios claros que delimiten el alcance de las competencias de la Corte, así como por la justificación que esta ofrece al descartar principios tradicionales de separación de poderes por considerarlos obsoletos o "superados" en el marco de un Estado social.

En su rol autoatribuido de principal garante del Estado social, la Corte Constitucional ha ampliado sus competencias a materias que, en el marco de un Estado de derecho, corresponden al legislador y a la iniciativa de órganos democráticamente legitimados, como el Poder Ejecutivo. La ausencia de límites claros para el ejercicio de estas competencias permite que la Corte no solo interprete la Constitución, sino que también redefina la pertinencia, el alcance y el contenido de las políticas públicas y derechos, con una discrecionalidad que debilita la función del legislador y el equilibrio entre los poderes del Estado. Este proceso plantea el riesgo de que el Estado social

---

[853] En este punto, sobre el rol de creación y garantía de la justicia constitucional, ARAGÓN REYES, Manuel (1986): "La interpretación de la Constitución y el carácter objetivado del control jurisdiccional", en *Revista española de derecho constitucional*, año 6, número 17, páginas 111 y 126.

se convierta en un concepto que justifique la concentración de competencias en la judicatura, en lugar de ser un principio que garantice la armonía y el equilibrio entre los poderes del Estado.

La Constitución colombiana de 1991 es el primer paso en la recepción del concepto de Estado social en América Latina. A continuación, revisaremos la discusión constitucional venezolana y la incorporación de la cláusula de Estado social en su texto constitucional de 1999.

5.3. LA CONSTITUCIÓN DE VENEZUELA DE 1999

Hemos visto que la Constitución de Colombia de 1991 y su lectura neoconstitucional del Estado social es la puerta de entrada para la fórmula en América Latina, trayendo una interpretación distinta a la matriz ítalo-germana de dicha forma de Estado. Sin embargo, fue la Constitución de Venezuela de 1999 el texto que se convirtió en el inicio de la interpretación del nuevo constitucionalismo latinoamericano del Estado social, y que luego continuó hacia Ecuador en 2008 y Bolivia en 2009.

Los antecedentes del proceso constitucional que culminó con la Constitución de Venezuela de 1999 se remontan a la crisis económica derivada del auge y caída de los ingresos por la explotación de petróleo en el país. El fin de la dictadura militar en 1958 concluyó con la firma del llamado "Pacto de Puntofijo" y la construcción de un nuevo "acuerdo social", inspirado en el modelo de la Europa de la posguerra, donde los mayores recursos económicos derivados del petróleo se utilizarían para garantizar mejores condiciones materiales a la población, creando una forma de Estado social similar a la europea.[854]

---

854 GONZÁLEZ CÁDENAS, Diego (2020): *Un proceso constituyente democrático en Venezuela. La génesis de la Constitución de 1999* (Bogotá, Facultad de Derecho, Ediciones Uniandes), p. 14.

Este período, que inició en 1958 y dio origen a la Constitución de 1961, fue calificada como una democracia meramente "formal", en tanto que representaba un intento de superar los problemas estructurales de la política venezolana mediante la creación de instituciones que, sin embargo, no lograron resolver la crisis de representación de los partidos políticos, afectada por el clientelismo y la corrupción.[855] Por el contrario, el reconocimiento de derechos y la profundización de las prestaciones sociales otorgadas por el Estado a la ciudadanía se utilizaron como una herramienta para contener el descontento social. Así, la Constitución de 1961 fue interpretada por la doctrina y la jurisprudencia como un Estado social de manera implícita, especialmente por su reconocimiento de derechos sociales.[856] Ricardo Combellas, analizando el texto de 1961, lo describió como un Estado social de Derecho por la capacidad que entregaba a la Administración de "conformar la vida económica [y ser] el conductor proyectivo de la sociedad", como asimismo, buscar la procura existencial a través de la provisión pública y privada; promover la integración social, y buscar la democracia "como método de designación de los gobernantes, y democracia social como la realización del principio de igualdad en la sociedad."[857]

El aumento del gasto público generado por este Estado prestacional solo fue posible de mantener mientras los ingresos del

---

855 PETIT GUERRA, Luis (2019): "De la 'irrealización' hacia la 'proyección' del derecho a una vida digna: El caso Venezuela", en AGUILAR CAVALLO, Gonzalo (coordinador): *La evolución del derecho público en el siglo XXI. Libro homenaje al profesor doctor Domingo Hernández Emparanza* (Valencia, Tirant Lo Blanch), p. 530.

856 BREWER-CARÍAS, Allan (2013): *Tratado de Derecho Constitucional, tomo VI: Asamblea constituyente y proceso constituyente de 1999* (Caracas, Fundación de Derecho Público Editorial Jurídica Venezolana), p. 895.

857 COMBELLAS, RICARDO (1982): *Estado de Derecho. Crisis y Renovación* (Caracas, Editorial Jurídica Venezolana), pp. 79-92.

petróleo permanecieron altos, particularmente en la década de 1970. Después de este período, la volatilidad del precio del crudo obligó al aumento de la deuda pública para continuar con el ritmo prestacional de la política fiscal, lo que originó una creciente inflación que llevó a la devaluación de la moneda en 1983. El control cambiario y de precios que impulsó el gobierno contribuyeron a la existencia de mercados negros, corrupción administrativa y un mayor descontento social cuyos intentos por liberalizar durante el gobierno de Carlos Andrés Pérez, en 1998, ocasionaron el rechazo de la ciudadanía, que culpaba a la corrupción del sistema político de la crisis económica. Estos movimientos ciudadanos originaron una serie de disturbios y saqueos en febrero y marzo de 1989 que se denominaron como el "Caracazo". Este evento marcó un punto de inflexión en la política venezolana, y fue utilizado como evidencia de la desconexión entre el gobierno y las necesidades de la población durante los años siguientes.

En este contexto, la presión por la redacción de una nueva Constitución surgió desde sectores de la izquierda. En 1990, el denominado "Frente Patriótico" comenzó a publicar manifiestos criticando el agotamiento del pacto político de la Constitución de 1961, que se percibía como desvalorizado por el hegemonismo partidista y sus efectos en la corrupción de la administración pública, así como por la desnacionalización de las riquezas del país. Denunciaban, además, la profunda crisis moral, política, económica y social que sufría el país.[858]

La inestabilidad política se intensificó con dos intentos de golpe de Estado en 1992, liderados por oficiales militares entre los que se encontraba el futuro presidente Hugo Chávez. Aunque estos golpes fracasaron, incrementaron la popularidad de Chávez y su discurso populista contra la corrupción

---

[858] COMBELLAS, Ricardo (1999): "El proceso constituyente venezolano", en *América Latina hoy*, núm. 21, abril de 1999, p. 25.

y la desigualdad. Al mismo tiempo, académicos de renombre como Allan Brewer-Carías comenzaron a insistir que el país no tenía otra salida que "realizar un proceso de reconstitución democrática del sistema político, convocando democráticamente a una Asamblea Constituyente. (...) [E]n la historia constitucional en un momento de crisis terminal de gobernabilidad y de perdida de legitimación del Poder, no hay otra forma de reconstituir al Estado y al sistema político que no sea mediante una convocatoria al pueblo."[859]

El principal obstáculo para las propuestas de cambio constitucional, tanto académicas como políticas, era que el mecanismo de "reforma general" de la Constitución estaba contemplado en la propia carta de 1961, pero requería que fuera iniciado por una tercera parte de los miembros del Congreso o por la mayoría absoluta de las Asambleas Legislativas en al menos dos discusiones, un requisito que limitaba las posibilidades de cambio sin la voluntad de los partidos políticos dominantes en el Legislativo.[860] Esta situación era percibida como un bloqueo de la "clase política" a los cambios demandados por la ciudadanía. La idea de un "bloqueo institucional" fue explotada a su favor por Hugo Chávez durante su campaña presidencial, quien prometía iniciar un proceso constituyente.

En 1998, diversas organizaciones de la sociedad civil solicitaron a la Corte Suprema de Justicia de Venezuela un pronunciamiento sobre la constitucionalidad de convocar un referéndum consultivo para iniciar el proceso de cambio constitucional en virtud de la Ley Orgánica del Sufragio y

---

859 Brewer-Carías, Allan (1998): *Cinco siglos de historia y un país en crisis. Discurso de orden leído en la Sesión Solemne de las Academias Nacionales con motivo de la celebración del V Centenario de Venezuela, el 7 de Agosto de 1998*, p. 30. En el mismo sentido, Combellas, Ricardo, *El proceso constituyente venezolano...*, p. 25.

860 Constitución de Venezuela de 1961, artículo 246.1.

Participación Política de 1998. Esta ley permitía al Presidente de la República, al Congreso Nacional o a no menos del 10% de los electores inscritos en el Registro Electoral convocar un referéndum para consultar a los votantes sobre "decisiones de especial trascendencia nacional", sin la necesidad de involucrar al Congreso en el inicio del cambio constitucional.[861] Es decir, de ser utilizado este mecanismo ya no se requería la participación del Congreso en la génesis del cambio constitucional, sino solo la convocatoria del futuro Presidente.

La Corte Suprema, en sentencia de 19 de enero de 1999, declaró que el mecanismo de reforma y cambio contenido en la Constitución de 1961 era una limitación solo para el poder constituido y no constituyente, representado por la voluntad popular. Por tanto, declaró que el artículo 181 de la Ley Orgánica del Sufragio y Participación Política permitía que se consultara "el parecer del cuerpo electoral sobre cualquier decisión de especial trascendencia nacional (...), incluyendo la relativa a la convocatoria de una Asamblea Constituyente."[862] Esta decisión fue duramente criticada por la doctrina comparada, anunciando premonitoriamente la "muerte de una Constitución" y la "grave responsabilidad 'histórica" de la Corte Suprema con esta decisión.[863]

En las elecciones de diciembre de 1998, Hugo Chávez fue electo Presidente con un 56,5% de los votos. Su popularidad se relacionaba directamente con el desprestigio de los partidos

---

861 Ley Orgánica del Sufragio y Participación Política de 28 de mayo de 1998, artículo 181.

862 Corte Suprema de Justicia de Venezuela, sentencia de 19 de enero de 1999.

863 PACE, Alessandro (1999): "Muerte de una constitución. Comentario a la sentencia de la Corte Suprema de Venezuela, núm. 17, del 19 de enero de 1999", en *Revista Española de Derecho Constitucional,* año 19, número. 57, p. 283.

políticos en Venezuela y su discurso contra la "clase política", la corrupción e ineptitud de los gobernantes y a la incapacidad de las instituciones representativas para ejercer controles sobre ellos.[864] Como mencionamos, una de las principales promesas de campaña fue el inicio de un proceso constituyente para reemplazar la Constitución de Venezuela de 1961. En la toma de posesión como Presidente, el 2 de febrero de 1999, alteró el juramento de asunción del cargo señalando que juraba "(...) delante de mi pueblo que sobre esta moribunda Constitución impulsaré las transformaciones democráticas necesarias para que la República nueva tenga una Carta Magna adecuada a los nuevos tiempos."

5.3.1. La Asamblea Nacional Constituyente de 1999

El mismo día de su juramento como Presidente, Chávez firmó el Decreto de convocatoria del referéndum sobre la Asamblea Constituyente. En lo que interesa a este trabajo, la propuesta del referéndum le consultó a la ciudadanía si convocar "una Asamblea Nacional Constituyente con el propósito de transformar el Estado y crear un nuevo ordenamiento jurídico que permita el funcionamiento efectivo de una Democracia Social y Participativa", bajo las bases y límites propuestos por el propio Gobierno.[865]

En el referéndum de 25 de abril de 1999, la opción a favor de convocar una Asamblea Nacional Constituyente obtuvo el

---

864 Valadés, Diego (2017): "Venezuela y la izquierda", en Brewer-Carías, Allan y García Soto, Carlos (compiladores): *Estudios sobre la Asamblea Nacional Constituyente y su inconstitucional convocatoria en 2017* (Caracas, Editorial Jurídica Venezolana), p. 13.

865 Bases Comiciales del Constituyente, 23 de marzo de 1999. Disponible en: https://pdba.georgetown.edu/Elecdata/Venezuela/bases.html

87,75% de los votos, la cual inició sus funciones el 3 de agosto de 1999. Pese a que los candidatos oficialistas obtuvieron un 65,8% de los votos, el sistema electoral dispuesto para este proceso distribuyó los 131 miembros de la Asamblea en 125 constituyentes del oficialismo y solo 6 de oposición e independientes.[866] La abrumadora mayoría de los constituyentes afines al gobierno auguraba la redacción de una Constitución que facilitara la función del Presidente, más que incorporar contrapesos a los planes transformadores que impulsaba Chávez.

Dos días después de inaugurada la Asamblea, el Presidente Chávez remitió un documento con sus ideas fundamentales para la propuesta de Constitución. Dentro de ellas, resulta interesante destacar que el concepto de Estado social no está contenido en dicho documento como forma de Estado, sino que como adjetivo de la forma de gobierno. Respecto a la forma de Estado, la propuesta de Chávez señaló que "[e]l Estado venezolano asume como su fin último el logro de la justicia, y la obtención del mayor grado posible de bienestar y felicidad social". En cambio, sobre la forma de gobierno, propone que "[e]l gobierno de la República Bolivariana de Venezuela es democrático, social, responsable, participativo y alternativo."[867] Este rol "social" del Gobierno y no como adjetivo a la forma de Estado, más que una confusión de categorías, a nuestro parecer busca remarcar el rol de la Administración en esta función transformadora.

Si el concepto de Estado social en la forma de Estado no era particularmente relevante para el gobierno chavista, tampoco lo fue para para el debate en la Asamblea Nacional Constituyente. En la Comisión de Disposiciones Fundamentales se propuso

---

866 PETIT GUERRA, *De la 'irrealización' hacia la 'proyección' del derecho a una vida digna: El caso Venezuela...*, pp. 534-535.

867 CHÁVEZ FRÍAS, Hugo (1999): *Ideas fundamentales para la Constitución Bolivariana de la V República,* Primera Parte, p. 3.

un artículo 2 del siguiente tenor: "La República de Venezuela es y será un Estado Social de Derecho, de administración descentralizada, fundada en los valores efectivos de una democracia política, económica, social, participativa, representativa, electiva, alternativa, responsable y de mandatos revocables y consultivos, que asegura la autonomía de los municipios en los términos de esta Constitución". El constituyente Brewer-Carías (independiente) propuso una redacción distinta, llevando la forma de Estado al artículo 1: "La República de Venezuela se constituye como un Estado Democrático y Social de Derecho y de Justicia, que propugna como valores superiores de su ordenamiento jurídico y de su actuación, la libertad, la justicia, la igualdad, la preeminencia de los derechos humanos, la probidad administrativa y el pluralismo político". Como se aprecia en la redacción, es evidente que se sigue el modelo de la fórmula española para la configuración de la forma de Estado y la inclusión de "valores superiores" asociados a ella.

Como mencionamos, en el Plenario de la Asamblea Constituyente hubo escaso debate sobre el concepto de Estado social. Siguiendo la idea de Estado social transformador, el constituyente Carlos Tablante (Movimiento al Socialismo – MAS), señaló que la urgencia en la aprobación de una nueva Constitución se justifica por querer "reconstruirlo, queremos rehacer" el Estado de Derecho. Así, "[e]stamos empeñados no solamente en que exista Estado de Derecho, sino queremos también un Estado social y de justicia."[868] El constituyente Hermann Escarrá (Partido Socialista Unido de Venezuela – PSUV) entendía el Estado social como una superación del Estado liberal burgués, que luego de la Revolución Industrial "evoluciona hacia el Estado prestacional de servicios; hacia el Estado benefactor; hacia el Estado social de derecho y, finalmente, hacia el Estado

---

868 TABLANTE HIDALGO, Carlos, Asamblea Nacional Constituyente, sesión de 17 de agosto de 1999, volumen I, p. 498.

democrático de derecho."[869] En esta idea, prima la idea de un Estado social como punto intermedio de un Estado democrático – asociado a posturas de izquierda como la que revisamos anteriormente de Elías Díaz en España.

Las eventuales dificultades económicas que podía significar un Estado social prestacional fueron descartadas por el entonces constituyente Nicolás Maduro (Movimiento V República – MVR) señalando que la "viabilidad económica" es un "chantaje", y que "[s]i fuera por viabilidad económica los europeos no tendrían derechos sociales de ningún tipo, porque después de la catástrofe de la guerra era imposible pensar en un Estado social."[870]

Finalmente, en la sesión de 12 de noviembre de 1999, se aprobó la propuesta de redacción de la forma de Estado hecha por el constituyente Brewer-Carías, con algunas modificaciones posteriores,[871] quedando redactado el artículo 2 de la siguiente forma: "Venezuela se constituye en un Estado democrático y social de Derecho y de Justicia, que propugna como valores superiores de su ordenamiento jurídico y de su actuación, la vida, la libertad, la justicia, la igualdad, la solidaridad, la democracia, la responsabilidad social y en general, la preeminencia de los derechos humanos, la ética y el pluralismo político.".

Para la interpretación de la cláusula de Estado social del artículo 2 de la Constitución venezolana son de interés dos textos adicionales: el primero es la exposición de motivos de la Constitución, que luego de recordar que: "la organización juridicopolítica que adopta la Nación venezolana [es] un Estado

---

869 ESCARRÁ, Hermann, Asamblea Nacional Constituyente, sesión de 25 de agosto de 1999, volumen I, p. 648.

870 MADURO MOROS, Nicolás, Asamblea Nacional Constituyente, sesión de 30 de octubre de 1999, volumen II, p. 941.

871 Sesión de la Asamblea Nacional, 12 de noviembre de 1999, volumen III, pp. 871-872.

democrático y social de Derecho y de Justicia", explica que ella origina el deber del Estado de "propugna[r] el bienestar de los venezolanos, creando las condiciones necesarias para su desarrollo social y espiritual y procurando la igualdad de oportunidades para que todos los ciudadanos puedan desarrollar libremente su personalidad, dirigir su destino, disfrutar los derechos humanos y buscar su felicidad. Los principios de solidaridad social y del bien común conducen al establecimiento de ese Estado social, sometido al imperio de la Constitución y de la ley, convirtiéndole, entonces, en un Estado de Derecho."[872]

En segundo lugar, también es relevante el preámbulo del texto constitucional. En este preámbulo se recalca "el fin supremo de refundar la República para establecer una sociedad democrática, participativa y protagónica, multiétnica y pluricultural en un Estado de justicia, federal y descentralizado, que consolide los valores de la libertad, la independencia, la paz, la solidaridad, el bien común, la integridad territorial, la convivencia y el imperio de la ley para esta y las futuras generaciones; asegure el derecho a la vida, al trabajo, a la cultura, a la educación, a la justicia social y a la igualdad sin discriminación ni subordinación alguna; promueva la cooperación pacífica entre las naciones e impulse y consolide la integración latinoamericana de acuerdo con el principio de no intervención y autodeterminación de los pueblos, la garantía universal e indivisible de los derechos humanos, la democratización de la sociedad internacional, el desarme nuclear, el equilibrio ecológico y los bienes jurídicos ambientales como patrimonio común e irrenunciable de la humanidad".

De los elementos incluidos tanto en el artículo 2 como en la exposición de motivos del texto constitucional venezolano

---

[872] Exposición de motivos de la Constitución de la República Bolivariana de Venezuela, publicada en Gaceta Oficial Extraordinaria N° 5.453, 24 de marzo de 2000.

podemos desprender que la cláusula de Estado social se entiende en una faz transformadora, orientada hacia la garantía prestacional de derechos, e incluyendo dentro de ella aspectos novedosos para la visión tradicional del concepto, como la cultura, la integración latinoamericana y democratización de la sociedad internacional, el desarme nuclear, la ecología, entre otros.

5.3.2. La interpretación de la doctrina sobre el concepto de Estado social

Para la doctrina constitucional venezolana la idea de Estado social era conocida en su interpretación del texto de 1961, por lo que su inclusión en la Constitución de 1999 no era una de las principales novedades del proceso. Las primeras interpretaciones de los autores, sin embargo, tienen como puntos en común la caracterización de un rol activo prestacional del Estado. Brewer-Carías entendió la idea de Estado social en este nuevo contexto como aquel Estado "con obligaciones sociales, de procura de la justicia social, lo que lo lleva a intervenir en la actividad económica y social, como Estado prestacional."[873] Rondón de Sansó recalcó que el Estado social es "fundamentalmente un gestor al cual debe sujetarse la legislación", de manera activa, a diferencia del Estado tradicional, que identifica con el legislador y la inhibición en el actuar. [874] Ricardo Combellas también señaló que "[l]a llamada cláusula del Estado social, responde a una toma de posición positiva y militante del Estado para enfrentar la cuestión social."[875]

---

873 BREWER-CARÍAS, Allan R. (2001): *Golpe de Estado y proceso constituyente en Venezuela* (Ciudad de México, Universidad Nacional Autónoma de México), 414 pp.

874 RONDÓN DE SANSÓ, Hildegard (2000): *Análisis de la Constitución Venezolana de 1999 (Parte orgánica y sistemas)* (Caracas, Ex Libris), p. 48.

875 COMBELLAS, Ricardo (2001): *Derecho Constitucional. Una introducción al estudio de la Constitución de la República Bolivariana de Venezuela* (Caracas, McGraw-Hill), p. 35.

Desde España, algunos autores alabaron el texto de la nueva Constitución como un "modelo de constitucionalismo social expansivo, garantista, participativo y, en definitiva, de lógica conmutativa, realizable a través de la sala de máquinas de un Estado responsable, interventor y procurador."[876] Más adelante, la evolución de la situación institucional venezolana levantó las críticas de la doctrina sobre el uso político de la protección y promoción de los derechos humanos como una fórmula de "refugio en un lenguaje progresista" para obtener apoyo en la izquierda democrática mundial.[877] Esta crítica, como veremos a continuación, se consolidó posteriormente por la creciente jurisprudencia del Tribunal Supremo de Justicia de Venezuela interpretando el concepto de Estado social en un sentido transformador, declarando inconstitucional diversas leyes aprobadas por la Asamblea Nacional con mayoría de oposición, pero nunca resolviendo alguna materia en contra de la posición del Gobierno.

5.3.3. La jurisprudencia sobre el Estado social del Tribunal Supremo de Venezuela

Dentro de los cambios constitucionales que hizo la Asamblea Nacional Constituyente en la Constitución de 1999, aprobó la eliminación de la Corte Suprema de Justicia – que había sido creada en la Constitución de 1961 –, reemplazándola por un Tribunal Supremo de Justicia organizado en distintas salas de acuerdo con las materias de su competencia. Como órgano supremo de la interpretación del texto constitucional, la jurisprudencia más importante del nuevo tribunal sobre el

---

876 Palacios Romeo, *Quiebra del Estado liberal-aleatorio, constitucionalización material del Estado social y apertura de un nuevo sistema comunitario...*, p. 131.

877 Valadés, *Venezuela y la izquierda...*, p. 13.

concepto de Estado social se ha dividido en dos salas, la Sala Político Administrativa y la Sala Constitucional.

Como indicamos, el actuar del Tribunal Supremo se encuentra marcado a nuestro juicio por el hito de las elecciones parlamentarias en Venezuela de diciembre de 2015, en que la oposición al gobierno de Nicolás Maduro obtuvo una mayoría calificada en la Asamblea Nacional. Desde ese momento, la jurisprudencia de las salas del Tribunal Supremo giró hacia una intromisión en las potestades del Poder Legislativo que resulta incompatible con un Estado de Derecho, como veremos más adelante.

Desde su creación en 1999, tanto la Sala Político Administrativa como la Sala Constitucional del Tribunal Supremo dictaron prontamente sentencias en que buscaron declarar el "alcance y contenido del Estado social" en la Constitución venezolana. Por una parte, el año 2000, la Sala Político Administrativa definió al Estado social como un modelo en que "el Estado deja de ser un mero interviniente pasivo en las relaciones sociales, para comprometerse activamente, asumiendo obligaciones en materia de educación, salud, deporte, vivienda y seguridad social. (...) En otras palabras, el Estado Social y de Justicia tiene como preeminencia el bienestar y la felicidad material de las personas."[878]

Por su lado, los primeros pronunciamientos de la Sala Constitucional del Tribunal Supremo se refirieron de manera general al concepto de Estado social, recalcando que su meta "no es primordialmente el engrandecimiento del Estado, sino el de la sociedad que lo conforma, con quien interactúa

---

[878] Tribunal Supremo de Venezuela, Sala Político Administrativa, sentencia número 02142, de 1 de noviembre de 2000.

en la búsqueda de tal fin."[879] Luego, en 2002, la Sala Constitucional dictó la sentencia más relevante a la fecha respecto del contenido del Estado social.

i. El Estado social como fórmula transformadora de la sociedad

En 2002, la Sala Constitucional del Tribunal Supremo de Justicia de Venezuela hizo un recorrido histórico desde los antecedentes del concepto de Estado social, citando las obras de Lassalle, von Stein, Heller, Forsthoff, entre otros, para argumentar respecto a la orientación del Estado social hacia el bien común, la búsqueda de una procura existencial y el rol del legislador.

En la misma sentencia, sin embargo, y basándose en la doctrina española – en esto, se cita a Encarnación Carmona – se matiza la deferencia al legislador para evidenciar la validez de posiciones que "que no comulgan con que haya que esperar que el poder legislativo cumpla el mandato para que el Estado Social de Derecho tenga vigencia, y que consideran que ello se logra igualmente por la interpretación de las normas constitucionales que haga la jurisdicción constitucional".[880] Con esto, el Tribunal buscó justificar sus potestades de aplicación directa tanto del principio de Estado social como de toda la Constitución en general. Finalmente, la Sala Constitucional se referirá a la obra de Helmut Ridder para justificar cómo el Estado social "busca liberar a las fuerzas oprimidas por el Estado social para el disfrute real y efectivo de los derechos fundamentales

---

879 Tribunal Supremo de Justicia de Venezuela, Sala Constitucional, sentencia número 656, de 30 de junio de 2000.

880 Tribunal Supremo de Justicia de Venezuela, Sala Constitucional, sentencia número 85, de 24 de enero de 2002.

de los que se encontraban privado por el Estado liberal",[881] posición que será la que adoptará con mayor reiteración a lo largo de los años.

Desde esta fundamentación en la doctrina, el Tribunal Supremo de Venezuela adoptó una posición sobre el Estado social entendiéndolo como un mandato de intervención y eliminación de la desigualdad basada en una sociedad pluriclase. Para este Tribunal, el Estado social buscó "reforzar la protección jurídico-constitucional de personas o grupos que se encuentran ante otras fuerzas sociales o económicas en una posición jurídico-económica o social de debilidad, y va a aminorar la protección de los fuertes. El Estado está obligado a proteger a los débiles, a tutelar sus intereses amparados por la Constitución, sobre todo a través de los Tribunales; y frente a los fuertes, tiene el deber de vigilar que su libertad no sea una carga para todos." En esta conclusión cita nuevamente a Ridder para justificar que en el Estado social "...el Estado se habilita para intervenir compensatoriamente, desmontando cualquier posición de poder siempre que lo estime conveniente".[882]

La sentencia muestra que la primera desigualdad que debe ser corregida en un Estado social es aquella de carácter económico, y el Estado tiene un mandato para perseguir "la armonía entre las clases, evitando que la clase dominante, por tener el poder económico, político o cultural, abuse y subyugue a otras clases o grupos sociales, impidiéndoles el desarrollo y sometiéndolas a la pobreza y a la ignorancia; a la categoría de explotados naturales y sin posibilidad de redimir su situación. (…) No es que el Estado Social de Derecho propenda a un Estado Socialista, o no respete la libertad de empresa o el derecho de

---

881 Tribunal Supremo de Justicia de Venezuela, Sala Constitucional, sentencia número 85, de 24 de enero de 2002.

882 Tribunal Supremo de Justicia de Venezuela, Sala Constitucional, sentencia número 85, de 24 de enero de 2002.

propiedad, sino que es un Estado que protege a los habitantes del país de la explotación desproporcionada, lo que se logra impidiendo o mitigando prácticas que atentan contra la justa distribución de la riqueza."[883]

La importancia que entrega la jurisdicción a una visión del Estado social basada en la lucha de clases fue destacada una década después por el propio redactor de esta sentencia, el magistrado Jesús Eduardo Cabrera Romero. En su opinión, esta sentencia afrontó "la existencia de una clase dominante dueña o empleada de quienes detentan los factores de producción, por lo que tienen acceso al poder político, económico y cultural; y otra clase marginal, que no tiene acceso, o lo tiene muy limitado, a la cultura, al poder político, al cual sólo se asoma mediante los dirigentes de los partidos; y menos, al poder económico, ya que los factores de producción están en pocas manos, como las grandes empresas transnacionales, grupo particulares o el Estado". Eso hace necesario, a su parecer, que "el Tribunal Supremo de Justicia, como cúspide del Poder Judicial, necesariamente debe estar integrado en cada una de sus Salas, por Magistrados que entienden qué es un Estado Social de Derecho y que los intereses antagónicos que existen en la sociedad, deben ser armonizados en el sentido que no se perjudique a la mayoría de la sociedad."[884]

Como una consecuencia de este mandato por la eliminación de la desigualdad, el Tribunal sostiene que el Estado social tiene como "eje central transformador" la superación de la igualdad formal para la consecución de una igualdad

---

883 Tribunal Supremo de Justicia de Venezuela, Sala Constitucional, sentencia número 85, de 24 de enero de 2002.

884 CABRERA ROMERO, Jesús Eduardo (2009): "Las proyecciones del Estado social de derecho y justicia", en PALACIOS ROMEO, Francisco, y VELÁSQUEZ REQUE, Dixies (coordinadores): *Estudios sobre la Constitución de la República Bolivariana de Venezuela. X Aniversario* (Caracas, Procuraduría General de la República), p. 73.

material.[885] Esto no se consigue con “medidas concretas y aisladas para remediar la pobreza del proletariado (la llamada ‘política social’)”, sino que a través de la modificación de la estructura misma de la sociedad para hacerla más justa”,[886] provocando “la transformación política del Estado venezolano.”[887]

El carácter transformador de la fórmula de Estado social ha sido destacado no solo en la jurisprudencia, sino también en las opiniones de miembros del Tribunal Supremo de Justicia, como el magistrado Emiro Cáceres Gonzáles, Presidente de la sala Político Administrativa, afirmando que el Estado social genera una “preponderancia [d]el poder ejecutivo, y se aminora el legislador, pues, ante la necesidad de creación normativa permanente, de diverso tipo, rango y especialidad, el otrora poder ejecutor, se muestra mejor adaptado para hacer frente al nuevo esquema interventor”.[888] De esta manera, “un Estado Social, como el venezolano, es revolucionario y con una visión regida por normas sostenidas por la izquierda "como forma cabal de dirección", a través de las legislaciones y sus instituciones y cuyo origen se centra en la "izquierda dura, por lo cual debe ser defendida desde las alturas del Poder Judicial".[889]

---

885 Tribunal Supremo de Justicia de Venezuela, Sala Político Administrativa, sentencia núm. 01818, 8 de agosto de 2000.

886 Tribunal Supremo de Justicia de Venezuela, Sala Constitucional, sentencia número 1049, de 23 de julio de 2009.

887 Tribunal Supremo de Justicia de Venezuela, Sala Constitucional, sentencia número 1350, de 5 de agosto de 2011.

888 CÁCERES GONZÁLEZ, Emiro (2023): *Proceso legislativo penal: racionalidad y justificación. Pasado, presente y propuestas de futuro* (Tesis Doctoral, Facultad de Derecho, Universidad de Salamanca), p. 560.

889 Magistrado Emiro García Rosas: “El Estado social es un Estado revolucionario”, disponible en: http://www.tsj.gob.ve/noticiastsj/-/asset_publisher/yCHb0RSxwqUX/content/el-estado-social-es-un-estado-revolucionario. En este mismo sentido, su discurso de apertura de las Actividades Judiciales de 2015, disponible en https://www.youtube.com/watch?v=d_VJzPQPrdg

Como hemos observado, la jurisprudencia del Tribunal Supremo de Justicia de Venezuela ha redefinido el concepto de Estado social, alejándose del enfoque tradicional europeo, en el cual el legislador tenía la responsabilidad principal de implementar este principio. En cambio, el Tribunal ha asumido un papel más activo, sosteniendo que la jurisdicción constitucional tiene la facultad de aplicar directamente los principios del Estado social, sin depender de la acción legislativa.

Este enfoque activista no es una novedad absoluta en el contexto latinoamericano, como lo hemos visto en el caso colombiano. Sin embargo, lo que distingue al Tribunal Supremo venezolano es la interpretación de un mandato explícito para alcanzar la igualdad material mediante la transformación de la estructura social, teniendo como meta última la reestructuración completa de la sociedad. Esta visión del Estado social se alinea con una lectura cercana a las corrientes socialistas previas a la Primera Guerra Mundial, o con las interpretaciones de la izquierda española antes de la Constitución de 1978, pero en ningún caso con la visión de un Estado social limitado por los principios democráticos o del Estado de Derecho.

ii. El Estado social se caracteriza por la garantía de los derechos sociales, correspondiendo su aplicación a todos los poderes públicos

Siguiendo la línea habitual de identificar el concepto de Estado social con la garantía de derechos sociales, el Tribunal Supremo ha declarado que "la existencia de todo Estado Social de Derecho (...) se caracteriza por la incorporación de una cláusula de contenido económico, social y cultural al catálogo tradicional de derechos fundamentales".[890] La consecución de

---

[890] Tribunal Supremo de Justicia de Venezuela, Sala Constitucional, sentencia número 1632, de 11 de agosto de 2006.

la libertad y dignidad de la persona se identifican con la búsqueda de la "procura existencial de las necesidades básicas del individuo"[891] y un "standard de vida elevado"[892] como el contenido primario del Estado social. Para este objetivo, es deber del Estado la intervención "en el ámbito económico y social como Estado prestacional."[893]

Contradiciendo su posición sobre el carácter directamente aplicable del texto constitucional, el Tribunal Supremo reconoce que "la fórmula: Estado Social de Derecho tiene carácter jurídico, convirtiéndose en uno de los principios del actual orden constitucional", pero de este principio "no se deducen pretensiones jurídicas inmediatas por parte de los ciudadanos, sino criterios interpretativos para quien aplica las normas constitucionales o las de rango inferior al Constitucional, así como pautas de orientación de la actividad de los poderes públicos."[894] Esto ha sido reiterado posteriormente señalando que "desde la cláusula no existen derechos, lo que impide afirmar que ellos, por sí mismos, estén en la esfera subjetiva del ciudadano".[895] En nuestra opinión, esta ausencia de aplicación directa para la derivación de contenidos prestacionales – o incluso, para el cumplimiento de derechos directamente consagrados en la Constitución – se produce por el esfuerzo de evitar decisiones judiciales que afecten al Gobierno o lo obliguen a la adopción de alguna política pública.

---

[891] Tribunal Supremo de Justicia de Venezuela, Sala Constitucional, sentencia número 1632, de 11 de agosto de 2006.

[892] Tribunal Supremo de Justicia de Venezuela, Sala Constitucional, sentencia número 1002, de 26 de mayo de 2004.

[893] Tribunal Supremo de Justicia de Venezuela, Sala Constitucional, sentencia número 1632, de 11 de agosto de 2006.

[894] Tribunal Supremo de Justicia de Venezuela, Sala Constitucional, sentencia número 85, de 24 de enero de 2002.

[895] Tribunal Supremo de Justicia de Venezuela, Sala Constitucional, sentencia número 1002, de 26 de mayo de 2004.

La deferencia del Tribunal Supremo de Venezuela con el desarrollo legal de los derechos constitucionales se encuentra motivada por evitar declaraciones contrarias a las políticas de las fuerzas oficialistas cuando éstas son mayoría en la Asamblea Nacional. La obligación de desarrollo legal de los derechos constitucional se desarrolló desde las primeras sentencias del Tribunal Supremo en el año 2000, prescribiendo expresamente que, "[m]ientras la ley no regule y normalice los derechos cívicos con que el Estado Social de Derecho -según la vigente Constitución- se desenvuelve (...) ni el contencioso administrativo, ni la justicia ordinaria o especial, son competentes para declarar y hacer efectivos estos derechos, a menos que la ley lo señale expresamente en sentido contrario."[896] Para el Tribunal Supremo, en el año 2000, los derechos no son "cláusulas programáticas", sino que en un "Estado social moderno" todas las generaciones de derechos eran un "todo indivisible" cuya efectividad no podía estar sujeta siempre "a la interacción de ingresos y gastos, y a la supuesta programación presupuestaria."[897]

Este criterio era problemático para un Tribunal Supremo que busca interferir mínimamente en las políticas del Poder Ejecutivo. Por ello es que la doctrina de la Sala Constitucional sobre la efectividad de los derechos constitucionales fue matizada en sentencias posteriores. En 2002, el Tribunal Supremo distinguió entre los distintos derechos contenidos en la Constitución de 1999 aquellos cuya aplicación debe dar lugar a prestaciones de otros que no las requieren para su ejercicio. Esta distinción la realiza analizando ciertos derechos que son consagrados como "figuras de imposible cumplimiento (por lo

---

896 Tribunal Supremo de Justicia de Venezuela, Sala Constitucional, sentencia número 656, de 30 de junio de 2000.

897 Tribunal Supremo de Justicia de Venezuela, Sala Político Administrativa, sentencia núm. 01885, 5 de octubre de 2000.

indeterminado) sin un debido respaldo legal". En estos casos, "mientras no surja el desarrollo legislativo, no se está ante verdaderos derechos, sino frente a políticas constitucionales que requieren de otros complementos para su aplicación. Este tipo de norma, al contrario de las anteriores, no genera derechos subjetivos y muchas de ellas lo que aportan son principios."[898]

Posteriormente, en 2006, el Tribunal realizó una nueva distinción: aunque la Constitución de 1999 no contiene "derechos programáticos", "la cuantía de los presupuestos, su distribución y la consignación de las cantidades necesarias (...) para una prestación eficiente" de derechos "es una actividad netamente política", por lo que no corresponde que los tribunales apliquen directamente las normas constitucionales para satisfacerlos.[899] Tras esta consideración, razona el Tribunal Supremo, "subyace una distinción cardinal: [l]a cláusula del Estado Social de Derecho puede imponer mandatos en cabeza de los Poderes Públicos, que no generan, sin embargo, derechos constitucionales."[900]

En sentencias posteriores, la Sala Constitucional distinguió dos "las finalidades específicas del Estado Social de Derecho": primero, la "protección reforzada y efectiva de los derechos de contenido social"; y segundo, la "[a]plicación e interpretación de los derechos de contenido social o prestacionales en función del principio de igualdad, que no debe ser meramente formal, sino una igualdad material, esto es atendiendo a la situación real de los afectados."[901] Esto se concreta en un deber del Estado de

---

898 Tribunal Supremo de Justicia de Venezuela, Sala Constitucional, sentencia número 85, de 24 de enero de 2002.

899 Tribunal Supremo de Justicia de Venezuela, Sala Constitucional, sentencia número 1002, de 26 de mayo de 2004.

900 Tribunal Supremo de Justicia de Venezuela, Sala Constitucional, sentencia número 1002, de 26 de mayo de 2004.

901 Tribunal Supremo de Justicia de Venezuela, Sala Constitucional, sentencia número 1584, de 10 de agosto de 2006.

"proteger, promover y garantizar la satisfacción, en algunos casos de forma explícita e incondicionada, en otras de forma gradual y condicionada, de ciertos bienes sin los cuales el disfrute de los derechos llamados civiles o políticos no podría lograrse."[902]

La convicción del Tribunal Supremo de Justicia respecto al valor de la cláusula de Estado social aparece más vinculada a sus esfuerzos por alinearse con las políticas del Gobierno de turno, más que una real convicción de tutela de garantías para los ciudadanos. El cambio de criterio desde la aplicación directa como en Colombia, hacia una marcada deferencia con la Administración encuentra su explicación en evitar decisiones que puedan afectar financieramente al Gobierno, vinculadas a derechos sociales de prestación. Pese a ello – como veremos a continuación – el Tribunal Supremo de Justicia ha entendido una justiciabilidad directa de la cláusula de Estado social en algunas materias que no comprometen recursos políticos o políticas del Gobierno.

iii. El Estado social obliga a la justiciabilidad directa de la Constitución y amplía el rol de los tribunales

Desde temprano que el Tribunal Supremo recalcó que la Constitución, en cuanto Estado social y democrático de Derecho, tiene "efectividad y justiciabilidad" directa.[903] Como mencionamos a propósito de los derechos sociales, esto no significa que desde la cláusula de Estado social puedan ser desprendidos directamente derechos subjetivos, sino que su formulación es un "un bien, un principio o valor jurídico, rector de la Constitución".[904]

---

902 Tribunal Supremo de Justicia de Venezuela, Sala Constitucional, sentencia número 1049, de 23 de julio de 2009.

903 Tribunal Supremo de Justicia de Venezuela, Sala Político Administrativa, sentencia núm. 01885, 5 de octubre de 2000.

904 Tribunal Supremo de Justicia de Venezuela, Sala Constitucional, sentencia número 85, de 24 de enero de 2002.

Por tanto, el mayor vigor de la fórmula de Estado social se presenta como parámetro de constitucionalidad de la actuación del legislador, siendo inconstitucional, por tanto, aquella norma "contraria a los principios fundamentales de un Estado social de derecho", o a sus elementos esenciales, como la solidaridad o la responsabilidad social.[905] Así, "una ley que ordene conductas, o produzca efectos, que hagan más gravosa la situación de los débiles jurídicos, que sustituya o ahonde desequilibrios sociales, deviene en inconstitucional, por contrariar la forma de Estado que impera en el país por mandato de la Carta Fundamental."[906] Este criterio del Tribunal Supremo no tendrá mayor relevancia en este período, pero será recordado a contar de diciembre de 2015, para la declaración de inconstitucionalidad de diversas medidas adoptadas por la mayoría opositora al gobierno en la Asamblea Nacional, como revisaremos en breve.

Una novedad en la interpretación de la cláusula de Estado social que realiza el Tribunal Supremo es cómo su aplicación transforma el rol de la judicatura en el Estado de Derecho. En primer término, como se ha mencionado, obliga a la aplicación directa de la Constitución por parte de los tribunales y un rol garante activo de todo juez. Así, "[p]or motivos de orden público e interés social, dentro de un Estado Social de Derecho, la protección de la calidad de la vida también corresponde al juez".[907]

---

905 Tribunal Supremo de Justicia de Venezuela, Sala Constitucional, sentencia número 85, de 24 de enero de 2002; Tribunal Supremo de Justicia de Venezuela, Sala Constitucional, sentencia número 999, de 10 de julio de 2012.

906 Tribunal Supremo de Justicia de Venezuela, Sala Constitucional, sentencia número 85, de 24 de enero de 2002.

907 Tribunal Supremo de Justicia de Venezuela, Sala Constitucional, sentencia número 576, de 20 de marzo de 2006.

En segundo lugar, "[l]a proclamación del Estado de Derecho venezolano como "Estado social de Derecho y de Justicia" exige una administración de justicia material y no formal."[908], por lo que no son admisibles los "formalismos" procesales que impidan o limiten que la justicia ejerza sus potestades para el cumplimiento de la supremacía constitucional. De esta manera, el Tribunal Supremo ha declarado que la justicia constitucional no se rige "estrictamente" en sus fallos por las normas del Código de Procedimiento Civil[909], pidiendo preterirlas para la adopción de una decisión justa, ni las instituciones procesales convertirse "en una traba que impida lograr las garantías" constitucionales.[910]

Siguiendo estos criterios, el Tribunal Supremo ha ordenado revertir decisiones de jueces inferiores en que ha considerado que se ha utilizado un criterio formalista para adoptar una decisión. Por ejemplo, en 2010 la Sala Constitucional declaró que "el Juez de instancia actuando como juez constitucional del Estado Social de Derecho no es un mero técnico jurídico, ya que sus decisiones deben ajustarse a las exigencias éticas, morales y sociales, equilibrando las desventajas a través de medidas compensadoras desde una perspectiva colectiva, que puedan representar, en el plano individual, tratamientos formalmente desiguales, en el sentido de favorecer, por vía de compensación, a las mujeres frente a los hombres, lo que es necesario para alcanzar el ideal de la justicia social. Se insiste en que los jueces y operadores jurídicos en general, en materia de género, deben abandonar los tradicionales esquemas del sistema social

---

908 Tribunal Supremo de Justicia de Venezuela, Sala Constitucional, sentencia número 1709, de 7 de agosto de 2007.

909 Tribunal Supremo de Justicia de Venezuela, Sala Constitucional, sentencia número 85, de 24 de enero de 2002.

910 Tribunal Supremo de Justicia de Venezuela, Sala Constitucional, sentencia número 708, de 10 de mayo de 2001.

patriarcal y androcéntrico imperante, de las creencias, comportamientos, roles, expectativas y atribuciones que sustentan a dicho sistema así como la discriminación y violencia contra las mujeres en general, y adoptar fielmente el régimen especial de protección en favor de las mujeres, en pro de la justicia social, pues de lo contrario se estaría vulnerando la integridad física y moral de quien demanda esa protección especial."[911]

En otro caso, la Sala reprochó que la jueza que dictó la decisión impugnada "actuó como técnico jurídico, ajustándose más a la forma que a la realidad, conducta que resulta reprochable, ya que no se apegó a la que, en su condición de jueza social, debería desplegar dentro del Estado Social de Derecho, pues fue muy simplista al señalar que el hoy accionante aceptó el despido, sin atender el desequilibrio económico y social causado en el núcleo familiar del hoy accionante con ocasión del despido y la exclusión del seguro de hospitalización, cirugía y maternidad que él y su cónyuge gozaban hasta ese entonces, en detrimento de los derechos y garantías establecidas en la Constitución y de la coherencia del sistema jurídico del Estado Social de Derecho, en desmedro de una verdadera justicia social".[912]

El Estado social ha sido interpretado nuevamente como una superación del "formalismo" propio del Estado de Derecho. En este sentido, el Tribunal Supremo ha utilizado esta cláusula para invalidar decisiones en las que considera que un valor material de justicia ha sido dejado de lado por la aplicación estricta de la ley. El Estado social, por lo tanto, impondría la necesidad de valorar el contexto de desigualdad en el que se desarrolla el caso sometido a revisión judicial, y desde esta

911 Tribunal Supremo de Justicia de Venezuela, Sala Constitucional, sentencia número 486, de 25 de mayo de 2010.

912 Tribunal Supremo de Justicia de Venezuela, Sala Constitucional, sentencia número 232, de 4 de marzo de 2011.

perspectiva, el adjetivo "social" permite que la resolución del conflicto se base en criterios éticos o morales para compensar los desequilibrios presentes en el caso concreto. Esta interpretación implica, a nuestro juicio, un debilitamiento de la legalidad y la seguridad jurídica como principios fundamentales del Estado de Derecho.

iv. El Estado social otorga legitimidad a la actividad de la Administración y mandata su intervención en la actividad económica

Siguiendo nuevamente un enfoque favorable a la posición del Gobierno, el Tribunal Supremo ha recalcado que en el Estado social la Administración tiene el protagonismo en la aplicación de dicho principio. Este rol protagónico se justifica en que la satisfacción de necesidades básicas "constituye un principio orientador de la actividad administrativa, aquello que identifica a un Estado como Social de Derecho, por lo que tales programas son elementos condicionadores del fin de la actividad."[913] La orientación finalista del Estado social es aquello que, además, justifica el ejercicio del poder por parte de la Administración, y en caso de lo contrario "su poder o autoridad se torna ilegítima y materialmente injusta."[914]

Ciertamente, el Tribunal Supremo entiende que el Estado social se convierte en una "amplia habilitación para que el sector público intervenga en la actividad económica".[915] Bajo un Estado social, el derecho de propiedad o de la libre empresa

---

[913] Tribunal Supremo de Justicia de Venezuela, Sala Constitucional, sentencia número 1002, de 26 de mayo de 2004.

[914] Tribunal Supremo de Justicia de Venezuela, Sala Político Administrativa, sentencia núm. 01885, 5 de octubre de 2000.

[915] Tribunal Supremo de Justicia de Venezuela, Sala Constitucional, sentencia número 85, de 24 de enero de 2002.

quedan condicionados al interés social.[916] De esta manera, "es de la esencia del Estado Social de Derecho dictar medidas legales para planificar, racionalizar y regular la economía (...), restringir la propiedad con fines de utilidad pública o interés general (...), o limitar legalmente la libertad económica por razones de desarrollo humano, seguridad, sanidad, protección del ambiente u otros de interés social."[917] Estas restricciones a la propiedad y libertad de empresa son inherentes al Estado social, y tienen por objeto "proteger a las personas ante las conductas desequilibrantes tendentes a explotar a sectores de la población."[918]

El uso de la cláusula del Estado social como título habilitante no beneficia únicamente a la judicatura, sino también a la Administración. Esta interpretación rompe con los límites que la cláusula del Estado social debería encontrar en los principios democráticos y en el Estado de Derecho. Bajo esta lectura expansiva, el Gobierno puede interpretar la cláusula de manera amplia, justificando restricciones a la actividad económica y permitiendo limitaciones significativas al derecho de propiedad, incluso por encima de lo que establece la ley. Asimismo, la ley también encuentra un marco para la restricción de derechos como la propiedad sin mayores límites materiales.

---

916 Tribunal Supremo de Justicia de Venezuela, Sala Constitucional, sentencia número 85, de 24 de enero de 2002.

917 Tribunal Supremo de Justicia de Venezuela, Sala Constitucional, sentencia número 85, de 24 de enero de 2002.

918 Tribunal Supremo de Justicia de Venezuela, Sala Constitucional, sentencia número 85, de 24 de enero de 2002.

v. El cambio en la jurisprudencia del Tribunal Supremo después de diciembre de 2015

Desde su creación en 1999, el Tribunal Supremo de Justicia de Venezuela nunca ha sido una garantía de conformidad de la actuación de los poderes públicos con el Estado de Derecho. Prueba de ello es el análisis de 45.474 sentencias entre 2004 y 2013, dictadas por las salas Político Administrativa, Electoral y Constitucional, en que jamás existió un pronunciamiento desfavorable para el Gobierno.[919] La situación empeoró luego de diciembre de 2015, en que las elecciones parlamentarias de diciembre de 2015 dieron la mayoría de los escaños de la Asamblea Nacional a la oposición al gobierno.

Luego de la derrota electoral, en enero de 2016, Nicolás Maduro decretó Estado de excepción nacional por emergencia económica por sesenta días,[920] el cual fue declarado conforme a la constitución por la Sala Constitucional del Tribunal Supremo. En la fundamentación de la decisión por estimar la constitucionalidad de la declaratoria de Estado de excepción sin aprobación de la Asamblea Nacional, la Sala Constitucional argumentó sobre la cláusula de Estado social supone una "verdadera reconfiguración y redimensionamiento" del Estado, y que sus efectos jurídicos plenos se despliegan como "parámetro hermenéutico tanto en la serie de postulados

---

919 Canova González, Antonio; Herrera Orellana, Luis Alfonso; Rodríguez Ortega, Rosa E.; Graterol Stefanelli, Giuseppe (2014): *El TSJ al servicio de la revolución: la toma, los números y los criterios del TSJ venezolano (2004-2013)* (Caracas, Editorial Galipán) 446 pp.

920 Decreto número 2.184, mediante el cual se declara el Estado de emergencia económica en todo el territorio nacional por un lapso de sesenta días, publicado en la Gaceta Oficial de la República Bolivariana de Venezuela, número 6.214, extraordinario, de 14 de enero de 2016.

constitucionales y legales, es decir, en la exégesis del orden jurídico de nuestro país, y desde luego, en la configuración de políticas y acciones de los poderes públicos".[921] Con esto en consideración, la formulación de Estado social jugó un rol fundamental en la fundamentación de la constitucionalidad del Estado de excepción. Conforme al artículo 339 de la Constitución de 1999, la prórroga de los Estados de excepción requiere la aprobación de la Asamblea Nacional – de mayoría opositora –, lo que no ocurrió, y pese a ello, la constitucionalidad de las sucesivas prórrogas del estado de emergencia fueron aprobadas por el Tribunal Supremo de Justicia. En todas las sentencias que autorizaron las prórrogas se hace alusión a la jurisprudencia previa de la Sala Constitucional sobre el contenido del Estado social.

Un elemento fundamental para que el Tribunal Supremo pudiera desechar el requisito constitucional de aprobación de la Asamblea Nacional para la prórroga del Estado de excepción fue que la propia Sala Constitucional declaró en desacato al Poder Legislativo, luego que distintas leyes despachadas fueron reclamadas de inconstitucionalidad por el Presidente Maduro ante el Tribunal Supremo, y éste declarara la falta de conformidad a la Constitución de ellas. En varias sentencias que estimaron el recurso de inconstitucionalidad del Gobierno, nuevamente, la fórmula de Estado social se convierte en decisoria para la fundamentación del Tribunal.

En la discusión sobre la constitucionalidad de la Ley de Otorgamiento de Títulos de Propiedad a Beneficiarios de la Gran Misión Vivienda Venezuela y otros Programas Habitacionales del Sector Público, el Tribunal Supremo de Justicia declaró la inconstitucionalidad de la ley porque "contraviene los fines del Estado Democrático y Social de Derecho y de Justicia

---

921 Tribunal Supremo de Justicia de Venezuela, Sala Constitucional, sentencia número 4, de 20 de enero de 2016.

al no garantizar que el ejercicio progresivo del derecho de las familias a una vivienda digna no ceda ante el derecho de propiedad, al propender que las unidades habitacionales ingresen al mercado especulativo, para favorecer a quienes ejercen el dominio del mismo en detrimento de quienes ameritan de una protección reforzada por parte del Estado (…)".[922] El Estado social se estructura "con una naturaleza prestacional para lograr el efectivo logro de los derechos sociales que garanticen el acceso a servicios vitales que propendan no solo la igualdad formal sino al acceso igualitario a condiciones dignas de vida, tales como la salud, la educación o la vivienda."[923]

Luego, en la revisión de la constitucionalidad de la Ley de Amnistía y Reconciliación Nacional, el Tribunal Supremo señaló su preocupación por "los efectos de la amnistía y el debilitamiento de esos valores constitucionales señalados a lo largo de la labor jurisdiccional de este alto Tribunal. En sentencia número 1.714/2012, la Sala advirtió que "el comportamiento anómico (…), no es posible o aceptable en el actual desarrollo del Estado social de derecho y de justicia consagrado en la Constitución", lo cual revela una constante preocupación por los problemas derivados del debilitamiento de la institucionalidad en la sociedad; los individuos se enfrentan a la anomia cuando la moral no les constriñe lo suficiente, es decir cuando carecen de un concepto claro de lo que es una conducta apropiada y aceptable de lo que es y no es, favoreciendo la impunidad de los delincuentes propiciaríamos una sociedad sin leyes." Esto significaría "una anarquía que imposibilitaría lograr los fines del Estado Social de Derecho y de Justicia, y

---

922 Tribunal Supremo de Justicia de Venezuela, Sala Constitucional, sentencia número 343, de 6 de mayo de 2016.

923 Tribunal Supremo de Justicia de Venezuela, Sala Constitucional, sentencia número 343, de 6 de mayo de 2016.

que vulneraría, en definitiva, la dignidad humana individual y colectiva, al afectarse la calidad de vida de la colectividad."[924]

En el control de constitucionalidad de la Ley de Bono para Alimentos y Medicinas a Pensionados y Jubilados, el Tribunal Supremo de Venezuela consideró que aunque el proyecto de ley sí contenía medidas que se adecuaban al marco de un Estado social, señaló que el costo de la ejecución de la ley iba a "imponer una situación más gravosa a la sociedad y particularmente a los débiles jurídicos que son objeto de amplia tutela por parte del Estado, generando mayores desequilibrios sociales que favorezcan las posiciones de dominio económico al margen de la formula del Estado Social de Derecho, dada la corresponsabilidad social entre el Estado y los particulares, que se concreta en lograr la armonía o paz social (...)."[925] Por ello, al ser "evidente la inviabilidad económica de la aplicación inmediata del proyecto sancionado", el Tribunal Supremo declaró "conceptualmente constitucional" la ley, pero inconstitucional su entrada en vigor.

El punto de inflexión en la declaratorias de inconstitucionalidad se dio con la sentencia número 808, de 2 de septiembre de 2016. En este pronunciamiento, el Tribunal Supremo declaró que el incumplimiento de la resolución de la Sala Electoral de suspender la incorporación de tres diputados que habían sido declarados electos por la Sala Electoral de dicho tribunal ponía a la Asamblea Nacional en "franco desacato", y por tanto, "resultan manifiestamente inconstitucionales y, por ende, absolutamente nulos y carentes de toda vigencia y eficacia jurídica, los actos emanados de la Asamblea Nacional, incluyendo las leyes que sean sancionadas, mientras se mantenga el

---

924 Tribunal Supremo de Justicia de Venezuela, Sala Constitucional, sentencia número 264, de 11 de abril de 2016.

925 Tribunal Supremo de Justicia de Venezuela, Sala Constitucional, sentencia número 327, de 28 de abril de 2016.

desacato a la Sala Electoral del Tribunal Supremo de Justicia". Lo anterior, porque la actuación del Poder Legislativo "vulnera y desconoce claramente la noción de Estado Democrático y Social de Derecho y de Justicia consagrada en el artículo 2 constitucional".[926]

Esta declaración fue reiterada en distintas sentencias del Tribunal Supremo,[927] en que se discutió la constitucionalidad de leyes de la Asamblea Nacional o de actuaciones del Poder Ejecutivo. En algunas de ellas, como en la discusión de la constitucionalidad de la Ley de Reforma Parcial de la Ley Orgánica de Telecomunicaciones, el concepto de Estado social fue nuevamente decisivo para la decisión del Tribunal. En este caso, la Sala Constitucional declaró que la ley tenía "la clara intención de desconocer o vaciar de contenido el Estado Social de Derecho y de Justicia definido en la Constitución que se vierte en el sistema de información."[928]

Finalmente, en la sentencia número 156, de 29 de marzo de 2017, a propósito de la habilitación para que el Poder Ejecutivo pudiera constituir empresas mixtas sin aprobación de la Asamblea Nacional, como exigía la ley, se declaró por parte del Tribunal Supremo que "mientras persista la situación de desacato y de invalidez de las actuaciones de la Asamblea Nacional, esta Sala Constitucional garantizará que las competencias parlamentarias sean ejercidas directamente por esta Sala o por el órgano que ella disponga, para velar por el Estado

---

926 Tribunal Supremo de Justicia de Venezuela, Sala Constitucional, sentencia número 808, de 2 de septiembre de 2016.

927 Tribunal Supremo de Justicia de Venezuela, Sala Constitucional, sentencia número 810, de 21 de septiembre de 2016.

928 Tribunal Supremo de Justicia de Venezuela, Sala Constitucional, sentencia número 938, de 4 de noviembre de 2016.

de Derecho.[929] Con ello, se eliminó *de facto* la separación de funciones de la Constitución de Venezuela y, a nuestro juicio, se produjo la quiebra definitiva del Estado de Derecho en dicho país.

5.3.4. La importancia de la interpretación del Estado social en Venezuela

La Constitución de Venezuela de 1999 incorporó la cláusula de Estado social junto con el adjetivo "de Justicia", que complementa el concepto de Estado de Derecho. Esta formulación ha dado lugar a una interpretación transformadora del Estado social, que se ha distanciado radicalmente de la tradición europea del concepto y, en varios aspectos, resulta incompatible con los principios fundamentales del Estado de Derecho.

En la Constitución de 1999, el Estado social no se limitó a garantizar derechos sociales, sino que fue concebido como un instrumento de transformación social. Sin embargo, bajo este pretexto, se ha incrementado el poder del Ejecutivo, debilitando los principios democráticos y erosionando el Estado de Derecho.

El Estado social en Venezuela ha sido utilizado para justificar profundas intervenciones estatales en la economía, a menudo sin respetar las garantías fundamentales de propiedad o libertad económica. En lugar de ajustarse a los principios del Estado de Derecho, esta interpretación ha sido instrumentalizada para concentrar más poder en el gobierno. Un ejemplo claro es el papel del Tribunal Supremo de Justicia, que ha adoptado una postura activista, subordinando los principios del Estado

---

929 Tribunal Supremo de Venezuela, Sala Constitucional, sentencia número 156, 29 de marzo de 2017, punto 4.4 de la parte declarativa de la sentencia.

social a los intereses del Gobierno y anulando con frecuencia leyes aprobadas por el Legislativo que no se alineaban con la agenda oficial.

La última constitución que revisaremos con la cláusula explícita de Estado social es Bolivia, de 2009. Un caso relevante, ya que la inclusión de nuevos adjetivos a la forma de Estado ha significa una relectura del concepto de Estado social.

5.4. LA CONSTITUCIÓN DE BOLIVIA DE 2009

El último proceso constitucional que revisaremos, enmarcado en el nuevo constitucionalismo latinoamericano, es el cambio constitucional en Bolivia entre 2006 y 2009. Este proceso ha sido calificado por Viciano Pastor y Martínez Dalmau como "el más difícil de todos los habidos", y cuyo fruto, la Constitución de 2009, es "uno de los ejemplos más rotundos de transformación institucional que se ha experimentado en los últimos tiempos".[930]

El origen de la Constitución de 2009 se remonta al inicio de la década de 2000, con el surgimiento de distintas protestas lideradas por grupos de campesinos de la coca y movimientos indígenas, motivadas inicialmente por el combate al narcotráfico, que luego se ampliaron al rechazo de la privatización de servicios públicos adoptadas en los gobiernos de Hugo Banzer y Jorge Quiroga. La protesta de los grupos de izquierda se canalizó hacia una crítica a la clase política y la demanda por nuevas instancias de participación social. Esto llegó a una

---

930 VICIANO PASTOR, Roberto, y MARTÍNEZ DALMAU, Rubén (2012): "Fundamento teórico del nuevo constitucionalismo latinoamericano", en VICIANO PASTOR, Roberto (editor): *Estudios sobre el nuevo Constitucionalismo Latinoamericano* (Valencia, Tirant Lo Blanch), p. 35.

primera propuesta de reforma constitucional iniciada en 2000 y aprobada finalmente en 2002, que no llegó a concretarse.

Las manifestaciones se acrecentaron en 2003, motivadas esta vez por una nueva legislación de hidrocarburos en la llamada "Guerra del gas", y desembocaron en una presión directa por el inicio de un proceso constituyente motivado por los grupos cocaleros, indígenas, campesinos y otros sectores articulados en el Movimiento al Socialismo (MAS). En palabras de García Linera, el proceso constitucional transformador se inició buscando "irradiar y convencer en torno de un principio de esperanza movilizadora"[931], lo que algunos autores describen que fue el uso de eslóganes para "jugar con el imaginario popular": "'cambio', 'integración', 'revolución democrática', 'recuperación de los hidrocarburos'",[932] entre otros.

Las protestas de octubre de 2003 culminaron con la intervención de las Fuerzas Armadas para el control del orden público, lo que significó que 68 personas murieran en enfrentamientos en las calles. Esto presionó la renuncia del Presidente de Bolivia, Gonzalo Sánchez de Lozada, y que su vicepresidente, Carlos Mesa, asumiera la jefatura de gobierno. Uno de los principales hitos de la presidencia de Carlos Mesa fue la aprobación de una reforma constitucional que incluyó una serie de modificaciones demandadas por los grupos políticos a la Constitución de 1967, dentro de las cuales se incorporó un nuevo artículo 1 que declaró a Bolivia como "un Estado Social y Democrático de Derecho que

---

931 GARCÍA LINERA, Álvaro (2015): "El Estado y la vía democrática al socialismo", en *Nueva Sociedad*, núm. 259, p. 157.

932 ASBÚN ROJAS, Jorge (2009): "El proceso constituyente actual en Bolivia. La constante tensión entre libertad y autoritarismo", en SERNA DE LA GARZA, José María (coordinador): *Procesos constituyentes contemporáneos en América Latina: tendencias y perspectivas* (México, Universidad Nacional Autónoma de México), p. 49.

sostiene como valores superiores de su ordenamiento jurídico, la libertad, la igualdad y la justicia."[933] La redacción de este nuevo artículo proviene de la Ley número 2410, de 1 de agosto de 2002, que propuso la reforma constitucional aprobada finalmente en 2004. Esta reforma a la forma de Estado, como se desprende de su lectura, siguió la formulación que hace la Constitución de España de 1978, con la innovación de modificar la expresión "propugna" del texto español por "sostiene".[934] Sin embargo, estas reformas parciales no fueron suficientes para calmar el descontento social ni las demandas de los movimientos indígenas y campesinos, que insistían en la convocatoria de una Asamblea Constituyente para una reforma más profunda.

En el proceso boliviano, la interpretación del concepto de Estado social que a nuestro parecer fue más relevante es su comprensión como factor de unión o cohesión social. En el período de crisis social que vivía el país durante dicho período, la idea de un Estado social fue propuesta por organismos como las Naciones Unidas como "una de las instancias que promuevan la participación de los sectores sociales, logrando acuerdos que den como resultado mayor desarrollo humano."[935] Incluso, dentro de las propuestas del MAS, se encontraba precisamente la consagración de un "Estado social comunitario", en donde lo novedoso de la formulación era precisamente el elemento de comunidad, más que lo "social" entendido en su dimensión europea. Esta propuesta de cambio, a juicio de algunos autores, confundió a una parte de la sociedad boliviana respecto

---

933 Constitución de Bolivia de 1967 – reformada el 20 de febrero de 2004, artículo 1, párrafo II.

934 Fernández Segado, Francisco (2004): "La reforma constitucional de Bolivia de febrero de 2004. Una mirada crítica", en *Anuario Iberoamericano de Justicia Constitucional*, número 8, p. 722.

935 Programa de Naciones Unidas para el Desarrollo (2002): *Informe de Desarrollo Humano en Bolivia*, p. 203.

al sentido del componente "social" de la fórmula y provocó un "cierto recelo en relación con un tipo de orden estatal que mezclaba aspectos socialistas con planteamientos para establecer instituciones indígenas de organización política".[936]

Por lo anterior, no hay dudas que la reforma más valorada del texto no era la incorporación de una nueva forma de Estado, sino la inclusión del mecanismo de reforma constitucional total, de potestad privativa de una Asamblea Constituyente cuya composición sería aprobada por una ley especial.[937] Esto permitió, luego de un entrampado proceso, que se eligiera una Asamblea Constituyente donde obtuvo un triunfo abrumador el MAS, con 137 de 255 escaños. Esto aseguró que, junto con el resto de los partidos políticos y movimientos de izquierda, dicho sector político tuviera la mayoría suficiente para aprobar un texto constitucional.

La Asamblea Constituyente inició sus funciones en agosto de 2006, concluyendo en diciembre de 2007 con una propuesta de texto que no pudo ser ratificada en la fecha planteada originalmente por el Congreso boliviano, debido a ciertos defectos en el vigor de las leyes electorales que hicieron necesaria la aprobación de un nuevo llamado a referéndum por el Poder Legislativo.[938] Dicho referéndum se realizó en enero de 2009, ganando la opción por aprobar el nuevo texto constitucional con el 61,43% de los votos.

---

936 GAMBOA ROCABADO, Franco (2009): "Las razones del fracaso: la Asamblea Constituyente en Bolivia como democracia bloqueada", en *Revista de Estudios Políticos (nueva época)*, número 143, p. 63.

937 Constitución de Bolivia de 1967 – reformada el 20 de febrero de 2004, artículo 232.

938 Resolución número 013/2008, de la Corte Nacional Electoral, de 7 de marzo de 2008.

5.4.1. El Estado social en la Asamblea Constituyente de 2006 y la Constitución de 2009

Como hemos señalado, la idea de Estado social había sido incorporada en la Constitución de Bolivia en 2004, e incluso, la doctrina había entendido que la Constitución de Bolivia era un Estado social implícito ya desde la Constitución de 1938, [939] por lo que no se trataba de una innovación en el derecho boliviano. Visto de esta manera, era poca la novedad e importancia de la idea de Estado social en sí misma, tan escasa como fue como la discusión sobre el sentido de la fórmula en la Asamblea Constituyente. El MAS – el partido de gobierno y mayoritario en la Asamblea – llamó a los constituyentes a construir "un Estado Social en transición al Socialismo, con los obreros, los campesinos y sectores populares, solo esta alianza de vanguardia y fuerza física belicosa permitirá construir un texto constitucional, progresista, de avanzada y revolucionaria..."[940], lo que también justifica que mencionamos anteriormente de la asociación de la fórmula "social" con el "socialismo". Otras posiciones más radicales de la izquierda consideraban que esta visión de "transición al socialismo", y no de la aplicación de dicho régimen en propiedad, importaba una renuncia a la consagración directa del "Estado social, popular, socialista" en la Constitución.[941]

En la Asamblea Constituyente hubo coincidencia en definir al Estado social como aquel "que orienta sus políticas públicas y el manejo de la economía a establecer una mayor justicia social

---

939 En este sentido, Rodríguez Ostria, *Marco histórico. La larga marcha a la Asamblea Constituyente...*, p. 104.

940 Actas de la Asamblea Constituyente de Bolivia de 2006, tomo II, volumen 2, p. 1151.

941 Muruchi, René (Alianza Social – AS), Actas de la Asamblea Constituyente de Bolivia de 2006, tomo I, volumen 2, p. 1366.

tanto en el campo de la participación individual y colectiva"[942], agregando además "la promoción del bienestar y la justicia social, un rol activo del Estado en la economía, una imagen positiva de los valores libertad e igualdad, solidaridad como deber jurídico, democracia participativa, la dignidad como meta gubernativa, la exaltación del trabajo, la vigencia de derechos fundamentales, económicos y sociales, la función social de la propiedad, y como sujetos políticos, (...) a los trabajadores y los sindicatos."[943] Se hizo también mención al carácter directamente aplicable de la Constitución como uno de los "aspectos más importantes de un Estado social y democrático."[944]

Una revisión del preámbulo de la Constitución de 2009 y del texto aprobado muestran manifiestamente la voluntad de aprobar una constitución refundacional para el país. El preámbulo da cuenta de la intención de "refundar" Bolivia y "construir" un nuevo Estado, dejando "en el pasado el Estado colonial, republicano y neoliberal." Desde esta refundación, la constitución asume como "reto histórico" el "construir colectivamente el Estado Unitario Social de Derecho Plurinacional Comunitario, que integra y articula los propósitos de avanzar hacia una Bolivia democrática, productiva, portadora e inspiradora de la paz, comprometida con el desarrollo integral y con la libre determinación de los pueblos."[945] En esto resulta notoria la comprensión de un Estado social como un tránsito hacia un Estado democrático, en el sentido propio de la visión española de la década de 1970.

---

942 VELÁSQUEZ SARAVIA, Edwin (PODEMOS), Actas de la Asamblea Constituyente de Bolivia de 2006, tomo II, volumen 1, pp. 62-63. En el mismo sentido, BRAVO CHÁVEZ, Manfredo Rafael (PODEMOS), Actas de la Asamblea Constituyente de Bolivia de 2006, tomo II, volumen 1, p. 274.

943 OLIVA ALCÁZAR, Hugo, Actas de la Asamblea Constituyente de Bolivia de 2006, tomo II, volumen 1, p. 111.

944 POL ACHÁ, Germán Ricardo, Actas de la Asamblea Constituyente de Bolivia de 2006, tomo II, volumen 1, p. 462.

945 Constitución de Bolivia de 2009, preámbulo.

Luego, el artículo 1 de la Constitución de 2009 prescribe que "Bolivia se constituye en un Estado Unitario Social de Derecho Plurinacional Comunitario, libre, independiente, soberano, democrático, intercultural, descentralizado y con autonomías. Bolivia se funda en la pluralidad y el pluralismo político, económico, jurídico, cultural y lingüístico, dentro del proceso integrador del país." Respecto a la forma de Estado, la redacción del artículo 1 utiliza una fórmula compuesta de distintos adjetivos, propios del nuevo constitucionalismo latinoamericano, en que "la selección del abigarrado compendio de calificativos pretende fijar los elementos fundamentales que convergen en la gestación compleja de esta constitución". [946] La reiteración de elementos como lo "libre, independiente, soberano" del país es una forma de "rebelión contra el pasado",[947] recalcando el "carácter descolonizador" y la importancia correlativa del reconocimiento de colectivos como los pueblos indígenas.[948] Pero a su vez, estos complementos a la forma de Estado alteran las definiciones de las "taxonomías clásicas" de formas de Estado,[949] por hacerse necesaria una interpretación integradora de ellas a fin de dotarlas de un sentido único. El problema que se plantea es el "conflicto semántico" entre los

---

946 MAESTRO BUELGA, *Estado y mercado en el nuevo constitucionalismo latinoamericano...*, p. 14.

947 VICIANO PASTOR y MARTÍNEZ DALMAU, *Fundamento teórico del nuevo constitucionalismo...*, p. 37, nota 54.

948 TÓRTORA ARAVENA, Hugo (2019): "Protección Constitucional del Medio Ambiente en clave no antropocéntrica", en AGUILAR CAVALLO, Gonzalo (coordinador): *La evolución del derecho público en el siglo XXI. Libro homenaje al profesor doctor Domingo Hernández Emparanza* (Valencia, Tirant Lo Blanch), p. 410.

949 PAVANI, Giorgia (2019): "Tendencias centrífugas y centrípetas de la descentralización en América Latina", en Aguilar Cavallo, Gonzalo (coordinador): *La evolución del derecho público en el siglo XXI. Libro homenaje al profesor doctor Domingo Hernández Emparanza* (Valencia, Tirant Lo Blanch), p. 92.

distintos adjetivos, pero también con el resto del articulado de la Constitución, que parece contradictorio entre ellos, como el reforzamiento del carácter unitario del país, pero luego establecer mandatos de plurinacionalidad y descentralización.[950]

La solución a esta contradicción en los términos es una interpretación distinta de la cláusula de Estado social a la que se realiza en Europa. Asbún Rojas hace notar que "la expresión 'Estado unitario social de derecho plurinacional comunitario' se presenta como un solo concepto, dado que los términos no están separados por ninguna coma y en consecuencia, obligan a una comprensión íntegra, identificando desde allí los caracteres comunes, que permitan alcanzar las señas de identidad del nuevo Estado."[951]

Esta "nueva identidad" del Estado boliviano, a nuestro juicio, no está dada por la explicitación de un Estado social. Como recordamos, la configuración expresa de Bolivia en un Estado social no era innovadora de este texto, sino que se discutía desde al menos el año 2000, e implícitamente se consideraba que dicha fórmula venía desde la Constitución de 1938. Lo que sí es innovador es la forma en que se plantea el Estado social en este nuevo texto. El carácter refundacional de la Constitución no viene integrado a la idea de Estado social, a diferencia de lo que se entendió en la matriz europea original del concepto y en su derivada de izquierdas. En el caso boliviano, lo verdaderamente refundacional se encuentra en la integración de la plurinacionalidad. Este es el rasgo innovador y "dominante" de la nueva institucionalidad.[952]

---

950 PAVANI, *Tendencias centrífugas y centrípetas de la descentralización en América Latina...*, p. 80.

951 ASBÚN ROJAS, *El proceso constituyente actual en Bolivia...*, p. 53.

952 MAYORGA, Fernando (2010): "Bolivia: el azaroso camino de la reforma política", en TANAKA, Martín, y JÁCOME, Francine (editores): *Desafíos de la gobernabilidad democrática. Reformas político-institucionales*

La "pluralidad nacional" se convierte en el instrumento refundacional por haberse convertido en uno de los principales motores del cambio constitucional durante el período 2000-2009 y necesidad de reconocimiento. Bajo esta mirada, el Estado social se reinterpreta como una forma de Estado que persigue la integración de movimientos o grupos en situación de vulnerabilidad. Lo mismo se puede decir de los amplios reconocimientos de derechos que hace la Constitución, que tienen el objetivo de visibilizar a los grupos sociales "con el objeto de incluirlos en la ciudadanía y la sociedad".[953] Por ello es que la redacción de su texto tiene componentes lingüísticos que persiguen un "fortalecimiento de la dimensión política de la constitución -y, en este sentido, con la lectura particularizada que de ésta realizan los ciudadanos- más que con previsiones de efectos jurídicos".[954]

De esta forma, aunque algunos autores han planteado que la lectura del elemento social se enmarca en una visión prestacional del Estado, siempre se asocia a formas de acción directa que "solucionen o mitiguen los problemas estructurales de nuestra sociedad."[955]

---

y movimientos sociales en la región andina (Lima, IDRC-CRDI-INVESP), p. 30. En el mismo sentido, recalcando el elemento plurinacional, Viciano Pastor y Martínez Dalmau, *Fundamento teórico del nuevo constitucionalismo latinoamericano...*, p. 35.

953 Noguera, Albert (2019): "Derecho antidiscriminatorio y protección de los colectivos en situación de vulnerabilidad en las constituciones de Ecuador de 2008 y Bolivia de 2009", en *Derechos y libertades,* núm. 40, p. 161.

954 Viciano Pastor y Martínez Dalmau, *Fundamento teórico del nuevo constitucionalismo latinoamericano...*, p. 37.

955 San Martín Arzabe, Hugo (2004): "El proceso de reforma constitucional en Bolivia", en *Anuario de Derecho Constitucional Latinoamericano,* año 2004, p. 369.

5.4.2. La jurisprudencia del Tribunal Constitucional Plurinacional de Bolivia sobre el concepto de Estado social

El Tribunal Constitucional de Bolivia, creado en 1994 pero también "refundado" en la Constitución de 2009 como Tribunal Constitucional "Plurinacional", ha tenido un rol relevante en la comprensión del Estado social. Algunos autores plantearon inicialmente un temor de una interpretación estatista de la fórmula por parte del tribunal, más cercana con un régimen autoritario, por la principal innovación que trajo el texto de 2009: su composición a través de elección popular.[956] Una revisión de la jurisprudencia no ha dado lugar a una postura que se califique de ese modo, al seguir una visión de la cláusula de Estado social con menos implicancias jurídicas directas que las esperadas originalmente por la doctrina, incluso decayendo las menciones a la fórmula de Estado social en la jurisprudencia más reciente, o desprendiendo de ella solo consideraciones de *obiter dicta.*

i. El concepto de Estado social como parte de una fórmula refundacional, basada en la plurinacionalidad

El nuevo Tribunal Constitucional Plurinacional entiende que la nueva Constitución "refunda" a Bolivia, "reconstruyendo" un Estado a partir de elementos estructurales: "el pluralismo, la interculturalidad y la descolonización", estableciendo como "principios fundamentales la reciprocidad, la solidaridad, la complementariedad, la sustentabilidad, el equilibrio, la justicia y transparencia".[957]

---

956 BALDIVIESO GUZMÁN, René (2010): "Apuntes sobre la reforma constitucional en Bolivia", en *Revista boliviana de Derecho,* número 9, p. 21.

957 Tribunal Constitucional Plurinacional de Bolivia, sentencia número 0064/2015, de 21 de julio de 2015.

Las sentencias del Tribunal han calificado al Estado de Derecho boliviano como "neoconstitucionalista", lo que en su concepto es "una versión mejorada del constitucionalismo liberal (Estado legal de Derecho-Imperio de la ley, su consecuencia el principio de legalidad) y del constitucionalismo social (Estado Social y Democrático de Derecho–Imperio de la ley aunque con más atribuciones al Órgano Ejecutivo, pero manteniendo del principio de legalidad)." [958] En este marco, la Constitución es una "norma jurídica directamente aplicable y justiciable" tanto por el propio Tribunal, como por todo juez, incluyendo la jurisdicción indígena originaria campesina.[959]

La autocalificación de neoconstitucionalismo que realiza el Tribunal no sigue propiamente tal dicha línea, confundiendo las categorías en un uso impropio de éstas, posiblemente como elemento legitimador de sus decisiones. En este marco, el Tribunal define a la fórmula de Estado boliviana "Estado Unitario Social de Derecho Plurinacional Comunitario, libre, independiente, soberano, democrático, intercultural, descentralizado y con autonomías" – como una superación de las "formas clásicas para designar al Estado como 'Estado de Derecho' [o] 'Estado Social y Democrático de Derecho'". Estas denominaciones "resultan insuficientes para caracterizar al nuevo modelo", que se nutre de distintas tradiciones la construcción de un nuevo Estado marcado por un elemento fundante: su carácter plurinacional e intercultural. [960]

---

958 Tribunal Constitucional Plurinacional de Bolivia, sentencia número 0846/2012, de 20 de agosto de 2012.

959 Tribunal Constitucional Plurinacional de Bolivia, sentencia número 0112/2012, de 27 de abril de 2012.

960 Tribunal Constitucional Plurinacional de Bolivia, sentencia número 0846/2012, de 20 de agosto de 2012.

ii. El Estado social como garante de derechos sociales

Pese a que el propio Tribunal considera que la Constitución de 2009 ha superado las categorías tradicionales para la denominación de las formas de Estado, ha dotado de valor a la fórmula de Estado social que se contiene en el artículo 1 de su texto. El Tribunal recalca ciertos principios como elementos fundamentales del Estado social: la protección de la vida humana[961], la pluralidad y el pluralismo jurídico[962], el principio de igualdad material,[963] el respeto y eficacia máxima de los derechos fundamentales, independiente de su generación, [964] y "la protección del interés general y el beneficio de todos."[965]

El Tribunal ha definido el concepto de Estado social como deber de la Administración, señalando que el Estado social es "aquel en el cual el gobierno ejecuta determinadas políticas sociales que garanticen y aseguren el bienestar de los ciudadanos, se ocupa de proteger a los individuos ante el desempleo, la incapacidad laboral y enfermedad, todo ello en la medida de lo posible y oportuno."[966] El Tribunal entiende que la nueva Constitución de 2009 se inserta en un "'constitucionalismo fuerte', donde el fin último no es limitar el ejercicio del poder

---

961 Tribunal Constitucional Plurinacional de Bolivia, sentencia número 0246/2015-S1, de 2 de febrero de 2015.

962 Tribunal Constitucional Plurinacional de Bolivia, sentencia número 0057/2015, de 2 de marzo de 2015.

963 Tribunal Constitucional Plurinacional de Bolivia, sentencia número 0846/2012, de 20 de agosto de 2012.

964 Tribunal Constitucional Plurinacional de Bolivia, sentencia número 2431/2012, de 22 de noviembre de 2012.

965 Tribunal Constitucional Plurinacional de Bolivia, sentencia número 0707/2018-S2, de 31 de octubre de 2018; Tribunal Constitucional Plurinacional de Bolivia, sentencia número 0272/2015-S1, de 26 de febrero de 2015.

966 Tribunal Constitucional Plurinacional de Bolivia, sentencia número 0064/2015, de 21 de julio de 2015.

político, sino efectivizar los derechos sociales y no solo aquellos calificados como liberales, superando el Estado liberal "que dejó en manos de quienes tenían poder económico la satisfacción de sus derechos sociales y económicos, generando brechas de desigualdad e injusticia". De esta forma, el Estado social tiene un deber de "accionar jurídico destinado a que a través de las normas jurídicas se compense la debilidad relativa de unos en relación a otros en la sociedad.[967]

Finalmente, el Tribunal ha definido que entendido que el Estado social forma parte de la delineación de un modelo económico plural que se conforma a través de la organización económica comunitaria, estatal, privada y social cooperativa, en que la Administración es "el redistribuidor del excedente entre los sectores excluidos en función a sus necesidades sociales; el mismo está basado en la concepción del vivir bien, para lo cual el Estado formula e implementa políticas macroeconómicas soberanas que preserven la estabilidad como patrimonio de la población boliviana, y promuevan la equidad económica y social"; dirige, regula, y promueve "políticas de distribución equitativa de la riqueza y de los recursos económicos del país, con el objeto de evitar la desigualdad, la exclusión social y económica, y erradicar la pobreza en sus múltiples dimensiones".[968] El modelo de Estado social impide que las relaciones económicas estén entregadas a la "absoluta libertad, como ocurre bajo la idea o concepción liberal de Estado", correspondiéndole a la Administración la responsabilidad de regulación y control de la eficiencia y eficacia de los servicios públicos.[969]

---

967 Tribunal Constitucional Plurinacional de Bolivia, sentencia número 1839/2013, de 25 de octubre de 2012.

968 Tribunal Constitucional Plurinacional de Bolivia, sentencia número 0064/2015, 21 de julio de 2015.

969 Tribunal Constitucional Plurinacional de Bolivia, sentencia número 0707/2018-S2, de 31 de octubre de 2018.

iii. El Estado social como mandato de justiciabilidad limitada de los derechos sociales

La "máxima eficacia de los derechos humanos" la "visión verdaderamente garantista" de los derechos sociales se consigue, en opinión, del Tribunal Constitucional, a través de tres características propias del Estado social: " a) La autonomía e idéntica jerarquía de todos los derechos, por cuanto los derechos económicos sociales y culturales, dejan de ser cláusulas programáticas; b) La directa justiciabilidad de todos los derechos jerárquicamente idénticos; y, c) El alcance de los roles del control de constitucionalidad, ya que la justiciabilidad de todos los derechos fundamentales, plantea la disciplina de nuevos procedimientos constitucionales y líneas de interpretación más amplias y extensivas para su real eficacia y materialización."[970]

Dicho lo anterior, pese a que el Tribunal insiste en la aplicación directa de la Constitución, en su jurisprudencia hace importantes distinciones respecto a la ejecución directa de los derechos constitucionales, diferenciando entre "generaciones" de derechos: así, "los derechos de primera y algunos de segunda generación son directamente justiciables a través de mecanismos específicos como por ejemplo el amparo constitucional o la institución del "hábeas corpus"; empero, los derechos de tercera generación, al ser cláusulas programáticas, en este tipo de Estado no son directamente justiciables."[971]

El principal ejercicio de aplicación directa que ha hecho el Tribunal Constitucional de Bolivia es relativo a derechos laborales. En diversas sentencias ha entendido que el despido

---

[970] Tribunal Constitucional Plurinacional de Bolivia, sentencia número 0778/2014, del Tribunal Constitucional Plurinacional de Bolivia, de 21 de abril de 2014.

[971] Tribunal Constitucional Plurinacional de Bolivia, sentencia número 0778/2014, de 21 de abril de 2014.

injustificado es una vulneración a un derecho constitucional, "derecho que en la nueva concepción de un Estado Social de Derecho merece la inmediata tutela.[972] Esta concepción de la aplicación directa del texto constitucional por parte de los jueces se basa en una visión del Tribunal Constitucional Plurinacional en que "[l]a administración de justicia está al servicio de la población y de la sociedad sobre la base de criterios anti formalistas en búsqueda de un sistema de verdad material.[973] En un Estado social, el juez "...no sólo es un director del proceso sino también en un verdadero activista y defensor de los derechos y las garantías constitucionales de los sujetos procesales".[974]

5.4.3. La importancia de la Constitución de Bolivia para el desarrollo del concepto de Estado social

La Constitución de Bolivia de 2009 ofrece una perspectiva singular del concepto de Estado social en América Latina. El nuevo texto constitucional no solo pretendió establecer un marco prestacional para el Estado, sino que – como es habitual en América Latina – buscó reestructurar las relaciones de poder en la sociedad. Aunque el concepto de Estado social ya había sido introducido en reformas previas, la Constitución de 2009 lo insertó dentro de un marco más amplio, en que la refundación del Estado y el carácter transformador de la nueva Constitución está centrada en su carácter plurinacional, y no en el adjetivo social.

---

972 Tribunal Constitucional Plurinacional de Bolivia, sentencia número 0386/2016-S2, de 25 de abril de 2016.

973 Tribunal Constitucional Plurinacional de Bolivia, sentencia número 0246/2015-S1, de 26 de febrero de 2015.

974 Tribunal Constitucional Plurinacional de Bolivia, sentencia número 0762/2013-L, de 30 de julio de 2013.

En este contexto, el Estado social no se muestra con el enfoque revolucionario y prestacional de otras constituciones, sino como un elemento adicional de integración de sectores considerados como históricamente marginados, en particular a los pueblos indígenas y campesinos, y a garantizar su participación directa. El Estado social en Bolivia se asocia, por tanto, a un rol activo del Estado en la economía, pero también a un mandato más amplio de cohesión social e integración de sectores vulnerables.

5.5. RECAPITULACIÓN

El estudio del concepto de Estado social en América Latina revela una refundación de esta forma de Estado que va más allá de su entendimiento tradicional europeo. En el contexto latinoamericano, el Estado social ha recogido la expresión de su idea transformadora, en especial la raíz española de izquierda de la década de 1950 y 1960, dirigido no solo a la garantía de derechos sociales, sino también como un pilar para la reformulación institucional y redefinición de las estructuras de poder. Esta idea, que refleja una confianza en el potencial transformador de las constituciones, se enfoca en un un efecto normativo directo y una interpretación más expansiva que la interpretación tradicional europea del rol del Estado en la la sociedad.

La incorporación del Estado social en las constituciones latinoamericanas ha sido transformadora también en la redacción de la forma de Estado, introduciéndose nuevos elementos como "justicia", otros adjetivos como la plurinacionalidad, o innovaciones en la fórmula como la creación de un Estado social "de derechos", que debe ser también interpretado como una superación de la estructura europea de la cláusula, persiguiendo nuevos objetivos normativos – como el acento en la garantía de los derechos – pero también un efecto simbólico a nivel social sobre las prioridades de las nuevas constituciones.

Las constituciones que hemos estudiado en América Latina reflejan una diversidad de interpretaciones desde una matriz neoconstitucionalista – en el caso de Colombia –, o del nuevo constitucionalismo latinoamericano – en el caso de Venezuela y Bolivia. Cada país ha interpretado y adaptado el concepto a las circunstancias nacionales que motivaron la introducción de la fórmula. El neoconstitucionalismo de Colombia ha remarcado con profundidad el rol de la justicia constitucional en la construcción del Estado social, incluso más que el papel de los tribunales en el caso de Venezuela y Bolivia. En Venezuela, el rol protagónico del poder "transformador" de la sociedad es de Administración, y el Poder Judicial adquiere un papel de colaboración de la "revolución", desfigurando la separación de funciones propia de un Estado de Derecho. En Bolivia, en cambio, la transformación proviene de la asociación del Estado social a la plurinacionalidad, y los mecanismos de democracia directa y participativa.

Esta interpretación de la cláusula de Estado social incorporada explícitamente en los textos constitucionales que hemos revisado es distinta del caso de Chile, cuyo texto vigente no tiene una formulación expresa del Estado social. A continuación, revisaremos la discusión sobre el Estado social en la Constitución de Chile de 1980, si ella puede interpretarse como una cláusula explícita en su texto, y el debate sobre su incorporación en las fallidas propuestas de nuevas constituciones de 2022 y 2023. Este último proceso, tiene el valor comparado de ser la última gran discusión sobre el contenido y efectos de la constitucionalización de la cláusula de Estado social, y a nuestro juicio, la cristalización de las distintas tradiciones sobre el desarrollo del concepto tanto en Europa como en América Latina.

Capítulo 6

El Estado social en la Constitución de Chile

Hemos revisado la consagración del concepto de Estado social en las constituciones de Colombia de 1991, Venezuela de 1999 y Bolivia de 2009, como ejemplos – con distintos matices – de la influencia del neoconstitucionalismo y el nuevo constitucionalismo latinoamericano en la incorporación de la cláusula, pero con diferencias en la interpretación que cada país ha hecho de ella. El caso de Chile, que analizaremos a continuación, resulta distinto tanto en su origen como por la discusión de la conveniencia de su configuración explícita como Estado social.

A diferencia de los textos constitucionales que hemos revisado de América Latina, que surgen desde la presión de movimientos sociales, el diseño de la Constitución de Chile de 1980 fue el resultado de una nueva institucionalidad propuesta por un grupo de académicos mandatados para ello por la Junta Militar de Gobierno que controlaba el país desde el 11 de septiembre de 1973. Dicho texto fue revisado posteriormente por el Consejo de Estado y la propia Junta, para luego ser sometido a un plebiscito en 1980. La inexistencia de un registro electoral y de un órgano judicial que pudiese controlar la validez del proceso generaron severas dudas sobre la integridad del resultado de dicho referéndum. De hecho, el Colegio Escrutador Nacional creado *ad hoc* para el proceso solo tenía potestades para "*practicar el escrutinio*" y "*levantar un acta de resultado*" de la votación.[975]

---

975 Decreto Ley número 3.465, de 1980, artículo 28.

La serie de reformas que se han realizado a la Constitución – setenta, a la fecha –, junto a los dos referéndums de 2022 y 2023 que rechazaron el reemplazo de su texto, han dotado a la Constitución de un importante grado de legitimidad de ejercicio. Sin embargo, ello no ha reducido los esfuerzos de algunos grupos académicos y sociales por la dictación de una nueva Carta Fundamental sin los vicios de origen que supone aquella redactada en 1980. Uno de los puntos que ha generado mayor consenso en la discusión sobre una nueva Constitución para Chile es la necesidad de consagrar al país como un Estado social de Derecho, aunque atribuyéndole distintos sentidos, contenidos y efectos, como revisaremos. Esto, que por un lado facilita el acuerdo en la incorporación literal de la cláusula, por otro hace más difícil la definición de un contenido político o jurídico sobre ella.

Parte de la doctrina y la jurisprudencia chilena han planteado que el Estado social se encuentra configurado implícitamente en dicho país. En este sentido, distintas sentencias del Tribunal Constitucional y de la Corte Suprema han argumentado asumiendo como una cláusula implícita la existencia de un Estado social en Chile, y utilizando el concepto de "Estado social" en variadas sentencias.

En este capítulo, revisaremos la discusión sobre el concepto de Estado social en la Constitución de Chile desde su origen, la incorporación de esta fórmula en la Convención Constitucional que redactó la fallida propuesta de nueva Constitución de 2022, como también en la rechazada propuesta del Consejo Constitucional de 2023.

6.1. EL ESTADO SOCIAL COMO FORMA IMPLÍCITA ANTES DE LA CONSTITUCIÓN DE 1980

La Constitución de Chile de 1980 es escueta en adjetivos de la forma de Estado. El artículo 3 – contenido en el Capítulo I, titulado "Bases de la Institucionalidad" – señala que "el Estado de Chile es unitario", y el artículo 4, que "Chile es una República democrática". De ahí que, en comparación con las discusiones europeas sobre el concepto de Estado social – en particular, por influencia de la doctrina española –, las normas de la Constitución chilena han dado lugar a diferentes formas e interpretaciones de dicho principio.

Una primera postura, temporalmente más cercana a la redacción de la Constitución de 1980, entendió que su texto configuró un Estado social de manera implícita. Esta visión tiene una concepción de la idea de Estado social basada en el Estado de Derecho material y una mirada más limitada de las funciones prestacionales que pudiera significar esta fórmula. Dentro de esta mirada, algunos estimaron que no era relevante caracterizar la forma de Estado como social, en cuanto la propia Constitución ya contemplaba derechos sociales y garantías judiciales o políticas para éstos.

La segunda posición, más reciente, está relacionada con el efecto del nuevo constitucionalismo latinoamericano en Chile. En esta visión, la configuración material de los valores y principios de la Constitución de 1980 tienen por objeto la conservación del Estado liberal, y por tanto, son incompatibles con el Estado social y su función transformadora. Dentro de la transformación que significa el Estado social se encuentra el cambio del sistema económico y una nueva concepción sobre el rol del Estado en el mercado y de los jueces como garantes de derechos.

Finalmente, una tercera posición entiende el sentido clásico del Estado social como la consecución de un orden social justo.

El Estado social tiene por objeto la protección de la dignidad de la persona, su libertad e igualdad, a través de mecanismos de acción público y privada que complementen la subsidiariedad con la solidaridad. Para esto, se pone el acento en el rol del legislador para la adopción de políticas públicas y una nueva institucionalidad garante de derechos sociales bajo un sistema de economía de mercado.

La primera postura explica que Chile se configuró implícitamente como un Estado social desde inicios del siglo XX, en atención a la orientación social de la actividad estatal luego de la aprobación de diversas normas sociales desde principios del siglo XX[976], convirtiendo al Estado en un órgano orientado a fines materiales como el bien común y la primacía de la persona.

El profesor Jaime Arancibia sitúa el origen del Estado social en Chile desde el final de la Primera Guerra Mundial, reseñando las opiniones de la época de Pablo Ramírez, diputado del Partido Radical y primer Contralor General de la República. Ramírez argumentaba que en Chile "no tenemos un concepto de las modificaciones que la guerra entraña referentes al concepto de lo que es el Estado y sus funciones. El Estado ha dejado de ser la vieja fórmula que se representa por el policial, para cuidar el orden interno y por el militar para la defensa de la patria en caso de guerra. El Estado moderno es el órgano de los intereses colectivos; vive íntimamente unido a las necesidades del pueblo, y se compenetra y confunde con los intereses y con los sentimientos del alma nacional."[977]

---

[976] En este sentido, SOTO CARMONA, Álvaro (2022): "La refundación del Estado de Chile", en *Revista de Derecho Político UNED,* número 114, p. 284; ROJAS LASCH, Carolina (2019): *Ayudar a los pobres. Etnografía del Estado social y las prácticas de asistencia* (Santiago, Ediciones Universidad Alberto Hurtado), p. 35.

[977] En esto, Arancibia cita la intervención de Pablo Ramírez en la Cámara de Diputados, sesión del 7 de noviembre de 1918. El mismo

La idea de un Estado social desde inicios del siglo XX se asoció a la aprobación y actualización de diversas normas de protección social y laboral durante el primer gobierno de Arturo Alessandri Palma (Partido Liberal), como las leyes de descanso dominical, de protección a la infancia, la regulación de accidentes del trabajo, la limitación de la jornada de trabajo, la educación primaria obligatoria, la legislación sobre previsión social y la dictación del primer Código del Trabajo en 1931.

Otros hitos que se presentan como relevantes en la construcción de un Estado social fue el impulso desde 1964 a políticas de expropiaciones de grandes extensiones de terrenos para su entrega a trabajadores, en la denominada "Revolución en libertad" del presidente Eduardo Frei Montalva (Democracia Cristiana – DC). Con la elección del presidente Salvador Allende (Partido Comunista–PC), en 1970, se inició un proceso de construcción de un "área de propiedad social", con la nacionalización de la Gran minería del cobre en 1971, y la exacerbación del rol interventor de la Administración en la economía a través de los llamados "resquicios legales": el uso de normas aprobadas durante dictaduras de la década de 1920 que, formalmente vigente, permitió la expropiación y requisición de la propiedad, así como la intervención en distintas empresas.

---

autor también entiende una forma implícita de Estado social en la Constitución de 1980: Arancibia Mattar, Jaime (2022): "Orden público económico", en Fundación Jaime Guzmán (editor): *Chile fragmentado. El debate constituyente* (Santiago, Fundación Jaime Guzmán – Hanns Seidel Stiftung), p. 91. Sobre el punto, Brahm García, Enrique (2023): "La cuestión de la 'legitimidad' de las últimas constituciones chilenas. Un acercamiento histórico-jurídico", en *Revista Jurídica Digital UANDES,* volumen 7, número 1, p. 12.

Otra parte de la doctrina considera que luego de las reformas que experimentó la Constitución de 1925 en el año 1971, se terminó estableciendo un Estado social de Derecho,[978] o incluso, un proyecto de Estado de bienestar.[979] En 1973, antes del golpe de Estado, Enrique Evans destacaba que las reformas constitucionales hicieron "prácticamente desaparecer la concepción liberal" de la Constitución de 1925 y la transformaron paulatinamente en una eficaz herramienta de cambio social.[980]

La concepción que Chile estaba en un tránsito hacia un Estado social, pero requería de una transformación expresa, pareciera haber sido compartida por el entonces presidente Salvador Allende, quien en su mensaje presidencial de 1971 declaraba que era "necesario adecuar las instituciones políticas a la nueva realidad" que vivía el país, y por ello, anunciaba que, "en un momento oportuno, someteremos a la voluntad soberana del pueblo la necesidad de reemplazar la actual Constitución, de fundamento liberal, por una Constitución

---

978 SILVA GALLINATO, María Pía (2012): "El Estado social de derecho en la Constitución chilena", en Aguilar Cavallo, Gonzalo (coordinador): *Derechos económicos, sociales y culturales en el orden constitucional chileno* (Santiago, Librotecnia), p. 36; TORO VEGA, Bernardo José (2016): "El Estado que requiere el Chile bicentenario", en QUIERO, Francisco, y GAJARDO, Jaime (compiladores): *Por una Asamblea Constituyente: mecanismos, procesos y contenidos para una nueva Constitución* (Santiago, CLACSO), p. 89.

979 CEA EGAÑA, José Luis (1988): *Tratado de la Constitución de 1980* (Santiago, Editorial Jurídica de Chile), p. 9; ZAPATA LARRAÍN, Patricio (2020): *La casa de todos y todas. La nueva Constitución que Chile merece y necesita* (Santiago, Ediciones UC), p. 116.

980 EVANS DE LA CUADRA, Enrique (1973): *Chile, hacia una Constitución contemporánea. Tres reformas constitucionales* (Santiago, Editorial Jurídica de Chile), p. 18.

de orientación socialista."[981] Esta denominada "vía chilena al socialismo", como es sabido, terminó abruptamente con el golpe de Estado de 11 de septiembre de 1973.

6.2. EL ESTADO SOCIAL COMO FORMA IMPLÍCITA EN LA CONSTITUCIÓN DE 1980

Luego de la aprobación de la Constitución de 1980, sus primeros comentaristas no dudaron en calificarla como una forma de Estado social de Derecho. El criterio común de los autores para esta denominación era la existencia en su texto de valores, principios y derechos que dotaban al Estado de una orientación material y finalista.[982]

---

981 Mensaje del Presidente Salvador Allende Gossens al Congreso Nacional, 21 de mayo de 1971, p. XI. La reforma a la Constitución que había encargado Salvador Allende–y que habría sido sometida a plebiscito en 1973- declaraba que Chile era "un Estado unitario, de Gobierno democrático y popular, que se apoya en la fuerza creadora de los trabajadores. Integra la comunidad latinoamericana y participa en la comunidad universal como país libre, soberano y económicamente independiente", teniendo como objetivo una "sociedad fundada en la libertad, la igualdad, la solidaridad y la justicia, en que se asegure el desarrollo integral y digno de la personalidad humana como consecuencia del dominio y goce comunes de los recursos naturales y bienes de producción fundamentales, y del término de la explotación del hombre por el hombre." CENTRO DE ESTUDIOS POLÍTICOS SIMÓN BOLÍVAR (1993): *Un Estado democrático y soberano. Mi propuesta a los chilenos.* (Caracas, Centro de Estudios Políticos Simón Bolívar), p. 10.

982 Algunos elementos para la argumentación en el contexto histórico que se desarrollan se encuentran en CEA EGAÑA, José Luis (1983): "Garantías constitucionales en el Estado social de Derecho", en *Revista Chilena de Derecho,* volumen 10, p. 15; SOLARI ALLIENDE, Enzo (1993): "Recepción en Chile del Estado social de Derecho", en *Revista Chilena de Derecho,* volumen 20, N° 2-3, p. 344.

Las interpretaciones de la doctrina entendieron que Chile se configuraba como un Estado social implícito desde una mirada tradicional del concepto, ya que la esencia del Estado social es la orientación de la acción estatal hacia un objetivo material. En el caso de la Constitución de 1980, esta finalidad sustantiva se encuentra en los párrafos primero, tercero y cuarto del artículo 1 de su texto, que señalan que "[l]as personas nacen libres e iguales en dignidad y derechos"; que "[e]l Estado está al servicio de la persona humana y su finalidad es promover el bien común, para lo cual debe contribuir a crear las condiciones sociales que permitan a todos y a cada uno de los integrantes de la comunidad nacional su mayor realización espiritual y material posible, con pleno respeto a los derechos y garantías que esta Constitución establece", y finalmente, que "[e]s deber del Estado resguardar la seguridad nacional, dar protección a la población y a la familia, propender al fortalecimiento de ésta, promover la integración armónica de todos los sectores de la Nación y asegurar el derecho de las personas a participar con igualdad de oportunidades en la vida nacional." Además de esta declaración del artículo 1, el texto constitucional derivaría un catálogo de derechos en su artículo 19 que, aunque no es exhaustivo, sí permite configurar una garantía normativa de derechos fundamentales.

Respecto un Estado social implícito en atención a los fines materiales del Estado, José Luis Cea definía en ese momento al Estado chileno como uno de carácter social y garantista desde tres perspectivas: primero, porque la Constitución reconoce y asegura derechos del hombre; segundo, porque se proclama la primacía sustantiva y formal de la Constitución sobre todo el sistema jurídico, contemplando mecanismos de garantía de los derechos frente al legislador y al Estado, y tercero, porque establece fórmulas de amparo y protección de derechos, todo lo cual es cumplido por esta Constitución.[983]

---

983 CEA EGAÑA, *Garantías constitucionales en el Estado social de Derecho...*, p. 15, lo que repetirá nuevamente en 1988, en *Tratado de la Constitu-*

Nogueira y Cumplido caracterizaron al Estado social en Chile como aquel que "busca realizar copulativamente la libertad y la justicia social , en el respeto del pluralismo ideológico político y de organización de la estructura productiva, reconociendo al Estado un rol activo de carácter socio-económico, destinado a remover los obstáculos que afecten el desarrollo de la libertad y la igualdad y de la participación política, social y económica de todo el pueblo".[984] Más adelante, el mismo Humberto Nogueira – esta vez, con los profesores Verdugo y Pfeffer – señalan que la Constitución de 1980 contiene un Estado de Derecho de tipo material, conforme a sus artículos 1 y 5, al garantizar como uno de sus principios fundamentales la dignidad de la persona humana y sus derechos. Asimismo, por el robustecimiento de los derechos reconocidos en el texto incorporando aquellos contenidos en tratados internacionales ratificados por Chile y que se encuentren vigentes. De esta forma, el ordenamiento jurídico chileno se podía calificar de Estado social y democrático de Derecho.[985]

En la década del 2000, la propuesta del senador y catedrático de derecho administrativo Enrique Silva Cimma (Partido Radical Socialdemócrata – PRSD) para incorporar en la Constitución la cláusula expresa de Estado social reflotó la argumentación de un Estado social implícito en el texto de 1980.

---

ción de 1980. En este mismo sentido, BELMAR GONZÁLEZ, Francisco (1986): *El Estado social de Derecho en el constitucionalismo nacional y comparado,* Memoria de prueba para optar al grado de Licenciado en Derecho, Facultad de Derecho, Pontificia Universidad Católica de Chile, pp. 244-245.

984 NOGUEIRA, Humberto, y CUMPLIDO, Francisco (1987): *Derecho Político. Introducción a la política y teoría del Estado* (Santiago, Instituto Chileno de Estudios Humanísticos), p. 237.

985 VERDUGO MARINKOVIC, Mario; PFEFFER URQUIAGA, Emilio, y NOGUEIRA ALCALÁ, Humberto (1994): *Derecho Constitucional* (Santiago, Editorial Jurídica de Chile), tomo I, p. 137.

Durante la discusión de las profundas reformas constitucionales que se aprobaron en el año 2005, el senador Silva Cimma sostuvo la necesidad de modificar la Constitución para incorporar la cláusula de Estado social, y así, superar las debilidades o restricciones del Estado subsidiario que restringía lo público "y jibarizó el Estado" desde el vigor de la Constitución de 1980. Más aún, si esta fórmula "está contemplada, casi sin excepción, en todas las Cartas Fundamentales modernas (...) y constituye un principio que prevalece en forma indiscutida", siendo una forma de Estado que, al apuntar a la solidaridad, no le parece incompatible con un rol subsidiario.[986]

El senador Hernán Larraín (Unión Demócrata Independiente – UDI) consideró innecesaria la propuesta por considerar que las disposiciones constitucionales "interpretadas armónicamente ya recogen los postulados indicados"; esto es, contienen un Estado social implícito. Lo que el senador Larraín reconoció que puede no encontrarse en el texto es el carácter social expreso del Estado, "[p]ero esa es la parte más equívoca de la indicación, pues es el Gobierno – y no la Constitución – el que define sus opciones políticas. Así, por ejemplo, también podría hablarse de un 'Estado cultural' o de un 'Estado económico', lo que revela lo innecesario de la propuesta".[987]

---

986 PFEFFER URQUIAGA, Emilio (2005): *Reformas constitucionales 2005. Antecedentes. Debates. Informes.* (Santiago, Editorial Jurídica de Chile), pp. 553-555. En este contexto, el senador Viera-Gallo reconoció que la Constitución tiene una "contradicción en sus bases", que permite que "quien quiera interpretarla de forma neoliberal o neoconservadora lo puede hacer; quien desee, en cambio, darle una interpretación de índole más bien social, también podrá proceder en tal sentido (...) tal contradicción ha permitido que el Tribunal Constitucional y los demás tribunales la vayan interpretando de una u otra manera, según sea la evolución social que el país presente en ese momento".

987 PFEFFER URQUIAGA, *Reformas constitucionales 2005...*, pp. 554-555.

Otras posturas rechazaron la propuesta por considerar innecesario redefinir el rol del Estado para tornarlo intervencionista. Finalmente, el senador Andrés Chadwick (UDI) consideró que la expresión "Estado social" significa una definición doctrinaria diferente a la del actual artículo 1 de la Constitución, ya que éste sería incompatible con la idea de bien común que contiene dicha norma. El bien común, en su concepto, no excluye el bien individual, como sí lo haría el bien social al darse más énfasis a dicha noción.[988]

El tránsito hacia una idea implícita de Estado social enfocada principalmente en la seguridad social se reforzó en el primer gobierno de la entonces Presidenta Michelle Bachelet (Partido Socialista – PS), cuando en 2008 fijó como un objetivo de su gobierno el establecimiento de un Estado social de derecho a través del fortalecimiento de un sistema de protección social.[989] En su concepción, la mejora en la seguridad social permitiría "sentar las bases de un Estado social y democrático de derecho, que abandona el asistencialismo de las políticas sociales y que asume el enfoque de derechos de las personas."[990] De ser así, el sistema de protección social aprobado durante ese gobierno es una manifestación de la existencia de un Estado social implícito en Chile a través de las norma constitucionales generales que establecen deberes del Estado para la protección de la dignidad, la consecución del bien común, y la legislación que desarrolla éstos y otros mandatos constitucionales relativos a derechos fundamentales.

En esta línea, como apuntan Soto, Millaleo e Ihnen, en la campaña presidencial de 2009, el candidato Eduardo Frei

---

988 Pfeffer Urquiaga, *Reformas constitucionales 2005...*, p. 555.

989 Mensaje Presidencial de 21 de mayo de 2007 ante el Congreso Nacional, p. 43.

990 Mensaje Presidencial de 21 de mayo de 2008 ante el Congreso Nacional, página 18. Lo mismo en el discurso de 2009, página 2.

Ruiz-Tagle (DC) propuso en su programa de gobierno "un completo pronunciamiento en materia de derechos fundamentales, donde se buscaba actualizar el catálogo de derechos en la perspectiva de Estado Social y Democrático de Derecho."[991]

Una segunda mirada de la doctrina ha interpretado que la Constitución de 1980 consagraría un Estado social, argumentando cómo el texto constitucional chileno permite derivar prestaciones directas del Estado, entregando al juez constitucional un protagonismo central en la tutela de derechos.

Esta idea de Estado social implícito desde la prestación de derechos no fue recogida mayoritariamente en Chile sino hasta la primera década del siglo XX. La profesora Silva Gallinato argumentó que la Constitución de 1980 consagró un Estado social de manera implícita en atención a los principios y valores que se reconocen en ella, pero incorporando además la argumentación de considerar a los derechos sociales como derechos públicos subjetivos, exigibles al Estado, derivando de ello prestaciones y una obligación de "remover los obstáculos que impiden su desarrollo y garantizan su respeto".[992]

En la misma línea, la profesora Marisol Peña sostuvo que el modelo de Estado social está asociado a una nueva visión de la Constitución, como norma jurídica directamente vinculante. De esta forma, "los operadores del derecho y, particularmente, los jueces pueden aplicar directamente la Constitución para la solución de los conflictos jurídicos que les son sometidos, sin que quepa la posibilidad de que existan disposiciones

---

991 SOTO, Francisco; MILLALEO, Salvador, e IHNEN, Constanza (2020): *Educación y debate constitucional. Reflexiones sobre la deliberación pública en Chile* (Valencia, Tirant Lo Blanch), p. 36.

992 SILVA GALLINATO, *El Estado social de derecho en la Constitución chilena...*, p. 31.

constitucionales programáticas (como importaría entender que los derechos sociales por ella consagrados son meros "derechos de prestación" cuya materialización efectiva quedaría suspendida hasta que las disponibilidades presupuestarias del Estado permitan llevarlas a la práctica)." El carácter "principialista" de la Constitución permite calificarla como "abierta", lo que es "una invitación, de incalculables proyecciones, para que los jueces no sólo apliquen sus disposiciones, sino que se transformen en verdaderos creadores del derecho, incluso en el ámbito tan sensible como el de las políticas públicas en una perspectiva neoconstitucionalista."[993]

6.3. LA CRÍTICA DEL NUEVO CONSTITUCIONALISMO LATINOAMERICANO EN CHILE Y SU CONCEPTO DE ESTADO SOCIAL

La crítica de la doctrina sobre la ausencia de un principio explícito de Estado social en la Constitución de 1980 se cristalizó en la década de 2010, en que los autores que sostuvieron la idea que Chile tenía una forma de Estado social implícito en su texto dejan de sostener dicha postura, y la discusión sobre los adjetivos de la forma de Estado prácticamente desapareció de la doctrina constitucional. En cambio, comenzó una corriente desde el nuevo constitucionalismo latinoamericano que criticó la ausencia de una cláusula explícita, la cual se califica como necesaria para finalizar con el Estado liberal de la Constitución de 1980, también denominado como “Estado subsidiario”. En este período, la doctrina comenzó a presionar

---

993 Peña Torres, Marisol (2015): "¿Es necesario regular la materia económica en la Constitución?", en Henríquez Viñas, Miriam, y Silva Gallinato, María Pía (coordinadoras): *La Constitución económica* (Santiago, Thomson Reuters), p. 58.

por un reconocimiento que acentúa la función transformadora económica y social del Estado social.[994]

Los autores a favor de la inclusión de una cláusula explícita de Estado social reconocen que la fórmula de Estado social es una cláusula abierta con dos formas de interpretación. La primera idea acentúa la necesidad de solución por parte del Estado a "los problemas derivados de la cuestión social (protección a los pobres y necesitados)". La segunda forma – que se considera como la esencia del Estado social – es la función transformadora, en rechazo al individualismo imperante en la sociedad.[995]

6.3.1. La función transformadora del Estado social

Respecto a la función transformadora, la doctrina que sostiene esta visión consideró que existía una "conexión inherente" entre el Estado social y la transformación de la sociedad.[996] En esta visión, el orden existente – el "modelo capitalista liberal" – "no se reconoce como justo en principio, ni tampoco se admite que la sociedad, como si fuera autónoma, esté sustraída a la intervención estatal. El nuevo Estado, apoyado por la idea intervencionista, va a trabajar prestando asistencia a los más débiles y conformando la vida social. Lejos de inhibirse en

---

994 VIERA ÁLVAREZ, Christian (2014): "Estado Social como fórmula en la Constitución chilena", en *Revista de Derecho, Universidad Católica del Norte,* Año 21 N° 2, p. 459; VIERA ÁLVAREZ, Christian; CASTRO HERNÁNDEZ, María Jesús; VERA ABARZÚA, Fernando (2021): "El caso chileno: de la Constitución neoliberal a la Constitución social y democrática", en *Hybris. Revista de Filosofía.* Volumen N° 12 especial, pp. 121-122.

995 VIERA ÁLVAREZ, *Estado Social como fórmula en la Constitución chilena...*, p. 460.

996 VIERA, CASTRO Y VERA, *El caso chileno: de la Constitución neoliberal a la Constitución social y democrática...*, pp. 121-122.

la actividad económica, ahora participa activamente como un actor más y como autoridad que controla, planifica e incluso corrige los desequilibrios económicos.

De lo dicho se puede concluir que mientras la concepción liberal supuso la separación formal entre Estado y sociedad, el Estado social de derecho va a terminar con esta separación, pues el Estado intervendrá como principal actor en la sociedad – y por consiguiente en la vida económica.[997] El Estado social asume que sólo el Estado "puede neutralizar los efectos disfuncionales de un desarrollo económico y social no controlado", justificando la implementación de una política estatal que regule la estructuración de la sociedad en distintos aspectos. El Estado social no significa una ruptura, sino una inevitable adaptación de las notas clásicas del Estado de Derecho a un nuevo contenido y condiciones sociales, ya que el contexto de aplicación del ordenamiento resulta determinante.[998]

Para esta visión, el Estado social no es solo un modelo jurídico o prestacional, sino que también político. El Estado social representa la superación del "actual modelo subsidiario" que "se ha comportado más bien como un escollo para la deliberación política y que, a rasgos generales, se ha mantenido insensible frente a las estructuras sociales de desigualdad".[999] Por lo tanto, el Estado social debe reunir su carácter prestacional con uno "que se funde en un constitucionalismo como instrumento de autocontención política, económica, de desaceleración de la acumulación de poderes, de reconstrucción de la solidaridad entre los miembros de la sociedad, y como medio

---

997 Viera Álvarez, *Estado Social como fórmula en la Constitución chilena...*, p. 459.

998 Bassa Mercado, Jaime (2008): *El Estado constitucional de Derecho* (Santiago, Lexisnexis), pp. 63-65.

999 Viera, Castro y Vera, *El caso chileno: de la Constitución neoliberal a la Constitución social y democrática...*, p. 128.

de canalización de las demandas ciudadanas y resolución de los problemas económico-sociales que afectan a nuestra comunidad política."[1000] Por esto, se argumenta que un verdadero Estado social no puede ser aquel que "permita desproporciones de riqueza, donde la educación es categorizada por nivel económico, donde el sistema previsional es cuestionado, el sistema de salud privilegio a sectores privados, donde existan desigualdades de género, sobre todo en materia de derechos reproductivos; que privilegie acuerdos económicos con países industrializados y no con los del hemisferio sur, o que no se proteja al migrante."[1001]

Esta concepción del Estado social acentúa el rol transformador de la acción del Estado, pero también del sistema económico, produciendo una "mutación significativa en torno al rol que cabe al Estado en la economía. Y no se trata de una involución a modelos de planificación central. Pero sí poner de relieve que el Estado no solo vela subsidiariamente", como el sector farmacéutico, educación, sanidad y seguridad social.[1002] Esta función transformadora del Estado social se manifiesta en la intervención activa en la esfera social y económica para lograr la mayor justicia social posible, haciendo efectiva la igualdad material o sustancial a través de la redistribución de riquezas a través de impuestos progresivos, una reorientación del gasto público hacia la satisfacción de necesidades de la ciudadanía, y una transformación institucional para hacer frente a dichos fines.[1003]

[1000] VIERA ÁLVAREZ, *Estado Social como fórmula en la Constitución chilena...*, p. 199.

[1001] TORO VEGA, *El Estado que requiere el Chile bicentenario...*, pp. 94-95.

[1002] VIERA ÁLVAREZ, *Estado Social como fórmula en la Constitución chilena...*, p. 476.

[1003] IRARRÁZAVAL, Paz, y TÓRTORA, Hugo (2020): "Órganos del Estado y derechos fundamentales: reflexiones para una nueva Constitución", en LORCA, Rocío; MARSHALL, Pablo; SELAMÉ, Nicole; GUILOFF, Matías (editores): *La hoja en blanco. Claves para conversar sobre una nueva Constitución* (Santiago, La Pollera Ediciones), pp. 74-75.

Finalmente, bajo esta mirada, el contenido de una constitución bajo un Estado social altera también el rol que le corresponde al Poder Judicial en la aplicación del derecho, e invita al juez constitucional a intervenir en la concreción de las políticas públicas, sobre todo cuando los justiciables recurren a él ante la incapacidad o superación de las instancias legislativas y ejecutivas.

6.3.2. La función prestacional del Estado social

Bajo el nuevo constitucionalismo latinoamericano, la función prestacional del Estado social está subordinada a la función transformadora. Por ello, la intervención del Estado en la economía no tiene como objeto principal la asistencia a las personas más necesitadas, sino que directamente la transformación de las estructuras económicas y sociales. De esto se deriva que las labores prestacionales son necesariamente propias del Estado no porque éste pueda satisfacerlas de mejor manera, sino porque ello significa un paso en la transformación del sistema neoliberal y la superación de éste.

Por ello que esta lectura del Estado social critique la focalización prestacional, ya que, "además de reforzar estigmas respecto a dichos grupos 'beneficiados', ha creado una sociedad segregada entre grupos sociales que acceden a distintas calidades de servicios públicos de acuerdo con su capacidad de pago",[1004] lo que hace perder el foco en la necesaria función trasformadora de la cláusula. Otros autores no consideran que exista *a priori* un problema en la protección focalizada a las personas con menores recursos, debiendo buscarse un mínimo común entre la función prestacional y aquella transformadora.[1005]

1004 Irarrázaval y Tórtora, *Órganos del Estado y derechos fundamentales...*, pp. 67-68.

1005 Viera Álvarez, *Estado Social como fórmula en la Constitución chilena...*, p. 460.

La cláusula se complementa con el reconocimiento robusto de derechos sociales, deberes claros para los órganos del Estado y disposiciones constitucionales que permitan establecer una administración fuerte capaz de proveer servicios públicos adecuados, además de dotar de herramientas a la potestad impositiva para generar nuevos ingresos fiscales.[1006] Esta asociación de la función prestacional al Estado social ha significado en Chile una confusión del término con la idea de Estado de bienestar que desarrollamos anteriormente. Por ejemplo, Luis Cordero Vega trata al Estado social como una formulación del Estado de bienestar.[1007]

6.4. EL ESTADO SOCIAL COMO ORDEN SOCIAL JUSTO Y DEFERENTE AL LEGISLADOR

Esta posición entiende la cláusula de Estado social como un principio que, para asegurar el respeto a la dignidad de la persona no basta solo márgenes de libertad, "sino también niveles significativos de igualdad y fraternidad."[1008] Por ello, el Estado social de Derecho "no niega la propiedad privada ni el libre mercado, pero sí incorpora principios, derechos y diseños institucionales que buscan garantizar, más allá de la propiedad y el mercado, acceso a mínimos de bienestar material, participación política y reconocimiento social que son

---

1006 IRARRÁZAVAL y TÓRTORA, *Órganos del Estado y derechos fundamentales...*, p. 71. Respecto a la justicia social y derechos fundamentales, TÓRTORA ARAVENA, Hugo (2020): "Constitución: algunas dimensiones y modelos posibles", en BASSA MERCADO, Jaime (editor): *Proceso constituyente en Chile. Desafíos para una nueva Constitución* (Santiago, Thomson Reuters), pp. 179-180.

1007 CORDERO VEGA, Luis (2015): *Lecciones de Derecho Administrativo* (Santiago, Thomson Reuters), 2da edición, p. 55.

1008 ZAPATA LARRAÍN, *La casa de todos y todas...*, p. 200.

considerados como condiciones sociales imprescindibles para el ejercicio pleno de la ciudadanía y para la vitalidad del proceso democrático".[1009]

Respecto a la garantía de derechos sociales, debe ser "la propia política democrática, a través del instrumento legislativo, la que irá precisando la forma en que esas promesas se hacen realidad."[1010] En efecto, el deber de respeto a los derechos sociales exige la "decisión política de un Pueblo que asume solidariamente el costo económico asociado, que la consecuencia de existir juristas que quieran ponerlos en la Constitución o de jueces dispuestos a darles aplicación práctica". Para esto, es necesario "construir instituciones que hagan compatible el fortalecimiento de los derechos sociales y el funcionamiento cabal de la democracia. Hay que evitar, entonces, fórmulas que permitan que los jueces se sientan con el derecho de definir autónomamente las prioridades del país y la distribución del presupuesto social. Esas deben ser definiciones que adoptan, periódicamente, los órganos de representación democrática. La Constitución, por lo mismo, no debe entrar en demasiados detalles ni abanderizarse con un modelo de desarrollo muy concreto."[1011]

En esta misma línea, hay autores que califican el concepto de Estado social como un mandato de garantía de la igualdad relativa entre las personas. En este sentido, Eduardo Aldunate recalca que el Estado social no significa un deber prestacional directo del Estado, "sino de intervenir en el ordenamiento jurídico a fin de establecer condiciones que compensen la debilidad relativa de algunos frente al poder social de otros. La

---

[1009] Muñoz León, Fernando (2020): "Hacia una nueva cultura constitucional: las categorías fundamentales de una Constitución viva", en Bassa Mercado, Jaime (editor): *Proceso constituyente en Chile. Desafíos para una nueva Constitución* (Santiago, Thomson Reuters), p. 36.

[1010] Zapata Larraín, *La casa de todos y todas...*, p. 200.

[1011] Zapata Larraín, *La casa de todos y todas...*, p. 207.

regulación y reforzamiento de los mecanismos de sindicación y huelga, y los derechos irrenunciables en favor de trabajadores constituirían los típicos ejemplos de regulación del Estado Social. Si se mira desde el punto de vista estrictamente liberal, constituye una intervención indebida del Estado en la relación laboral y la autonomía de la voluntad dentro de la cual, en el concepto clásico, ella debía desenvolverse. Pero el Estado interviene aquí, legislativamente, precisamente para equiparar la debilidad relativa de una de las partes."[1012] Bajo esta visión del Estado social, su objetivo fundamental es la configuración del ordenamiento jurídico y no la prestación directa del Estado a las personas, lo que separa su consagración de los recursos económicos disponibles.[1013]

6.5. EL ESTADO SOCIAL EN LA JURISPRUDENCIA CHILENA

Como hemos revisado, la Constitución de Chile de 1980 no contiene explícitamente una cláusula de Estado social. Algunos autores han argumentado sobre su existencia implícita, mientras que otros insisten en la necesidad de su consagración expresa. Independiente de esta discusión, no deja de ser llamativo que tanto la Corte Suprema como el Tribunal Constitucional de Chile han argumentado en sus sentencias utilizándola tanto directa o indirectamente en asuntos sometidos a su consideración. La jurisprudencia de ambos tribunales que utilizan la cláusula del Estado social de Derecho podemos distinguir tres formas de aplicación.

1012 ALDUNATE LIZANA, Eduardo (2008): *Derechos fundamentales* (Santiago, Legalpublishing), pp. 74-75.

1013 ALDUNATE LIZANA, *Derechos fundamentales...*, pp. 74-75.

Una primera forma de uso de la cláusula de Estado social por la jurisprudencia chilena es a través del uso de los tribunales de justicia de sentencias, doctrina o legislación extranjera que explícitamente hace referencia al Estado social de Derecho, pero que nuestros jueces han estimado que sí puede tener aplicación en los casos concretos que se encuentran resolviendo. En una revisión exhaustiva de la jurisprudencia tanto de la Corte Suprema como del Tribunal Constitucional de Chile[1014], vemos que el uso de la cláusula de Estado social se da mayoritariamente en la resolución de casos penales, donde se incorporan a la decisión del tribunal argumentos de cortes y doctrinas españolas que aplican su propia cláusula del Estado social y democrático de Derecho. En estas situaciones, no se aprecia que el tribunal chileno se haya cuestionado si la fórmula de Estado social de Derecho utilizada en las fuentes del derecho citadas puede haber tenido alguna incidencia en la conclusión que utilizan en su argumentación.

Una segunda manera de utilizarla se da cuando los tribunales aplican directamente la fórmula de Estado social de Derecho, pese a que nuestra Constitución no la consagra expresamente. Bajo esta concepción, se infiere que los tribunales han considerado que nuestra Carta Fundamental contiene de manera implícita el Estado social como su forma de Estado, sin reparar si esto puede tener algún efecto relevante en la forma de interpretación de la Constitución o las leyes.

Finalmente, en tercer lugar, en algunas sentencias la mención al Estado social se utiliza como una argumentación de *obiter dictum*, es decir, a modo ilustrativo o adicional, pero sin tener incidencia en la decisión del asunto controvertido.

1014 En el caso del Tribunal Constitucional de Chile, la revisión abarcó todas sus sentencias definitivas hasta el 9 de agosto de 2024. En la Corte Suprema, todas las sentencias definitivas disponibles en el sitio web http;//juris.pjud.cl hasta el 9 de agosto de 2024.

6.5.1. La jurisprudencia del Tribunal Constitucional y su uso del principio de Estado social

El Tribunal Constitucional ha sido el órgano jurisdiccional que mayor uso y efecto práctico le ha dado al concepto de Estado social de Derecho en Chile, pese a la ausencia de su consagración explícita. La primera vez que el Tribunal Constitucional utilizó el concepto de Estado social en una de sus sentencias fue en 2008, para resolver asuntos donde se discutió la constitucionalidad de normas que permitían a las aseguradoras de salud el aumento del precio de los seguros en relación con la edad y sexo de los contratantes.[1015] El Tribunal Constitucional razonó señalando que esta normativa vulneraba el derecho a la salud, el cual, por su naturaleza, es un derecho social de prestación. Para esta argumentación, la sentencia cita expresamente los trabajos de académicos españoles sobre el Estado social de Derecho en la Constitución española. En ambos casos, las citas buscan interpretar la norma constitucional chilena desde la configuración de un Estado social y democrático de Derecho como es España desde 1978.

Esta sentencia es relevante porque desde el fundamento jurídico vigesimosegundo se argumenta indirectamente sobre la consagración de ciertos deberes materiales que orientan el actuar del Estado y que tienen base en el texto de la Constitución, para luego justificar cómo dichas normas tienen un valor normativo de aplicación directa, y finalmente interpretarlos desde la perspectiva de un Estado social de Derecho; esto es, entendiendo que implícitamente estamos frente a él en la Constitución de 1980:

"El artículo 1°, inciso primero, de la Constitución, proclama que: “Las personas nacen libres e iguales en dignidad y

[1015] Tribunal Constitucional, sentencia rol 976, 26 de junio de 2008, considerandos 28 y 29.

derechos", principio matriz del sistema institucional vigente del cual se infiere, con claridad inequívoca, que todo ser humano, sin distinción ni exclusión, está dotado de esa cualidad, fuente de los derechos fundamentales que se aseguran en su artículo 19. El mismo precepto, esta vez en su inciso cuarto, impone al Estado el deber de servir a la persona humana y de promover el bien común, para lo cual ha de contribuir, es decir, concurrir con otros a la realización de esa finalidad esencial, con pleno respeto a los derechos y garantías declarados en la Carta Fundamental. Por último, el inciso final del artículo comentado, obliga al Estado a dar protección a la población y a asegurar la participación, con igualdad de oportunidades, en la vida nacional;"[1016]

"[C]on sujeción al artículo 6°, inciso segundo, de la Constitución, todos los valores, principios y normas articulados en ella gozan de la supremacía que caracteriza a tal ordenamiento jurídicopolítico, rasgo del cual se sigue que ningún órgano estatal, persona, institución o grupo puede válidamente invocar otras disposiciones de ese texto, ni acudir a su contexto o espíritu para prescindir de tan importante obligación, reputarse eximido de acatarla o dejar de asumir los deberes inherentes a dicha supremacía;"[1017]

De estas dos premisas, el Tribunal Constitucional menciona que una "la amplia mayoría de la doctrina nacional y extranjera" reconoce que los derechos sociales, llamados también derechos de prestación o de la segunda generación, son tales y no simples declamaciones o meras expectativas, cuya materialización efectiva quede suspendida hasta que las disponibilidades presupuestarias del Estado puedan llevarlos a

---

1016 Tribunal Constitucional, sentencia rol 976, 26 de junio de 2008, considerando 22.

1017 Tribunal Constitucional, sentencia rol 976, 26 de junio de 2008, considerando 24.

la práctica, citando al efecto la doctrina académica española sobre los derechos sociales y su protección jurídica.[1018]

En dichas sentencias – y luego del análisis referido anteriormente – el Tribunal concluye que, "coincidiendo con lo sostenido por la doctrina citada", es decir, la doctrina española interpretando la cláusula de Estado social de Derecho, "cabe reconocer que los derechos a la protección de la salud y a la seguridad social son de naturaleza prestacional o de la segunda generación, involucrando conductas activas de los órganos estatales y de los particulares para materializarlos en la práctica, habida consideración de que la satisfacción de tales exigencias representa un rasgo distintivo de la legitimidad sustantiva del Estado Social en la democracia constitucional contemporánea."[1019]

En el razonamiento anterior, la consideración del Tribunal a la existencia de un Estado social en Chile es fundamental para la conclusión a la que llegó posteriormente – la inconstitucionalidad de las normas aplicadas en el caso concreto. El

---

1018 La cita del Tribunal Constitucional – que contiene algunas erratas en el texto de la sentencia que hemos corregido para este trabajo–es de los siguientes autores y libros: LAPORTA SAN MIGUEL, Francisco Javier (2004): "Los Derechos sociales y su protección jurídica. Introducción al problema", en BETEGÓN CARRILLO, Jerónimo; LAPORTA SAN MIGUEL, Francisco Javier, PRIETO SANCHÍS, Luis, y DE PÁRAMO ARGÜELLES, Juan Ramón (coordinadores): *Constitución y Derechos Fundamentales* (Madrid, Centro de Estudios Políticos y Constitucionales), pp. 299 y 301; luego, a CARMONA CUENCA, Encarnación (2000): *El Estado Social de Derecho en la Constitución* (Consejo Económico y Social, España), p. 150; PECES-BARBA MARTÍNEZ, Gregorio (1999): *Curso de Derechos Fundamentales: Teoría General* (Boletín Oficial del Estado y Universidad Carlos III de Madrid), pp. 460, y MUÑOZ MACHADO, Santiago (2004): *Tratado de Derecho Administrativo y Derecho Público General* (Madrid, Editorial Thomson-Civitas), p. 1026.

1019 Tribunal Constitucional, sentencia rol 976, 26 de junio de 2008, considerandos 28 y 29.

Tribunal Constitucional interpretó el derecho a la protección de la salud en la Constitución de Chile desde el principio de Estado social – inexistente explícitamente en dicho texto –, llevándolo a concluir que se trata de un derecho de naturaleza prestacional y "un rasgo distintivo" de un Estado social que, insistimos, no se encuentra explícito en el texto.

Del análisis que realiza el Tribunal Constitucional entendemos que éste, conociendo las diferencias entre la normativa constitucional chilena y española, interpreta que el principio de Estado social resulta aplicable en el orden constitucional chileno aún sin existir consagración expresa en su texto. Por esto, debemos concluir que el Tribunal Constitucional tiene una interpretación de la existencia de un Estado social implícito en la Constitución de 1980, que se deriva de las normas de los artículos 1, 5 y 6 de su texto.

En favor de esta postura, vemos que el Tribunal Constitucional de Chile ha utilizado indirectamente la cláusula de Estado social en la argumentación de distintos casos, principalmente a través de la aplicación de doctrina extranjera que se refiere expresamente al Estado social para justificar su decisión de constitucionalidad o inconstitucionalidad de diversas normas. En algunas sentencias las referencias son de poca relevancia para la decisión del asunto.[1020] Sin embargo, los efectos más importantes de la aplicación del principio de Estado social en el Tribunal Constitucional han sido en materia penal, y en particular, para justificar el principio de proporcionalidad como criterio para definir la constitucionalidad de la aplicación de sanciones.

[1020] Por ejemplo, en 2013, para argumentar el cuestionamiento a la naturaleza de servicio público de una Universidad, el Tribunal utilizó como fuente el trabajo del profesor Carlos Vidal Prado respecto al derecho a la educación, contenido en la obra del profesor Terol Becerra sobre El Estado social y sus exigencias constitucionales. Tribunal Constitucional, sentencia rol 2252, considerando 23.

Desde 2014 el Tribunal Constitucional comenzó el uso de la argumentación basada en un principio de Estado social para la declaración de inaplicabilidad por inconstitucionalidad de normas penales. Analizando la infracción constitucional al principio de proporcionalidad en materia penal que tendría un delito, el Tribunal cita como sustento de ellos la proclamación del artículo 1.1 de la Constitución española de constituirse en "un Estado social y democrático de derecho que propugna la justicia como uno de los valores superiores de su ordenamiento jurídico, en el reconocimiento que el artículo 10 de la Constitución efectúa de la dignidad, y en el principio de culpabilidad (STC 150/1991)".[1021] Luego, en 2016, el Tribunal Constitucional de Chile declaró que la Constitución no solo delimita el campo de acción del Derecho Penal, sino que, además, fundamenta y limita la actuación de los poderes públicos, entendiendo que la obligación de cautelar valores de titularidad social, comunitaria o supraindividual como bienes jurídicos protegidos se deriva del Estado social de Derecho y de su aplicación a través del artículo 9.2 de la Constitución española.[1022]

Algunos votos disidentes y particulares en el Tribunal Constitucional también utilizan el concepto de Estado social. Por ejemplo, el voto por acoger del ministro Nelson Pozo en la acción de inaplicabilidad por inconstitucionalidad del delito del artículo 449 número 1 del Código Penal de Chile señala expresamente – citando a un autor – que la Constitución chilena configura un Estado social y democrático de Derecho.[1023] Un voto disidente

---

[1021] Tribunal Constitucional, sentencia rol 2744, considerando 34. En el mismo sentido, para justificar la ausencia de proporcionalidad en materia penal, la sentencia rol 2922, considerando 31.

[1022] Tribunal Constitucional, sentencia rol 2953, considerando 26. En el mismo sentido, rol 3306, considerando 13.

[1023] Tribunal Constitucional, sentencia 4820, considerando 2 del voto por acoger del ministro Nelson Pozo.

de octubre de 2021, de los ministros García, Pozo y la ministra Silva, ha caracterizado al Estado social de Derecho como un estado previo al Estado democrático de Derecho.[1024]

Este reconocimiento en votos particulares o disidentes sobre la existencia de un Estado social implícito en la Constitución de Chile no es aislado. En otro caso, el voto de los ministros Pozo, Vásquez y Pica señala que "se reconoce desde larga data por este Excelentísimo Tribunal Constitucional que los derechos prestacionales, o de segunda generación involucran conductas activas de los órganos estatales y de los particulares para materializarlos en la práctica, habida consideración de que la satisfacción de tales exigencias representa un rasgo distintivo de la legitimidad sustantiva del Estado Social en la democracia constitucional contemporánea."[1025]

En un voto particular de los ministros García y Pozo, ellos entregan un concepto de qué entienden por Estado social, haciéndolo equivalentes a las expresiones Estado de bienestar y Estado-providencia, entre otras, definiéndolo como sistemas que, "en su base, avanzaron en la consideración universalista del problema de enfrentar las contingencias sociales, sin consideraciones específicas a sus titulares", haciendo de esta protección "algo que superaba la tarea de enfrentar la indigencia y la miseria y contribuyeron a desestigmatizar la pobreza como un asunto de responsabilidad individual para hacerle frente como un problema colectivo".[1026]

Finalmente, en distintos votos particulares del ministro Pozo se argumentó cómo los bienes jurídicos penales deben verse

---

1024 Tribunal Constitucional, sentencia 11820, considerando 19, disidencia de los ministros García, Pozo y Silva Gallinato.

1025 Tribunal Constitucional, sentencia 11576, considerando 18 del voto por rechazar de los ministros Pozo, Vásquez y Pica.

1026 Tribunal Constitucional, sentencia rol 7442, considerando 19 de la prevención al voto por rechazar de los ministros García y Pozo.

como concreción de los intereses reales de los individuos, y en este sentido, son "las referencias básicas para determinar la función del Derecho Penal en un Estado social y democrático de Derecho."[1027] Luego, señala que "[l]a política penal afincada en la protección de bienes jurídicos constituye una realización material del reconocimiento del hombre, titular de libertad y dignidad, como sujeto participativo en los procesos sociales", citando en esto la obra del profesor Hormazábal titulada "Bien jurídico y estado social y democrático de derecho"[1028] El profesor Hormazábal es citado por otros ministros para justificar la desproporción de la aplicación de un delito, con el objeto de argumentar su desvío en relación con los fines de la pena.[1029]

6.5.2. La jurisprudencia de la Corte Suprema y su uso del principio de Estado social

De manera similar al Tribunal Constitucional, la jurisprudencia de la Corte Suprema ha utilizado de manera indirecta el principio de Estado social; es decir, en general no lo utiliza como una norma *decisoria litis,* sino que más bien citando jurisprudencia o doctrina extranjera con relación al Estado social, aplicándola en la argumentación de un asunto sometido a su conocimiento, como también de forma accesoria o complementaria al razonamiento en el caso concreto.

1027 Tribunal Constitucional, sentencia rol 9453, considerando 14 del voto por acoger del ministro Pozo. Este es un voto recurrente en un número considerable de sentencias del Tribunal Constitucional.

1028 Tribunal Constitucional, sentencia rol 9453, considerando 26 del voto por acoger del ministro Pozo. Este es un voto recurrente en un número considerable de sentencias del Tribunal Constitucional.

1029 Tribunal Constitucional, sentencia 7495, considerando 30 de la disidencia por acoger. Este es un voto recurrente en un número considerable de sentencias del Tribunal Constitucional.

En algunos casos, la fórmula de Estado social ha sido interpretada por la Corte Suprema como fuente de la obligación de los tribunales de ejercer sus potestades respetando el principio de igualdad y no discriminación. Esta conclusión podría desprenderse sin problemas de los principios constitucionales expresos en la Constitución de 1980. Sin embargo, la Corte Suprema ha señalado que "[e]l Estado social y democrático de derecho impone a quien ejerce funciones jurisdiccionales hacerlo con criterios objetivos de igualdad, evitando toda discriminación y privilegiando las interpretaciones normativas que redunden en la posibilidad de emitir pronunciamiento sobre el fondo, por sobre aquellas que, por razones procesales o de forma, impidan llegar a ella, puesto que el fin último es decidir los conflictos jurídicos y dar respuesta a los planteamientos que formulen las partes."[1030]

En materia laboral, la Corte Suprema ha utilizado el principio de Estado social para reforzar la aplicación de la normativa de protección de la legislación del trabajo, declarado que resulta útil no solo recurrir la interpretación del texto normativo, sino también "a la necesaria conjugación de los principios que informan el ordenamiento jurídico laboral, entre ellos, el de primacía de la realidad (...) lo anterior, es además coherente en el contexto de un Estado social y democrático de derecho, en particular, tratándose de reglas protectoras como son las contenidas en el Código del Trabajo."[1031]

Ante la posibilidad que un órgano de la Administración exija en las bases de licitación de un servicio que la empresa privada que se adjudique el contrato cumpla con ciertos beneficios laborales para los trabajadores de dicha empresa, la Corte Suprema ha dicho que tal obligación "debe verse desde el punto de vista de un Estado social, por lo que el legislador ha

---

1030 Corte Suprema, sentencia rol 4960-2009, 12 de julio de 2010.

1031 Corte Suprema, sentencia rol 5699-2015, 19 de abril de 2016, considerando quinto de la sentencia de reemplazo.

orientado, mediante la disposición transcrita, el establecimiento de derechos y beneficios laborales para los trabajadores que la empresa que se adjudique la licitación deberá contratar. Se trata en este caso, de una norma que vela por la fijación de estándares sociales en el marco de las actividades que le compete desarrollar a él, mediante terceros, a través de procesos de licitación pública."[1032]

La Corte Suprema ha utilizado el principio de Estado social, también, en la argumentación de sentencias en materia de libertad de expresión y protección del derecho a la honra de las personas. Sobre la libertad de expresión, ha declarado que es una libertad "fundamental en el progreso de un Estado social y democrático de Derecho". [1033] En la tutela del derecho a la honra, la Corte Suprema argumentó que "no parece discutible que la prevención del daño [al honor] en un Estado social y democrático de Derecho constituye una de las finalidades esenciales del sistema jurídico."[1034]

Finalmente, respecto al ejercicio de la función judicial, la Corte Suprema señaló que tan importante como la fundamentación de la sentencia es "la legitimación con la sociedad y el escrutinio que puede hacer cualquier ciudadano de lo expuesto por el juez, siendo ésta una de las formas cómo el Poder Judicial se legitima día a día en sus decisiones y se concretizan los principios de transparencia y publicidad, pilares fundamentales del Estado democrático y social de Derecho."[1035]

1032 Corte Suprema, sentencia rol 19139-2021, 5 de agosto de 2021.

1033 Corte Suprema, sentencia rol 37821-2017, 2 de enero de 2018, considerando decimotercero.

1034 Corte Suprema, sentencia rol 39972-2017, 4 de noviembre de 2017, considerando tercero.

1035 Corte Suprema, sentencia rol 5763-2005, de 29 de noviembre de 2007. En este mismo sentido hay variadas sentencias, siendo la más reciente la sentencia rol 14707-2020, de 4 de junio de 2021, considerando cuarto.

6.6. LA DISCUSIÓN SOBRE EL CONCEPTO DE ESTADO SOCIAL EN LAS PROPUESTAS DE NUEVA CONSTITUCIÓN DE CHILE ENTRE 2015 Y 2022

6.6.1. El primer proceso constitucional chileno – 2015-2018

Pese a las setenta reformas que ha tenido la Constitución de 1980 a la fecha, distintos movimientos y partidos políticos han insistido por un proceso constituyente que aprobara un nuevo texto. Dentro de los contenidos que incluían estas peticiones se encontraba la idea de configurar explícitamente un Estado social. En 2013, el grupo denominado "Marca tu voto" incentivó a que la ciudadanía escribiera la sigla "AC" – Asamblea Constituyente – en la papeleta del voto en la elección presidencial de 2013, emulando al movimiento de la "séptima papeleta" de Colombia en 1990 que presionó para la convocatoria a una Asamblea Nacional Constituyente en dicho país. La entonces candidata presidencial, Michelle Bachelet, incorporó la propuesta de nueva Constitución como uno de los pilares de su programa de Gobierno.

En octubre de 2015, un año y medio después del inicio de su segundo gobierno, la Presidenta Bachelet anunció un proceso para la aprobación de una nueva Constitución con tres etapas de participación ciudadana: la primera, a través de internet, donde todas las personas pudieron manifestar distintos valores, derechos e instituciones que debían ser contempladas en una nueva Constitución. Luego, se promovió la organización por parte de las personas de encuentros locales autoconvocados (ELA) en los cuales se tomaba nota de las conversaciones y se remitían las conclusiones a un organismo centralizado que sistematizaba dichas actas. A continuación, se realizaron encuentros provinciales y regionales, cuyas conclusiones se condensarían en un documento titulado "Bases ciudadanas para la nueva Constitución", que serviría como insumo para conocer la opinión de la ciudadanía sobre las materias que debían ser incorporadas en el nuevo texto. La revisión de la participación ciudadana estuvo a cargo de un Comité de Sistematización, que recopiló las opiniones de 100.099 personas que participaron de los encuentros locales y también de encuestas individuales.

En los encuentros locales y en las encuestas individuales, los valores y principios más mencionados por los intervinientes para que formen parte de un nuevo texto constitucional fueron la justicia (mencionado en el 55,6% de los ELA y 49,1% de las encuestas individuales), el respeto y conservación de la naturaleza o medio ambiente (52,9% de los ELA y 35% de las encuestas individuales), la democracia (52,9% de los ELA y 38,7% de las encuestas individuales), la igualdad (52,2% en los ELA, 38,9% en las encuestas individuales), la descentralización (42,1% en los ELA, 32,8% en las encuestas individuales) y el bien común (39,2% en los ELA, 25,5% de encuestas individuales). Más atrás se encuentran conceptos como la dignidad (27% en los ELA, 19,5 en las encuestas individuales), la autonomía o libertad (24,7% en los ELA, 16,4% en encuestas individuales), la equidad de género (23,1% en ELA, 20% en encuestas individuales), o el Estado de Derecho (21,4% en ELA, 23,1% en encuestas individuales).[1036]

El proceso constitucional de la Presidenta Bachelet concluyó con el envío al Congreso Nacional – el 6 de marzo de 2018, a cuatro días de terminar su mandato presidencial – de un proyecto de reforma constitucional para la aprobación de una nueva Constitución. [1037] Analizando su texto, es posible ver que más que una nueva Constitución, se trató de una profunda propuesta de reforma de la Carta de 1980, ya que

---

[1036] COMITÉ DE SISTEMATIZACIÓN (2016): *Resultados del nivel local de la etapa participativa Proceso Constituyente Encuentros Locales Autoconvocados y Consulta Individual,* julio de 2016, pp. 6 y 29.

[1037] PRESIDENCIA DE LA REPÚBLICA, Boletín N° 11617-07.

seguía su estructura de capítulos y apuntaba a modificaciones precisas en algunos casos, y en otras con mayor profundidad.

Respecto a la fórmula de Estado social, en su exposición de motivos, la propuesta de nueva Constitución reconocía que Chile había formado un Estado de carácter social durante el siglo XX, convirtiendo a nuestra tradición jurídica en republicana, democrática y social. Por esto, el proyecto de nuevo texto constitucional tenía como sentido el establecimiento de "un Estado de Derecho democrático y social, en el cual el Estado está al servicio de las personas y su finalidad es el bien común, pero no el mero bien común individual, sino aquel que busca crear las condiciones necesarias para el desarrollo integral y sostenible de la comunidad y de cada uno de sus integrantes."[1038]

En este sentido, el artículo 2 de la propuesta establecía que "[l]a República de Chile es un Estado de Derecho democrático y social. Su organización territorial es unitaria." Como se puede apreciar, la raíz de la fórmula no es la tradición española – donde la fórmula es "social y democrático de Derecho" – y en cambio, se sigue el orden la cláusula del artículo 20.1 de la Ley Fundamental de Bonn, que señala que "[l]a República Federal de Alemania es un Estado federal democrático y social." En ambos casos, la norma hace referencia a los tres elementos de la forma de Estado: los adjetivos "democrático", "social", su orden en la formulación, y la determinación de ser un Estado unitario en el caso de Chile, o compuesto en el alemán, en el mismo artículo.

La influencia alemana en las bases de la propuesta aparece claramente en otras normas: el artículo 1 de la propuesta chilena señalaba que "[l]a dignidad del ser humano es inviolable. A su respeto y protección está obligado el Estado, así como todas

---

1038 Presidencia de la República, Boletín N° 11617-07, pp. 6, 9 y 23.

personas y las diversas formas en que las mismas se agrupan", similar en su formulación al artículo 1.1 de la Ley Fundamental de Bonn, que dice que "[l]a dignidad humana es intangible. Respetarla y protegerla es obligación de todo poder público."

El proyecto de reforma constitucional de 2018 que hemos reseñado no tuvo discusión alguna en el Congreso Nacional. Dentro de las razones del fracaso de este proceso se ha mencionado el dinámico contexto político y social de Chile; la exclusión de los partidos políticos del proceso, la ausencia de un pacto político como base del cambio constitucional y ciertos elementos del diseño del proceso que afectaron su resultado final.[1039] No pasó mucho tiempo para que se diera nuevamente la presión para la redacción de un nuevo texto, y dentro de las "banderas de lucha" del nuevo proceso de 2021 se encontraban las propuestas para la modificación – más bien, transformación – del país a través del cambio de la forma de Estado.

6.6.2. El segundo proceso constituyente chileno – 2019-2022

Luego de las elecciones presidenciales de 2017, Sebastián Piñera (Renovación Nacional – RN) asumió como presidente para un nuevo mandato presidencial. En su programa de Gobierno no se contemplaba continuar con el proceso constituyente de la anterior Administración, pero sí realizar una "reforma progresiva que reconoce las bases fundamentales de un texto perfectible sobre el cual se ha construido un camino que ha generado desarrollo social para nuestro país."[1040]

[1039] HENRÍQUEZ VIÑAS, Miriam, y GARCÍA, José Francisco (2024): "El proceso constituyente de Bachelet en Chile (2015-2018): razones de un fracaso (previsible)", en *International Journal of Constitutional Law,* año 2024, p. 13.

[1040] PIÑERA ECHENIQUE, Sebastián, programa de Gobierno 2018-2022. En esta línea, en mayo de 2018 el Gobierno presentó al Congreso

Esta intención de reformas "progresivas" fue alterada por la ola de manifestaciones violentas en el país iniciada el 6 de octubre de 2019 y que tuvieron su momento cúlmine el 18 de octubre de ese año. El gobierno y los partidos políticos buscaron una salida institucional a la violencia y graves alteraciones del orden público, y concordaron en que el clima de descontento social podía descomprimirse con el compromiso de un proceso que culminaría en una nueva Constitución, lo que se materializó el 15 de noviembre de 2019 con la firma del Acuerdo por la Paz y la nueva Constitución.

El proceso constitucional propiamente tal se inicia con el referéndum de 25 de octubre de 2020, en que se aprobó por un 78% de los votos la idea de iniciar el proceso para la adopción de una nueva Constitución, y luego, los días 15 y 16 de marzo de 2021, la elección de una convención electa completamente por la ciudadanía para su redacción.

La forma de Estado fue uno de los puntos fundamentales de campaña de los partidos políticos y candidatos independientes a las elecciones de convencionales constituyentes en 2021. La alta representación de constituyentes independientes y activistas "de un solo tema" – *single-issue activists* –, sin partidos políticos que agruparan negociaciones, incentivó la incorporación de un gran número de propuestas de normas que fueron los estandartes de sus campañas para integrar la Convención.[1041]

---

un proyecto de reforma constitucional para incorporar como deber del Estado la promoción de la igualdad de derechos y dignidad entre mujeres y hombres, evitando toda forma de violencia, abuso o discriminación arbitraria. La iniciativa mencionada – que no tuvo avances legislativos- fue la primera y única que envió el Presidente de la República en cumplimiento de su programa. PRESIDENCIA DE LA REPÚBLICA, Boletín N° 11758-07.

1041 LARRAÍN, Guillermo; NEGRETTO, Gabriel, y VOIGT, Stefan (2023): "How not to write a constitution: lessons from Chile", en *Public Choice*, número 194, p. 241. En un sentido similar, NEGRETTO, Gabriel,

Dentro de ellas se encontraban numerosas iniciativas vinculadas a la forma de Estado.

El grupo con más alta votación en las elecciones de convencionales constituyentes, Apruebo Dignidad – una agrupación de movimientos y partidos políticos de izquierdas – , declaró en su documento de campaña que "Chile será reconocido como un Estado plurinacional", y que, "[b]ajo la noción de un Estado Social y Democrático de derecho, la constitución buscará la realización de los derechos sociales garantizando condiciones dignas para la sostenibilidad de la vida de las personas y las comunidades."[1042] Lo mismo hizo el Frente Amplio – otra plataforma de la izquierda – , que tenía como uno de sus pilares de campaña "un Estado social y democrático de derecho que, a diferencia del Estado subsidiario, asume el deber fundamental de realizar los derechos sociales como derechos de igualdad ciudadana, y que se funde en un compromiso irrestricto con los derechos humanos.".[1043] La Lista del Pueblo – grupo de independientes de izquierda – proponía lo que calificaba de un "nuevo modelo de Estado Constitucional", consistente en un "Estado Constitucional Ambiental, Igualitario y Participativo".[1044]

La derecha, en cambio, optó por una estrategia de mantención del *status quo* y escasa innovación en la discusión constitucional. El partido Evolución Política (Evópoli) propuso explicitar un

---

y SOTO BARRIENTOS, Francisco (2022): "¿Cómo se debe regular un proceso constituyente democrático? Reflexiones a partir del caso chileno", en *Boletín Mexicano de Derecho Comparado,* nueva serie, año LV, número 163, p. 304.

1042 APRUEBO DIGNIDAD, *Una nueva Constitución para Chile,* p. 3.

1043 FRENTE AMPLIO, *Ruta constituyente,* p. 3.

1044 LISTA DEL PUEBLO, *Por un Estado Constitucional Ambiental, Igualitario y Participativo,* p. 1.

"Estado democrático de Derecho".[1045] Por su lado, ni la Unión Demócrata Independiente ni Renovación Nacional hicieron propuestas directas sobre una nueva forma de Estado para la nueva Constitución.

La Convención Constitucional inició su funcionamiento el 4 de julio de 2021 y culminó en la misma fecha de 2022. Con la mayoría de los escaños obtenido por candidatos de izquierda a la Convención Constitucional,[1046] se consolidó la idea entre sus convencionales constitucionales de la necesidad de reformar la forma de Estado con una perspectiva refundacional para conseguir distintos objetivos: en primer lugar, acabar con lo que denominaban "Estado subsidiario"; luego, el establecimiento de un deber de garantía estatal de derechos sociales, en particular derechos de prestación. Finalmente, la incorporación a la forma de Estado de adjetivos que representaban deseos o aspiraciones sociales como la protección de la naturaleza o el reconocimiento de pueblos indígenas.

La reforma constitucional que permitió la creación de una Convención contenía una cláusula mínima de bases para la redacción del texto, que indicaba que el nuevo texto "deberá respetar el carácter de República del Estado de Chile, su régimen democrático, las sentencias judiciales firmes y ejecutoriadas y los tratados internacionales ratificados por Chile y que se encuentren vigentes."[1047] Como se aprecia, esta norma no resultaba impedimento para la aprobación de una forma de Estado en la línea de las propuestas de campaña refundacionales de los convencionales constitucionales.

1045 Evópoli, *Bases constitucionales: una nueva Constitución y un nuevo Estado para Chile*, p. 11.

1046 Fábrega, Jorge (2022): "Ordenamiento Ideológico En La Convención Constitucional Chilena", en *Revista de Ciencia Política*, volumen 42, número 1, pp. 129-130.

1047 Constitución de Chile de 1980, artículo 135 párrafo final.

6.6.3. La discusión sobre los adjetivos de la forma de Estado en la propuesta constitucional de 2022

Dentro del amplio marco que entregaba la Constitución vigente para la definición de los contenidos del próximo texto constitucional , la Convención declaró en su artículo 1.1 como forma de Estado que “Chile es un Estado social y democrático de derecho. Es plurinacional, intercultural, regional y ecológico”. Esta redacción, con elementos novedosos en el contexto chileno, fue el resultado de distintos debates al interior de la Convención Constitucional que consideraron como “débil” el uso de la fórmula “Estado social y democrático de Derecho” por no incluir explícitamente elementos como la garantía de derechos económicos, sociales, culturales, o ambientales, o sobre solidaridad y corresponsabilidad social, el denominado “Estado de cuidados o Estado cuidador” o el “Estado regional”.[1048]

Como consta en el texto sistematizado de fecha 14 de febrero de 2022, las primeras fórmulas aprobadas para la forma de Estado incluían – entre otras – los elementos plurinacional, plurilingüista, democrático, solidario, ecológico, intercultural, laico, paritario, independiente, descentralizado, y la alteración de la fórmula “de Derecho” por “de derechos”.[1049]

Aunque algunos convencionales de prestigio – como Agustín Squella (Lista del Apruebo), catedrático de filosofía del derecho – explicaron que el Estado social y democrático de Derecho “es un mandato para el resto de los artículos de la Constitución”[1050] y por tanto no resulta conveniente incluir

---

[1048] JORGE BARADIT (Lista del Apruebo), Comisión de Principios Constitucionales, sesión número 21, 29 de diciembre de 2021.

[1049] En este sentido, véase los artículos 1A al 1E del texto sistematizado de 14 de febrero de 2022.

[1050] AGUSTÍN SQUELLA, Comisión de Principios Constitucionales, sesión número 21, 29 de diciembre de 2021.

adjetivos de difícil interpretación, las propuestas de redacción de la forma de Estado incluyeron nuevos elementos que resaltaban aspectos más concretos y que, como mencionamos, se consideraban fundamentales para la transformación o refundación del país. A continuación analizaremos brevemente el sentido de los adjetivos "social", "democrático" y del Estado de Derecho, usados por la Convención en el orden que los menciona el artículo 1.1 de la propuesta de 2022. No revisaremos los adjetivos de Estado ecológico, plurinacional, interculturalidad y regional, por escapar del objeto de este trabajo.

Respecto al elemento *social,* la visión del Estado social en la Convención era de una fórmula que permitía superar el "modelo neoliberal subsidiario" de la Constitución de 1980,[1051] y la "gran revolución" del proceso constitucional de 2021.[1052] El elemento social se vinculaba directamente con la amplitud en el reconocimiento de derechos fundamentales, la garantía de derecho sociales prestacionales, y un rol activo del Estado en su provisión.

Sobre el elemento *democrático,* en general se entendió que no había dudas sobre la calificación de Chile como un Estado democrático, y por tanto, que no existía una mayor innovación al incluir este concepto.[1053] Sin embargo, sí se consideró necesario una profundización en la forma de ejercicio democrático, incluyendo en el texto de la Constitución mayores mecanismos de democracia participativa.

Finalmente, el respeto por el *Estado de Derecho* busca significar el sometimiento a "las reglas pacíficas de separación de poderes

---

[1051] Beatriz Sánchez (Apruebo Dignidad), Comisión de Principios Constitucionales, sesión número 4, 28 de octubre de 2021.

[1052] Jorge Baradit, Comisión de Principios Constitucionales, sesión número 26, 20 de enero de 2022.

[1053] Agustín Squella, Comisión de Principios Constitucionales, sesión número 6, 3 de noviembre de 2021.

y prerrogativas prescritas por la propia Constitución."[1054] En este punto resulta importante la claridad con que se descartó el uso de la expresión "de derechos" para sustituir a Estado "de Derecho". Como se dejó expresamente señalado, aunque la frase "de derechos" intenta hacer una remisión expresa a derechos sociales, esta no es la fórmula habitual usada en el mundo para ello, y esta "innovación" alejaba a la forma de Estado de un concepto con una interpretación asentada en el mundo, y debilitando la idea de sometimiento del Estado a la ley y la Constitución.[1055]

Como hemos señalado anteriormente, la incorporación de la forma de Estado social era uno de los puntos fundamentales del proceso constitucional de 2022, vinculándose directamente en el discurso político a un rol activo del Estado, la incorporación de nuevos derechos constitucionales y garantías reforzadas para su concreción. Bajo esta premisa, el capítulo II de la propuesta, titulado "Derechos fundamentales y garantías", abarcaba 96 artículos del texto, calificándose todos como derechos fundamentales, "inherentes a la persona humana, universales, inalienables, indivisibles e interdependientes."[1056]

De haberse aprobado la propuesta, se hubiera convertido en la Constitución con el catálogo más amplio de derechos en el mundo, superando a países como Bolivia – con noventa y nueve derechos – y Ecuador, con ochenta y ocho.[1057] El

---

[1054] AMAYA ALVEZ (Apruebo Dignidad), Discusión en Pleno de la Convención Constitucional, 11 de abril de 2022.

[1055] GIOVANNA ROA (Apruebo Dignidad), Comisión de Principios Constitucionales, sesión número 26, 20 de enero de 2022.

[1056] Propuesta de nueva Constitución de 2022, artículo 17.

[1057] La metodología se basa en la respuesta afirmativa o negativa de 112 preguntas disponibles en http://www.comparativeconstitutionsproject.org/files/RightsIndex.pdf?6c8912. El listado de preguntas no

catálogo abarcaba derechos clásicos, como el derecho a la vida e integridad física, pero también de manera explícita, y en el mismo artículo, derecho a la integridad psicosocial y afectiva, llegando a ser redundante o sobreabundante en el reconocimiento del mismo derecho, pero en distintas configuraciones, y con contornos más difusos.

Asimismo, la propuesta de nueva Constitución realizó distinciones conceptuales entre derechos individuales y colectivos,[1058] derechos fundamentales y derechos humanos,[1059] sin indicar expresamente las consecuencias de las diferentes denominaciones. Para todos ellos, el Estado tenía el deber de "respetar, promover, proteger y garantizar el pleno ejercicio y satisfacción de los derechos fundamentales, sin discriminación, así como adoptar las medidas necesarias para eliminar todos los obstáculos que entorpezcan su realización." Asimismo, se establecía que, "para su protección, las personas gozan de garantías eficaces, oportunas, pertinentes y universales. "[1060]

El artículo 20 imponía el deber del Estado para "adoptar todas las medidas necesarias para lograr de manera progresiva la plena satisfacción de los derechos fundamentales". En particular, establece que el financiamiento de las prestaciones estatales vinculadas al ejercicio de los derechos fundamentales propenderá a la progresividad. De manera correlativa, se

---

abarca en su totalidad a los derechos que contenía la propuesta de nueva Constitución, por lo que el número real puede ser mayor. Sin embargo, parece importante mantener una metodología estandarizada y generalmente aceptada para la comparación con los textos de otros países. Como referencia, siguiendo el mismo método de comparación, la Constitución de Chile de 1980 reconoce 51 derechos en la actualidad.

1058 Por ejemplo, en la propuesta de nueva Constitución de 2022, artículos 5.1 y 18.1.

1059 Propuesta de nueva Constitución de 2022, artículo 1.3.

1060 Propuesta de nueva Constitución de 2022, artículo 19.2.

consagra la prohibición que ninguna acción del Estado puede "tener un carácter regresivo que disminuya, menoscabe o impida injustificadamente su ejercicio."[1061]

Sobre la garantía judicial, la propuesta de 2022 entregaba el conocimiento de la acción de amparo de derechos a los tribunales ordinarios, definiéndola como una acción cautelar ante la ocurrencia de "un acto o una omisión" que haga sufrir a una persona la "amenaza, perturbación o privación en el legítimo ejercicio de sus derechos fundamentales"[1062], sin limitación a derechos en particular. Por tanto, la infracción a cualquiera del centenar de derechos que contenía la propuesta de nueva Constitución podía ser sujeto de esta acción de amparo de derechos.

6.6.4. Valoración de la forma de Estado en el proyecto de Constitución de 2022

El texto de la propuesta de 2022 depositó una excesiva confianza en la forma de Estado como criterio normativo y en todos los adjetivos que se le incorporaron. En su mayoría, adjetivos que no tienen una determinación clara para ser directamente una fuente preceptiva, como se proponía, pero también otros – como la denominación de Estado social – desde donde se buscaba derivar efectos directos que sobrepasan la noción tradicional de la expresión. Más importante aún, a nuestro juicio, es que dichos elementos de la forma de Estado no reflejaban un verdadero consenso ciudadano o político, por lo que no contribuyeron a generar un efecto integrador en la sociedad, sino que al contrario, generaron un efecto de mayor polarización de la discusión constitucional. Por ejemplo, el elemento plurinacional, o la excesiva amplitud del discurso sobre los efectos transformadores de un Estado social.

[1061] Propuesta de nueva Constitución de 2022, artículo 20.

[1062] Propuesta de nueva Constitución de 2022, artículo 119.1.

La confianza en el elemento transformador de la forma de Estado coincide con la caracterización que ha hecho Landau y Dixon del texto de 2022 como un intento de "constitución 'transformadora' moderna" y ejemplo de constitucionalismo "estructural utópico" (*structural utopian constitutionalism*), que consiste en la introducción de un ambicioso contenido normativo transformador en la constitución, pero sin poner suficiente cuidado en las estructuras necesarias para aplicarlo".[1063]

Esta intención "utópica" se manifestaba en el redundante reconocimiento de derechos fundamentales, en algunos casos de contornos excesivamente difusos, y que, aunque buscaba dotar de universalidad a su consagración, se enfocaba especialmente en derechos para grupos o colectivos particulares, más que para la generalidad de las personas. Esto se origina en la concepción de derechos fundamentales como triunfos ideológicos y objetivos políticos, más que en su concepción preceptiva propiamente tal. Esto generó una falta de foco en derechos sociales de titularidad universal de mayor adhesión en la ciudadanía, que percibió que el trabajo de la Convención buscaba la aprobación de normas como "estandartes" políticos, más que orientados a mejorar la vida cotidiana de las personas.

Sobre esto, el Estudio Nacional de Opinión Pública del Centro de Estudios Públicos – una de las encuestas de mayor reputación en el país –, realizado entre noviembre y diciembre de 2022, mostraba a la plurinacionalidad como la sexta razón de los electores para haber votado rechazo a la propuesta, con un 14% de las menciones, y a la organización del Estado como la cuarta razón, con un 16,5%. Las primeras razones fueron: la forma en que trabajaron las y los constituyentes (31,5%),

---

1063 LANDAU, David, y DIXON, Rosalind (2023): "Sobre fracaso constitucional, constitucionalismo transformador y utopismo", en *International Journal of Constitutional Law*, año 2023, p. 6.

porque iba a generar división entre los chilenos (26%), y porque iba a afectar a la economía (20%).[1064]

Junto con lo anterior, también existieron diversas críticas al debilitamiento al Estado de Derecho que significaban ciertas disposiciones del texto de la propuesta, al ampliar la potestad reglamentaria del Presidente de la República y eliminar la reserva de ley en la regulación los derechos fundamentales. Este debilitamiento de una manifestación primaria y esencial del Estado de Derecho fue criticado por catedráticos de derecho administrativo[1065] y de derecho constitucional – entre los que se encontraban dos ex Presidentes del Tribunal Constitucional de Chile –, alertando sobre el peligro de "abrir el camino a arbitrariedades provenientes del ejercicio presidencial unipersonal de una potestad tan sensible y esencialmente deliberativa como la limitación de derechos fundamentales."[1066] Esto se tornaba de mayor gravedad por cuanto la propuesta de nueva Constitución solo contemplaba como forma de control del reglamento autónomo el requerimiento de inconstitucionalidad ante la Corte Constitucional por el Congreso de Diputados y Diputadas a través de una tercera parte de sus integrantes.[1067]

1064 CENTRO DE ESTUDIOS PÚBLICOS (2023): *Estudio Nacional de Opinión Pública* (Santiago, Centro de Estudios Públicos), p. 122.

1065 VERGARA BLANCO, Alejandro (2022): "Reglamento autónomo en la propuesta de Constitución: una isla de despotismo", en *Mirada Administrativa,* número 17, p. 16.

1066 OVALLE VALDÉS, Alejandra; CEA EGAÑA; José Luis; CONCHA ZAVALA, Germán; FERMANDOIS VÖHRINGER, Arturo; ROMERO GUZMÁN, Juan José, y SOTO VELASCO, Sebastián (2022): "Análisis de la propuesta de nueva Constitución a la luz de los principios del constitucionalismo", en *Revista Chilena de Derecho,* volumen 49, número 2, p. 10.

1067 Propuesta de nueva Constitución de 2022, artículo 381.1 letra f).

Por otra parte, existió un diseño complejo de la garantía judicial, por distintas razones: una confianza marcada en los tribunales de justicia como garantes de la tutela de derechos, pero con competencias excesivamente amplias, sumado a que la totalidad de los derechos reconocidos eran tutelados a través de potestades sin límites al momento de acoger las acciones de amparo de derechos. A esto se agrega que la propuesta de nueva Constitución mandataba que la función jurisdiccional se ejerciera bajo un enfoque interseccional[1068] y conforme a los principios de conforme a los principios de plurinacionalidad, pluralismo jurídico e interculturalidad,[1069] sin mayor certeza sobre el contenido de estos principios de aplicación obligatoria para la judicatura. Finalmente, se afectaba la seguridad jurídica por la existencia de sistemas de justicia indígena en que ni la competencia ni sus potestades se encontraban limitadas por la Constitución, pero que debían ejercerse en plano de igualdad con la justicia ordinaria.

Finalmente, el 4 de julio de 2022, luego de un año de funcionamiento, la Convención Constitucional entregó al Presidente de la República una propuesta de nueva Constitución para su ratificación por referéndum. En dicho referéndum, de 4 de septiembre de 2022, la ciudadanía rechazó por un 62% de los votos el texto propuesto por la Convención, lo que conforme a las normas de la actual Constitución, significaba que debía mantenerse vigente la Constitución de 1980.[1070] No obstante ello, las fuerzas políticas mayoritarias en el Congreso chileno acordaron la reapertura del proceso de cambio constitucional bajo nuevas reglas, como revisaremos a continuación.

1068 Propuesta de nueva Constitución de 2022, artículo 311.

1069 Propuesta de nueva Constitución de 2022, artículo 322.

1070 Constitución de Chile de 1980, artículo 142, inciso final.

6.7. LA DISCUSIÓN SOBRE EL CONCEPTO DE ESTADO SOCIAL EN EL PROCESO CONSTITUYENTE DE 2023

Luego del rechazo a la propuesta de nueva Constitución elaborada por la Convención de 2022, prácticamente todos los partidos políticos con representación parlamentaria – a excepción del Partido Republicano – suscribieron el 12 de diciembre de dicho año un documento, denominado "Acuerdo por Chile", que sentó las bases para la apertura de un nuevo proceso de redacción de una nueva Constitución.[1071]

Una de las críticas que se hizo al proceso de 2022 fue la inexistencia de un contenido excesivamente mínimo como límite para la Convención Constitucional, que como vimos anteriormente, se limitaba a indicar que la propuesta de 2022 debía respetar el carácter de República del Estado de Chile, su régimen democrático, las sentencias judiciales firmes y ejecutoriadas y los tratados internacionales ratificados y vigentes. Por ello, el acuerdo incluyó la redacción de "bases para una nueva Constitución, que deberán ser consideradas como consensos mínimos en la redacción de ella."[1072] Dentro de las bases constitucionales se definieron disposiciones que conformaron la base de la forma de Estado de esta propuesta: en la base número 5 se señaló que "Chile es un Estado social y democrático de derecho, cuya finalidad es promover el bien común; que reconoce derechos y libertades fundamentales, y que promueve el desarrollo progresivo de los derechos sociales, con sujeción al principio de responsabilidad fiscal y a través de instituciones estatales y privadas."

Los elementos de la forma de Estado del fallido proyecto de Constitución de 2022 fueron matizados en este acuerdo: el Estado regional dio paso a un deber de consagrar un Estado

---

1071 Acuerdo por Chile, 12 de diciembre de 2022.

1072 Acuerdo por Chile, 12 de diciembre de 2022.

"unitario y descentralizado".[1073] El Estado plurinacional e intercultural ahora es un deber de reconocimiento de los pueblos indígenas como parte de la nación chilena, que es "una e indivisible", y un mandato al respeto y promoción de derechos y culturas indígenas.[1074] Finalmente, la mención a un Estado ecológico ahora consiste en un compromiso "al cuidado y la conservación de la naturaleza y su biodiversidad".[1075]

Finalmente, en el referéndum celebrado el 17 de diciembre de 2023 la opción por el rechazo del nuevo texto propuesto por el Consejo Constitucional obtuvo un 55,76% de los votos, y en consecuencia, mantuvo en vigor el texto de la Constitución de 1980.

En este apartado revisaremos el proceso constitucional de 2023 en relación con la discusión de la cláusula de Estado social, y los distintos matices que se dieron en su interpretación durante la Comisión Experta y el Consejo Constitucional.

6.7.1. La ley de reforma constitucional número 21.533 y las "doce bases" del nuevo proceso constituyente

El Acuerdo por Chile se concretó en una reforma constitucional que incorporó un nuevo procedimiento para la adopción de una nueva Constitución. El acuerdo entre la mayoría de los partidos políticos redujo las controversias en su discusión legislativa y agilizó su aprobación.[1076] En el acuerdo, las fuerzas políticas habían declarado que "[d]iscutir y escribir

---

1073 Acuerdo por Chile, 12 de diciembre de 2022, base número 2.

1074 Acuerdo por Chile, 12 de diciembre de 2022, base número 4.

1075 Acuerdo por Chile, 12 de diciembre de 2022, base número 12.

1076 El proyecto de reforma constitucional fue ingresado al Congreso Nacional el 21 de diciembre de 2022, y aprobado definitivamente el 11 de enero de 2023.

una Constitución hoy es importante e indispensable y requiere un nivel de profesionalismo, contar con expertos y expertas; asimismo, debe hacerla un órgano distinto al Congreso, con dedicación exclusiva."[1077] Asimismo, se estimó como fundamental que las "doce bases" del nuevo proceso constituyente tuvieran un órgano de control especializado.

Por esta razón, el control del cumplimiento de estas garantías quedó a cargo de un Comité Técnico de Admisibilidad, órgano arbitral del proceso, compuesto por 14 abogados con al menos 12 años de experiencia en el sector público o privado y acreditar una destacada trayectoria judicial, profesional y/o académica. Este órgano *ad hoc* sería el encargado de resolver los requerimientos que se interpusieran contra las propuestas de normas aprobadas por la Comisión o por el plenario del Consejo Constitucional, o por la Comisión Experta, que contravengan lo dispuesto en el artículo 154.[1078]

Para la redacción de la propuesta, el Congreso diseñó dos órganos de creación e integración distintas. En primer lugar, el proceso se iniciaría con una Comisión Experta, integrada por 24 miembros con una experiencia profesional, técnica y/o académica no inferior a diez años, sea en el sector público o privado; circunstancias calificadas por la Cámara de Diputados y el Senado, en su caso. Estos expertos independientes fueron propuestos por los distintos partidos políticos en relación con su representación en el Congreso Nacional. El trabajo de los expertos se inició el 6 de marzo de 2023 y tuvo tres meses para la redacción de un anteproyecto de nueva Constitución, que entregó el 7 de junio del mismo año a un segundo órgano, denominado Consejo Constitucional. El Consejo Constitucional estuvo integrado por 50 miembros electos por las mismas reglas electorales aplicables al Senado, debiendo trabajar en

[1077] Acuerdo por Chile, 12 de diciembre de 2022.

[1078] Constitución de Chile de 1980, artículo 146.

un texto de Constitución sobre la base del texto entregado por la Comisión Experta, aprobando una propuesta para su ratificación en un referéndum con sufragio universal y obligatorio.

Respecto a la participación ciudadana, se diseñó un mecanismo para centralizar las iniciativas populares y comentarios de la sociedad civil al texto en elaboración, creándose una Secretaría de Participación Ciudadana coordinada por la Universidad de Chile y la Pontificia Universidad Católica de Chile.[1079] Esta Secretaría recibió los aportes y comentarios de 271.504 personas a través de cuatro mecanismos de participación ciudadana: Iniciativas Populares de Norma, Audiencias Públicas, Consulta Ciudadana y Diálogos Ciudadanos.[1080]

Finalmente, como se había pactado, la fórmula de Estado social quedó incorporada como una de las doce bases del proceso constituyente. Como el acuerdo que incluyó esta forma de Estado se negoció fuera del Congreso Nacional, no existen fuentes abiertas que revisar para conocer su discusión. Pese a ello, existen algunas referencias relevantes que se dieron durante la tramitación de la reforma constitucional que permitió dar un cauce institucional al nuevo proceso.

En el Senado, donde se inició la tramitación de la iniciativa en el Congreso Nacional, el senador Francisco Chahuán (RN) señaló que el Estado social y democrático de derecho fue una propuesta de su partido, Renovación Nacional. Chahuán indicó que ellos creían "en un Estado social y democrático de derecho que sea capaz, junto con asegurar y velar por el rol que tienen las organizaciones intermedias de la sociedad, de asignarle un rol importante a la necesidad de contar todos con igualdad de oportunidades de inicio. Y eso es fundamental. También, asegurar la

---

1079 Constitución de Chile de 1980, artículo 153.

1080 Secretaría Ejecutiva de Participación Ciudadana (2023): *Participación Ciudadana en el proceso constitucional 2023, Informe final*, p. 12.

provisión mixta de esos derechos sociales, y eso lo hacemos en virtud de las bases y principios orientadores."[1081] Desde la izquierda, distintos senadores entendieron que la propuesta de un Estado social era un avance para la superación de un "Estado subsidiario",[1082] cuya finalidad es "promover el bien común" [1083], pero "sin anular el rol del sector privado, y avanzar hacia una sociedad más solidaria e integradora."[1084] Se consideró como un avance "gradual" y con "responsabilidad fiscal" a un Estado social.[1085] El Partido Comunista destacó la reforma constitucional como la posibilidad de "construir una Constitución habilitante, que abra el camino para avanzar a un Estado social de derecho".[1086] Solo un senador, Manuel José Rojo Edwards, del Partido Republicano, manifestó su rechazo a la idea de Estado social en la propuesta por considerar que era una contradicción con la idea de libertad y bien común.[1087]

La fórmula definitiva del artículo 154.5 se aprobó descartando propuestas de incorporar la expresión "paz social" como fin

---

1081 FRANCISCO CHAHUÁN, Primer trámite constitucional, Discusión en general en la sala del Senado, pp. 108-109.

1082 ALFONSO DE URRESTI (PS), Primer trámite constitucional, Discusión en general en la sala del Senado, p. 114; CLAUDIA PASCUAL (PC), Primer trámite constitucional, Discusión en general en la sala del Senado, p. 124;

1083 IVÁN FLORES (DC), Primer trámite constitucional, Discusión en general en la sala del Senado, p. 130.

1084 XIMENA ÓRDENES (PPD), Primer trámite constitucional, Discusión en general en la sala del Senado, p. 113.

1085 ISABEL ALLENDE (PS), Primer trámite constitucional, Discusión en general en la sala del Senado, p. 159.

1086 LUIS CUELLO PEÑA Y LILLO (PC), Segundo trámite constitucional, Cámara de Diputados, Discusión en sala, p. 435.

1087 JOSÉ MANUEL ROJO EDWARDS, Primer trámite constitucional, Discusión en general en la sala del Senado, pp. 117-118.

del Estado, además del bien común.[1088] Otra propuesta pretendía incluir la frase "que no forma parte de ninguna concepción política o económica marxista ni neoliberal" como corolario de la fórmula de Estado social y democrático de derecho.[1089]

En nuestra opinión, la consagración normativa de la base del Estado social en el caso chileno es un claro ejemplo de norma compromisoria: por un lado, reconoce derechos y libertades fundamentales, pero tratándose de derechos sociales, solo menciona la "promoción" de su desarrollo progresivo. Esta "promoción" del desarrollo progresivo de los derechos está sujeta – es decir, sometida, subordinada – al principio de responsabilidad fiscal, y además, a su provisión por parte de instituciones estatales y privadas.

Durante este proceso, el Senado de la República de Chile ofició a la Comisión de Venecia para que entregara una opinión sobre distintos temas relacionados con el proceso constitucional en Chile, del cual hacemos una especial mención ya que dentro de las preguntas formuladas se encontraban algunas relativas al Estado social y democrático de Derecho, su compatibilidad con la subsidiariedad y el deber de remoción de obstáculos. Para la preparación de este informe se designó un grupo de miembros y expertos coincidente con aquellos ponentes de la anterior opinión de la Comisión respecto al proceso de 2022, aprobándose su informe el 7 de octubre de 2023.[1090]

1088 Indicación N° 193 de los diputados Karen Medina, Rubén Oyarzo, Francisco Pulgar y Gaspar Rivas, Informe de la Comisión de Constitución, Legislación y Justicia de la Cámara de Diputados, p. 343.

1089 Indicación N° 194 de los diputados Gaspar Rivas y Karen Medina, Informe de la Comisión de Constitución, Legislación y Justicia de la Cámara de Diputados, p. 343.

1090 Comisión Europea para la Democracia a través del Derecho (2023): *Chile. Opinión sobre la reforma constitucional de 2023* (CDL-AD(2023)034), 7 de octubre de 2023, p. 24.

Aunque no hay dudas en la idea de Estado de derecho y Estado democrático – elementos que no son novedad para el caso chileno – la redacción de esta fórmula muestra la ausencia de una definición concreta sobre los efectos del elemento social, en que todas las partes que acuerdan incorporarlo al texto de una futura Constitución esperan dotarlo de un contenido normativo posterior de acuerdo con sus propias ideas sobre éste. Este aparente acuerdo resultó ser solo respecto al continente o denominación de Estado social, más que un contenido en concreto, lo que significó un problema en el debate de los efectos de su constitucionalización, como veremos a continuación.

6.7.2. Las concepciones sobre el Estado social en la Comisión Experta y en el Consejo Constitucional

La Comisión Experta inició el trabajo de redactar un anteproyecto de constitución bajo las bases que habían sido diseñadas por el Congreso Nacional. Su anteproyecto incluyó un artículo 1.2 que declaró que "Chile se organiza en un Estado social y democrático de derecho, que reconoce derechos y libertades fundamentales y promueve el desarrollo progresivo de los derechos sociales, con sujeción al principio de responsabilidad fiscal y a través de instituciones estatales y privadas." Asimismo, incluyó un artículo 2 en que su párrafo primero establecía que el fin del Estado es el bien común, y el párrafo segundo se incorporó una norma similar al contenido en los artículos 2.2 de la Constitución de Italia de 1948 y 9.2 de la Constitución de España de 1978. El artículo 2.2 prescribía que el Estado "promoverá las condiciones de justicia y solidaridad para que la libertad, derechos e igualdad de las personas se realicen, removiendo los obstáculos que lo impidan o dificulten."

El Consejo Constitucional, luego de recibir la propuesta de la Comisión Experta, alteró parcialmente la fórmula y modificó su lugar en el artículo 1, ubicándola ahora en el párrafo tercero, realizando también algunas modificaciones al deber de remoción de obstáculos que finalmente dejaron ambas normas de la siguiente manera:

"Artículo 1. (…) 3. El Estado de Chile es social y democrático de derecho, que reconoce derechos y libertades fundamentales, deberes constitucionales, y promueve el desarrollo progresivo de los derechos sociales, con sujeción al principio de responsabilidad fiscal y a través de instituciones estatales y privadas.

6. El Estado promoverá las condiciones de justicia y solidaridad para que la libertad, derechos e igualdad de las personas se realicen, removiendo los obstáculos que lo impidan o dificulten, con pleno respeto a los derechos y garantías que esta Constitución reconoce." Como se aprecia, la frase final es la novedad en la redacción previa de la Comisión Experta.

El Consejo Constitucional mantuvo la referencia al fin del Estado en el bien común, que a nuestro parecer es de la mayor relevancia para la interpretación de la cláusula de Estado social. Es importante en esto notar que, pese a la existencia de esta norma, el artículo 110.2 del texto de la Comisión Experta declaró como objeto de la Administración del Estado el "promover el interés general", limitando el sentido finalista de la orientación del Estado al bien común.

Como se ve, la existencia de una base constitucional precisa para la forma de Estado evitó que la redacción de la propuesta de 2023 incluyera elementos adicionales, o innovara de alguna otra manera en la redacción de la forma de Estado. Sin embargo, el problema esta vez no se encontraba en la fórmula, sino en la ausencia de un consenso respecto a su implicancia. Una revisión del debate constitucional tanto en la Comisión Experta como en el Consejo Constitucional deja en evidencia que, aunque existía una obligación de incorporar la cláusula de Estado social en el texto de la propuesta de nueva Constitución, no había un consenso respecto a sus implicancias. Las actas de la discusión muestran que la fórmula era usada como una justificación para incorporar ciertos contenidos, o en otros casos, como un instrumento de veto para argumentar cómo dichas normas podían ser incompatibles con una forma de Estado social.

En la revisión que sigue, agruparemos la discusión que existió tanto en la Comisión Experta como en el Consejo Constitucional, para así ordenarla en relación con las materias que se tocaron y facilitar su análisis. Asimismo, dentro de cada temática, incluimos las opiniones realizadas por los académicos expertos que fueron invitados a participar en las sesiones, junto con las expresiones de los comisionados expertos y consejeros constitucionales.

i. La discusión sobre el Estado social como una novedad del proceso o una cláusula implícita en la Constitución de 1980

Como la cláusula de Estado social y democrático de derecho integraba las bases mínimas que debía incluir la propuesta de Constitución, una parte del debate fue comprender cuáles de sus características representaban innovaciones al texto vigente. En su mayoría los miembros de la Comisión Experta y del Consejo Constitucional entendieron que la inclusión del elemento "social" como forma de Estado era una de las principales innovaciones del proceso.[1091] En cambio, hubo coincidencia en entender que no hay novedad en la incorporación del adjetivo "democrático", y por tanto, recalcaron la importancia de

---

1091 MARCELA PEREDO, Subcomisión de Principios, derechos civiles y políticos de la Comisión Experta, sesión 18, 8 de mayo de 2023, p. 65; VERÓNICA UNDURRAGA, Plenario de la Comisión Experta, sesión 17, 23 de mayo de 2023, p. 25; DOMINGO LOVERA, Subcomisión de Principios, Derechos Civiles y Políticos del Consejo Constitucional, sesión 40, 22 de agosto de 2023, p. 43. En el mismo sentido, YERKO LJUBETIC, misma sesión, p. 43.

la comprensión de la formulación completa de Estado social y democrático de Derecho, la cual pierde valor si se analiza cada elemento de manera individual.[1092] En efecto, aunque antiguamente era posible concebir un Estado social sin democracia, compatible con sistemas autoritarios o totalitarios,[1093] en la actualidad no resulta compatible un Estado social sin que éste sea "Estado social y democrático de derecho. No estamos mirando [el adjetivo social] como un elemento sustitutivo, sino más bien como un elemento aditivo para el mejor ejercicio de dichos derechos"[1094]; esto es, una mirada "sustantiva y no solamente procedimental" de la democracia.[1095]

Respecto a la parte de "Estado social" de la fórmula, los académicos que participaron en sus sesiones también lo mencionaron como un "cambio de rumbo"[1096] y "la principal novedad que se avecina" en el nuevo texto.[1097] Los comisionados expertos de izquierda lo calificaron también como el "desafío y cambio central exigido hace años",[1098] y "la principal conquista

---

1092 Teodoro Ribera, Plenario de la Comisión Experta, sesión 17, 23 de mayo de 2023, pp. 12-13.

1093 Rodrigo Poyanco, Subcomisión de Derechos Económicos, Sociales, Culturales y Ambientales de la Comisión Experta, sesión 5, 23 de marzo de 2023, p. 19.

1094 Teodoro Ribera, Subcomisión de Derechos Económicos, Sociales, Culturales y Ambientales de la Comisión Experta, sesión 3, 16 de marzo de 2023, p. 15.

1095 Catalina Salem, Plenario del Consejo Constitucional, sesión 28, 30 de septiembre de 2023, minuto 1:09:12 y ss.

1096 Yanira Zúñiga, Subcomisión de Principios, derechos civiles y políticos de la Comisión Experta, sesión 4, 17 de marzo de 2023, p. 18.

1097 José Miguel Valdivia, Subcomisión de Principios, derechos civiles y políticos de la Comisión Experta, sesión 5, 20 de marzo de 2023, p. 32.

1098 Flavio Quezada, Plenario de la Comisión Experta, sesión 10, 3 de abril de 2023, pp. 5 y 13; Yerko Ljubetic, Subcomisión de Principios, Derechos Civiles y Políticos del Consejo Constitucional, sesión 32, 8 de agosto de 2023, p. 40.

del largo proceso constituyente."[1099] El Estado social y democrático implicaba, para la Presidenta de la Comisión Experta, Verónica Undurraga, "un nuevo comienzo en nuestra comunidad jurídica".[1100]

Para los comisionados expertos de derecha, la innovación no es la consagración de un Estado social, sino que la explicitación o "precisión" en el texto, toda vez que la Constitución de 1980 lo incorpora de manera implícita. [1101] Teodoro Ribera señalaba que "no estamos creando realmente un Estado social y democrático de derecho. Más bien se trata de constitucionalizar, y, por ello, de darle un mandato a la autoridad para seguir implementando con mayor vigor el Estado social y democrático de derecho que, en mayor o menor medida, se ha desarrollado en Chile en los últimos decenios sobre la base del crecimiento económico que ha tenido el país."[1102]

ii. El concepto de Estado social como una cláusula abierta y compromisoria

En el debate en las subcomisiones de la Comisión Experta comenzó la discusión sobre cómo se debía interpretar esta base institucional. El comisionado Máximo Pavez (UDI) argumentó reiteradamente que le sorprendía "que se argumente

---

[1099] ALEXIS CORTÉS, Plenario del Consejo Constitucional, sesión 9, 15 de septiembre de 2023, p. 72.

[1100] VERÓNICA UNDURRAGA, Subcomisión de Principios, derechos civiles y políticos de la Comisión Experta, sesión 22, 18 de mayo de 2023, p. 38.

[1101] CARLOS FRONTAURA, Plenario de la Comisión Experta, sesión 10, 3 de abril de 2023, p. 19; JAIME ARANCIBIA, Plenario de la Comisión Experta, sesión 17, 23 de mayo de 2023, p. 47.

[1102] TEODORO RIBERA, Plenario de la Comisión Experta, sesión 17, 23 de mayo de 2023, p. 12.

identificando cuál es el contenido – o qué se encuentra prohibido – bajo un Estado social y democrático de derecho sin que primeramente se señale en qué consiste dicha fórmula",[1103] ya que "[n]o existen modelos de Estados sociales puros." [1104]

La inexistencia de un único modelo de Estado social fue destacada también por académicos que expusieron en el proceso. La profesora Claudia Sarmiento señaló que "[n]o existe una única forma ni un único mecanismo de representación en concreto del Estado social, porque cada país que adscribe a esta fórmula se encuentra constreñido por condiciones económicas y culturales distintas", aunque es posible identificar elementos comunes como "la universalización de ciertos bienes comunes que van a permitir que estas seguridades que se buscan estén al alcance de todos."[1105]

La visión de la derecha en la Comisión Experta situó el concepto del Estado social dentro de la matriz clásica de la tradición constitucional chilena. De esta forma, el comisionado experto Carlos Frontaura argumentó que el Estado social y democrático de derecho "ha de estar enmarcado por esos otros principios, como la dignidad humana, la servicialidad del Estado, el bien común como finalidad de la actividad estatal, la centralidad de la familia y su protección, el reconocimiento y protección de las autonomías sociales, entre muchos otros."[1106]

1103 Máximo Pavez, Subcomisión de Principios, derechos civiles y políticos de la Comisión Experta, sesión 7, 11 de abril de 2023, p. 25.

1104 Máximo Pavez, Subcomisión de Principios, Derechos Civiles y Políticos del Consejo Constitucional, sesión 3, 15 de junio de 2023, p. 13.

1105 Claudia Sarmiento, Subcomisión de Principios, derechos civiles y políticos de la Comisión Experta, sesión 6, 28 de marzo de 2023, p. 10.

1106 Carlos Frontaura, Plenario de la Comisión Experta, sesión 17, 23 de mayo de 2023, p. 37.

Las distintas concepciones sobre el concepto de Estado social también se plasman en su comprensión como una fórmula abierta y compromisoria por parte de los académicos que participaron como expositores en el proceso. El profesor Gabriel Bocksang hizo alusión a la "plasticidad del Estado social" y su carácter de "noción flexible".[1107] El profesor José Miguel Valdivia recalcó que, si bien el Estado social tiene como objeto el "bienestar social", éste es "una tarea permanente de la política".[1108]

Los académicos Javier Couso y Miriam Henríquez dieron como ejemplo al Estado social de aquellos principios cuya redacción en el texto constitucional contiene expresiones que son "abiertamente contradictorias", para luego explicar que esto se produce como una "manera de llegar a un acuerdo (...) y otra forma de llegar a acuerdos es, cuando no lo hay, diferir el acuerdo.".[1109] La contradicción en los términos busca "dejar tranquilos a todos los grupos".[1110] Como recalcó la profesora Henríquez, estos acuerdos que se redactan en forma de principios "no son acuerdos de cualquier tipo, sino que son acuerdos políticos."[1111]

Esta opinión de entender el Estado social como una fórmula de compromiso fue compartida por los comisionados expertos

---

[1107] GABRIEL BOCKSANG, Subcomisión de Principios, derechos civiles y políticos de la Comisión Experta, sesión 6, 28 de marzo de 2023, p. 19.

[1108] JOSÉ MIGUEL VALDIVIA, Subcomisión de Principios, derechos civiles y políticos de la Comisión Experta, sesión 5, 20 de marzo de 2023, p. 34.

[1109] MIRIAM HENRÍQUEZ, Subcomisión de Principios, derechos civiles y políticos de la Comisión Experta, sesión 3, 14 de marzo de 2023, p. 49.

[1110] JAVIER COUSO, Subcomisión de Principios, derechos civiles y políticos de la Comisión Experta, sesión 3, 14 de marzo de 2023, p. 12.

[1111] MIRIAM HENRÍQUEZ, Subcomisión de Principios, derechos civiles y políticos de la Comisión Experta, sesión 3, 14 de marzo de 2023, p. 38.

de la derecha. El comisionado experto Hernán Larraín defendió la idea del Estado social como un "gran eje" que permite que la Constitución no sea "tuya, ni es mía, ni del Estado, es de todos; cuyos énfasis, cuyas inclinaciones lo van dando la gente y sus decisiones democráticas al elegir autoridades y programas de gobierno de tiempo en tiempo (...) un camino que hace posible el entendimiento, como es la vida: un camino."[1112] Máximo Pavez calificó directamente al Estado social como "una norma programática constitucional de pacto".[1113]

Los conceptos contradictorios en la formulación de Estado social son muestra, para Teodoro Ribera, del "pragmatismo" de la negociación [1114] y de la inexistencia de un modelo único de Estado social que se impone en la Constitución. Es "una fórmula abierta dentro de una estructura democrática de derechos, basado en derechos y libertades fundamentales." [1115] Al finalizar la discusión sobre la propuesta de texto del Consejo Constitucional, Teodoro Ribera hizo notar que en la discusión sobre el concepto de Estado social y democrático de derecho y su contenido se notaba la naturaleza de "texto consensuado, negociado, conversado" de la propuesta.[1116]

1112 Hernán Larraín, Plenario de la Comisión Experta, sesión 17, 23 de mayo de 2023, p. 34.

1113 Máximo Pavez, Subcomisión de Principios, derechos civiles y políticos de la Comisión Experta, sesión 21, 17 de mayo de 2023, p. 85. En el mismo sentido, Carlos Frontaura, en la misma sesión y página.

1114 Teodoro Ribera, Plenario de la Comisión Experta, sesión 28, 5 de junio de 2023, p. 41.

1115 Teodoro Ribera, Subcomisión de Derechos Económicos, Sociales, Culturales y Ambientales de la Comisión Experta, sesión 5, 23 de marzo de 2023, p. 29.

1116 Teodoro Ribera, Plenario del Consejo Constitucional, sesión 36, 30 de octubre de 2023, minuto 58:28 y ss. Al momento de la redacción de este trabajo no se encontraba disponible el acta de la sesión, por lo que se recurrió al video de ella.

iii. El Estado social no es un Estado socialista, ni Estado de bienestar, ni Estado social de derechos

El debate constitucional también clarificó que tanto los académicos participantes,[1117] como los miembros de la Comisión Experta y del Consejo Constitucional no confundieron el Estado social como sinónimo de Estado socialista o estatización de todo servicio público.[1118] La comisionada experta Catalina Salem recalcó que "[e]l Estado social de derecho [es] una forma de organización política de una sociedad libre, y no una sociedad vasalla del Estado en el que la persona es una mera receptora de los bienes que proveen quienes detentan el poder."[1119]

De la misma manera, tanto en la Comisión Experta como en el Consejo Constitucional se discutió sobre la diferencia entre el concepto de Estado social y el Estado de bienestar. El comisionado experto Hernán Larraín marcó que el "Estado de bienestar" se apartaba "de la perspectiva de las libertades individuales que no quería la intervención del Estado en ese propósito, temerosa de la invasión de una esfera de libertad y privacidad que sentían inalienable." [1120] Los académicos

---

[1117] Por ejemplo, Claudia Sarmiento, Subcomisión de Principios, derechos civiles y políticos de la Comisión Experta, sesión 6, 28 de marzo de 2023, p. 10.

[1118] Teodoro Ribera, Plenario de la Comisión Experta, sesión 17, 23 de mayo de 2023, p. 12; Jaime Arancibia, Subcomisión de Derechos Económicos, Sociales, Culturales y Ambientales de la Comisión Experta, sesión 2, 9 de marzo de 2023, pp. 21-22; Ángeles López, Plenario del Consejo Constitucional, sesión 36, 30 de octubre de 2023, minuto 55:47 y ss. Al momento de la redacción de este trabajo no se encontraba disponible el acta de la sesión, por lo que se recurrió al video de ella.

[1119] Catalina Salem, Plenario de la Comisión Experta, sesión 18, 24 de mayo de 2023, p. 34.

[1120] Hernán Larraín, Plenario de la Comisión Experta, sesión 17, 23 de mayo de 2023, p. 33.

invitados insistieron en la diferencia entre Estado social y Estado de bienestar.[1121] José Luis Cea explicó en la Comisión Experta la diferencia sustancial entre un Estado de Bienestar y el Estado social, distinguiéndose este último por el fomento de la sociedad civil, en contraposición al asistencialismo del *Welfare State*, concepto que además califica como "obsoleto": "[q]uieran o no, disgusten o no, [el Estado social] no es el Estado de Bienestar de 40 o 50 años atrás que está superado." [1122] Rodrigo Vergara marcó la diferencia entre ambos conceptos, entendiendo que el Estado de bienestar es una idea cercana al "Estado paternalista".[1123]

Pese a ello, hubo académicos y consejeros que entendieron que ambos conceptos podían articularse. El profesor Francisco Zúñiga explicó que el Estado social era un paso intermedio hacia un Estado de bienestar. [1124] En la misma línea, la consejera constitucional Paloma Zúñiga entendía el Estado social como una transición desde el Estado subsidiario al Estado de bienestar.[1125]

Un punto interesante en el debate – que cuando hubo confusión se zanjó con prontitud – fue la discusión en la denominación

---

1121 Felipe Schwember, Subcomisión de Derechos Económicos, Sociales, Culturales y Ambientales del Consejo Constitucional, sesión 2, 19 de junio de 2023, p. 47.

1122 José Luis Cea, Subcomisión de Principios, derechos civiles y políticos de la Comisión Experta, sesión 4, 17 de marzo de 2023, p. 11.

1123 Rodrigo Vergara, Subcomisión de Derechos Económicos, Sociales, Culturales y Ambientales de la Comisión Experta, sesión 5, 23 de marzo de 2023, p. 7.

1124 Francisco Zúñiga, Subcomisión de Derechos Económicos, Sociales, Culturales y Ambientales de la Comisión Experta, sesión 8, 13 de abril de 2023, p. 11.

1125 Paloma Zúñiga, Subcomisión de Derechos Económicos, Sociales, Culturales y Ambientales del Consejo Constitucional, sesión 3, 20 de junio de 2023, p. 29.

sobre el Estado social de "derecho" o "derechos", en plural. En cuanto se suscitó esta cuestión, se precisó rápidamente que la forma apropiada era "Estado social de derecho", y no "derechos", ya que esto hacía alusión a un concepto distinto.[1126] Con esto, se buscó desmarcarse rápidamente de las configuraciones de Estado sociales "de derechos" en el derecho constitucional ecuatoriano y a lo propugnado por el nuevo constitucionalismo latinoamericano.

iv. El Estado social como cláusula transformadora

El uso de la cláusula de Estado social en su vertiente transformadora también fue debatido en la Comisión Experta y en el Consejo Constitucional. En algunos casos se hizo alusión a dicha faz sin dotarla de un contenido transformador propiamente tal, sino para remarcar la necesaria renovación de ciertas estructuras en los poderes públicos. Por ejemplo, el académico Gonzalo García Pino resaltaba que "no es posible leer el Estado social y democrático con los lentes de un viejo Estado. Si uno no reformula el Estado, no tiene Estado social y democrático de derecho. Entonces, la primera regla del Estado social y democrático de derecho es reformularse a sí mismo, reformular sus estándares, reformular sus prestaciones".[1127] La profesora Yanira Zúñiga planteó la función "transformadora" e "igualizadora" de la cláusula de Estado social, en que incluso citó la tradición alemana como un ejemplo de lo anterior.[1128]

1126 PILAR CUEVAS, Subcomisión de Derechos Económicos, Sociales, Culturales y Ambientales del Consejo Constitucional, sesión 3, 20 de junio de 2023, p. 31.

1127 GONZALO GARCÍA PINO, Subcomisión de Principios, Derechos Civiles y Políticos del Consejo Constitucional, sesión 4, 20 de junio de 2023, p. 32.

1128 YANIRA ZÚÑIGA, Subcomisión de Principios, derechos civiles y políticos de la Comisión Experta, sesión 4, 17 de marzo de 2023, p. 14.

El profesor Francisco Zúñiga señaló que "el Estado social y democrático de derecho y los derechos sociales asociados a esta forma de organización estatal están precisamente en línea con la construcción de esa realidad que supone transformaciones sociales, supone transformaciones económicas, en procura de una mayor igualdad."[1129]

Para la comprensión de la función transformadora del Estado social, se hizo hincapié que dicho rol se daba desde su articulación con los deberes de remoción de obstáculos que contenía la propuesta constitucional.[1130] El consejero Yerko Ljubetic lo recalcaba como uno de los mandatos que la ciudadanía había entregado al Consejo Constitucional: la necesidad de crear "un Estado social de derecho, y que de ese modo algo cambie".[1131]

v. La idea de Estado social "a la chilena"

La idea de una cláusula de Estado social como transformadora fue discutida desde los expertos de derecha.[1132] Para esto, fue relevante el análisis sobre las distintas tradiciones comparadas del concepto. En su exposición ante la Comisión Experta, el profesor José Luis Cea recalcó que el concepto de Estado social "no es un invento de la Constitución alemana,

---

1129 Francisco Zúñiga, Subcomisión de Derechos Económicos, Sociales, Culturales y Ambientales del Consejo Constitucional, sesión 3, 20 de junio de 2023, p. 93.

1130 Verónica Undurraga, Subcomisión de Principios, derechos civiles y políticos de la Comisión Experta, sesión 21, 17 de mayo de 2023, p. 40.

1131 Yerko Ljubetic, Subcomisión de Principios, Derechos Civiles y Políticos del Consejo Constitucional, sesión 32, 8 de agosto de 2023, p. 42.

1132 Teodoro Ribera, Subcomisión de Derechos Económicos, Sociales, Culturales y Ambientales de la Comisión Experta, sesión 20, 5 de mayo de 2023, p. 8.

en su artículo 20, ni de la Constitución española en el artículo 1", sino que es "el resultado de una evolución del tiempo"[1133], por lo que dependerá de cada tradición nacional la comprensión del concepto.

Aunque había conciencia de la diversidad de tradiciones sobre el concepto de Estado social, la redacción del artículo 154 generó la idea entre algunos miembros de la Comisión Experta que la idea de Estado social que se proponía era una denominada "a la chilena". Este concepto de "Estado social 'a la chilena'" pareció surgir de las expresiones del comisionado experto Jaime Arancibia, cuando definió la idea de provisión público-privada de servicios públicos: "Este Estado social de derecho "es 'a la chilena'. ¿Y qué significa 'a la chilena'? A través de instituciones privadas y públicas, porque esa provisión mixta ha estado presente desde que somos República."[1134] La esencia del concepto de Estado social "a la chilena" sería, entonces, la necesidad de garantizar la "libertad de elección" en la provisión de servicios públicos.[1135] Esto hace que el Estado social sea "compatible con la libertad que cada uno tiene para contribuir al bien común."[1136] Hernán Larraín identificó esta formulación de Estado social "a la chilena" como una noción que incluye "a la solidaridad como elemento ordenador; propone un catálogo acotado de

---

[1133] JOSÉ LUIS CEA, Subcomisión de Principios, derechos civiles y políticos de la Comisión Experta, sesión 4, 17 de marzo de 2023, p. 10.

[1134] JAIME ARANCIBIA, Plenario de la Comisión Experta, sesión 17, 23 de mayo de 2023, p. 47. En este sentido, en una fecha anterior, JAIME ARANCIBIA, Subcomisión de Derechos Económicos, Sociales, Culturales y Ambientales de la Comisión Experta, sesión 22, 17 de mayo de 2023, p. 58.

[1135] BETTINA HORST, Plenario de la Comisión Experta, sesión 19, 24 de mayo de 2023, p. 39.

[1136] JAIME ARANCIBIA, Plenario de la Comisión Experta, sesión 17, 23 de mayo de 2023, p. 47.

derechos sociales; promueve la participación ciudadana; y protege el medio ambiente."[1137]

La idea de un Estado social "a la chilena" tenía por objeto mostrar un matiz explícito a otras tradiciones del concepto de Estado social que se consideraban como negativas; en particular, se argumentó respecto al uso del concepto de Estado social en Venezuela y, erradamente, en Cuba, ya que este país configura un "Estado socialista de derecho y justicia". La crítica general a los países latinoamericanos que consagran explícitamente la fórmula de Estado social era su visión de Estados fallidos, "con una democracia que no es tal y con una inmensa mayoría de su población viviendo en condiciones de miseria".[1138]

Una de las discusiones que se originaron en el Consejo Constitucional sobre este "Estado social a la chilena" era la ubicación de la cláusula dentro del texto. En las "12 bases" que debía contener la propuesta de nueva Constitución, el Estado social se encontraba en el quinto lugar. En el anteproyecto redactado por la Comisión Experta, la fórmula de Estado social estaba en el artículo 1.2. En la propuesta final del Consejo, se ubicó finalmente en el artículo 1.3. Sin embargo, durante las enmiendas presentadas al texto de la Comisión Experta descendió hasta el párrafo quinto del artículo 1, o incluso en artículos posteriores.

Esto suscitó la discusión sobre la importancia del lugar en que se consagrara la fórmula de Estado social y democrático. Desde la izquierda, se argumentó que no se entendía la razón por la cual el concepto de Estado social y democrático no se

---

1137 Hernán Larraín, Plenario de la Comisión Experta, sesión 17, 23 de mayo de 2023, p. 36.

1138 Bettina Horst, Plenario de la Comisión Experta, sesión 17, 23 de mayo de 2023, p. 45.

encontrara en el artículo 1.[1139] Así, ubicar dicho concepto en el mismo lugar o incluso después que otros principios como la responsabilidad fiscal era quitarle relevancia.[1140]

Finalmente, el orden que buscó dar la propuesta final de Constitución al artículo 1 se entendió como una prelación en que "lo primero siempre será la persona y su dignidad; después, la declaración de que el Estado surge al servicio de las personas, a propósito de la necesidad de asociación de estas y de configurarse como una agrupación que busca el bien común, y, luego, la propia definición de Estado social y democrático de derecho, que reconoce los derechos y libertades fundamentales, y promueve el desarrollo progresivo de los derechos sociales."[1141]

vi. El Estado social y su finalidad de promover el bien común

Prácticamente la unanimidad de las intervenciones tanto en la Comisión Experta como en el Consejo Constitucional entendieron que el Estado social tiene por objeto la realización del bien común. Esta opinión fue transversal entre los distintos sectores públicos.[1142] En el mismo sentido lo indicaron los

---

1139 DOMINGO LOVERA, Plenario de la Comisión Experta, sesión 10, 3 de abril de 2023, p. 15.

1140 FLAVIO QUEZADA, Plenario de la Comisión Experta, sesión 10, 3 de abril de 2023, p. 5.

1141 HERNÁN LARRAÍN, Plenario de la Comisión Experta, sesión 10, 3 de abril de 2023, p. 16.

1142 El fin del Estado social es "la búsqueda del bien común": CATALINA LAGOS, Plenario de la Comisión Experta, 3 de abril de 2023, sesión 10, p. 23; CATALINA SALEM, Plenario de la Comisión Experta, sesión 18, 24 de mayo de 2023, p. 34; la "promoción del bien común": MARCELA PEREDO, Plenario de la Comisión Experta, sesión 17, 23 de mayo de 2023, p. 30; el "servicio del bien común": CARLOS FRONTAURA, Plenario de la Comisión Experta, sesión 22, 26 de mayo de

académicos que participaron en el debate: la misión del Estado social es "estar al servicio de la persona humana y del bien común".[1143] Por ejemplo, el profesor José Luis Cea, que señaló que "[e]l Estado social se legitima no por su tamaño, sino por conducir hacia el bien común."[1144] La profesora Sarmiento identificó al bien común como un elemento común a todas las concepciones sobre el Estado social.[1145] El bien común no se identifica únicamente con la actividad estatal, sino que también busca su consecución a través del sector público y privado.[1146]

La comprensión del sentido del bien común tuvo matices entre los miembros de izquierda y derecha de la Comisión Experta. Catalina Lagos, citando a Gregorio Peces-Barca, entendió el bien común como "la serie de bienes que los Estados deben proporcionar a sus miembros para facilitar su subsistencia, su bienestar o el desarrollo de su condición".[1147] Alexis Cortés señalaba que el bien común y la justicia social "están en el ADN

2023, p. 30; "contribuir al bien común": Jaime Arancibia, Plenario de la Comisión Experta, sesión 17, 23 de mayo de 2023, p. 47.

[1143] Miriam Henríquez, Subcomisión de Principios, Derechos Civiles y Políticos del Consejo Constitucional, sesión 25, 20 de julio de 2023, p. 41. En este sentido, también, Claudia Sarmiento, Subcomisión de Principios, derechos civiles y políticos de la Comisión Experta, sesión 6, 28 de marzo de 2023, pp. 9-10.

[1144] José Luis Cea, Subcomisión de Principios, derechos civiles y políticos de la Comisión Experta, sesión 4, 17 de marzo de 2023, pp. 30-31.

[1145] Claudia Sarmiento, Subcomisión de Principios, derechos civiles y políticos de la Comisión Experta, sesión 6, 28 de marzo de 2023, p. 10.

[1146] Jorge Ossandón, Subcomisión de Derechos Económicos, Sociales, Culturales y Ambientales del Consejo Constitucional, sesión 28, 8 de agosto de 2023, p. 29; María de los Ángeles López, Plenario del Consejo Constitucional, sesión 12, 21 de septiembre de 2023, pp. 100-102.

[1147] Catalina Lagos, Plenario de la Comisión Experta, 3 de abril de 2023, sesión 10, p. 23.

del Estado social y democrático de derecho."[1148] Marcela Peredo señaló que la idea de bien común en el Estado social "no consiste en la suma simple de los bienes particulares o de lo que parece bien para cada sujeto dentro del cuerpo social. El bien común se refiere, entonces, a la idea de aquello que permanece común, porque es indivisible, porque es algo que en conjunto la sociedad debe alcanzarlo, acrecentarlo, custodiarlo con vistas al futuro."[1149]

El efecto de cohesión social de la idea de Estado social se asoció a la satisfacción efectiva de necesidades colectivas identificadas con los derechos sociales. [1150] Otros mencionaron la cohesión social a través de la creación de una "red de bienestar que nos permita a todos aspirar a vivir una buena vida que definamos autónomamente".[1151]

vii. El contenido de la cláusula de Estado social

Respecto al contenido del Estado social, los miembros de izquierda del Consejo Constitucional identificaron el Estado social, en primer lugar, con una superación del Estado que denominan como subsidiario, y luego, con una provisión de un nivel prestacional básico para todos los ciudadanos.

1148 ALEXIS CORTÉS, Subcomisión de Derechos Económicos, Sociales, Culturales y Ambientales de la Comisión Experta, sesión 19, 4 de mayo de 2023, p. 51.

1149 MARCELA PEREDO, Subcomisión de Principios, derechos civiles y políticos de la Comisión Experta, sesión 18, 8 de mayo de 2023, p. 28.

1150 FLAVIO QUEZADA, Plenario de la Comisión Experta, sesión 22, 26 de mayo de 2023, p. 23. En el mismo sentido, ALEXIS CORTÉS, Subcomisión de Derechos Económicos, Sociales, Culturales y Ambientales de la Comisión Experta, sesión 3, 16 de marzo de 2023, p. 10.

1151 CLAUDIA SARMIENTO, Subcomisión de Principios, derechos civiles y políticos de la Comisión Experta, sesión 6, 28 de marzo de 2023, p. 10.

La Presidenta de la Comisión Experta, Verónica Undurraga, señaló que su concepción del Estado social "implica en parte el tránsito del denominado Estado subsidiario y su tradicional principio de servicialidad, que son bases de la Constitución del 80, a un Estado que asume un rol activo y que tiene por objeto revertir situaciones de inequidad, y un principio de servicialidad reconfigurado no solo al individuo, sino a la sociedad en su conjunto".[1152] Respecto a la garantía de mínimos materiales, se caracterizó al Estado social por su deber de "salvaguardar las necesidades de las personas"[1153], o un rol activo en "prestaciones sociales vinculadas directamente con las condiciones mínimas de la vida digna de las personas".[1154] De la misma forma, se insistió que la consagración de un Estado social de derecho no se logra con su enunciación expresa sino que "se consagrará en la medida en que se organicen una institucionalidad y los derechos fundamentales que den cuenta de su existencia."[1155]

Desde la derecha, el comisionado experto Sebastián Soto argumentó que el concepto de Estado social busca "atender con prontitud la insatisfacción de las necesidades sociales básicas como la salud, vivienda, educación; (...) derechos esenciales que permiten preservar un nivel de vida mínimo necesario para ser integrante pleno de la sociedad."[1156] El comisionado experto Teodoro Ribera entendió el Estado social como un

---

1152 Verónica Undurraga, Plenario de la Comisión Experta, sesión 17, 23 de mayo de 2023, p. 25.

1153 Catalina Lagos, Subcomisión de Principios, Derechos Civiles y Políticos del Consejo Constitucional, sesión 3, 19 de junio de 2023, p. 2.

1154 Magaly Fuenzalida, Plenario de la Comisión Experta, sesión 10, 3 de abril de 2023, p. 2.

1155 Alexis Cortés, Plenario de la Comisión Experta, sesión 10, 3 de abril de 2023, p. 18.

1156 Hernán Larraín, Plenario de la Comisión Experta, sesión 17, 23 de mayo de 2023, p. 33.

Estado que "se hace cargo de situaciones carenciales; es un Estado que brinda servicios, personalmente, o a través de expósitas personas o de otros organismos, y ese otorgamiento de condiciones básicas tiene por objeto incrementar o permitir un mejor ejercicio de las libertades fundamentales." [1157] Desde la derecha, se buscó dotar al concepto de Estado social de un contenido que no fuera únicamente el rol prestacional estatal. Por ejemplo, se entendió que el Estado social también incluye "el deber de generar las condiciones que permitan un ambiente propicio para el progreso a las personas." [1158]

Los académicos expertos invitados a exponer al Consejo Constitucional señalaron que el Estado social tiene como fin último garantizar "un sistema de seguridades que le permita definir dónde encuentra la buena vida".[1159] José Miguel Valdivia mencionó como "la función más antigua del Estado social" el "propender en la superación de la pobreza respecto de los grupos que sufren más", y en segundo lugar, "la mayor igualdad mediante la superación de diferencias sociales. Aquí la idea atiende a corregir las distorsiones que se dan entre los mejores y los peores aventajados". Esto se concretiza con criterios de seguridad social que se hagan cargo de las contingencias sociales en caso de vejez, cesantía, invalidez, entre otros, pero también con la idea de servicio del Estado a las personas. [1160] La profesora Miriam Henríquez señaló que "[l]a simple

---

[1157] TEODORO RIBERA, Subcomisión de Derechos Económicos, Sociales, Culturales y Ambientales de la Comisión Experta, sesión 5, 23 de marzo de 2023, p. 29.

[1158] BETTINA HORST, Plenario de la Comisión Experta, sesión 10, 3 de abril de 2023, p. 66.

[1159] CLAUDIA SARMIENTO, Subcomisión de Principios, derechos civiles y políticos de la Comisión Experta, sesión 6, 28 de marzo de 2023, p. 9.

[1160] JOSÉ MIGUEL VALDIVIA, Subcomisión de Principios, derechos civiles y políticos de la Comisión Experta, sesión 5, 20 de marzo de 2023, p 34.

referencia al Estado social y democrático de derecho, tal como está actualmente en el Capítulo I de la Constitución, no se satisface solo con la declaración, sino que debe ser consistente, tiene que ir de la mano con el establecimiento de derechos sociales y con la posibilidad de ser exigibles, por ejemplo, vía acción de protección."[1161]

viii. El Estado social y la provisión de derechos sociales

La relación entre Estado social y garantía de los derechos fue uno de los puntos relevantes en la discusión en la Comisión Experta y el Consejo Constitucional. La gran mayoría de los participantes sostuvo que el núcleo fundamental del Estado social es la garantía de los derechos sociales. Sin embargo, hay distintos matices importantes.

Un grupo de comisionados expertos y consejeros constitucionales de la derecha entendieron que el Estado social y democrático de derecho es "un mandato constitucional para generar niveles básicos en la prestación de derechos sociales."[1162] Los expertos de derecha reconocieron la importancia de los derechos sociales para el Estado social, pero eso " no conlleva necesariamente, bajo circunstancia alguna, un Estado que asume labores que podrían ser realizadas por terceros".[1163]

1161 Miriam Henríquez, Subcomisión de Principios, Derechos Civiles y Políticos del Consejo Constitucional, sesión 24, 19 de julio de 2023, p. 46.

1162 Jorge Ossandón, Subcomisión de Derechos Económicos, Sociales, Culturales y Ambientales del Consejo Constitucional, sesión 28, 8 de agosto de 2023, p. 29.

1163 Teodoro Ribera, Subcomisión de Derechos Económicos, Sociales, Culturales y Ambientales de la Comisión Experta, sesión 3, 16 de marzo de 2023, p. 14.

La izquierda reforzó la idea que el Estado social importa "la responsabilidad de garantizar a las y los ciudadanos las prestaciones y servicios adecuados para la satisfacción de sus necesidades vitales",[1164] las que identifican con "condiciones dignas de salud, educación, vivienda, trabajo y seguridad social".[1165] De esta forma, el Estado tiene la obligación, "sea quien sea Presidente o Presidenta, sea cual sea la mayoría en ese momento, la obligación primordial, prioritaria, del Estado de avanzar en la satisfacción progresiva de las condiciones materiales, para así asegurar una vida digna a todos los chilenos, lo que se expresa, para empezar, en los derechos fundamentales que han sido tratados particularmente, tales como vivienda, salud, educación, seguridad social, etcétera. (…) no se cierra en torno a un proyecto político o programático por sobre otro, sino que excluye lo programático de donde no debe estar, que es en la Constitución, y lo deja para el debate político posterior."[1166]

ix. El Estado social como búsqueda de solidaridad y justicia social

El concepto de solidaridad fue de aquellos que más se utilizaron para caracterizar al Estado social. Desde la izquierda, se definió al Estado social como la "institucionalización" de la

---

1164 CATALINA LAGOS, Subcomisión de Principios, Derechos Civiles y Políticos del Consejo Constitucional, sesión 3, 15 de junio de 2023, p. 49; FLAVIO QUEZADA, Subcomisión de Derechos Económicos, Sociales, Culturales y Ambientales de la Comisión Experta, sesión 3, 16 de marzo de 2023, p. 11.

1165 VERÓNICA UNDURRAGA, Plenario de la Comisión Experta, sesión 10, 3 de abril de 2023, p. 25.

1166 YERKO LJUBETIC, Subcomisión de Principios, Derechos Civiles y Políticos del Consejo Constitucional, sesión 32, 8 de agosto de 2023, p. 44.

solidaridad.[1167] El comisionado experto Flavio Quezada apuntó a que el principio de solidaridad "cruza todo el capítulo I" de la propuesta, siendo el elemento definitorio de la idea de Estado social, [1168] incluso como elemento intergeneracional.[1169] Catalina Lagos hizo mención al Tribunal Constitucional de España y la STC 62/1983, que recalcó el Estado social de derecho es un reflejo de la solidaridad e interrelación social, por lo que un Estado social es, necesariamente, un Estado solidario.[1170]

Desde la derecha, Marcela Peredo apuntó a la solidaridad como uno de los principios base del Estado social, y su plena compatibilidad con la idea de subsidiariedad.[1171]

Los académicos que fueron invitados a exponer al Consejo también apuntaron en la relación entre Estado social, solidaridad y también subsidiariedad. El profesor Gabriel Bocksang señaló que "[l]a subsidiariedad, así como la solidaridad, son consustanciales al Estado social, y si se nos cae cualquiera de los dos elementos, el elemento vertical, que es la subsidiariedad, o el elemento horizontal, que es la solidaridad, no va a poder desarrollarse un Estado social como queramos."[1172] Lo

---

1167 Verónica Undurraga, Plenario de la Comisión Experta, sesión 17, 23 de mayo de 2023, p. 25. En el mismo sentido, Flavio Quezada, Subcomisión de Derechos Económicos, Sociales, Culturales y Ambientales de la Comisión Experta, sesión 2, 9 de marzo de 2023, p. 29.

1168 Flavio Quezada, Plenario de la Comisión Experta, sesión 17, 23 de mayo de 2023, p. 22.

1169 Flavio Quezada, Plenario de la Comisión Experta, sesión 19, 24 de mayo de 2023, p. 40.

1170 Catalina Lagos, Plenario de la Comisión Experta, sesión 17, 23 de mayo de 2023, p. 27.

1171 Marcela Peredo, Plenario de la Comisión Experta, sesión 17, 23 de mayo de 2023, pp. 30-31.

1172 Gabriel Bocksang, Subcomisión de Principios, Derechos Civiles y Políticos del Consejo Constitucional, sesión 6, 23 de junio de 2023, p. 35.

mismo indicó el profesor José Luis Cea: "sin solidaridad no hay subsidiaridad legítima; sin solidaridad no existe la subsidiaridad invocable o defendible en un Estado de los tiempos modernos."[1173]

El concepto de "justicia social" fue utilizado también para describir el objeto del Estado social. Tanto por la derecha como la izquierda se indicó que el Estado social es la "manifestación de un concepto más amplio, cual es la justicia social", [1174] y "la vía constitucional" para su obtención.[1175] Para la comisionada experta Alejandra Krauss, la justicia social se asocia a la provisión de derechos como "la educación, la salud, la vivienda, el trabajo decente y la seguridad social (...), pilares fundamentales de una sociedad justa."[1176]

Dentro de los académicos expositores en el proceso, José Miguel Valdivia definió al Estado social como "una idea relativamente imprecisa que da cuenta de una aspiración de justicia social, [...que] puede vincularse con el respeto efectivo, con la vigencia efectiva de los derechos fundamentales, por una parte, más libertad, más igualdad en el plano efectivo, no solo una igualdad formal para los que puedan pagársela, sino una libertad que sea efectiva."[1177]

1173 JOSÉ LUIS CEA, Subcomisión de Principios, derechos civiles y políticos de la Comisión Experta, sesión 4, 17 de marzo de 2023, p. 12.

1174 JAIME ARANCIBIA, Subcomisión de Derechos Económicos, Sociales, Culturales y Ambientales de la Comisión Experta, sesión 2, 9 de marzo de 2023, p. 25.

1175 ALEJANDRA KRAUSS, Plenario de la Comisión Experta, sesión 28, 5 de junio de 2023, p. 42. En este sentido, también, VERÓNICA UNDURRAGA, Plenario de la Comisión Experta, sesión 17, 23 de mayo de 2023, p. 25.

1176 ALEJANDRA KRAUSS, Plenario de la Comisión Experta, sesión 28, 5 de junio de 2023, p. 42.

1177 JOSÉ MIGUEL VALDIVIA, Subcomisión de Principios, derechos civiles y políticos de la Comisión Experta, sesión 5, 20 de marzo de 2023, p. 32.

Dicho lo anterior, hubo también expertos expositores que precisaron cuál era el límite de la solidaridad y justicia social en el Estado social, señalando que no es posible que del concepto de Estado social se desprenda una obligación de "satisfacción de todos los fines de todos los demás"; es decir, la más completa solidaridad no puede ser una obligación de toda la comunidad política, sino que debe fijarse un "umbral de necesidades" de contenido mínimo, asociado a los derechos sociales. "Las necesidades materiales de los miembros de una sociedad cambian a medida que cambian las condiciones sociales y materiales de esa misma sociedad. Por ello, no puede señalarse el umbral más que de modo genérico, y si ustedes quieren vago, y dejar que las precisiones ulteriores que sea posible hacer a su respecto tengan lugar por medio de la discusión política normal de una sociedad democrática."[1178]

x. El Estado social y su relación con el deber de remoción de obstáculos y la igualdad sustantiva

En los debates constitucionales contemporáneos los deberes del Estado para la remoción de obstáculos se han entendido como parte fundamental de la idea de Estado social. En la discusión chilena, los principales impulsores de la inclusión de estos deberes fueron los sectores de izquierda.

El comisionado experto Gabriel Osorio (PS) mencionó el deber de remoción de obstáculos como una característica del Estado social y democrático de derecho.[1179] Catalina Lagos (PS) señalaba que "[e]l deber de remoción de obstáculos establece

---

1178 Felipe Schwember, Subcomisión de Derechos Económicos, Sociales, Culturales y Ambientales del Consejo Constitucional, sesión 2, 19 de junio de 2023, p. 41.

1179 Gabriel Osorio, Plenario de la Comisión Experta, sesión 24, 29 de mayo de 2023, p. 43.

ahora un mandato al Estado para que de forma activa se encargue de concretizar la igualdad sustantiva, y no solamente un mandato de protección y de promoción de la igualdad formal, que fortalece esta nueva forma de Estado social y democrático de derecho.[1180] Eso también incide en las obligaciones del Estado en materia de prestaciones sociales, para lo cual éste "debe remover las condiciones que impiden el goce efectivo de los derechos sociales."[1181] De esta forma, entendieron que la remoción de obstáculos es de la esencia del Estado social, y su eliminación significaría una forma de "desarticulación" de esa forma de Estado,[1182] ya que su consagración explícita es lo que lo diferencia de un Estado social "simplemente declarativo".[1183]

La derecha – como apuntaba Teodoro Ribera – recalcó que el deber de remoción de obstáculos es un mandato para el Estado, pero siempre con la obligación de hacerlo "respetando libertades e igualdades."[1184]

Académicos como el profesor Francisco Zúñiga recordaron el origen de esta norma en la Constitución de Italia de 1947,

---

1180 CATALINA LAGOS, Subcomisión de Principios, derechos civiles y políticos de la Comisión Experta, sesión 7, 11 de abril de 2023, pp. 24-25. En este mismo sentido, ALEJANDRA KRAUSS, Plenario de la Comisión Experta, sesión 10, 3 de abril de 2023, p. 18.

1181 DOMINGO LOVERA, Subcomisión de Principios, Derechos Civiles y Políticos del Consejo Constitucional, sesión 3, 15 de junio de 2023, p. 16.

1182 CATALINA LAGOS, Plenario del Consejo Constitucional, sesión 14, 22 de septiembre de 2023, pp. 57-58. En este sentido también YERKO LJUBETIC, Plenario del Consejo Constitucional, sesión 14, 22 de septiembre de 2023, p. 77.

1183 YERKO LJUBETIC, Subcomisión de Principios, Derechos Civiles y Políticos del Consejo Constitucional, sesión 37, 17 de agosto de 2023, p. 38.

1184 TEODORO RIBERA, Plenario de la Comisión Experta, sesión 10, 3 de abril de 2023, p. 28.

señalando que era "motivo de sana alegría" su recepción en la propuesta constitucional de Chile.[1185] Otros académicos que participaron en el debate recordaron que el deber de remoción de obstáculos no es solo una idea de la izquierda, sino que también fue incluso impulsada por Jaime Guzmán durante la discusión de la Constitución de 1980. Sin perjuicio de ello, la implementación de este deber dependería del legislador. [1186]

El deber de remoción de obstáculos es fundamental en el Estado social, ya que éste "implica avanzar desde la igualdad formal a una igualdad sustantiva."[1187] Esto es lo que marca "la diferencia entre una Constitución que declara poéticamente derechos y una que no solo los declara, sino que toma medidas efectivas y organiza al Estado y sus obligaciones, en la perspectiva del cumplimiento de ese deber de satisfacción de estos derechos fundamentales."[1188]

xi. El Estado social y su compatibilidad con la subsidiariedad y la participación privada en la provisión de derechos

El artículo 154.5 de la Constitución de 1980 declaraba expresamente que el Estado social debía comprender la participación pública y privada en la provisión de derechos, por lo que no estaba en discusión la inclusión de los privados en este punto.

[1185] Francisco Zúñiga, Subcomisión de Derechos Económicos, Sociales, Culturales y Ambientales de la Comisión Experta, sesión 8, 13 de abril de 2023, p. 10.

[1186] Claudio Alvarado, Subcomisión de Principios, Derechos Civiles y Políticos del Consejo Constitucional, sesión 20, 11 de julio de 2023, 11 de julio de 2023, pp. 20-21.

[1187] Antonia Rivas, Plenario de la Comisión Experta, sesión 19, 24 de mayo de 2023, p. 4.

[1188] Yerko Ljubetic, Subcomisión de Principios, Derechos Civiles y Políticos del Consejo Constitucional, sesión 32, 8 de agosto de 2023, p. 44.

El Ministro Secretario General de la Presidencia, invitado a exponer durante el proceso, señaló que "[e]l establecimiento de un Estado social implica que el Estado adquiere un rol de garante de los derechos sociales, que además es compatible con la colaboración -y esto es bien importante- del sector privado en su provisión."[1189] El debate, en cambio, se suscitó en los matices de interpretación de esta norma. En particular, sobre la compatibilidad entre el Estado social y el denominado Estado subsidiario.

En las primeras sesiones de la Comisión Experta, distintos académicos participaron exponiendo sus visiones sobre el Estado social y la subsidiariedad. Una de las opiniones más citadas posteriormente fue la del profesor José Ignacio Martínez Estay, quien señaló que "la subsidiariedad, tal como la hemos experimentado, es incompatible con un Estado social. (...) [e]l reduccionismo interpretativo de la cláusula de subsidiariedad ha llevado a [su] desprestigio"; en particular, su reducción a "un mero instrumento de protección de la actividad económica".[1190] Para José Luis Cea, el Estado social es el reconocimiento de la importancia de la participación privada, ya que "el bien común no se puede realizar únicamente por el Estado, que es imposible".[1191] El académico Sergio Micco recalcó que "las instituciones privadas puedan colaborar con los poderes públicos en la consolidación del Estado social, de forma tal que participan en la concreción de la búsqueda

---

1189 ÁLVARO ELIZALDE, Plenario del Consejo Constitucional, sesión 4, 10 de julio de 2023, p. 7.

1190 JOSÉ IGNACIO MARTÍNEZ ESTAY, Subcomisión de Principios, derechos civiles y políticos de la Comisión Experta, sesión 3, 14 de marzo de 2023, p. 37. En este sentido, MIRIAM HENRÍQUEZ, Subcomisión de Principios, derechos civiles y políticos de la Comisión Experta, sesión 3, 14 de marzo de 2023, p. 38.

1191 JOSÉ LUIS CEA, Subcomisión de Principios, derechos civiles y políticos de la Comisión Experta, sesión 4, 17 de marzo de 2023, p. 10.

del bien común. (...) Para que ese Estado social de derecho funcione, no solamente requiere un Estado que garantice los derechos que la Constitución establece, sino también una ciudadanía proactiva (...)."[1192]

Entre los comisionados expertos de la izquierda, Flavio Quezada recogió la mirada del profesor Martínez Estay, indicando que el principio de subsidiariedad, "en tanto noción jurídica, esto es, como expresión contenida en texto jurídico a las cuales se les atribuye efecto institucionalizado, dentro de nuestra práctica legal, ha tenido una operatividad que es incompatible con el Estado social."[1193]

Desde la derecha, en cambio, distintos miembros de la Comisión Experta entendieron que el Estado social no podía sino entenderse a la luz del principio de subsidiariedad, haciendo copartícipes a las personas en la búsqueda del bien común.[1194] Dc otra forma el Estado "no sería social, sino únicamente Estado".[1195] De ahí que se planteara que el Estado "subsidiario"

1192 Sergio Micco, Subcomisión de Principios, Derechos Civiles y Políticos del Consejo Constitucional, sesión 27, 24 de julio de 2023, p. 13.

1193 Flavio Quezada, Subcomisión de Derechos Económicos, Sociales, Culturales y Ambientales de la Comisión Experta, sesión 19, 4 de mayo de 2023, p. 55; Flavio Quezada, Subcomisión de Derechos Económicos, Sociales, Culturales y Ambientales de la Comisión Experta, sesión 5, 23 de marzo de 2023, p. 27.

1194 Carlos Frontaura, Subcomisión de Principios, Derechos Civiles y Políticos del Consejo Constitucional, sesión 3, 15 de junio de 2023, p. 10; en este sentido, Catalina Salem, Plenario de la Comisión Experta, sesión 18, 24 de mayo de 2023, p. 34; Sebastián Soto, Plenario de la Comisión Experta, sesión 10, 3 de abril de 2023, p. 24; Catalina Salem, Plenario de la Comisión Experta, sesión 18, 24 de mayo de 2023, p. 33.

1195 Carlos Frontaura, Plenario de la Comisión Experta, sesión 22, 26 de mayo de 2023, p. 30.

no es sino "la otra cara del Estado social".[1196] La colaboración privada en el Estado social es fundamental por la importancia de un "sector privado robusto, que genere empleo y mayor riqueza material".[1197] El Estado social y democrático de Derecho es una cláusula "que impone objetivos y metas, pero no impone los medios, pues puede satisfacerse a través de instituciones estatales o privadas. No es una mirada, entonces, estatista, sino convocante; un llamado a colaborar."[1198]

En el Consejo Constitucional distintos integrantes de la izquierda insistieron en la incompatibilidad absoluta entre el Estado social y la subsidiariedad, señalando que ambos conceptos son "claramente incompatibles".[1199] La convencional Paloma Zúñiga recalcó que "[e]l Estado social viene a subsanar [el modelo de subsidiariedad], ya que el Estado subsidiario solo fomenta la desigualdad y la precariedad de las personas, limitando el desarrollo del país y de sus ciudadanos."[1200]

Entre los académicos que participaron en el debate, se insistió que la imposibilidad que el Estado por sí solo pueda proveer de manera completa la necesidad de satisfacción de derechos sociales. El profesor José Luis Cea recalcó que "el Estado solo no puede. (...) No tiene los recursos, no tiene los

---

1196 JAIME ARANCIBIA, Subcomisión de Derechos Económicos, Sociales, Culturales y Ambientales de la Comisión Experta, sesión 2, 9 de marzo de 2023, p. 26.

1197 BETTINA HORST, Subcomisión de Derechos Económicos, Sociales, Culturales y Ambientales de la Comisión Experta, sesión 21, 8 de mayo de 2023, p. 63.

1198 SEBASTIÁN SOTO, Plenario de la Comisión Experta, sesión 17, 23 de mayo de 2023, p. 41.

1199 FERNANDO VIVEROS, Plenario del Consejo Constitucional, sesión 4, 10 de julio de 2023, p. 55.

1200 PALOMA ZÚÑIGA, Plenario del Consejo Constitucional, sesión 12, 21 de septiembre de 2023, p. 80.

medios, no tiene la experiencia y, probablemente, tampoco tiene la voluntad para desalojar a la sociedad civil y a los grupos intermedios de la realización del bien común."[1201] El economista Rodrigo Vergara, citando al profesor José Esteve Pardo, señaló que "[e]l modelo de Estado social se asocia con una integración e interconexión entre el Estado y la sociedad, donde el primero pasa a tener un rol relevante sobre el conjunto de la sociedad para corregir sus desequilibrios",[1202] y que por ello, resulta imposible considerar solo la provisión estatal para la garantía de derechos.

xii. El rol de la Administración del Estado en el Estado social

Uno de los debates que se mantuvo durante el proceso constitucional de 2023 se basó en comprender el Estado social como un robustecimiento del aparato estatal. En el Consejo Constitucional, la consejera constitucional María Pardo (Convergencia Social – CS) se insistió que el Estado social requiere "un aparato administrativo eficiente y eficaz (...), empoderada para la provisión de los derechos." [1203] El comisionado experto Gabriel Osorio (PS) señaló que es "de la esencia del Estado social, que, a través de la administración y según las directrices políticas del gobierno, ofrece soluciones a la ciudadanía más rápidamente y a menor costo que la de un procedimiento judicial, y regula las actividades que,

---

1201 José Luis Cea, Subcomisión de Principios, Derechos Civiles y Políticos del Consejo Constitucional, sesión 6, 23 de junio de 2023, p. 67.

1202 Rodrigo Vergara, Subcomisión de Derechos Económicos, Sociales, Culturales y Ambientales de la Comisión Experta, sesión 5, 23 de marzo de 2023, p. 6.

1203 María Pardo, Plenario del Consejo Constitucional, sesión 4, 10 de julio de 2023, p. 67.

por interés público, deben estarlo con mayor conocimiento técnico y agilidad, especialmente en un mundo cada vez más complejo y dinámico." [1204] Para el comisionado experto Flavio Quezada "[u]n Estado social se construye a través de leyes que luego son implementadas por los órganos de gobierno y el aparato administrativo a su disposición." [1205]

Los matices que se discutieron se refieren al rol que le correspondería al Estado en el marco del Estado social. Alejandro Kohler (PS) planteaba que la garantía de los derechos sociales de un Estado social "exige un Estado con mayor capacidad de acción que, a la vez, sea eficiente y transparente independientemente de que sea el Estado el prestador directo o el ente que supervisa y coordina entidades privadas que participan de la prestación."[1206] Si el Estado "no está dotado de una capacidad real de acción o si su actuar riñe con la probidad la eficiencia y la eficacia no podrá cumplir los valiosos fines que la sociedad le ha asignado, aumentándose la frustración de expectativas de nuestra ciudadanía."[1207]

En esta línea, el académico José Miguel Valdivia recalcó que "[e]l Estado social no supone gestión pública de toda la satisfacción de necesidades sociales, eventualmente puede actuar el Estado con el concurso de iniciativas sociales, pero lo central es que el Estado social no enfrenta obstáculos que impidan la

---

1204 GABRIEL OSORIO, Plenario de la Comisión Experta, sesión 22, 26 de mayo de 2023, p. 17.

1205 FLAVIO QUEZADA, Plenario de la Comisión Experta, sesión 21, 26 de mayo de 2023, p. 2.

1206 ALEJANDRO KOHLER, Plenario del Consejo Constitucional, sesión 22, 27 de septiembre de 2023, minuto 36:06 y ss. Al momento de la redacción de este trabajo no se encontraba disponible el acta de la sesión, por lo que se recurrió al video de ella.

1207 ALEJANDRO KOHLER, Plenario del Consejo Constitucional, sesión 22, 27 de septiembre de 2023, minuto 36:06 y ss.

materialización por parte de la gestión pública en aras de la concreción de los fines sociales que se proponen."[1208]

Desde la derecha, el comisionado experto Teodoro Ribera rebatía la idea de asociar Estado social con robustecer el Estado, sino que él insiste en la "focalización de los recursos y de los beneficios sociales."[1209] En su opinión, el Estado social "no implica necesariamente más Estado. Lo que importa es lograr y mejorar el acceso a prestaciones y al ejercicio de los derechos."[1210]

xiii. El Estado social es un principio que debe ser desarrollado por el legislador

En general, hubo consenso en el debate constitucional que el concepto de Estado social debía ser desarrollado por el legislador.[1211] De esta forma, el Estado social "no se construye articulando cuatro, cinco o seis líneas (…), eso lo tiene que hacer el legislador día a día para cumplir una carta de mandatos, que son los principios constitucionales."[1212] Flavio Quezada señaló que "un Estado social, tal como hemos conversado en otras

---

1208 José Miguel Valdivia, Subcomisión de Principios, derechos civiles y políticos de la Comisión Experta, sesión 5, 20 de marzo de 2023, p. 32.

1209 Teodoro Ribera, Subcomisión de Derechos Económicos, Sociales, Culturales y Ambientales de la Comisión Experta, sesión 16, 3 de mayo de 2023, p. 32.

1210 Teodoro Ribera, Plenario de la Comisión Experta, sesión 17, 23 de mayo de 2023, pp. 12-13.

1211 En este sentido, Gonzalo García Pino, Subcomisión de Principios, Derechos Civiles y Políticos del Consejo Constitucional, sesión 4, 20 de junio de 2023, p. 11; Teodoro Ribera, Plenario de la Comisión Experta, sesión 19, 24 de mayo de 2023, p. 6.

1212 José Luis Cea Egaña, Subcomisión de Principios, derechos civiles y políticos de la Comisión Experta, sesión 4, 17 de marzo de 2023, p. 33.

ocasiones, es un Estado principalmente legislativo, que se operativiza a través de servicios públicos que son financiados por medio de la solidaridad institucionalizada, como mencioné ayer, para satisfacer las necesidades que las personas no pueden cubrir individualmente, esto es, las necesidades colectivas. (...) el Estado social es un Estado legislativo, un Estado en el cual la materialización de los derechos sociales pasa principalmente por la actuación del legislador democrático. Pero esto no obsta -al contrario; más bien, es un correlato- a una administración activa en cumplir sus cometidos." [1213]

La comisionada experta Alejandra Krauss hizo mención de que el profesor Óscar Alzaga le escribió para señalarle que "[h] ay que dejar al legislador ordinario que, mediante las leyes de desarrollo de la Constitución, regule más adelante los aspectos concretos. La Constitución debe limitarse a hacer la cimentación del Estado de derecho, y ha de surgir de un gran consenso entre sus redactores, que refleje un consenso social subyacente". [1214] Entre los académicos expertos que expusieron en el proceso, Rodrigo Vergara también dio como ejemplo el caso de la Constitución española y el artículo 53.1, ya que su desarrollo pasa por la ley y, por lo tanto, al debate democrático.[1215]

Para la configuración del Estado social, el legislador "cuenta con un amplio poder de regulación. Es así que el principio de Estado social impone al Estado una función, pero no establece cómo debe cumplirla; de otro modo, tal principio podría entrar en conflicto con el principio democrático contemplado

---

[1213] FLAVIO QUEZADA, Plenario de la Comisión Experta, sesión 11, 4 de abril de 2023, pp. 14 y 39.

[1214] ALEJANDRA KRAUSS, Plenario de la Comisión Experta, sesión 19, 24 de mayo de 2023, p. 52.

[1215] RODRIGO VERGARA, Subcomisión de Derechos Económicos, Sociales, Culturales y Ambientales de la Comisión Experta, sesión 5, 23 de marzo de 2023, p. 8.

en la Ley Fundamental, ya que éste se estaría limitando y recortando en forma decisiva si a la formación de la voluntad política se le impusiera cumplir una obligación constitucional de una sola forma.".[1216] De esta manera, "la cláusula del Estado social y democrático de derecho es lo suficientemente abierta para que sea legislador democrático el que encuentre el mejor modo de implementarlo.[1217]

xiv. El Estado social y el rol de los jueces en su aplicación

El rol de la judicatura en un Estado social fue uno de los principales puntos de argumentación durante el proceso. En general, hubo consenso en entender que "[e]l Estado social de derecho se construye sobre la base de prestaciones legales, no de interpretaciones posteriores que se pudieran hacer (...) de los tribunales de justicia."[1218] En efecto, en un Estado social y democrático, "los jueces no gobiernan, los jueces no han sido elegido para ello, los que gobiernan son quienes hemos elegido los ciudadanos, y es la deliberación democrática la que debe determinar las políticas públicas, no los jueces".[1219]

La limitación del rol de los jueces no significa eliminar su función de garantía del Estado social, pero sí limitar los mecanismos de exigibilidad para que la actuación judicial "respete en su diseño la diferencia de funciones entre los órganos democráticos y el Poder Judicial, que no es el órgano que está

1216 Gabriel Osorio, Plenario del Consejo Constitucional, sesión 12, 21 de septiembre de 2023, p. 108.

1217 Alexis Cortés, Plenario de la Comisión Experta, sesión 17, 23 de mayo de 2023, p. 17.

1218 Pilar Cuevas, Subcomisión de Derechos Económicos, Sociales, Culturales y Ambientales del Consejo Constitucional, sesión 31, 14 de agosto de 2023, p. 40.

1219 Carlos Frontaura, Plenario de la Comisión Experta, sesión 18, 24 de mayo de 2023, p. 16.

naturalmente capacitado para diseñar, implementar ni evaluar políticas públicas."[1220] El objetivo era evitar una comprensión activista de la forma de Estado social que "ya se ha concretizado en otros países latinoamericanos, cual es que los jueces vayan más allá de la resolución de los casos y creen indirectamente políticas públicas, lo cual es una labor propia y exclusiva del Ejecutivo y del Legislativo."[1221]

Para un grupo de la izquierda, la "adecuada justiciabilidad de los derechos" era fundamental para que "la definición de Estado social y democrático de derecho no sea algo meramente formal y se haga efectivo". Con esto no quieren decir que "la justicia reemplace al legislador democrático, sino que la justicia proteja su real garantía y se sancionen y corrijan las vulneraciones a los derechos."[1222] Por ello, cuando en el debate constitucional la propuesta de articulado restringió los derechos tutelables a través de la acción de amparo de derechos fundamentales, la izquierda acusó que con ello se debilitaba el Estado social "al impedir que el Poder Judicial pueda proteger efectivamente los derechos sociales."[1223]

xv. El Estado social y la progresividad de los derechos sociales

Finalmente, uno de los puntos más discutidos sobre el contenido del Estado social fue la interpretación de si se encuentran incluidos en la cláusula los principios de progresividad

---

1220 VERÓNICA UNDURRAGA, Subcomisión de Principios, derechos civiles y políticos de la Comisión Experta, sesión 11, 25 de abril de 2023, p. 53.

1221 TEODORO RIBERA, Plenario de la Comisión Experta, sesión 21, 26 de mayo de 2023, p. 16.

1222 ALEXIS CORTÉS, Plenario de la Comisión Experta, sesión 18, 24 de mayo de 2023, p. 7.

1223 KAREN ARAYA, Plenario del Consejo Constitucional, sesión 20, 26 de septiembre de 2023, p. 73.

y no regresividad de los derechos sociales. La base del artículo 154 número 5 de la Constitución de 1980 señala que el Estado social y democrático "promueve el desarrollo progresivo de los derechos sociales". El debate se suscitó respecto a la comprensión de un deber correlativo de no regresividad de ellos.

La Secretaría de Participación Ciudadana coordinada por la Universidad Católica y la Universidad de Chile entregó antecedentes de interés sobre la comprensión del concepto de Estado social y la progresividad en los derechos sociales. En su estudio empírico, la progresividad de la provisión de derechos sociales fue vista con preocupación tanto por su gradualidad, sugiriéndose por la ciudadanía que se incorporara el concepto de "urgente" en su redacción, pero también se mencionó una preocupación porque el Estado social y democrático de derecho implicara cargas económicas que el Estado finalmente no pudiera cumplir.[1224]

En efecto, para el profesor Francisco Zúñiga, tanto la cláusula de Estado social o la de remoción de obstáculos "no operan del texto a la realidad automáticamente, sino que requieren naturalmente de políticas públicas, de una actividad en la administración desplegada a dar protección a derechos sociales, y esa es una perspectiva de veinte o treinta años–a lo menos-".[1225]

Desde la derecha, Teodoro Ribera señaló que la "promoción del desarrollo progresivo" quiere decir gradualidad, "de manera que el Estado debe realizar acciones para el logro

---

[1224] Secretaría de Participación UC, Subcomisión de Principios, Derechos Civiles y Políticos del Consejo Constitucional, sesión 29, 26 de julio de 2023, p. 34.

[1225] Francisco Zúñiga, Subcomisión de Derechos Económicos, Sociales, Culturales y Ambientales de la Comisión Experta, sesión 8, 13 de abril de 2023, p. 11.

progresivo de los derechos sociales. Ello no implica necesariamente estatismo, sino generar las políticas o el espacio necesario para que en ese impulso pueda materializarse (...) de la manera más efectiva posible."[1226] Esta progresividad persigue "conciliar los compromisos sociales con los compromisos financieros de la misma sociedad con ella misma y con las generaciones futuras",[1227] como también "a los debates democráticos y cambios que tienen la sociedad y los países a lo largo del tiempo".[1228]

Respecto al principio de no regresividad, la derecha entendió que la proscripción se refiere a una "una regresión infundada (...) la arbitrariedad es la que se sanciona". Esto "no implica que la política social pueda traer como consecuencia el cambio, sustitución o eliminación de un beneficio, en la medida que eso tenga una justificación adecuada, y que en su conjunto no implique un menoscabo de las condiciones generales de las personas." El requisito es que el obrar del Estado para la regresividad de derechos debe estar "debidamente fundado en algunos elementos que sean plausibles, racionales y prudentes."[1229]

[1226] TEODORO RIBERA, Plenario de la Comisión Experta, sesión 17, 23 de mayo de 2023, p. 13. En este sentido también, JAIME ARANCIBIA, Subcomisión de Derechos Económicos, Sociales, Culturales y Ambientales de la Comisión Experta, sesión 2, 9 de marzo de 2023, p. 25.

[1227] TEODORO RIBERA, Subcomisión de Derechos Económicos, Sociales, Culturales y Ambientales de la Comisión Experta, sesión 3, 16 de marzo de 2023, p. 14.

[1228] RODRIGO VERGARA, Subcomisión de Derechos Económicos, Sociales, Culturales y Ambientales de la Comisión Experta, sesión 5, 23 de marzo de 2023, p. 8.

[1229] TEODORO RIBERA, Subcomisión de Derechos Económicos, Sociales, Culturales y Ambientales de la Comisión Experta, sesión 3, 16 de marzo de 2023, p. 16.

xvi. El Estado social y la obligación de responsabilidad fiscal en su desarrollo

Para finalizar, la cláusula de Estado social que se incluyó como base del proceso constitucional contenía una obligación de "sujeción al principio de responsabilidad fiscal". Por tanto, el debate en el proceso constitucional giró en torno al significado de este agregado.

El Gobierno entendió este deber como una obligación de gasto "de manera responsable y sostenida en el tiempo, de forma tal de evitar que el endeudamiento termine afectando la provisión de derechos sociales a futuras generaciones, de forma de garantizar que la declaración de derechos no sea letra muerta, sino que sea una realidad viva, conforme –insisto– a las capacidades que tenga el Estado de Chile.[1230] De esta forma, el Estado social "no va a ser con la promesa incumplible o con la promesa que se cumple hoy, pero mañana desestabiliza políticamente al país."[1231]Al contrario, la falta de responsabilidad fiscal genera una mayor deuda y déficit fiscal "que afectan finalmente a la población mucho más que cualquier otra situación. Además, el endeudamiento genera inequidad intergeneracional."[1232]

El deber de responsabilidad fiscal también se entendió como una obligación de "eficacia, la eficiencia y la transparencia del gasto público", como una "condición insoslayable dentro del adecuado funcionamiento de un Estado social y

---

[1230] Álvaro Elizalde, Plenario del Consejo Constitucional, sesión 4, 10 de julio de 2023, p. 13.

[1231] Ana Lya Uriarte, Plenario de la Comisión Experta, sesión 4, 16 de marzo de 2023, p. 6.

[1232] Rodrigo Vergara, Subcomisión de Derechos Económicos, Sociales, Culturales y Ambientales de la Comisión Experta, sesión 5, 23 de marzo de 2023, p. 8.

de cualquier Estado."[1233] También, como un deber de "focalizar el gasto en quienes más lo necesitan".[1234]

Respecto al financiamiento del Estado social, la izquierda enfocó la obtención de recursos en los tributos. De esta forma, "sin mayor recaudación el país no será capaz de cumplir la promesa del Estado social"[1235] , y toda medida que persiga la reducción de la tributación inviabiliza, por tanto, contra el Estado social.[1236]

En contra de esta posición como la única vía de financiamiento, la derecha sostuvo que el elemento fundamental era, en propiedad, el crecimiento económico del país.[1237] De esta manera, el Estado social se consigue también otorgando "garantías al sector privado para que pueda seguir progresando y desarrollándose". [1238] De esta manera, "[s]in un sector privado

---

[1233] MARCELA PEREDO, Plenario de la Comisión Experta, sesión 23, 27 de mayo de 2023, p. 21.

[1234] TEODORO RIBERA, Plenario de la Comisión Experta, sesión 17, 23 de mayo de 2023, pp. 13-14.

[1235] ALEXIS CORTÉS, Plenario de la Comisión Experta, sesión 10, 3 de abril de 2023, p. 58; HUGO TÓRTORA, Subcomisión de Principios, Derechos Civiles y Políticos del Consejo Constitucional, sesión 27, 24 de julio de 2023, p. 8.

[1236] KAREN ARAYA, Subcomisión de Derechos Económicos, Sociales, Culturales y Ambientales del Consejo Constitucional, sesión 35, 21 de agosto de 2023, p. 73; ALEXIS CORTÉS, Subcomisión de Derechos Económicos, Sociales, Culturales y Ambientales del Consejo Constitucional, sesión 35, 21 de agosto de 2023, p. 127; CATALINA LAGOS, Subcomisión de Principios, Derechos Civiles y Políticos del Consejo Constitucional, sesión 47, 1 de septiembre de 2023, p. 29. En el mismo sentido, YERKO LJUBETIC, misma sesión, p. 43.

[1237] CARLOS RECONDO, Subcomisión de Derechos Económicos, Sociales, Culturales y Ambientales del Consejo Constitucional, sesión 35, 21 de agosto de 2023, pp. 10 y 138.

[1238] BETTINA HORST, Subcomisión de Derechos Económicos, Sociales, Culturales y Ambientales del Consejo Constitucional, sesión 35, 21

que se desarrolle, difícilmente van a llegar al Estado los recursos necesarios para, precisamente, implementar y financiar ese Estado social de derecho."[1239] Al contrario, si la tributación termina por "consumir la capacidad económica de las personas [esto] va en contra de un Estado que pretenden organizarse como social y democrático de derecho."[1240]

6.7.3. La concreción de la forma de Estado social en el texto constitucional de 2023

Como queda de manifiesto en la reseña anterior de la discusión en la Comisión Experta y el Consejo Constitucional, la concreción del elemento social fue una de las principales discusiones durante el proceso de 2023. En este debate, el principal nudo se originó en la conformidad de ciertos derechos sociales con la forma de Estado social; en particular, respecto al derecho a la salud y a la seguridad social y los mecanismos para su provisión. En el texto constitucional propuesto, la forma de Estado social se manifestaba en distintas normas, algunos de ellas como principios, mandatos de acción al legislador o a órganos del Estado, así como en el establecimiento de derechos sociales y sus garantías.

Por ejemplo, el artículo 1.5 de la propuesta – similar al artículo 1 de la Constitución de 1980 – señala que "[e]l Estado servirá a las personas y a la sociedad y su finalidad es promover el bien común, para lo cual debe crear y contribuir a crear

---

de agosto de 2023, p. 132.

1239 Bettina Horst, Subcomisión de Derechos Económicos, Sociales, Culturales y Ambientales de la Comisión Experta, sesión 21, 8 de mayo de 2023, p. 97.

1240 Jorge Ossandón, Subcomisión de Derechos Económicos, Sociales, Culturales y Ambientales del Consejo Constitucional, sesión 40, 31 de agosto de 2023, p. 18.

las condiciones sociales que permitan a todos y cada uno de los integrantes de la comunidad nacional su mayor realización espiritual y material posible." Luego, encontramos el mandato general al Estado para la remoción de obstáculos que impidan o dificulten la realización de "la libertad, derechos e igualdad de las personas", tanto en el artículo 1.6 – citado precedentemente – como en el 24 literal d) del texto, a propósito de la garantía de derechos sociales.

Indudablemente, la concreción más relevante de la forma de Estado social se encontraba en la consagración de derechos sociales. A diferencia del texto de 2022, la propuesta de 2023 fue mucho más escueta en el reconocimiento de derechos. Dentro de los derechos sociales que se incluyeron y reforzaron en esta propuesta destacan los derechos a la salud,[1241] a la educación,[1242] a la vivienda,[1243] al agua y al saneamiento,[1244] y a la seguridad social.[1245] Estos derechos fueron identificados por el Comité Experto y el Consejo Constitucional como aquellos que representan el núcleo de los derechos sociales que buscaba garantizar la nueva propuesta.

Como garantía de estos derechos sociales, la propuesta de nueva Constitución establece el deber del Estado de adoptar las medidas adecuadas para su realización, "atendiendo a:

a) El desarrollo progresivo para lograr la efectividad de estos derechos.

b) El aseguramiento de un nivel adecuado de protección para cada derecho.

1241 Propuesta de nueva Constitución de 2023, artículo 16 número 22.

1242 Propuesta de nueva Constitución de 2023, artículo 16 número 23.

1243 Propuesta de nueva Constitución de 2023, artículo 16 número 29.

1244 Propuesta de nueva Constitución de 2023, artículo 16 número 30.

1245 Propuesta de nueva Constitución de 2023, artículo 16 número 28.

c) La no discriminación o diferenciación arbitraria.

d) La remoción de obstáculos para asegurar la satisfacción de estos derechos.

e) El empleo del máximo de recursos disponibles, con responsabilidad fiscal.

f) La satisfacción a través de instituciones estatales y privadas, según corresponda."[1246]

Finalmente, la Constitución estableció una acción de amparo de derechos que distinguió dos procedimientos: uno en caso de afectación general a derechos y libertades constitucionales, y otro especial para la vulneración de derechos sociales. Mientras que en el primero de los casos la persona afectada podía recurrir para solicitar que se adopten las medidas "necesarias para restablecer el imperio del derecho", en el caso de afectación a los derechos a la salud, vivienda, agua y al saneamiento, seguridad social y educación, solo se podría recurrir a los tribunales en caso de infracción a "prestaciones regladas expresamente en la ley".[1247]

En efecto, para limitar el rol de los tribunales de justicia en la adjudicación de estos derechos, el artículo 25 señalaba que las medidas adecuadas para la realización de los derechos a la salud, educación, vivienda, agua y saneamiento y seguridad social serán determinadas por la ley y las normas fundadas en ella, y que, en la aplicación e interpretación de las disposiciones de este artículo, los tribunales no podrán definir o diseñar políticas públicas que realizan los derechos sociales antes mencionados.

[1246] Propuesta de nueva Constitución de 2023, artículo 24.

[1247] Propuesta de nueva Constitución de 2023, artículo 26.

6.7.4. La participación de la Comisión de Venecia en el proceso constitucional de 2023 en relación con el concepto de Estado social

Durante el proceso constitucional, el Senado de la República de Chile ofició en tres oportunidades a la Comisión de Venecia para que entregara una opinión sobre distintos temas relacionados con el proceso constitucional en Chile. Dentro de las preguntas formuladas, el senador Manuel José Rojo Edwards, la senadora Ximena Rincón y el senador Matías Walker, preguntan a la Comisión sobre "la compatibilidad del Estado Social y Democrático de Derecho, y el principio de Subsidiariedad"[1248] y "la conformación del Estado Social y Democrático de Derecho planteado en el texto de la Comisión Experta en el artículo 1 y su recepción por el texto aprobado por el Consejo Constitucional en el artículo 2. Asimismo, respecto a la concreción de la labor del Estado en el artículo 2 de ambos textos, referidos a la "remoción de obstáculos" contenido en el artículo 2.2 de la propuesta de la Comisión Experta en comparación con el artículo 2 del texto aprobado por el Consejo Constitucional."[1249]

La opinión de la Comisión de Venecia sobre esta materia tiene especial relevancia por dos razones: una externa al proceso chileno, y es que este informe ha sido la primera oportunidad en que la Comisión se ha pronunciado sobre el elemento "social" de la cláusula de Estado social y democrático de Derecho. La atención de la Comisión – en línea con los requerimientos de los países europeos, que marcaron su desarrollo – había

---

[1248] Oficio del Senado de la República de Chile número 1530/INC/2023, a la señora Presidenta de la Comisión Europea para la Democracia por el Derecho, de 26 de septiembre de 2023, literal d).

[1249] Oficio del Senado de la República de Chile número 1531/INC/2023, a la señora Presidenta de la Comisión Europea para la Democracia por el Derecho, de 26 de septiembre de 2023, numeral 4 e).

sido respecto al elemento de Estado democrático y Estado de Derecho[1250]. La segunda justificación de su importancia es que la Comisión aportará con su informe una visión externa, desde la tradición europea, en la valoración de la cláusula de Estado social y democrático de Derecho en su conjunto.

Respecto a la compatibilidad entre el Estado social y democrático de Derecho y la subsidiariedad, la Comisión observó que, "en principio, no existe incompatibilidad alguna entre el principio de subsidiariedad, tal como se incorpora expresa o implícitamente en diversos sistemas constitucionales, y el objetivo de establecer un "Estado social y democrático de derecho". Este último es ante todo una afirmación de los resultados que se persiguen, mientras que la subsidiariedad es ante todo una expresión de los medios que deben emplearse. El principio del Estado social (distinto del Estado socialista) debe leerse en armonía con los otros dos principios: el Estado de derecho y el Estado democrático, y cada principio limita una posible interpretación maximalista del otro." De este modo, "la subsidiariedad puede ser una herramienta legítima y eficaz para realizar los objetivos sociales más amplios sin dejar de respetar los derechos, libertades y deberes a los que se hace referencia en el texto.".''[1251]

Luego, respecto a la formulación del deber del Estado de "remoción de obstáculos", la Comisión hace notar que, aunque la frase no es común en otros sistemas constitucionales, tiene precedentes los artículos 3.2 de la Constitución de Italia y en el artículo 9.2 de la Constitución de España, como también guarda cierta similitud con la especificación de las obligaciones afirmativas del Estado en virtud de la legislación internacional

---

1250 Comisión Europea para la Democracia por el Derecho (2016): *Rule of law checklist* (CDL-AD(2016)007), 18 de marzo de 2016.

1251 Comisión Europea Para La Democracia Por El Derecho, *Chile. Opinión sobre la reforma constitucional de 2023...*, p. 24.

sobre derechos humanos, especialmente el Pacto Internacional de Derechos Económicos, Sociales y Culturales. "Por tanto, debe considerarse una opción política válida y razonable."[1252] Sin embargo, en caso que éste se incorpore, "considera destacable que ese lenguaje se refiera a las responsabilidades del Estado de remover los impedimentos al goce de los derechos y libertades, así como a la igualdad, reconociendo así la necesidad de equilibrar las acciones afirmativas del Estado también con las libertades de las personas, lo que nuevamente lo haría en términos generales armonioso también con el principio de subsidiariedad."[1253]

La opinión de la Comisión de Venecia se dio en la etapa final de la discusión, con una alta conflictividad interna en el Consejo Constitucional y dificultades para llegar a acuerdos sobre el contenido de la propuesta. Aunque en general se valoró positivamente la opinión de la Comisión de Venecia sobre este nuevo proceso constitucional, el efecto de su valoración del texto aprobado por la Comisión Experta y el Consejo Constitucional se diluyó por la creciente polarización del debate político y social. Entre otras materias intensamente discutidas estaba la interpretación de la cláusula de Estado social en relación con la seguridad social y sistemas de sanidad púbicos y privados.

En el debate público, las principales influencias en el Consejo Constitucional sobre el contenido del Estado social y los efectos de su constitucionalización habían provenido desde la izquierda, y en particular, de una visión cercana al nuevo constitucionalismo latinoamericano. Esto generaba un resquemor

---

[1252] Comisión Europea Para La Democracia Por El Derecho, *Chile. Opinión sobre la reforma constitucional de 2023…*, p. 24.

[1253] Comisión Europea Para La Democracia Por El Derecho, *Chile. Opinión sobre la reforma constitucional de 2023…*, p. 25.

en los sectores de centroderecha, que apuntaban a una mirada del Estado social en línea con la tradición europea.

Por ello, el aporte de la Comisión de Venecia al debate constitucional chileno respecto a la incorporación de la cláusula de Estado social fue, en primer lugar, ofrecer una opinión mesurada desde la tradición europea sobre los contenidos del Estado social y descartar las lecturas de ella como una fórmula que impediría o limitaría severamente la participación de la sociedad civil y la empresa en la vida económica y social. La Comisión recalcó la necesidad de una interpretación conjunta de la fórmula de Estado social y democrático de Derecho, y dentro de ella, cómo el Estado social es una cláusula que apunta a fines, y no obliga a determinados medios, lo que la hace plenamente compatible con la colaboración pública y privada para la garantía de derechos y libertades.

En segundo lugar, la opinión de la Comisión contribuyó a moderar los cuestionamientos de algunos sectores de la derecha sobre el deber de remoción de obstáculos al texto de la propuesta, el que se veía como una "cláusula de transformación" sin los límites que se habían marcado al Estado social en el artículo 1. En este punto, la Comisión resaltó la importancia de encauzar la interpretación de estas nuevas normas hacia la tradición constitucional italiana y española, sus fuentes constitucionales directas, y destacando la necesidad de una lectura del deber estatal de promoción de los dos valores de dicha formulación: esto es, la igualdad y la libertad.

6.7.5. Valoración de la forma de Estado en el proyecto de Constitución de 2023

El proceso constituyente de 2023 buscó incorporar la forma de Estado social y democrático de Derecho como un elemento de consenso en la redacción de una nueva propuesta constitucional. Para definir los contornos de la cláusula de Estado social y democrático de Derecho resultó valioso que se añadieran elementos específicos para orientar su interpretación, como la promoción de derechos sociales, la responsabilidad fiscal y explicitar la colaboración público-privada. En nuestra opinión, estos elementos buscaban reflejar el desarrollo de la fórmula en la tradición europea, en que el Estado social no es un concepto unívoco asociado a un elemento netamente prestacional, como se planteaba en el proceso constitucional de 2022. La incorporación del bien común como un elemento de la fórmula en este proceso resultó positivo, porque permite identificar el contenido del Estado social con relación a fines, y no a medios o actividades concretas.

El problema, sin embargo, es que el consenso en la fórmula de Estado social y democrático de derecho era únicamente sobre su redacción, pero no respecto a su contenido, y el acuerdo constitucional que dio origen al proceso de 2023 no fue suficiente para generar un verdadero consenso entre los distintos sectores políticos y sociales. Al no existir acuerdo sobre sus efectos normativos y mecanismos de concreción, las diferentes interpretaciones terminaron por reflejar discrepancias profundas sobre el rol del Estado, como las que mencionamos a propósito de la garantía de derechos como la salud y seguridad social.

La ausencia de acuerdo interno en el Comité Experto y en el Consejo Constitucional sobre el contenido y concreción del elemento social de la forma de Estado no pudo ser superado por razones también internas: la necesidad de cumplir con las expectativas ciudadanas en el texto constitucional incentiva a redacciones maximalistas, que dificultan acuerdos mínimos o de compromiso. En este sentido, tampoco existía en el Consejo Constitucional un clima de acuerdo general y voluntad integradora que, pese a las discrepancias, mirara en la forma de Estado un camino hacia el futuro. Al contrario, en particular respecto al Estado social, se continuó con una mirada de búsqueda de transformaciones de corto plazo, y no de pactos sobre elementos mínimos de consenso entre las distintas fuerzas políticas.

A nivel social el clima tampoco facilitó la búsqueda de acuerdos. Desde el inicio del "momento constitucional" en 2019 que los procesos se encuentran asociados a un espacio de tensión y polarización en el país. Hubo diversas discusiones sobre derechos fundamentales que la ciudadanía interpretó como el uso de una mayoría en el Consejo Constitucional para imponer definiciones constitucionales en las que no existía un acuerdo social, sino al contrario, buscando incluir normas en la propuesta constitucional para luego generar el consenso necesario para su legitimación como norma fundamental.

6.8. RECAPITULACIÓN

La evolución del Estado social en Chile, a pesar de no estar explícitamente consagrado en la Constitución de 1980, se ha interpretado de forma implícita por la doctrina y aplicado por la jurisprudencia, a partir de la orientación finalista de la actividad estatal del artículo 1 de la Constitución y la consagración de derechos sociales en su texto. Esta interpretación del Estado social implícito ha variado con el tiempo, abarcando desde una visión transformadora inspirada en el nuevo constitucionalismo latinoamericano de la década de 1990, hasta enfoques más prestacionales o aquellos que ven al Estado como garante, alineándose con interpretaciones europeas contemporáneas.

El proceso constituyente de 2023 buscó incorporar nuevamente, después del fracaso de 2022, el Estado social y democrático de Derecho como forma de Estado en la nueva Constitución chilena. Este consenso político, sin embargo, se centró más en el "continente" del Estado social que en su "contenido", el cual fue interpretado de manera muy diversa por los distintos sectores políticos. Para definir los contornos de la cláusula de Estado social, se añadieron elementos específicos como la promoción de derechos sociales, la responsabilidad fiscal y explicitando la colaboración público-privada. Estos elementos buscaban reflejar el desarrollo del concepto en Europa, especialmente como se cristalizó en la Constitución de España de 1978 en su artículo 1 – al igual que en Chile, incorporando aspectos de la Ley Fundamental de Bonn y la Constitución de Italia. No obstante, este consenso nominal sobre la fórmula de Estado social en Chile no logró unificar las interpretaciones del concepto entre los distintos sectores políticos y sociales. A diferencia de casos europeos como Italia, Alemania y España, donde el Estado social sirvió como un elemento unificador e integrador, en Chile ello condujo a una mayor polarización en el debate constitucional. Esto, en última instancia, contribuyó al fracaso de la propuesta de nueva Constitución. La cláusula de Estado social, rica en interpretaciones y tradiciones diversas, no logró en el contexto chileno el efecto integrador esperado, reflejando las divisiones en la sociedad respecto al rol del Estado.

Pese a ello, es necesario valorar el esfuerzo de interpretación y desarrollo del concepto de Estado social en el debate de la Comisión Experta y el Consejo Constitucional, que representó un trabajo de síntesis de la evolución histórica y jurídica del elemento social para un texto constitucional fallido, pero que nos permite resaltar conclusiones desde la doctrina sobre el concepto y contenido del Estado social en la actualidad. A ello nos abocaremos en el capítulo final de este trabajo.

Capítulo 7

El concepto y contenido del Estado social en la actualidad

El estudio de los antecedentes e interpretaciones del Estado social desde su origen permite abordar el debate contemporáneo desde una base común: estamos ante un adjetivo que, más que delimitar estrictamente una forma de Estado, surge como una fórmula de compromiso. Generalmente, el Estado social surge como un pacto entre fuerzas políticas durante la génesis de un texto constitucional para orientar la acción del Estado hacia objetivos materiales, manteniendo una flexibilidad que no impone los medios específicos para alcanzar dichos fines. En su lugar, representa un mandato a los poderes públicos, especialmente al legislador, para guiar su actuación en esa dirección.

La primera conceptualización del Estado social emergió con el nacimiento de la legislación social, desde mediados del siglo XIX hasta la promulgación de la Constitución de Weimar en 1919. Durante este período, el Estado social se entendió principalmente como una actividad estatal orientada a mejorar las condiciones de vida de los trabajadores, con un énfasis especial en la promulgación de leyes laborales. La concepción del Estado social como tutela legal de derechos laborales avanzó significativamente con la Constitución de Weimar, donde la consagración de derechos sociales en la norma constitucional consolidó el concepto.

El segundo momento clave en la evolución del Estado social ocurrió con la Constitución de Italia de 1948 y la Ley

Fundamental de Bonn de 1949. En esta etapa, el Estado social fue comprendido como un objetivo material del Estado, más allá de su faceta prestacional. Este enfoque quedó constitucionalizado de manera implícita en Italia, mientras que en Alemania se explicitó tanto a nivel federal en 1949 como en los *Länder*, comenzando con la Constitución de Baviera en 1946.

Un tercer momento histórico del Estado social se desarrolló en España, que puede dividirse en dos fases: su uso durante el régimen de Franco, tanto por el Gobierno como por sectores de izquierda, y su desarrollo posterior tras la Constitución de 1978. En el franquismo, el concepto fue utilizado como un elemento legitimador del "Estado nuevo", concibiendo el Estado social como un mecanismo para lograr la eficiencia en los servicios públicos y el máximo bienestar social, en el contexto de un régimen autoritario. Este uso de la fórmula de Estado social por una dictadura generó controversias, pues la doctrina de izquierda sostenía que el Estado social debía ser intrínsecamente democrático y más aún, una etapa intermedia transformadora hacia el Estado democrático de Derecho, concepto asociado a un sistema de orden socialista.

Con la transición a la democracia, la idea de Estado social se constitucionalizó en España, integrándose con el elemento democrático y del Estado de Derecho, limitando con ello las aspiraciones transformadoras de los autores de izquierda. El enfoque de la Constitución de 1978 enfatizó la función política, de unidad e integración social post dictadura, junto con una legitimación de la intervención estatal en el orden económico y social.

Finalmente, un cuarto momento del Estado social se desarrolló en América Latina desde la década de 1980, que aunque tuvo a Perú como el primer exponente de la incorporación del elemento social a la forma de Estado en la Constitución de 1979, tuvo su principal hito en la aprobación de la Constitución de Colombia de 1991. El estudio del concepto de Estado social en América Latina muestra una refundación de esta forma de Estado que va más allá de su entendimiento tradicional europeo. En el contexto latinoamericano, el Estado social ha recogido la expresión de su idea transformadora, en especial la raíz española de izquierda de la década de 1950 y 1960, enfocándose no solo en la garantía de derechos sociales, sino también como un pilar para la reformulación institucional y la redefinición de las estructuras de poder. Esta visión refleja una confianza en el potencial transformador de las constituciones, buscando un efecto normativo directo y una interpretación más expansiva del papel del Estado en la sociedad que la existente en Europa.

En el contexto latinoamericano el caso de Chile mereció especial atención por sus particularidades: en primer lugar, su actualidad, luego de dos procesos constitucionales fallidos – el último, en diciembre de 2023. En segundo término, porque el concepto de Estado social fue una de las consignas sobre las que se impulsó el proceso de cambio constitucional de 2022, y también uno de los acuerdos políticos de contenido mínimo del proceso de 2023. En tercer lugar, y relacionado con lo último, aunque en dicho país hubo un acuerdo transversal de las fuerzas políticas en 2023 respecto a la incorporación del Estado social en cuanto continente o denominación, pero no así respecto a su contenido. Esta falta de acuerdo real significó que, al momento de discutir la concreción del Estado social en la Comisión Experta y en el Consejo Constitucional, se reflejaron todas las diferencias históricas en torno al concepto.

En las páginas siguientes, se extraen conclusiones sobre la interpretación y los efectos normativos de la cláusula de Estado social. Aunque el desarrollo histórico no permite derivar un concepto unívoco, ni un contenido preciso, ni efectos normativos concretos, sí permite identificar ciertos elementos comunes a las principales tradiciones, consistentes con su raíz histórica y su orientación finalista.

7.1. EL ESTADO SOCIAL PUEDE ADOPTAR LA FORMA DE UN PRINCIPIO IMPLÍCITO O EXPLÍCITO

El adjetivo social en la forma de Estado social representa la concreción de un principio que pretende articular la acción estatal, atendiendo las circunstancias concretas, hacia un fin material. La garantía de principios es una característica propia de las constituciones, que por definición contienen normas abiertas, en línea con el constitucionalismo de consenso del siglo XX. Estas disposiciones de textura abierta forman parte de la naturaleza de "normas incompletas" de los textos constitucionales, que "logra perpetuar la vigencia de la Constitución, posibilitando su adaptación a los cambios sociales, y hasta se facilita su incesante interpretación progresista".[1254]

En cuanto principio, el Estado social caracteriza la articulación de fines del Estado que no se agota exclusivamente en la prestación de derechos, sino que también en la orientación del actuar estatal hacia fines materiales. La complejidad del Estado social en sus distintos objetivos puede ser caracterizado como una *cláusula definitoria.* Las cláusulas definitorias son aquellas que califican sintéticamente una institución singular, permitiendo "la comprensión integrada o sistemática del conjunto de preceptos que se refieren al complejo institucional abarcado y suponen un instrumento estructurador del ordenamiento constitucional, cuya complejidad y dispersión se reduce al quedar compartimentalizado en conjuntos institucionales dotados de su propia cohesión interna y por tanto con cierta homogeneidad, aseguradas por su respectiva cláusula definitoria." De esta manera, una cláusula definitoria garantiza "la relativa

---

1254 NIETO GARCÍA, Alejandro (1983): "Peculiaridades jurídicas de la norma constitucional", en *Revista de administración pública,* números 100-102, p. 390.

complitud y la coherencia de los subsistemas institucionales en que queda aparcelado el todo normativo constitucional".[1255]

En el caso del Estado social, la cláusula definitoria se encuentra no solo en el adjetivo *social*, sino también en el conjunto de normas constitucionales que configuran su marco axiológico. Es decir, que un país se constituya o se organice como un Estado social no se desprende únicamente de la mención explícita del adjetivo, sino también de la interpretación agregada del resto de las normas constitucionales que forman este sistema, considerado como una cláusula definitoria. Dicho de otra manera, la existencia de un Estado calificado como social no depende únicamente de la definición formal de la forma de Estado en el encabezamiento de la Constitución, sino también de una interpretación conjunta a partir de la doctrina, la jurisprudencia y la práctica de los poderes públicos. Por ello, García-Pelayo insistía en 1974 que el hecho de existir garantías de prestaciones sociales explícitas en la Constitución no es una condición necesaria para la existencia de un Estado social.[1256]

La formulación abierta de la cláusula definitoria de Estado social impide que ésta tenga una dimensión únicamente estática, sino que también adopta una "potencialidad desarrolladora al posibilitar adiciones o rectificaciones en la actualización constitucional que se verifique por vía jurisprudencial o normativa", en especial, por las referencias valorativas que contiene.[1257] Esto permite también caracterizar al Estado social como una norma de *programación final*; esto es, una disposición constitucional que no da respuesta a una situación de hecho,

---

1255 Solozábal Echavarría, Juan José (1985): "Alcance jurídico de las cláusulas definitorias constitucionales", en *Revista Española de Derecho Constitucional*, año 5, Nº 15, p. 88.

1256 García-Pelayo, *El Estado social y sus implicaciones...*, p. 30.

1257 Solozábal Echavarría, *Alcance jurídico de las cláusulas definitorias constitucionales...*, pp. 88-89.

sino que mandata el logro de un fin. Esta naturaleza programática dificulta la comprensión del contenido de la obligación del Estado, pero a su vez, le permite que la autoridad – en este caso, el legislador –un margen de discrecionalidad para su cumplimiento.[1258] Que una norma sea calificada como programática no tiene una connotación negativa, ya que toda norma constitucional tiene un valor de programación, aunque no sea propiamente, derivado de su función interpretativa del resto del sistema jurídico.[1259]

Hemos señalado que, como principio, el Estado social puede estar formulado de manera implícita o explícita en el texto de una Constitución. Esto no es inusual en las formas de Estado, ni en el propio Estado de Derecho, que es una construcción jurídica que no requiere de una consagración explícita; basta con que el texto constitucional garantice sus elementos esenciales. De manera similar, si el Estado social de derecho es un adjetivo de la forma de Estado, podemos afirmar que un Estado adopta una orientación social no porque su Constitución lo señale expresamente, sino porque en su texto se encuentran los contenidos básicos para ser comprendido como tal.

En este sentido, los Estados democráticos europeos del siglo XX han sido caracterizados por la doctrina en su mayoría como Estados sociales, pero pocos de ellos contemplan una determinación explícita de dicha fórmula en el texto de sus constituciones. Como revisamos, la Constitución de Italia de 1948 es un ejemplo de un Estado social sin que la fórmula esté explícita en su texto, sino que se ha derivado de su configuración como una República democrática "fundada en el trabajo", como también de los deberes de remoción de obstáculos y la garantía de derecho sociales, entre otras normas. En el caso latinoamericano, hemos visto el caso de Chile y la Constitución

---

[1258] DE OTTO PARDO, *Derecho Constitucional. Sistema de fuentes...*, pp. 42-47.

[1259] GIANNINI, *Rilevanza constituzionale del lavoro...*, p. 124, nota 11.

de 1980, en que una parte de la doctrina inicial a la dictación de su texto, así como la jurisprudencia de los tribunales superiores de justicia, han interpretado que estamos frente a un Estado social implícito. También puede mencionarse el caso de Argentina, cuya Constitución de 1853 también sido interpretada por la doctrina y la jurisprudencia de manera de incluir dentro de ella valores asociados al Estado social que no se encuentran explícitos en el texto constitucional de Alberdi.[1260]

Incluso en el caso español, los autores han dicho que la interpretación de la Constitución de 1978 no variaría sustantivamente si la cláusula de Estado social no estuviera explícita en su texto, ya que las mismas conclusiones que se derivan de dicha fórmula podrían desprenderse del resto del articulado de la Constitución.[1261] La pregunta a responder es, entonces, qué supone que el constituyente haya decidido explícitamente la incorporación de la cláusula de Estado social en la forma de Estado de un país. Esto lo revisaremos en las páginas que siguen. Antes que ello, nos enfocaremos en caracterizar la fórmula de Estado social en relación con su contenido y forma de acuerdo político para su incorporación al texto constitucional.

[1260] En este sentido, Dalla Via, Alberto (2020): "Alberdi y la Constitución económica", en Alberdi, Juan Bautista: *Pensamientos políticos y económicos* (Madrid, Centro de Estudios Políticos y Constitucionales), p. 321; De la Riva, Ignacio (2023): "Límites a la intervención del Estado mediante ayudas públicas: lecciones del principio de subsidiariedad", en Lara Arroyo, José Luis, y De la Riva, Ignacio (editores): *El principio de subsidiariedad y su impacto en el derecho administrativo* (Valencia Tirant Lo Blanch), p. 299.

[1261] Pérez Royo, Javier (2011): "Estado social de Derecho", en Aragón Reyes, Manuel (director), y Aguado Renedo, César (codirector): *Constitución, Estado constitucional, partidos y elecciones y fuentes del Derecho. Tomo I* (Madrid, Thomson Reuters), pp. 192-193. En el mismo sentido, Aragón Reyes, *Estudios de Derecho Constitucional...*, p. 421.

7.2. EL ESTADO SOCIAL ES UNA FÓRMULA DE COMPROMISO CON UN CONTENIDO MÍNIMO

La tradición constitucional europea en torno al Estado social refleja la decisión consciente de convertir esta fórmula, u otras equivalentes asociadas a la forma de Estado, en una cláusula de compromiso. La necesidad de satisfacer las nuevas demandas ciudadanas llevó a que los textos constitucionales se extendieran; el imperativo moderno de lograr un consenso democrático sólido para la redacción de constituciones exige acuerdos entre los partidos políticos. Estos pactos implican ceder en ciertos contenidos o posponer decisiones, lo que convierte a las normas de compromiso en una característica distintiva del constitucionalismo de consenso del siglo XX.[1262] Como indicaba Giannini en referencia al caso italiano, pero aplicable en general, "la Constitución se convierte necesariamente en un medio en el que los partidos entregan aquellos institutos o principios que presionan; o, más precisamente, un documento en el que se dejan constancia de aquellas garantías de principios, instituciones u otros, que cada uno de los partidos ha logrado, con su propio peso político, obtener."[1263]

En este punto es necesario hacer una distinción: aunque puede existir un consenso respecto al continente, no siempre se ha alcanzado el mismo acuerdo sobre el contenido que resguarda la constitucionalización de la fórmula de Estado social. Este contenido no ha sido siempre unívoco ni idéntico en los distintos países que han incorporado esta forma de Estado. Como señalaba Garrorena en 1980, la evolución del concepto de Estado social "cuenta con los más heterogéneos antecedentes, lo que

---

1262 LÓPEZ-JURADO ESCRIBANO, Francisco de Borja (1992): "La formulación de criterios de interpretación de la Constitución en la doctrina alemana: parámetros de admisibilidad", en *Revista Española de Derecho Constitucional*, número 34, p. 103.

1263 GIANNINI, *Rilevanza constituzionale del lavoro...*, p. 121.

hace, sin duda, tremendamente compleja su exacta identificación; sobre todo, su identificación ideológica".[1264]

En aquellos países donde la fórmula se encuentra implícita en su texto, como Italia, el *principio lavorista* del artículo 1 de la Constitución de 1948 fue el resultado de un pacto entre la izquierda y la Democracia Cristiana para incorporar una fórmula refundacional, pero amplia, que permitiera la identificación de todos los sectores políticos y sociales.

Para los fines de nuestro trabajo, los casos de Alemania y España son fundamentales por distintas razones: ambas constituciones han incorporado explícitamente el concepto de Estado social, desarrollando una interpretación histórica y doctrinaria de la fórmula. Además, han incluido el adjetivo social asociado a una fórmula compleja, que incluye el elemento democrático y el de Estado de Derecho. Aunque es posible identificar un contenido autónomo para el Estado social, su lectura debe ser bajo el marco del Estado social y democrático de Derecho. Sobre este punto profundizaremos más adelante.

7.2.1. El Estado social en Europa como un compromiso explícito

En Alemania, la cláusula explícita de Estado social en cuanto garantía normativa se articuló en la Ley Fundamental de Bonn como una fórmula de compromiso concreto: la orientación de la actividad del Estado hacia un fin material, superando el formalismo del Estado de Derecho de la Constitución de Weimar. Con esto, también, se evitaba el incumplimiento de las expectativas que generaban las amplias declaraciones de derechos y otras normas sociales de la Constitución de 1919.

1264 Garrorena Morales, *El Estado español como Estado social y democrático de derecho...*, p. 29.

En el caso español, la orientación finalista no parece ser el sentido de la incorporación del elemento social en la fórmula de Estado social y democrático de Derecho. Ante la ausencia de fuentes directas sobre la intención de la ponencia en la configuración del artículo 1.1, solo hemos podido hipotetizar en base a distintas referencias de algunos de los diputados redactores y de la doctrina anterior y coetánea al trabajo de las Cortes Constituyentes.

De esta revisión, deducimos que el adjetivo "social" tuvo dos intenciones: la primera, modular la forma de "Estado democrático", propuesta por el Grupo Socialista, ya que el elemento democrático de esta formulación pretendía escriturar una vinculación con la idea de Estado democrático que propugnaba el socialismo de la época; esto es, "un Estado democrático de derecho como vía al socialismo, superando el neocapitalismo."[1265] La segunda intención, a nuestro juicio, fue adoptar una decisión de garantía de mínimos de continuidad en la protección social e intervención estatal desde el franquismo hacia el período de transición.

En primer lugar, la modulación de esta concepción del Estado democrático se produce por la incorporación del concepto de Estado social, que tenía raíces e interpretaciones disímiles tanto en el franquismo como en la izquierda durante el período de 1940 a 1970, y que por tanto, permitía a ambas facciones desprender de este concepto las consecuencias que quisieran, conforme a sus idearios, pero siempre dentro de la fórmula compleja de ser un Estado social, asociado a un Estado democrático – en cuanto democracia representativa pero con ingredientes participativos –, y un Estado de Derecho. Visto de esta manera, la fórmula española de Estado social, en su origen de pacto de transición de una dictadura hacia una

---

[1265] DÍAZ GARCÍA, Elías, *Estado de Derecho y sociedad democrática...*, edición de 1975, p. 130.

democracia, se asemejaría con mayor fidelidad a la idea de un compromiso dilatorio, y no a un compromiso "auténtico", en el sentido de Schmitt.

La decisión política fundamental sobre la forma de existencia política concreta del pueblo español, al momento de incorporar el elemento social en 1978, fue la escrituración de un concepto que permitía un amplio margen a la decisión política, con guiños hacia todos los sectores que participaron del acuerdo, y por tanto, mantener las puertas abiertas a la configuración de España bajo la socialdemocracia, el socialismo democrático o la centro derecha, pero siempre bajo el marco de la fórmula compleja de Estado social y democrático de Derecho. En la discusión en las Cortes Constituyentes, los diputados y senadores reconocían explícitamente que la fórmula del artículo 1.1 permitía tener en cuenta distintas pretensiones posibles en relación con el sistema económico y el rol del Estado. Otra muestra de la decisión consciente de mantener abiertas las opciones a distintos modelos es la redacción del artículo 38 de la Constitución, un claro ejemplo de norma de compromiso dilatorio.

Una segunda justificación para la incorporación del elemento social sería un acuerdo mínimo de protección social e intervención del Estado. Como remarcó Alejandro Nieto, la Constitución de 1978 contiene normas que representan una renuncia a su función conformadora social, asumiendo un rol "deliberadamente no revolucionario", pero con ello, pretendieron "sólo garantizar que no se produzca un retroceso en el *status* de los ciudadanos (reconociendo unos derechos fundamentales) al tiempo que abre caminos que posibilitan al legislador y a los Tribunales un progreso en el camino de la democracia social que se proclama en el artículo primero de su texto."[1266] En nuestra opinión, el Estado social en el

---

[1266] NIETO, *Peculiaridades jurídicas de la norma constitucional...*, p. 400.

caso español presentó un compromiso auténtico en el sentido que propone Nieto: un acuerdo para la incorporación de una expresión que, teniendo distintos antecedentes e interpretaciones entre los sectores políticos, podía ser leída transversalmente como un acuerdo para no retroceder en uno de los contenidos mínimos del Estado social en ese momento, que era la actividad de intervención estatal en la provisión de servicios públicos.

La interpretación del Estado social en Alemania y España como un concepto de contenido mínimo no significa que dicha fórmula no tenga un valor axiológico; esto es, según Rubio Llorente y Aragón, no estamos frente a una fórmula "rigurosamente vacía de contenido".[1267] Sin embargo, dicha sustancia debe ser interpretada precisamente en cuanto mínimo, de fines y orientación al Estado, y no de exigencias maximalistas que finalmente ahogarían a la democracia sin dejar margen suficiente de configuración a la política.[1268]

En nuestra opinión, lo que identifica el contenido mínimo del elemento de Estado social en la tradición europea es una orientación hacia un elemento finalista de la actividad estatal. Este objetivo debe ser de contenido mínimo porque, siendo una fórmula de compromiso, el Estado social debe identificarse con aquellos elementos fundamentales que permitan la mantención del consenso que significó su incorporación a nivel constitucional. Una interpretación extensiva del concepto corre el riesgo de destruir el acuerdo que permitió su explicitación, y consecuentemente, la quiebra del

---

[1267] RUBIO LLORENTE, Francisco, y ARAGÓN REYES, Manuel (1979): "Enunciados aparentemente vacíos en la regulación constitucional del control de constitucionalidad", en *Revista de estudios políticos,* número 7, p. 163.

[1268] BENDA, El Estado social..., p. 491.

consenso respecto de la forma de Estado – la "Constitución de la Constitución", en la expresión de Garrorena.[1269]

En consecuencia, el Estado social representó la constitucionalización de una finalidad estatal en la propia forma de Estado, que ordena su actividad y concreción hacia ella, siempre – insistimos, aunque profundizaremos en ello en los apartados siguientes – bajo el marco de un Estado democrático y un Estado de Derecho.

7.2.2. La corriente latinoamericana de la fórmula de Estado social

La cláusula europea de Estado social tuvo una proyección distinta en América Latina. El nuevo constitucionalismo latinoamericano de Venezuela, Ecuador y Bolivia – y con matices, el neoconstitucionalismo de la Constitución de Colombia de 1991–dotaron a la fórmula de Estado social y democrático de Derecho de un elemento transformador del orden económico y social. Bajo el marco común del elemento refundacional en las constituciones del nuevo constitucionalismo latinoamericano, bien podría calificarse de "compromiso auténtico" la incorporación del Estado social como adjetivo a la forma de Estado en estos textos.

En el caso venezolano, sin embargo, resulta difícil calificar de un verdadero compromiso político la incorporación de la cláusula de Estado social por la Asamblea Constituyente de Venezuela, la cual – como reseñamos anteriormente – fue integrada bajo un sistema electoral que aseguraba una abrumadora mayoría del partido de gobierno, sin necesidad por tanto de un mayor diálogo político con la oposición. Además, en la idea de Estado social venezolana ha sido fundamental

---

1269 Garrorena Morales, *El Estado español como Estado social y democrático de Derecho...*, p. 22.

su hermenéutica realizada por el Tribunal Supremo de Justicia de dicho país, el cual – controlado desde sus inicios por el gobierno de Chávez – ha llevado la interpretación de la cláusula de Estado social hacia un objetivo literalmente de "luchas de clases" y "revolucionario".

A diferencia del caso venezolano, en Bolivia, la Asamblea Constituyente siempre entendió el Estado social como un elemento más del esfuerzo *descolonizador* de su forma de Estado. Aunque como reseñamos previamente, en los debates constituyentes se hicieron alusiones al contenido que podemos identificar con la tradición europea de la fórmula, el elemento fundamental del Estado social se encontraba asociado a la refundación como liberación del colonialismo económico y social, y una mayor inclusión de los pueblos indígenas en la decisión política. En Bolivia, por tanto, el elemento social es parte de un compromiso auténtico, pero asociado indisolublemente a otros adjetivos de la fórmula, en particular de la plurinacionalidad. Sobre esto profundizaremos más adelante.

7.2.3. Chile y la culminación de la evolución del concepto de Estado social como fórmula de compromiso

El caso de Chile ha sido analizado en este trabajo de forma separada al resto de América Latina. Los procesos constituyentes de 2019 a 2023 – exitosos en su formulación, fallidos en su conclusión– se distinguen de otros países latinoamericanos revisados en este trabajo por variadas razones. En lo que importa a este apartado, la diferencia entre Chile y el resto de los países de América Latina es la naturaleza de pacto político transversal del origen de esta forma de Estado, lo que da cuenta de una voluntad prácticamente unánime de los partidos políticos para su inicio y desarrollo. En el segundo proceso constituyente, de 2022-2023, uno de esos compromisos fuertes de los partidos políticos fue la incorporación de la base número 5 al proceso constitucional, que como ya hemos reseñado, obligaba a la inclusión explícita en el texto constitucional de la configuración de Chile como un Estado social y democrático de Derecho.

En la formulación del Estado social – que se denominó como 'Estado social *a la chilena*', el acuerdo político no solo fue la inclusión de la fórmula "Estado social y democrático de Derecho", sino que también de otros adjetivos y frases que daban cuenta de la falta de consenso sobre el contenido de dicha forma de Estado. Recordemos también que lo innovador de esta formulación no era el elemento democrático – incorporado explícitamente en el artículo 4 de la Constitución de 1980 –, sino que la inclusión explícita del elemento social. Por esto, el acuerdo político – el compromiso auténtico, en el sentido más estricto de la expresión – se dio respecto a la fórmula completa, con todos los adjetivos, principios y elementos adicionales, al momento de su incorporación por el Congreso Nacional como una de las bases del proceso constitucional de 2023. Evidentemente – como ha ocurrido en otras partes del mundo – la naturaleza abierta de la cláusula de Estado social permitió atribuirle distintos sentidos, contenidos y efectos por las distintas fuerzas políticas. Esto, que por un lado facilita el acuerdo en la incorporación literal de la cláusula, por otra parte hizo más difícil la definición de un contenido político o jurídico sobre ella.

Finalmente, el consenso sobre la fórmula de Estado social propiamente tal como una de las bases del proceso constitucional chileno fue más bien nominal o aparente, hacia el continente que representaba dicha cláusula, más que a un contenido en concreto. Los esfuerzos de incluir aditivos a la formulación para explicitar sus bordes no surtieron el efecto de homogeneizar la interpretación del Estado social hacia una que fuera compartida por los distintos sectores políticos y sociales. En el contexto de una sociedad dividida respecto al rol del Estado, la idea de generar integración y consenso a través de una cláusula tan rica en interpretaciones y tradiciones distintas terminó produciendo el efecto opuesto, fomentando la polarización del debate, y a la larga, al fracaso de la propuesta de nueva Constitución. A diferencia del caso europeo, la cláusula de Estado social en el contexto chileno no fue capaz de dotar a la cláusula de un elemento unificador e integrador de la comunidad como ocurrió en Italia de forma implícita, o Alemania y España. Al contrario, es probable que dicho falso consenso ha sido una de las causas del fracaso del último proceso constitucional.

7.3. EL ESTADO SOCIAL ES UN ELEMENTO DE UNA FÓRMULA COMPLEJA: ESTADO SOCIAL Y DEMOCRÁTICO DE DERECHO

En este trabajo hemos estudiado la cláusula de Estado social de forma aislada del resto de la formulación de Estado social y democrático de Derecho, definiéndola anteriormente con un contenido mínimo: una orientación del Estado hacia un elemento finalista, el cual se concretiza en la constitucionalización de una actividad de intervención estatal para encauzar la vida económica y social hacia dicho fin. En suma, se trata de la constitucionalización de una preocupación social del Estado, con varios contenidos, pero considerando al menos la garantía de intervención estatal para su desarrollo.

Esta orientación estatal hacia lo social se cristalizó en la constitucionalización de la forma de Estado, pero no es la única manera con que se pretendió alcanzar dicho objetivo. A la par de la evolución histórica del Estado social se adoptaron diferentes caminos en distintos países y realidades histórico-políticas: los países en la órbita de la Unión Soviética consagraron formas de Estado como Estados socialistas; en otros países europeos, en un contexto de Estados propiamente democráticos y constitucionales, se mantuvieron las configuraciones de Estados o Repúblicas democráticas, y finalmente, algunos adoptaron la fórmula de Estado social. Por tanto, la preocupación social va más allá de la idea de Estado social, siendo ésta un instrumento de la concreción de dicha finalidad, pero en ningún caso el único mecanismo o forma de Estado.

De las constituciones que han adoptado de manera expresa la formulación de Estado social, lo habitual es que su incorporación se encuentre asociada al Estado de Derecho, y siempre en conjunto con el adjetivo democrático. Por tanto, aunque sea posible identificar un contenido y efectos normativos de la expresión Estado social, ella forma parte de una fórmula compleja, que es el Estado social y democrático de Derecho. En este sentido, la Comisión de Venecia ha planteado que el Estado social "debe leerse en armonía con los otros dos principios: el Estado de derecho y el Estado democrático, y cada principio limita una posible interpretación maximalista del otro."[1270] Como apuntaba el profesor Óscar Alzaga, "los adjetivos 'social' y 'democrático' cumplen una importante función correctora, pero no dejan de ser adiciones a aquella idea medular" que es el Estado de Derecho.[1271]

En el análisis que hemos hecho en el apartado precedente recalcamos el sentido de la expresión Estado social como una fórmula de compromiso, pero hicimos mención que todo acuerdo para su incorporación en el texto constitucional no ocurre respecto al elemento social aislado sino que en íntima conexión con el resto de sus componentes; esto es, los adjetivos que junto al Estado social convierten a la forma de Estado en una fórmula compleja. En la tradición europea, estos elementos son dos: el Estado democrático y el Estado de Derecho. En América Latina, se incorporan nuevos adjetivos: plu-

---

1270 Comisión Europea para la Democracia por el Derecho, *Opinión sobre la reforma constitucional de 2023…*, p. 24.

1271 Alzaga Villamil, *Comentario sistemático a la Constitución española de 1978…*, p. 68.

rinacionalidad, ecología, justicia, e incluso se altera la palabra "Derecho" por "derechos", buscando acentuar la faz de garantía de derechos sociales en la formulación. Finalmente, el caso del proceso constituyente de Chile de 2023 representó la mezcla entre estas dos visiones: una fórmula notablemente transaccional, que mantiene la redacción europea, pero que incorporó adjetivos y modulaciones directamente en la forma de Estado que constituyen, en nuestra opinión, un esfuerzo de concreción explícita de la larga evolución del concepto de Estado social.

A continuación presentaremos algunas de las relaciones entre el concepto de Estado social, el elemento democrático y el Estado de Derecho.

7.3.1. La relación del adjetivo social con el Estado democrático

La primera relación para analizar es la vinculación entre el Estado democrático y el Estado social. En su construcción histórica, la cláusula de Estado social no llevaba implícito en su formulación el componente democrático. Aunque tradicionalmente se vinculó el triunfo de las democracias con respuestas decididas a las demandas sociales, no se puede olvidar que los regímenes autoritarios y dictatoriales con frecuencia aplican políticas sociales amplias, buscando una "legitimación instrumental" por los hechos, como ocurrió con los denominados Estados sociales en los regímenes autoritarios europeos.[1272]

Para García-Pelayo, el componente social no puede desarrollarse si no democráticamente, y el principio democrático es garantía que la orientación de la autoridad sea a los intereses sociales.[1273] Pese a ello, no resulta suficiente comprender que

---

1272 RITTER, *El Estado social, su origen y desarrollo...*, p. 25.

1273 GARCÍA-PELAYO, *El Estado social y democrático de derecho en la Constitución española...*,, p. 103.

los fines del Estado social son los mismos que el Estado democrático, ya que conceptualmente pueden diferenciarse, y así lo ha sido en alguna época de la historia.

De la misma forma, aunque sea relevante la diferenciación entre ambos elementos, también es importante destacar sus coincidencias. La cláusula de Estado social y democrático de Derecho es fruto de un pacto político, un compromiso auténtico, y la forma de Estado representa el contenido axiológico más profundo respecto al contenido político del texto de la Constitución. Por lo tanto, la modificación o reforma de cualquiera de los dos elementos de la fórmula no es posible sin la ruptura del consenso político fundamental que dio origen a ésta.[1274] De la misma forma, como apunta Hesse, el "Estado" democrático no se constituye ni existiría sino a través de la cooperación social.[1275]

Asimismo, la explicitación del Estado social en la Constitución cumple una función *política y organizativa*, que se relaciona con el elemento democrático. El adjetivo social asociado a la forma de Estado se convierte en una orientación directa de la actividad estatal que potencia el elemento democrático con el que se construye la fórmula de Estado social y democrático de Derecho. Como señala Rodríguez de Santiago, el Estado social es una norma que rechazando la neutralidad en lo social, impone al Estado democrático un objeto, tarea o fin.[1276]

Finalmente, el Estado social se desarrolla a través del elemento democrático, ya que su concretización es un deber primario del legislador, órgano representante por excelencia de

---

1274 Herrero de Miñón, Miguel (1998): "La Constitución como pacto", en *Revista de Derecho Político,* número 44, pp. 26-29.

1275 Hesse, Konrad (1983): *Escritos de derecho constitucional. Selección.* (Madrid, Centro de Estudios Constitucionales), p. 13.

1276 Rodríguez de Santiago, *La administración del Estado social...*, p. 18.

la democracia representativa. En este sentido, la naturaleza de compromiso político fundamental del Estado social exige también un consenso político y democrático para su desarrollo que debe apuntar hacia la identificación de contenidos mínimos, y no máximos, que dificulten precisamente el acuerdo sobre ellos.

Dicho lo anterior, algunos autores van más allá de considerar al Estado social como un elemento de la formulación de Estado social y democrático de Derecho. Se ha planteado que el Estado social, en propiedad, sería en la actualidad una modalidad del Estado democrático de Derecho [1277] – entendido éste en el sentido de la democracia representativa, y no en el concepto socialista de Elías Díaz, como una etapa del socialismo democrático hacia un Estado socialista.[1278]

Esta asociación entre los conceptos de Estado social y Estado democrático es un desarrollo contemporáneo,[1279] y se manifestaría en derivaciones normativas de la cláusula de Estado social que se acercan más a aquellas que se pueden desprender, simplemente, de la idea de Estado democrático. Por ejemplo, sistemas de democracia representativa, el control de la responsabilidad política, mecanismos de democracia directa e indirecta y el fomento a la participación ciudadana. Por de pronto, incluso la doctrina constitucional contemporánea – más allá del neoconstitucionalismo en sus distintas variantes – ha entendido que la superación del Estado de Derecho formal ocurrió con la obligación de garantía y realización de los derechos fundamentales de los textos fundamentales contemporáneos,[1280] lo que formaría

1277 ARAGÓN REYES, *Libertades económicas y Estado social...* p. 123. En este mismo sentido, FERNÁNDEZ-MIRANDA CAMPOAMOR, *El Estado social...*, p. 142.

1278 DÍAZ GARCÍA, *Estado de derecho y sociedad democrática...*, edición de 1975, pp. 127-130.

1279 OLIVETTI, *Diritti fondamentali...*, p. 5.

1280 BENDA, *El Estado social de Derecho...*, p. 491.

parte del contenido intrínseco de la misma noción de Estado democrático de Derecho.

7.3.2. La relación del Estado social con el Estado de Derecho

La dificultad en la interpretación de la cláusula de Estado social radica en su diferencia fundamental con la noción de Estado de Derecho. Mientras que el Estado de Derecho tiene como objeto esencial la determinación de límites a la acción del Estado, el Estado social tiene una orientación positiva, que hace más difícil precisar las formas – y contornos – de su obrar.[1281]

Aunque en su origen fueron nociones desarrolladas con independencia una de la otra, contemporáneamente no es posible concebir al Estado social sin ser un Estado de Derecho. La evolución del concepto hacia su limitación en la fórmula compleja de Estado social y democrático de Derecho ha permitido superar las dudas de Forsthoff, Giannini, y tantos otros autores a lo largo de la historia que plantearon los reparos ante la conformidad del Estado social con un Estado de Derecho.[1282] Como señaló García-Pelayo, la articulación entre el Estado social y el Estado de Derecho se generó "como una exigencia, de una parte, para la revitalización del principio del Estado de Derecho frente al formalismo vacío al que le había conducido el positivismo jurídico y, de otra parte, para hacer compatibles las necesarias transformaciones sociales con las libertades fundamentales y con las garantías para la seguridad jurídica que ofrece el Estado de Derecho. Lo que entonces

---

1281 Santamaría Pastor, *Fundamentos de Derecho administrativo I...*, p. 228.

1282 Forsthoff, *Concepto y esencia del Estado social de Derecho...*, p. 101; Garrorena Morales, *El Estado español como Estado social y democrático de Derecho...*, p. 160.

era una exigencia teórica ha pasado hoy a convertirse en una norma constitucional del Derecho positivo."[1283]

Una relación fundamental entre el contenido mínimo que hemos propuesto de Estado social es que el contenido finalista de la actividad estatal, materializado en la constitucionalización de garantías de derechos sociales, se convierte en un mandato para todos los poderes públicos, pero se concretiza por la acción del legislador. Esta relación del Estado social con el elemento democrático de la fórmula lo es también con el Estado de Derecho, que demanda una separación de funciones entre los poderes estatales, pero también orienta su actuar. En este sentido, el Estado de Derecho obliga a un Estado social sometido a la legalidad de la actuación de la Administración, la seguridad jurídica, y la independencia judicial. Por esto, no resultaría justificación suficiente para el obrar de la Administración su sometimiento a los fines del Estado social para evadir al legislador democrático, invadir la esfera judicial para promover decisiones que le corresponden a dicho órgano del Estado, o dejar sin efecto decisiones que éste haya adoptado.[1284]

En palabras de Rubio Llorente, "[e]l Estado social condiciona el Estado de Derecho, pero no lo abole", ya que un efecto concreto de su constitucionalización es que "la conciliación de ambas determinaciones no sólo es una exigencia ideológica, un postulado de política jurídica", sino que en la actualidad, "afortunadamente, un imperativo constitucional.".[1285]

1283 GARCÍA-PELAYO, *Las transformaciones del Estado contemporáneo...*, pp. 102-103.

1284 Una sistematización de los criterios – no exhaustivos – del Estado de Derecho puede encontrarse en COMISIÓN DE VENECIA, *Rule of law checklist...*, pp. 11-33.

1285 RUBIO LLORENTE, *La forma del poder...*, p. 330.

7.3.3. La relación del Estado social otros principios asociados a la forma de Estado

Como ya hemos señalado, la cláusula de Estado social tuvo una proyección distinta en América Latina. El nuevo constitucionalismo latinoamericano de Venezuela, Ecuador y Bolivia – y con matices, el neoconstitucionalismo de la Constitución de Colombia de 1991 – dotaron a la fórmula de "Estado social y democrático de Derecho" de un elemento transformador del orden económico y social.

En el nuevo constitucionalismo latinoamericano, el acento en el elemento democrático mutó desde la democracia representativa hacia una democracia directa o participativa; el adjetivo social se orientó hacia la superación de un sistema económico que se calificó despectivamente como neoliberal, y el Estado de Derecho en su contenido mínimo – separación de poderes, garantía de derechos liberales – se reinterpretó para evitar que sea un obstáculo a la refundación de la sociedad. Tanto ha sido el afán transformador que la propia frase de "Estado social y democrático de Derecho" resultó insuficiente para sus fines, alterándose el "Derecho" por "derechos" e incluyendo nuevos adjetivos, como la justicia, plurinacionalidad, ecología, entre muchos otros. Esta transformación ha sido entendida, incluso, como una desfiguración del valor del Estado de Derecho que permite el amparo de acciones autoritarias, sin reflejar el sentido del Estado de Derecho contemporáneo.[1286]

La relación entre la fórmula de Estado social y el resto de los adjetivos que incluye la fórmula varía en cada país. En Bolivia, por ejemplo, el Estado social se ha interpretado a la luz del esfuerzo *descolonizador* de la fórmula completa, que

---

1286 Comisión Europea para la Democracia a través del Derecho, *Report on the Rule of Law…*, párrafo 15.

incluye los elementos de plurinacionalidad, comunidad, libertad, independencia, soberanía, interculturalidad, descentralización y autonomías.

El adjetivo social se enmarca en potenciar el conjunto, en que el centro – como revisamos – es la plurinacionalidad, y donde una concreción del Estado social es la proyección del elemento democrático en mecanismos de democracia directa, la incorporación de las comunidades en la dirección de órganos estatales e incluso en la inclusión de miembros electos en la justicia constitucional. En este sentido, el verdadero elemento integrador en la forma boliviana no ha sido el adjetivo social, sino que el Estado plurinacional.

7.4. EL OBJETO DEL ESTADO SOCIAL ES EL BIEN COMÚN Y SU ORIENTACIÓN A UN ROL ACTIVO DEL ESTADO PARA SU CONSECUCIÓN

Este trabajo ha identificado al Estado social como una fórmula de contenido mínimo. A nuestro juicio, lo que define el contenido mínimo del elemento de Estado social en la tradición europea es su orientación hacia un objetivo finalista de la actividad estatal. Como hemos señalado, este objetivo debe ser de contenido mínimo, ya que, al tratarse de una fórmula de compromiso, el Estado social debe vincularse con aquellos elementos fundamentales que permitan mantener el consenso que hizo posible su incorporación a nivel constitucional. Una interpretación extensiva del concepto corre el riesgo de romper el acuerdo que permitió su explicitación y, por ende, de fracturar el consenso en torno a la forma de Estado.

Autores como Fernando Díez Moreno han planteado que el Estado social representa, en la práctica, una manifestación moderna de los fines del Estado.[1287] Entre estos fines, el concepto que mejor satisface esta orientación hacia un objetivo material es, a nuestro juicio, el de bien común, que se concreta a través de la constitucionalización de la intervención estatal para dirigir y fomentar la vida económica y social hacia dicho fin, como también fomentarla cuando sea necesario.

El uso del concepto de bien común tiene la ventaja de representar el nivel máximo de abstracción y generalidad respecto a los fines del Estado, al mismo tiempo que permite reconducirlo a un contenido tangible y concreto si se alinea con su comprensión clásica.[1288] Es por esta amplitud que para Ruiz-Tagle y Cristi un objetivo del constitucionalismo republicano es la defensa de la idea de bien común.[1289]

El bien común presenta, además la ventaja de ser parte de la tradición jurídica de los países que hemos revisado, e incluso en aquellos países que la han preterido por el concepto de interés general – como Colombia, Francia y España –, creemos posible reconciliar ambos conceptos en una finalidad común.

7.4.1. El bien común como fin del Estado social

El bien común no es un concepto ajeno al Estado social; al contrario, ha estado asociado a dicha forma de Estado desde sus primeras formulaciones normativas. Un antecedente histórico puede contribuir a esta idea: la Constitución de Baviera de 1946 – como vimos, el primer texto constitucional que

---

1287 Díez Moreno, Fernando (2004): *El Estado social* (Madrid, Centro de Estudios Políticos y Constitucionales), p. 11.

1288 Díez Moreno, *El Estado social…*, p. 15.

1289 Ruiz-Tagle, Pablo, y Cristi, Renato (2014): *El constitucionalismo del miedo. Propiedad, bien común y poder constituyente* (Santiago, LOM ediciones), p. 21.

incorpora la adjetivación del Estado como social – declaraba que Baviera era un Estado social de Derecho, cuyo objetivo es el bien común. Es decir, desde el antecedente directo de la consagración de la fórmula de Estado social en la Ley Fundamental de Bonn se ha tenido en consideración la idea de bien común incorporada en dicha cláusula.

La interpretación de la cláusula de Estado social desde sus orígenes también ha planteado como su objetivo el bien común. En Italia, Salvatore Lerner explicaba cómo el fin del Estado social es el bien común, el que no debe confundirse con objetivos meramente materiales, sino como una ordenación pública y privada destinada a aumentar la prosperidad general.[1290] En Alemania, Wolfgang Abendroth entendía el Estado social como la culminación de un proceso de evolución constitucional en que la Ley Fundamental de Bonn rompe definitivamente con la idea de que el orden social y económico pueda producir justicia al funcionar libremente por sí mismo, y por tanto, exige que el poder de decisión ya no recaiga en los privados, la libertad contractual, los monopolios y oligopolios orientados por el interés privado, sino que en la sociedad democráticamente organizada hacia el bien común.[1291] En España, Lucas Verdú también se refería en sus obras a la "primacía del bien común" como el fin del Estado social.[1292]

Contemporáneamente, la doctrina ha interpretado al bien común como la finalidad del Estado social. En palabras del ex Presidente del Tribunal Constitucional Federal de Alemania, Ernst Benda, "la idea fundamental de la cláusula del Estado social apunta a que el bien común no resulta automáticamente de la libre concurrencia de las fuerzas sociales y de los

---

1290 LERNER, *Lo Stato sociale contemporaneo*, p. 192.

1291 ABENDROTH, *Sobre el concepto de Estado democrático y social...*, pp. 276 y 285.

1292 LUCAS VERDÚ, *La lucha por el Estado de Derecho...*, p. 119.

individuos, sino que requiere que el Estado con su autoridad arbitre una compensación de intereses".[1293]

Esta identificación del fin del Estado social con el bien común se hace más nítida cuando recordamos que, desde sus orígenes, la naturaleza de la cláusula ha estado vinculada a un elemento de integración de la comunidad. De esta manera, el reconocimiento a nivel constitucional del Estado social actúa como un elemento de unificación social e instrumento de deslegitimación de desigualdades básicas. Es en este sentido que Esteve Pardo anunció el "retorno triunfal de la noción de bien común" como fin del Estado, revitalizándose como objeto del Estado garante pero también respecto a la función directiva del Derecho sobre la sociedad.[1294] Ambas nociones se encuentra intrínsecamente unidas desde la Escuela de Salamanca, donde ya Francisco Suárez apuntaba que la función directiva – aquella más consustancial al poder político y la que justifica su existencia – solo resulta vinculante moralmente para la comunidad política en la medida en que se ejerza al servicio del bien común.[1295]

Si el bien común es el objeto del Estado social, dicho concepto no puede entenderse simplemente como una suma de bienes particulares de cada sistema o grupo.[1296] En sus raíces, la idea del bien común expresa la esperanza de construir comunidad en torno a valores y objetivos compartidos.[1297]

1293 Benda, *El Estado social...*, p. 557.

1294 Esteve Pardo, *La nueva relación entre Estado y sociedad...*, p. 171.

1295 En este sentido, Suárez, *De Legibus*, III, XI, 6.

1296 Ruiz-Tagle y Cristi, *El constitucionalismo del miedo...*, p. 21.

1297 Sedmak, Clemens (2023): "Conclusión. El bien común y lo extraordinario. Algunas observaciones finales", en Nebel, Mathias, Sedmak, Clemens y Mueller-Jourdan, Pascal (editores): *La síntesis teológica de la noción de bien común en patrística* (Barcelona, Herder), p. 104.

Para Vermeule, la idea de bien común es inherentemente desagregada, y por tanto, puede ser compartida por toda una comunidad sin verse disminuida. Es un concepto que, en su foco esencial, busca combatir el individualismo.[1298] La persecución de una finalidad común a todas las personas va en consonancia con la búsqueda de un concepto que evite la fragmentación social contemporánea, y en cambio, ordene a la comunidad hacia objetivos que beneficien al conjunto de la sociedad, y a partir de él, a todos sus integrantes.

Desde las raíces clásicas de la idea del bien común que los elementos materiales son fundamentales para su consecución. La escolástica española, al estudiar el contenido del concepto, menciona dentro de ellos el mantenimiento de la paz y la justicia en la comunidad política, "la suficiencia de los bienes que miran a la conservación y comodidad de la vida corporal, y con aquella probidad de costumbres que es necesaria para esta externa paz y felicidad de la república, que contiene la conservación de la naturaleza humana."[1299] Citando a Tomás de Aquino, Robert P. George reconoce que sin los bienes materiales, y la mantención de la paz – que también requiere bienes materiales para su mantención – el orden político carece de la estabilidad que requiere para la consecución del bien común de sus miembros.[1300]

De esta manera, como apunta Finnis, el bien común o finalidad de la comunidad política es "un conjunto de condiciones que capacita a los miembros de una comunidad para alcanzar por sí mismos objetivos razonables, o para realizar razona-

---

1298 VERMEULE, Adrian (2022): *Common good constitutionalism* (Cambridge, Polity Press), pp. 26-29.

1299 SUÁREZ, Francisco: *De Legibus*, III, XI, 6 (edición de Jaime Torrubiano Ripoll, Madrid, 1918), p. 134.

1300 GEORGE, Robert P. (1993): *Making men moral. Civil liberties and public morality* (Oxford, Clarendon Press), p. 30.

blemente por sí mismos el valor (o los valores), por los cuales ellos tienen razón para colaborar mutuamente (positiva y/o negativamente) en una comunidad".[1301] Finnis hace notar que este concepto "no afirma ni implica que los miembros de una comunidad tienen que tener todos los mismos valores u objetivos (o conjunto de valores u objetivos); sólo implica que haya algún conjunto (o conjunto de conjuntos) de condiciones que es necesario conseguir si cada uno de los miembros ha de alcanzar sus propios objetivos."[1302]

Para el cumplimiento del objetivo material del bien común resulta irrelevante la disposición de los medios únicamente por parte del Estado, ya que su mandato se encuentra en la procura del objetivo, y por tanto, en la ordenación de los instrumentos – sean públicos o privados – hacia el bien común. Bajo esta concepción, el Estado tiene un rol de garante en la preservación y realización del bien común,[1303] y este bien común cumple una función de integración de los intereses fragmentados de la sociedad, en línea con la propia noción de Estado social.

En nuestra visión, esta idea de Estado social y bien común se encuentra vinculada con la interpretación más fecunda en efectos interpretativos de la cláusula, que ha sido aquella que vincula el concepto de Estado social con el principio de

---

1301 FINNIS, John (2000): *Ley natural y derechos naturales* (Buenos Aires, Abeledo-Perrot), p. 184.

1302 FINNIS, *Ley natural y derechos naturales...*, p. 184.

1303 ESTEVE PARDO, *La nueva relación entre Estado y sociedad...*, pp. 174-175. En este sentido, enfocado en el debate constitucional chileno, la opinión de COUSO, Javier, WALKER, Elisa, NÚÑEZ, José Ignacio, RIVEROS, Edgardo, QUINTANA, Augusto, WALKER, Ignacio, ZALDÍVAR, Andrés, y SZMULEWICZ, Esteban (2023): "Estado Social de Derecho en el Consejo Constitucional", en *El Mercurio,* 4 de octubre de 2023, p. A2.

igualdad.[1304] En el marco de la búsqueda de igualdad, se deriva la obligación de garantía y realización de los derechos fundamentales a través de la orientación y decisiones del Estado, desde la dignidad de la persona, sin ser por ello paternalista ni autoritario.[1305] De ahí que contemporáneamente, para Sotelo, el origen del concepto de Estado social sea, esencialmente, la corrección de la desigualdad.[1306]

La orientación para acabar con la desigualdad que se asocia a la idea de Estado social es, en la práctica, un instrumento para la concreción de la finalidad de integración que persigue el bien común, ya que una sociedad con profundas desigualdades difícilmente logrará la cohesión de la comunidad. La persecución de la igualdad es, por tanto, un instrumento para la consecución del bien común, y no el fin en sí mismo del Estado social.

7.4.2. El concepto de interés general en Francia y España y el retorno contemporáneo hacia el bien común

Si el objeto del Estado social es el bien común, es necesario hacer un matiz con el deber de promoción del "interés general" que se asocia comúnmente al actuar de los órganos del Estado. Si entendemos el interés general como la satisfacción de aquellas necesidades que, por su amplitud o por su no rentabilidad económica o personal, no son espontáneamente cubiertas por los individuos privados, es un concepto que no tiene la misma

---

1304 ARAGÓN REYES, *Libertades económicas y Estado social...* p. 128, aunque precisando que el objetivo de igualdad social es uno más de contenido político que una categoría "estrictamente jurídico". Más recientemente, SIMÓN YARZA, Fernando (2013): "De la igualdad como límite a la igualdad como tarea del Estado", en *Revista Española de Derecho Constitucional,* N° 97, enero-abril de 2013, p. 106.

1305 BENDA, *El Estado social...*, p. 491

1306 SOTELO, *El Estado social...*, p. 48.

amplitud del concepto de bien común.[1307] Un breve repaso histórico sobre el concepto de interés general puede ayudar a comprender por qué el bien común tiene una amplitud mayor que el interés general, y debe ser preferido sobre éste para la identificación del fin del Estado social.

La idea de interés general tiene su origen en Francia, naciendo con el Estado moderno en el siglo XVI y desarrollándose desde el siglo XVIII como un instrumento para el reemplazo del concepto de bien común, noción filosófica considerada antigua, cargada de connotaciones morales y religiosas. Sin embargo, la idea de interés general no es simplemente la secularización del concepto de bien común.[1308] El uso de la palabra *interés,* distinto al concepto de *bien,* pretendió desvincular la acción humana desde la prosecución de un bien religioso o moral, y en cambio, sincerar la motivación de los hombres por su propio interés. De esta manera, el bien común, antaño considerado un valor supremo, perdió terreno frente a la visión que pretendía la búsqueda de garantías individuales.[1309]

La idea de interés general – como muchos otros conceptos fundamentales del período revolucionario – tiene su raíz en la noción de voluntad general de Rousseau, quien sin embargo declaraba que la *volonté générale* se encuentra ordenada a "dirigir las fuerzas del Estado según el fin de su institución, que es el *bien común.*"[1310] La interpretación de Sieyès de las ideas de Rousseau desligará la voluntad general del bien común para vincularla en cambio con la actividad de la Asamblea Nacional, conformada por "representantes más capaces

---

[1307] En este sentido, SANTAMARÍA PASTOR, *Fundamentos de Derecho Administrativo I...*, p. 36.

[1308] CONSEIL D'ÉTAT (1999): *Rapport public du Conseil d'État, Considérations générales: L'intérêt général,* p. 251.

[1309] CONSEIL D'ÉTAT, *Rapport public du Conseil d'État...*, p. 247.

[1310] ROUSSEAU, *Del contrato social...*, p. 32.

que [el pueblo] conocer el *interés general* e interpretar desde esta perspectiva su propia voluntad."[1311]

Esta nueva relación entre interés general y voluntad general permitió que el sometimiento a la autoridad ya no requiera ni de causa externa – el origen divino del poder – ni tampoco interna – su orientación al bien común –, sino que ahora la ley obliga porque emana del pueblo, soberano y obediente a la vez.

De esta forma, para Chevallier, el interés general es la síntesis entre la tradición del bien común y la voluntad general, bajo la idea que al existir intereses particulares que dividen a la sociedad, el Estado es neutro, objetivo e independiente, y su rol es arbitrar entre distintos conflictos de intereses particulares, que finalmente termina siendo una búsqueda de consenso.[1312] Tan relevante era la idea de interés general en el proceso revolucionario que la creación de la "Administración general" o "Administración interior" en las constituciones de 1791 y 1793 de Francia tenía por objeto crear una nueva autoridad "dirigida a promover el interés general bajo la dirección del gobierno, formalizada por vez primera como poder coercitivo autónomo respecto a la declaración del Derecho."[1313]

1311 BLANCO VALDÉS, Roberto (2006): *El valor de la Constitución* (Madrid, Alianza), p. 251.

1312 CHEVALLIER, Jacques (1975): "L'intérêt général dans l'Administration française", en *International Review of Administrative Sciences,* volumen 41, número 4, p. 327. La visión de Chevallier es, por cierto, más pesimista: el interés general resulta siendo una ideología de legitimación de la actuación del Estado. Sobre esto, CHEVALLIER, Jacques (1978): "Réflexions sur l'idéologie de l'intérêt général", en CENTRE UNIVERSITAIRE DE RECHERCHES ADMINISTRATIVES ET POLITIQUES DE PICARDIE y FACULTÉ DE DROIT ET DES SCIENCES ÉCONOMIQUES DE REIMS (1978): *Variations autour de l'idéologie de l'intérêt général* (Presses Universitaires de France), volumen 1, pp 11-45.

1313 MEDINA ALCOZ, Luis (2022): *Historia del derecho administrativo español* (Madrid, Marcial Pons) p. 82.

En síntesis, la noción de interés general permitió tanto evitar la crisis de legitimidad de la autoridad con el fin de la fuente divina del poder del monarca, como solucionar el problema de la ordenación de la ley hacia el bien común – identificado éste con un contenido netamente moral. De esta manera, la noción de interés general se convirtió en un sistema ideal de legitimación de la autoridad, en que ésta se funda en la legalidad, por tanto, solo el Estado es el capaz de definir un interés colectivo que vaya más allá de las demandas específicas de los grupos sociales.[1314]

Aunque en su origen el interés general no se encontraba ligada al principio democrático como es en la actualidad, indudablemente la vinculación del interés general con la actividad prestacional del Estado – recordemos lo dicho respecto a Duguit y su construcción del *service public d'intérêt général* – y posteriormente con una orientación del Estado democrático es que finalmente dicho concepto ha acabado siendo legitimado por ellos.

En la actualidad, el interés general no se considera como parte del bloque de constitucionalidad francés, y en cuanto principio, tanto el Consejo de Estado como el Consejo Constitucional se han cuidado de no definirlo, pero sí lo han aplicado como instrumento de valoración de carácter subsidiario.[1315] En este sentido, el Consejo de Estado ha planteado dos visiones del interés general: una utilitarista, en cuanto suma de los intereses particulares, y una voluntarista, en que el interés general es expresión de la voluntad general, que confiere al Estado la misión de perseguir fines esenciales a todos los individuos, más allá de sus intereses particulares.

1314 CHEVALLIER, *L'intérêt général dans l'Administration française…*, pp. 325-327.

1315 CONSEIL D'ÉTAT, *Rapport public du Conseil d'État…*, p. 290.

La doctrina ha entendido que la mirada voluntarista, en cuanto le entrega al Estado el deber de perseguir el interés general, es la que prima en el sistema jurídico francés. De esta manera, que la acción privada contribuya a la consecución del interés general tiene un carácter voluntario y facultativo. Por tanto, la entidad pública implementa la protección directa del interés general, sin intermediarios, sin intermediarios.[1316] La visión voluntarista tiene el problema de identificar la finalidad del Estado con la voluntad mayoritaria del pueblo, y no con algún elemento finalista distinto. A nuestro entender, esto dista de la idea de un fin material del Estado que – de acuerdo con lo expuesto precedentemente – sí se encuentra en el concepto de bien común.

En España, el concepto de bien común no resulta ajeno a su tradición intelectual, ni filosófica ni jurídica. La influencia francesa, sin embargo, acabó por introducir en cambio la idea de interés general tanto en el derecho administrativo como constitucional. Sin embargo, en los últimos años han surgido autores que han buscado reconciliar el interés general con el concepto de bien común, lo que a nuestro parecer demuestra la prevalencia de este último como objetivo del Estado.

Enfocándonos en los antecedentes jurídicos más recientes del concepto de interés general,[1317] la Constitución de 1978 utiliza dicha expresión en distintos contextos, como los artículos 30.3 – que menciona que podrá establecerse un servicio civil para el cumplimiento de fines de "interés general" –, o el artículo 128.1 – que declara que la riqueza del país en

---

[1316] BARBIN, Emilie (2016): *Le régime juridique de l'intérêt général* (Mémoire de recherche présenté en vue de l'obtention du Master 2 Droit public approfondi, parcours Droit public fondamental), p. 117.

[1317] Los anteriores pueden verse en MEDINA ALCOZ, *Historia del derecho administrativo español...*, en especial, pp. 82, 226, 233 y 246.

sus distintas formas y sea cual fuere su titularidad está subordinada al "interés general", entre varios otros.

Para nuestro trabajo, el uso del concepto de interés general que resulta relevante para su comparación con la idea de bien común está contenido en el artículo 103.1, que establece que "[l]a Administración Pública sirve con objetividad los intereses generales y actúa de acuerdo con los principios de eficacia, jerarquía, descentralización, desconcentración y coordinación, con sometimiento pleno a la ley y al Derecho." La expresión "intereses generales" se incluyó en la discusión del proyecto de Constitución en el Senado, que sustituyó la expresión "intereses colectivos" aprobada en el Congreso de los Diputados. En la ponencia constitucional, en cambio, no se había mencionado ninguno de los conceptos. Sin embargo, en la discusión constitucional en las Cortes Constituyentes que podemos encontrar las trazas que lo reconducen al bien común, en que el "interés general" era tenido como equivalente del "bien común". Tanto es así, que incluso Manuel Fraga señaló que el "interés general" era, en realidad, "lo que antes se llamaba el bien común".[1318]

Tempranamente la doctrina española criticó el uso del concepto de "intereses generales" del artículo 103.1, por razones que a nuestro entender representan los límites que se detecta para dicha noción, que en cambio no tiene el concepto de bien común. Óscar Alzaga reprochó el uso de "interés general" por lo innovadora, argumentado que ella debía interpretarse como un mandato "al servicio de la colectividad y de los ciudadanos que la integran", ya que la Administración puede servir intereses individuales que no son contradictorios con el interés

---

1318 Fraga, Manuel, Congreso de los Diputados, sesión de 13 de junio de 1978, p. 3182.

general.[1319] Para Escuin, el "interés general" debe interpretarse en un sentido amplio, como el fin último de la actividad administrativa y el presupuesto de legalidad de las decisiones singulares. En su opinión, este concepto amplio de interés general sería el único acorde al marco ideológico de un Estado social de Derecho.[1320]

Posteriormente, la doctrina administrativista fue precisando la interpretación del concepto de interés general. En aquellos puntos que son relevantes para nuestro trabajo, los autores entendieron que se trataba de un concepto jurídico indeterminado,[1321] que requiere de la Administración una actividad valorativa, a diferencia de conceptos que requiere una actividad cognitiva de ella, en que la Administración determina una respuesta – como el "justo precio", o una "solución óptima".[1322]

En segundo término, el interés general es un mandato para la Administración, y por tanto, un límite al ejercicio del poder. La Administración se convierte en vicaria o servicial, ya que "no tiene, jurídicamente hablando, intereses propios".[1323] En

---

1319 ALZAGA VILLAAMIL, *Comentario sistemático a la Constitución española de 1978...*, p. 493.

1320 ESCUIN PALOP, Vicente (1980): "La administración del Estado en la Constitución", en FACULTAD DE DERECHO (editor): *Estudios sobre la Constitución española de 1978* (Valencia, Secretariado de Publicaciones de la Universidad de Valencia), p. 288.

1321 GARCÍA DE ENTERRÍA, Eduardo (1996): "Una nota sobre el interés general como concepto jurídico indeterminado", en *Revista Española de Derecho Administrativo,* número 89, p. 71.

1322 ESTEVE PARDO, José (2017): *Lecciones de Derecho Administrativo* (Madrid, Marcial Pons), p. 110. En el mismo sentido, PAREJO ALFONSO, *Lecciones de derecho administrativo...*, p. 515.

1323 SÁNCHEZ MORÓN, Miguel (2009): "Artículo 103", en Casas Baamonde, María Emilia, y RODRÍGUEZ-PIÑERO Y BRAVO-FERRER, Miguel (directores): *Comentarios a la Constitución española. XXX aniversario* (Madrid, Wolters Kluwer), p. 1682.

consecuencia, "[n]o es el criterio libre, personal y omnímodo del titular del poder de que se trate el que decide por sí solo, sino que esa decisión debe adoptarse para servir precisamente al interés general, común o público."[1324] En cuanto mandato para la Administración, el interés general opera como justificación para su actuación, expresando, "de forma condensada, el fin institucional mismo de la Administración Pública en cuanto poder público."[1325]

Respecto a su significado, el interés general tiene un contenido axiológico mínimo. Para Santamaría Pastor este contenido es "la satisfacción, por parte de la Administración, de aquellas necesidades que, por su amplitud o por su no rentabilidad económica o personal, no son espontáneamente cubiertas por los individuos privados."[1326] Estas necesidades que conforman el interés general son los intereses sociales concretos que emanan de la sociedad, del pueblo como titular de la soberanía, que bajo el marco axiológico del artículo 1 de la Constitución, se publifican y concretizan en normas jurídicas.[1327] Así entendidos, los intereses generales pueden abarcar muchas cosas, como la defensa de la seguridad ciudadana, hasta otras más coyunturales o mudables. Serían las normas jurídicas aquellas que establecen los intereses generales a perseguir, los definen y, en su caso, otorgan preferencia a unos sobre otros, atribuyendo a la Administración las potestades que precisa para servirlos.[1328] Como se lee en el artículo 103.1 de la Constitución,

---

1324 García de Enterría, *Una nota sobre el interés general...*, p. 71.

1325 Parejo Alfonso, *Lecciones de derecho administrativo...*, p. 512.

1326 Santamaría Pastor, *Fundamentos de derecho administrativo I...*, p. 36.

1327 Sánchez Morón, Miguel (1980): "Notas sobre la función administrativa", en Predieri, Alberto, y García de Enterría, Eduardo (directores): *La Constitución española de 1978. Estudio sistemático* (Madrid, Civitas), p. 644.

1328 Sánchez Morón, *Artículo 103...*, p. 1683.

el interés general se inserta como un mandato a la Administración, y no para el resto de los poderes o funciones del Estado. Por ello – como apuntaban García de Enterría y Fernández – es finalmente la decisión política la que decide sobre lo que se entiende en cada caso por interés general.[1329]

Esta identificación del interés general con la actuación de la Administración y, en última instancia, del Gobierno, hacen que el interés general se convierta en el equivalente al interés que emana del pueblo en su conjunto, representado por la actuación de dicho poder del Estado. Esto le da al interés general una finalidad contingente, asociada al pueblo como soberano, sin una mayor trascendencia temporal. La restricción de la lectura del interés general a la actuación de la Administración, y su identificación con esta finalidad contingente ha sido criticada recientemente por Luciano Parejo, que ha insistido en la necesidad de una "refundación" del interés general, dejando de lado una lectura restrictiva de dicho principio – es decir, apegada al artículo 103.1, como mandato hacia la Administración – sino que bajo una mirada "amplia y general" en que el interés general "se confunde con el fin mismo del Estado, al que en el preámbulo de la CE se alude con las expresiones "orden económico y social justo" y "calidad de vida", es decir, en definitiva, el "bien común"."[1330] En este sentido, la visión de Parejo coincide con este "retorno triunfal de la noción de bien común", anunciado por Esteve Pardo, que mencionamos precedentemente.

Bajo la mirada de Parejo, el interés general es "heredero del viejo bien común", y de esta forma, requiere ser entendido como una referencia al fin mismo del Estado, que solo se

---

1329 GARCÍA DE ENTERRÍA, Eduardo, y FERNÁNDEZ, Tomás-Ramón (2015): *Curso de Derecho Administrativo I* (Madrid, Thomson Reuters), pp. 328-329.

1330 PAREJO ALFONSO, *Lecciones de derecho administrativo…*, , p. 516.

define en cuanto a su persecución.[1331] Desde esta perspectiva, la noción de interés general se convierte en un principio para la actuación del Estado – e incluso, para las personas – y no solo un deber para la Administración.[1332]

A nuestro juicio, la amplitud que adquiere la interpretación del interés general en Parejo y Esteve Pardo, asociada a la idea de bien común, permite comprender una finalidad con mayor trascendencia que lo meramente contingente y con un alcance más amplio que el simple mandato a la Administración. Esta evolución del concepto de interés general lo aproxima más a la tradición del bien común que a su origen francés. La nueva lectura del interés general, bajo la óptica del bien común, permitiría, lo dota de una proyección mayor a la sola determinación de una voluntad concretizada en la ley o en el actuar de la Administración. Así, por ejemplo, permite reconocer en la responsabilidad fiscal una protección más trascendente, en tanto expresión de solidaridad intergeneracional, y no solo como la búsqueda de un interés general limitado a la ciudadanía actual. Asimismo, interpretar el interés general en clave de bien común enfatiza el deber de toda la comunidad política de contribuir al bienestar, y no solo como una responsabilidad de la Administración o el Estado.

En resumen, la idea de bien común como fin del Estado social reconduce dicha forma de Estado a los propios objetivos del Estado en cuanto comunidad política. El interés general —una noción francesa de carácter instrumental durante el momento revolucionario— carece de la riqueza y potencialidad necesarias para generar un efecto de integración social

---

1331 Parejo Alfonso, *Lecciones de derecho administrativo...*, , p. 512.

1332 En este sentido, la argumentación de Parejo respecto a otras menciones de la Constitución al interés general como un deber general para las personas. Parejo Alfonso, *Lecciones de derecho administrativo...*, p. 513.

y para perseguir objetivos materiales e inmateriales con trascendencia más allá del presente. En cambio, el bien común —entendido como la procura de aquellos bienes materiales e inmateriales que permiten el desarrollo integral de la persona en comunidad— otorga al Estado social una finalidad coherente con los objetivos mínimos que requiere una fórmula de compromiso, sin restringir los medios para su consecución y dotando al concepto de una textura que permite su realización tanto por parte del Estado como por los miembros de la comunidad política.[1333]

7.5. LOS EFECTOS DE LA CONSTITUCIONALIZACIÓN DEL CONCEPTO DE ESTADO SOCIAL

Hemos señalado que el Estado social tiene su contenido mínimo en una orientación estatal hacia un elemento finalista, el bien común, el cual se concretiza en la constitucionalización de la intervención estatal para cumplir con dicho objeto, dentro del marco que le impone la fórmula completa de un Estado democrático de Derecho. También hemos mencionado que la calificación de una constitución como configuradora de un Estado social no depende directamente de su consagración expresa; puede calificarse como tal si su contenido incluye la protección de derechos sociales y un rol activo del Estado en su garantía. La pregunta ahora es, entonces, qué implica que el constituyente haya decidido incorporar explícitamente la cláusula de Estado social en la forma de Estado de una constitución.

1333 Una lectura a debates actuales sobre actuaciones legislativas en España nos muestran cómo distintos autores recurren a la idea de bien común. Por ejemplo, CORTINA, Adela (2024): "¿Mayoría progresista?", en ARAGÓN, Manuel; GIMBERNAT, Enrique, y RUIZ ROBLEDO, Agustín (directores): *La amnistía en España. Constitución y Estado de Derecho* (A Coruña, Colex), p. 440; DE MIGUEL BÁRCENA, Josu (2024): *Amnistía. Una ley para olvidar* (Sevilla, Athenaica), p. 12.

En nuestra opinión, la definición explícita del Estado social en el texto constitucional cumple dos funciones: una política y otra jurídica. Aunque estas funciones pueden darse igualmente de manera implícita, su formalización escrita les otorga una mayor efectividad. La explicitación del Estado social cumple un rol simbólico en la función política, mientras que en la función jurídica proporciona mayor seguridad y certeza jurídica como norma.

7.5.1. La función política y simbólica de la constitucionalización de la cláusula de Estado social

La función política de la configuración expresa del Estado social contiene un elemento *legitimador* del orden político-constitucional.[1334] La orientación finalista de la actividad estatal incorporada expresamente en su texto como Estado social colabora con la legitimación de su existencia; más aún si, como recordaba Duguit, el Estado contemporáneo funda su legitimidad en la actividad de los *services publics,* cuyo concepto similar en Alemania – *öffentlichen Daseinsvorsorge* – recuerda la idea de Forsthoff de *procura existencial.*[1335]

Dentro de la función política, la configuración expresa como Estado social cumple con un elemento *ideológico* propiamente tal, en cuanto contiene principios o ideas rectoras

---

1334 De Esteban, Jorge (1977): "La constitución en el mundo actual", en De Esteban, Jorge (editor): *Constituciones españolas y extranjeras* (Madrid, Taurus), p. 23

1335 Decimos "similar" y no "idéntico" porque existen matices en las formulaciones de *service public* francés y el *öffentlichen Daseinsvorsorge* alemán, pero que no son relevantes para este trabajo. Pielow, Johan-Christian (2004): "'Servicio público" en Francia y 'Daseinsvorsorge en Alemania: convergencia de los objetivos, diversidad de los medios", en *Revista de Derecho Administrativo Económico,* número 12, p. 19.

de la sociedad, como también de los acuerdos y objetivos políticos de sus redactores. Aunque el concepto de ideológico puede notarse peyorativo, todas las constituciones contienen normas idiosincráticas, que se explican por el momento y los antecedentes histórico-políticos al tiempo de su confección, adquiriendo un valor simbólico más allá de lo normativo. Esta función política de la cláusula de Estado social cumple una función *integradora*; es decir, como garantía de integración de una comunidad política, lo que para Smend constituye "el proceso fundamental de la dinámica del Estado".[1336]

Una función política de la cláusula de Estado social es su rol *transformador*, aunque distinto del carácter refundacional o revolucionario del socialismo y del nuevo constitucionalismo latinoamericano. En lugar de ello, se presenta como un elemento de oposición o superación del régimen constitucional —o autoritario— previo, justificando así la necesidad de un cambio.[1337]

Finalmente, como mencionamos anteriormente, la explicitación del Estado social en la Constitución cumple una función tanto *política* como *organizativa*. El adjetivo "social" asociado a la forma de Estado orienta directamente la actividad estatal, reforzando el componente democrático que conforma la fórmula del Estado social y democrático de Derecho.

7.5.2. La función jurídica de la constitucionalización de la cláusula de Estado social

En su función jurídica, la incorporación expresa del Estado social lo convierte en uno de los fundamentos del orden normativo, tanto por su consagración constitucional como por su configuración como forma de Estado.

1336 SMEND, *Constitución y derecho constitucional...*, p. 62.

1337 DE ESTEBAN y LÓPEZ GUERRA, *El régimen constitucional español...*, tomo I, p. 49.

El reconocimiento de la fórmula de Estado social en una constitución busca operar, por sí mismo, como una garantía de seguridad jurídica y certeza derivadas de su escrituración. En este sentido, la inclusión de la cláusula de Estado social en el texto constitucional es una garantía normativa que pretende dotar a dicha fórmula de los efectos propios de las normas de rango constitucional, como su fuerza vinculante y los mecanismos de tutela. Así, la cláusula de Estado social obliga a todos los poderes públicos y se convierte en un criterio interpretativo de su actuar.

Esta vinculación directa del Estado social no implica que su concreción recaiga de igual manera sobre todos los poderes públicos. La aplicación del Estado social corresponde, en primer lugar, a la acción del legislador democrático. En cuanto a la Administración, su rol en el Estado social está mediado por la ley. Para el juez, cumple un papel interpretativo, y en la justicia constitucional actúa como parámetro de constitucionalidad de las normas sometidas a su control, siempre dentro de un marco interpretativo que refuerza otras cláusulas o preceptos constitucionales analizados de manera conexa.

i. La función directiva general de la creación del Derecho y la actuación del Estado

La cláusula de Estado social tiene, en primer lugar, una función directiva general de la creación del derecho y la actuación del Estado, condicionando el contenido de las normas jurídicas en elaboración.[1338] Esta función directiva se manifiesta en lo que Garrorena entiende como un mandato a los poderes públicos para "optar siempre, entre las alternativas a que se enfrenten, por la solución que comporte un mayor grado de solidaridad social". [1339]

1338 Santamaría Pastor, *Fundamentos de Derecho administrativo I...*, pp. 350-351.

1339 Garrorena Morales, *El Estado español...*, p. 101.

Esta función directiva general de la cláusula de Estado social no es lo mismo que un efecto normativo de aplicación directa. Al contrario, una interpretación de la cláusula que desprenda efectos normativos directamente aplicable por los poderes públicos tiene inconvenientes tanto políticos como jurídicos.

La idea de aplicación directa de la Constitución sin distinciones va de la línea con el deterioro de la reserva legal como garantía. La evolución del Estado ha concebido a la ley como el instrumento de legitimidad democrática por excelencia para la aplicación de la Constitución, y en particular, en el desarrollo y regulación del ejercicio de los derechos fundamentales. En nuestros días, en cambio, la reserva de ley se ve como la dependencia a una garantía lenta en su tramitación, que genera dilaciones en la protección de derechos hasta su aprobación e implementación, o incluso trabas para la consecución de los objetivos que se derivarían del Estado social.

La formulación de compromiso del Estado social permitiría que su aplicación directa signifique muchas cosas, con el peligro de hacer que el derecho constitucional "descienda al nivel del debate político cotidiano (...) la tentación de llenar con un contenido discrecional la norma constitucional está a la vuelta de la esquina; en tal sentido, el concepto constitucional abierto es degradado a la condición de fórmula vaporosa." De esta forma, cada objetivo político se buscará fundar en el Estado social para "ir vestido de naturaleza constitucional".[1340] Asimismo, se produce un problema para el sistema de fuentes del ordenamiento jurídico: siempre se podría recurrir a la aplicación directa de dicha norma constitucional por los poderes públicos para evitar, o evadir, el proceso legislativo.

Finalmente, la ejecución directa de principios y valores no es comparable con el ejercicio que realiza el poder legislati-

---

1340 BENDA, *El Estado social...*, p. 522.

vo al momento de dictar una ley. Es decir, quien se posiciona como garante de la aplicación directa del Estado social – sea un tribunal, el Gobierno o un órgano institucional – desprenderá conclusiones normativas distintas a las que puede aprobar el poder legislativo, porque los elementos que tiene a la vista son diferentes de los que tiene el Parlamento – el órgano político por excelencia – cuando legisla.[1341] Una eficacia directa total de las normas constitucionales, sin modulación, es un deterioro de la posición de la ley en el ordenamiento jurídico, y con ello también una afectación al sistema democrático y al Estado de Derecho.

ii. La función interpretativa y de integración de lagunas de la fórmula de Estado social, con especial mención a la interpretación del derecho penal bajo dicha cláusula

Junto con su función directiva, la cláusula de Estado social cumple una función *interpretativa*, en que su formulación sirve para precisar el significado de las normas escritas y su sentido o finalidad; ampliar o reducir su ámbito de vigencia o excluir su aplicación. En este sentido, siendo la Constitución una "unidad material", el valor hermenéutico de la cláusula de Estado social obliga a una interpretación unitaria y de concordancia práctica del resto de la Constitución y del sistema jurídico.[1342] Asimismo, la cláusula de Estado social cumple una función *integradora* de las lagunas del sistema normativo. Se trata de su función propia de los principios jurídicos, que permite al juez

---

1341 En este sentido – enfocando la crítica hacia los elementos que tiene a la vista el garante judicial–Kelsen, Hans (2001): *La garantía jurisdiccional de la Constitución (la justicia constitucional)* (Universidad Nacional Autónoma de México), p. 49.

1342 Hesse, *Escritos de derecho constitucional…*, p. 5.

resolver los conflictos que se le plantean en ausencia total de norma escrita (y de costumbre, donde ésta es aplicable).[1343]

Respecto a la función *interpretativa*, la doctrina ha planteado distintos efectos hermenéuticos en subsistemas jurídicos. Sin pretensión de exhaustividad, citaremos algunos ejemplos en materia laboral y de seguridad social, en el derecho civil, en el derecho parlamentario, pero especialmente en el derecho penal, donde en nuestra opinión la cláusula de Estado social ha producido un efecto revolucionario en la interpretación del *ius puniendi*.

En el derecho laboral se ha entendido que la cláusula de Estado social habilita opciones legislativas "fuertemente protectoras" para el trabajador [1344], como el refuerzo de la libertad sindical y la construcción de un sistema público de aseguramiento y prestaciones.[1345] En el derecho civil, desde antiguo los autores que originan el concepto de Estado social – como Gierke, un privatista – fueron conscientes que su concepción de Estado social llegaba hasta las bases de la legislación civil, escribiendo numerosas críticas al Código Civil alemán desde esta mirada. Ripert desarrolló ideas sobre la protección jurídica de los más débiles en atención a la influencia del cambio de paradigma liberal y del régimen democrático en el derecho civil.[1346] En el derecho parlamentario, se ha planteado la

---

1343 SANTAMARÍA PASTOR, *Fundamentos de derecho administrativo I…*, pp. 350-351.

1344 MARZI MUÑOZ, Daniela (2020): "Trabajo y Constitución: sobre la promesa del trabajo en el siglo XXI", en BASSA MERCADO, Jaime (editor): *Proceso constituyente en Chile. Desafíos para una nueva Constitución* (Santiago, Thomson Reuters), p. 152.

1345 MERCADER UGUINA, Jesús (2018): *Lecciones de Derecho del Trabajo* (Valencia, Tirant Lo Blanch), p. 53.

1346 Por ejemplo, el estudio preliminar de MONEREO PÉREZ, José Luis (2022): "Derecho Privado y Democracia Constitucional: Georges Ripert, ¿paradigma de jurista liberal?", en RIPERT, Georges: *El régimen democrático y el derecho civil moderno* (Granada, Comares), p. IX.

eventual disconformidad entre las normas sobre tramitación de las leyes y la configuración del Estado social[1347], como también la necesidad de adoptar medidas para afrontar el exceso normativo que se genera como consecuencia de la implementación de las medidas que significan un Estado social.[1348]

Como adelantamos, probablemente en el derecho penal sea donde la cláusula del Estado social ha generado una mayor repercusión en la doctrina. El desarrollo del derecho penal en Alemania luego de la Segunda Guerra Mundial se hizo bajo el alero de la consagración de dicho país como una República federal, democrática y social,[1349] correspondiendo a la doctrina la función de proponer la concreción de esos mandatos en la legislación; dentro de ellos, el Estado social.[1350] La influencia alemana en la doctrina española resultó decisiva en

---

1347 Cano Buesa, Juan (1997): "Insuficiencias del procedimiento legislativo en el Estado social", en García Herrera, Miguel Ángel (director): *El constitucionalismo en la crisis del Estado social* (Bilbao, Servicio Editorial de la Universidad del País Vasco) p. 649.

1348 Como indica Antonio Pérez Luño, "La ampliación de las tareas de los poderes públicos que ha caracterizadoal Estado social de derecho ha producido, en los actuales ordenamientos jurídicos, un fenómeno que ha sido denominado, con razón, hipertrofia legislativa (...) determinado por un crecimiento sin límites de las normas legales que ha roto el equilibrio entre la producción normativa y la capacidad de su aplicación", con una especial dificultad para los intérpretes – los jueces, abogados, funcionarios públicos, y la ciudadanía en general – para comprender su aplicación. Pérez Luño, Antonio Enrique (1998): "Los derechos fundamentales en el Estado constitucional", en Centro de Estudios Políticos y Constitucionales: *La constitución española de 1978. 20 años de democracia* (Madrid, Centro de Estudios Políticos y Constitucionales) p. 313.

1349 Roxin, Claus (1997): *Derecho Penal. Parte General* (Madrid, Civitas), p. 120; Roxin, Claus (2021): *La teoría del delito en la discusión actual* (Lima, Instituto Pacífico) tomo I, p. 58.

1350 Roxin, *La teoría del delito en la discusión actual*..., p. 50.

la incorporación de dicho principio a la interpretación del derecho penal en España en los años '70, incluso previo a la Constitución de 1978, con la obra fundamental de 1976 de Santiago Mir Puig, en que incluye un apartado dedicado al estudio del Estado social y democrático de Derecho en España, desde la mirada de los efectos de la cláusula en el sistema alemán, en que declara su intento por una refundamentación del derecho penal con base en las exigencias propias de un Estado social y democrático de Derecho.[1351]

El efecto de la cláusula de Estado social tanto en Alemania como en España fue sobre todo en la interpretación del sistema penal.[1352] La doctrina interpretó que la forma de Estado social obligaría a que las normas penales deban ser interpretadas "en consonancia con los principios político-criminales que condicionan el jus puniendi en un Estado social y democrático de

---

1351 En este sentido, MIR PUIG, Santiago (1976): *Introducción a las Bases del Derecho Penal: concepto y método* (Barcelona, Bosch), pp. 315-316. Resulta de interés la introducción del autor a la edición de 2002, en que justifica su análisis desde una cláusula de Estado social y democrático de derecho que no existía en España en el momento de la redacción de dicha obra: "Dos años después de su primera edición, el art. 1.1, de la Constitución declaró: 'España se constituye en un Estado social y democrático de Derecho'. Que yo defendiese este modelo antes de su proclamación constitucional respondió a una convicción que sigo sustentando: el jurista debe hacer suyas las aspiraciones de su tiempo histórico, aunque ello signifique adelantarse al derecho positivo, precisamente para facilitar la adaptación del derecho positivo a la evolución de las ideas sociales. Las constituciones -como las declaraciones internacionales de derechos humanos- vienen a reconocer, a consagrar principios ya vigentes en la conciencia social. No los crean de la nada.". MIR PUIG, Santiago (2002): *Introducción a las bases del derecho penal* (Buenos Aires, B de F), p. XIV.

1352 En esto, es relevante la obra en España de HORMAZÁBAL MALARÉE, Hernán (1992): *Bien jurídico y Estado social y democrático de Derecho. El objeto protegido por la norma penal* (Santiago, Editorial Jurídica Conosur).

derecho."[1353] En este marco, se interpreta que bajo un Estado social debe erradicarse la histórica desigual criminalización de la conducta social, poniendo especial atención a la cantidad de normas penales que criminalizan a sectores menos favorecidos económica y socialmente, respecto a los más favorecidos. Ello significa "no sólo la desincriminación de ciertas conductas de escasa significación y someterlas a otros tipos de control diferentes al penal, sino también la incorporación al Código penal de otros comportamientos propios de grupos privilegiados y que por su gran significación social podrían ser criminalizados"[1354], como por ejemplo la calidad del consumo, la protección medioambiental, el derecho de la competencia, el mercado de valores, delitos societarios, entre otros. [1355]

La visión del derecho penal bajo un Estado social se consolidó en parte de la doctrina como "un sistema de protección social efectiva, lo que le atribuye la misión de prevención de delitos en la medida —y sólo en la medida— de lo necesario para aquella protección."[1356] De esta forma, la prevención especial es la teoría de la pena que cumple de mejor forma las exigencias del principio del Estado social. [1357] Bajo esta interpretación, si el Estado social y democrático debe hacer posible la participación de todos los ciudadanos en la vida social, su derecho penal "ha de procurar evitar la marginación indebida del condenado a una pena o del sometido a una medida de seguridad. Ello hace preferibles en la medida de lo posible las

---

1353 BUSTOS RAMÍREZ, Juan, y HORMAZÁBAL MALAREÉ, Hernán (1997): *Lecciones de Derecho Penal* (Madrid, Trotta) tomo I, pp. 88, 97-98.

1354 BUSTOS RAMÍREZ y HORMAZÁBAL MALAREÉ, *Lecciones de Derecho Penal...*, , p. 32.

1355 BUSTOS RAMÍREZ, Juan (1994): *Bien jurídico en los delitos económicos* (Santiago, Colegio de Abogados de Chile), pp. 12-15.

1356 MIR PUIG, Santiago (2011): *Bases constitucionales del derecho penal* (Madrid, Iustel), p. 19.

1357 ROXIN, *Derecho Penal. Parte General...*, p. 87.

penas y medidas que no entrañen separación de la sociedad a las penas de prisión o medidas de internamiento, y hace contrarias al modelo político constitucional toda pena que haga definitiva esta separación, como la pena de muerte y también la cadena perpetua sin posibilidad de revisión."[1358]

En esta mirada, las penas privativas de libertad son cuestionables "desde las bases mismas del Estado social y democrático de derecho", ya que tienen el problema de producir la total despersonalización del sujeto y además, que solo se aplican mayoritariamente a los sectores sociales más desfavorecidos por el sistema. "Con la pena de prisión se concreta una contradicción esencial en la Constitución, que sólo se salva relativamente sobre la base de estimar que esta clase de pena debe procurar no atentar contra la indemnidad de la persona como ser social.[1359] Esto justifica que la pena ha de tener como objetivo la recuperación del infractor, de reinsertarlo socialmente, elevando la "resocialización" a un principio constitucional del sistema penal. Como señala Jesús-María Silva Sánchez, "[u]n Estado social tiene, entonces, que favorecer las condiciones de superación del hecho delictivo por la víctima y el autor."[1360]

En esta interpretación de la cláusula del Estado social de Derecho adquiere especial relevancia su lectura conjunta con el artículo 9.2 de la Constitución española. Esta visión se conjuga de dos formas: la primera, entendiendo que la comisión de delitos es un obstáculo para las personas víctimas de éstos, y por tanto, es deber de un Estado social prevenir su ocurrencia[1361], pero también que la existencia misma de delitos es un fracaso

---

1358 MIR PUIG, *Bases constitucionales del derecho penal...*, pp. 143-144.

1359 BUSTOS RAMÍREZ Y HORMAZÁBAL MALAREÉ, *Lecciones de Derecho Penal...*, p. 168.

1360 SILVA SÁNCHEZ, Jesús-María (2018): *Mitigar el dolor del Derecho penal* (Barcelona, Atelier), p. 239.

1361 MIR PUIG, *Bases constitucionales del derecho penal...*, pp. 63-64.

del Estado para el establecimiento de las condiciones para la participación ciudadana y en la remoción de los obstáculos que dificultan la libertad y la igualdad. Esto justifica que el derecho penal sea un instrumento importante para la prevención de delitos, no sea ni el único ni el más relevante, y las penas deban ser una alternativa más de participación en su solución.[1362]

Finalmente, un sistema penal garantista es "consecuencia de una política criminal en un Estado social y democrático de derecho".[1363] De esta manera, la cláusula de Estado social y democrático de Derecho se convierte en un criterio de validez material para las leyes que criminalizan determinadas conductas, como la legislación en materias antiterroristas, seguridad ciudadana y legislación sobre extranjeros. Así, por ejemplo, resultaría inadmisible bajo un Estado social y democrático de derecho que la ley pueda suspender – incluso bajo intervención judicial – derechos en casos de terrorismo, como la limitación temporal de la prisión preventiva, la inviolabilidad del domicilio y el secreto de las comunicaciones, o las expulsiones administrativas de extranjeros irregulares.[1364]

7.6. EL ESTADO SOCIAL Y EL ROL DE LOS PODERES PÚBLICOS

Hasta ahora hemos hecho un planteamiento de normas respecto a las funciones de la cláusula de Estado social y los efectos de su constitucionalización. Ahora lo centraremos en el rol de los poderes públicos en la concreción del concepto de Estado social.

1362 Bustos Ramírez y Hormazábal Malareé, *Lecciones de Derecho Penal…*, p. 55.

1363 Bustos Ramírez y Hormazábal Malareé, *Lecciones de Derecho Penal…*, p. 33.

1364 Bustos Ramírez y Hormazábal Malareé, *Lecciones de Derecho Penal…*, p. 34.

7.6.1. El rol del legislador en la concreción de la cláusula de Estado social

El Estado social es un principio con un contenido de compromiso mínimo, del que no se atribuyen directamente competencias estatales, ni obliga a la creación de órganos, ni tampoco garantiza prestaciones materiales directas. Una lectura articulada con los otros elementos de la forma de Estado social y democrático de Derecho resulta suficiente para descartar la interferencia en el elemento democrático y en la separación de poderes propia de un Estado de Derecho. Todos estos pueden ser resultado de una interpretación de la cláusula de Estado social, pero su concreción requiere un desarrollo legislativo que materialice dicho contenido.

En relación con el legislador, la cláusula de Estado social entendida por la doctrina y jurisprudencia en países como España y Alemania ha tenido una interpretación marcadamente deferente con las potestades legislativas del Parlamento. En Alemania, el artículo 20.3 de la Ley Fundamental de Bonn señala expresamente que "el poder legislativo está sometido al orden constitucional; los poderes ejecutivo y judicial, a la ley y al Derecho." Por tanto, la cláusula de Estado social a nivel federal y estadual es un mandato que precisa que su desarrollo y realización se concretan por las normas legales federales o que cada *Länder* apruebe dentro de las competencias distribuidas por la Ley Fundamental de Bonn.

La misma interpretación ha tenido el Tribunal Constitucional Federal de Alemania, el cual desde su creación ha declarado que el Estado social se concreta a través de la legislación, y en este sentido, es un mandato para los poderes legislativos. La consecuencia normativa primaria de la fórmula de Estado social es que su concreción se encuentra a cargo de la ley, tanto federal como de cada *Länder*. En esto, la configuración federal de Alemania también se convierte en una garantía adicional de la consecución de los fines del Estado social, que se concretan por las normas legales federales o que cada *Länder* apruebe dentro de las competencias distribuidas por la Ley Fundamental de Bonn. La aplicación directa de las cláusulas de Estado social en la Constitución alemana significaría vulnerar tanto la deferencia entre órganos del Estado como también inmiscuirse en las competencias de otros órganos federales y estaduales. Además, como hemos mencionado, el artículo 28.1 de la Ley Fundamental de Bonn obliga a que "el orden constitucional de los Länder debe responder a los principios del Estado de Derecho republicano, democrático y social".

En el caso español, el artículo 53 de la Constitución de 1978 distingue a los derechos y libertades del Capítulo segundo del Título I como vinculantes para todos los poderes públicos, precisando una reserva de ley para la regulación de su ejercicio–artículo 53.1; luego, reconociendo la garantía judicial de las libertades y derechos del artículo 14 y la Sección primera del Capítulo segundo ante los Tribunales ordinarios y, en su caso, a través del recurso de amparo ante el Tribunal Constitucional – artículo 53.2 –, y finalmente, señalando expresamente que "el reconocimiento, el respeto y la protección de los principios reconocidos en el Capítulo tercero informarán la legislación positiva, la práctica judicial y la actuación de los poderes públicos", y "[s]ólo podrán ser alegados ante la Jurisdicción ordinaria de acuerdo con lo que dispongan las leyes que los desarrollen" (artículo 53.3). En consecuencia, los principios rectores de la política social son una manifestación de la cláusula de Estado social, pero requerirán siempre de un desarrollo legislativo para configurar su contenido y exigibilidad.[1365]

Es importante notar que el nivel territorial del legislador, como primer llamado a la concreción del Estado social, puede variar según el reparto de competencias en los Estados

---

1365 Rubio Llorente, *La forma del poder…*, p. 268.

compuestos – como es el caso de Italia, entre las competencias del Gobierno central y las regiones; en Alemania, entre las competencias federales y de cada *Land*, o en España, la división de las competencias centrales y de cada Comunidad Autónoma.

Dicho lo anterior, en todos los sistemas compuestos hay cláusulas que avalan una cierta intervención homogeneizadora del Estado central. En Italia, el artículo 117.2 letra m) declara la facultad exclusiva del Estado para la "determinación de los niveles esenciales de las prestaciones relativas a los derechos civiles y sociales que deban garantizarse en todo el territorio nacional".

En Alemania, las competencias legislativas exclusivas de la Federación se detallan en el artículo 73 de la Ley Fundamental de Bonn, y el artículo 74 menciona aquellas de competencia concurrente con los *Länder*, las cuales solo pueden ser legisladas por ellos si la Federación no ha dictado una ley previamente en la materia.

En el caso español, el artículo 149.1.1 de la Constitución de 1978 se ha interpretado como una competencia transversal del Estado central en la regulación de los derechos subjetivos del Título I del Capítulo II y también de los principios rectores de la política económica y social del Capítulo III.

La existencia de cláusulas transversales de competencias del Estado central refuerza, en nuestra opinión, la idea de un Estado social como elemento de cohesión de la comunidad nacional. La reserva de competencias estatales con independencia de la ejecución que realicen los entes territoriales es una muestra de cómo el Estado central considera que la concreción del Estado social es su tarea irrenunciable para la integración social.

A diferencia de Europa, en América Latina el Estado social se ha consagrado en constituciones con regímenes presidencialistas, en una interpretación de la cláusula que – como revisamos previamente – fortalece el rol del Estado central por sobre los escasos esfuerzos de descentralización en la región, y se ha asociado a un rol activo de los jueces como garantes de derechos fundamentales y de prestaciones asociadas a ellos; en particular, en la interpretación neoconstitucionalista del Estado social de la Corte Constitucional colombiana.

De estas dos visiones sobre la aplicación y desarrollo del Estado social – la europea y la latinoamericana – es necesario decantarse por la primera. El Estado social es un principio que, del punto de vista democrático, debe ser desarrollado y ejecutado por el legislador. Los mandatos de desarrollo y ejecución legislativa no deben ser vistos como una forma de desprotección de los derechos. Al contrario, son reflejos de la importancia que les dio el poder constituyente, pero también que éste es plenamente consciente que su rol es distinto al del legislador democrático.

En este sentido, tanto los mandatos al legislador como las propias cláusulas de Estado social y de remoción de obstáculos pueden ser vistos como una forma de compromiso constitucional hacia el futuro; un compromiso que no se basa en máximos, sino que en mínimos para su desarrollo legislativo, lo que coincide con la idea de garantía institucional de Schmitt que hemos revisado precedentemente. Esto permite entregar al futuro legislador un espacio para la necesaria deliberación política, pero también fijar el piso que el constituyente considera como el contenido esencial de dichos derechos. Recientemente, Webber y Yowell han destacado que el legislador está en una mejor posición democrática y capacidad de razonamiento que otros poderes públicos para la adopción de leyes que garanticen derechos, y el enfoque de su protección debiese centrarse en los parlamentos, más que en los tribunales.[1366]

[1366] Webber, Grégoire, y Yowell, Paul (2018): "Introduction: securing human rights through legislation", en Webber, Grégoire; Yowell,

7.6.2. El rol de la Administración en la aplicación de la cláusula de Estado social

En el desarrollo del Estado social, el rol de los poderes públicos se ordena hacia la consecución del bien común. Esto significa que la Administración del Estado se fortalece en su posición, ya que les corresponde la ejecución de las políticas públicas destinadas a implementar las medidas orientadas a dicho objetivo. En este sentido, se ha asociado el Estado social a un "Estado administrativo"; es decir, a un aumento de la esfera de competencias de la potestad reglamentaria y un fortalecimiento del aparato estatal. Si embargo, no hay que perder de vista que este nuevo vigor de los órganos de la Administración está destinado a la implementación de las medidas que el legislador ha diseñado para la consecución de los objetivos del Estado social, y que – como mencionaremos a continuación – se trata de un deber de orientación, y no únicamente de ejecución directa.

Aunque la Administración en el Estado social tiene por objeto la implementación del diseño legislativo, la doctrina parece conteste en entender la necesidad de un espacio propio de producción jurídica, en que la ley entrega el marco en que la Administración desarrolla y concretiza dichos mandatos. Esta potestad será más intensa en aquellas materias que por su complejidad técnica y social requieren de una regulación difícil de ofrecer en la ley no por la lentitud en su aprobación, sino de actualización a los avances y cambios tecnológicos y sociales.[1367] De la misma manera, en los Estados compuestos, la Administración de las entidades subnacionales suele tener

---

Paul; EKINS, Richard; KÖPCKE, Maris; MILLER, Bradley W., y URBINA, Francisco J.: *Legislated Rights. securing human rights through legislation* (Cambridge, Cambridge University Press), pp. 11-13.

1367 ESTEVE PARDO, *El pensamiento antiparlamentario…*, p. 193; Forsthoff, *Tratado de Derecho Administrativo…*, pp. 190-191.

un rol relevante en la concreción del Estado social, por la distribución de competencias que realiza cada constitución sobre estas materias.

Por lo anterior es que el primer orden de garantía de un Estado social es la garantía política–los mecanismos de democracia participativa y la actividad de los poderes legislativos – y, en su ejecución, la garantía por la actuación de los órganos de la Administración, como servicios públicos, y también por mecanismos como los defensores del pueblo u *ombudsman.* Sobre esto, la Comisión de Venecia ha resaltado la actuación de estos órganos como "institución garante del respeto de los derechos sociales y económicos."[1368] Como ha señalado Escobar Roca, los defensores del pueblo son "una institución clave para la efectividad del Estado social, en el sentido amplio del término", debido a su enfoque preferente en la práctica hacia los problemas de prestación de derechos sociales.[1369]

Como mencionamos precedentemente, la visión contemporánea del Estado social y su faz de provisión de derechos ha dado lugar a la idea de un Estado *garante.* Como apunta Esteve Pardo, el Estado garante tiene como uno de sus antecedentes la idea alemana de *Steurung*– timonear, dirigir el timón de un barco –, y se refiere a la capacidad del derecho y el Estado para conducir la sociedad actual.[1370] Es interesante notar que el sustantivo *Steuer* en alemán es la expresión para referirse a un timón, como nota el profesor Esteve Pardo, y también a los impuestos, por lo que la idea de un *Steuerstaat,* o el *Steuerstaatsprinzip,* se refiere al "Estado

---

1368 Comisión de Venecia, *Chile. Opinión sobre la reforma constitucional de 2023...*, p. 26.

1369 Escobar Roca, Guillermo (2010): "Interpretación y garantía de los derechos fundamentales por el Defensor del pueblo (Análisis empírico, reconstrucción dogmática y propuesta del futuro)", en *Teoría y Realidad Constitucional,* número 26, p. 245.

1370 Esteve Pardo, *Estado garante. Idea y realidad...*, p. 52.

fiscal" en que se convierte el Estado social por su necesidad de mayores recursos para satisfacer las necesidades crecientes de la misma sociedad.[1371]

La idea de Estado garante surge desde la crisis fiscal del Estado social, que hace que el rol directo del Estado se retraiga en los años '90 para dar paso a formas de colaboración público-privada en que la Administración mantiene un rol de supervigilancia y control. En efecto, aunque las constituciones encomiendan al Estado el cumplimiento de ciertos fines, los medios para llevarlos a cabo pueden variar y admitir distintas formas distintas a la prestación directa en que el Estado actúa como garante, reservándose las potestades de fomento, control, supervisión y sanción.[1372]

7.6.3. El rol del juez y la justicia constitucional en la aplicación de la cláusula de Estado social

El Estado social es un principio constitucional que tiene efectos normativos. Sin embargo, la Constitución como norma jurídica no significa que todo su texto tenga *el mismo* efecto normativo, ni idéntica vinculación para todos los poderes públicos. Ante la ausencia de distinciones explícitas respecto al efecto preceptivo del texto de la Constitución, la normatividad y eficacia directa de su texto queda entregada a la interpretación que realicen los garantes judiciales e institucionales. Con ello, los tribunales se ven enfrentados a distinguir el efecto

---

1371 En este sentido, ISENSEE, Josef (1977): "Steuerstaat als Staatsform", en STÖDTER, Rolf y THIEME, Werner (editores): *Hamburg, Deutschland, Europa. Beiträge zum deutschen und europäischen Verfassungs-, Verwaltungs- und Wirtschaftsrecht* (Tübingen, Mohr), pp. 409-436.

1372 ESTEVE PARDO, *La nueva relación entre Estado y sociedad. Aproximación al trasfondo de la crisis...*, p. 170.; del mismo autor, *Estado garante. Idea y realidad...*, p. 106.

normativo de distintas partes de un texto que – al menos, desde el sistema de fuentes – tiene el mismo rango. De ahí que Díez Picazo plantee la necesidad de "una buena dosis de escepticismo y una tendencia restrictiva en la aplicación directa de la Constitución, no yendo nunca más allá de los genuinos supuestos en que la aplicación directa es posible y aun en estos casos no perdiendo nunca el hilo de la intermediación de la ley."[1373]

La visión alemana y española, con una tendencia restrictiva de la aplicación normativa directa de la Constitución, es muy distinta a la que postula el nuevo constitucionalismo latinoamericano, donde se ha promovido la existencia de constituciones con una garantía jurisdiccional reforzada de la aplicación directa del texto constitucional. Como vimos anteriormente, en países como Colombia, el rol del juez constitucional se ha entendido como mandatario de un deber de transformación social, el órgano más eficaz en la defensa de los derechos de los ciudadanos y los principios democráticos, [1374] y "un servidor vigilante, activo y garante de los derechos materiales."[1375] Un rol pasivo, de acuerdo con la Corte Constitucional de Colombia, sería desconocer los valores y principios constitucionales que consagran la efectividad de los derechos fundamentales.[1376] En suma, bajo una judicatura neoconstitucionalista en América Latina, "los derechos son aquello que los jueces dicen a través de las sentencias de tutela."[1377]

Como hemos revisado anteriormente, la interpretación de la garantía judicial de derechos sociales del Estado social en Colombia no es un modelo plenamente compatible con la función democrática que cumple el poder legislativo. En la

---

1373 DIEZ PICAZO, *Constitución, ley, juez...*, p. 23.

1374 Corte Constitucional de Colombia, T-406-1992, N° 9.

1375 Corte Constitucional de Colombia, SU-768-2014.

1376 Corte Constitucional de Colombia, T-406-1992, título 19.

1377 Corte Constitucional de Colombia, T-406-1992, N° 12.

tradición constitucional europea, algunas soluciones para delimitar el rol del juez constitucional ha sido explicitarlo en su texto. En Alemania, el artículo 20.3 de la Ley Fundamental de Bonn señala expresamente que "el poder legislativo está sometido al orden constitucional; los poderes ejecutivo y judicial, a la ley y al Derecho." Por tanto, la cláusula de Estado social a nivel federal y estadual es un mandato que precisa que su desarrollo y realización se concretan por las normas legales federales o que cada *Länder* apruebe dentro de las competencias distribuidas por la Ley Fundamental de Bonn.

En el caso español, como hemos revisado antes respecto al rol del legislador, el artículo 53 de la Constitución de 1978 distingue a los derechos y libertades del Capítulo segundo del Título I como vinculantes para todos los poderes públicos, precisando una reserva de ley para la regulación de su ejercicio (artículo 53.1). La garantía judicial ordinaria y extraordinaria, a través del recurso de amparo ante el Tribunal Constitucional, se restringe, en cambio, a las libertades y derechos del artículo 14 y la Sección primera del Capítulo segundo (artículo 53.2). En cambio, la garantía judicial de los principios del Capítulo tercero solo "informarán (...) la práctica judicial", y únicamente "podrán ser alegados ante la Jurisdicción ordinaria de acuerdo con lo que dispongan las leyes que los desarrollen" (artículo 53.3). En consecuencia, los principios rectores de la política social y económica requerirán siempre de un desarrollo legislativo para su garantía judicial, sin perjuicio de servir como elemento para el control de constitucionalidad a cargo del Tribunal Constitucional.

En otros países, como la Constitución de Irlanda de 1937, se ha sido incluso más preciso, señalando que los principios de política social están destinados a servir de guía general al Parlamento (*Oireachtas*), y declarando de manera expresa que "la aplicación de estos principios en la elaboración de las leyes será competencia exclusiva del *Oireachtas* y no será objeto de revisión por los Tribunales a la luz de ninguna de las normas de esta Constitución."[1378] Esto ha sido interpretado reiteradamente por la jurisprudencia irlandesa como un mandato constitucional del rol del Parlamento en el diseño de derechos sociales: así, estos principios están precisados en la Constitución "para la guía general del *Oireachtas*", y "no pueden ser conocidos por ninguna Corte"[1379], sin perjuicio de criticar la inactividad del legislador en ciertas materias socialmente controvertidas.[1380]

Lo anterior no quiere decir que el juez no tenga rol alguno en la aplicación normativa del Estado social. Al contrario, el ámbito donde el concepto de Estado social despliega toda su potencialidad es como parámetro del juez constitucional en la verificación de la conformidad de las normas jurídicas con el texto de la Constitución. En este caso sí es un concepto directamente aplicable, y adquiere su mayor eficacia como norma en su dimensión negativa, pero no positiva – es decir, su aplicación no puede resultar en la imposición al legislador de conductas conducentes a cubrir omisiones en materia social.

En algunos países, como Portugal, para cubrir el elemento positivo, se contempla expresamente la acción de inconstitucionalidad por omisión ante el Tribunal Constitucional, el cual "apreciará y verificará el no cumplimiento de la Constitución por omisión de las medidas legislativas necesarias para hacer exigibles las normas constitucionales".[1381] En Alemania, el control de la omisión legislativa se ha planteado como un mecanismo implícito de carácter excepcional, pero que ha

---

1378 Constitución de Irlanda de 1937, artículo 45.

1379 O'Mahony, James (2015): *Constitutional Law* (Dublin, Lonsdale Law Publishing), pp. 180-182.

1380 Ryan, Fergus W. (2018): *Constitutional Law* (Dublin, Round Hall), p. 59.

1381 Constitución de Portugal de 1976, artículo 283.

sido ejercido por el Tribunal Constitucional Federal.[1382] Un ejemplo reciente ocurrió en 2021, donde declaró la inconstitucionalidad parcial de la Ley Federal de Protección del Clima (KSG) del 12 de diciembre de 2019, pero también, la inconstitucionalidad de la omisión del legislador de no regular con mayor detalle la actualización de los objetivos de reducción de emisiones de gases contaminantes para los períodos posteriores a 2030.[1383]

Sin perjuicio de ello, no es posible llegar al extremo en el ejercicio del control de la omisión del legislador como ha hecho la Corte Constitucional de Colombia, en los casos que se han reseñado anteriormente. De adoptarse una posición que contemple un rol de la justicia constitucional en el control de la omisión, éste debe ser atribuido expresamente e interpretado restrictivamente por la justicia constitucional.

7.7. EL ROL DE LOS DERECHOS SOCIALES EN EL ESTADO SOCIAL Y SU RELACIÓN CON LA PROGRESIVIDAD E IRRETROACTIVIDAD DE SU GARANTÍA

7.7.1. El rol de los derechos sociales en el Estado social

Hemos revisado cómo una conceptualización reduccionista del Estado social lo ha caracterizado como únicamente vinculado al concepto de derechos sociales. De esta manera, Estado social sería aquel Estado *prestador* de derechos sociales. Mientras que la definición de derechos fundamentales como situaciones

---

[1382] Tribunal Constitucional Federal de Alemania, BVerfGE 1, 97, 19 de diciembre de 1951.

[1383] Tribunal Constitucional Federal de Alemania, 1 BvR 2656/18, 1 BvR 96/20, 1 BvR 288/20, todas de 24 de marzo de 2021.

subjetivas activas, tuteladas por la Constitución, los vincula a la idea de derechos públicos subjetivos, en la actualidad el concepto de derecho social se utiliza para denominar distintas formas de reconocimiento de derechos u obligaciones del Estado sin que reflejen directamente una relación entre sujetos, ni que ésta sea indispensable o básica. El abandono de la noción de derechos públicos subjetivos como fundamento de los derechos fundamentales se debería a su connotación individualista de los derechos, que para autores como Pérez Luño, sería incompatible con la idea de Estado social.[1384]

Dentro de lo que se denomina actualmente como derechos sociales es posible encontrar construcciones abiertas formadas por libertades, pretensiones, poderes, cualificaciones jurídicas, normas de comportamiento y principios.[1385] Asimismo, bajo el concepto de derecho social también se pretende englobar, de forma expresa o implícita, diversas obligaciones que buscan garantizar de manera precisa desde el Estado una provisión material concreta e individual para su titular, lo que correspondería a una forma especial de derecho social denominado "de prestación", o derechos prestacionales. Esta amplitud de los conceptos evita presuponer exigencias implícitas de contenido ni de estructura o medios de protección, y también la facilidad para que éstos puedan ser reconocidos

---

1384 Pérez Luño, *Derechos humanos, Estado de Derecho y Constitución*..., p. 35. En cambio, una revalorización de la idea de derechos subjetivos se encuentra en Vergara Blanco, Alejandro (2023): "El Sistema de los derechos públicos subjetivos de Georg Jellinek: Impacto y actualidad en el Derecho administrativo", en *Revista de Derecho Administrativo Económico*, número 38, pp. 283-299.

1385 En este sentido, Vahle Westerhäll, Lotta (2007): "Legal right to social security benefits", en Van Langerdonck, Jef (editor): *The right to social security* (Amberes, Intersentia), citado por Marquet Sardà, Clara (2010): *Los derechos sociales en el ordenamiento jurídico sueco* (Barcelona, Atelier), p. 67.

en distintas formas y regímenes jurídicos, adaptándose a la multiplicidad de situaciones que puedan darse.[1386]

Una interpretación más acotada de la idea de derecho social los relaciona con obligaciones de elementos prestacionales mínimos por parte del Estado, donde se busca cubrir una necesidad, más que una preferencia.[1387] La determinación del contenido sustantivo del derecho social, bajo esta noción, se identifica con aquello que provee a su titular de los recursos mínimos necesarios para ser autónomo y alcanzar su bienestar, lo que sintetiza en aquellos suficientes para poder llevar una vida digna en sociedad.[1388]

En contra de esta posición, Martínez Estay argumenta que el elemento esencial de los derechos sociales no es la existencia de una prestación material, "sino el fin que los inspira: hacer efectiva la igualdad formal del constitucionalismo clásico"[1389], mejorando la situación social o la calidad de vida de un determinado grupo, o de la sociedad en general.[1390] Por ello es que resulta posible reconocer derechos de libertad, que se pueden catalogar como sociales sin que se encuentre intrínsecamente unida a ellos una prestación material, como derechos en el ámbito laboral – huelga, sindicalización, entre otros.

1386 MARQUET SARDÀ, *Los derechos sociales...*, p. 67.

1387 FABRE, CÉCILE (2000): *Social rights under the Constitution. Government and the decent life* (Oxford, Oxford University Press), p. 35.

1388 FABRÉ, *Social rights under the Constitution...*, pp. 35 y 38. De este criterio, Fabré deriva el contenido para todo derecho social. Por ejemplo, el contenido del derecho a la salud debe significar cubrir aquellos tratamientos que, de pagarlos el paciente, significarían dejarlo bajo la línea de la pobreza.

1389 MARTÍNEZ ESTAY, José Ignacio (1997): *Jurisprudencia constitucional sobre española sobre derechos sociales* (Barcelona, Cedecs), p. 72.

1390 MARTÍNEZ ESTAY, José Ignacio (2010): "Los derechos sociales de prestación en la jurisprudencia chilena", en *Estudios Constitucionales,* vol. 8, N° 2, p. 131.

En el contexto del análisis de los elementos de la cláusula de Estado social, los derechos sociales que forman parte de su contenido no dicen relación exclusivamente con prestaciones materiales a las cuales se encontraría obligado el Estado bajo este principio. Ciertos derechos sociales no requieren directamente una prestación, mientras que otros pueden requerirla para satisfacer de manera más completa el derecho, de forma auxiliar, pero no como parte de su contenido esencial.

Esta diferenciación entre los derechos sociales es importante porque, finalmente, la esencia del Estado social no se puede identificar únicamente con su rol de provisión de derechos sociales de prestación. Como indican Aguayo y Estévez, "un Estado social se constituye como un Estado que provee servicios públicos en miras de satisfacer necesidades de los ciudadanos; es ahí donde entran los derechos sociales como un mecanismo para contribuir con el objetivo que se busca entregar al aparataje estatal."[1391] Sin embargo, aunque la actividad prestacional puede ser una función o instrumento del Estado para la consecución de su fin, la calificación de "social" de la actividad del Estado no puede depender de las prestaciones materiales que otorgue, lo que haría depender su orientación finalista de los recursos económicos disponibles. Menos aún, la idea de Estado social no puede estar vinculada a un mayor o menor número de derechos garantizados en el texto de una Constitución.

Entendido de esta forma, el Estado social no se encuentra asociado directamente a un deber prestacional, sino a un mandato de intervención en el ordenamiento jurídico para la procura de condiciones que compensen la debilidad relativa de las personas. Ejemplo de lo anterior es el rol del Estado

---

[1391] Aguayo Westwood, Pablo, y Estévez Álvarez, Santiago (2023: "Estado Social y Derechos Sociales: argumentos liberales para su constitucionalización", en *Mutatis Mutandis: Revista Internacional de Filosofía,* número 20(1), pp. 69.

en la protección del ejercicio de derechos como la sindicación y huelga, como también la actividad de los poderes públicos para el resguardo de otros derechos de libertad.

Si el objeto del Estado social es uno de naturaleza finalista, la relación entre dicha fórmula y los derechos sociales no es directamente una relación de prestación directa por parte del Estado. Es por ello por lo que los derechos sociales no son directamente el objeto del Estado social, sino que son un medio – por importante que sea, pero solo un instrumento – para la persecución de su fin. Por lo demás, la garantía de derechos sociales no es la única concreción del Estado social: existen diversas otras normas constitucionales, como garantías institucionales, y fundamentalmente, la normativa infraconstitucional. En cambio, sí resulta importante la idea de los derechos sociales en su faz de integración social y su efecto como valores sociales que contempla la Constitución en el marco de un Estado social.

En la tradición europea del concepto de las últimas décadas se ha ido superando la idea de un Estado social únicamente asociado a derechos prestacionales, en lo que fue la "época dorada" de su conceptualización – que podemos identificar entre la Ley Fundamental de Bonn de 1949 y la Constitución de España de 1978. Actualmente, la interpretación de la cláusula de Estado social, habitualmente ligada con el artículo 9.2 de la Constitución, ha abierto una dimensión de lo social vinculada al libre desarrollo de la personalidad y la autodeterminación; en particular, a partir de la doctrina del Tribunal Constitucional español desde la sentencia de 2012 sobre el matrimonio homosexual,[1392] y recientemente, en 2023, la sentencia respecto a la eutanasia[1393] y el aborto[1394].

1392 STC 198/2012, de 6 de noviembre de 2012 (TOL6.442.102).

1393 STC 19/2023, de 22 de marzo de 2023 (TOL9.493.276).

1394 STC 44/2023, 9 de mayo de 2023 (TOL9.582.039).

Ciertamente estamos frente a una relación contemporánea contradictoria: el Estado social se utiliza como fundamento de decisiones con consecuencias eminentemente individuales, como la autodeterminación, combinando una dimensión libertaria con la social-prestacional de los poderes públicos. Ahora la idea de Estado social no se presenta desde lo socioeconómico y los derechos sociales de prestación, sino que más bien con la promoción del valor superior de la libertad del artículo 1.1 de la Constitución. Para estas conclusiones, ha evolucionado la interpretación también del artículo 9.2 de la Constitución española, en relación con el principio de remoción de obstáculos, con un propósito distinto al que se había interpretado anteriormente. Hemos transitado desde una lectura del Estado social y la remoción de obstáculos en un sentido económico, hacia la actualidad, en que se interpretan dichas normas buscando un sentido social-valórico desacoplado de su origen histórico.

7.7.2. *La indivisibilidad, progresividad e irreversibilidad de los derechos sociales*

En relación con los derechos sociales, una característica que se ha predicado del Estado social sería el carácter indivisible de los derechos fundamentales. Esta indivisibilidad significaría que "no hay clasificación de los derechos ni ningún criterio que permita establecer diferencias" entre ellos, ya que todos son igualmente importantes al tener como idéntico fundamento la dignidad de la persona.[1395] La efectividad de cada uno sería una condición necesaria del resto, al ser un entramado

---

1395 Escobar Roca, Guillermo (2018): *Nuevos derechos y garantía de los derechos* (Madrid, Marcial Pons). pp. 62 y 64.

común necesario para la libertad de las personas, "del que no cabe retirar pieza alguna sin riesgo de derrumbe."[1396]

De ser así, la indivisibilidad limitaría fuertemente la posibilidad que haya garantía de ningún derecho, porque la tutela de cualquiera de ellos implica – sencillamente, por la limitación de recursos – la imposibilidad de cobertura para todos al mismo tiempo. La indivisibilidad pugna además con otro elemento que derivamos de la idea de Estado social, como es la prioridad en la ejecución de la adjudicación de derechos sociales en los sectores más desposeídos.[1397]

Por otra parte, del Estado social se derivaría también la obligación de progresividad, evolución y reconocimiento continuo de los derechos, y como correlato, la no regresividad en la protección de los derechos fundamentales. La progresividad de los derechos fundamentales es la noción que los derechos son un proceso continuo de evolución, ampliación y mejora. Esto significa que el Estado tiene el deber de adoptar medidas para garantizar que los derechos humanos sean respetados, protegidos y promovidos de manera progresiva, a través de la adopción continua y permanente en el tiempo de legislación y políticas públicas destinadas a su protección y garantía. Por su parte, la no regresión de los derechos fundamentales es un principio del orden internacional de la protección de los derechos humanos, que argumenta que una vez que se han reconocido y protegido ciertos derechos en el orden interno, no es posible su restricción o eliminación. Esto produciría como efecto que el Estado no pueda adoptar medidas que reduzcan los derechos de las personas. De esta manera, la progresividad y no regresión serían una forma de garantía de los derechos

---

1396 GARCÍA MANRIQUE, Ricardo (2013): *La libertad de todos. Una defensa de los derechos sociales* (Barcelona, El Viejo Topo), p. 26.

1397 En este sentido, FABRÉ, *Social rights under the Constitution...*, p. 38.

sociales.[1398] De la cláusula de Estado social se desprendería una prohibición de "reforma *in peius*", congelando las ventajas sociales alcanzadas, y de esta forma, evitando un retroceso en la realización del Estado social.[1399]

Los principios de progresividad y no regresividad de los derechos económicos, sociales y culturales se desprenden del Pacto Internacional de Derechos Económicos Sociales y Culturales. La progresividad se interpreta a partir del artículo 2.1 de dicho instrumento que señala que "[c]da uno de los Estados Partes en el presente Pacto se compromete a adoptar medidas, tanto por separado como mediante la asistencia y la cooperación internacionales, especialmente económicas y técnicas, hasta el máximo de los recursos de que disponga, para lograr progresivamente, por todos los medios apropiados, inclusive en particular la adopción de medidas legislativas, la plena efectividad de los derechos aquí reconocidos." Por su parte, la no regresividad se encontraría contenida en el artículo 4 del tratado, que dice que "[l]os Estados Partes en el presente Pacto reconocen que, en ejercicio de los derechos garantizados conforme al presente Pacto por el Estado, éste podrá someter tales derechos únicamente a limitaciones determinadas por ley, sólo en la medida compatible con la naturaleza de esos derechos y con el exclusivo objeto de promover el bienestar general en una sociedad democrática."

La progresividad y no regresividad de los derechos ya era criticada por Forsthoff como "el compulsivo intento de revestir [el

---

1398 Jimena Quesada, Luis (2013): "Gasto público y exigibilidad de los derechos sociales en tiempos de crisis", en *Nuevas Políticas Públicas: Anuario multidisciplinar para la modernización de las Administraciones Públicas*, N° 8, pp. 19-37; Escobar Roca, *Nuevos derechos y garantía de los derechos...*, p. 186.

1399 De Esteban y López Guerra, *El régimen constitucional español...*, p. 347.

Estado social] con la coraza impenetrable del tabú".[1400] Ambos conceptos asociados al Estado social pretender ser un límite para la competencia de la ley como norma reguladora de derechos fundamentales, y también para el ejercicio democrático, constituyéndose en un freno para el rol del poder legislativo.[1401]

También impediría el valor de la cláusula de Estado social como norma habilitante para la focalización de las ayudas sociales, de importancia fundamental en situaciones de restricciones presupuestarias que impiden mantener el rol prestador progresivo de derechos por parte del Estado, y al contrario, exigen incluso medidas de austeridad que apunte, finalmente, al bien común. De esta manera, de la cláusula de Estado social "no se puede inferir ninguna prohibición de la regresión social, ya que el legislador debe tener la posibilidad -posiblemente teniendo en cuenta la protección de los derechos de confianza y de propiedad- reducir o retirar beneficios del Estado social que han demostrado ser obsoletos o ya no (o ya no) financiables."[1402]

En nuestra opinión, no es correcto entender una pretendida progresividad e irretroactividad de la garantía de los derechos sociales como una consecuencia necesaria, o una función propia del Estado social. Esta interpretación, además de los problemas que genera su articulación con el contenido mínimo que requieren las fórmulas de compromiso como ella, colisiona con la relación con el elemento democrático y la determinación por el Parlamento de las prioridades políticas y sociales que concretizan de la fórmula de Estado social y democrático de Derecho.

1400 FORSTHOFF, Ernst (1976): "El problema político de la autoridad", en FORSTHOFF, Ernst (2015): *Estado de Derecho en mutación. Trabajos constitucionales 1954-1973* (Madrid, Tecnos) p. 49.

1401 FERNÁNDEZ-MIRANDA CAMPOAMOR, *El Estado social...*, pp. 174-175.

1402 EPPING y HILLGRUBER, *GG Kommentar...*, Rn. 210.1.

7.8. LA COMPATIBILIDAD Y NECESIDAD DE ESTABILIDAD PRESUPUESTARIA PARA LA SUBSISTENCIA DEL ESTADO SOCIAL

Como hemos reseñado anteriormente, la mirada netamente prestacional del Estado social ha llegado a que desde hace años se plantee que éste se encuentra "en desmantelamiento" precisamente por evitar la distinción entre derechos sociales, vinculando irremediablemente la eficacia del Estado social al rol prestacional y, con ello, a la disposición de recursos públicos para su provisión. Esto no significa que la posibilidad de prestaciones materiales no sea un elemento importante en la idea de Estado social. Nuestro argumento es que no se trata de la única faz de aplicación del elemento social. Como señalan Herzog y Grzeszick, incluso el Estado más pobre puede ser un Estado de Derecho o un Estado federal, pero solo podrá ser un Estado social en un sentido muy limitado.[1403]

Un mínimo de responsabilidad fiscal; es decir, el equilibrio entre los ingresos y los gastos públicos, es de la esencia de un Estado social. Eludir este principio significa que una comunidad estatal asuma un costo sin haber identificado los medios adecuados para sustentarlo.[1404] Esta situación genera, en suma, una deslegitimación de la idea misma de Estado, de la clase política y de los poderes públicos al considerarse su fracaso en la garantía de derechos como una falencia del sistema institucional.

En Europa, la crisis económica de 2007-2008 es el marco desde el cual Alemania culmina su modificación constitucional en 2009, incluyendo normas relativas a la estabilidad presupuestaria a nivel federal y de *Länder*, e impulsando la aprobación del Tratado de Estabilidad, Coordinación y Gobernanza en la

---

1403 HERZOG y GRZESZICK, *Artikel 20...*, VIII, B, nota marginal 23.

1404 OLIVETTI, *Diritti fondamentali...*, p. 430.

Unión Económica y Monetaria, de 2012, en que se deja expresa constancia de la obligación de los países de "transponer la 'regla de equilibrio presupuestario' en sus ordenamientos jurídicos nacionales, mediante disposiciones vinculantes, permanentes y preferentemente de rango constitucional", cuyo cumplimiento, además, "debe estar sujeto a la jurisdicción del Tribunal de Justicia de la Unión Europea, de conformidad con el artículo 273 del Tratado de Funcionamiento de la Unión Europea."[1405] En este contexto, España reformó su Constitución en 2011 – como revisamos previamente –, e Italia en 2012, incluyendo normas sobre estabilidad presupuestaria.[1406]

En el contexto latinoamericano, la propuesta de nueva Constitución de Chile de 2023 también señalaba explícitamente la responsabilidad fiscal en su cláusula de Estado social. La consagración normativa del Estado social en dicho país reconocía derechos y libertades fundamentales, pero tratándose de derechos sociales, solo menciona la "promoción" de su desarrollo progresivo. Esta promoción del desarrollo progresivo de los derechos está sujeta – es decir, sometida o subordinada – al

---

1405 Tratado de Estabilidad, Coordinación y Gobernanza en la Unión Económica y Monetaria, de 2 de marzo de 2012.

1406 Ley Fundamental de Bonn, artículo 109.3; Constitución de España de 1978, artículo 135; Constitución de Italia de 1948, artículo 81. En el caso español, es relevante – aunque no directamente relacionado con nuestro trabajo – la mención al rol que tuvo la carta de 5 de agosto de 2011 enviada por el Presidente del Banco Central Europeo, Jean-Claude Trichet, y el Gobernador del Banco de España, Miguel Ángel Fernández Ordóñez, al Presidente del Gobierno José Luis Rodríguez Zapatero (PSOE), en que se solicita medidas urgentes para mejorar el funcionamiento del mercado laboral y sectores regulados, pero especialmente, se requiere al gobierno que adopte "medidas audaces para asegurar la sostenibilidad de las finanzas públicas", demostrando "claramente con acciones su compromiso incondicional" con los objetivos de política fiscal, remarcando que sería bienvenida la introducción de nuevas reglas de gasto público.

principio de responsabilidad fiscal, y además, a su provisión por parte de instituciones estatales y privadas.

Por esto, la visión contemporánea de la obligación de garantía y realización de los derechos fundamentales de un Estado social la entiende intrínsecamente unida a la orientación y decisiones del Estado, pero como un "Estado social en libertad y no paternalmente tutelado"[1407], lo que ha dado lugar a comprender el rol del Estado social como una "presunción de responsabilidad pública en materia de prestaciones sociales".[1408]

Entender que el objeto del Estado social es exclusivamente la prestación pública de derechos significaría vincular intrínsecamente la consecución del objeto del Estado a la solidez del presupuesto público y, por tanto, por la compatibilidad económica del gasto público para aplicar los derechos sociales: "de hecho, si el sistema económico entra en crisis y los ingresos dejan de reproducirse en la medida esperada, los fines del Estado social se vuelven automáticamente irrealizables".[1409] Como indica Esteve Pardo, un problema del Estado social es su contradicción interna al postular fines redistributivos, pero para ello se requiere un mercado generador de riqueza, con lo que sus fines de equidad entran en tensión con los de eficiencia.[1410] Por esta razón es que inclusión de mecanismos de estabilidad presupuestaria del gasto público son, al final del día, fundamentales para la propia subsistencia del Estado social, y paradójicamente, necesarias para proteger al Estado de las autoridades del Estado.

1407 Benda, *El Estado social de Derecho…*, p. 491.

1408 Stein, citado por Garrorena, *El Estado español como Estado social y democrático…*, p. 101.

1409 Mortati, *Le forme di governo...*, p. 64.

1410 Esteve Pardo, *Estado garante. Idea y realidad…*, pp. 18-19.

7.9. ESTADO SOCIAL Y SU COMPATIBILIDAD CON EL PRINCIPIO DE SUBSIDIARIEDAD

Para finalizar, el Estado social no es un concepto que excluya la participación privada en la actividad prestacional de derechos. Cuando se ha buscado sostener la incompatibilidad entre Estado social y subsidiariedad, habitualmente se recurre a conceptos que permiten justificar una mirada de dicha forma de Estado como un rol netamente activo y prestacional – como la idea de procura existencial–, mientras la subsidiariedad sería la “obligación estatal general de que la institucionalidad pública se retraiga – que omita -, para actuar solo por excepción”.[1411]

Esta presunta incompatibilidad entre el Estado social y subsidiariedad no evidencia cuál es la base normativa para dicha tensión. El problema – que identifica acertadamente Felipe Schwember – se produce por la complejidad de los conceptos que suelen contraponerse, convirtiendo el debate en uno de tipo semántico, más que uno respecto a su contenido.[1412] Al contrario, un elemento esencial del Estado social es su faz de “autorregulación" o "configuración autorresponsable" del individuo – como una especie de subsidiariedad [1413], pero no una prohibición de ella. Incluso, recurriendo al mismo concepto de “procura existencial” de Forsthoff presuntamente contrario a la subsidiariedad, Nuria Magaldi resalta lo “evidente” de su vinculación: “[a]sí, en situaciones normales, muchas de las funciones estatales de

---

1411 SOTO DELGADO, Pablo, y BUSTOS SÁNCHEZ, Vicente (2024): "Estado social, procura existencial y subsidiariedad", en JIMÉNEZ, Guillermo (editor): *Problemas actuales del derecho administrativo chileno. Actas de las XVIII Jornadas de Derecho Administrativo* (Valencia, Tirant Lo Blanch), p. 44.

1412 SCHWEMBER, Felipe (2023): “Subsidiariedad, liberalismo y Estado social de derecho”, en HAZBUN, Pilar, y VARELA, Pedro (editores): *Lecciones Constitucionales: reflexiones sobre un proceso fallido y propuestas para el debate* (Santiago, Editorial Libertad y Desarrollo), pp. 64-65.

1413 RITTER, *El Estado social…*, p. 26; BENDA, *El Estado social…*, p. 541.

procura existencial pueden y deben ser devueltas a la sociedad, pero siempre con la seguridad de que, en caso de urgencia o crisis, emergerá de nuevo la procura existencial."[1414]

Comentando esta aparente dicotomía en la Ley Fundamental de Bonn, Benda señala que, ante la decisión de propender a la solidaridad o subsidiariedad, "[c]onstitucionalmente no consta prioridad para uno u otro principio; habrá que resolver en función del caso concreto. (...). En ningún caso resulta del postulado del Estado social que el legislador haya de prever para la realización de tal meta únicamente medidas de las autoridades públicas; nada impide al legislador prever asimismo la asistencia de organizaciones privadas." [1415]

Si en los países donde se consagra un Estado social existen servicios sociales que son ofrecidos en su totalidad por la acción del sector público no es una consecuencia normativa de la cláusula de Estado social, sino que de otras disposiciones de rango constitucional o incluso legal. Así, por ejemplo, en España la seguridad social tiene un régimen público no por consecuencia del Estado social, sino por la aplicación del artículo 41 de la Constitución de 1978, que dice que "[l]os poderes públicos mantendrán un régimen público de Seguridad Social para todos los ciudadanos, que garantice la asistencia y prestaciones sociales suficientes ante situaciones de necesidad, especialmente en caso de desempleo. La asistencia y prestaciones complementarias serán libres."[1416]

[1414] Magaldi, Nuria (2020): "El concepto de procura existencial (daseinsvorsorge) en Ernst Forsthoff y las transformaciones de la Administración Pública", en *Revista de Derecho Público: teoría y método,* número 11, pp. 169-170.

[1415] Benda, *El Estado social...*, p. 540.

[1416] Es importante notar, además, que en la Constitución de España la seguridad social es un derecho que se incluye dentro de los denominados "principios rectores de la política social y económica", y por tanto, es un mandato para su desarrollo por el legislador.

Como precisa Escobar Roca, aunque la Constitución española no reconozca un principio general de subsidiariedad, "entendido en el sentido de que el Estado sólo actúa cuando los particulares no lo hacen", sí resulta posible analizar caso a caso si la renuncia al otorgamiento estatal directo de prestaciones se encuentra justificada.[1417]

Una derivación del punto anterior es que el Estado social no obliga a un determinado sistema económico. Al contrario, su naturaleza de fórmula de compromiso lo configura como un concepto permeable a distintos sistemas, en la medida que respeten los límites que asegura la propia Constitución para la actividad económica. En España, el concepto de Estado social garantiza, "al menos en sus líneas básicas, la economía de mercado (con las limitaciones impuestas por dicha forma de Estado), impidiéndose la completa erradicación de la libertad mediante cualquier sistema de economía totalmente intervenida por el poder público".[1418] Lorenzo Martín-Retortillo Baquer criticaba como "extraña esta fe en el mercado" y lamentaba cómo el texto constitucional "responde a un no sé si calculado o casual espíritu de ambigüedad, que puede casar con salidas y alternativas muy dispares" que pueden llegar a debilitar la protección de los derechos.[1419]

Tanto la doctrina como la jurisprudencia de los países con cláusulas de Estado social – como España y Alemania – han

---

1417 ESCOBAR ROCA, Guillermo (2012): "El Estado social", en ESCOBAR ROCA, Guillermo (director): *Derechos sociales y tutela antidiscriminatoria* (Navarra, Thomson Reuters Aranzadi), p. 370.

1418 ARAGÓN REYES, *Libertades públicas y Estado social...*, p. 8-9.

1419 MARTÍN-RETORTILLO BAQUER, Lorenzo (1980): "El sistema socioeconómico y el trabajo en la Constitución", en MARTÍN-RETORTILLO BAQUER, Lorenzo: *Autonomía y autogobierno de la Universidad y otros temas* (Zaragoza, Secretariado de Publicaciones de la Universidad de Zaragoza), pp. 200-202.

sido claras reconocer la importancia de la colaboración público-privada, así como el rol de los particulares en la participación en la vida económica. En el caso de España, el Tribunal Constitucional ha reconocido que "es propio del Estado social de Derecho la existencia de entes de carácter social, no público, que cumplen fines de relevancia constitucional o de interés general."[1420] En Alemania, el Tribunal Constitucional Federal ha reconocido la legitimidad de la actuación privada, declarando conforme a la ley Fundamental de Bonn la coexistencia de organismos estatales y privados en la política social. Por lo tanto, una de las características del Estado social libre es que -siempre que sea posible- los proveedores privados (*freier Träger*) "actúen junto a las instituciones estatales, lo que, como máximo, está permitido, y que ni el Estado ni los municipios tengan derecho a expulsarlas de sus ámbitos de actuación."[1421]

Como recordamos anteriormente, la Comisión de Venecia se ha referido al rol de la actividad privada en un Estado social, en su opinión sobre el proceso constitucional de Chile de 2023, señalando que no existe incompatibilidad entre el principio de subsidiariedad y la cláusula de Estado social de Derecho. La Comisión realizó la distinción que hemos mencionado previamente entre cómo el Estado social es una afirmación de resultados, mientras que la subsidiariedad es una expresión de los medios que deben emplearse [1422] , para luego señalar que "[e]l Estado social y democrático de derecho no implica necesariamente que las acciones dirigidas a objetivos sociales más amplios sean siempre adoptadas directamente por las instituciones del Estado en detrimento de las formas intermedias de organización social", sino que la "práctica de los Estados que

---

1420 STC 18/1984, 7 de febrero de 1984, FJ 3 y 6 (TOL79.308).

1421 Herzog y Grzeszick, *Artikel 20…*, VIII, B, nota marginal 63.

1422 Comisión Europea para la Democracia por el Derecho, *Chile. Opinión sobre la reforma constitucional de 2023…*, p. 24.

pueden caracterizarse razonablemente por buscar un sistema social y democrático de derecho, y que también han constitucionalizado explícitamente el principio de subsidiariedad como una dimensión de la política social (como Italia), o han dado efecto implícitamente a la subsidiariedad en su estructura constitucional y su política social (como Alemania)."[1423]

Para Schwember, no debe perderse de vista que si con el concepto de Estado social "se quiere indicar un sistema que persigue que todos cuenten con los bienes necesarios para el ejercicio de la propia libertad, entonces hay que admitir que dicho Estado no es tan distante del Estado subsidiario, como *prima facie* podría pensarse. De hecho, la instauración de ese sistema o red de aseguramiento es, precisamente, lo que los liberales han defendido y promovido desde hace mucho tiempo. Por esa misma razón, no cabría más que celebrar el hecho de que la ciudadanía demandara un régimen político–económico que combinara la libertad política con el auxilio a los más necesitados, bajo el principio de la colaboración público-privada."[1424]

Esta colaboración con el sector privado es especialmente relevante a la hora de focalizar los recursos en grupos vulnerables. En esto, merece destacarse el estatuto jurídico del *tercer sector* en Italia, en base en la realidad asociativa y en la tradición solidaria de dicho país y sus intentos de reforma y actualización.[1425]

Para finalizar, como sintetizaba el profesor Hans F. Zacher, "el 'dilema fatal del debate constitucional sobre el Estado social'

[1423] COMISIÓN EUROPEA PARA LA DEMOCRACIA POR EL DERECHO, *Chile. Opinión sobre la reforma constitucional de 2023...*, p. 24.

[1424] SCHWEMBER, *Subsidiariedad, liberalismo y Estado social de derecho...*, p. 94.

[1425] ROSSI, Emanuele (2014): "La disciplina giuridica del Terzo settore in Italia", en *Revista catalana de dret públic*, núm. 49, 2014, p. 104.

es que, por un lado, la amplitud y vaguedad de su mandato constitucional y la originalidad de su cumplimiento político parecen excluir tal cumplimiento, mientras que, por otro lado, una indiferencia arbitraria de los obstáculos constitucionales a la obligación social básica de las autoridades políticas amenaza con sofocarla. Este dilema se desactiva, en su visión, cuando se toma en serio el carácter político y original del mandato del Estado social, más que continuar buscando extraer efectos normativos de una norma esencialmente política."[1426]

1426 ZACHER, *Was können wir über das Sozialstaatsprinzip wissen…*, p. 228.

Capítulo 8
Conclusiones

Este trabajo abordó el estudio del concepto de Estado social, su desarrollo en Europa y su recepción en América Latina y Chile, desde las siguientes interrogantes: primero, el aporte de la categoría de Estado social, ya sea vista de manera aislada o autónoma, a la fórmula compleja de Estado social y democrático de Derecho. En segundo lugar, se planteó la pregunta de qué agrega la explicitación de la cláusula de Estado social si ya se han constitucionalizado derechos sociales o existen otros artículos de contenido social en la Constitución. El capítulo anterior intentó sistematizar las respuestas obtenidas para mostrar el marco contemporáneo del concepto y contenido del Estado social, tras haber analizado previamente los hitos históricos que han dado forma a esta categoría, desde sus orígenes hasta los debates recientes en Chile.

Más allá de sus antecedentes, la cláusula de Estado social se explica adecuadamente a partir de su matriz europea, de principios del siglo XX, y que alcanza su máximo esplendor entre 1950 y 1970. La revisión de su evolución nos demuestra que el Estado social no es un concepto unívoco ni está exclusivamente asociado a un enfoque prestacional, como se ha planteado en el debate contemporáneo, por lo que debe distinguirse de conceptos como el Estado de bienestar. El Estado social está vinculado a una forma de Estado, a diferencia de un régimen de servicios públicos o asistencia social, típicamente legal, que caracteriza al *Welfare State.*

El Estado social es un componente de una fórmula compleja: Estado social y democrático de Derecho. En su origen, era un adjetivo que no estaba directamente asociado a la forma de Estado, sino que era más una consigna política – como en Lassalle – o una categoría que reflejaba legislaciones y políticas públicas resultantes de preocupaciones sociales. Con el tiempo, se transformó en un elemento asociado a una forma de Estado, como es el Estado de Derecho.

Si bien la teorización del Estado social permite identificar elementos concretos, su constitucionalización en la Ley Fundamental de Bonn de 1949, y en otras constituciones posteriores hasta la española de 1978, siempre ha estado vinculada al Estado democrático y al Estado de Derecho. Esta combinación de los tres elementos permite limitar sus alcances de manera recíproca, al mismo tiempo que potenciar sus efectos. Un Estado social sin los contornos del Estado democrático y del Estado de Derecho lo convierte en un Estado socialista, como también un Estado de Derecho sin el adjetivo social eliminaría el elemento material de la orientación finalista del Estado, y retrotrae a la comunidad política un Estado de Derecho formal.

En América Latina, donde el origen del Estado social está vinculado a una crisis de representatividad política, su componente social se articula con el Estado democrático, interpretando dicho adjetivo hacia un aumento de los mecanismos de democracia directa y participación.

La relación entre el componente social y el Estado democrático también implica que la concreción del Estado social debe perseguir un contenido mínimo, evitando exigencias maximalistas que asfixiarían la democracia, sin dejar margen suficiente de configuración a la política..

El Estado social, como una cláusula abierta, incorpora tradiciones distintas que se ajustan a cada contexto en que se adopta el consenso de su incorporación. Esta naturaleza abierta permite atribuirle distintos sentidos, contenidos y efectos, por las distintas fuerzas políticas. Sin embargo, mientras que su flexibilidad facilita la inclusión literal de la cláusula, también complica la definición de su contenido político y jurídico.

Interpretado en un sentido mínimo, el contenido del Estado social se debe identificar en relación con los fines, y no con medios o actividades concretas. Por ello, definimos el Estado social como una forma de Estado que orienta tanto la actividad estatal como la de la sociedad hacia un objetivo finalista, que hemos identificado con el bien común.

El Estado social tiene como objeto dirigir la actuación estatal – especialmente la del legislador – hacia la consecución de un fin material, vinculado con la idea de bien común. Este fin no se logra óptimamente a través del ejercicio de una libertad individual absoluta y la sola consagración de la igualdad ante la ley – esto es, su formulación busca un elemento de superación de los fines del Estado liberal – sino que exige un enfoque más amplio.

La orientación finalista de la forma de Estado hacia el bien común se concretiza en un mandato de actividad estatal a la intervención en la vida económica y social. Para la consecución del bien común como objetivo del Estado social, se requiere de la intervención estatal para encauzar la vida económica y social, así como fomentarla cuando sea necesario. Por esto, la formulación del Estado social ha sido compatible con la participación privada en la consecución de sus fines, ya que no es posible estimar que la promoción del bien común por el Estado pueda realizarse sin la colaboración privada en la vida económica y social.

La finalidad del Estado social en cuanto a la búsqueda del bien común requiere de la intervención estatal y la colaboración de los privados en su concreción, ya que la propia noción de bien común exige la persecución del mayor desarrollo posible tanto de cada persona como de la sociedad en su conjunto, y no de la suma de intereses desagregados o fragmentados. El bien común permite la integración de intereses y objetivos disímiles, propio de las sociedades complejas contemporáneas, y de esta manera dar cohesión a la comunidad política organizada que es el Estado.

La forma de Estado social puede adoptar una forma explícita o implícita en los textos constitucionales, por lo que mientras su texto incluya ciertos contenidos básicos, finalistas o de contenido social, éste puede ser entendido como un Estado social. Todos los Estados democráticos europeos del siglo XX han sido caracterizados por la doctrina y la jurisprudencia como Estados sociales, pero pocos de ellos contemplan una determinación explícita en el texto de sus constituciones. Aunque es posible entender el Estado social como una cláusula implícita, su explicitación ha sido una tendencia consolidada en las constituciones europeas desde mediados del siglo XX y, en América Latina, desde la década de 1990.

Cuando la cláusula de Estado social se ha constitucionalizado explícitamente en Europa, se convierte en una norma que tiene funciones políticas, como la legitimación del poder estatal, y simbólicas; en especial, una función de integración de la comunidad política. En América Latina, en cambio, se exacerba el rol transformador del Estado social, como parte de la función de transformación o refundación del orden económico y social. Dicho lo anterior, aquello calificado como "transformación" ha sido distinto en los países de América Latina que han incorporado la cláusula. En el caso de Colombia, la transformación del Estado social se asocia a la garantía de derechos sociales y al fortalecimiento de la justicia constitucional. En Venezuela, la función transformadora se refiere a un elemento político y económico, asociado al socialismo. En Bolivia, en cambio, el elemento transformador está referido a la inclusión social y política de los pueblos indígenas, al fortalecimiento de los mecanismos de democracia directa y participativa, y al componente plurinacional que se incluye en la forma de Estado.

Como parte de una constitución, la incorporación de la cláusula de Estado social en su texto tiene asimismo funciones jurídicas: una función directiva general de la creación del Derecho y la actuación del Estado, y una función interpretativa y de integración de lagunas. En estas funciones jurídicas, la cláusula de Estado social obliga a todos los poderes públicos, y se convierte en un criterio interpretativo de su obrar. Sin embargo, la aplicación directa del Estado social no corresponde a todos los poderes públicos por igual. La concreción del Estado social corresponde, primeramente, a la acción del legislador democrático. El rol de la Administración en el Estado social, en cambio, se encuentra mediado por la ley. Para el juez, cumple un rol interpretativo, y en la justicia constitucional actúa como parámetro de constitucionalidad de las normas sometidas a su control, siempre como marco interpretativo y refuerzo de otras cláusulas o preceptos constitucionales analizados conexamente.

Respecto a la vinculación entre Estado social y derechos sociales, si el objeto de esta forma de Estado es uno de naturaleza finalista, la relación entre ambos conceptos no es directamente una de prestación directa material por parte del Estado, sino de garante de su provisión, sea pública o privada. El Estado social adquiere una faz de Estado garante para la provisión de estos derechos en cuanto concreción del fin del adjetivo social. En efecto, la integración y cohesión social que persigue el bien común se logra a través de la garantía de derechos sociales, en cuanto éstos tienen por objeto reducir las desigualdades y hacer efectiva la igualdad del constitucionalismo clásico. Es por ello por lo que los derechos sociales no son directamente el objeto del Estado social, sino que son un medio – por importante que sea, pero solo un instrumento – para la persecución de su fin. Por lo demás, la garantía de derechos sociales no es la única concreción del Estado social: existen diversas otras normas constitucionales, como garantías institucionales, mandatos al legislador, deberes estatales, y fundamentalmente, la normativa infraconstitucional.

Por lo anterior, no es correcto entender una pretendida progresividad e irretroactividad de la garantía de los derechos sociales como una consecuencia necesaria, o una función propia del Estado social. Esta interpretación, además de los problemas que genera su articulación con el contenido mínimo que requieren las fórmulas de compromiso como ella, colisiona con la relación con el elemento democrático y la determinación por el Parlamento de las prioridades políticas y sociales que concretizan la fórmula de Estado social y democrático de Derecho en cada momento histórico y lugar.

La necesidad de estabilidad presupuestaria es plenamente compatible con los fines del Estado social, y más aún, resulta fundamental para su subsistencia. La forma de Estado apunta hacia la consecución de objetivos finalistas, y no a medios, por lo que el Estado social no puede identificarse únicamente con un Estado prestacional, que es por esencia un Estado de medios. Una visión netamente prestacional del Estado social haría que la vigencia de la forma de Estado dependiera de la existencia de medios económicos para su concreción.

En relación con el Estado social y la subsidiariedad, el Estado social no es un concepto que excluya la participación privada en la actividad prestacional de derechos. Como ha quedado de manifiesto en la discusión chilena de 2023, una lectura armónica del Estado social con los elementos de Estado de Derecho y Estado democrático muestra que la subsidiariedad puede ser una herramienta legítima y eficaz para realizar objetivos sociales, sin dejar de lado la necesaria intervención del Estado en la actividad económica y social. Las experiencias de Italia o Alemania, que hemos revisado en este trabajo, dan cuenta de la importancia de la sociedad civil para el vigor del Estado social.

En este libro hemos resaltado a los procesos constitucionales de Chile por su importancia para la comprensión del concepto de Estado social en la actualidad. En efecto, el debate constituyente en dicho país dejó en evidencia el uso del concepto de Estado social para un consenso únicamente respecto al "continente" o formulación de dicho elemento, pero al no haber acuerdo sobre lo que ello significa, terminó por reflejar todas las discrepancias del debate histórico sobre su contenido y efectos normativos. En esto la comparación con el caso español resulta pertinente: en la génesis de la fórmula en las Cortes Constituyentes, la tensión de las distintas visiones del Estado social se superó por causas internas – el acuerdo sobre la fórmula y un mínimo contenido –, pero además por razones externas: un clima de acuerdo general y una voluntad integradora que, pese a las discrepancias, mira en la forma de Estado un camino hacia el futuro.

Como se puede ver, en el caso chileno las distintas visiones sobre el Estado social no colaboraron con la integración de la comunidad, sino todo lo contrario, significaron un elemento más de disenso y polarización. La cláusula de Estado social, rica en interpretaciones y tradiciones diversas, no logró en el contexto chileno el efecto integrador esperado, reflejando las divisiones en la sociedad respecto al rol del Estado. Resulta necesaria una discusión académica más profunda sobre la importancia normativa de las formas de Estado y una interpretación menos maximalista, abandonando los elementos transformadores de la fórmula de Estado social y democrático de Derecho, y rescatando la importancia de los principios fundamentales del Estado de Derecho contemporáneo.

Capítulo 9

Referencias bibliográficas

8.1. DOCTRINA CITADA

ABELLÁN, A. (1997): "La problemática del Estado de Bienestar como fenómeno internacional", en *Revista de Derecho Político,* número 42, pp. 95-135.

ABENDROTH, W. (1952): "Zur Funktion der Gewerkschaften in der westdeutschen Demokratie", en *Gewerkschaftliche Monatshefte,* número 11, Noviembre de 1952, pp. 641-648.

ABENDROTH, W. (1954): "Sobre el concepto de Estado democrático y social tal como se formula en la Constitución de la República Federal de Alemania", en ABENDROTH, Wolfgang (1973): *Sociedad antagónica y democracia política* (Barcelona, Grijalbo) pp. 265-291.

ABENDROTH, W. (1959): "Tareas y objetivos de la socialdemocracia alemana", en ABENDROTH, Wolfgang (1973): *Sociedad antagónica y democracia política* (Barcelona, Grijalbo) pp. 67-85.

ABENDROTH, W. (1965): "El Estado de Derecho democrático y social como proyecto político", en ABENDROTH, Wolfgang; FORSTHOFF, Ernst, y DOEHRING, Karl (1986): *El Estado social* (Madrid, Centro de Estudios Constitucionales) pp. 11-42.

ABENDROTH, W. (1973): *Sociedad antagónica y democracia política* (Barcelona, Grijalbo) 480 pp.

AGUAYO WESTWOOD, P., y ESTÉVEZ ÁLVAREZ, S. (2023): "Estado Social y Derechos Sociales: argumentos liberales para su constitucionalización", en *Mutatis Mutandis: Revista Internacional de Filosofía,* número 20(1), pp. 65-75.

ALARCÓN PEÑA, A. (2018): "Economía social de mercado como sistema económico colombiano. Un análisis a partir de la jurisprudencia de la Corte Constitucional", en *Estudios Constitucionales,* año 16, N° 2, pp. 141-182.

ALDUNATE LIZANA, E. (2008): *Derechos fundamentales* (Santiago, Legalpublishing) 439 pp.

ALMAGRO CASTRO, D. (2023): *El Estado social en España. La larga marcha inacabada* (Granada, Comares) 347 pp.

ALTERIO, A. (2020): *Entre lo neo y lo nuevo del constitucionalismo latinoamericano* (Ciudad de México, Tirant Lo Blanch) 187 pp.

ALVEAR TÉLLEZ, J. (2015): "Los Derechos Sociales: Develando el mito. Justificación y búsqueda de coherencia", en GARCÍA GARCÍA, José Francisco (coordinador): *¿Nueva Constitución o Reforma? Nuestra Propuesta: Evolución Constitucional* (Santiago, Thomson Reuters) pp. 273-307.

ALZAGA VILLAAMIL, O. (1978): *La Constitución Española de 1978 (comentario sistemático)* (Madrid, Ediciones del Foro) 1002 pp.

ALZAGA VILLAAMIL, O. (2016): *Comentario sistemático a la Constitución española de 1978* (Madrid, Marcial Pons) 762 pp.

APARICIO PÉREZ, M. (1980): *El sindicalismo vertical y la formación del Estado franquista* (Barcelona, Ediciones de la Universidad de Barcelona) 226 pp.

APARICIO PÉREZ, M. (1980): *Introducción al sistema político y constitucional español (la Constitución de 1978)* (Barcelona, Ariel) 183 pp.

APARICIO PÉREZ, M. (1993): "El Estado social en la jurisprudencia del Tribunal Constitucional", en CÁMARA VILLAR, Gregorio, y CANO BUENO, Juan (coordinadores): *Estudios sobre el Estado social. El Estado social y la comunidad autónoma andaluza* (Madrid, Parlamento de Andalucía-Tecnos) pp. 47-71.

APARICIO PÉREZ, M. (1994): *Introducción al sistema político y constitucional español* (Barcelona, Ariel) 238 pp.

ARAGÓN REYES, M. (1986): "La interpretación de la Constitución y el carácter objetivado del control jurisdiccional", en *Revista española de derecho constitucional*, año 6, número 17, pp. 85-136.

ARAGÓN REYES, M. (1995): *Libertades económicas y Estado social* (Madrid, McGraw-Hill) 141 pp.

ARAGÓN REYES, M. (2013): *Estudios de Derecho Constitucional* (Madrid, Centro de Estudios Políticos y Constitucionales) 988 pp.

ARAGÓN REYES, M. (2013): "Dos problemas falsos y uno verdadero: 'neoconstitucionalismo', 'garantismo' y aplicación judicial de la Constitución", en *Cuestiones constitucionales. Revista mexicana de derecho constitucional*, N° 29, pp. 3-25

Arancibia Mattar, J. (2022): "Orden público económico", en Fundación Jaime Guzmán (editor): *Chile fragmentado. El debate constituyente* (Santiago, Fundación Jaime Guzmán – Hanns Seidel Stiftung), pp. 86-97.

Archivo del Congreso de los Diputados (2021): "Prólogo al Discurso pronunciado por Eduardo Dato Iradier el 23 de febrero de 1900 en el Congreso de los Diputados", en *Revista de las Cortes Generales,* número 110, p. 19-62.

Ariño, G. (2011): *Lecciones de Administración (y políticas públicas)* (Madrid, Iustel) 976 pp.

Asamblea Nacional de Francia (1872): *Enquête parlementaire sur l'insurrection du 18 mars 1871* (Paris, Librairie Législative) 590 pp.

Asbún Rojas, J. (2009): "El proceso constituyente actual en Bolivia. La constante tensión entre libertad y autoritarismo", en Serna de la Garza, José María (coordinador): *Procesos constituyentes contemporáneos en América Latina: tendencias y perspectivas* (México, Universidad Nacional Autónoma de México), pp. 3-61.

Ávila Santamaría, R. (2008): "Ecuador, Estado constitucional de derechos y justicia", en Ávila Santamaría, Ramiro (editor): *La Constitución de 2008 en el contexto andino. Análisis desde la doctrina y el derecho comparado* (Quito, Ministerio de Justicia y Derechos Humanos) pp. 19-38.

Badura, P. (1986): *Staatsrecht* (Munchen, Beck) 633 pp.

Baldivieso Guzmán, R. (2010): "Apuntes sobre la reforma constitucional en Bolivia", en *Revista boliviana de Derecho,* número 9, pp. 6-31.

Ballod, C. (1919): *Der Zukunftsstaat. Produktion und Konsum im Sozialstaat.* (Stuttgart, Dietz) 252 pp.

Barbera, A. (1975): "Articolo 2", en Branca, Giuseppe (editor): *Commentario della Costituzione. Principi fondamentali. Articoli 1-12* (Bologna, Nicola Zanichelli Editore) pp. 51-122.

Barbin, E. (2016): *Le régime juridique de l'intérêt général* (Mémoire de recherche présenté en vue de l'obtention du Master 2 Droit public approfondi, parcours Droit public fondamental) 140 pp.

Basile, S. (1981): "Los 'valores superiores', los principios fundamentales y los derechos y libertades públicas", en Predieri, Alberto, y García de Enterría, Eduardo (directores): *La Constitución española de 1978* (Madrid, Civitas), pp. 263-315.

Bassa Mercado, J. (2008): *El Estado constitucional de Derecho* (Santiago, Lexisnexis) 220 pp.

BELMAR GONZÁLEZ, F. (1986): *El Estado social de Derecho en el constitucionalismo nacional y comparado,* Memoria de prueba para optar al grado de Licenciado en Derecho, Facultad de Derecho, Pontificia Universidad Católica de Chile, 366 pp.

BENDA, E. (2001): "El Estado social de Derecho", en BENDA, Ernst; MAIHOFER, Werner; VOGEL, Hans Jochen, HESSE, Konrad; HEYDE, Wolfgang (2001): *Manual de Derecho Constitucional* (Madrid, Marcial Pons) pp. 487-559.

BENÍTEZ TOBÓN, J.; HOYOS NARANJO, O.; CUEVAS ROMERO, T.; LEMOS SIMMONDS, C.; GARZÓN, A.; LLOREDA CAICEDO, R.; GUERRERO FIGUEROA, G.; MARULANDA GÓMEZ, I.; MOLINA GIRALDO, I.; OSSA ESCOBAR, C.; PERRY RUBIO, G.; YEPES PARRA, M. (1991): "Finalidad social del Estado y la Seguridad Social", en *Gaceta Constitucional,* Nº 78, 21 de mayo de 1991, pp. 2-5.

BERMÚDEZ BUENO, W., y MORALES MANZUR, J. (2012): "Estado Social de Derecho: Consideraciones sobre su trayectoria histórica en Colombia a partir de 1991", en *Cuestiones Políticas,* volumen 28, Nº 48, pp. 51-77

BIN, R., y PITRUZZELLA, G. (2003): *Diritto costituzionale* (Torino, Giappichelli Editore) 546 pp.

BISCARETTI DI RUFFIA, P. (1968): *Diritto costituzionale. Istituzioni di diritto pubblico* (Napoli, Casa Editrice Dottore Eugenio Jovene) 796 pp.

BLANCO VALDÉS, R. (2006): *El valor de la Constitución* (Madrid, Alianza) 376 pp.

BOBBIO, N. (1991): *El tiempo de los derechos* (Madrid, Sistema) 257 pp.

BOBBIO, N. (2005): *L'età dei diritti* (Torino, Giulio Einaudi Editore) 266 pp.

BÖCKENFÖRDE, E. (2000): *Estudios sobre el Estado de Derecho y la democracia* (Madrid, Trotta) 201 pp.

BOUDON, J. (1999): "Les catholiques sociaux parisiens au milieu du XIXe siècle", en *Revue d'histoire de l'Église de France,* tomo 85, Nº 214, pp. 55-73.

BRAHM GARCÍA, E. (2023): "La cuestión de la 'legitimidad' de las últimas constituciones chilenas. Un acercamiento histórico-jurídico", en *Revista Jurídica Digital UANDES,* volumen 7, número 1, 18 pp.

BREWER-CARÍAS, A. (1998): *Cinco siglos de historia y un país en crisis. Discurso de orden leído en la Sesión Solemne de las Academias Nacionales con motivo de la celebración del V Centenario de Venezuela, el 7 de Agosto de 1998,* 42 pp.

BREWER-CARÍAS, A. (2001): *Golpe de Estado y proceso constituyente en Venezuela* (Ciudad de México, Universidad Nacional Autónoma de México), p. 244.

Brewer-Carías, A. (2013): *Tratado de Derecho Constitucional, tomo VI: Asamblea constituyente y proceso constituyente de 1999* (Caracas, Fundación de Derecho Público Editorial Jurídica Venezolana) 1198 pp.

Bumke, C., y Vosskuhle, A. (2019): *German constitutional law. Introduction, cases and principles* (Oxford, Oxford University Press) 608 pp.

Bustos Ramírez, J. (1994): *Bien jurídico en los delitos económicos* (Santiago, Colegio de Abogados de Chile) 19 pp.

Bustos Ramírez, J., y Hormazábal Malareé, H. (1997): *Lecciones de Derecho Penal* (Madrid, Trotta) tomo I, 260 pp.

Cabellos Espiérrez, M. (2001): *Distribución competencial, derechos de los ciudadanos e incidencia del derecho comunitario* (Madrid, Centro de Estudios Políticos y Constitucionales) 471 pp.

Cabrera Romero, J. (2009): "Las proyecciones del Estado social de derecho y justicia", en Palacios Romeo, F., y Velásquez Reque, D. (coordinadores): *Estudios sobre la Constitución de la República Bolivariana de Venezuela. X Aniversario* (Caracas, Procuraduría General de la República), pp. 71-135.

Cabrera Suárez, L. (2018): "El significado real de que Colombia sea un Estado Social de Derecho", en *Dixi* N° 27, 15 pp.

Cáceres González, E. (2023): *Proceso legislativo penal: racionalidad y justificación. Pasado, presente y propuestas de futuro* (Tesis Doctoral, Facultad de Derecho, Universidad de Salamanca) 612 pp.

Calderón, A. (1993): *Verdades y mitos de la Constitución Económica de 1993* (Lima, Debate) 198 pp.

Caldwell, P. (1997): *Popular sovereignty and the crisis of German constitutional law. The theory and practice of Weimar constitutionalism* (London, Duke University Press) 319 pp.

Cámara Villar, G. (2015): "Crisis económica y constitución. El caso de España", en García Herrera, Miguel Angel; Asensi Sabater, José, y Balaguer Callejón, Francisco (coordinadores): *Constitucionalismo crítico: liber amicorum Carlos de Cabo Martín* (Valencia, Tirant Lo Blanch), pp. 541-556.

Cano Buesa, J. (1997): "Insuficiencias del procedimiento legislativo en el Estado social", en García Herrera, Miguel Ángel (director): *El constitucionalismo en la crisis del Estado social* (Bilbao, Servicio Editorial de la Universidad del País Vasco) pp. 647-660.

Canova González, A.; Herrera Orellana, L.; Rodríguez Ortega, R.; Graterol Stefanelli, G. (2014): *El TSJ al servicio de la revolución: la toma, los números y los criterios del TSJ venezolano (2004-2013)* (Caracas, Editorial Galipán) 446 pp.

Cantano, A. (1997): "El declive de la 'constitución económica del Estado social'", en García Herrera, Miguel Ángel (director): *El constitucionalismo en la crisis del Estado social* (Bilbao, Servicio Editorial de la Universidad del País Vasco) pp. 153-178.

Carbonell, M. (2005): "Nuevos tiempos para el constitucionalismo", en Carbonell, Miguel (editor): *Neoconstitucionalismo(s)* (Madrid, Trotta), pp. 9-12.

Caretti, P. y De Siervo, U. (2017): *Diritto Costituzionale e Pubblico* (Torino, G. Giappichelli Editore) 598 pp.

Cascajo Castro, J. (1993): "La configuración del Estado social en la Constitución española", en Cámara Villar, G., y Cano Bueno, J. (coordinadores): *Estudios sobre el Estado social. El Estado social y la comunidad autónoma andaluza* (Madrid, Parlamento de Andalucía-Tecnos), pp. 41-46.

Cassese, S. (2021): "La 'vecchia' costituzione economica: i rapporti tra Stato ed economia dall'Unità ad oggi", en Cassese, Sabino (editor): *La nuova costituzione economica* (Bari, Laterza Editori) 368 pp.

Castellà Andreu, J. (2018): *Estado autonómico: pluralismo e integración constitucional* (Madrid, Marcial Pons) 148 pp.

Cea Egaña, J. (1983): "Garantías constitucionales en el Estado social de Derecho", en *Revista Chilena de Derecho,* volumen 10, pp. 7-19.

Cea Egaña, J. (1988): *Tratado de la Constitución de 1980* (Santiago, Editorial Jurídica de Chile) 402 pp.

Cea Egaña, J. (2015): *Derecho constitucional chileno. Tomo I* (Santiago, Ediciones UC) 510 pp.

Centro de Estudios Constitucionales (1978): *Estudios sobre el proyecto de Constitución* (Madrid, Centro de Estudios Constitucionales) 717 pp.

Centro de Estudios Políticos Simón Bolívar (1993): *Un Estado democrático y soberano. Mi propuesta a los chilenos.* (Caracas, Centro de Estudios Políticos Simón Bolívar) 33 pp.

Cereti, C. (1949): *Corso di diritto costituzionale italiano* (Torino, G. Giappichelli Editore) 338 pp.

Chávez Frías, H. (1999): *Ideas fundamentales para la Constitución Bolivariana de la V República,* Primera Parte, 30 pp.

Chevallier, J. (1975): "L'intérêt général dans l'Administration française", en *International Review of Administrative Sciences,* volumen 41, número 4, pp. 325-350.

Chevallier, J. (1978): "Réflexions sur l'idéologie de l'intérêt général", en Centre universitaire de recherches administratives et politiques de Picardie y Faculté de droit et des sciences économiques de Reims (1978): *Variations autour de l'idéologie de l'intérêt général* (Presses Universitaires de France), volumen 1, pp 11-45.

Claeys, G. (1993): *The Selected Works of Robert Owen vol II: The Development of Socialism* (Routledge) 440 pp.

Combellas, R. (1982): *Estado de Derecho. Crisis y Renovación* (Caracas, Editorial Jurídica Venezolana) 168 pp.

Combellas, R. (1999): "El proceso constituyente venezolano", en *América Latina hoy,* núm. 21, abril de 1999, pp. 25-28.

Combellas, R. (2001): *Derecho Constitucional. Una introducción al estudio de la Constitución de la República Bolivariana de Venezuela* (Caracas, McGraw-Hill) 265 pp.

Comisión Europea para la Democracia a través del Derecho (2011): *Report on the Rule of Law* (CDL-AD(2011)003rev) 16 pp.

Comisión Europea para la Democracia a través del Derecho (2016): *Rule of law checklist* (CDL-AD(2016)007), 18 de marzo de 2016, 53 pp.

Comisión Europea para la Democracia a través del Derecho (2023): *Chile. Opinión sobre la reforma constitucional de 2023* (CDL-AD(2023)034), 7 de octubre de 2023, 27 pp.

Comité de Sistematización (2016): *Resultados del nivel local de la etapa participativa Proceso Constituyente Encuentros Locales Autoconvocados y Consulta Individual,* julio de 2016.

Conseil d'État (1999): *Rapport public du Conseil d'État, Considérations générales: L'intérêt général,* 225 pp.

Cordero Quinzacara, E. (2007): "Las garantías institucionales en el derecho alemán y su proyección en el derecho de propiedad", en *Revista de Derecho Universidad Católica del Norte,* año 14, número 2, pp. 81-99.

Cordero Vega, L. (2015): *Lecciones de Derecho Administrativo* (Santiago, Thomson Reuters) segunda edición, 786 pp.

Corral Talciani, H. (2008): *Cómo hacer una tesis en derecho: curso de metodología de la investigación jurídica* (Santiago de Chile, Editorial Jurídica de Chile), 214 pp.

Cortina, A. (2024): "¿Mayoría progresista?", en Aragón, M.; Gimbernat, E., y Ruiz Robledo, A. (directores): *La amnistía en España. Constitución y Estado de Derecho* (A Coruña, Colex), pp. 439-443.

COSCULLUELA MONTANER, L. (2016): *Manual de derecho administrativo* (Madrid, Thomson Reuters) 737 pp.

COSSÍO DÍAZ, J. (1998): "Las concepciones del derecho en el constituyente de 1916-1917", en *Anuario Mexicano de Historia del Derecho,* volumen X, pp. 193-205.

COUSO, J., WALKER, E., NÚÑEZ, J., RIVEROS, E., QUINTANA, A., WALKER, I., ZALDÍVAR, A., y SZMULEWICZ, E. (2023): "Estado Social de Derecho en el Consejo Constitucional", en *El Mercurio,* 4 de octubre de 2023, p. A2.

D'ALBERTI, M. (2002): "Massimo Severo Giannini e l'intervento pubblico nell'economia", en FRANCHINI, C., y PAGANETTO, L. (editores): *Stato ed economia all'inizio del XXI secolo* (Bologna, Società editrice il Mulino) pp. 133-143.

D'OLIVEIRA MARTINS, G. (1988): "La Constitución económica portuguesa: del programa a la mediación", en *Revista de Estudios Políticos,* N° 60-61, pp. 741-763.

D'ORS, A. (2002): *Bien común y enemigo público* (Madrid, Marcial Pons) 102 pp.

DALLA VIA, A. (2002): "Alberdi y la Constitución económica", en ALBERDI, Juan Bautista: *Pensamientos políticos y económicos* (Madrid, Centro de Estudios Políticos y Constitucionales), 339 pp.

DE CABO MARTIN, C. (1986): *La crisis del Estado social* (Barcelona, Promociones Publicaciones Universitarias) 139 pp.

DE CABO MARTÍN, C. (1997): "Transformaciones actuales del Estado y del Derecho: perspectivas teóricas", en GARCÍA HERRERA, M. (director): *El constitucionalismo en la crisis del Estado social* (Bilbao, Servicio Editorial de la Universidad del País Vasco) pp. 557-573.

DE ESTEBAN, J. (1977): "La constitución en el mundo actual", en DE ESTEBAN, Jorge (editor): *Constituciones españolas y extranjeras* (Madrid, Taurus), p. 11-54.

DE ESTEBAN, J., y LÓPEZ GUERRA, L. (1980): *El régimen constitucional español* (Barcelona, Labor) volumen I, 436 pp; volumen II, 425 pp.

DE JUAN ASENJO, O. (1984): *La Constitución Económica española* (Madrid, Centro de Estudios Constitucionales) 371 pp.

DE LA QUADRA-SALCEDO JANINI, T. (2017): "El Estado autonómico social. El efecto de irradiación de los derechos sociales sobre el modelo constitucional de distribución de competencias", en *Revista General de Derecho Administrativo,* número 46, pp. 1-38.

De la Quadra-Salcedo Janini, T. (2022): *Los derechos fundamentales económicos en el Estado social* (Madrid, Marcial Pons) 243 pp.

De la Riva, I. (2023): "Límites a la intervención del Estado mediante ayudas públicas: lecciones del principio de subsidiariedad", en Lara Arroyo, José Luis, y De la Riva, Ignacio (editores): *El principio de subsidiariedad y su impacto en el derecho administrativo* (Valencia Tirant Lo Blanch) 528 pp.

De Miguel Bárcena, J. (2024): *Amnistía. Una ley para olvidar* (Sevilla, Athenaica) 172 pp.

De Otto Pardo, I. (1988): *Derecho Constitucional. Sistema de fuentes* (Barcelona, Ariel) 315 pp.

De Sousa Franco, A. (1982): "A revisão da Constituição económica", en *Revista da Ordem dos Advogados,* pp. 601-687.

De Vega García, P. (1997): "En torno al concepto político de Constitución", en García Herrera, M. (director): *El constitucionalismo en la crisis del Estado social* (Bilbao, Servicio Editorial de la Universidad del País Vasco) pp. 701-719.

De Vergottini, G. (2013): *Diritto costituzionale comparato* (Padova, CEDAM) 772 pp.

Demaria, G. (1946): *Lo Stato sociale moderno* (Milano, Casa Editrice Ambrosiana), 598 pp.

Díaz García, E. (1963): "Teoría general del Estado de Derecho", en *Revista de Estudios Políticos,* N° 131, pp. 21-48.

Díaz García, E. (1966): *Estado de Derecho y sociedad democrática* (Madrid, Editorial Cuadernos para el diálogo) 140 pp.

Díaz García, E. (1975): *Estado de Derecho y sociedad democrática* (Madrid, Editorial Cuadernos para el diálogo) 204 pp.

Díaz García, E. (1977): "El Estado democrático de Derecho y sus críticos izquierdistas", en *Revista Sistema,* N° 17-18, 1977, pp. 51-70.

Díaz García, E. (1981): "El Estado democrático de Derecho en la Constitución española de 1978", en *Sistema,* N° 41, pp. 41-86.

Díaz García, E. (1988): "Socialismo democrático. Instituciones políticas y movimientos sociales", en *Revista de Estudios Políticos (Nueva época),* número 62, pp. 41-67.

Díez Moreno, F. (2004): *El Estado social* (Madrid, Centro de Estudios Políticos y Constitucionales), 311 pp.

Diez Picazo, L. (1985): "Constitución, ley, juez", en *Revista española de derecho constitucional,* Año N° 5, N° 15, pp. 9-24.

DOGLIANI, M. (1997): "Los problemas del constitucionalismo en la crisis del Estado social", en GARCÍA HERRERA, Miguel Ángel (director): *El constitucionalismo en la crisis del Estado social* (Bilbao, Servicio Editorial de la Universidad del País Vasco) pp. 687-700.

DOMÍNGUEZ MARTÍNEZ, J. (2017): "La crisis económica de los años 70 y los Pactos de la Moncloa", en *eXtoikos,* Nº 20, pp. 19-21.

DUBOIS, J. (1962): *Le vocabulaire politique et social en France de 1869 à 1872* (París, Larousse) 460 pp.

DUCHATELLE, O. (1999): "Carlo Schmid et "l'État de droit social": Vers une conception humaniste de l'État et de la constitution", en *Recherches Germaniques,* número 29, p. 113-137.

DUGUIT, L. (1926): *Manual de derecho constitucional* (Madrid, Francisco Beltrán) 571 pp.

DUGUIT, L. (1926): *Las transformaciones del Derecho Público* (Madrid, Francisco Beltrán Librería), 407 pp.

ECHEVERRIA, J. (2009): "El Estado en la nueva Constitución", en ANDRADE, Santiago, GRIJALVA, Agustín, y STORINI, Claudia (editores): *La nueva Constitución del Ecuador: Estado, derechos e instituciones* (Quito, Universidad Andina Simón Bolívar / Corporación Editora Nacional), p. 28. pp. 11-20.

EPPING, V., y HILLGRUBER, C. (2023): *BeckOK Grundgesetz Kommentar* (München, Beck)

ESCOBAR ROCA, G. (2010): "Interpretación y garantía de los derechos fundamentales por el Defensor del pueblo (Análisis empírico, reconstrucción dogmática y propuesta del futuro)", en *Teoría y Realidad Constitucional,* número 26, pp. 229–258.

ESCOBAR ROCA, G. (2012): "El Estado social como principio constitucional: quince tesis", en VARIOS AUTORES: *Constitución y democracia: ayer y hoy. Libro homenaje a Antonio Torres del Moral* (Madrid, Editorial Universitas), volumen I, pp. 477-496.

ESCOBAR ROCA, G. (2012): "El Estado social", en ESCOBAR ROCA, Guillermo (director): *Derechos sociales y tutela antidiscriminatoria* (Navarra, Thomson Reuters Aranzadi), pp. 363-376.

ESCOBAR ROCA, G. (2018): *Nuevos derechos y garantía de los derechos* (Madrid, Marcial Pons) 230 pp.

ESCUIN PALOP, v. (1980): "La administración del Estado en la Constitución", en FACULTAD DE DERECHO (editor): *Estudios sobre la Constitución española de 1978* (Valencia, Secretariado de Publicaciones de la Universidad de Valencia), pp. 285-299.

ESPOSITO, C. (1954): *La costituzione italiana: saggi* (Padova, CEDAM) 296 pp.

ESTEVE PARDO, J. (2013): *La nueva relación entre Estado y sociedad. Aproximación al trasfondo de la crisis* (Madrid, Marcial Pons) 206 pp.

ESTEVE PARDO, J. (2015): *Estado garante. Idea y realidad* (Madrid, Instituto Nacional de Administración Pública) 111 pp.

ESTEVE PARDO, J. (2017): *Lecciones de Derecho Administrativo* (Madrid, Marcial Pons) 574 pp.

ESTEVE PARDO, J. (2020): *El pensamiento antiparlamentario y la formación del derecho público en Europa* (Madrid, Marcial Pons) 222 pp.

EVANS DE LA CUADRA, E. (1973): *Chile, hacia una Constitución contemporánea. Tres reformas constitucionales* (Santiago, Editorial Jurídica de Chile) 254 pp.

EWALD, W. (1995): "Comparative jurisprudence (I): What was it like to try a rat?", en *University of Pennsylvania Law Review*, volumen 143, pp. 1889-2149.

EXPÓSITO, E. (2016): "El marco constitucional de los derechos sociales: implicaciones para su eficacia y efectividad (en tiempos de crisis)", en MONTORO CHINER, María Jesús, y SOMMERMANN, Karl-Peter (editores): *Soziale Rechte in Europa* (Speyer, Dt. Forschungsinst. für Öffentliche Verwaltung Speyer), pp. 19-41.

FABRÉ, C. (2000): *Social rights under the Constitution. Government and the decent life* (Oxford, Oxford University Press) 215 pp.

FARIÑAS DUCE, M. (2007): "El origen de los derechos de los trabajadores: las Internacionales obreras", en PECES-BARBA MARTÍNEZ, Gregorio; ANSUÁTEGUI ROIG, Francisco Javier; RODRÍGUEZ URIBES, José Manuel; FERNÁNDEZ GARCÍA, Eusebio (directores): *Historia de los derechos fundamentales* (Madrid, Dykinson) tomo III, volumen 1, pp. 379-410.

FERNÁNDEZ MIRANDA, T. (1960) *El hombre y la sociedad* (Madrid, Doncel) 242 pp.

FERNÁNDEZ-MIRANDA CAMPOAMOR, A. (2003): "El Estado social", en *Revista Española de Derecho Constitucional*, año 23, N° 69, pp. 139-180.

FERNÁNDEZ RIQUELME, S. (2010): "Breve historia del corporativismo católico", en *La Razón Histórica. Revista hispanoamericana de Historia de las Ideas*, N° 11, pp. 54-64.

FERNÁNDEZ SEGADO, F. (2004): "La reforma constitucional de Bolivia de febrero de 2004. Una mirada crítica", en *Anuario Iberoamericano de Justicia Constitucional*, número 8, pp. 715-742.

FERNÁNDEZ SEGADO, F. (2017): "Un siglo del nacimiento de una nueva era constitucional, la del constitucionalismo social: la carta de Querétaro de 1917", en *Revista de las Cortes Generales* Nº 100-101-102, pp. 181-245.

FIALLO MONEDERO, L., y ZALDÍVAR RODRÍGUEZ, A. (2012): "Un nuevo constitucionalismo para el proyecto de emancipación latinoamericana", en VICIANO PASTOR, Roberto (editor): *Estudios sobre el nuevo Constitucionalismo Latinoamericano* (Valencia, Tirant Lo Blanch), pp. 197-213.

FINNIS, J. (2000): *Ley natural y derechos naturales* (Buenos Aires, Abeledo-Perrot) 456 pp.

FIORAVANTI, M. (2020): *Los derechos fundamentales. Apuntes de historia de las constituciones* (Madrid, Trotta) 212 pp.

FORSTHOFF, E. (1954): "Concepto y esencia del Estado social de Derecho", en ABENDROTH, Wolfgang; FORSTHOFF, Ernst, y DOEHRING, Karl (1986): *El Estado social* (Madrid, Centro de Estudios Constitucionales) pp. 71-106.

FORSTHOFF, E. (1958): *Tratado de Derecho Administrativo* (Madrid, Instituto de Estudios Político) 768 pp.

FORSTHOFF, E. (1961): "Problemas constitucionales del Estado social", en ABENDROTH, Wolfgang; FORSTHOFF, Ernst, y DOEHRING, Karl (1986): *El Estado social* (Madrid, Centro de Estudios Constitucionales) pp. 45-67.

FORSTHOFF, E. (1975): *El Estado de la sociedad industrial* (Madrid, Instituto de Estudios Políticos) 289 pp.

FORSTHOFF, E. (1976): "El problema político de la autoridad", en FORSTHOFF, Ernst (2015): *Estado de Derecho en mutación. Trabajos constitucionales 1954-1973* (Madrid, Tecnos) pp. 37-53.

FORSTHOFF, E. (2015): *Estado de Derecho en mutación. Trabajos constitucionales* 1954-1973 (Madrid, Tecnos) 455 pp.

GALL, L. (2019): *Bismarck: The White Revolutionary. Volume 2. 1871-1898* (Routledge) 280 pp.

GAMBOA ROCABADO, F. (2009): "Las razones del fracaso: la Asamblea Constituyente en Bolivia como democracia bloqueada", en *Revista de Estudios Políticos (nueva época),* número 143, pp. 57-99.

GARCÍA ÁLVAREZ, M. (1977): "Las constituciones de los Estados socialistas de Europa Oriental", en *Sistema,* números 17-18, pp. 125-142.

GARCÍA COTARELO, R. (1986): *Del Estado del bienestar al Estado del malestar* (Madrid, Centro de Estudios Constitucionales) 218 pp.

García de Enterría, E. (1996): "Una nota sobre el interés general como concepto jurídico indeterminado", en *Revista Española de Derecho Administrativo,* número 89, pp. 69-89.

García de Enterría, E., y Fernández, T. (2015): *Curso de Derecho Administrativo I* (Madrid, Thomson Reuters) 865 pp.

García de Enterría, E., y Fernández, T. (2008): *Curso de derecho administrativo* (Madrid, Civitas) tomo II, 754 pp.

García García, J., y Verdugo Ramírez, S. (2015): "Subsidiariedad: mitos y realidades en torno a su teoría y práctica constitucional", en Ortúzar, Pablo (editor): *Subsidiariedad. Más allá del Estado y del mercado* (Santiago, Instituto de Estudios de la Sociedad) 296 pp.

García González-Castro, G. (2015): "El derecho del trabajo durante la Guerra Civil española: acerca de la normativa sobre comedores de empresa y su actual vigencia (decreto de 8 de junio de 1938 y orden de 30 de junio de 1938)", en *IUS Labor,* número 3, pp. 1-21.

García Linera, Á. (2015): "El Estado y la vía democrática al socialismo", en *Nueva Sociedad,* núm. 259, pp. 143-161.

García Manrique, R. (2013): *La libertad de todos. Una defensa de los derechos sociales* (Barcelona, El Viejo Topo) 419 pp.

García Roca, J. (2023): *Lecciones de derecho constitucional* (Madrid, Civitas) 941 pp.

García-Pelayo, M. (1964): *Derecho constitucional comparado* (Madrid, Manuales de la Revista de Occidente) 636 pp.

García-Pelayo, M. (1980): "El Estado social y sus implicaciones", en García-Pelayo, Manuel: *Las transformaciones del Estado contemporáneo* (Barcelona, Alianza), pp. 13-91.

García-Pelayo, M. (1980): "El Estado social y democrático de derecho en la Constitución española", en García-Pelayo, Manuel: *Las transformaciones del Estado contemporáneo* (Barcelona, Alianza), pp. 92-104.

García-Pelayo, M. (1981): "El 'status' del Tribunal Constitucional", en *Revista Española de Derecho Constitucional,* volumen 1, N° 1, pp. 11-34.

García-Pelayo, M. (1986): "La idea del Estado de Derecho en F.J. Stahl", en Medina Ortega, Manuel et al. (coordinadores): *Pensamiento jurídico y sociedad internacional: libro-homenaje al profesor Antonio Truyol Serra* (Madrid, Centro de Estudios Políticos y Constitucionales), pp. 449-459.

Gargarella, R. (1997): "Recientes reformas constitucionales en América Latina: una primera aproximación", en *Desarrollo Económico,* volumen 36, número 144, pp. 971-990.

GARGARELLA, R. (2018): "Sobre el 'nuevo constitucionalismo latinoamericano'", en *Revista Uruguaya de Ciencia Política,* volumen 27, N° 1, pp. 109-129.

GARRALDA ARIZCUN, J. (1991): "La recepción de la 'Rerum novarum' en Europa y en España", en *Revista Verbo,* N° 297-298, p. 887-902.

GARRIDO FALLA, F. (1980): "Artículo 1", en GARRIDO FALLA, F.; CAZORLA PRIETO, L.; ENTRENA CUESTA, Rafael; ENTRENA CUESTA, Ramón; GÁLVEZ MONTES, F.; RECORDER DE CASSO, E.; SANTAMARÍA PASTOR, J.; SANTAOLALLA LÓPEZ, F., y SERRANO ALBERCA, J.: *Comentarios a la Constitución* (Madrid, Civitas) pp. 23-39.

GARRETÓN, M. (2010): "Dimensiones políticas del estado social de derechos", en ERAZO, X.; PAUTASSI, L.; SANTOS, A. (editoras): *Exigibilidad y realización de derechos sociales. Impacto en la política pública* (Santiago, LOM) pp. 43-56.

GARRORENA MORALES, A. (1991): *El Estado español como Estado social y democrático de derecho* (Madrid, Tecnos) 254 pp.

GEORGE, R. (1993): *Making men moral. Civil liberties and public morality* (Oxford, Clarendon Press) 242 pp.

GIANNINI, M. (1949): "Rilevanza costituzionale del lavoro", en GIANNINI, Massimo Severo (2003): *Scritti* (Milano, Giuffrè) vol. III, pp. 107-126.

GIANNINI, M. (1952): "Profili costituzionali della protezione sociale delle categorie lavoratrici", en GIANNINI, Massimo Severo (2003): *Scritti* (Milano, Giuffrè) vol. III, pp. 729-739.

GIANNINI, M. (1975): "Stato sociale: una nozione inutile", en *Il Politico,* volumen 42, N° 2, 1977, pp. 205-227.

GIANNINI, M. (1979): "I pubblici poteri negli stati pluriclasse", en *Rivista trimestrale di diritto pubblico,* n. 2-3, 1979, pp. 389-404.

GIANNINI, M. (1981): "La lentissima fondazione dello Stato repubblicano", en *Regione e governo locale,* n. 6, 1979, pp. 17-40.

GIERKE, O. von (1902): "La naturaleza de las asociaciones humanas", en GIERKE, Otto von (2015): *La función social del derecho privado y otros estudios* (Granada, Comares) pp. 39-62.

GIERKE, O. von (1919): *Der germanische Staatsgedanke* (Berlin, Weidmann) 29 pp.

GINER DE LOS RÍOS, F. (1899): *La persona social. Estudios y fragmentos* (Madrid, Librería General de Victoriano Suárez) 433 pp.

GIORGIS, A. (2006): "Articolo 3, 2° co, Cost.", en en BIFULCO, R.; CELOTTO, A. y OLIVETTI, M. (editores): *Commentario alla Costituzione* (Milano, UTET Giuridica), pp. 88-113.

GOLDMAN, L. (2019): "Founding the Welfare State: Beveridge, Tawney, and Temple", en GOLDMAN, L. (editor): *Welfare and Social Policy in Britain Since 1870: Essays in Honour of Jose Harris* (Oxford, Oxford University Press) pp. 44-59.

GOMES CANOTILHO, J. (2003): *Direito constitucional e Teoria da Constituição* (Coimbra, Almedina) 1522 pp.

GONZÁLEZ CÁDENAS, D. (2020): *Un proceso constituyente democrático en Venezuela. La génesis de la Constitución de 1999* (Bogotá, Facultad de Derecho, Ediciones Uniandes), 213 pp.

GONZÁLEZ MURILLO, P. (2021): "Franquismo social y Ministerio de Trabajo (1939-1957)", en *Sociología del Trabajo,* número 99, pp. 205-220.

GONZÁLEZ OJEDA, M. (2004): "El Estado Social y Democrático de Derecho y el Estado Peruano", en *Derecho & Sociedad,* núm. 23, pp. 144-159.

GONZÁLEZ VERGARA, P. (2019): *La interpretación del Comité de Derechos Humanos del deber de adoptar medidas administrativas y análisis textual e histórico del Pacto Internacional de Derechos Civiles y Políticos* (Tesis para optar al grado de Doctor en Derecho, Facultad de Derecho, Pontificia Universidad Católica de Chile), 426 pp.

GRASSO, P. (1961): "'Stato di diritto' e 'Stato sociale' nell'attuale ordinamento italiano", en *Il Politico,* volumen 26, N° 4, pp. 807-820.

GREGORIO, M. (2017): "Dallo Stato sociale alla Democrazia sociale. Le riflessioni della dottrina costituzionalistica italiana nella prima età repubblicana", en *Quaderni Fiorentini per la storia del pensiero giuridico moderno,* N° 46, pp. 517-552.

GREWE, W. (1949): "Das bundesstaatliche System des Grundgesetzes", en *Deutsche Rechts-Zeitschrift,* N° 15, pp. 349-352.

GROSSI, P. (2016): "Prestazioni sociali e cittadinanza", en *XVIII Incontro trilaterale con I Tribunali Costituzionali della Spagna e del Portogallo,* 8 pp.

GRZESZICK, B. (2023): "Artikel 20", en DÜRIG, G.; HERZOG, R., SCHOLZ, R., y GRZESZICK, B.: *Grundgesetz Kommentar* (München, Beck)

GURVITCH, G. (1929): "Le principe démocratique et la démocratie future", en *Revue de Métaphysique et de Morale,* Julio-Septiembre de 1929, tomo 36, N° 3, pp. 403-431.

GURVITCH, G. (1944): *La déclaration des droits sociaux* (New York, Éditions de la maison française) 190 pp.

HAMILTON, A.; MADISON, J., y JAY, J. (2009): *The Federalist Papers* (Palgrave MacMillan, New York) 298 pp.

HARRINGTON, J. (1987): *La República de Oceana* (Ciudad de México, Fondo de Cultura Económica) 299 pp.

HAYEK, F. von (1988): *The fatal conceit: the errors of socialism* (Chicago, The University of Chicago Press) 194 pp.

HAYEK, F. von (2020): *Los fundamentos de la libertad* (Madrid, Unión Editorial) 542 pp.

HELLER, H. (1928): "Der Begriff des Gesetzes in der Reichsverfassung", *Bericht erstattet auf der Tagung der Deutschen Staatsrechtslehrer zu München am 24. und 25. März 1927*, pp. 98-134.

HELLER, H. (1929): "Europa y el fascismo", en HELLER, Hermann (1985): *Escritos políticos* (Madrid, Alianza) pp. 21-132.

HELLER, H. (1930): "¿Estado de Derecho o dictadura?", en HELLER, Hermann (1985): *Escritos políticos* (Madrid, Alianza) pp. 283-301.

HELLER, H. (1931): "Socialismo y nación", en HELLER, Hermann (1985): *Escritos políticos* (Madrid, Alianza) pp. 135-223.

HELLER, H. (1968): *Teoría del Estado* (Ciudad de México, Fondo de Cultura Económica) 341 pp.

HENRÍQUEZ VIÑAS, M., y GARCÍA GARCÍA, J. (2024): "El proceso constituyente de Bachelet en Chile (2015-2018): razones de un fracaso (previsible)", en *International Journal of Constitutional Law,* año 2024, pp. 1-21.

HERNÁNDEZ PARRA, C. (2018): *Querétaro en el Congreso Constituyente 1916-1917* (Ciudad de México, Secretaría de Cultura – INEHRM) 136 pp.

HERRERO DE MIÑÓN, M. (1993): *Memorias de estío* (Madrid, Temas de Hoy) 399 pp.

HERRERO DE MIÑÓN, M. (1998), "La Constitución como pacto", en *Revista de Derecho Político,* número 44, pp. 15-30.

HERRERO DE MIÑÓN, M. (2013): "¿Unión Europea vs. Estado social?", en *Anales de la Real Academia de Ciencias Morales y Políticas,* número 90, pp. 387-406.

HERZOG, R., y GRZESZICK, B. (2013): "Artikel 20", en MAUNZ, T.; DÜRIG, G.; HERZOG, R., y GRZESZICK, B.: *Grundgesetz, Kommentar* (München, Beck)

HESSE, K. (1983): *Escritos de derecho constitucional. Selección.* (Madrid, Centro de Estudios Constitucionales) 112 pp.

HORMAZÁBAL MALAREÉ, H. (1992): *Bien jurídico y Estado social y democrático de Derecho. El objeto protegido por la norma penal.* (Santiago, Editorial Jurídica Conosur) 188 pp.

HUMBOLDT, W. von (2009): *Los límites de la acción del Estado* (Madrid, Tecnos) 210 pp.

IPSEN, H. (1952): "Enteignung und Sozialisierung", en *Veröffentlichungen der Vereinigung der Deutschen Staatsrechtelehrer,* N° 10, pp. 74-119.

IRARRÁZABAL, P., y TÓRTORA, H. (2020): "Órganos del Estado y derechos fundamentales: reflexiones para una nueva Constitución", en LORCA, R.; MARSHALL, P.; SELAMÉ, N.; GUILOFF, M. (editores): *La hoja en blanco. Claves para conversar sobre una nueva Constitución* (Santiago, La Pollera Ediciones) pp. 55-72.

ISENSEE, J. (1977): "Steuerstaat als Staatsform", en STÖDTER, R. y THIEME, W. (editores): *Hamburg, Deutschland, Europa. Beiträge zum deutschen und europäischen Verfassungs-, Verwaltungs- und Wirtschaftsrecht* (Tübingen, Mohr) pp. 409-436.

JANSSON, W. (1919): *Revolution und Sozialismus* (Berlín, Trowitzsch) 24 pp.

JELLINEK, G. (1887): *Gesetz und Verordnung* (Freiburg, J.C.B. Mohr) 412 pp.

JELLINEK, G. (1912): *Sistema dei diritti pubblici subbiettivi* (Società editrice libraria, Milano) 402 pp.

JELLINEK, G. (2004): *Teoría general del Estado* (Ciudad de México, Fondo de Cultura Económica) 687 pp.

JELLINEK, G. (2024): *Sistema de los derechos públicos subjetivos* (Valencia, Tirant Lo Blanch) 313 pp.

JESÚS CASTAÑÓN, A. y MORALES JIMÉNEZ, P. (2017): *50 discursos doctrinales en el Congreso Constituyente de la Revolución Mexicana 1916-1917* (Ciudad de México, Instituto Nacional de Estudios Históricos de las Revoluciones de México) 434 pp.

JIMENA QUESADA, L. (2001): "El Estado social en Europa", en *Revista del Ministerio de Trabajo y Asuntos Sociales: Revista del Ministerio de Trabajo e Inmigración,* número 30, pp. 13-34.

JIMENA QUESADA, L. (2013): "Gasto público y exigibilidad de los derechos sociales en tiempos de crisis", en *Nuevas Políticas Públicas: Anuario multidisciplinar para la modernización de las Administraciones Públicas,* N° 8, pp. 19-37.

JIMENA QUESADA, L. (2017): *Devaluación y blindaje del Estado social y democrático de Derecho* (Valencia, Tirant Lo Blanch) 190 pp.

JIMENA QUESADA, L. (2019): "Afectación de la integración económica y la globalización a los valores y al Estado social", en GARCÍA GUERRERO, José Luis, y MARTÍNEZ ALARCÓN, María Luz (directores): *Constitucionalizando la globalización* (Valencia, Tirant Lo Blanch), pp. 1373-1420.

JIMÉNEZ GONZÁLEZ, R. (2010): "Factores genéricos del Estado social de Derecho y su materialización en Colombia", en *Revistas Jurídicas CUC*, N° 6, pp. 146-158.

JOST, S. (2012): "La Constitución pendiente y la Constitución del futuro", en JOST, S. (editor): *20 años de la Constitución colombiana. Logros, retrocesos y agenda pendiente* (Bogotá, Fundación Konrad Adenauer) 491 pp.

JOUVENEL, B. (1977): *Los orígenes del Estado moderno: Historia de las ideas políticas en el siglo XIX* (Madrid, Ensayos Aldaba) 452 pp.

KANT, I. (2006): *Teoría y práctica* (Madrid, Tecnos) 112 pp.

KELSEN, H. (1995): *Teoría general del derecho y del Estado* (Ciudad de México, Universidad Nacional Autónoma de México) 478 pp.

KELSEN, H. (2009): *Teoría pura del derecho* (Buenos Aires, Eudeba), 224 pp.

KELSEN, H. (2001): *La garantía jurisdiccional de la Constitución (la justicia constitucional)* (Universidad Nacional Autónoma de México) 107 pp.

KUNIG, P. (1988): "The Principle of Social Justice", en KARPEN, Ulrich (editor): *The Constitution of the Federal Republic of Germany – Essays on the Basic Rights and Principles of the Basic Law with a Translation of the Basic Law* (Baden-Baden, Nomos Nomos Verlagsgesellschaft), 314 pp.

LABAND, P. (1900): *Le droit public de l'empire allemand* (París, V. Giard & e. Briére) tomo I, 540 pp; tomo II, 714 pp.

LANDAU, D., y DIXON, R. (2023): "Sobre fracaso constitucional, constitucionalismo transformador y utopismo", en *International Journal of Constitutional Law*, año 2023, pp. 1-10.

LARRAÍN, G.; NEGRETTO, G.; VOIGT, S. (2023): "How not to write a constitution: lessons from Chile", en *Public Choice*, número 194, pp. 233-247.

LASSALLE, F. (1862): "Arbeiter-Programm. Über den besonderen Zusammenhang der gegenwärtigen Geschichtsperiode mit der Idee des Arbeiterstandes", en BERSTEIN, E. (1919): *Lassalle. Gesammelte reden und Schriften*, (Verlegt bei Paul Cassirer, Berlin) vol. 2, pp. 139-202.

LASSALLE, F. (1992): *¿Qué es una Constitución?* (Bogotá, Temis) 139 pp.

LAVAGNA, C. (1977): *Costituzione e socialismo* (Bologna, Società editrice il Mulino) 99 pp.

LEÓN XIII (1878): *Quod apostolici muneris*

LEÓN XIII (1885): *Immortale Dei*

LEÓN XIII (1891): *Rerum Novarum*

LEHNERT, D. (2008): "Einleitung", en PREUSS, Hugo: *Politik und Verfassung in der Weimarer Republik* (Mohr Siebeck), pp. 1-70.

LEISERING, L. (2013): "Nation State and Social Policy: An Ideational and Political History", en ZACHER, H.: *Social policy in the Federal Republic of Germany. The Constitution of the Social* (Berlin, Springer), pp. 1-22.

LERNER, S. (1966): *Lo Stato sociale contemporaneo. Lineamenti di dottrina generale* (Roma, Edizioni La Civiltà Cattolica) 318 pp.

LINKE, T. (2023): "Kontinuitätslinien und 'historische Erbschaften' im Grundgesetz", en *Juristische Arbeitsblätter*, N° 5, pp. 353-440.

LINZ, J. (1964): "An authoritarian regime: Spain", en ALLARDT, Erik, y LITTUNEN, Yrjö (editores): *Cleavages, ideologies and party systems. Contributions to comparative political sociology* (Helsinki, The Academy Bookstore) pp. 291-341.

LOCKE, J. (2006): *Segundo tratado sobre el gobierno civil* (Madrid, Tecnos) 376 pp.

LOEWENSTEIN, K. (1979): *Teoría de la Constitución* (Barcelona, Ariel) 619 pp.

LÓPEZ RODÓ, L. (1970): *Política y desarrollo* (Madrid, Aguilar) 430 pp.

LOUGHLIN, M. (2010): *Foundations of Public Law* (Oxford, Oxford University Press) 515 pp.

LÓPEZ ARANGUREN, J. (1978): "La esencia del suarismo y su reflejo en la Constitución", en *Diario El País*, 17 de febrero de 1978.

LÓPEZ-JURADO ESCRIBANO, F. (1992): "La formulación de criterios de interpretación de la Constitución en la doctrina alemana: parámetros de admisibilidad", en *Revista Española de Derecho Constitucional*, número 34, pp. 99-126.

LUCAS VERDÚ, P. (1955): *Estado liberal de Derecho y Estado social de Derecho* (Salamanca, Universidad de Salamanca), 80 pp.

LUCAS VERDÚ, P. (1975): *La lucha por el Estado de Derecho* (Bolonia, Publicaciones del Real Colegio de España) 156 pp.

LUCAS VERDÚ, P. (1978): "El Título I del Anteproyecto constitucional (la fórmula política de la Constitución)", en CENTRO DE ESTUDIOS CONSTITUCIONALES: *Estudios sobre el proyecto de Constitución* (Madrid, Centro de Estudios Constitucionales) pp. 9-27.

LUCAS VERDÚ, P. (1978): "Afirmaciones políticas y definiciones constitucionales / 1", en *Diario El País*, 18 de enero de 1978.

LUCAS VERDÚ, P. (1983): "Estado de Derecho y justicia constitucional. Aspectos históricos, ideológicos y normativo-institucionales de su interrelación", en *Revista de Estudios Políticos*, N° 33, p. 7-48.

LUCAS VERDÚ, P. (1997): "Dimensión axiológica de la Constitución", en *Anales de la Real Academia de Ciencias Morales y Políticas*, N° 74, pp. 85-168.

MAESTRO BUELGA, G. (2012): "Estado y mercado en el nuevo constitucionalismo latinoamericano", en *Revista General de Derecho Público Comparado*, número 11, pp. 1-31.

MAGALDI, N. (2020): "El concepto de procura existencial (daseinsvorsorge) en Ernst Forsthoff y las transformaciones de la Administración Pública", en *Revista de Derecho Público: teoría y método*, número 11, pp. 147-174.

MANSUY, D. (2016): "Notas sobre política y subsidiariedad en el pensamiento de Jaime Guzmán", en *Revista de Ciencia Política*, volumen 36, N° 2, pp. 503-521.

MARÍN CASTILLO, J. y TRUJILLO GONZÁLEZ, J. (2016): "El Estado Social de Derecho: un paradigma aún por consolidar", en *Revista Jurídica Derecho*, volumen 3, N° 4, pp. 53-70.

MARQUET SARDÀ, C. (2010): *Los derechos sociales en el ordenamiento jurídico sueco* (Barcelona, Atelier) 204 pp.

MARTÍN-RETORTILLO BAQUER, L. (1980): "El sistema socio-económico y el trabajo en la Constitución", en MARTÍN-RETORTILLO BAQUER, Lorenzo: *Autonomía y autogobierno de la Universidad y otros temas* (Zaragoza, Secretariado de Publicaciones de la Universidad de Zaragoza) pp. 183-203.

MARTÍNEZ CUADRADO, M. (1981): "La Constitución española de 1978 en la historia del constitucionalismo español", en PREDIERI, A., y GARCÍA DE ENTERRÍA, E. (directores): *La Constitución española de 1978. Estudio sistemático* (Madrid, Civitas) 929 pp.

MARTÍNEZ ESTAY, J. (1997): *Jurisprudencia constitucional sobre española sobre derechos sociales* (Barcelona, Cedecs) 376 pp.

MARTÍNEZ ESTAY, J. (2010): "Los derechos sociales de prestación en la jurisprudencia chilena", en *Estudios Constitucionales*, vol. 8, N° 2, pp. 125-166.

MARX, K., y ENGELS, F. (2019): *El Manifiesto Comunista* (Madrid, Alianza) 135 pp.

Marzi Muñoz, D. (2020): "Trabajo y Constitución: sobre la promesa del trabajo en el siglo XXI", en Bassa Mercado, J. (editor): *Proceso constituyente en Chile. Desafíos para una nueva Constitución* (Santiago, Thomson Reuters) pp. 141-163.

Mayorga, F. (2010): "Bolivia: el azaroso camino de la reforma política", en Tanaka, M., y Jácome, F. (editores): *Desafíos de la gobernabilidad democrática. Reformas político-institucionales y movimientos sociales en la región andina* (Lima, IDRC-CRDI-INVESP), pp. 15-45.

Medina Alcoz, L. (2021): "Historia del derecho administrativo (II). Del Estado autoritario al Estado constitucional", en Rodríguez de Santiago, José María; Doménech Pascual, Gabriel, y Arroyo Jiménez, Luis (coordinadores): *Tratado de Derecho Administrativo. Volumen I. Fundamentos.* (Madrid, Marcial Pons), pp. 229-298.

Medina Alcoz, L. (2022): *Historia del derecho administrativo español* (Madrid, Marcial Pons) 535 pp.

Menger, C. (1953): *Der begriff des sozialen Rechtsstaates im bonner grundgesetz* (Mohr, Tübingen) 31 pp.

Mercader Uguina, J. (2018): *Lecciones de Derecho del Trabajo* (Valencia, Tirant Lo Blanch) 1099 pp.

Mir Puig, S. (1976): *Introducción a las Bases del Derecho Penal: concepto y método* (Barcelona, Bosch) 357 pp.

Mir Puig, S. (1979): *Función de la pena y teoría del delito en el Estado social y democrático de Derecho* (Barcelona, Bosch) 77 pp.

Mir Puig, S. (2002): *Introducción a las Bases del Derecho Penal* (Montevideo, Editorial BdF) 325 pp.

Mir Puig, S. (2011): *Bases constitucionales del derecho penal* (Madrid, Iustel) 151 pp.

Miranda Boto, J., y Velasco Martínez, L. (2011): "La Cuestión Social desde Cánovas hasta Dato: El nacimiento del Derecho del Trabajo en España a través de los gobiernos conservadores (1875-1920)", en *Revista General de Derecho del Trabajo y de la Seguridad Social,* número 23, pp. 1-32.

Monereo Pérez, J. (2018): "Pilar europeo de derechos sociales y sistema de seguridad social", en *Lex social. Revista jurídica de los derechos sociales,* volumen 8, número 2, pp. 251–298.

Monereo Pérez, J. (2022): "De las declaraciones a la garantía multinivel de los derechos sociales fundamentales: la aportación de Georges Gurvitch", en *Lex Social,* volumen 12, N° 1, pp. 166-273.

MONEREO PÉREZ, J. (2022): "Derecho Privado y Democracia Constitucional: Georges Ripert, ¿paradigma de jurista liberal?", en RIPERT, Georges: *El régimen democrático y el derecho civil moderno* (Granada, Comares) pp. IX-LXXXVIII.

MONTESQUIEU, C. (1906): *El espíritu de las leyes* (Madrid, Librería General de Victoriano Suárez) tomo I, 495 pp.

MORODO, R. (1962): "Constitución, legalidad, legitimidad", en *Boletín informativo del seminario de derecho político de la Universidad de Salamanca,* N° 26, fascículo 1, pp. 55-67.

MORTATI, C. (1954): "Il lavoro nella Costituzione", en GAETA, L. (2003): *Costantino Mortati e 'Il lavoro nella Costituzione': una rilettura. Atti della Giornata di studio, Siena, 31 gennaio 2003* (Milano, Giuffré Editore) pp. 7-102.

MORTATI, C. (1962): *Istituzioni di diritto pubblico* (CEDAM, Padova) 1097 pp.

MORTATI, C. (1973): *Le forme di governo* (CEDAM, Padova) 454 pp.

MORTATI, C. (1975): "Articolo 1", en BRANCA, Giuseppe (editor): *Commentario della Costituzione. Pricipi fondamentali. Articoli 1-12* (Bologna, Nicola Zanichelli Editore), pp. 1-50.

MOURA RAMOS, R., LOUREIRO, J., y TAVARES DA SILVA, S. (2023): *La Constitución de Portugal* (Valencia, Tirant Lo Blanch) 194 pp.

MUÑOZ LEÓN, F. (2020): "Hacia una nueva cultura constitucional: las categorías fundamentales de una Constitución viva", en BASSA MERCADO, Jaime (editor): *Proceso constituyente en Chile. Desafíos para una nueva Constitución* (Santiago, Thomson Reuters) pp. 29-52.

MUÑOZ MACHADO, S. (2015): *Tratado de Derecho Administrativo y Derecho Público General* (Madrid, Agencia Estatal Boletín Oficial del Estado) 14 volúmenes

NAPOLITANO, A. (2019): *Economia sociale di mercato e tutela dei diritti. Servizi essenziali e forme di gestione* (Torino, Giappichelli) 304 pp.

NEGRETTO, G., y SOTO BARRIENTOS, F. (2022): "¿Cómo se debe regular un proceso constituyente democrático? Reflexiones a partir del caso chileno", en *Boletín Mexicano de Derecho Comparado,* nueva serie, año LV, número 163, p. 304.

NIETO GARCÍA, A. (1983): "Peculiaridades jurídicas de la norma constitucional", en *Revista de administración pública,* números 100-102, pp. 371-415.

NIETO GARCÍA, A. (2013): "Del Estado de Guerra al Estado de Crisis", en *Anales de la Real Academia de ciencias morales y políticas,* fascículo 1, pp. 619-640.

NOGUEIRA, H., y CUMPLIDO, F. (1987): *Derecho Político. Introducción a la política y teoría del Estado* (Santiago, Instituto Chileno de Estudios Humanísticos) 329 pp.

NOGUER, N. (1923): "El intervencionismo de la encíclica 'Rerum novarum'", en *Estudios de Derecho,* volumen 11, Nº 103-104, pp. 35-59.

NOGUERA, A. (2019): "Derecho antidiscriminatorio y protección de los colectivos en situación de vulnerabilidad en las constituciones de Ecuador de 2008 y Bolivia de 2009", en *Derechos y libertades,* núm. 40, pp. 151-184.

NORIEGA CANTÚ, A. (1988): *Los derechos sociales creación de la Revolución de 1910 y de la Constitución de 1917* (Ciudad de México, Universidad Nacional Autónoma de México) 126 pp.

NOVOA MONREAL, E. (2007): *El derecho como obstáculo al cambio social* (Ciudad de México, Siglo Veintiuno Editores) 255 pp.

O'MAHONY, J. (2015): *Constitutional Law* (Dublin, Lonsdale Law Publishing) 209 pp.

OLIVETTI, M. (2020): *Diritti fondamentali* (Torino, G. Giappichelli Editore) 599 pp.

ORDÓÑEZ BENAVIDES, E.; PACHECO GUTIÉRREZ, L.; CORREA FLOREZ, C.; PINTO RONDÓN, V.; NAVARRO BASTIDAS, G.; SALAZAR MEDINA, M. (2006): "El Estado social de derecho en Colombia: pertinencia y vigencia", en *Revista Jurídica Piélagus,* volumen 5, pp. 55-63.

ORTEGA Y GASSET, J. (1964): *La rebelión de las masas* (Madrid, Revista de Occidente) 370 pp.

OVALLE VALDÉS, A.; CEA EGAÑA; J.; CONCHA ZAVALA, G.; FERMANDOIS VÖHRINGER, A.; ROMERO GUZMÁN, J., y SOTO VELASCO, S. (2022): "Análisis de la propuesta de nueva Constitución a la luz de los principios del constitucionalismo", en *Revista Chilena de Derecho,* volumen 49, Nº 2, pp. 5-33.

PACE, A. (1999): "Muerte de una constitución. Comentario a la sentencia de la Corte Suprema de Venezuela, núm. 17, del 19 de enero de 1999", en *Revista Española de Derecho Constitucional,* año 19, núm. 57, pp. 271-283.

PACTEAU, B. (2011): "Duguit ¡El Estado reencontrado!", en *Revista de Administración Pública,* número 185, pp. 345-363.

PALACIOS ROMEO, F. (2009): "Quiebra del Estado liberal-aleatorio, constitucionalización material del Estado social y apertura de un nuevo sistema comunitario", en PALACIOS ROMEO, F., y VELÁSQUEZ REQUE,

D. (coordinadores): *Estudios sobre la Constitución de la República Bolivariana de Venezuela. X Aniversario* (Caracas, Procuraduría General de la República), pp. 87-135.

PALADIN, L. (1965): *Il principio costituzionale d'eguaglianza* (Milano, Giuffrè Editore) 346 pp.

PALADIN, L.; MAZZAROLLI, L., y GIROTTO, D. (2018): *Diritto costituzionale* (Torino, G. Giappichelli Editore), 860 pp.

PALLIERI, G. (1972): *Diritto costituzionale* (Milano, Giufrrè Editore) 491 pp.

PAPIER, H. (2020): "Solidarität, Gerechtigkeit, Gemeinwohl", en *Zeitschrift für Internationales Wirtschaftsrecht,* N° 5, pp. 193-240.

PAREJO ALFONSO, L. (1983): *Estado social y Administración pública* (Madrid, Civitas) 326 pp.

PAREJO ALFONSO, L. (1995): *Eficacia y Administración. Tres estudios* (Madrid, Instituto Nacional de Administración Pública) 213 pp.

PAREJO ALFONSO, L. (2021): *Lecciones de derecho administrativo* (Valencia, Tirant Lo Blanch) 1548 pp.

PARTIDO SOCIALDEMÓCRATA DE ALEMANIA (1959): *Programa fundamental del Partido Socialdemócrata de Alemania. Acordado por el Congreso extraordinario del Partido Socialdemócrata de Alemania, celebrado en Bad Godesberg del 13 al 15 de noviembre de 1959* (Bonn, Publicación del Partido Socialdemócrata de Alemania) 24 pp.

PAVANI, G. (2019): "Tendencias centrífugas y centrípetas de la descentralización en América Latina", en Aguilar Cavallo, Gonzalo (coordinador): *La evolución del derecho público en el siglo XXI. Libro homenaje al profesor doctor Domingo Hernández Emparanza* (Valencia, Tirant Lo Blanch), pp. 73-98.

PECES-BARBA MARTÍNEZ, G. (1978): "La nueva Constitución española desde la filosofía del Derecho", en *Documentación Administrativo,* N° 180, pp. 19-44.

PECES-BARBA, G. (1984): *Los valores superiores* (Madrid, Tecnos) 173 pp.

PEÑA GONZÁLEZ, G. (2020): *El desafío constitucional* (Santiago, Taurus) 122 pp.

PEÑA TORRES, M. (2015): "¿Es necesario regular la materia económica en la Constitución?", en HENRÍQUEZ VIÑAS, Miriam, y SILVA GALLINATO, María Pía (coordinadoras): *La Constitución económica* (Santiago, Thomson Reuters) pp. 53-73.

Peña Torres, M. (2023): "El proyecto constitucional chileno como expresión del populismo constitucional", en *Revista Española de Derecho Constitucional,* número 129, pp. 171-202.

Pérez Luño, A. (1979): "Estado de Derecho y derechos fundamentales", en Cascajo Castro, José Luis; De Castro Cid, Benito; Gómez Torres, Carmelo; Pérez Luño, Antonio Enrique (editor): *Los derechos humanos. Significación, estatuto jurídico y sistema. Anales de la Universidad Hispalense* (Sevilla, Publicaciones de la Universidad de Sevilla) pp. 153-172.

Pérez Luño, A. (1998): "Los derechos fundamentales en el Estado constitucional", en Centro de Estudios Políticos y Constitucionales: *La constitución española de 1978. 20 años de democracia* (Madrid, Centro de Estudios Políticos y Constitucionales) p. 313.

Pérez Luño, A. (2007): *Dimensiones de la igualdad* (Madrid, Dykinson) 135 pp.

Pérez Luño, A. (2018): *Derechos humanos, Estado de Derecho y Constitución* (Madrid, Tecnos) 710 pp.

Pérez Royo, J. (1983): "La doctrina del Tribunal Constitucional sobre el Estado social", en *Revista Española de Derecho Constitucional,* año 4, número 10, pp. 157-181.

Pérez Royo, J. (2011): "Estado social de Derecho", en Aragón Reyes, Manuel (director), y Aguado Renedo, César (codirector): *Constitución, Estado constitucional, partidos y elecciones y fuentes del Derecho. Tomo I* (Madrid, Thomson Reuters), pp. 191-194.

Petit Guerra, L. (2019): "De la 'irrealización' hacia la 'proyección' del derecho a una vida digna: El caso Venezuela", en Aguilar Cavallo, Gonzalo (coordinador): *La evolución del derecho público en el siglo XXI. Libro homenaje al profesor doctor Domingo Hernández Emparanza* (Valencia, Tirant Lo Blanch), pp. 529-543.

Pfeffer Urquiaga, E. (2005): *Reformas constitucionales 2005. Antecedentes. Debates. Informes.* (Santiago, Editorial Jurídica de Chile) 668 pp.

Pielow, J. (2004): "'Servicio público" en Francia y 'Daseinsvorsorge en Alemania: convergencia de los objetivos, diversidad de los medios", en *Revista de Derecho Administrativo Económico,* número 12, pp. 17-31.

Pikart, E. y Werner, W. (1993): *Der Parlamentarische Rat 1948-1949, Akten und Protokolle. Band 5/I. Ausschuß für Grundsatzfragen* (Boppard Am Rhein, Harald Boldt Verlag) 1160 pp.

Pío IX (1849): *Nostis et Nobiscum*

Pío IX (1864): *Quanta cura*

PIZZORUSSO, A. (1984): *Lecciones de derecho constitucional* (Madrid, Centro de Estudios Constitucionales) 402 pp.

PORRAS NADALES, A. (1997): "Complejidad, eficacia y subsidiariedad", en GARCÍA HERRERA, Miguel Ángel (director): *El constitucionalismo en la crisis del Estado social* (Bilbao, Servicio Editorial de la Universidad del País Vasco) pp. 103-118.

PORRAS NADALES, A. (2014): "El Estado social autonómico tras la crisis", en ANGUITA SUSI, Alberto (director): *Derechos estatutarios y defensores del pueblo. Teoría y práctica en España e Italia* (Barcelona, Atelier), pp. 15-53.

POSADA, A. (1926): "Estudio preliminar: sobre la idea del Estado y la noción de soberanía", en DUGUIT, León (1926): *Las transformaciones del Derecho Público* (Madrid, Francisco Beltrán Librería) pp. 5-40.

POSADA, A. (1935): *Tratado de Derecho Político* (Madrid, Librería General de Victoriano Suárez), 1180 pp.

PRADOS DE LA ESCOSURA, L. (2017): *Spanish Economic Growth, 1850–2015* (London, Palgrave Macmillan) 383 pp.

PREDIERI, A. (1977): "Régimen Económico y Social de la Constitución Italiana", en Varios Autores: *Constitución y Economía. La ordenación del sistema económico en las constituciones occidentales* (Madrid, Editorial Revista de Derecho Privado) pp. 21-38.

PRIETO SANCHÍS, L. (2017): "Neoconstitucionalismos. Un catálogo de problemas y argumentos", en PRIETO SANCHÍS, Luis: *El constitucionalismo de los derechos* (Madrid, Trotta), pp. 23-60.

PROGRAMA DE NACIONES UNIDAS PARA EL DESARROLLO (2002): *Informe de Desarrollo Humano en Bolivia*, 282 pp.

RANELLETTI, O. (1948): *Istituzioni di diritto pubblico* (Milano, Giuffrè Editore) 200 pp.

RESCIGNO, U. (1975): *Costituzione italiana e Stato borghese* (Roma, Savelli) 168 pp.

RITTER, G. (1991): *El Estado social, su origen y desarrollo en una comparación internacional* (Madrid, Centro de Publicaciones Ministerio del Trabajo y Seguridad Social) 299 pp.

RIVAS-ROBLEDO, P. (2022): "¿Qué es el activismo judicial? Parte II: una definición más allá de la extralimitación de funciones", en *Díkaion*, volumen 31, número 2, pp. 1-28.

ROCES, W. (1931): "Prólogo", en LASSALLE, Ferdinand: *¿Qué es una Constitución?* (Madrid, Cenit) 160 pp.

Rodríguez Campos, W. (2009): "La Iglesia y la Revolución Industrial", en *Miscelánea Comillas,* volumen 67, N° 131, pp. 587-596.

Rodríguez de Santiago, J. (2007): *La Administración del Estado social* (Madrid, Marcial Pons) 191 pp.

Rodríguez Ostria, G. (2011): "Marco histórico. La larga marcha a la Asamblea Constituyente", en Vicepresidencia del Estado Plurinacional de Bolivia: *Enciclopedia Histórica Documental del Proceso Constituyente Boliviano* (La Paz), tomo I, volumen 1, pp. 103-163.

Rodríguez Villabona, A. (2021): "El Estado como proyecto en la Constitución de 1991", en *Análisis Político,* N° 101, pp. 47-67.

Röhl, J. (2001): *Wilhelm II. Der Aufbau der Persönlichen Monarchie* (München, Beck) 1437 pp.

Rojas Lasch, C. (2019): *Ayudar a los pobres. Etnografía del Estado social y las prácticas de asistencia* (Santiago, Ediciones Universidad Alberto Hurtado) 366 pp.

Romano, S. (1945): *Principii di diritto costituzionale generale* (Milano, Giufrè Editore), 335 pp.

Rondón de Sansó, H. (2000): *Análisis de la Constitución Venezolana de 1999 (Parte orgánica y sistemas)* (Caracas, Ex Libris), 606 pp.

Rossi, E. (2006): "Articolo 2", en Bifulco, R.; Celotto, A. y Olivetti, M. (editores): *Commentario alla Costituzione* (Milano, UTET Giuridica), pp. 38-64.

Rossi, E. (2014): "La disciplina giuridica del Terzo settore in Italia", en *Revista Catalana de dret públic,* núm. 49, 2014, pp. 102-113.

Rousseau, J. (1980): *Del contrato social* (Madrid, Alianza) 141 pp.

Roxin, C. (1997): *Derecho Penal. Parte General* (Madrid, Civitas) 1071 pp.

Roxin, C. (2021): *La teoría del delito en la discusión actual* (Lima, Instituto Pacífico) tomo I, 559 pp.

Rubio Llorente, F., y Aragón Reyes, M. (1979): "Enunciados aparentemente vacíos en la regulación constitucional del control de constitucionalidad", en *Revista de estudios políticos,* número 7, pp. 161-170.

Rubio Llorente, F. (1997): *La forma del poder (Estudios sobre la Constitución)* (Madrid, Centro de Estudios Constitucionales) 657 pp.

Rubio Llorente, F. (2011): "Constitucionalismo", en Aragón Reyes, Manuel (director), y Aguado Renedo, César (codirector): *Constitución, Estado constitucional, partidos y elecciones y fuentes del Derecho. Tomo I* (Madrid, Thomson Reuters), pp. 35-41.

RUEDA VÁSQUEZ, J.; MOLINA GÓMEZ, J., y CUBILLOS RUIZ, Á. (2022): "Estado social de derecho, ¿aplicación discrecional?", en *Díkaion* 31, 2, 38 pp.

RUIZ-TAGLE, P., y CRISTI, R. (2014): *El constitucionalismo del miedo. Propiedad, bien común y poder constituyente* (Santiago, LOM ediciones) 252 pp.

RÜRUP, R. (1992): "Génesis y fundamentos de la Constitución de Weimar", en *Ayer*, Nº 5, pp. 125-158.

RYAN, F. W. (2018): *Constitutional Law* (Dublin, Round Hall) 176 pp.

SAFFON, M., y GARCÍA-VILLEGAS, M. (2011): "Derechos sociales y activismo judicial. La dimensión fáctica del activismo judicial en derechos sociales en Colombia", en *Estudios Socio-Jurídicos*, vol. 13, Nº 1, pp. 75-107.

SALMONI, F. (2016): "Riflessioni minime sul concetto di Stato sociale e vincoli comunitari. Selezione dei diritti o selezione dei soggetti da tutelare?", en *Rivista Associazione Italiana dei Costituzionalisti*, Nº 2, 53 pp.

SAN MARTÍN ARZABE, H. (2004): "El proceso de reforma constitucional en Bolivia", en *Anuario de Derecho Constitucional Latinoamericano*, año 2004, pp. 367-380.

SAN MIGUEL PÉREZ, E. (2021): *La Constitución de 1931. Derecho y cultura política* (Valencia, Tirant Lo Blanch) 176 pp.

SÁNCHEZ MORÓN, M. (1980): "Notas sobre la función administrativa", en PREDIERI, Alberto, y GARCÍA DE ENTERRÍA, Eduardo (directores): *La Constitución española de 1978. Estudio sistemático* (Madrid, Civitas) pp. 627-685.

SÁNCHEZ MORÓN, M. (2009): "Artículo 103", en CASAS BAAMONDE, María Emilia, y RODRÍGUEZ-PIÑERO Y BRAVO-FERRER, Miguel (directores): *Comentarios a la Constitución española. XXX aniversario* (Madrid, Wolters Kluwer) pp. 452-471.

SANTAMARÍA PASTOR, J. (1988): *Fundamentos de Derecho Administrativo I* (Madrid, Centro de Estudios Ramón Areces) 1244 pp.

SEDMAK, C. (2023): "Conclusión. El bien común y lo extraordinario. Algunas observaciones finales", en NEBEL, Mathias, SEDMAK, Clemens y MUELLER-JOURDAN, Pascal (editores): *La síntesis teológica de la noción de bien común en patrística* (Barcelona, Herder) 224 pp.

SESMA LANDRIN, N. (2006): "Franquismo, ¿Estado de derecho? Notas sobre la renovación del lenguaje político de la dictadura durante los años 60", en *Pasado y memoria: Revista de historia contemporánea*, Nº 5, pp. 45-58.

SCHALPER SEPÚLVEDA, D. (2021): *Protección de los derechos sociales: estudio jurídico con especial consideración a los ordenamientos jurídicos de Alemania y Chile* (Madrid, Aranzadi) 316 pp.

SCHMITT, C. (1931): *Freiheitsrechte und institutionelle Garantien der Reichsverfassung* (Berlin, Verlag von Reimar Hobbing) 31 pp.

SCHMITT, C. (1996): *Teoría de la Constitución* (Madrid, Alianza) 377 pp.

SCHWEMBER, F. (2023): "Subsidiariedad, liberalismo y Estado social de derecho", en HAZBUN, P., y VARELA, P. (editores): *Lecciones Constitucionales: reflexiones sobre un proceso fallido y propuestas para el debate* (Santiago, Editorial Libertad y Desarrollo), pp. 63-96.

SECRETARÍA EJECUTIVA DE PARTICIPACIÓN CIUDADANA (2023): *Participación Ciudadana en el proceso constitucional 2023, Informe final*

SIEYÈS, E. (1989): *¿Qué es el Tercer Estado? Seguido del Ensayo sobre los privilegios* (Ciudad de México, Universidad Nacional Autónoma de México) 167 pp.

SILVA GALLINATO, M. (2012): "El Estado social de derecho en la Constitución chilena", en Aguilar Cavallo, Gonzalo (coordinador): *Derechos económicos, sociales y culturales en el orden constitucional chileno* (Santiago, Librotecnia) pp. 29-48.

SILVA HENAO, J. (2012): "Evolución y origen del concepto de 'Estado social' incorporado en la Constitución Política Colombiana de 1991", en *Ratio Juris*, volumen 7, N° 14, pp. 141-158.

SILVA SÁNCHEZ, J. (2018): *Mitigar el dolor del Derecho penal* (Barcelona, Atelier) 268 pp.

SIMÓN YARZA, F. (2013): "De la igualdad como límite a la igualdad como tarea del Estado", en *Revista Española de Derecho Constitucional*, N° 97, enero-abril de 2013, pp. 73-113.

SMELSER, R. (1990): "How "Modern" Were the Nazis? DAF Social Planning and the Modernization Question", en *German Studies Review*, volume 13, N° 2, pp. 285-302.

SMEND, R. (1985): *Constitución y derecho constitucional* (Madrid, Centro de Estudios Constitucionales) 287 pp.

STERN, K. (1987): *Derecho del Estado de la República Federal Alemana* (Madrid, Centro de Estudios Constitucionales) 909 pp.

SOLARI ALLIENDE, E. (1993): "Recepción en Chile del Estado social de Derecho", en *Revista Chilena de Derecho*, volumen 20, números 2-3, pp. 333-344.

SOLÉ I TURA, J. (1978): "La Constitución de 1978 desde el punto de vista comunista", en *Documentación Administrativa,* Nº 180, pp. 45-57.

SOLOZÁBAL ECHAVARRÍA, J. (1985): "Alcance jurídico de las cláusulas definitorias constitucionales", en *Revista Española de Derecho Constitucional,* año 5, número 15, pp. 79-91.

SOTELO, I. (2010): *El Estado social. Antecedentes, origen, desarrollo y declive* (Madrid, Trotta) 425 pp.

SOTO BARRIENTOS, F.; MILLALEO, Salvador, e IHNEN, Constanza (2020): *Educación y debate constitucional. Reflexiones sobre la deliberación pública en Chile* (Valencia, Tirant Lo Blanch), 125 pp.

SOTO CARMONA, A. (2022): "La refundación del Estado de Chile", en *Revista de Derecho Político UNED,* número 114, pp. 279-307.

SOTO DELGADO, P., y BUSTOS SÁNCHEZ, V. (2024): "Estado social, procura existencial y subsidiariedad", en JIMÉNEZ, Guillermo (editor): *Problemas actuales del derecho administrativo chileno. Actas de las XVIII Jornadas de Derecho Administrativo* (Valencia, Tirant Lo Blanch), pp. 27-48.

STEINER, U. (2019): "Werden und Wandel des Sozialrechts im Sozialstaat", en *Neue Zeitschrift für Sozialrecht,* número 1, pp. 1-40.

SUÁREZ, F.: *De Legibus* (edición de Jaime Torrubiano Ripoll, Madrid, 1918), tomo III, 514 pp.

SUPIOT, A. (2021): "La 'Constitution sociale' de la V République", en *Revue Politique et Parlementaire,* número 1098, pp. 144-162.

SCHWEMBER, F. (2023): "Subsidiariedad, liberalismo y Estado social de derecho", en HAZBUN, P., y VARELA, P. (editores): *Lecciones Constitucionales: reflexiones sobre un proceso fallido y propuestas para el debate* (Santiago, Editorial Libertad y Desarrollo), pp. 63-96.

TEIXEIRA PEREIRA, P. (2013): *Salazar y Franco. La política social ibérica (1933-1957),* Tesis del grado de Doctor en Historia Comparada, Política y Social, Universitat Autònoma de Barcelona, 466 pp.

TEMPLE, W. (1942): *Christianity and Social Order* (Aylesbury, Penguin) 121 pp.

TORO VEGA, B. (2016): "El Estado que requiere el Chile bicentenario", en QUIERO, F., y GAJARDO, J. (compiladores): *Por una Asamblea Constituyente: mecanismos, procesos y contenidos para una nueva Constitución* (Santiago, CLACSO) pp. 85-108.

TORRES DEL MORAL, A. (2020): "El Estado social", en *Teoría y derecho: revista de pensamiento jurídico,* número 9, pp. 21-53.

TORRES GARCÍA, F. (2018): *Franco socialista. El franquismo social o la revolucion silenciada del pueblo español* (Madrid, Ímpetu) 428 pp.

TÓRTORA ARAVENA, H. (2019): "Protección Constitucional del Medio Ambiente en clave no antropocéntrica", en AGUILAR CAVALLO, Gonzalo (coordinador): *La evolución del derecho público en el siglo XXI. Libro homenaje al profesor doctor Domingo Hernández Emparanza* (Valencia, Tirant Lo Blanch), pp. 407-426.

TÓRTORA ARAVENA, H. (2020): "Constitución: algunas dimensiones y modelos posibles", en BASSA MERCADO, Jaime (editor): *Proceso constituyente en Chile. Desafíos para una nueva Constitución* (Santiago, Thomson Reuters) pp. 165-183.

TRIEPEL, H. (1931): "Aussprache am 2. Tage Wahlrechtsreform", en *Veröffentlichungen der Vereinigung der Deutschen Staatsrechtslehrer,* número 7, pp. 194-198.

TRUJILLO VÁSQUEZ, J. (2005): "El Estado en la Constitución", en VICIANO PASTOR, R.; TRUJILLO VÁSQUEZ, J.; ANDRADE, S. (2005): *Estudios sobre la Constitución ecuatoriana de 1998* (Valencia, Tirant Lo Blanch), pp. 113-141.

TRUJILLO VÁSQUEZ, J. (2009): "Sociedad civil, Estado y participación", en ANDRADE, S., GRIJALVA, A., y STORINI, C. (editores): *La nueva Constitución del Ecuador; Estado, derechos e instituciones* (Quito, Universidad Andina Simón Bolívar / Corporación Editora Nacional), pp. 21-44.

UPRIMNY YEPES, R. (1995): "La motivación de las sentencias y el papel del Juez en el Estado Social y Democrático de Derecho", en *Pensamiento Jurídico,* N° 4, pp. 131-139.

UPRIMNY YEPES, R. (2002): "Constitución de 1991, Estado social y Derechos humanos: promesas incumplidas, diagnósticos y perspectivas", en MONCAYO, V.; GAVIRIA, C. ; UPRIMNY, R.; VILLA, W.; KALMANOVITZ, S.; URIBE, M.; HINESTROSA, F., y GALLÓN, G.: *El debate a la Constitución* (Bogotá, Universidad Nacional de Colombia) pp. 55-72.

VALADÉS, D. (2017): "Venezuela y la izquierda", en BREWER-CARÍAS, A., y GARCÍA SOTO, C. (compiladores): *Estudios sobre la Asamblea Nacional Constituyente y su inconstitucional convocatoria en 2017* (Caracas, Editorial Jurídica Venezolana) pp. 13-15.

VELASCO CANO, N. (2016): "Constitucionalismo y Estado social de Derecho en Colombia", en *Revista Diálogos de Saberes,* N° 45, pp. 49-65.

VERDUGO MARINKOVIC, M.; PFEFFER URQUIAGA, E., y NOGUEIRA ALCALÁ, H. (1994): *Derecho Constitucional* (Santiago, Editorial Jurídica de Chile), tomo I, 369 pp.

VERGARA BLANCO, A. (2023): "El Sistema de los derechos públicos subjetivos de Georg Jellinek: Impacto y actualidad en el Derecho administrativo", en *Revista de Derecho Administrativo Económico,* número 38, pp. 283-299.

VERMEULE, A. (2022): *Common good constitutionalism* (Cambridge, Polity Press) 241 pp.

VICIANO PASTOR, R., y MARTÍNEZ DALMAU, R. (2011): "El nuevo constitucionalismo latinoamericano. Fundamentos para una construcción doctrinal", en *Revista General de Derecho Público Comparado,* N° 9, p. 1-24.

VICIANO PASTOR, R., y MARTÍNEZ DALMAU, R. (2012): "Fundamento teórico del nuevo constitucionalismo latinoamericano", en VICIANO PASTOR, Roberto (editor): *Estudios sobre el nuevo Constitucionalismo Latinoamericano* (Valencia, Tirant Lo Blanch), pp. 11-49.

VIERA ÁLVAREZ, C. (2014): "Estado Social como fórmula en la Constitución chilena", en *Revista de Derecho, Universidad Católica del Norte,* Año 21 N° 2, pp. 453-482.

VIERA ÁLVAREZ, C.; CASTRO HERNÁNDEZ, M.; VERA ABARZÚA, F. (2021): "El caso chileno: de la Constitución neoliberal a la Constitución social y democrática", en *Hybris. Revista de Filosofía.* Volumen N° 12 especial, pp. 91-133.

VILLABELLA ARMENGOL, C. (2012): "El Derecho Constitucional del Siglo XXI en Latinoamérica: Un cambio de paradigma", en VICIANO PASTOR, Roberto (editor): *Estudios sobre el nuevo Constitucionalismo Latinoamericano* (Valencia, Tirant Lo Blanch), pp. 51-75.

VILLAR BORDA, L. (2007): "Estado de Derecho y Estado social de Derecho", en *Revista Derecho del Estado* N° 20, pp. 74-96.

VIOLINI, L. (2006): "Articolo 38", en BIFULCO, R.; CELOTTO, A. y OLIVETTI, M. (editores): *Commentario alla Costituzione* (Milano, UTET Giuridica) 1092 pp.

VOSSKUHLE, A., y WISCHMEYER, T. (2015): "Grundwissen – Öffentliches Recht: Das Sozialstaatsprinzip", en *Juristische Schulung,* N° 8, pp. 673-768.

VON MOHL, R. (1829): *Das Staatsrecht des Königreiches Württemberg* (Tübingen, Laupp) 720 pp.

VON STEIN, L. (1868): *Die Verwaltungslehre* (Cota, Stuttgart) 348 pp.

VON STEIN, L. (1869): *Die Verwaltungslehre* (Cota, Stuttgart) 448 pp.

VON STEIN, L. (1876): *Gegenwart Und Zukunft Der Rechts Und Staatswissenschaft Deutschlands* (Cota, Stuttgart) 339 pp.

WAGNER, A. (1904): *Les fondements de l'économie politique* (Paris, V. Giard & E. Brière), tomo I, p. 520.

WATT, R. (1968): *The King's depart. The tragedy of Germany, Versailles and the German revolution* (New York, Simon and Schuster) 604 pp.

Weber, W. (1965): "Die verfassungsrechtlichen grenzen sozialstaatlicher Forderungen", *Der Staat,* volumen 4, N° 4, pp. 409-439.

Webber, G., y Yowell, P. (2018): "Introduction: securing human rights through legislation", en Webber, G.; Yowell, P.; Ekins, R.; Köpcke, M.; Miller, B., y Urbina, F..: *Legislated Rights. securing human rights through legislation* (Cambridge, Cambridge University Press), pp. 1-26.

Wefers, W. (1957): "La idea del Estado social en la ley fundamental de Bonn" en *Revista de Estudios Políticos,* N° 95, pp. 71-74.

Wiarda, H. (1997): *Corporatism and comparative politics. The other great "ism"* (London, M.E Sharpe) 199 pp.

Wieczorek, T. (2022): "Carl Schmitt, amigo de Weimar. Notas en torno a la Verfassungslehre como teoría y doctrina de la constitución", en *Isonomía,* número 56, pp. 29-70.

Zacher, H. (1977): "Was können wir über das Sozialstaatsprinzip wissen?", en Stödter, R., y Thieme, W. (editores): *Beiträge zum deutschen und europäischen Verfassungs-, Verwaltungs- und Wirtschaftsrecht, Festschrift für Hans Peter Ipsen zum siebzigsten Geburtstag* (Tübingen, J.C.B. Mohr) pp. 207-267.

Zacher, H. (1987): "Das soziale Staatsziel", en Isensee, J. y Kirchhof, P. (editores): *Handbuch des Staatsrechts der Bundesrepublik Deutschland. Band I, Grundlagen von Staat und Verfassung* (Heidelberg, C. F. Müller Juristischer Verlag) pp. 1045-1279.

Zacher, H. (2013): *Social Policy in the Federal Republic of Germany: The Constitution of the Social* (Berlin, Springer), 442 pp.

Zagrebelski, G. (2011): *El derecho dúctil. Ley, derechos, justicia* (Madrid, Trotta) 156 pp.

Zapata Larraín, P. (2020): *La casa de todos y todas. La nueva Constitución que Chile merece y necesita* (Santiago, Ediciones UC) 324 pp.

8.2. JURISPRUDENCIA CITADA

8.2.1. Corte Constitucional de Italia

Corte Constitucional de Italia, sentencia núm. 98, 12 de julio de 1979

Corte Constitucional de Italia, sentencia núm. 240, 29 de diciembre de 1982

Corte Constitucional de Italia, sentencia núm. 252, de 15 de julio de 1983

Corte Constitucional de Italia, sentencia núm. 561, 18 de diciembre de 1987
Corte Constitucional de Italia, sentencia núm. 217, 2 de marzo de 1988
Corte Constitucional de Italia, sentencia núm. 369, 13 de abril de 1988
Corte Constitucional de Italia, sentencia núm. 404, 13 de abril de 1988
Corte Constitucional de Italia, sentencia núm. 12, de 20 de diciembre de 1989
Corte Constitucional de Italia, sentencia núm. 559, 27 de diciembre de 1989
Corte Constitucional de Italia, sentencia núm. 419, 27 de noviembre de 1991
Corte Constitucional de Italia, sentencia núm. 37, 31 de enero de 1991
Corte Constitucional de Italia, sentencia núm. 203, 24 de julio de 2013
Corte Constitucional de Italia, sentencia núm. 213, 28 de septiembre de 2016
Corte Constitucional de Italia, sentencia núm. 54, 9 de marzo de 2022

8.2.2. Tribunal Constitucional Federal de Alemania

BVerfGE 1, 97, 19 de diciembre de 1951
BVerfGE 4, 7, 20 de julio de 1054
BVerfGE 5, 85, 17 de agosto de 1956
BVerfGE 14, 263, 7 de agosto de 1962
BVerfGE 18, 257, 26 de noviembre de 1964
BVerfGE 21, 73, 12 de enero de 1967
BVerfGE 22, 180, 18 de julio de 1967
BVerfGE 27, 253, 3 de diciembre de 1969
BVerfGE 28, 324, 27 de mayo de 1970
BVerfGE 29, 221, 14 de octubre de 1970
BVerfGE 35, 202, 5 de junio de 1973
BVerfGE 40, 121, 18 de junio de 1975
BVerfGE 44, 70, 9 de febrero de 1977
BVerfGE 59, 231, 13 de enero de 1982
BVerfGE 63, 88, 27 de enero de 1983
BVerfGE 65, 182, 19 de octubre de 1983

BVerfGE 69, 272, 16 de abril de 1985
BVerfGE 82, 60, 29 de mayo de 1990
BVerfGE 82, 209, 12 de junio de 1990
BVerfGE 94, 241, 12 de marzo de 1996
BVerfGE 97, 169, 27 de enero de 1998
BVerfGE 100, 226, 2 de marzo de 1999
BVerfGE 100, 271, 27 de abril de 1999
BVerfGE 102, 1, 16 de febrero de 2000
1 BVR 395/00, 13 de julio de 2000
BVerfGE 103, 293, 3 de abril de 2001
2 BvL 5/00, 8 de junio de 2004
1 BvR 2283/03, 29 de diciembre de 2004
BVerfGE 113, 167, 18 de julio de 2005
1 BvR 2204/00, 26 de junio de 2007
2 BvF 1/04, 9 de julio de 2007
1 BvR 824/03, 26 de julio de 2007
2 BvF 3/02, 19 de septiembre de 2007
2 BvR 1095/05, 17 de octubre de 2007
1 BvR 2995/06, 7 de octubre de 2008
BVerfGE 123, 267, 11 de febrero de 2009
BVerfGE 125, 175, 9 de febrero de 2010
BVerfGE 132, 134, 20 de junio de 2012
1 BvR 1842/11, 23 de octubre de 2013
1 BvR 1843/11, 23 de octubre de 2013
BVerfGE 134, 242, 17 de diciembre de 2013
1 BvR 79/09, 3 de junio de 2014
1 BvR 3148/10, 3 de junio de 2014
1 BvR 1701/09, 3 de junio de 2014
1 BvR 1298/09, 3 de junio de 2014
1 BvR 1235/09, 3 de junio de 2014
1 BvR 2656/18, 24 de marzo de 2021
1 BvR 96/20, 24 de marzo de 2021
1 BvR 288/20, 24 de marzo de 2021

8.2.3. Tribunal Constitucional de España

STC 4/1981, de 2 de febrero (TOL518.779)
STC 6/1981, de 16 de marzo (TOL109.401)
STC 11/1981, de 8 de abril (TOL109.335)
STC 17/1981, de 1 de junio (TOL109.396)
STC 25/1981, de 14 de julio (TOL110.828)
STC 1/1982, de 28 de enero (TOL110.844)
STC 19/1982, de 5 de mayo (TOL78.993)
STC 111/1983, de 2 de diciembre (TOL79.276)
STC 18/1984, de 7 de febrero (TOL79.308)
STC 31/1984, de 7 de marzo (TOL79.321)
STC 67/1984, de 7 de junio (TOL79.357)
STC 83/1984, de 24 de julio (TOL79.372)
STC 53/1985, de 11 de abril (TOL79.468)
STC 67/1985, de 24 de mayo (TOL79.482)
STC 146/1986, de 25 de noviembre (TOL79.692)
STC 166/1986, de 19 de diciembre (TOL79.827)
STC 19/1987, de 17 de febrero (TOL79.728)
STC 49/1988, de 22 de marzo (TOL80.160)
STC 92/1988, de 23 de mayo (TOL80.203)
STC 177/1988, de 10 de octubre (TOL80.025)
STC 23/1989, de 2 de febrero (TOL80.234)
STC 171/1989, de 19 de octubre (TOL81.745)
STC 64/1990, de 5 de abril (TOL80.356)
STC 105/1990, de 6 de junio (TOL80.394)
STC 73/1991, de 8 de abril (TOL80.487)
STC 216/1991, de 14 de noviembre (TOL81.899)
STC 85/1992, de 8 de junio (TOL80.697)
STC 107/1992, de 1 de julio (TOL80.719)
STC 34/1993, de 8 de febrero (TOL82.057)
STC 176/1993, de 27 de mayo (TOL82.199)
STC 227/1993, de 9 de julio (TOL82.249)

STC 180/1994, de 20 de junio (TOL82.585)
STC 214/1994, de 14 de julio (TOL82.619)
STC 298/1994, de 14 de noviembre (TOL82.703)
STC 332/1994, 19 de diciembre (TOL82.736)
STC 90/1995, 9 de junio (TOL82.829)
STC 185/1995, 14 de diciembre (TOL82.922)
STC 120/1996, 8 de julio (TOL83.053)
STC 134/1996, 22 de julio (TOL83.066)
STC 182/1997, 28 de octubre (TOL80.805)
STC 7/1998, 13 de enero (TOL80.867)
STC 81/1998, 2 de abril (TOL80.937)
STC 200/1998, 14 de octubre (TOL81.053)
STC 110/1999, 14 de junio (TOL2.098)
STC 134/1999, 15 de julio (TOL81.188)
STC 192/1999, 25 de octubre (TOL81.230)
STC 46/2000, 17 de febrero (TOL81.282)
STC 112/2000, 5 de mayo (TOL81.306)
STC 250/2000, 30 de octubre (TOL2.128)
STC 47/2001, 15 de febrero (TOL104.640)
STC 48/2001, 26 de febrero (TOL81.422)
STC 188/2001, 20 de septiembre (TOL110.433)
STC 96/2002, 25 de abril (TOL258.630)
STC 99/2002, 6 de mayo (TOL258.633)
STC 119/2002, 20 de mayo (TOL258.651)
STC 229/2002, 9 de diciembre (TOL224.810)
STC 239/2002, 11 de diciembre (TOL224.791)
STC 3/2003, 16 de enero (TOL238.345)
STC 54/2003, 24 de marzo (TOL254.940)
STC 82/2003, 5 de mayo (TOL267.655)
STC 137/2003, 3 de julio (TOL413.048)
STC 192/2003, 27 de octubre (TOL319.140)
STC 5/2004, 16 de enero (TOL337.394)
STC 108/2004, 30 de junio (TOL451.065)

STC 145/2004, 13 de septiembre (TOL500.538)
STC 10/2005, 20 de enero (TOL570.196)
STC 48/2005, 3 de marzo (TOL598.424)
STC 189/2005, 7 de julio (TOL673.552)
STC 212/2005, 21 de julio (TOL687.278)
STC 281/2005, 7 de noviembre (TOL756.165)
STC 112/2006, 5 de abril (TOL870.492)
STC 324/2006, 20 de noviembre (TOL1.016.525)
STC 68/2007, 28 de marzo (TOL1.043.980)
STC 157/2007, 2 de julio (TOL1.115.491)
STC 219/2007, 8 de octubre (TOL1.173.561)
STC 247/2007, 12 de diciembre (TOL1.224.508)
STC 259/2007, 19 de diciembre (TOL1.228.671)
STC 12/2008, 29 de enero (TOL1.258.616)
STC 29/2008, 20 de febrero (TOL1.264.013)
STC 62/2008, 26 de mayo (TOL1.322.455)
STC 13/2009, 19 de enero (TOL1.436.869)
STC 7/2010, 27 de abril (TOL1.833.529)
STC 33/2011, 28 de marzo (TOL2.084.722)
STC 19/2012, 15 de febrero (TOL2.473.355)
STC 198/2012, 6 de noviembre (TOL6.442.102)
STC 59/2014, 5 de mayo (TOL4.356.700)
STC 8/2015, 22 de enero (TOL4.738.464)
STC 154/2015, 9 de julio (TOL5.430.188)
STC 121/2016, 23 de junio (TOL5.854.022)
STC 140/2016, 21 de julio (TOL5.783.526)
STC 184/2016, 3 de noviembre (TOL5.921.803)
STC 227/2016, 22 de diciembre (TOL5.941.250)
STC 55/2017, 11 de mayo (TOL6.165.658)
STC 112/2017, 16 de octubre (TOL6.390.925)
STC 31/2018, 10 de abril (TOL8.485.296)
STC 124/2018, 14 de noviembre (TOL6.934.913)
STC 91/2019, 3 de julio (TOL7.419.670)

STC 116/2019, 16 de octubre (TOL7.569.628)
STC 48/2021, 3 de marzo (TOL8.364.810)
STC 99/2021, 10 de mayo (TOL8.451.614)
STC 148/2021, 14 de julio (TOL8.518.747)
STC 20/2022, 9 de febrero (TOL8.818.499)
STC 36/2022, 10 de marzo (TOL8.889.750)
STC 70/2022, 2 de junio (TOL9.013.841)
STC 19/2023, 22 de marzo (TOL9.493.276)
STC 44/2023, 9 de mayo (TOL9.582.039)
STC 63/2024, 15 de mayo (TOL10.273.380)
STC 93/2024, 19 de junio (TOL10.273.360)

8.2.4. Corte Constitucional de Colombia

Sentencia núm. T-406-1992, 5 de junio de 1992
Sentencia núm. T-426-1992, 24 de junio de 1992
Sentencia núm. T-533-92, 23 de septiembre de 1992
Sentencia núm. T-571-92, 26 de octubre de 1992
Sentencia núm. C-587-92, 12 de noviembre de 1992
Sentencia núm. T-330-93, 12 de agosto de 1993
Sentencia núm. T-394-93, 16 de septiembre de 1993
Sentencia núm. T-165-95, 19 de abril de 1995
Sentencia núm. T-477-95, 23 de octubre de 1995
Sentencia núm. T-153-98, 28 de abril de 1998
Sentencia núm. SU-747-98, 2 de diciembre de 1998
Sentencia núm. C-1064-01, 10 de octubre de 2001
Sentencia núm. T-772-03, 4 de septiembre de 2003
Sentencia núm. C-776-03, 9 de septiembre de 2003
Sentencia núm. T-859-03, 25 de septiembre de 2003
Sentencia núm. T-585-08, 12 de junio de 2008
Sentencia núm. T-760-08, 31 de julio de 2008
Sentencia núm. T-264-09, 3 de abril de 2009
Sentencia núm. T-319-09, 7 de mayo de 2009
Sentencia núm. C-793-09, 4 de noviembre de 2009

Sentencia núm. C-228-10, 24 de marzo de 2010
Sentencia núm. C-258-13, 7 de mayo de 2013
Sentencia núm. T-386-13, 28 de junio de 2013
Sentencia núm. SU-768-14, 16 de octubre de 2014
Sentencia núm. T-622-16, 10 de noviembre de 2016
Sentencia núm. T-716-17, 7 de diciembre de 2017
Sentencia núm. C-063-2021, 18 de marzo de 2021
Sentencia núm. C-080-23, 23 de marzo de 2023
Sentencia núm. T-159-23, 16 de mayo de 2023

8.2.5. Tribunal Supremo de Venezuela

Sala Político Administrativa

TSJ, Sala Político Administrativa, sentencia núm. 01818, 8 de agosto de 2000
TSJ, Sala Político Administrativa, sentencia núm. 01885, 5 de octubre de 2000
TSJ, Sala Político Administrativa, sentencia número 02142, de 1 de noviembre de 2000

Sala Constitucional

TSJ, Sala Constitucional, sentencia núm. 656, de 30 de junio de 2000
TSJ, Sala Constitucional, sentencia núm. 708, de 10 de mayo de 2001
TSJ, Sala Constitucional, sentencia núm. 85, de 24 de enero de 2002
TSJ, Sala Constitucional, sentencia núm. 3269, de 16 de diciembre de 2002
TSJ, Sala Constitucional, sentencia núm. 1002, de 26 de mayo de 2004
TSJ, Sala Constitucional, sentencia núm. 1613, de 17 de agosto de 2004
TSJ, Sala Constitucional, sentencia núm. 576, de 20 de marzo de 2006
TSJ, Sala Constitucional, sentencia núm. 1584, de 10 de agosto de 2006
TSJ, Sala Constitucional, sentencia núm. 1632, de 11 de agosto de 2006
TSJ, Sala Constitucional, sentencia núm. 1709, de 7 de agosto de 2007
TSJ, Sala Constitucional, sentencia núm. 1049, de 23 de julio de 2009
TSJ, Sala Constitucional, sentencia núm. 486, de 25 de mayo de 2010

TSJ, Sala Constitucional, sentencia núm. 232, de 4 de marzo de 2011
TSJ, Sala Constitucional, sentencia núm. 1350, de 5 de agosto de 2011
TSJ, Sala Constitucional, sentencia núm. 999, de 10 de julio de 2012
TSJ, Sala Constitucional, sentencia núm. 4, de 20 de enero de 2016
TSJ, Sala Constitucional, sentencia núm. 264, de 11 de abril de 2016
TSJ, Sala Constitucional, sentencia núm. 327, de 28 de abril de 2016
TSJ, Sala Constitucional, sentencia núm. 343, de 6 de mayo de 2016
TSJ, Sala Constitucional, sentencia núm. 808, de 2 de septiembre de 2016
TSJ, Sala Constitucional, sentencia núm. 810, de 21 de septiembre de 2016
TSJ, Sala Constitucional, sentencia núm. 938, de 4 de noviembre de 2016
TSJ, Sala Constitucional, sentencia núm. 156, 29 de marzo de 2017

8.2.6. Tribunal Constitucional Plurinacional de Bolivia

Sentencia núm. 0112/2012, 27 de abril de 2012
Sentencia núm. 0846/2012, 20 de agosto de 2012
Sentencia núm. 1714/2012, 1 de octubre de 2012
Sentencia núm. 1839/2013, 25 de octubre de 2012
Sentencia núm. 2431/2012, 22 de noviembre de 2012
Sentencia núm. 0762/2013-L, 30 de julio de 2013
Sentencia núm. 0778/2014, 21 de abril de 2014
Sentencia núm. 0246/2015-S1, 2 de febrero de 2015
Sentencia núm. 0272/2015-S1, 26 de febrero de 2015
Sentencia núm. 0057/2015, 2 de marzo de 2015
Sentencia núm. 0064/2015, 21 de julio de 2015
Sentencia núm. 0386/2016-S2, 25 de abril de 2016
Sentencia núm. 0707/2018-S2, 31 de octubre de 2018

8.2.7. Corte Suprema de Chile

Corte Suprema de Chile, sentencia rol 5763-2005, de 29 de noviembre de 2007
Corte Suprema de Chile, sentencia rol 4960-2009, 12 de julio de 2010
Corte Suprema de Chile, sentencia rol 5699-2015, 19 de abril de 2016

Corte Suprema de Chile, sentencia rol 39972-2017, 4 de noviembre de 2017

Corte Suprema de Chile, sentencia rol 37821-2017, 2 de enero de 2018

Corte Suprema de Chile, sentencia rol 14707-2020, de 4 de junio de 2021

Corte Suprema de Chile, sentencia rol 19139-2021, 5 de agosto de 2021

8.2.8. Tribunal Constitucional de Chile

Tribunal Constitucional de Chile, sentencia rol 976, 26 de junio de 2008

Tribunal Constitucional de Chile, sentencia rol 2252, 10 de septiembre de 2013

Tribunal Constitucional de Chile, sentencia rol 2744, 8 de octubre de 2015

Tribunal Constitucional de Chile, sentencia rol 2922, 29 de septiembre de 2016

Tribunal Constitucional de Chile, sentencia rol 2953, 4 de octubre de 2016

Tribunal Constitucional de Chile, sentencia rol 4820, 16 de abril de 2019

Tribunal Constitucional de Chile, sentencia rol 7495, 16 de abril de 2020

Tribunal Constitucional de Chile, sentencia rol 7442, 14 de mayo de 2020

Tribunal Constitucional de Chile, sentencia rol 9453, 1 de julio de 2021

Tribunal Constitucional de Chile, sentencia rol 11820, 13 de octubre de 2021

Tribunal Constitucional de Chile, sentencia rol 11576, 2 de junio de 2022